Wolfgang Beck

Die unerkannte Avantgarde im Pfarrhaus

Werkstatt Theologie

Praxisorientierte Studien und Diskurse

herausgegeben von

Prof. Dr. Rainer Bucher (Graz)
Prof. Dr. Ulrike Bechmann (Graz)
Prof. Dr. Rainer Krockauer (Aachen)
Prof. Dr. Johann Pock (Bonn)

Band 12

LIT

Wolfgang Beck

Die unerkannte Avantgarde im Pfarrhaus

Zur Wahrnehmung eines abduktiven Lernortes
kirchlicher Pastoralgemeinschaft

LIT

Gedruckt auf alterungsbeständigem Werkdruckpapier entsprechend
ANSI Z3948   DIN ISO 9706

Umschlagbild: Meike Zopf: „Heiligenbilder befleckt", Hannover 2006

Bibliografische Information der Deutschen Nationalbibliothek
Die Deutsche Nationalbibliothek verzeichnet diese Publikation in der
Deutschen Nationalbibliografie; detaillierte bibliografische Daten sind
im Internet über http://dnb.d-nb.de abrufbar.

ISBN 978-3-8258-1490-8
Zugl.: Graz, Univ., Diss., 2008

© LIT VERLAG Dr. W. Hopf Berlin 2008
Verlagskontakt:
Fresnostr. 2   D-48159 Münster
Tel. +49 (0) 2 51/620 32 - 22   Fax +49 (0) 2 51/922 60 99
e-Mail: lit@lit-verlag.de   http://www.lit-verlag.de

Auslieferung:
Deutschland/Schweiz: LIT Verlag Fresnostr. 2, D-48159 Münster
Tel. +49 (0) 2 51/620 32 - 22, Fax +49 (0) 2 51/922 60 99, e-Mail: vertrieb@lit-verlag.de
Österreich: Medienlogistik Pichler-ÖBZ GmbH & Co KG
IZ-NÖ, Süd, Straße 1, Objekt 34, A-2355 Wiener Neudorf
Tel. +43 (0) 2236/63 535-290, +43 (0) 2236/63 535 - 243, mlo@medien-logistik.at

Vorwort

Irritiertes Lächeln, Schmunzeln und immer wieder Fragen, wie denn solch ein Thema für eine wissenschaftliche Arbeit in Frage kommen könne, standen am Beginn meiner Beschäftigung mit dem katholischen Pfarrhaus und begleiteten mich während der zurückliegenden drei Jahre wissenschaftlichen Arbeitens. Bei all dem gilt: Gibt es etwas Schöneres, als mit einer theologischen Arbeit bei den Mitmenschen Irritation auszulösen?!

Die vorliegende Studie wurde im März 2008 von der Katholisch-Theologischen Fakultät der Karl-Franzens-Universität in Graz als Dissertation angenommen.

So gilt es nun, vielen Menschen von Herzen Dank zu sagen:

Ich danke Prof. Rainer Bucher für die sehr hilfreiche, angenehme und immer wieder anregende Betreuung meines Dissertationsprojektes, die anhaltende Ermutigung und die vielen weiterführenden Impulse. Er ist mir in seiner theologischen Kompetenz, seiner sprachlichen Brillanz und seiner menschlichen Größe zu einem wirklichen Lehrer geworden. Ich danke Prof. Leopold Neuhold für die gewissenhafte und wohlwollende Erstellung des Zweitgutachtens und sehr konstruktive Gespräche und den Mitgliedern des Privatissimums am Institut für Pastoraltheologie und Pastoralpsychologie der Universität Graz für unermüdliches Diskutieren und kritisches Nachfragen. Ich danke den PfarrhausbewohnerInnen, die im Rahmen der qualitativen Studie in offener und vertrauensvoller Weise meine Anfrage zur Teilnahme an der Studie positiv aufnahmen und sich ausnahmslos viel Zeit für unser Interview nahmen.

Ich danke den Studierenden der Katholischen Hochschulgemeinde Hannover und Stephan Ohlendorf als Kollegen für ihre Vitalität in vielen Gottesdiensten und im Gemeindeleben und für die Geduld mit ihrem „Teilzeit-Kaplan". Die Arbeit mit ihnen ist mir zu einer sehr wertvollen Begleitung des wissenschaftlichen Arbeitens geworden. Ich danke Ansgar Weiß, Elisabeth Meermann, Claudia Arndt und Karolin Bach für ihr aufopferungsvolles Korrekturlesen. Ich danke meinen Eltern, sowie Pastor Franz-Joseph Schubert als geduldigem Wegbegleiter.

Mein Dank gilt in besonderer Weise Bischof em. Dr. Josef Homeyer für sein Interesse und die Förderung der Arbeit und meinem Bistum Hildesheim für die Ermöglichung des Aufbaustudiums und die Unterstützung der Veröffentlichung. Die Arbeit wurde gedruckt mit Unterstützung der Karl-Franzens-Universität Graz und des Styria-Fonds der Kath.-Theol. Fakultät der Universität Graz.

Ich danke Meike Zopf für das Titelbild „Heiligenbilder befleckt" (2004). Es bringt auf besondere Weise Vielfalt und Verworrenheit und gerade darin den Reichtum menschlichen Lebens zum Ausdruck, der sich nicht zuletzt im Pfarrhaus entdecken lässt.

Wolfgang G. Beck

INHALTSVERZEICHNIS

0. ENTREE 5
0.1 „Als der neue Pfarrer kam …" 5
0.2 Vierundzwanzig Stunden geöffnet 7

1. EINLEITUNG UND PROBLEMSTELLUNG 9
1.1 Das Interesse der Kirchenleitung 12
1.2 Das gesellschaftliche Interesse am Pfarrhaus 15

2. GESCHICHTE EINES ORTES 20
2.1 Nur ein Wohnsitz? – eine kirchengeschichtliche Annäherung 21
    2.1.1 Die Umsetzung der Reformdekrete des Konzils von Trient 22
    2.1.2 Die erste Hälfte des 19. Jahrhunderts 27
    2.1.3 Milieubildung und Beginn der „Pianischen Epoche" 31
    Exkurs: Pastor Wilhelm Maxen – ein Beispiel beginnender Großstadtseelsorge in Hannover-Linden 44
    2.1.4 Der Anfang des 20. Jahrhunderts und die Weimarer Republik 48
    2.1.5 Katholizismus und Nationalismus – Das Pfarrhaus im Dritten Reich ... 52
    2.1.6 Die Nachkriegszeit 64
    2.1.7 Die Initiation durch das Zweite Vatikanische Konzil 75
    2.1.8 Die Kirche in der Postmoderne 83
        2.1.8.1 Die Phänomene der Individualisierung und Pluralisierung ... 92
        2.1.8.2 Die Ausdifferenzierung von Lebensorten in modernen Gesellschaften 97
        2.1.8.3 Mobilität und Heimat – Kirche als Heimat? 104
        2.1.8.4 Die „Friedhöflichkeit" der Pfarrgemeinde 108
        2.1.8.5 Die Konsequenzen der Communio-Ekklesiologie 113
        2.1.8.6 Die Pluralisierung priesterlicher Rollenverständnisse 121
        2.1.8.7 Die Pluralisierung pastoraler Berufe 128
        2.1.8.8 Kirchliche Krisenphänomene 134
        2.1.8.9 Die Vielfalt des Pfarrhauslebens in der Gegenwart 140

3. FUNKTIONEN UND WAHRNEHMUNGEN DES PFARRHAUSES 144
3.1 Das Pfarrhaus als Lebensort 144
    3.1.1 Das Pfarrhaus als Lebensort einer „Großfamilie" 144

3.1.2 Der Pfarrer 149
3.1.3 Die Hauswirtschafterin 154
3.1.4 Die Kapläne, Hilfspriester und Vikare 159
3.1.5 Das Familienleben im Pfarrhaus 161
3.1.6 Ein Ort geschützt-ungeschützter Sexualität 162
3.1.7 Die Privatheit im Pfarrhaus 167
    3.1.7.1 Die privatisierte Öffentlichkeit und die veröffentlichte Privatheit 168
    3.1.7.2 Der Schutz des Privaten im Pfarrhaus 177

3.2 Das Pfarrhaus im Leben der Pfarr- und Ortsgemeinde 184
    3.2.1 Die Sakralisierung des Pfarrhauses als „heiliger Ort" 185
    3.2.2 Das Pfarrhaus als Vorläufer von Gemeindehäusern und Pfarrheimen 188
    3.2.3 Das Pfarrhaus als Herrschaftssitz und Machtzentrum 189
        3.2.3.1 Der Wandel der Herrschaftsform 190
        3.2.3.2 Die Entstehung charismatischer Herrschaft 195
        3.2.3.3 Die Überlagerung verschiedener Machtformen 198
        3.2.3.4 Der Pfarrer als Scharnier zwischen zwei Systemen 203
    3.2.4 Das Pfarrhaus als Repräsentationsbau 215
    3.2.5 Das „offene Pfarrhaus" 220
    3.2.6 Das Pfarrhaus als sozial-pastoraler und politischer Ort 223
    3.2.7 „Servicestelle Pfarramt" 228
    3.2.8 Der verfluchte Ort – sexualisierte Gewalt und Verbrechen im Pfarrhaus. 240

3.3 Das Pfarrhaus als Filiale der Diözese 248
    3.3.1 Das Pfarrhaus als Ausbildungsort 249
    3.3.2 Das Pfarrhaus als spiritueller Ort 253
    Exkurs: Das Evangelische Pfarrhaus 265
        1. Eine kulturhistorische Erfolgsgeschichte 266
        2. Die Pfarrfrau 271
        3. Vom Segen zum Fluch des Pfarrhauses? 275
        4. Ordinationstheologische Implikationen 280

4. DAS PFARRHAUS – EINE EMPIRISCHE ERHEBUNG 285

4.1 Die „Erfahrung" im Rahmen einer pastoraltheologischen Arbeit 285

4.2 Methodologische Klärungen 288
    4.2.1 Die Offenheit des Forschungsprozesses 290
    4.2.2 Auswahl der Gesprächspartner 292
    4.2.3 Der Forscher im Rahmen des Interviews 296
    4.2.4 Der Interviewleitfaden und der Gesprächsverlauf 298
    4.2.5 Die Transkription und Auswertung von Interviews 300
    4.2.6 Validität, Repräsentativität und exemplarische Fallstudien 303

4.3 Vier exemplarische Fälle 307
    4.3.1 Das Pfarrhaus als Weg zur Gemeindebildung – Herr Wittmann 307
    4.3.2 Das Pfarrhaus als Hindernis für professionelles Arbeiten – Frau Kuhn ... 316

  4.3.3 Eine Küche für die Pfarrei – Pfarrer Hübner 323
  4.3.4 Das Pfarrbüro als Kommunikationsknoten – Frau Schmitt 330

4.4 Eine fallübergreifende Analyse 336
  4.4.1 Der Umgang mit Privatheit 336
  4.4.2 Das Pfarrhaus als Lernort 351
  4.4.3 Die Funktionale Ausrichtung des Pfarrhauses 359
  4.4.4 Ein Kommunikations- und Machtzentrum 363
  4.4.5 Kommunitäre Lebensformen 368

5. CONCLUSIO **374**

5.1 Ein Ort zeitgenössischer Avantgarde (Gaudium et spes) 378

5.2 Ein „Kunde(-n)-Zentrum" als abduktiver Lernort (C. S. Peirce) 387

5.3 Ein Brennpunkt zwischen Pastoral- und Religionsgemeinschaft
(H.-J. Sander) 402

5.4 Statt „Totschweigen" und „Gesundbeten": Interessiert wahrnehmen! 406

5.5 Schlussbetrachtung 412

LITERATURVERZEICHNIS UND ANHANG **413**

0. Entree

0.1 „Als der neue Pfarrer kam ..."

Dreimal pro Woche fuhr sie seit acht Jahren den kurzen Weg von ihrem Hof zum Pfarramt mit dem Fahrrad. Als die eigenen Kinder aus dem Haus waren, hatte sie die Anfrage des Pfarrers, ob sie nicht als Pfarrsekretärin im Pfarramt arbeiten wolle, sehr gerne und dankbar angenommen. Die Möglichkeit, endlich wieder eigenes Geld zu verdienen und trotzdem noch genug Zeit für den Haushalt und die Familie zu haben, war in ihrer Situation geradezu ideal. Zwar musste sie sich erst an die Arbeit gewöhnen, musste einen Computerkurs absolvieren und sich durch die kirchlichen Formulare und Vorschriften kämpfen. Aber bei akuten Problemen mit dem Computer gab es einen ehemaligen Messdiener, den sie anrufen und um Hilfe bitten konnte, und das gute Verhältnis zum Pfarrer erleichterte ihr die Einarbeitung sehr.

Schon nach wenigen Monaten hatte sie das Gefühl, wirklich angekommen zu sein. Sie verstand sich gut mit der Haushälterin, die ebenfalls nur an drei Tagen in der Woche im Pfarrhaus arbeitete und selbst auch eine eigene Familie hatte. Der Pfarrer vertraute ihr nach und nach mehr Aufgaben an und war offensichtlich dankbar, dass sie ihm viele Dinge abnahm. Da er selbst nur ungern und entsprechend ungeübt den Computer nutzte, kam es ihm sehr entgegen, dass sie auch seine handschriftlichen Beiträge für den Pfarrbrief abtippte. Er revanchierte sich, indem er vormittags mit einer Kanne Kaffee und drei Tassen in ihr Büro kam und die Haushälterin zum Plausch mitbrachte. Sie waren ein eingespieltes Team. Man blieb beim „Sie", aber war doch vertraut. Gern kamen Frauen nach dem Werktagsgottesdienst wegen einer Messbestellung ins Büro, mehr aber noch wegen eines Gesprächs in ihrer gemütlichen Runde. Und, da die Tür zur Wohnung des Pfarrers immer offen stand, gab es Mitglieder des Pfarrgemeinderates und der Pfadfinder, der Frauen vom Besuchsdienst oder den Vorsitzenden des Kirchenvorstands, die nur kurz in ihr Büro schauten und fragten: „Ist er da?" Doch bevor sie antworten konnte, standen sie bereits in seiner Wohnung und klopften an die Tür seines Arbeitszimmers. Das sparte ihm schließlich, mit Rücksicht auf sein Alter, einen weiteren Weg. Gab es einen Termin mit einer kleinen Gruppe oder kam ein Brautpaar zum Gespräch, bat er sie in sein Wohnzimmer.

Als vor zwei Jahren bekannt wurde, dass nach der Pensionierung des Pfarrers doch ein Nachfolger kommen würde, waren die Erwartungen groß. Nach 27 Jahren hielten viele Gemeindemitglieder hinter vorgehaltener Hand einen Wechsel für überfällig. Und der „Neue", mit 43 Jahren ein junger Priester, wirkte viel dynamischer. Es gab weniger Chaos im Büro und den Computer beherrschte er besser als sie. Er bemühte sich, möglichst feinfüh-

lig nach bisherigen Regelungen zu fragen und behutsam mit Veränderungen zu warten. Er war niemand, der durch voreilige Kritik Leute vor den Kopf stoßen wollte. Doch sein Arbeitsstil unterschied sich sehr von seinem Vorgänger, und sie spürte, dass er über Vieles innerlich den Kopf schüttelte.
Morgens fand sie bereits einige in der Nacht weitergeleitete E-Mails in ihrem Computer zur Bearbeitung vor. Wenn er sie um eine Erledigung bat, sagte er, bis wann sie ihm die Dinge ins Fach legen solle. Montags bittet nun am Telefon die Stimme des Anrufbeantworters, nur in dringenden Notfällen eine Nachricht zu hinterlassen und sonst die Bürozeiten zu respektieren. Vor allem aber fiel auf, wie viel und wie lange - bis spät in die Nacht - der neue Pfarrer arbeitete. Er hat eine Gemeinde mehr zu betreuen als sein Vorgänger und scheint das als Herausforderung aufzufassen. All dies veränderte auch ihre Situation im Pfarrbüro, und die Gemeinde beobachtete mit großer Aufmerksamkeit den neuen Stil. Es gab ein großes Wohlwollen dem neuen Pfarrer gegenüber, doch eine Veränderung wurde unter den aktiven Ehrenamtlichen besonders wahrgenommen: Die Wohnungstür stand nicht mehr, wie bisher, weit offen. Natürlich kommt er an die Tür, wenn jemand den Pfarrer sprechen möchte. Doch dann setzt er sich mit den Leuten in das kleine Gesprächszimmer, das bisher als Lager mehr oder weniger ungenutzt war. Mit niemandem geht er in sein eigenes Arbeitszimmer, geschweige, dass jemand einfach durch die offene Wohnungstür gehen könnte oder ins Wohnzimmer gebeten wird. Manchmal fragen die Leute im Pfarrbüro, was er denn so für ein Mensch sei und wie er seine Wohnung eingerichtet habe. Doch dazu kann sie nicht viel sagen. Sie ist nicht sonderlich neugierig, und deshalb stört es sie nicht, dass auch sie noch nie in seine Wohnung schauen durfte. Doch ihr fällt auf, dass weniger Menschen aus der Gemeinde ganz spontan bei ihrem Pfarrer vorbei schauen als früher. Und als sich vor einigen Wochen vor ihrem Bürofenster Mitglieder der Jugendband über den neuen Pfarrer unterhielten, hörte sie erstmals den entscheidenden Satz: „Die Tür ist zu!" Dieser Satz beschreibt, fand sie zunächst, die Veränderungen ganz gut. Die Messdienerleiterin meinte, das sei nun ein „Running Gag" in der Gemeinde: „Die Tür ist zu!"
Sie hat sich gefragt, ob sie die Veränderung bedauern soll. - Eigentlich nicht.

0.2 Vierundzwanzig Stunden geöffnet

Eine massive braune Tür weist den Weg zum Pfarrhaus neben dem Eingang zur St. Bonifatiuskirche. Zwanzig (!) Seelsorgerinnen und Seelsorger[1] unterschiedlicher Berufsgruppen haben hier jeweils eine eigene Wohnung bezogen und bilden miteinander eine sehr offene und einladende Gemeinschaft mit einer ausgesprochen imposanten Präsenz: „Das Pfarrhaus ist 24 Stunden an sieben Tagen in der Woche geöffnet und bietet Interessierten und Ratsuchenden die Möglichkeit, ihre Meinung und Fragen zu benennen oder ein persönliches Anliegen loszuwerden."[2]

Mit dieser Einladung ist der Kern ihres Selbstverständnisses beschrieben, in dem sie ihr Pfarrhaus mit Leben füllen wollen. Nein, hier geht es nicht um eine neue geistliche Gemeinschaft oder wieder einmal ein neu gestartetes Projekt einer „Vita communis". Das hier beschriebene Pfarrhaus ist Teil der Internetkirche St. Bonifatius inmitten der virtuellen Stadt „Funcity"[3]. Im Medium des Internets bieten katholische und evangelische Seelsorgerinnen und Seelsorger aus Norddeutschland, getragen vom Bistum Hildesheim, kirchliche Dienste an, die vom Gemeindebrief über Exerzitien im Alltag, Gottesdienste und Fürbittbücher bis hin zum Chat reichen.[4] Doch offensichtlich erschien es sinnvoll, die Seelsorgerinnen und Seelsorger in der Gestaltung der Homepage nicht unmittelbar in der Kirche zu verorten. Stattdessen erhielten sie mit dem

---

[1] In der vorliegenden Arbeit werden unterschiedliche Formen des geschlechtergerechten Formulierens verwendet - entsprechend den nachfolgenden Beispielen: Seelsorgerinnen und Seelsorger; Seelsorger und Seelsorgerinnen; SeelsorgerInnen; Seelsorger/-innen. Gerade mit dem beständigen Wechsel der Formulierungsform sei über die Verwendung geschlechtergerechter Formulierungen hinaus dem Anliegen Rechnung getragen, die Sensibilität von Leserinnen und Lesern für geschlechtergerechtes Formulieren zu wecken beziehungsweise zu erhalten. Vgl. Bundesministerium für Frauenangelegenheiten und Verbraucherschutz: Anleitungen zu geschlechtergerechtem Sprachgebrauch, Wien³ 1999, 45: „In Texten, in denen sowohl Frauen als auch Männer angesprochen werden, müssen beide Geschlechter sichtbar sein. Frauen sollen also nicht mit ‚generischen' Formen ‚mitgemeint' und auch nicht hinter neutralen Formen versteckt, sondern explizit als Frauen sichtbar gemacht werden."
[2] Lübke, Norbert: Die Weite des www und die Nähe bei den Menschen. Internet-Kirche St. Bonifatius, in: LS 57 (2006), 110-114, 111.
[3] www.funcity.de (entnommen am 15.01.2008)
[4] Vgl. Gelhot, Reiner / Lübke, Norbert / Weinz, Gabi (Hg.): Reale Seelsorge in der virtuellen Welt, Düsseldorf 2008.

Begriff des „Pfarrhauses" eine eigene Rubrik. Das Pfarrhaus ist also mit beeindruckender Selbstverständlichkeit ein Ort der seelsorgerischen Präsenz. Es ist ein symbolischer Begriff, mit dessen Hilfe eine Verknüpfung der virtuellen St. Bonifatiuskirche mit konkreten Gesichtern möglich wird. Bereits an dieser Integration des Pfarrhauses in die Internetseelsorge lässt sich seine bleibende Bedeutung für die gegenwärtige Kirche und ihre sich verändernden Strukturen erahnen, der in dieser vorliegenden Arbeit nachgegangen werden soll. Damit rückt mit einem Wohnraum ein Ort in den Fokus des wissenschaftlichen Interesses, der wie wohl kein anderer eine Schnittstelle zwischen zwei pastoraltheologischen Diskussionen markiert. Das Pfarrhaus ist auf der einen Seite zunächst mit der Person und Rolle von Pfarrern verbunden, die aufgrund gesellschaftlicher und kirchlicher Veränderungsprozesse in der zweiten Hälfte des 20. Jahrhunderts einer enormen Wandlung unterworfen war und bis heute ist[5]. Zugleich verdeckt die hohe Aufmerksamkeit gegenüber den Priestern, die immer schon bestehende personelle Vielfalt des Pfarrhauses. Auf der anderen Seite findet die seit den 1980er-Jahren aufgekommene pastoraltheologische Debatte um die Verhältnisbestimmung von Pfarrei und Gemeinde im Pfarrhaus einen ihrer zentralen Brennpunkte.

---

[5] Steinkamp, Hermann: Die Erben des „Pastors". Anmerkungen zum Wandel der Pfarrer-Rolle, in: Schifferle, Alois (Hg.): Pfarrei in der Postmoderne? Gemeindebildung in nachchristlicher Zeit, FS Leo Karrer, Freiburg i. B. 1997, 207-216.

1. Einleitung und Problemstellung

Eine pastoraltheologische Betrachtung des Pfarrhauses in der katholischen Kirche des deutschsprachigen Raums löst eine Vielzahl von persönlichen Erfahrungsberichten und Geschichten aus, in denen viele Menschen verschiedene und oftmals konträre Erlebnisse berichten. An diesem kirchlichen Ort lässt sich daher sofort kirchliche Pluralität und Heterogenität erfahren, die allen klugen und gut gemeinten Hinweisen zu einem gelingenden und praktikablen, einem wirtschaftlichen und verantwortbaren Umgang mit Pfarrhäusern in einer Zeit kirchlicher Krise Einhalt gebietet. Nicht die Entwicklung praktischer Umgangsweisen mit Pfarrhäusern, sondern das Hören auf Menschen in Pfarrhäusern ist daher das Ziel der vorliegenden Studie. Es lässt den Umgang mit PfarrhausbewohnerInnen zu einem Beispiel jenes pastoralen Perspektivwechsels werden, den die Kirche mit dem Zweiten Vatikanischen Konzil, insbesondere mit dessen Konstitution „Gaudium et spes" vollzogen hat. Die so veränderte Wahrnehmung des Pfarrhauses ist ein erstes zentrales Ergebnis der vorliegenden Arbeit und prägt ihren Entstehungsprozess.

Grundlage dieser Perspektive ist die These, dass in Analogie zur Kontextualität der Theologie und zur Zeitbedingtheit der Kirche, gerade auch an zentralen pastoralen Orten die Wirkung gesellschaftlicher Wandlungsprozesse erfahrbar und ablesbar ist. Im Blick auf das Pfarrhaus als Beispiel für einen pastoralen Handlungs- und Lebensort ergeben sich aus den gesellschaftlichen Wandlungsprozessen tiefgreifende Veränderungen in der Wahrnehmung und der Funktion des Pfarrhauses für das Leben der Menschen und das pastorale Handeln in Gemeinde und Kirche.

Dieser theologische Perspektivwechsel wird in der Veränderung des Titels der Studie in deren Verlauf widergespiegelt.[1] Im Zentrum ihres kirchlichen Selbstvollzugs ist die Kirche in einer prekären Lage: Sie erfüllt an ihren zentralen Orten nicht mehr pastorale Funktionen, sondern lässt sich selbst in diesen Funktionen von den Menschen ihrer Zeit her definieren.

In seinem Kommentar zum Konzilsdokument „Gaudium et spes" (GS) hat der Theologe Hans-Joachim Sander eine mit dem Zweiten Vatikanischen Konzil der Kirche zugemutete veränderte Ortsbestimmung diagnostiziert. Diese veränderte Ortsbestimmung stellt die Kirche in der Nachkonzilszeit, also seit den 1970er-Jahren, in ein neues Verhältnis zur Welt. Die Selbstidentifizierung als Weltkirche definiert sie jedoch nicht bloß als religiösen „Global Player", meint also nicht bloß eine geographisch ausgespannte Weltkirche, sondern eine sich auf neue Weise zur Welt und damit zu allen

---

[1] Ursprünglicher Titel: „Tot oder rastlos? Zur Neubestimmung der pastoralen Funktion des Wohn- und Lebensortes ‚Pfarrhaus' angesichts sich fundamental ändernder gesellschaftlicher Verhältnisse."

Menschen und nicht nur zu ihren eigenen Mitgliedern in Bezug setzende Kirche:
> „Die Kirche wurde durch diese Identifikation mit allen Menschen ihrer jeweiligen Gegenwart genötigt, sich selbst in einer bis dahin auch für sie selbst nicht selbstverständlichen Weise zum Thema zu machen."[2]

Eine Kirche, die sich derartig neu positioniert, wird dies auf eine sie selbst prägende Weise auf allen Gebieten und Ebenen ihres Selbstvollzugs tun müssen, weil alle ihre Glieder in dieser Konsequenz Kontaktpunkte zur Welt darstellen. Wo sich die Kirche in dieser Art selbst thematisiert, sensibilisiert sie sich zugleich für die latente Gefahr, sich andauernd und ausschließlich mit sich selbst zu beschäftigen. Sie wird diese Ortsbestimmung darüber hinaus als bleibende und sie immer wieder neu fordernde Aufgabe begreifen, wenn sie wahrnimmt, dass diese Welt mit allen ihren Menschen ihrerseits ständigen Veränderungen und Wandlungen unterworfen ist. Sie ist damit kein steinerner Riese, um den herum sich die Welt verändert und von dem aus der Wandel quasi neutral beobachtbar wäre, sondern versteht sich selbst als zu dieser sich verändernden Welt in Beziehung gesetzt und akzeptiert damit, sich selbst nicht nur zu verändern, sondern auch selbst von der Gesellschaft geprägt zu werden. Diese Wechselwirkung zwischen Kirche und Welt, die jene bis dahin präferierten, tendenziell naiven Sender-Empfänger-Kommunikationsmodelle aufbricht, dürfte für die Kirche und ihre Mitglieder die größte Herausforderung (Heraus-Forderung!) seit dem Zweiten Vatikanischen Konzil sein. Diese Zumutung vermag sie jedoch zu befreien aus einer seit dem 19. Jahrhundert bis in die Mitte des 20. Jahrhunderts immer eklatanter werdenden Inkompatibilität zur sie umgebenden Welt und eine daraus entstehende Sprachlosigkeit in Bezug auf die Fragen und Probleme der sie umgebenden Gesellschaft. Diese gewandelte und sich dauerhaft wandelnde Verhältnisbestimmung zur Welt dient damit nicht nur ihrer eigenen Identitätsbestimmung, sondern auch ihrer Ortsbestimmung in der Welt:
> „Diese Wo-Bestimmung der eigenen Identität macht aus dem Glauben ein Projekt in der Geschichte, dessen Kontext die Kirche nicht selbst erzeugen und bestimmen kann, den sie gleichwohl anerkennen muss und in die Sprache ihres Glaubens eintragen kann."[3]

Eine pastoraltheologische Studie, die sich dieser Ortsbestimmung der Kirche, die mit der Konzilskonstitution „Gaudium et spes" unaufhaltsam in Gang gesetzt ist, verpflichtet fühlt, legt es nahe, nach Kontaktflächen der Kirche zur Welt im Sinne einer „Ecclesia ad extra" zu suchen und diese auf

---

[2] Sander, Hans-Joachim: Theologischer Kommentar zur Pastoralkonstitution über die Kirche in der Welt von heute. Gaudium et spes, in: Hünermann, Peter / Hilberath, Bernd Jochen (Hg.): Herders Theologischer Kommentar zum Zweiten Vatikanischen Konzil, Bd. 4, Freiburg-Basel-Wien 2005, 581- 886, 585.
[3] Sander: Theologischer Kommentar, 587.

ihre Funktionstüchtigkeit für die Selbstbestimmung als „Ecclesia ad intra" hin zu befragen. Dieses Funktionieren beschränkt sich also nicht darauf, den Kontakt nach außen zu ermöglichen und zu pflegen, sondern besteht weitergehend darin, die durch den Kontakt empfangenen Anregungen nach innen weiterzuleiten, um sie für die Selbstdefinition einer Kirche im Sinne der „Ecclesia ad intra" fruchtbar werden zu lassen[4]: Auf diese Weise „kommt die Kirche zur Welt."[5] Die Pastoraltheologie dient dabei der Vorbeugung einer kirchlich-schizophrenen Trennung beider Perspektiven mithilfe einer elliptischen Ergänzung. Ihre Aufgabe und damit die einer wissenschaftlich-pastoraltheologischen Arbeit als „kritische(r) Instanz"[6] der Kirche ist es, insbesondere als selbstverständlich empfundene und praktizierte Segmente des pastoralen Selbstvollzugs der Kirche immer wieder bezüglich der veränderten eigenen Ortsbestimmung zu hinterfragen. Diesem Anliegen will die vorliegende Studie nachgehen, indem sie einen bislang kaum beachteten Ort (pfarr-) gemeindlichen Lebens in den Fokus der Aufmerksamkeit rückt, der in seiner Bedeutung für die Kirche und die Ortsgemeinden wohl weithin unterschätzt[7] wurde und nicht selten als Belastung[8] des kirchlichen Lebens erfahren wird: das Pfarrhaus beziehungsweise das Pfarramt.[9] An diesem sehr speziellen und kirchlich profilierten Ort[10] lässt sich, so die vorläufige Ar-

---

[4] Vgl. Sander: Theologischer Kommentar, 590: „Doch ist weder LG auf das Innen der Kirche, noch GS auf das Außen der Kirche allein beschränkt; sie legen ungetrennt und unvermischt die pastorale Qualität des Glaubens der Kirche dar."
[5] Bauer, Christian / Eggensperger, Thomas / Engel, Ulrich (Hg.): Vorwort, in: Chenu, Marie-Dominique: Le Saulchoir. Eine Schule der Theologie, Berlin 2003, 7.
[6] Fürst, Gebhard: Der Dialog zwischen Kirche und Praktischer Theologie als unverzichtbare Grunddimension des Verhältnisses, in: Nauer, Doris / Bucher, Rainer / Weber, Franz (Hg.): Praktische Theologie. Bestandsaufnahme und Zukunftsperspektiven. FS Ottmar Fuchs, Stuttgart 2005, 305-312, 310: „Obwohl die kirchenkritische Haltung nicht allen Verantwortungsträgern in der Kirche gefällt, muss die Kirche, die stets auch zur Selbstevangelisierung (EN 15) herausgefordert ist, die Praktische Theologie als kritische Instanz schätzen und suchen."
[7] So betrachtet das Kirchenrecht der katholischen Kirche laut can. 533 des CIC von 1983 das Pfarrhaus nur als Bestandteil der materiellen Güter einer Pfarrei und insofern als deren konstitutiven Bestandteil.
[8] Vgl. Schick, Ludwig: Pfarrei – Kirche vor Ort. Theologisch-kirchenrechtliche Vorgaben und Hinweise zur Pfarrei, in: Sekretariat der Deutschen Bischofskonferenz (Hg.): „Mehr als Strukturen … Entwicklungen und Perspektiven der pastoralen Neuordnung in den Diözesen". Dokumentation des Studientages der Frühjahrs-Vollversammlung 2007 der Deutschen Bischofskonferenz, Bonn 2007, 22-39, 33.
[9] Der Begriff des „Pfarramtes" steht nicht nur für ein bestimmtes, geschichtlich geprägtes Verständnis des Pfarrhauses und der Pfarrerrolle, wie im ersten Abschnitt von Kapitel 2 zu sehen sein wird, sondern wird außerdem im Rahmen der Kategorialseelsorge mancherorts als allgemeine Bezeichnung eines Dienstsitzes verwendet, z. B. als Pfarramt in Industrie und Wirtschaft oder in der Hochschulpastoral. Zugunsten größerer Eindeutigkeit wird daher im Folgenden vorrangig die Bezeichnung „Pfarrhaus" verwendet.
[10] In der vorliegenden Arbeit handelt es sich bei der Fokussierung auf den Ort „Pfarrhaus" dennoch nicht um eine mikrohistorische Arbeit, in der lediglich ein einzelnes Pfarrhaus mit

beitsthese, zum einen das kirchliche Selbstverständnis in seinem Außenbezug ablesen. Zum anderen werden an diesem Ort und seinen Protagonisten, seinen Bewohnern und Bewohnerinnen, die Folgen und Wechselwirkungen der kirchlichen Ortsbestimmung in der Welt besonders deutlich erkennbar. An ihre Erfahrung wird als einem grundlegenden Zugang zur Praktischen Theologie angeknüpft, ohne dabei automatisch zu einer „Erfahrungstheologie"[11] zu werden.

In einem ersten Arbeitsgang sollen daher historische Entwicklungen des Pfarrhauslebens herausgearbeitet und in ihren historischen und ekklesiologischen Bezug gestellt werden. Nach diesem historischen Überblick werden Funktionen und Wahrnehmungen des Pfarrhauses durch seine BewohnerInnen, die Pfarr- und Ortsgemeinden und die Kirchenleitung analysiert, mit denen einzelne profilierte Fragehorizonte an heutige Pfarrhausbewohner/-innen erarbeitet werden. Mit der Methodik einer qualitativen Studie sollen darin Menschen, die in Pfarrhäusern arbeiten und wohnen, in ihrem Erleben und ihrer Profession des kirchlichen Außenbezugs befragt werden, um mit der „Beschreibung"[12] dieser Ergebnisse und einer entsprechenden „Erklärung"[13] auf die eingangs gestellte Frage nach der gewandelten und sich wandelnden kirchlichen Ortsbestimmung zurückzukehren. Der auf diese Personenkreise eingeschränkte Blick dieser Untersuchung ist der Reduktion auf das hier Mögliche geschuldet und wird in der Methodologie der empirischen Studie näher begründet werden.

1.1 Das Interesse der Kirchenleitung

Obwohl seit dem II. Vatikanischen Konzil die Bedeutung, Rolle und Funktion des Gemeindepfarrers immer wieder thematisiert und angefragt wurde und wird, zeichnet sich die Beschäftigung mit der Ämtertheologie innerhalb des Konzils durch eine deutliche Priorität des Bischofsamtes neben den Fragen des Priesteramtes aus, die sich bis hinein in das erneuerte kirchliche Recht von 1983 beobachten lässt. Die Frage der Beziehung der verschiedenen Ämter untereinander, wie auch zwischen Ämtern und dem Volk Gottes

---

seiner spezifischen Geschichte und lokalen Bedeutung in den Blick genommen würde. Stellvertretend für derartige Mikrohistorie sei hier angeführt: Hochstrasser, Olivia: Ein Haus und seine Menschen 1549-1989. Ein Versuch zum Verhältnis von Mikroforschung und Sozialgeschichte, Tübingen 1993.

[11] Ven, Johannes van der: Entwurf einer empirischen Theologie, Kampen-Weinheim 1990, 30.

[12] Ven: Entwurf, 90-96.

[13] Ven: Entwurf, 93: „Der Unterschied zwischen dem Beschreiben und Erklären ist nicht der, dass beim Beschreiben keine und beim Erklären sehr wohl Zusammenhänge gesucht werden. (…) Der Unterschied ist der, dass bei der erklärenden Untersuchung die Richtung der Zusammenhänge eine zentrale Rolle spielt."

als Ganzem[14], haben hier als zentrale Defizite zu gelten.[15] Das Interesse am Priesteramt verbleibt so überwiegend in disziplinärischen Kategorien. So erscheint als signifikant, dass eine Befragung unter Priestern in den Schweizer Bistümern aus dem Jahr 1971[16] zwar verschiedene Aspekte der priesterlichen Lebensform beleuchtet, jedoch nicht nach der Wohn- und Lebenssituation im engeren Sinn fragt. Der Schwerpunkt des Interesses der meisten Priesterumfragen[17] liegt weitgehend im Tätigkeitsfeld des Priesters, ansatzweise in seinem Amtsverständnis und bei der Frage des Zölibats, sowie beim Grad seiner Identifikation mit der Kirche. Wo die persönliche Lebenssituation virulent wird, bleibt das wissenschaftliche Interesse weitgehend auf die Thematik der Zölibatsverpflichtung beschränkt.

Breites innerkirchliches Interesse hat in den vergangenen Jahren die Studie „Priester und Priesteramtskandidaten 2000"[18] von Paul M. Zulehner zur Situation von Weltpriestern gefunden, die sich unter anderem mit gewünschten und vorstellbaren Lebens- und Wohnsituationen von Pfarrern beschäftigt. Als unerwartet konnte vor allem das große Interesse vieler Priester an einem gemeinsamen Wohnen gelten, das differenziert erfragt auch in Kombination mit gemeinsamem Arbeiten für 8 bis 23 % (regionale Unterschiede) vorstellbar schien:

---

[14] Heribert Hallermann hat die schwierige Verhältnisbestimmung von Klerikern und Laien in der Folgezeit des Zweiten Vatikanischen Konzils nachgezeichnet. Vgl. Hallermann, Heribert: Klerikalisierung der Laien - Laisierung der Kleriker? Die neuen Kirchenämter in der Perspektive des Kirchenrechts, in: Garhammer, Erich (Hg.): Ecclesia semper reformanda. Kirchenreform als bleibende Aufgabe, Würzburg 2006, 187-208.

[15] Vgl. Demel, Sabine: Dienste und Ämter im Volk Gottes, in: Hünermann, Peter (Hg.): Das Zweite Vatikanische Konzil und die Zeichen der Zeit heute, Freiburg-Basel-Wien 2006, 340-347.

[16] Vgl. Müller, Alois: Priester – Randfigur der Gesellschaft? Befund und Deutung der Schweizer Priesterumfrage, Zürich-Einsiedeln-Köln 1974.

[17] Vgl. Simmel, Oskar: Priesterumfragen in Österreich, in der Schweiz, in Spanien, in den USA und in Italien, in: Forster, Karl (Hg.): Priester zwischen Anpassung und Unterscheidung. Auswertung und Kommentare zu den im Auftrag der Deutschen Bischofskonferenz durchgeführten Umfragen unter allen Welt- und Ordenspriestern in der Bundesrepublik Deutschland, Freiburg-Basel-Wien 1974, 127-148.

[18] Zulehner, Paul M.: Priester im Modernisierungsstress, Forschungsbericht der Studie Priester 2000, Ostfildern 2001, 267.

Tabelle 70: Der Wunsch nach gemeinsamem Wohnen und Arbeiten

Wenn Sie frei wählen könnten, ob Sie mit Mitbrüdern zusammen wohnen oder arbeiten wollten, was würden Sie wählen?

	allein wohnen, allein arbeiten	allein wohnen, gemeinsam arbeiten	gemeinsam wohnen, allein arbeiten	gemeinsam wohnen, gemeinsam arbeiten
Österreich	16%	34%	17%	33%
D-West	15%	57%	11%	17%
D-Ost	12%	56%	8%	24%
Osteuropa	16%	34%	16%	34%
Schweiz	28%	32%	23%	17%
zeitloser Kleriker	15%	40%	14%	31%
zeitoffener Gottesmann	17%	36%	17%	31%
zeitnaher Kirchenmann	14%	45%	15%	26%
zeitgemäßer Gemeindeleiter	18%	48%	12%	22%
geweiht vor 1960	24%	44%	13%	19%
1961-'70	16%	43%	14%	27%
1971-'80	15%	41%	14%	30%
1981-'90	11%	40%	16%	33%
nach '91	9%	39%	16%	36%
Priesteramtskandidaten	8%	27%	25%	40%
Studienende	3%	26%	22%	48%
zweiter Abschnitt	8%	27%	20%	45%
erster Abschnitt	10%	29%	29%	31%

Quelle: PRIESTER UND PRIESTERAMTSKANDIDATEN 2000

Bedingt durch finanzielle und gesellschaftliche Gründe zeichnet sich im deutschsprachigen Raum ein Trend ab: Während die Zahl der Pfarrhaushälterinnen kontinuierlich abnimmt, steigt das Interesse am gemeinsamen Wohnen unter Priestern.

Die Klassifizierung der Priester durch die Einteilung in „zeitlose Kleriker" und „zeitgemäße Gemeindeleiter" verwendet Zulehner für eine weitere Differenzierung:

> „Zeitlose Kleriker neigen mehr zu stabilem Haushalt und zu einem Leben in Gemeinschaft als zeitgemäße Gemeindeleiter."[19]

---

[19] Zulehner: Modernisierungsstress, 279.

In den Untersuchungsschwerpunkten offizieller Erhebungen in der zweiten Hälfte des 20. Jahrhunderts offenbart sich ein stark funktional fokussiertes Priesterbild der Kirchenleitung dieser Jahre (denn auch die Frage des Zölibats ist vor dem Hintergrund der hohen Laisierungszahlen der 1970er- und 1980er-Jahre wohl gerade in dieser Hinsicht bedeutsam), das dem gesellschaftlichen Interesse am Priester nicht zu entsprechen, ja sogar zu widersprechen scheint. Darin ist der Beginn einer Entwicklung abgebildet, die aufgrund des zunehmenden Priestermangels in den diözesanen Pastoralplänen am Beginn des 21. Jahrhunderts einen vorläufigen Höhepunkt findet:

> „Überhaupt müssen Priester gegenwärtig ja kaum etwas mehr fürchten als jene, die ihnen helfen sollen und wohl auch wollen. Die Pastoralplanungen der Diözesen etwa laufen im Wesentlichen darauf hinaus, jedem Priester mehr und/oder größere Aufgabenbereiche zumindest administrativer Art zu übertragen. (…) Auch die Priester werden von ihren Vorgesetzten vor allem unter funktional-professionellen Gesichtspunkten wahrgenommen – und behandelt."[20]

Neben den Priestern, die bis in die Gegenwart die größte Gruppe der PfarrhausbewohnerInnen bilden, gibt es weitere Personengruppen, die zum Kreis der PfarrhausbewohnerInnen gehören oder zumindest in Pfarrhäusern arbeiten, die allerdings auffallend wenig kirchliches und kaum gesellschaftliches Interesse fanden. Hierzu zählen zunächst Pfarrhaushälterinnen und Kapläne sowie Pfarrsekretärinnen. Hinzu kamen in den zurückliegenden Jahrzehnten neue Berufsgruppen wie PastoralreferentInnen, GemeinderferentInnen und Diakone, für die das Pfarrhaus ebenfalls Arbeits- und zunehmend auch Lebensort geworden ist. Ihnen soll in der vorliegenden Studie neben den Priestern gebührende Aufmerksamkeit gewidmet werden, nicht nur weil dies in kirchlichen Verlautbarungen und Studien und im öffentlichen Bewusstsein hinsichtlich des Pfarrhauses sonst nur defizitär geschieht, sondern weil bei ihnen gerade aufgrund der jungen Geschichte ihrer Berufe und Lebenssituationen in Pfarrhäusern ein hohes Maß an Reflexionspotenzial vermutet werden kann.

1.2 Das gesellschaftliche Interesse am Pfarrhaus

Um einem rein funktionalen Ämterverständnis zu entgehen, soll mit dem Pfarrhaus ein Ort in den Blick genommen werden, mit dem einerseits das Leben der Gemeindepriester und pastoralen MitarbeiterInnen Berücksichtigung finden kann und an dem sich andererseits zentrale Entwicklungen der

---

[20] Bucher, Rainer / Plank, Georg: Ungeliebte Kinder, überlastete Lieblingssöhne und weit entfernte Verwandte. Warum hat die Kirche Probleme mit ihrer professionellen Struktur?, in: Bucher, Rainer (Hg.): Die Provokation der Krise. Zwölf Fragen und Antworten zur Lage der Kirche, Würzburg 2004, 45-62, 51.

kirchlichen Ämter der vergangenen Jahrzehnte ablesen lassen. Zwar war das Pfarrhaus nie ausschließlich ein Lebensort der Pfarrer, doch gerade durch die Entstehung neuer pastoraler Berufe sowie den Priestermangel in den deutschsprachigen Ländern kam es zu einer Pluralität des Pfarrhauslebens, die für viele Gemeindemitglieder zu den auffallenden kirchlichen Veränderungen der zurückliegenden Jahrzehnte gehören dürfte und Schematisierungen sowohl für den ländlichen als auch den städtischen Raum mittlerweile verbietet.

Während Bistumsleitungen, auch als Reaktion auf ein überbetontes kirchliches Reglement des priesterlichen Lebens bis in die Mitte des 20. Jahrhunderts, den Pfarrer vor allem in seiner Funktion als Gemeindeleiter betrachten, scheint das Interesse der Gemeinden am Pfarrer nach wie vor eher auf dessen persönliches und privates Leben, seinen Lebensstil und damit die Authentizität seiner Glaubensverkündigung zu zielen. Von ihm wird ein vorbildliches Christ- und Priestersein als Kompetenzkriterium für seine aus Gemeindesicht zentrale Aufgabe erwartet:

> „Von Seiten der Gemeindemitglieder sehen sie [Anm.: die Pfarrer] sich dann auch noch dem Erwartungsdruck ausgesetzt, einfühlsame Begleiter ihrer je eigenen Biografie zu sein."[21]

Mit der ungebremsten Popularität eines „Don Camillo" gibt es ein Interesse am Leben des Priesters und am Einblick in seinen privaten Bereich, der auch Literatur[22] und Film zu bestimmen scheint:

> „Die Unterhaltungsliteratur beschäftigt sich in erster Linie mit der privaten, nicht mit der beruflichen Lebenswelt der Priester. Dabei wird die Gestalt des Priesters von Amt und Würde getrennt und als Persönlichkeit präsentiert, die sich den Anfechtungen des Lebens stellen muss. Die Priestergestalt rückt so als Person in den Mittelpunkt, bei der hauptsächlich das Innenleben interessiert, in dem sich auch menschliche Schwächen und Versagen zeigen."[23]

So gehen Pfarrhausromane zu einem großen Teil der Faszination des fremdartigen Lebens nach. Das berufliche Tätigkeitsfeld spielt gerade insofern eine Rolle, als es für eine Darstellung der zwischenmenschlichen Beziehungen des Priesters nötig ist. Entscheidend ist nicht so sehr, was der Priester beruflich tut, sondern wie er lebt.

Als ein Beispiel für dieses Interesse am Leben des Priesters unter den Menschen sei hier auf den Roman „Die göttliche Ordnung der Begierden" von Evelyn Schlag[24] verwiesen, in dem die eigentliche Faszination am Priester in

---

[21] Bucher / Plank: Ungeliebte Kinder, 50.
[22] Vgl. Balzac, Honoré de: Der Landpfarrer. Roman, Zürich 1977.
[23] Hurth, Elisabeth: Metamorphosen der Gottesdiener. Priestergestalten in Romanen der Gegenwart, in: HerKorr 59 (2005), 144-149, 149.
[24] Schlag, Evelyn: Die göttliche Ordnung der Begierden, Salzburg-Wien 1998.

dessen normalen Lebensvollzügen begründet zu sein scheint. Schlag skizziert dabei ein Priesterideal, das amtliche Funktionen, liturgische Aufgaben und damit alle klassischen priesterlichen Tätigkeiten in den Hintergrund rückt. Der Priester ist stattdessen der normale, krisengebeutelte[25] und enttäuschte Mensch, der gerade aufgrund seiner Nähe zu allen Menschen als deren Seelsorger seine Identität und Autorität erhält.

> „Ein ‚besserer Priester sein' bedeutet in Schlags Roman, dass der Priester weniger als Stellvertreter Christi auf Erden agiert denn als Anwalt der Menschen. Der Priester ist nun vor allem als Mensch ‚an der Basis' gefragt, der aus seiner geistlichen Berufung säkulare Berufsrollen ableitet und so Aufgaben als Erzieher, Sozialhelfer und Berater erfüllt. Der Priester erscheint damit nicht so sehr als Kultdiener, Sakramentenspender oder Gemeindeleiter; er gilt vielmehr als jemand, der an der Seite der Mitmenschen steht und sie als Helfer in Nöten und Sorgen begleitet."[26]

Das damit ausgedrückte Priesterideal verändert nicht nur die Wahrnehmung des Priesters und Pfarrers, es verschiebt auch den Blick von der Gemeinde auf den Priester und damit von der Kirche auf das Pfarrhaus. Dieser Verschiebung folgend rückt die persönliche Authentizität des einzelnen Priesters in den Vordergrund. Die je eigene Ausfüllung des Amtes, die persönlichen Charismen und Eigenarten, die kleinen und großen Schwächen werden herausgearbeitet aus dem, was zuvor als anonymisierter Amts- und Funktionsträger erschien. Kurz: Der Fokus richtet sich nicht mehr auf eine (Berufs-)Gruppe und ein Amt, sondern auf das Individuum, den einen besonderen Priester.

Inwiefern dies signifikant für eine veränderte Korrelation zwischen Amt und Amtsträger ist, wird im 2. Teil dieser Arbeit erörtert werden und sei hier nur mit dem Roman „Gottesdiener"[27] von Petra Morsbach angedeutet. Morsbach schildert einen Pfarrer, der weder als Detektiv Mordfälle aufklärt, noch als Managertyp seine Gemeinde in Atem hält. Stattdessen wird in Morsbachs Roman der Pfarrer Isidor Rattenhuber mit der Normalität des Pfarralltags beschrieben: Ein Sprachfehler, der überwunden werden kann, fettes Essen und Alkoholkonsum, Verliebtheit ohne Verstoß gegen das Zölibatsversprechen (!) und viele Differenzen zwischen einstigen Idealen und ernüchternder Realität. All dies sind Kennzeichen einer bestechenden Normalität, mit deren Beschreibung sich Morsbachs Roman in seiner Realitätsnähe stark von

---

[25] Schlag, Evelyn: Gespräche über Gott im Dunkeln. Das Versagen des Katholizismus – Gespräch mit Evelyn Schlag, in: Halbmayr, Alois / Mautner, Josef P.: Gott im Dunkeln. Religion in den Lebenswelten der späten Moderne, Insbruck 2003, 27-39, 28: „Mich hat weniger die ‚Gottesfrage' interessiert als der Mensch, dieser Priester, und was die Religion mit ihm anstellte. In welche Zwänge sie ihn bringt. Es stellte sich heraus, dass ihm die Religion, und noch viel weniger die Institution, die sich zur Verwalterin und einzig legitimierten Interpretin dieser Religion ermächtigte, in seiner Krise nicht helfen."
[26] Hurth: Metamorphosen, 148.
[27] Morsbach, Petra: Gottesdiener, München 2006.

anderen Pfarrerbeschreibungen unterscheiden dürfte. Hier gibt es ein Interesse am teilweise tragischen und in seiner Durchschnittlichkeit allenfalls komischen Lebenslauf eines Pfarrers, das mit der sonst üblichen Sehnsucht nach Spektakulärem aufzuräumen scheint. Damit markiert Morsbach einen vorläufigen Höhepunkt der veränderten gesellschaftlichen Wahrnehmung des Pfarrers und der damit einhergehenden Wandlung des eigenen Amtsverständnisses. Die Tendenz zur persönlichen Ausfüllung des Amtes durch die Persönlichkeit, das Charisma und die individuelle Kompetenz des Priesters und damit die steigende Abhängigkeit seiner Autorität von der Zustimmung und Sympathie und der Anerkennung seiner Kompetenz durch die Gemeindemitglieder findet hier deutlich Ausdruck:

> „Petra Morsbachs Roman zeigt auch, dass sich heute in vielfacher Weise eine ‚Entthronung' und Entsakralisierung des Priesters vollzogen hat. Festzustellen ist weiter ein deutlicher Autoritätsverlust des Priesters in der Gesellschaft. Das Amt wird zum einen immer seltener erfahren und am Ende kaum vermisst, zum anderen gesteht man offensichtlich dem Amt keine Autorität an sich zu. Die Persönlichkeit des Priesters rückt in den Vordergrund. Es ist die Persönlichkeit des Priesters, die dem Amt letztlich Autorität zuführt. Nicht mehr das Amt trägt also den Priester, vielmehr muss umgekehrt erst der Priester selbst mit seinem Einsatz, seine Person in die Waagschale legend, dem Amt Ansehen verschaffen. Das Amtliche muss personal gedeckt sein."[28]

Diese Wahrnehmung der persönlichen Lebenssituation des einzelnen Pfarrers mag zunächst amtstheologisch als Verlust betrachtet, als dogmatische Reduktion angefragt sein und als individualistische Engführung negativ interpretiert werden. Jedoch lässt sie sich zugleich auch als Chance für das Amt und seine Träger verstehen. Auffällig ist, dass es bei literarischen Auseinandersetzungen mit dem Pfarrerberuf eher selten um den voyeuristischen Blick auf das Pfarrhausleben, als vielmehr um eine Auseinandersetzung mit Themen, die im oder zumindest in Verbindung mit dem Pfarrhaus verortet werden können, geht und so mit ihnen ein alternatives, kirchenfernes Feld zur Beschäftigung mit theologischen Fragestellungen konstituiert ist. Ein Beispiel hierfür sei der Kriminalroman „Tod im Pfarrhaus"[29] von Helene Tursten, dessen Höllinterpretation von Ottmar Fuchs analysiert wurde, womit jene theologische Alternativverortung erkennbar wird:

> „In dieser Szene bringt die schwedische Autorin Helene Tursten in ihrem Kriminalroman ‚Tod im Pfarrhaus' eine unheimliche Gnadenlosigkeit zum Ausdruck, die in der Tat eine neue Art von Hölle

---

[28] Hurth: Metamorphosen, 145.
[29] Tursten, Helene: Tod im Pfarrhaus, München 2002.

konstituiert, nämlich auf sich selber unveränderbar festgenagelt zu sein, ohne Hoffnung, von seinen eigenen Grenzen und Destruktionen jemals erlöst zu werden."[30]

Hier wird neben der Faszination für die theologische Kreativität die Verbindung oder besser Verortung theologischer Themen im Pfarrhaus deutlich. Das Pfarrhaus wird zu dem Ort, zu dem Symbol existentieller Überlegungen nebst fremdartiger Lebensweise. Wo dennoch der Blick auf das Pfarrhaus eher dem Interesse am priesterlichen Schlafzimmer zu entsprechen scheint, was zu einem nicht unbedeutsamen Teil für die Fernsehvorabendserien, wie etwa „Schwarz greift ein"[31] oder „Himmel und Erde"[32] gilt, erscheint dies allenfalls als logische Konsequenz einer medialen Veröffentlichung des Privaten.

In der Wahrnehmung des öffentlichen Interesses am Pfarrhaus fällt die mangelnde Sicht auf die eingangs beschriebene Pluralität neuer pastoraler Berufe auf, die zwar das Bewusstsein der Pfarrgemeinden sehr nachhaltig prägen kann, jedoch bislang kaum Eingang in die öffentliche Beschäftigung mit dem Pfarrhaus gefunden hat.

---

[30] Fuchs, Ottmar: Gnade - nicht Ausnahme, sondern ausnahmslose Regel!, in: Bucher, Rainer / Krockauer, Rainer (Hg.): Macht und Gnade. Untersuchungen zu einem konstitutiven Spannungsfeld der Pastoral, Münster 2005, 347-359, 347.
[31] Kappel, Markus: „Schwarz greift ein", Köln 1994, (Fernsehserie).
[32] Steiger, Julian: Himmel und Erde, Köln 2000, (Fernsehserie).

2. Geschichte eines Ortes

Um sich im Rahmen einer pastoraltheologischen Arbeit einem zentralen pastoralen Ort anzunähern, erscheint es sinnvoll, dies in Rücksicht seiner geschichtlichen Prägungen zu tun. So soll im Folgenden mit einer historischen Betrachtung des Pfarrhauses im Gefüge der gesamtkirchlichen und pfarrgemeindlichen Entwicklung diesen Prägungen nachgegangen werden, bevor dann darauf aufbauend einzelne Funktionen und Problemfelder in ihrem gesamtgesellschaftlichen Kontext näher in den Blick gerückt werden. Auf diese Weise kann zum einen jener Selbstbegrenzung der „Empirischen Theologie" begegnet werden, die sich auf rein religiöse Phänomene beschränkt, und zum anderen einer methodischen Entgrenzung durch einen methodologischen Empirismus vorgebeugt werden, der eine rein empirische Datenerhebung bereits für Theologie hält.[1]

Für einen Beginn des historischen Rückgriffs legt sich mit dem Historiker Thomas Nipperdey[2] der Beginn des 19. Jahrhunderts als historischer Einschnitt besonders nahe, da hier mit der napoleonischen Politik eine gesellschaftliche und insbesondere kirchliche Neupositionierung einsetzte[3], die nicht nur als besondere Zäsur empfunden werden musste, sondern teilweise in ihren Auswirkungen bis in die Gegenwart nachwirkt, wie zu sehen sein wird.

Nicht zuletzt aufgrund der historischen Zäsur, die mit dem Ende des „Heiligen Römischen Reiches Deutscher Nation" markiert werden kann und mit der verstärkten Suche nach nationalstaatlichen Identitäten in den deutschsprachigen Ländern verbunden ist, stehen die Gebiete der heutigen Bundesrepubliken Deutschland und Österreich im Rahmen dieser Arbeit im Zentrum der Aufmerksamkeit. Die Beschlüsse des Reichsdeputationshauptschlusses vom 25. Februar 1803 veränderten darüber hinaus das Verhältnis der Staaten zu den Kirchen nachhaltig und markieren zu Beginn des 19. Jahrhunderts eine weitere Zäsur, die es nahe legt, die kirchliche Neuverortung in dieser sich stark wandelnden Gesellschaft in den Blick zu nehmen.

---

[1] Vgl. Bucher, Rainer: Über Stärken und Grenzen der „Empirischen Theologie", in: ThQ 182 (2002), 128-154.
[2] Nipperdey, Thomas: Deutsche Geschichte 1800 – 1866. Bürgerwelt und starker Staat, München[3] 1985, 11: „Am Anfang war Napoleon. Die Geschichte der Deutschen, ihr Leben und ihre Erfahrungen in den ersten eineinhalb Jahrzehnten des 19. Jahrhunderts, in denen die ersten Grundlagen eines modernen Deutschland gelegt worden sind, steht unter seinem überwältigenden Einfluß."
[3] Vgl. Dietrich, Tobias: Konfession im Dorf. Westeuropäische Erfahrungen im 19. Jahrhundert, Köln 2004, 103-113.

2.1 Nur ein Wohnsitz? – eine kirchengeschichtliche Annäherung

Die Prägekraft alter Häuser auf die Identität von BewohnerInnen und BesucherInnen lässt sich mit einem Gedicht von Robert Gernhardt in jener Wechselbeziehung von Ort und Person nachempfinden, die vor allem in der Heterotopologie Michel Foucaults des 20. Jahrhunderts philosophisch analysiert wurde. Sie sei hier der historischen Betrachtung vorangestellt:

Altes Haus[4]

So ein altes Haus
scheint ein Teil der Natur:
Ich besitz und besetz es
und bin doch nur
ein Glied in der Kette
von vielen Benutzern,
Besitzern, Bewahrern,
Bewohnern, Verschmutzern,
die alle verwohnten,
verstarben, vergingen,
nicht zu bedenken,
nie zu besingen,
alle nur Gäste,
alle nur Drohnen,
gewohnt zu beerben
geschickt im Bewohnen –
aber:

Vor uns, den Erben,
erbauten Erbauer
Mauern als Feldstein
in Maßen von Dauer,
nicht immer lotrecht,
doch immer gerichtet,
nicht immer nach Vorschrift,
doch stets so gewichtet,
dass die Mauern nach all den
Jahrzehnten noch ragen,
die Wände noch schützen,
die Balken noch tragen - :
Erfahrne Erbauer!
Euch sollte ich kennen,
bedenken, besingen,
berühmen, benennen,
und weiß nichts von euch.
Ich weiß nur: Dies Haus
ging einst mit euch an
und geht nicht mit mir aus.

---

[4] Gernhardt, Robert: Glück und Anderswo. Gedichte, Frankfurt am Main³ 2002, 42.

2.1.1 Die Umsetzung der Reformdekrete des Konzils von Trient

Nicht nur aufgrund seiner einschneidenden Beschlüsse für das Leben, die Ausbildung und weitere äußere Rahmenbedingungen des priesterlichen Lebens kommt dem Konzil von Trient besondere Relevanz für eine historische Betrachtung des Pfarrhauses zu.[5] Mit der allmählichen Umsetzung seiner Beschlüsse[6] kommt das Tridentinum insbesondere hinsichtlich des Lebens der Priester seit Beginn des 19. Jahrhunderts zum Tragen. Gerade das Dekret „Cum adulescentium aetas", das vom Konzil am 15. Juli 1563 verabschiedet wurde und die Ausbildung der Priester durch eigene Priesterseminare in die Verantwortung der Bischöfe und damit neben das universitäre Theologiestudium stellte, ist hier besonders bedeutungsvoll.[7] Die damit ermöglichten Priesterseminare zielten weniger auf eine Elitebildung ab, wie dies für das Collegium Germanicum in Rom von Beginn an gesagt werden kann, sondern dienten der soliden Ausbildung des Pfarrklerus. Die im Vergleich zum Universitätsstudium kürzere Ausbildungszeit und an weniger philosophische und fremdsprachliche Vorkenntnisse gebundene Seminarausbildung sollte langfristig auch zu einer Behebung des Priestermangels in vielen Ländern führen.

Kein anderes Konzil und keine anderen päpstlichen oder bischöflichen Schreiben dürften in ihrer praktischen Auswirkung auf das Leben des Weltklerus bis heute so grundlegende Auswirkungen haben wie das Tridentinum[8]

---

[5] Zwar verweist Eberhard Winkler auf die Ursprünge des Pfarrhauses in einer Bestimmung Ludwigs des Frommen aus dem Jahr 818 und seine Entstehung aus den Klöstern, jedoch erscheint dies für den katholischen Bereich in den Reformdekreten des Trienter Konzils und der nachfolgenden Entwicklung des Pfarrhauslebens aufgegangen zu sein. Vgl. Winkler, Eberhard: Pfarrhaus, in: TRE, Bd. 26, Berlin-New York 1996, 374-379.

[6] Vgl. zur Problematik der Umsetzung der Konzilsbeschlüsse von Trient und die nachkonziliare Entwicklung der Kirchenkrise: Jedin, Hubert: Das Papsttum und die Durchführung des Tridentinums (1565-1605), in: Iserloh, Erwin / Glazik, Josef / Jedin, Hubert (Hg.): Handbuch der Kirchengeschichte, Bd. 4, Reformation, Katholische Reform und Gegenreformation, Freiburg-Basel-Wien[2] 1975, 521-560, bes.: 547-560, 560: „Die Selbstbehauptung der Kirche in Mitteleuropa und die Fortschritte der tridentinischen Reform, dazu der Ausgang der Hugenottenkriege, die bleibende Verbindung des Südteils der Niederlande mit Spanien und die Festigung des Katholizismus in Polen wirkten zusammen, daß die Krise der Glaubensspaltung nach der Jahrhundertwende wenn nicht als überwunden, so doch als eingegrenzt gelten konnte. Zu diesem Ergebnis trug nicht wenig bei die Schwächung der protestantischen Front durch den Gegensatz zwischen Reformierten und Lutheranern, die tiefste Ursache lag jedoch in der Stärkung der religiösen und geistigen Substanz des kirchlichen Lebens, die sich im Aufblühen der Theologie, des Ordenslebens und der Frömmigkeit offenbarten."

[7] Vgl. Kottje, Raymund: Entstehung und Bedeutung des Tridentiner Seminardekrets, in: Waltermann, Leo (Hg.): Klerus zwischen Wissenschaft und Seelsorge. Zur Reform der Priesterausbildung, Essen 1966, 16-20.

[8] Hubert Jedin verdeutlicht diese tiefgreifende Bedeutung des Tridentinum für die pfarrliche Seelsorge am Ringen des Konzils um die Residenzpflicht von Bischöfen und Pfarrern: Jedin,

und jenes Dekret zur Priesterausbildung. Dabei wird dessen Bedeutung gerade vor dem Hintergrund vorangehender Missstände und der bis dahin problematischen Reaktion auf unterschiedliche kirchliche Reformbewegungen und Abspaltungen deutlich[9], wenngleich die große Beachtung, die es in den folgenden Jahrhunderten gefunden hat, kaum von den Konzilsvätern voraussehbar war.[10]

„Den Fortschritt, den das tridentinische Seminar brachte, begreift man erst dann, wenn man es an den Zuständen vor dem Tridentinum mißt. Es machte dem Minimalismus ein Ende, zu dem sich auch noch auf dem Konzil ein süditalienischer Bischof bekannt hatte: Für seinen Klerus genüge das Paternoster. Wenn man überhaupt bis dahin von einer Ausbildung des Klerus sprechen konnte, so war das nicht viel mehr – man verzeih den Ausdruck – als eine handwerkliche Aneignung dessen, was der Priester als Liturge und Spender der Sakramente zu tun hatte; sein Bildungsniveau war oft nicht höher als das eines Sakristans. Die Weiheexamina, die man hielt, waren in der Regel nur eine reine Formalität; nur selten wurde ein Kandidat zurückgewiesen."[11]

Heribert Schmitz hat sich in seiner „Geschichte des kirchlichen Lebens" dieses Einschnittes, den das Konzilsdekret in dieser Situation darstellte, angenommen[12], um von ihm ausgehend die Entwicklung des Klerus und der

---

Hubert: Geschichte des Konzils von Trient, Bd. 2, Freiburg i. B. 1957, 296-315, 273: „Der offenbare Hiatus zwischen Sein und Sollen, durch die an innerer Kraft wachsende Reformbewegung von Jahr zu Jahr stärker empfunden, rückte das Residenzproblem unausweichlich in den Mittelpunkt des konziliaren Reformprogramms. Die Durchführung der Residenz bei Bischöfen und Pfarrern erschien den Reformern als die unumgängliche Voraussetzung für die Wiederherstellung und Intensivierung einer geordneten Seelsorgsarbeit, ja fast gleichbedeutend mit ihr."
[9] Vgl. Jedin, Hubert: Die Bedeutung des Tridentinischen Dreketes über die Priesterseminare für das Leben der Kirche, in: ThGl 54 (1964), 181-198, 181: „Wohl hat man erkannt, daß der Einsatz der kirchlichen Zwangsmittel, insbesondere der Inquisition, auf die Dauer nicht genügte, um die haeretischen Bewegungen zu unterdrücken; aber es war nicht der Weltklerus (wenn man von den Chorherren absieht), es waren die großen Bettelorden, die, mit apostolischen Vollmachten ausgerüstet, im hohen und späten Mittelalter einen großen Teil der Seelsorge und vor allem die Predigt in den Städten an sich rissen und den Weltklerus allmählich zurückdrängten. Die Dominikaner und Franziskaner, die Augustinereremiten und Karmeliten waren im allgemeinen dem Weltklerus durch ihre theologische Bildung und ihre Spiritualität überlegen. Vor allem der Landklerus bliebt auf dem bisherigen, niedrigen Bildungsniveau."
[10] Vgl. die gute Zusammenfassung bei Plank, Georg: Was kommt nach Trient? Kirchliche Personalentwicklung nach dem II. Vatikanum, Wien 2005, 140-148.
[11] Jedin: Bedeutung des Tridentinischen Dekretes, 187.
[12] Vgl. zur geschichtlichen Entwicklung der Parochie und der parochialen Struktur: Winkler, Eberhard: Probleme der Parochie aus historischer Sicht, in: Lehmann, Maren (Hg.), Parochie. Chancen und Risiken der Ortsgemeinde, Leipzig 2002, 27-44.

Pfarrseelsorge zu untersuchen.[13] Gerade in der Stärkung der Stellung des Diözesanbischofs sieht er ein fruchtbringendes Einwirken in den Bereich der pfarrlichen Seelsorge.[14] So brachte das Nebeneinander von Pfarrseelsorge und Klöstern in den Städten des ausgehenden Mittelalters das Problem einer starken Konkurrenzsituation mit sich, die für die Pfarrer eine Gefährdung ihrer materiellen Existenz bedeutete. Neben der Dispenspraxis bezüglich der Residenzpflicht[15] war eine inhaltlich wie auch territorial nicht genau bestimmte Pfarreistruktur[16] die Ursache für zunehmende Probleme in der Pfarrseelsorge, denen das Konzil von Trient mit einer Neubestimmung der Pfarrei begegnete:

> „Der so bedingte Missstand sollte nach Anordnung des Konzils dadurch behoben werden, dass die Diözesanbischöfe zur Sicherstellung des Seelenheils der Gläubigen eine Gliederung des Volkes Gottes in bestimmte Pfarreien vornehmen und jedem auf diese Weise gebildeten Seelsorgesprengel seinen ständigen und besonderen Pfarrer zuweisen sollten, der die Pfarrei zu kennen vermochte und von dem allein die Pfarrangehörigen in erlaubter Weise die Sakramente empfangen konnten."[17]

Hier wird erkennbar, dass gerade als Reaktion auf die Reformation und die ihr mit zugrunde liegenden kirchlichen Missstände durch eine Stärkung der parochialen Strukturen und der Stellung des Diözesanklerus in der katholischen Kirche dem kirchlichen Leben die ersehnte Ordnung wiedergegeben werden sollte. Heribert Schmitz hat die Bedeutung der tridentinischen Beschlüsse als wegweisend für die Wiederbelebung der Pfarrseelsorge betont:

> „Seine Reformmaßnahmen [Anm.: die des Konzils von Trient] ermöglichten und erleichterten daher eine Neuorganisation der pfarrlichen Strukturen. Sie stärkten die Stellung des Pfarrers, so dass die Seelsorge durch den

---

[13] Vgl. Schmitz, Heribert: Pfarrei und ordentliche Seelsorge in der tridentinischen und nachtridentinischen Gesetzgebung, in: Gatz, Erwin (Hg.): Geschichte des kirchlichen Lebens, Bd.1, Die Bistümer und ihre Pfarreien. Freiburg-Basel-Wien 1991, 41-50.

[14] Hubert Jedin zeigt am Beispiel des Ringens um die Residenzpflicht der Bischöfe deren direkte Wirkung auf die Pfarrer und die Frage ihrer Residenzpflicht. Jedin, Hubert: Der Kampf um die bischöfliche Residenzpflicht, in: Bäumer, Remigius (Hg.): Concilium Tridentinum, Darmstadt 1979, 408-431, 409: „Bischöfe und Pfarrer sind die Träger der ordentlichen Seelsorge, der Einsatz des Pfarrers ist nicht weniger wichtig als der des Bischofs. Aber es liegt auf der Hand, dass eine geordnete und wirksame Pfarrseelsorge die Leitung und Aufsicht des Bischofs voraussetzt, dessen Gehilfe der Pfarrer ist."

[15] Jedin, Hubert: Geschichte des Konzils von Trient, Bd. 2, Freiburg i. B. 1957, 281: „In der Diözese Clermont, die über 800 Pfarreien zählt, nehmen kaum 60 Pfarrer ihr Amt persönlich wahr, alle anderen durch Vikare. In inkorporierten Pfarreien erhalten die Vikare von den Kapiteln und Klöstern, die oft hundert Gulden Einkünfte beziehen, manchmal nur 10 oder 12 Gulden Gehalt und können wegen ihrer Armut sich nicht einmal gegen diese Ungerechtigkeit wehren."

[16] Vgl. zur Begriffsbestimmung der „Pfarrei": Paarhammer, Hans: Art. Pfarrei, I. Römisch-katholisch, TRE 26, Berlin-New York 1996, 337-347.

[17] Schmitz: Pfarrei und ordentliche Seelsorge, 43.

Pfarrklerus sich wieder entfalten und den ihr gebührenden Platz einnehmen konnte."[18]

Diese Stärkung[19] sollte auch durch eine ausreichende ökonomische Absicherung der Pfarrer und Pfarrgemeinden gewährleistet, darüber hinaus durch rechtliche Bestimmungen[20] und exakte territoriale Ordnungen[21] erreicht werden. Eine weitere Prägung der Pfarrseelsorge nimmt das Tridentinum in der rechtlichen Bestimmung der Residenzpflicht vor, die es nicht nur auf Bischöfe, sondern nun auch auf Pfarrer[22] bezieht.

Neben der äußeren Konstituierung der Pfarrseelsorge durch das Konzil von Trient findet sich auch eine erste positive Definition der Pfarrseelsorge.[23] Des Weiteren stellt das Konzil mit seinen Reformdekreten zur Stärkung der Pfarrseelsorge und zur rechtlichen Stellung des Pfarrers vor allem den Beginn einer Entwicklung dar, in deren Folge das kirchliche Interesse an der Pfarrei wuchs und eine Vielzahl von Regelungen regional und auf Diözesanebene im Laufe späterer Jahrzehnte und Jahrhunderte gefunden wurde. Hierzu zählt das Pfarrrecht (Ius parochiale) ebenso wie die Visitationspflicht

---

[18] Schmitz: Pfarrei und ordentliche Seelsorge, 43.

[19] Vgl. Schreiber, Georg: Tridentinische Reformdekrete in deutschen Bistümern, in: Bäumer, Remigius (Hg.): Concilium Tridentinum, Darmstadt 1979, 462-521, 505: „Andere Momente wussten in tridentinischen Zusammenhängen die Stellung des Pfarrers zu festigen. So war das Dekret Tametsi mit seiner feierlichen Eheschließungsform in Gegenwart des Pfarrers und zweier (dreier) Zeugen dazu angetan, den Blick stärker auf den Parochus und die Parochie zu richten."

[20] Von besonderer Bedeutung ist hier die Anbindung der ordentlichen Sakramentsverwaltung an die Pfarrämter, sodass zum Beispiel den Bettelorden in den Städten eine erlaubte Sakramentenspendung nur mit pfarramtlicher Erlaubnis möglich war. Die Übernahme von Pfarrstellen durch die Bettelorden, die über lange Zeit in Konkurrenz zur Pfarrseelsorge standen, ist zum Teil in dieser rechtlichen Einschränkung, zum Teil in der damit verbundenen wirtschaftlichen Absicherung zu sehen.

[21] Schreiber: Tridentinische Reformdekrete, 507.

[22] Verbunden mit dieser Wiederbelebung der Pfarrseelsorge ist der Titel des „parochus" beziehungsweise „parochianus" für den verantwortlichen Priester eines umschriebenen Pfarreibezirks. Im Deutschen haben sich daraus gleichermaßen die Titel „Pfarrer" und „Pastor" entwickelt, die bis in die Gegenwart uneinheitlich verwendet werden.

[23] Schmitz: Pfarrei und ordentliche Seelsorge, 45. „Wem Seelsorge (cura animarum) übertragen war, der hatte die ihm anvertrauten Gläubigen zu kennen, für sie das Messopfer darzubringen, Gottes Wort zu verkünden, die Sakramente zu spenden und sie durch allseitig gutes Beispiel zu leiten, den Armen und anderen erbarmenswerten Personen väterliche Sorge angedeihen zu lassen und die übrigen pastoralen Aufgaben zu erfüllen."

Gerade die erste Definitionsbestimmung der Seelsorge dürfte mit Blick auf heutige Seelsorgeeinheiten mehrerer Pfarreien und Zusammenlegung von Pfarreien von erheblicher Brisanz sein. Vgl. diverse Beiträge in: Belok, Manfred (Hg.): Zwischen Vision und Planung. Auf dem Weg zu einer kooperativen und lebensweltorientierten Pastoral – Ansätze und Erfahrungen aus 11 Bistümern in Deutschland, Paderborn 2002.

des Bischofs als eine frühe Form der Qualitätssicherung[24], liturgische Bestimmungen, wie die Applikationspflicht der Pfarrer[25], die Verpflichtung der Priester zur Predigt[26], die Einführung der sonntäglichen Christenlehre durch den Pfarrer[27] oder die Einrichtung von Pfarrarchiven und die Verpflichtung zur Führung von Pfarrbüchern. So stellt das Tridentinum vor allem eine Ermöglichung von Veränderungen in der Pastoral dar, nicht schon automatisch deren Beginn und Umsetzung.[28] Dabei kommt dem Gemeindepriester beziehungsweise Pfarrer nicht nur als Adressat jener Konzilsbestimmungen Bedeutung zu, die sich auf die Disziplinierung des Weltklerus[29] und seiner Ausbildung bezieht. Louis Chatellier weist darauf hin, dass die Konzilsväter schnell seine Bedeutung für die Vermittlung der Konzilsanliegen unter den Gläubigen erkannten:

„Die Reformbischöfe und die Ordensmissionare wurden sich dessen [Anm. d. V.: der Problematik der Vermittlung] schnell bewusst. Es war unum-

---

[24] Vgl. Turchini, Angelo: Die Visitation als Mittel zur Regierung des Territoriums, in: Prodi, Paolo / Reinhard, Wolfgang (Hg.): Das Konzil von Trient und die Moderne, Berlin 2001, 261-323.
[25] Bis heute kennt das CIC (can. 534) die Verpflichtung des Pfarrers, eine Hl. Messe im Monat mit der Messintention für die Gemeinde zu feiern. Damit entsteht eine Grundausrichtung seines Dienstes auf das Gesamtwohl der Gemeinde. Vgl. Börsting, Heinrich: Geschichte der Matrikeln von der Frühkirche bis zur Gegenwart, Freiburg 1959.
[26] Kuttner, Stephan: Die Reform der Kirche und das Trienter Konzil, in: Bäumer, Remigius (Hg.): Concilium Tridentinum, Darmstadt 1979, 385-407, 401: „Hinsichtlich des Predigens wurde es den Bischöfen und Pfarrern zur Pflicht gemacht, das Wort Gottes an Sonntagen und Heiligenfesten zu predigen, und es wurden Strafen für die Vernachlässigung dieser Pflicht eingeführt."
[27] Schreiber: Tridentinische Reformdekrete, 508.
[28] Reinhard, Wolfgang: Das Konzil von Trient und die Modernisierung der Kirche. Einführung, in: Prodi, Paolo / Reinhard, Wolfgang (Hg.): Das Konzil von Trient und die Moderne, Berlin 2001, 23-42, 32: „Die Durchführung der Konzilsbeschlüsse brauchte manchmal Jahrhunderte, und erfolgte alles andere als geradlinig und konsequent." und 40: „Die praktische Bedeutung des Konzils von Trient blieb also ziemlich begrenzt und mit seinem nach dem Konzil entwickelten Reformprogramm hat das Papsttum ebenfalls erst im 19. und 20. Jahrhundert umfassenden Erfolg gehabt." und 42: „Trient hat also wichtige Anstöße zur ‚relativen' Modernisierung der Kirche gegeben, auch wenn diese erst sehr langsam in die Wirklichkeit umgesetzt werden konnten."
[29] Vgl. als Kommentar zu den Dekreten der 22. Session des Konzils von Trient: Lecler, Joseph / Holstein, Henri / Adnès, Pierre / Lefebvre, Charles: Trient II. Geschichte der ökumenischen Konzilien, Bd. 11, Mainz 1987, 381: „Die Einleitung führt die Hauptgründe an, aus denen Leben und Moral der Kleriker Vorschriften zu unterwerfen sind, damit sie den Christen als Beispiel dienen können. Infolgedessen ist an allem festzuhalten, was Päpste und Konzilien in der Vergangenheit über Leben, Moral, gottesdienstliche Praxis und Bildung der Kleriker festgesetzt haben, ebenso an den Strafanordnungen bezüglich äußerem Aufwand, Gastmählern, Tanzveranstaltungen, Glücksspielen, Vergnügungen und weltlichen Geschäften."

gänglich, zwischen ihnen und den Gläubigen Vermittler einzuschalten. Eine Figur stand sofort im Mittelpunkt der Aufmerksamkeit: der Pfarrer."[30]

All die Bestimmungen, die sich aus den Beschlüssen des Tridentinum ergeben, gelangen mit dem ausgehenden 18. vor allem aber im 19. Jahrhundert zu voller Blüte und Entfaltung[31], weshalb das Interesse dieser Arbeit an ihnen hier konkreter wird.

2.1.2 Die erste Hälfte des 19. Jahrhunderts

Für die Zeit des ausgehenden 18. und beginnenden 19. Jahrhunderts bedeutet die fortschreitende Umsetzung der tridentinischen Reformdekrete vor allem eine größere Vereinheitlichung des priesterlichen Lebens, die in der besonderen Relation von Staat und Kirche in der Folgezeit des Wiener Kongresses begründet ist. Die gerade in Deutschland schwierige Verhältnisbestimmung zwischen Staat und Kirche, letztlich in Folge der Aufklärung und der Französischen Revolution und mit einem vorläufigen Höhepunkt im Reichsdeputationshauptschluss, bewirkt im 19. Jahrhundert zunächst unterschiedliche Entwicklungen. So lässt sich zu Beginn des 19. Jahrhunderts ein wachsendes Interesse an den autoritäts- und gesellschaftstützenden Funktionen der Religion, die hier freilich noch ganz mit den großen Kirchen identifiziert wird, beobachten.[32] Bereiche, in denen sich die Kirchen diesem staatlichen Funktionalismus entziehen, werden als Konsequenz zunehmend angefragt und beschränkt. Die katholische Kirche in Deutschland reagierte auf diese veränderte Situation aufgrund ihrer geschwächten Verfassung[33] zunächst uneinheitlich. So entstanden unterschiedliche Schulen von Klerikern, die sich etwa

---

[30] Chatellier, Louis: Die Erneuerung der Seelsorge und die Gesellschaft, in: Prodi, Paolo / Reinhard, Wolfgang (Hg.): Das Konzil von Trient und die Moderne, Berlin 2001, 107-123, 112.

[31] Chatellier beobachtet bereits Ende des 17. Jahrhunderts weitgehende Veränderungen in der Disziplin des Weltklerus und seinem Bildungsstand, weiß jedoch auch um die großen regionalen und persönlichen Unterschiede. Chatellier: Die Erneuerung der Seelsorge, 119: „Abgesehen von diesen brillanten Ausnahmen [Anm.: gelehrter Pfarrer] kennzeichnete den Geistlichen am Ausgang des 16. Jahrhunderts im Vergleich zu seinem fernen Nachfolger des darauffolgenden Jahrhunderts freilich die Oberflächlichkeit der Seminarausbildung, die es Ende des 17. Jahrhunderts fast in jeder französischen Diözese gab."

[32] Vgl. Nipperdey: Deutsche Geschichte 1800–1866, 403-406.

[33] Vgl. zur Situation der Priesterausbildung zu Beginn des 19. Jahrhunderts: Schulte-Umberg, Thomas: Profession und Charisma. Herkunft und Ausbildung des Klerus im Bistum Münster 1776-1940, Paderborn-München-Wien-Zürich 1999, 79: „Geplant wurden für Universität wie Seminar von preußischer Seite her Maßnahmen, die den Gesamtcharakter der Priesterausbildung wesentlich verändert hätten. Die Universitätspläne Steins sind bekannt, sie sahen speziell für die theologische Fakultät sowohl deren überkonfessionelle Ein- wie aufgeklärte Ausrichtung vor."

zwischen „Ultramontanen"[34] und „Hermesianern"[35] bewegten. Unterschiedlich geprägte Priesterausbildungen waren entstanden. Trotz dieser Pluralität innerhalb des Klerus kam es im Verlauf des 19. Jahrhunderts zur Bildung eines einheitlichen, vom Ultramontanismus geprägten und tendenziell klerikalistisch überhöhten Priesterbildes[36], das der ekklesialen Ausbildung des „Dispositivs der Dauer"[37] entsprach und von einer Kontrastidentität geprägt war. Diesen Maßnahmen zur Bewahrung der kirchlichen Unabhängigkeit und der Kontinuitätssicherung kirchlichen Lebens in Deutschland entsprach das weltkirchliche Bemühen um eine Kompetenzverschiebung von den Nationalkirchen und Bistümern nach Rom und waren somit Bestandteil einer für das 19. Jahrhundert charakteristischen kirchlichen Zentralisierung:

> „Der alte Episkopalismus wird vom neuen ‚Papalismus', dem römischen Zentralismus, dem päpstlichen ‚Absolutismus', verdrängt; die katholische Kirche wird mehr Papstkirche, weniger Bischofskirche, mehr internationale Kirche und weniger regional-nationale."[38]

Die hierarchische Neuaufstellung in dieser ersten Phase des 19. Jahrhunderts bietet somit die „strukturellen Voraussetzungen und sozialtechnische Vorbereitung der Konstruktion einer strafferen, formellen, zentralistischen und transnationalen bürokratischen Hierarchisierung bei gleichzeitiger Verhinde-

---

[34] Der Begriff „Ultramontanismus" wurde im 19. Jahrhundert seiner wörtlichen Übersetzung entsprechend (jenseits der Berge beziehungsweise der Alpen) von liberalen Theologen als Negativbegriff zur Bestimmung der Vertreter einer rom- und papstzentrierten Ekklesiologie verwendet, wurde jedoch in seiner wissenschaftlichen Verwendung von seinen polemischen Zügen befreit. Vgl. Schatz, Klaus: Art. Ultramontanismus, in: LThK³ 10 (2006), 360-361: „Heute wird der Begriff v. Historikern u. Soziologen zunächst wertneutral für jene gesch. Richtung u. Sozialform des modernen Katholizismus gebraucht, die sich im 19. Jh. durchsetzte, im Vat.I triumphierte, die kath. Kirche bis z. Vat. II prägte [...]"

[35] Der Begriff des „Hermesianismus" markiert in der ersten Hälfte des 19. Jahrhunderts den auf Georg Hermes (1757–1831, Dogmatikprofessor in Münster und Bonn, ab 1825 Domkapitular in Köln) zurückgehenden Versuch einer Vermittlung von praktischer Vernunft und Glaubenslehre. Vgl. Hegel, Eduard: Geschichte der katholisch-theologischen Fakultät Münster 1773-1964 (= Münsterische Beiträge zur Theologie, Bd. 30/1 u. 30/2) Bd. 2, Münster 1966.

[36] Vgl. Anonym: Priester und Welt. Eine Reihe von Betrachtungen zur Auffrischung und Erneuerung des klerikalischen Geistes, Regensburg 1844, 28: „Niemals können wir es genugsam erwägen, wie hoch und wie heilig die Priesterwürde des neuen Bundes ist. Es gibt keine Hoheit und keine Macht auf Erden, welche mit der Würde auch nur des einfachsten Priesters verglichen werden könnte."

[37] Bucher, Rainer: Kirchenbildung in der Moderne. Eine Untersuchung der Konstitutionsprinzipien der deutschen katholischen Kirche im 20. Jahrhundert, Stuttgart-Berlin-Köln 1998, 39-78.

[38] Nipperdey: Deutsche Geschichte 1800-1866, 407.

rung der Ausbildung von aus römischer (weltkirchlicher) Organisationsperspektive weit unberechenbareren nationalkirchlichen Strukturen."[39]

Diese Entwicklung prägte maßgeblich die erste Hälfte des 19. Jahrhunderts, entsprach einer innerkirchlichen Reaktion auf die gesellschaftlich veränderte und weitgehend entmachtete Rolle der Kirche und bereitete die Milieubildung der Pianischen Epoche mit ihren ersten Höhepunkten in der Päpstlichen Verlautbarung „Syllabus errorum" im Jahr 1864 und dem Ersten Vatikanischen Konzil vor.

Für Österreich sei gerade für die Zeit des 19. Jahrhunderts auf die massiven Eingriffe in das öffentliche Leben, das Sozial- und Schulwesen durch die Beschlüsse des „Josephinismus"[40] verwiesen. Bereits im 18. Jahrhundert hatte es hier von einigen Bischöfen Bemühungen gegeben, den österreichischen Katholizismus für Gedanken der Aufklärung zu öffnen.[41] Die Bemühungen um einen Reformkatholizismus führten zu intensiven Debatten über das Staat-Kirche-Verhältnis, die bis ins 19. Jahrhundert hinein führten und parallel von staatlichen Versuchen begleitet waren, die kirchliche Abgeschlossenheit gegenüber der Aufklärung durch eine engere Anbindung an den Staat zu öffnen. Unter dem Eindruck dieser teilweise schwerwiegenden Maßnahmen im Zusammenhang einer „Katholischen Aufklärung" unter Kaiser Joseph II., die auch Klosterreformen mit einer Ausrichtung auf die (Pfarr-)Seelsorge sowie äußerst detaillierte Eingriffe in die bis dahin autonomen kirchlichen Lebensbereiche[42] vorsah, gestaltete sich das pfarrliche Leben des 19. Jahrhunderts im Rahmen einer engen Einbindung der Kirche in die staatlichen Systeme. Als Hintergrund dieser Neuorientierung des Pfarramtes – im Windschatten der Neuorganisation der österreichischen Diözesanstruktur und des Episkopates – kann einerseits eine Lockerung der

---

[39] Ebertz, Michael N.: Herrschaft in der Kirche. Hierarchie, Tradition und Charisma im 19. Jahrhundert, in: Gabriel, Karl / Kaufmann, Franz-Xaver (Hg.): Zur Soziologie des Katholizismus, Mainz 1980, 89-111, 97.

[40] Als begriffliche und historische Abgrenzung dürfte sich der Zeitraum von der (spät-)theresianischen Zeit bis 1855 durchgesetzt haben. In der Folgezeit, also der zweiten Hälfte des 19. Jahrhunderts, wird dagegen überwiegend von „Kryptojosephinismus" gesprochen. Vgl. zur Entstehung des Josephinismus als österreichische Sonderform der Aufklärung, als „Reformkatholizismus" (Vgl.Winter, Eduard: Der Josefinismus. Die Geschichte des österreichischen Reformkatholizismus 1740-1848, Berlin 1962.) und seiner Verwurzelung im aufklärerischen Gedankengut Deutschlands, Frankreichs und Italiens: Zöllner, Erich: Bemerkungen zum Problem der Beziehung zwischen Aufklärung und Josephinismus, in: Reinhalter, Helmut (Hg.): Der Josephinismus. Bedeutung, Einflüsse und Wirkungen, Frankfurt a. M.-Berlin-Bern-New York-Paris-Wien 1993, 22-38.

[41] Hersche, Peter: Der aufgeklärte Reformkatholizismus in Österreich, Bern-Frankfurt a. M. 1976.

[42] Vgl. zu den unterschiedlichen Beschlüssen die genaue Darstellung bei: Klueting, Harm: Der Josephinismus. Ausgewählte Quellen zur Geschichte der theresianisch-josephinischen Reformen, Darmstadt 1995.

Verbindung zur Papstkirche und andererseits eine patriotische Ausrichtung auf die zunehmende österreichische Eigenständigkeit angesehen werden.[43]

> „Alle Maßnahmen josephinischer Staats- und Verwaltungsreform sind als Schritte hin zum ‚modernen' souveränen Staat, der sich auch als Wohlfahrtsstaat verstand, zu begreifen. (…) Ist man bereit, diese ‚humanisierende' und positive Zielsetzung anzuerkennen, wird man den Reformen, die von der Natur der Sache her tief in die überlieferte kirchliche Struktur eingriffen, auch eine positive ethische Qualität zusprechen müssen."[44]

Hier klingt die Ambivalenz der Reformbemühungen an, die gerade in ihren kirchlichen Konsequenzen auch Widerstand hervorrief und in ihrer bis in die Gegenwart prägenden Wirkung gegensätzlich beurteilt wird: Aus Verantwortungsgefühl für die Seelsorge wurde unter Kaiser Josef II. die Zahl der Pfarreien vervielfacht, die Pastoraltheologie nach ihrer Grundlegung durch Abt Stephan Rautenstrauch (1734-1785) und Franz Giftschütz (1748-1788) als elementarer Bestandteil in das Theologiestudium integriert und die Pfarrer in eine den Staatsbeamten ähnliche Stellung mit genauer Aufgabenbeschreibung gebracht:

> „Der josefinische Pfarrer hatte nicht nur für einen würdigen Gottesdienst zu sorgen, zu predigen, zu katechisieren, er musste auch der Vater der Waisen, der Armen und der Kranken sein."[45]

Die tendenzielle Überforderung des schlecht ausgebildeten Klerus wurde dabei vor allem durch Appelle an sein nahezu soldatisches Pflichtgefühl übergangen. Hier wurde das Pfarrhaus, mehr noch als in Deutschland[46], zum Pfarramt mit Kanzleistunden und damit zum kleinen Bruder der bischöflichen Kurie. Dem so aufgewerteten und in die Pflicht genommenen Pfarramt

---

[43] Zu den vielfältigen staatlichen Eingriffen in den kirchlichen Bereich gehörte auch der Beamtenstatus der Priester, in deren Folge Pfarrämter auch zur Rekrutierung von Soldaten aus den Pfarrgemeinden herangezogen wurden.

[44] Frank, Isnard W.: Zum spätmittelalterlichen und josephinischen Kirchenverständnis, in: Kovács, Elisabeth (Hg.): Katholische Aufklärung und Josephinismus, München 1979, 143-172, 168.

[45] Winter: Josefinismus, 125.

[46] Gleichwohl lässt sich das Phänomen des Josephinismus als auch seine Konsequenzen nicht auf Österreich beschränkt betrachten. Auswirkungen dieses Verständniswandels der gesellschaftlichen Aufgaben der Kirche und ihre politischen Einbindungen lassen sich gerade auch in anderen deutschen Regionen beobachten. Vgl. dazu: Klueting, Harm: Deutschland und der Josephinismus. Wirkungen und Ausstrahlungen der theresianisch-josephinischen Reformen auf die außerösterreichischen deutschen Reichsterritorien, in: Reinhalter, Helmut (Hg.): Der Josephinismus, Frankfurt a. M.-Berlin-Bern-New York-Paris-Wien 1993, 63-102, 67: „Darüber hinaus gingen von den theresianisch-josephinischen Reformen Ausstrahlungen auf die katholischen Territorien dieses engeren Deutschland – das ‚katholische Deutschland' – aus, die mit den Gemeinsamkeiten von Josephinismus und Katholischer Aufklärung zusammenhingen."

kommt nun eine staatstragende Funktion für die ganze Ortsgemeinde zu. Es wird zur Anlaufstelle für alle Belange des öffentlichen Lebens:
> „Lasen bisher Geistliche kaum Bücher, so sollten sie sich jetzt sogar auf den wichtigsten Gebieten von Viehzucht und Ackerbau umsehen."[47]

Die gesteigerten Erwartungen wurden auch durch ein festes staatliches Gehalt mit Pensionsanspruch begründet, wobei sich der Kaiser selbst vorbehielt, in Gottesdienstordnungen, Kirchenarchitektur und andere Details des Gemeindelebens bis hinein in die Lebensführung der Pfarrer einzugreifen. Die daraus erwachsene enge Verbindung von Staat und Kirche zur gegenseitigen Stützung wurde zum prägenden Kennzeichen der kirchlichen Situation des 19. Jahrhunderts in Österreich und durchzog alle Lebensbereiche:
> „Am ehesten verfolgen noch die Verordnungen über die Seelsorge im letzten Regierungsjahrzehnt der Kaiserin einen idealen Zweck. Beispiele dafür sind die Aufforderung an die Ärzte, schwerkranke Patienten rechtzeitig zum Sakramentenempfang anzuhalten, und die staatlichen Verordnungen über Arbeitsruhe, Christenlehre und Katechese an Sonn- und Feiertagen. Doch steckt auch hierin schon die Möglichkeit, die dann unter Joseph zur Wirklichkeit wurde, dass man Christenlehre und Katechese dazu missbrauchte, um die Ideen der Regierung unter das Volk zu tragen. Und wenn unter der Kaiserin die Baustandsuntersuchung der landesfürstlichen Pfarren begann, so konnte diese Sorge neben der Ersparnis größerer Wiederaufbaukosten auch bezwecken, den Pfarrern, die nun bald zu Staatsbeamten gemacht wurden, ordentliche Pfarr-‚Ämter' und ‚Kanzleien' zur Verfügung zu stellen."[48]

Die staatliche Funktionalisierung der österreichischen Kirche in ihrer gesellschaftstabilisierenden Rolle wird weit über die Zeit des Josephinismus hinaus die Bedeutung des Pfarrhauses als „Amt" und „Kanzlei" im Bewusstsein von Priestern und Gemeindemitgliedern prägen.

2.1.3 Milieubildung und Beginn der „Pianischen Epoche"

Einzelne Maßnahmen, wie die Öffnung der Zugangsmöglichkeiten zum höheren Klerus auch für nichtadelige Bevölkerungsschichten und die damit verbundene soziale Nivellierung des Klerus, erhöhen die kirchliche Abhängigkeit der einzelnen Amtsträger, verstärken die zentrale Machtposition Roms und entsprechen der Ausbildung eines bürokratisch-legalen Herrschaftssystems der Kirche, auf das mit Blick auf das Pfarrhaus eigens einzugehen sein wird. Die zunehmende „Ungleichzeitigkeit" zwischen Moderne und Katholizismus, der sich durch eine zunehmende und „grenzüberschrei-

---

[47] Winter: Josefinismus, 126.
[48] Rieser, Herbert: Der Geist des Josephinismus und sein Fortleben. Der Kampf der Kirche um ihre Freiheit, Wien 1963, 44-45.

tende Homogenität des katholischen Milieus"[49] auszeichnete, wurde vor allem in der Kirchenleitung wahrgenommen und systemintern mit modernen Methoden formiert:

> „Mit Hilfe der modernen Kommunikations- und Transportmittel, das heißt mit Zeitungen und Volksschriften, mit Vereinen und Wallfahrten, propagierte die Kirche nach 1850 das ultramontane Frömmigkeitsideal, vereinheitlichte den Volkskatholizismus und merzte lokale Eigenarten in der Volksfrömmigkeit aus."[50]

Diese Vereinheitlichung dürfte gerade die „Pianische Epoche"[51] von der Mitte des 19. bis zur Mitte des 20. Jahrhunderts zu einer besonderen „Ausnahmeperiode" machen, denn hier „deckten sich Doktrin und Praxis des Katholizismus in einem vorher und nachher nie mehr erreichten Ausmaß."[52] Das darin ausgedrückte „dialektische Moment im Katholizismus"[53] bildet bis in das 20. Jahrhundert hinein eine der Besonderheiten der katholisch-konfessionellen Identitätsbestimmung: scharfe Abgrenzung gegenüber jeglichen Überzeugungen und Ansätzen der Moderne mithilfe ihrer eigenen Methoden, wie etwa einer starken Bürokratisierung oder einem eigenen Schulsystem zur Bildung einer katholischen Elite[54]. In der scharfen Ablehnung gegenüber der Idee der Menschenrechte[55] als einer auch der Kirche vorgegebenen Größe wird diese nach innen gerichtete katholische Identitätsbildung in ihrer theologischen Tragweite erkennbar. Sie ist insbesondere unter Papst Pius IX. und der Stärkung der päpstlichen Potestas iurisdictionis (und ihrem Höhepunkt mit der dogmatischen Festellung der päpstlichen Unfehlbarkeit in Glaubens- und Sittenfragen und vor allem des Jurisdikti-

---

[49] Ruster, Thomas: Die verlorene Nützlichkeit der Religion. Katholizismus und Moderne in der Weimarer Republik, Paderborn-München-Wien-Zürich 1994, 42.

[50] Altermatt, Urs: Katholizismus: Antimodernismus mit modernen Mitteln? in: Ders. / Hürten, Heinz / Lobkowicz, Nikolaus (Hg.): Moderne als Problem des Katholizismus, Regensburg 1995, 33-50, 37.

[51] Die „Pianische Epoche" wird durch die Päpste Pius' IX. und Pius' XII. (1846-1958) begrenzt.

[52] Altermatt: Katholizismus: Antimodernismus mit modernen Mitteln?, 46.

[53] Ruster: Nützlichkeit, 39.

[54] Bucher, Rainer: Was Gott mit einer katholischen Schule zu tun haben könnte. Thesen zur Aufgabe einer alten Institution in neuen Zeiten, in: engagement (2005), 148-157, 149: „Eines dieser modernen Mittel war das Schulwesen. Katholische Schulen hatten dabei eine doppelte Funktion: Zum einen sollten sie mit dem Klerus eine kircheninterne Führungsschicht, aber auch eine Gegenelite zur dominanten evangelischen Oberschicht der deutschen Gesellschaft heranbilden. (…) Kurz: Man wollte einer kulturpessimistisch diagnostizierten ‚Krise der Zeit' eine katholische geprägte Elite gegenüberstellen."

[55] Wie schwer der katholischen Kirche und ihrer Theologie eine positive Verhältnisbestimmung zur Menschenrechtsidee fällt, zeigt beispielsweise Walter Kasper, der ihre latenten Geltungsdefizite in einem theologischen „Begründungsvakuum" begründet sieht, das letztlich auch ihre Verwirklichung behindere. Vgl. Kasper, Walter: Theologie und Kirche, Bd. 2, Mainz 1999, 229-248.

onsprimats innerhalb des Ersten Vatikanischen Konzils, 1869-1870) eine Antwort auf den mit dem Verlust des Kirchenstaates einhergehenden Zerfall außerkirchlicher Autorität.[56]

Diese eher strukturelle Neuausrichtung des Katholizismus als Antwort auf gesellschaftliche Veränderungen fand ihre Fortsetzung auch in einer erneuerten spirituellen Prägung. Angesichts eines immer deutlicher werdenden „Geschlechtsdimorphismus"[57] kam es zu einer deutlichen Feminisierung der Frömmigkeitsformen[58], die ihren Grund nicht nur in der zahlenmäßigen Stärke der Frauen als Ordensschwestern innerhalb des Klerus hatte, sondern vor allem in den neu entstehenden Kongregationen:

> „Es handelt sich dabei um eine große Akkulturationsleistung des Klerus, der von nun an den konstitutiven Attributen des weiblichen Glaubens huldigte: der religiösen Sentimentalität, der Frömmigkeit als Rhythmisierung des alltäglichen Lebens, der inneren Erfahrung als Quelle der Würde. Die ethische Kraft des Glaubens als Ursprung des Eigenwerts stellte das Fundament des moralischen Paktes zwischen der Kirche und dem Heer gläubiger Frauen dar."[59]

Äußere Formen dieser charakteristischen Prägung sind in dem verstärkten Herz-Jesu-Kult[60], in den zunehmenden Heiligsprechungen von Frauen, in der Blumensymbolik, in den Marienwallfahrten und der Schutzengelverehrung, in den Gebetsbüchlein zur persönlichen Erbauung bis hin zur deutschen Künstlergruppe der Nazarener zu sehen. Mit diesen vereinheitlichten und stark feminisierten Spiritualitätsformen antwortete die katholische Kirche insbesondere in ihrer Homogenität und Emotionalität im Rahmen des „mo-

---

[56] Sander, Hans-Joachim: Der Streit um die individuellen Freiheitsrechte im christlichen Raum. Vom Syllabus errorum bis Dignitatis Humanae, in: Una Sancta 62 (2007), 90-103, 93.

[57] De Giorgio, Michela: Die Gläubigen, in: Frevert, Ute / Haupt, Heinz-Gerhard (Hg.): Der Mensch des 19. Jahrhunderts, Essen 2004, 120-147, 121.

[58] Nipperdey: Deutsche Geschichte 1800-1866, 411: „Zu der ultramontanen Umformung der Kirche gehört eine Neugestaltung der Frömmigkeitspraxis. Formen der Gegenreformation und des Barocks wie südländische, romanische werden bewusst gegen die katholische Aufklärung und die Moderne überhaupt wieder- und neueingeführt. Die neubelebte überschwängliche Marienfrömmigkeit mit Marienerscheinungen und dem Dogma der unbefleckten Empfängnis (1854), der sie begleitende Josefskult und andere neue Heiligenverehrungen und -kulte (wie der des Heiligsten Herzens Jesu), die neue Schätzung von Wundern, Stigmatisierungen z.B., Wallfahrten, Bußaktionen, Exerzitien und Volksmissionen, strenge und formale, äußerlich sichtbare Devotions- und Andachtsformen (zum Beispiel das Ewige Gebet), Bruderschaften und Dritte Orden, eine eigentümliche Sentimentalisierung und Emotionalisierung von Religion und Frömmigkeit werden typisch."

[59] De Giorgio: Die Gläubigen, 123.

[60] Vgl. Busch, Norbert: Frömmigkeit als Faktor des katholischen Milieus. Der Kult zum Herzen-Jesu, in: Blaschke, Olaf / Kuhlemann, Frank-Michael (Hg.): Religion im Kaiserreich. Milieus - Mentalitäten - Krisen,
Bd. 2, Religiöse Kulturen in der Moderne, Gütersloh 1996, 136-165.

dernen Katholizismus"⁶¹ als Sozialform ausgesprochen modern auf aktuelle Bedürfnisse⁶² in einer zunehmenden Unüberschaubarkeit des Lebens und damit auf ein Defizit des industriellen Zeitalters.⁶³ Einerseits verstärkte sich durch diese Tendenzen die starke weibliche Präsenz innerhalb der Kirche bei gleichzeitig zunehmender Distanz der männlichen Mehrheit, andererseits bewirkten ähnliche Tugendmuster und Rollenzuschreibungen zwischen Frauen und Priestern eine starke Feminisierung des Klerus als „Inszenierung einer androgynen Aura"⁶⁴. Erst mit dem Abschmelzen des Milieukatholizismus in der Mitte des 20. Jahrhunderts setzte eine kritische Selbstreflexion dieser ultramontanen Frömmigkeitsmerkmale ein.

Eine als „katholizistischer Effekt"⁶⁵ alle Lebensbereiche durchziehende konfessionelle „Segmentierungsstrategie"⁶⁶ ergibt sich im deutschsprachigen Raum gerade aufgrund der Minderheitssituation in Teilen der neuen staatlichen Gebilde des 19. Jahrhunderts⁶⁷ und der starken kulturellen Dominanz des protestantischen Bevölkerungsteils in diesen Ländern. Wenn auch die Interpretation dieser Entwicklung als Milieukatholizismus über lange Zeit vorherrschend war, mehren sich doch zunehmend die wissenschaftlichen Stimmen, die dies als Vereinfachung kritisieren.⁶⁸

---

⁶¹ Gabriel, Karl: Christentum zwischen Tradition und Postmoderne, Freiburg-Basel-Wien 1992, 80 f.
⁶² Gabriel: Christentum, 95: „Seit der Mitte des 19. Jahrhunderts begann mit besonderer Ausprägung im Katholizismus eine Ära im Verhältnis von Volksreligion und kirchlicher Religion. Unter den besonderen Bedingungen des 19. Jahrhunderts gelang es der katholischen Kirche, die vom Modernisierungsprozeß aufgerührte Volksreligion unter ihre Fittiche zu nehmen und eine historisch einmalige Nähe von Volksreligion und kirchlicher Religion herzustellen."
⁶³ Bereits zu Beginn des 19. Jahrhunderts war es als Reaktion auf ein in Folge der Aufklärung zu rationalistisch-emotionsloses und stark individualisiertes Glaubensverständnis vor allem im pietistisch-preußischen Protestantismus zu einer Konversionswelle zur katholischen Kirche im (Bildungs-)Bürgertum gekommen. Vgl. exemplarisch: Stambolis, Barbara: Luise Hensel (1798-1876). Frauenleben in historischen Umbruchszeiten, Köln 1999, 42-56.
⁶⁴ Busch, Norbert: Die Feminisierung der Frömmigkeit, in: Olenhusen, Irmtraud Götz von (Hg.): Wunderbare Erscheinungen. Frauen und katholische Frömmigkeit im 19. und 20. Jahrhundert, Paderborn-München-Wien-Zürich 1995, 203-219, 214.
⁶⁵ Ruster: Nützlichkeit, 39.
⁶⁶ Vgl. Geller, Helmut: Sozialstrukturelle Voraussetzungen für die Durchsetzung der Sozialform „Katholizismus" in Deutschland in der ersten Hälfte des 19. Jahrhunderts, in: Gabriel, Karl / Kaufmann, Franz-Xaver (Hg.): Zur Soziologie des Katholizismus, Mainz 1980, 66-88, 87.
⁶⁷ Die Ausbildung dieser konfessionellen Segmentierung der Gesellschaft in den deutschen Staaten ruft die Entstehung des „Katholizismus" als Bewegung hervor und löst die kirchliche Monopolstellung ab, die sich bis in das 18. Jahrhundert für die meisten europäischen Länder beobachten lässt.
⁶⁸ Loth, Wilfried: Milieus oder Milieu? Konzeptionelle Überlegungen zur Katholizismusforschung, in: Haberl, Nikola Othmar / Korenke, Tobias (Hg.): Politische Deutungskulturen. FS Karl Rohe, Baden-Baden 1999, 123-136. Loth tritt gegenüber den Konzeptionen von Olaf Blaschke und Frank-Michael Kuhlemann für eine weitere Definition des Milieubegriffs und eine stärkere Wahrnehmung der Heterogenität des katholischen Sozialmilieus mit seinem

Der Prägung des Priesterbildes und vor allem seiner Vereinheitlichung im Laufe des 19. Jahrhunderts entspricht in der kirchlichen Außenperspektive das „Dispositiv der Dauer", mit dem die Kirche auf die gesellschaftliche Pluralisierung antwortet. Dieses Dispositiv kirchlicher Neuorientierung unter veränderten machtpolitischen Verhältnissen seit der Französischen Revolution zeigt gerade in seiner zweifachen Ausrichtung des deutschen Katholizismus die entscheidende Stärke. Da bildet sich zum einen gerade aufgrund der konfessionellen und gesellschaftlichen Minoritätserfahrung eine Milieuidentität aus, die sich durch eine starke Grenzziehung gerade gegenüber pluralitätsfördernden gesellschaftlichen Tendenzen auszeichnet und einer katholischen Identität zum Schutzbereich wird. Da entsteht zum anderen gerade innerhalb dieses geschlossenen Milieus eine systemimmanente Pluralität des katholischen Verbandslebens, das dem unmittelbaren Zugriff der Hierarchie entzogen ist und deshalb zur Vermittlungsinstanz zwischen Milieu und moderner Gesellschaft werden kann.[69] Vor allem mittels der Verbände ist eine Beziehung zwischen katholischem Milieu unter dem „Dispositiv der Dauer" und der pluralisierten und pluralisierenden Gesellschaft möglich. Den Versuch eines theologischen Ausgriffs der Kirche auf die Gesellschaft stellt im Rahmen des geschlossenen kirchlichen Religionssystems das Naturrecht[70] dar, mit dem die systemimmanente moralische Relevanz überstiegen werden sollte. Ein kirchlicher Zugang zu modernen Fragestellungen, etwa zur Idee der Menschenrechte, eröffnete sich damit freilich nicht. So ließ sich das Naturrecht als bloßer Versuch entlarven, kirchlicher Moral gesamtgesellschaftliche Relevanz zu verleihen, ohne sich selbst ernstlich auf modernes Gedankengut einzulassen.

Der Pfarrklerus wird nun, da es zugleich zu einer „Monopolisierung der kirchlichen Außenbeziehungen zur nicht-katholischen Welt an der Spitze der kirchlichen Hierarchie"[71] kommt, zunehmend zur Kontaktstelle zwischen katholischen Verbänden und kirchlicher Hierarchie, was das kirchliche Interesse an seiner Disziplinierung und einheitlichen Ausrichtung nahe legt.

---

bürgerlichen Aufbruch, seinen demokratischen und antiklerikalen Momenten (S. 129), mit seinen Unterschieden in Lebensweisen und unterschiedlicher Integrationsdichte (S. 134) ein. Alternativ plädiert Loth mit Urs Altermatt für den Begriff der „katholischen Subgesellschaft" anstelle des einen katholischen Milieus. Vgl. Altermatt, Urs: Katholische Subgesellschaft. Thesen zum Konzept der „katholischen Subgesellschaft" am Beispiel des Schweizer Katholizismus, in: Gabriel, Karl / Kaufmann, Franz-Xaver (Hg.): Zur Soziologie des Katholizismus, Mainz 1980, 145-165.

[69] Diese Einschätzung der in die Moderne hinein vermittelnden Funktion des Verbandswesens, die vor allem von Thomas Nipperdey und Urs Altermatt vertreten wird, ergänzt Benjamin Ziemann mit dem Verweis auf die starke und prägende Rolle der Priester als Kuraten und Präsides.

[70] In dieser ansatzweise zur Moderne vermittelnden Funktion wurde das Naturrecht etwa bis in das 20. Jahrhundert hinein von Johannes Messner interpretiert. Vgl. Klose, Alfred (Hg.): Johannes Messner. 1891-1984, Paderborn-München-Wien-Zürich 1991.

[71] Bucher: Kirchenbildung, 44.

Diese Vereinheitlichung[72] war verbunden mit einer starken Zentralisierung und ließ so einen von Nationalität und kultureller Prägung relativ unabhängigen Priestertypus entstehen:

> „Dennoch schälte sich im Laufe der Jahre aus den Unterschieden, die sich aus den nationalen Überlieferungen und dem verschiedenen Lebensmilieu ergaben, der klassische Typus des katholischen Seelsorgers in der zweiten Hälfte des 19. Jahrhunderts immer deutlicher heraus. Der mondäne Priester, der den Schöngeist in den Salons spielt, der Gelehrte, dem seine Pfründe genügend Zeit für seine Studien beschert, der Landgeistliche mit den lockeren Sitten, den nur noch sein Gewand von der Masse seiner Pfarrkinder zu unterscheiden scheint, sie alle sind nach 1850, vor allem in Westeuropa, immer seltenere Ausnahmefälle. Die deutliche Anhebung des spirituellen Niveaus im Klerus ist einer der charakteristischen Aspekte der Kirchengeschichte im Verlauf des Pontifikats Pius' IX., dem an dieser Entwicklung sehr viel lag, so dass er auf dieses Thema in seinen Enzykliken und seinen Ansprachen und in noch höherem Maße in seiner Privatkorrespondenz immer wieder zurückkam."[73]

Die endgültige Durchsetzung der Seminarausbildung[74] als verbindlicher Ausbildungsweg für Priester, als ein zentrales Anliegen der Trienter Reformdekrete bezüglich der priesterlichen Lebensweise, lässt sich hier deutlich beobachten:

> „Auf die Erziehung des seit der Jahrhundertmitte rasch zunehmenden Priesternachwuchses wurde im 19. Jahrhundert ganz besondere Sorgfalt verwendet. Erziehungs- und Schulfragen standen überall im Vordergrund."[75]

---

[72] Sehr anschaulich wird die bis in die Mitte des 20. Jahrhunderts wirksame Vereinheitlichung des Klerus durch ein Rituale dokumentiert, das Priesterfeiern jeglicher Art einheitlich zu regeln sucht: Peuler, Wihelm: Hohe Zeiten im Priestertum. Werkbuch zur Gestaltung von Priesterfeiern, Frankfurt am Main 1937. Interessant ist, dass hier nicht nur der liturgische Ablauf einer Feier, wie etwa einer Primiz oder der Verabschiedung eines Priesters vorgegeben wird, sondern auch die Ehrerbietungen und Dankbezeugungen durch die Gemeindemitglieder im Anschluss an die Gottesdienste.

[73] Aubert, Roger: Licht und Schatten der katholischen Vitalität, in: Jedin, Hurbert (Hg.): Handbuch der Kirchengeschichte, Bd. 4: Die Kirche in der Gegenwart. Die Kirche zwischen Revolution und Restauration, Freiburg i. B. 1971, 650-695, 656.

[74] Vgl. zu den Problemen der Bildung von Priesterseminaren: Jedin: Die Bedeutung des Tridentinischen Dekretes, 188: „Obwohl die großen Päpste der Katholischen Reform, obenan Pius V. und Gregor XIII., nicht müde wurden, die Bischöfe zur Gründung von Priesterseminaren zu ermahnen, obwohl bei der Neuordnung der Visitatio liminum durch Sixtus V. die Frage nach dem Diözesanseminar ein fester Bestandteil der bischöflichen Berichterstattung wurde, hat es geraume Zeit gebraucht, bis sich das Dekret Cum adolescentium aetas überall im Orbis catholicus durchsetzte. Als die beiden am schwersten zu überwindenden Hindernisse erwiesen sich die Aufbringung der Kosten und der Mangel an geeigneten Lehr- und Leitungskräften im Weltklerus."

[75] Hertling, Ludwig: Geschichte der Katholischen Kirche, Berlin 1949, 366.

Diese Maßnahmen wurden durch die veränderte kirchenpolitische Situation nach der Revolution von 1848 noch stärker ermöglicht. Diese veränderte Situation wurde daher kirchlich genutzt, um die eingeleitete Entwicklung zur Milieubildung zu forcieren und zu einem effizienten, hierarchischen und zentralistischen Autoritätsgefüge zu gelangen, mit dem sich die Katholische Kirche für die veränderte gesellschaftliche Situation aufzustellen suchte.

> „Erst jetzt begann in der ‚deutschen' Kirche in vielen Bereichen die konsequente Anwendung der vom Trienter Konzil beschlossenen Bestimmungen, die vorher hier nur wenig Effizienz gezeigt hatten."[76]

Ein interessantes Phänomen zeigt sich in einem Wandel der sozialen Herkunft des Klerus, der beispielhaft für das Erzbistum Freiburg von Irmtraud Götz von Olenhusen dargestellt wurde:

> „Bemerkenswerterweise kam der Priesternachwuchs im 18. und frühen 19. Jahrhundert vorwiegend aus Städten, in denen es höhere Schulen gab; am Ende des 19. Jahrhunderts dagegen fast ausschließlich aus ländlichen Regionen. Dieser Unterschied ist umso bedeutsamer, als das 19. Jahrhundert ja gerade durch Urbanisierung geprägt war."[77]

Neben der sogenannten „Standesliteratur", in der Bischöfe ihrem Klerus eine spirituelle Ausrichtung zu geben suchten, Exerzitien und andere Frömmigkeitsübungen vorschrieben und bis in kleinste Regelungen des Alltags ein für das 19. Jahrhundert als typisch geltendes Priesterbild prägten[78], kann die Seminarausbildung[79] als die entscheidende spirituelle Prägung des Klerus zu dessen Vereinheitlichung angesehen werden, die insbesondere in der zweiten Hälfte des 19. Jahrhunderts auch gegen Widerstände[80] durchgesetzt wurde. Die diese Prägung nach sich ziehende Isolierung des Klerus vom Leben der

---

[76] Ebertz: Herrschaft, 99.
[77] Olenhusen, Irmtraud Götz von: Die Ultramontanisierung des Klerus. Das Beispiel der Erzdiözese Freiburg, in: Loth, Wilfried (Hg.): Deutscher Katholizismus im Umbruch zur Moderne, Stuttgart-Berlin-Köln 1991, 46-75, 50.
[78] Die bedeutendste derartige Schrift dürfte das Buch des Erzbischofs von Westminster, Henry Edward Cardinal Manning, angesehen werden. Darin nennt er klare Anweisungen zur Gestaltung des Pfarrhauses. Vgl. Manning, Henry Edward: The Eternal Priesthood, London-New York 1884, 237: „Let there be no ludicrous or foolish pictures, or any others unfitting the eyes of priests; but in any room let there be the crucifix, or the image of the most Holy Mother of God (…). The furniture of a priest's house ought to be plain and solid – plain, that is, unlike the fanciful and costly furniture of domestic houses; and solid, because it tought to the last for generations of priests succeeding one another." Zitiert nach: www.archive.org/details/a591664000mannuoft, entnommen am 12.01.2008.
[79] In diesem Zusammenhang ist besonders auf die wachsende Bedeutung des 1818 wieder eröffneten Collegium Germanicum in Rom als deutsches Institut und Priesterseminar zur Ausbildung und Prägung von Priestern, die insbesondere zur Besetzung von für die hierarchische Struktur wichtigen Entscheidungsstellen vorgesehen waren, zu verweisen.
[80] Vgl. Schulte-Umberg: Profession und Charisma, 204-298.

Gemeindmitglieder[81] wurde durch eine Vielzahl von Regelungen über die Ausbildungszeit hinaus, etwa das Tragen der Soutane oder Verbote, Gastwirtschaften oder Volksfeste zu besuchen, noch verstärkt und von Seiten des Klerus durch die Bildung von Priestergemeinschaften zur Absicherung der eigenen Identität beantwortet. Trat der Sohn einer Familie in ein Priesterseminar ein und begann sein Theologiestudium, galt es von dem Elternhaus für meist lange Zeit Abschied zu nehmen. Besuche bei der Familie waren, nicht nur aus finanziellen Gründen, auf ein Minimum beschränkt. So entsteht durch eine Vielzahl von Erlassen eine rechtlich-disziplinarische Ordnung, die neben einer Vereinheitlichung des Lebensstils der Priester vor allem auch zu ihrer immer stärkeren Überwachung durch ihre Obrigkeit führt, ein in sich immer entschiedener gegenüber den Laien abgeschlossener Klerus, eine für das Seelenheil der einzelnen Gläubigen notwendige[82] „Priesterkaste", die als symptomatisch für das Kirchenbild der Pianischen Epoche (1848-1958) und den kirchlichen Rückzug in das katholische Milieu gelten kann. Durch die Ausbildung eines politischen Katholizismus bis in den Reichstag von 1871 in Gestalt der Zentrumsfraktion hinein, wurde die Abgrenzung des katholischen Milieus weiter verstärkt. Dieses „ghettohaft geschlossene katholische Milieu"[83] ist einerseits durch seine Abgrenzung nach außen (und das bedeutet auch gegenüber anderen christlichen und insbesondere protestantischen Konfessionen), andererseits aber auch durch seinen hohen Identifikationsgrad und verschiedene Kontroll- und Überwachungsmechanismen nach innen gekennzeichnet, die besonders für den Klerus als „Sondergruppe im Ghetto" gelten können. So beschreibt Irmtraud Götz von Olenhusen einen Ordinariatserlass des Erzbistums Freiburg aus dem Jahr 1852, mit dessen Hilfe auch die Dechanten und Dekane an ihre Aufsichts- und Überwachungspflicht gegenüber dem Klerus erinnert wurden:

> „Zu unserer großen Betrübnis sind uns seit längerer Zeit manche Anzeigen und Klagen über Dienstnachlässigkeit oder sittliche Verirrungen von Geistlichen durch Gemeinden oder weltliche Behörden zugekommen, worüber die ordentlichen unmittelbaren Organe der Kirchenobrigkeit, die Erzbischöflichen Dekane, sehr oft auch nicht mal leise Andeutungen gemacht hatten. Wir können es uns freilich wohl erklären, dass man sich bemüht, ge-

---
[81] Aubert: Licht und Schatten, 657: „Hinzu kam, dass die Ordensgeistlichen einen zunehmend stärkeren Einfluss auf den Weltklerus ausübten, der in immer engere Fühlung mit ihnen kam und in ihren Publikationen seine geistliche Lektüre fand. So trug der Ordensklerus dazu bei, beim Diözesanpriester das ihm im Seminar eingeprägte Streben, sich von der Welt zu isolieren, noch zu verstärken, selbst auf die Gefahr hin, die Fühlung mit der Gesellschaft zu verlieren, in der er sein Apostolat auszuüben hatte."
[82] Vgl. Schulte-Umberg: Profession und Charisma, 316: „Die Geistlichen führen die Pfarrangehörigen auf diesem Weg durch Definition und Bewahrung der Glaubens- und Sittenlehre, Anleitung zu einem christlichen Lebenswandel sowie die Verwaltung und Spendung der Gnadenmittel. In diesem Sinne stellen sie für die einfachen Katholiken die personifizierte Kirche dar, ohne die das Heil nicht zu erlangen ist."
[83] Plank: Trient, 149.

> rade von unseren Herren Dekanen das Schlimme sorgfältig zu verbergen. Wie dem aber immerhin sein mag, fernerhin darf Nichtbeachtung von Fehlern, wenn auch nur einzelner Mitglieder des Clerus nicht mehr stattfinden."[84]

Derartige Kontrolle des Lebenswandels der Priester, die im Verlauf des 20. Jahrhunderts immer weniger akzeptiert wird und allenfalls in der Kontrollfunktion der Gemeinde gegenüber ihrem Pfarrer eine Fortsetzung fand und findet, entspricht jedoch bis in das 19. Jahrhundert eine generelle Offenheit des Privaten und gegenseitige Kontrolle.[85]

Die soziale Kontrolle wird gerade auch in den einfachen Wohnverhältnissen der Arbeiterschichten des 19. Jahrhunderts, wie sie aus dem dörflichen Leben vertraut war, neben den Hygienefragen zu einem bestimmenden Merkmal des städtischen Lebens.

Die Veränderungen im Leben des Klerus spiegeln spätestens seit der Mitte des 19. Jahrhunderts eine gesamtkirchliche Tendenz des Rückzugs und der Abkapselung von liberalen und sonstigen als unmoralisch geltenden gesellschaftlichen Trends wider und sind damit eine Konsequenz der theologischen Richtungsentscheidungen[86], die das Trienter Konzil gekennzeichnet hatten:

> „Ultramontanisierung bedeutete hier ganz praktisch die Abschließung von weltlichen Dingen, vom naturwissenschaftlichen Weltbild und von bürgerlicher Bildung und Kultur. Gegen die moderne weltliche Kultur wurde geradezu eine eigene katholische Subkultur mit eigenem Vereinswesen und eigener Publizistik entwickelt."[87]

Diese Abschottung[88] von modernen Entwicklungen, von kulturellen Neuansätzen und der gesamtgesellschaftlich zunehmenden Hochschätzung der

---

[84] zitiert nach: Olenhusen, Irmtraud Götz von: Klerus und abweichendes Verhalten: zur Sozialgeschichte katholischer Priester im 19. Jahrhundert: Die Erzdiözese Freiburg, Göttingen 1994, 184.

[85] Vgl. Castan, Nicole: Öffentlich und privat, in: Ariès, Philippe / Chartier, Roger (Hg.): Geschichte des privaten Lebens, 3. Bd., Von der Renaissance zur Aufklärung, Frankfurt a. M. 1991, 411-449.

[86] Vgl. Zeeden, Ernst Walter: Konfessionsbildung. Studien zur Reformation, Gegenreformation und katholischen Reform, Spätmittelalter und frühe Neuzeit, Tübinger Beiträge zur Geschichtsforschung 15, Stuttgart 1985.

[87] Olenhusen: Klerus und abweichendes Verhalten, 189.

[88] Die abgrenzenden Tendenzen der lehramtlichen Positionen fanden bereits im 19. Jahrhundert im protestantischen und im außerkirchlichen Bereich scharfe Ablehnung und Verurteilung, wodurch der angestrebte Effekt weiter verstärkt wurde. Vgl. dazu: Trächel, G., Der Katholizismus seit der Reformation, in: Folkendorff, Fr.v., Oncken (Hg.): Deutsche Zeit- und Streit-Fragen. Flugschriften zur Kenntnis der Gegenwart, Jg. IV, Berlin 1875, 711-766, 739: „Am 8. Christmonat 1864 erließ der Papst die berüchtigte Enzyklika Quanta cura nebst Syllabus. In der Enzyklika ist unter steter Identification der Gottlosen und der Nichtkatholiken, der Feinde jedes moralischen Gesetzes und der Gegner der römischen Jesuitenherrschaft, den Regierungen zugemuthet, durch Strafen alles der Religion Feindliche, auch wenn es die

Naturwissenschaft zeichnet als Konsequenz der Durchsetzung ultramontaner Strömungen unter den Bischöfen und Theologen letztlich auch die Priesterausbildung und deren Identität aus:

> „Die Priesterbildung war unter diesen Umständen nicht wissenschaftlich orientiert, es kam nicht auf gelehrte, sondern auf fromme und gehorsame Priester an; (…) Der katholische Klerus, gemeinhin bäuerlich-kleinbürgerlicher Herkunft, war, anders als die protestantische Pfarrerschaft, nicht akademisch intellektuell, nicht bildungsbürgerlich, insofern freilich dem einfachen Volk auch näher."[89]

Der Schwerpunkt der katholischen Priesterausbildung lag somit eindeutig auf einer Stärkung und Vereinheitlichung seiner Spiritualitätsformen, seines Stils und seiner Lebensführung über die bereits in Kindheit und Jugend in der Heimatgemeinde und Familie erfahrene Prägung hinaus. Am Priester und seiner Lebensform als entscheidendem „Schnittpunkt der Tradierung von Milieustrukturen"[90] lässt sich daher vieles Gesamtkirchliches wie in einem Modell für den Kulturkampf ablesen. Seit den 1850er-Jahren kann man daher eine zunehmende Klerikalisierung und Sakralisierung des Priesterbildes bis in kleinste Bereiche des Alltagslebens feststellen, für die außerdem eigene Kontrollmechanismen entstanden.

Eine Kontrastbildung ergibt sich somit nicht nur zwischen dem katholischen Milieu und seinem gesellschaftlichen Umfeld, sondern auch milieuintern zwischen Klerikern und Laien. Dieser Kontrast verstärkt sich insbesondere in den von der Industrialisierung geprägten Gegenden durch die veränderten Lebensumstände der Menschen noch weiter, vor allem der Arbeiterklasse und der Handwerker. Eine deutliche Tendenz zur Trennung von Arbeits- und Lebenswelt, die sich bis zur Mitte des 20. Jahrhunderts fast in der gesamten Bevölkerung durchsetzen wird[91], lässt sich in diesen Gesellschaftsschichten im 19. Jahrhundert sehr deutlich beobachten. Die „Allianz" von Familie und

---

öffentliche Ruhe nicht stört, zurückzuweisen, die Gewissens- und Kulturfreiheit als Delirium, als Freiheit des Verderbens (libertas perditionis) bezeichnet, die Zurückziehung des Jugendunterrichtes aus den Händen der Geistlichen als gehässigste Verfolgung der Priester verurtheilt und aus der Absicht abgeleitet, die zarte, empfängliche Seele der Jugend durch alle Arten von Lastern und gefährlicher Irrthümer zu verderben; da wird absoluter Gehorsam verlangt für jedes päpstliche Decret betreffend das gemeine Wohl, die Rechte und die Disciplin der Kirche und zwar unter Berufung auf die dem römischen Papst von Jesu Christo selbst gegebene Vollmacht; da wird die königliche Gewalt als hauptsächlich zum Schutze der Kirche gegeben erklärt."

[89] Nipperdey, Thomas: Deutsche Geschichte 1866-1918, Bd. 1, Arbeitswelt und Bürgergeist, München 1990, 432.

[90] Ziemann, Benjamin: Der deutsche Katholizismus im späten 19. und im 20. Jahrhundert. Forschungstendenzen auf dem Weg zu sozialgeschichtlicher Fundierung und Erweiterung, in: ASozG 40 (2000), 402-422, 405.

[91] Eine Ausnahme bildet letztlich nur noch die Landbevölkerung, von der jedoch seit der zweiten Hälfte des 20. Jahrhunderts auch nur noch ein kleiner Teil in der Landwirtschaft tätig ist.

Betrieb beginnt sich hier aufzulösen, zumindest für die erwerbstätigen Mitglieder der Familie. So wird auch hierin ein Kontrast zwischen Pfarrhaus und der Lebenssituation der Arbeiter in den Städten[92] deutlich: Während Arbeit und Leben im Pfarrhaus noch eine Einheit bilden, schmilzt sie bei den Gemeindemitgliedern in den städtischen Arbeitervierteln zunehmend ab. Eine erste Reaktion auf diese Ungleichzeitigkeit findet sich bei den Stadtpfarrern, die ihre Arbeit und ihre Identität stärker von deren Bezug zur Gemeinde ableiten[93]. Pfarrer beginnen nun, sich zu den Gemeindemitgliedern auf den Weg zu machen. Zögerlich bildet sich hier eine Art Arbeitsweg aus, der das Unterwegssein der Arbeiter widerspiegelt und in diesem Punkt der Kontrastierung zur Gesellschaft entgegenläuft.

Die Pfarrer werden zunehmend zu „Milieumanagern"[94], deren Aufgabenfeld sich auf alle Lebensbereiche ihrer Gemeindemitglieder bezieht:

> „Man stellte dem Klerus eine höhere Idee des Priestertums vor Augen: die des Hirten, der vor Gott Verantwortung trägt."[95]

Das Pfarrhaus bildet nun gemeinsam mit der Kirche und dem Vereinshaus eine Machttrias innerhalb des Systems Milieukatholizismus, wird gerade im ländlichen Raum zur „Mikromilieuzentrale"[96], der die Übersetzung des Makro- und Mesomilieus auf der Ebene der Pfarrgemeinde obliegt. Milieuintern lässt sich jedoch auch eine Gegenüberstellung des Verbandshauses, als einem der Vorläufer heutiger Pfarrheime, und des Pfarrhauses beobachten. Wo es bei den Verbänden zu zaghaften Ansätzen eines Dialogs mit der Gesellschaft außerhalb des Milieus oder zu Freizeitaktivitäten am Rand der milieugeprägten Moralvorstellungen und Geschlechterrollen kommt, wird das Pfarrhaus zur Aufsichts- und Kontrollinstanz und damit zu einem milieuinternen Gegenüber.

---

[92] Vgl. zur Entwicklung der Arbeiterviertel in den Großstädten und dem Verhältnis von Wohnorten zu Arbeitsorten: Mackensen, Rainer / Papalekas, Johannes / Pfeil, Elisabeth u. a.: Daseinsformen der Großstadt. Typische Formen sozialer Existenz in Stadtmitte, Vorstadt und Gürtel der industriellen Großstadt, Tübingen 1959, 50: „Jeder Teil der industriellen Großstadt hat sein eigenartiges Gesicht; er hat seine Tagseite in der Arbeitsbevölkerung, seine Nachtseite in der Wohnbevölkerung."
[93] Als weitgehend ununtersucht muss die Bedeutung dieser Entwicklung und ihre Fortsetzung in den 60er-Jahren des 20. Jahrhunderts für die Zusammensetzung der Pfarrgemeinde und ihrer aktiven Mitglieder gelten.
[94] Vgl. Blaschke, Olaf: Die Kolonialisierung der Arbeitswelt. Priester als Milieumanager und die Kanäle klerikaler Kuratel, in: Ders. / Kuhlemann, Franz-Michael (Hg.): Religion im Kaiserreich. Milieus – Mentalitäten – Krisen, Gütersloh 1996, 93-135.
[95] Baumgartner, Konrad: Der Wandel des Priesterbildes zwischen dem Konzil von Trient und dem II. Vatikanischen Konzil, in: Eichstätter Studien 6, München 1978, 7.
[96] Dietrich: Konfession, 21.

Freilich kennt auch das hier neu entstehende Priesterbild Abweichungen und Ausnahmen[97] bezüglich der kirchlich-klerikalen Rückzugsbewegung. Gleichwohl sind auch diese zumeist dem ultramontanen Kirchenverständnis der Kontrastgesellschaft verbunden. Gerade Pfarrhaushälterinnen, aber mehr noch junge Kapläne werden, da ihnen (noch) nicht jene distanzierende Kontrollfunktion zukommt, zu Vermittlern zwischen Gemeindemitgliedern und Pfarrern. So sind etwa die „Roten Kapläne", teilweise entgegen der gesamtkirchlichen Tendenz ihrer Zeit und vor allem im Konflikt zum ultramontanen Episkopat[98], um den Kontakt zur Arbeiterklasse bemüht und tragen zu deren Organisation und Identitätsbildung bei:

> „Ohne das Engagement, die Hingabe, Begeisterungsfähigkeit und Initiative junger Priester, die sich bewusst an die Seite der Arbeiter stellten, wären die Entfaltung und der Aufschwung dieser starken, eigenständigen, religiös-sozialen, politischen und gesellschaftsverändernden deutschen Arbeiterbewegung wohl kaum möglich gewesen."[99]

Diese Nähe zur Arbeiterklasse war es, die auch einigen herausgehobenen Pfarrergestalten seit der Mitte des 19. Jahrhunderts und bis zum Zweiten Weltkrieg besonderes Ansehen in der Bevölkerung verschaffte und sie zu einer gesellschaftlichen Autorität werden ließen, wie dies bei Dr. Carl Sonnenschein[100] beobachtet werden kann, der in Berlin nach dem Ersten Weltkrieg eine beeindruckende caritative Tätigkeit als Seelsorger aufnahm und als „Weltstadtapostel" tituliert wurde:

> „Wer in Berlin keine warme Bude hatte, oder wer nichts zu essen hatte, wer eine Stellung suchte oder von der Polizei gesucht wurde, der nahm zu Sonnenschein seine Zuflucht – und dieser half. Für jeden, ohne Unterschied der Person und der Weltanschauung, hatte Sonnenschein ein offenes Ohr und eine offene Hand. Aus seinem Besuchszimmer – einem von Zettelkästen mit Anschriften und Verbindungen überquellenden Taubenschlag – ging keiner ohne Zuspruch in Hilfe fort."[101]

Die hier auftretende charismatische Autorität einzelner Pfarrer übersteigt das autoritär-legale Herrschaftssystem, das ihn auf seine Rolle als Statthalter der Römischen Kirche beschränkte. So lassen sich an diesen herausgehobenen

---

[97] Dietrich unterstreicht in seiner kritischen Betrachtung der historischen Analyse mit Hilfe des Milieukonzeptes die Kompromissfähigkeit einzelner als „Nanoebene" im Rahmen der teilweise rigoristischen Milieuabgrenzungen, so etwa im Zusammenleben unterschiedlicher Konfessionen innerhalb eines Dorfes.

[98] Vgl. Nipperdey, Thomas: Religion im Umbruch. Deutschland 1870-1918, München 1988, 17.

[99] Budde, Heiner: Man nannte sie „rote" Kapläne. Priester an der Seite der Arbeiter, Köln 1989, 7.

[100] Vgl. zur Darstellung der Person Carl Sonnenscheins: Brüls, Karl-Heinz / Budde, Heinz: Gestalten der Vergangenheit – Wegbereiter der Zukunft, Lebensbilder christlich-sozialer Persönlichkeiten, Essen 1959, 41-43.

[101] Brüls / Budde: Gestalten der Vergangenheit, 42/43.

Persönlichkeiten Anfänge einer weiterentwickelten, charismatischen Herrschaftsstruktur ablesen, wie sie für die Kirche im 20. Jahrhundert von zunehmender Bedeutung wird. Im folgenden Kapitel soll auf einen weiteren Vertreter dieser durch besondere Nähe zu den unteren Gesellschaftsgruppen ausgezeichneten Seelsorger in einem Exkurs näher eingegangen werden.

Anders als in Deutschland kommt es in Österreich aufgrund der starken staatlichen Anbindung als Nachwirkung des Josephinismus nicht zu einer kirchlichen Abkapselung und Milieubildung und auch nicht zu einer Ausbildung des Verbandswesens, wie es dem deutschen vergleichbar wäre. Merkmale einer zunehmenden Konfrontation entwickeln sich hier aufgrund der geschichtlichen Symbiose von Thron und Altar in der Auseinandersetzung mit der relativ starken gesellschaftlichen Präsenz der Sozialisten, was den kirchlichen Kontakt in die Arbeiterschichten zusätzlich erschwere.

Da jedoch das Bewusstsein des Kirchenkampfes und die damit verbundenen Verlustängste auch die römische Kirchenpolitik prägen, wirken sich einzelne Maßnahmen ebenso auf andere Staaten aus. Gerade die zunehmende Begegnung beziehungsweise Konfrontation mit modernem Gedankengut und gesellschaftlichen Entwicklungen in Folge der Industrialisierung führen auch hier zur Ausbildung einer antimodernen Außenabgrenzung der Kirche.

In Österreich wie in Deutschland wächst jedoch dem Pfarrhaus nicht nur repräsentative Bedeutung zu, sondern die Verantwortung für die Rückwirkung und Stabilisierung des Herrschaftssystems. Dies gilt sowohl für die staatstragende Funktion des österreichischen Pfarrhauses als auch für die milieuspezifische Einordnung des deutschen Pfarrhauses in den römischen Zentralismus. Gemein ist beiden Varianten ein Bewusstsein für die herrschaftsichernde und systemstabilisierende Funktion des Pfarrhauses.

Um die Basis für die legalistische Herrschaftsform zu erhalten, ist es nach Weber nötig, den religiösen Möglichkeiten der Bevölkerung Rechnung zu tragen (etwa durch die Unterscheidung in eine Virtuosenreligiosität des Mönchtums einerseits und der Laienethik und Alltagsreligiosität andererseits, die sich zwar aus der Vorbildfunktion der Virtuosen ableiten, aber von ihnen nicht nur graduell unterschieden bleiben) und auf deren Bedürfnisse einzugehen. All diese Maßnahmen, wie etwa die Bereitstellung von „Legitimationssymbolen"[102], die als Zugeständnis an das religiöse Bedürfnis teilweise in Kauf genommen wurden, dienten der Stabilisierung und Revitalisierung des kirchlichen Bewusstseins und fungierten für die Kirche in ihrer gesellschaftlichen Position „als Mittel der Sicherung ihres nun bloß, aber immerhin, indirekten politischen und sozialen Einflusses und universalen Anspruchs."[103]

---

[102] Ebertz: Herrschaft, 105.
[103] Ebertz: Herrschaft, 108.

Exkurs: Pastor Wilhelm Maxen – ein Beispiel beginnender Großstadtseelsorge in Hannover-Linden

Zu den großen gesellschaftlichen Umwälzungen des ausgehenden 19. Jahrhunderts zählte im Zuge der Industrialisierung das Anwachsen der Städte durch Zuzug meist junger Arbeitskräfte (vor allem aus dem Bauernstand) in die industriellen Zentren.[104] In fast allen deutschen Städten vervielfachte sich vor allem die Gruppe der Arbeiter, so dass eigene Arbeiterviertel meist in der Nähe von Industriebetrieben entstanden.[105] Für die Kirche bedeutete dies ein Anwachsen der Stadtpfarreien auf teilweise bis zu 70.000 Mitglieder. Eine kirchliche Reaktion auf die veränderte Situation fand nur sehr zögerlich im Rahmen etwa von Pfarreigründungen statt, die durch die Folgen des Kulturkampfes noch erschwert wurden.

Wenn mancherorts auf die Vielzahl von (neogotischen und neoromanischen) Kirchen verwiesen wird[106], standen die Pfarreigründungen und -aufteilungen doch noch in keiner angemessenen Relation zu dem rasanten Bevölkerungswachstum in den Städten. Ein pastorales Eingehen auf die grassierende Armut in breiten Bevölkerungsteilen, auf die Arbeitssituation vieler Familien und auch auf die erste große konfessionelle Vermischung durch die Wanderungsbewegung der Arbeiter blieb lange Zeit aus. Die Pfarrseelsorge beschränkte sich überwiegend auf die sakramentale Versorgung der Bevölkerung. Gerade die Diasporasituation mag die Wahrnehmung der daraus folgenden Abwendung großer Bevölkerungsteile von der Kirche erleichtert haben. Sie war Voraussetzung für erste Ansätze einer Großstadtseelsorge, die Interesse an der Lebenssituation der Familien und Gemeindemitglieder zeigte und damit einen nicht unerheblichen Beitrag zur Entstehung des „sozialen Katholizismus"[107] neben einem durch die Kulturkampfmentalität geprägten „politischen Katholizismus" leistete. Aus heutiger Sicht muss verwundern, wie wenig selbstverständlich beispielsweise eine Ausrichtung der Gottesdienstzeiten an den Arbeitszeiten und -rhythmen der Gemeindemitglieder vorgenommen wurde.

---

[104] Eine genauere Differenzierung der großstädtischen Entwicklung kann in dieser Arbeit nicht erfolgen. Hier sei insbesondere auf die Typologie der modernen Stadt bei Max Weber verwiesen: Weber, Max: Wirtschaft und Gesellschaft. Grundriss der verstehenden Soziologie, Tübingen⁵ 1976.
Vgl.: Ipsen, Gunther (Hg.): Daseinsformen der Großstadt. Typische Formen sozialer Existenz in Stadtmitte, Vorstadt und Gürtel der industriellen Großstadt, Tübingen 1959.
[105] Vgl. Hertling: Geschichte, 357/358.
[106] Vgl. Hertling: Geschichte, 359: „Man kann wohl ohne Übertreibung sagen, daß im 19. Jahrhundert mehr Pfarrkirchen erbaut wurden, als in den früheren Jahrhunderten zusammen. Diese meist neugotischen, zum Teil sehr monumentalen Kirchenbauten bilden vielerorts einen Charakterzug der neuzeitlichen Stadtlandschaft. Man hat es vom künstlerischen Standpunkt oft bedauert, daß dieser ungemein regen Bautätigkeit kein origineller kirchlicher Baustil zur Verfügung stand."
[107] Nell-Breuning, Oswald von: Katholizismus, in: Gabriel, Karl / Kaufmann, Franz-Xaver (Hg.): Zur Soziologie des Katholizismus, Mainz 1980, 24-38, bes. 30-32.

Die Aufmerksamkeit, die sozial interessierte Pfarrer am Ende des 19. und Anfang des 20. Jahrhunderts fanden, erklärt sich somit allerdings auch aus der Tatsache, dass sie Ausnahmeerscheinungen im kirchlichen Leben der Städte waren. Pastor Wilhelm Maxen[108], der von 1906 an Pfarrer der St. Godehardgemeinde in Hannover-Linden und von 1917 bis 1938 Pfarrer von St. Maria in Hannover-Nord war, soll exemplarisch an dieser Stelle in den Blick genommen werden.

Seine pastorale Arbeit basierte schon früh auf der Wahrnehmung der sozialen Lage vieler Arbeiterfamilien, der Entfremdung großer Bevölkerungsteile von der Kirche[109] und der gesellschaftlichen Entwurzelung der Landflüchtlinge. Drei Säulen stellten für Maxen als Pfarrer der größten Pfarrei des Bistums Hildesheim die Grundlage seiner Erneuerung des Pfarrlebens dar: Erstens die Herausgabe von kirchlichen Zeitungen zur Identitätsstiftung der katholischen Minderheit in der Diasporasituation einer evangelisch geprägten Großstadt[110], zweitens die Pflege des (schon früher entstandenen) katholischen Vereinswesens, teilweise in eigenen Vereinshäusern, zur Beheimatung der Menschen in der Kirche und drittens die ersten Volksmissionen zur religiösen Unterweisung der Gemeindemitglieder und seine Hausbesuche als Pfarrer bei den Familien seiner Gemeinde. Gerade die Aufnahme von Hausbesuchen in Verbindung mit der Anlegung von Karteien für die Familien und entsprechende Gesprächsnotizen[111] dienten der engeren emotionalen

---

[108] Wilhelm Maxen wurde am 30.07.1867 in Hildesheim geboren, legte am Bischöflichen Gymnasium Josephinum das Abitur ab und studierte in Münster und Rom Theologie. 1894 wurde er zum Priester geweiht und 1895 promoviert. Ab 1895 war er Kaplan in der St. Mariengemeinde in Hannover, von 1903 bis 1905 hatte er das Amt eines Caritassekretärs im Caritasverband von Hannover inne. Von 1906 bis 1917 war er Pfarrer der Gemeinde St. Godehard in Hannover-Linden, ab 1917 übernahm er die Pfarrstelle St. Marien in Hannover-Nord. 1920 wurde Maxen über die Zentrumsliste in den Reichstag gewählt, legte dieses Mandat jedoch bereits 1921 nieder.

[109] Zu den in Maxens unveröffentlicher Autobiographie geschilderten Problemen gehörte nicht nur ein hoher Anteil konfessionsverschiedener Ehen. Darüber hinaus überstieg die Zahl lediglich standesamtlich geschlossener Ehen die kirchlichen Trauungen auch bei Katholiken um ein Vielfaches!

[110] Vgl. Scharf-Wrede, Thomas: Das Bistum Hildesheim 1866-1914. Kirchenführung, Organisation, Gemeindeleben, Hannover 1995, 510: „Stärkung des katholischen Selbstbewusstseins in einer zunehmend säkularen Umwelt versprach sich Maxen durch die Gründung bzw. Wiedergründung eines regelmäßigen katholischen Presseorgans. Erste diesbezügliche Versuche in Hannover waren in den 1870er Jahren gescheitert, ehe mit der „Hannoverschen Volks-Zeitung" am 04.12.1885 ein Blatt erschein, das sich in bescheidenem Rahmen behaupten konnte. (…) Neuen Schwung bekam sie mit der Übernahme der Lokalredaktion durch Wilhelm Maxen 1896/98, der zahlreiche eigene Artikel schrieb, Mitarbeiter in allen hannoverschen Gemeinden und Vereinen gewann und das Blatt zu einer Art geistigem Zentrum des katholischen Hannover entwickelte, so dass es ab Januar 1907 zweimal pro Woche erscheinen konnte."

[111] Scharf-Wrede, Thomas: Examensarbeit, Osnabrück 1985, 75: „Als Voraussetzung einer effektiven Seelsorge betrachtete Maxen insbesondere eine möglichst vollständige Pfarrkartei, um die Gläubigen und Nichtgläubigen durch systematische Hausbesuche erreichen zu können.

Anbindung an die Person des Pfarrers und der Beheimatung in der Gemeinde und begründeten eine Wissensvorrangstellung neuer Art:

> „Zu den neuen Mitteln moderner Großstadtseelsorge, die Maxen in seiner Pfarrei einführte oder anwandte, gehörte neben der Anstellung hauptamtlicher Seelsorgehelferinnen und der Aktivierung ehrenamtlicher Laienhelfer, denen vor allem der Besuch der Zugezogenen übertragen wurde, die Einrichtung einer Pfarrkartei, die die Gläubigen vollständig zu erfassen, ihre Verhältnisse zu dokumentieren und damit eine Bestandsaufnahme als Voraussetzung für eine gezielte seelsorgliche Arbeit zu schaffen suchte."[112]

Basierte die Machtposition des Gemeindepfarrers im 19. Jahrhundert unter anderem auf seinem intellektuellen Wissensvorsprung, der ihm gegenüber den Gemeindemitgliedern eine Vormachtstellung verschaffte, so wandelte sich nun die Art dieser Wissensherrschaft. Da die standesmäßige und intellektuelle Sonderposition im Proletariat ohnehin kaum mehr die Begründung von Herrschaft ermöglichte, sondern eher Verachtung hervorrief, und dem Diasporapfarrer auch kaum politisch-gesellschaftliche Kontakte möglich waren, kommt diesem Entstehen einer neuen Form von Großstadtseelsorge besondere Bedeutung zu. Pfarrer Maxen, der bei Hausbesuchen seine ganze Gemeinde durchstreift und deren Lebenssituation bis in persönliche Einzelheiten kennt und in der Pfarrkartei dokumentiert, wird so zur bestinformierten Person der Pfarrgemeinde. In das Verhältnis zwischen Gemeinde und Pfarrhaus kommt somit am Ende des 19. Jahrhunderts zunehmend auch in anderen Stadtpfarreien Bewegung in zweifacher Hinsicht: Der Pfarrer verlässt das Pfarrhaus, um die Gemeindemitglieder aufzusuchen, und im Pfarrhaus werden die Türen für die Anliegen der Gemeindemitglieder geöffnet. So entsteht im Fall von Pastor Maxen eine Vertrautheit mit den Gemeindemitgliedern, die sogar als gegenseitig empfunden wird:

> „Das war es, was Carl Sonnenschein imponierte. Hier fand er bewahrheitet, was über dem Eingang in die Abteikirche von Muri-Gries in Tirol stand: ‚Porta patet, sed cor magis.' Das Pfarrhaus von Pastor Maxen stand offen für jedermann, das Priesterherz von Wilhelm Maxen noch mehr."[113]

Bereits 1927 beschreibt jener Freund Pastor Maxens, der Berliner Priester Dr. Carl Sonnenschein[114], die Besonderheit dessen pastoralen Arbeitens und die Atmosphäre in seinem Pfarrhaus:

(…) Maxens Ziel war die Heranbildung und Festigung eines intensiven Heimatgefühls der Gläubigen in St. Maria."

[112] Aschoff, Hans-Georg: Um des Menschen willen. Die Entwicklung der katholischen Kirche in der Region Hannover, Hildesheim 1983, 89-90.

[113] Wothe, Franz-Joseph: Wilhelm Maxen. Wegbereiter neuer Großstadtseelsorge, Hildesheim 1962, 36.

[114] Vgl. zu Person und Seelsorgepraxis Carl Sonnenscheins: Sievernich, Michael: Carl Sonnenschein, in: Möller, Christian (Hg.): Geschichte der Seelsorge in Einzelporträts, Bd. 3, Von Friedrich Schleiermacher bis Karl Rahner, Göttingen-Zürich 1996, 184-196.

> „Diese Stube ist ein offen Haus. Es schellt an der Tür. Das Telefon ruft. Menschen kommen und gehen. Um dieses Pfarrhaus liegt kein Gürtel von Einsamkeit. Freilich muß man die Menschen holen. (…) Der Not muß man nachsteigen. Bis ins äußerste Stockwerk. So ist dieses Haus zur Gemeinde geöffnet. All ihrer Sorgen wach! Dem einen hat er neulich eine Violine geschenkt. Noch zwei anderen. Sie kommen, jeden Monat einmal, konzertieren. Zeigen, leuchtenden Auges, was sie gelernt."[115]

Für die pastorale Arbeit und in Folge derer auch für das Pfarrhausleben Maxens lässt sich somit ein Wandel von der sakralisierten Abgeschiedenheit des 19. Jahrhunderts zum sozialen Pfarrer mit Ansätzen für ein „offenes Pfarrhaus" sprechen, das eigens zu thematisieren sein wird. Wilhelm Maxen steht mit seiner Form pastoraler Fürsorge um die Gemeinde und ihre Mitglieder und der damit verbundenen „Wacht"[116] für ein Zwischenstadium pastoralen Machtverlustes an den Staat, durch den ein kirchlicher Zugriff auf die übergemeindliche Kommunität (in der Diasporasituation besonders deutlich) etwa einer Stadt nicht mehr möglich ist. In der Folgezeit bezieht sich die „Pastoralmacht"[117] zunehmend auf das Individuum, mittels der Moralverkündigung insbesondere auf dessen Körper.[118]

Da bei Wilhelm Maxen und anderen jedoch von Ausnahmen auszugehen ist, muss bezüglich des Pfarrerbildes des 19. Jahrhunderts vor einer sozialen Beschönigung gewarnt werden.[119] Gerade in den Städten dürften bereits im

---

[115] Sonnenschein, Carl, Großstadtnotizen, Bd. 2, Berlin 1927, zitiert nach der Kirchenzeitung des Bistums Hildesheim. Auszüge der Beobachtungen Sonnenscheins über das Leben und Arbeiten Wilhelm Maxens wurden bis in die 60er Jahre wiederholt in verschiedenen Kirchenzeitungen veröffentlicht und zeugen so von der Faszination des darin zum Ausdruck kommenden Priesterbildes.

[116] Vgl. Foucault, Michel: Omnes et singulatim. Zu einer Kritik der politischen Vernunft, in: Vogl, Joseph (Hg.): Gemeinschaften. Positionen zu einer Philosophie des Politischen, Frankfurt a. M. 1994, 65-93, 69: „Das Thema der Wache ist wichtig, denn es bringt zwei Aspekte der Hingabe des Hirten zum Vorschein: Erstens handelt, arbeitet, müht er sich für jene, die da schlafen. Zweitens wacht er über sie. Allen schenkt er Aufmerksamkeit und verliert dabei keines aus den Augen."

[117] Vgl. Steinkamp, Hermann: Die sanfte Macht der Hirten. Die Bedeutung Michel Foucaults für die Praktische Theologie, Mainz 1999, 16.

[118] Vgl. Bucher, Rainer: Machtkörper und Körpermacht. Die Lager der Kirche und Gottes Niederlage, in: Conc(D) 40 (2004), 354-363, 358: „Die kosmisch kodierte Selbstverständlichkeit des Christentums wird zuerst in Frage gestellt von Männern wie Galilei, Kopernikus und Kepler, der kirchliche Zugriff auf die (nicht-kirchliche) Kommunität ging mit dem bürgerlichen Gesellschaftsprojekt und somit im 19. Jahrhundert verloren, nachdem schon der Absolutismus des 18. Jahrhunderts sich weitgehend von kirchlichen Bestimmungshorizonten frei gemacht hatte. Zuletzt aber versuchten die Kirchen, etwa über die Moralverkündigung, noch Einfluss auf den Körper zu nehmen, auf seine Praktiken und Techniken."

[119] Analysen, wie die von Franz-Joseph Wothe, scheinen hier sehr interessengeleitet und nicht der Mehrzahl der Priester zu entsprechen. Wothe: Maxen, 42: „Das 19. Jahrhundert prägte den Begriff des sozialen Pfarrers", oder: Wothe, Maxen, 43: „Diese kirchen- und sozialpolitischen Zusammenhänge bildeten aber, wie gesagt, nur den Hintergrund für das, was den neuen Typus des sozialen Seelsorgers hervorbrachte."

19. Jahrhundert Ansätze für einen zunehmenden Zustimmungsvorbehalt der Kirchenmitglieder zu beobachten sein. In ländlichen Räumen und dörflichen Strukturen muss von einem verzögerten Prozess des Machtverlustes und damit auch von einem geringeren Engagement der Priester über die sakramentale Lebensbegleitung der Menschen hinaus für das Schicksal der Einzelnen und einem pastoralen Interesse am Individuum auszugehen sein, da sich hier die Pastoralmacht noch stärker auf den öffentlichen Bereich des Gemeinwesens beziehen ließ.

Allerdings finden sich bei Wilhelm Maxen Ansätze, die bei späteren Entwicklungen des 20. Jahrhunderts in ähnlicher Weise, wenn auch unter anderen kirchlichen und gesellschaftlichen Vorzeichen, immer wieder aufgegriffen werden und in der Beschäftigung mit kirchlichen Herrschaftsansprüchen zu thematisieren sind.

2.1.4 Der Anfang des 20. Jahrhunderts und die Weimarer Republik

Die aus dem Kulturkampf erwachsene Distanz zwischen dem katholischen Milieu und dem deutschen Staat zeigte gerade vor dem Ersten Weltkrieg seine negativen Auswirkungen. Die Katholiken sahen sich angesichts der nationalen Krise in die Pflicht genommen, ihr deutsches Bewusstsein zu unterstreichen und so durch das Engagement in den Vorbereitungen und dem Verlauf des Krieges deutlich zu machen, dass sie sich in ihrer Zuverlässigkeit nicht von anderen Bevölkerungsgruppen unterschieden.[120] Gerade die seit der Mitte des 19. Jahrhunderts zunehmend gepflegte Verehrung des Hl. Bonifatius diente nun nicht mehr nur dem eigenen Konfessionalismus, sondern wurde auch Ausdruck des katholischen Verantwortungsgefühls für das Deutsche Reich[121] und zum nationalen Anknüpfungspunkt über die Konfessionsgrenzen hinweg.[122] Das für die Zeit bis zum Ersten Weltkrieg prägende Interesse an Verbands- und Gemeinschaftsformen fand in der Nachkriegszeit ihren Widerhall in einem Aufleben der Katholikentage, der

---

[120] Ähnliche patriotische Legitimationsversuche katholischer Minderheiten zur Überwindung einer im 19. Jahrhundert entstandenen konfessionellen Isolation lassen sich gerade in der ersten Hälft des 20. Jahrhunderts auch in anderen europäischen Staaten beobachten. Vgl. etwa für die Schweiz: Altermatt, Urs: Der Schweizer Katholizismus zwischen Konfession und Nation, in: Schweizerisches Pastoralsoziologisches Institut (Hg.): Konfessionelle Religiosität. Chancen und Grenzen, Zürich 1989, 36-51, 43: „Der nationale Prestigegewinn im schweizerischen Bürgertum trug dazu bei, dass die Katholiken den chronischen Minderheitskomplex abbauten. Endlich war es den Katholiken gelungen, das Stigma des Sonderbundes abzulegen und sich als zuverlässige Patrioten und gute Staatsbürger zu erweisen."
[121] Vgl. Laube, Stefan: Konfessionelle Brüche in der nationalen Heldengalerie – Protestantische, katholische und jüdische Erinnerungsgemeinschaften im Deutschen Kaiserreich (1871-1918), in: Haupt, Heinz-Gerhard / Langewiesche, Dieter (Hg.): Nation und Religion in der Deutschen Geschichte, Frankfurt a. M. 2001, 293-332, 299.
[122] Laube: Konfessionelle Brüche, 324.

Liturgischen Bewegung[123] oder den Jugendverbänden der Kirche. All dies konnte jedoch nicht über die Krise des überkommenen Verbandswesens[124], insbesondere des „Volksvereins"[125] als Stabilisierungsfaktor des katholischen Milieus, hinwegtäuschen. Das Bemühen um die Bildung einer „Katholischen Aktion"[126] auch in Deutschland zur Neustrukturierung der kirchlichen Laienarbeit kirchenintern und zur katholischen Durchdringung der Gesellschaft[127] erreichte dabei jedoch nur kaum die Ebene der Pfarrgemeinden, sondern blieb Diözesanangelegenheit und wurde seitens der Verbände kritisch verfolgt.

Das Ende des Ersten Weltkrieges führte zu einer Krise Deutschlands[128], von der jedoch die katholische Kirche relativ unbeschadet blieb. Sie und insbesondere der deutsche Episkopat gewannen gegenüber allen anderen gesellschaftlichen Autoritäten stark an Einfluss und entwickelten einen gegenüber der Vorkriegszeit noch stärkeren Triumphalismus, mit dem erste Anzeichen einer „Milieuerosion"[129] überdeckt wurden.

Der kirchliche Anspruch stand nun zunehmend in einem Widerspruch zur gesellschaftlichen Auflösung des katholischen Milieus aufgrund von Industrialisierung und Urbanisierung des 19. Jahrhunderts. Die sich darin bereits andeutende Entstehung eines „meta-halachischen Problems"[130], in dem nicht mehr eindeutig und allein aufgrund von Moralvorstellungen und Verhaltenskodizes ein Ausweis der Katholizität möglich ist, sondern die Frage der persönlichen Überzeugung und Glaubensentschiedenheit wichtiger wird,

---

[123] Vgl. Iserloh, Erwin: Innerkirchliche Bewegungen und ihre Spiritualität, in: Jedin, Hubert / Repgen, Konrad (Hg.): Die Weltkirche im 20. Jahrhundert. Handbuch der Kirchengeschichte, Bd. 7, Freiburg-Basel-Wien 1979, 301-337, bes. 303-308.

[124] Eine Darstellung der Diskussion über die Bedeutung der katholischen Verbände für die kirchliche Öffnung zur Moderne bietet: Leugers-Scherzberg, August Hermann: Die Modernisierung des Katholizismus im Kaiserreich. Überlegungen am Beispiel von Felix Porsch, in: Loth, Wilfried (Hg.): Deutscher Katholizismus im Umbruch zur Moderne, Stuttgart-Berlin-Köln 1991, 219-232.

[125] Vgl. Klein, Gotthard: Der Volksverein für das katholische Deutschland 1890-1933. Geschichte, Bedeutung, Untergang, Paderborn-München-Wien-Zürich 1996, 87: „In scharfem Kontrast zum Durchbruch des politischen Katholizismus erfuhr der Volksverein trotz anfänglicher Rekrutierungsgewinne der ersten drei Nachkriegsjahre einen kontinuierlichen Rückgang an Mitgliedern und damit an Bedeutung und Einfluss."

[126] Vgl. Damberg, Wilhelm: „Radikalkatholische Laien an die Front!". Beobachtungen zur Idee und Wirkungsgeschichte der Katholischen Aktion, in: Köhler, Joachim / Melis, Damian van (Hg.): Siegerin in Trümmern. Die Rolle der katholischen Kirche in der deutschen Nachkriegsgesellschaft, Stuttgart-Berlin-Köln 1998, 142-160.

[127] Vgl. Lindt, Andreas: Das Zeitalter des Totalitarismus, Stuttgart-Berlin-Köln-Mainz 1981, 64-71.

[128] Vgl. Lindt: Zeitalter, 100: „Auch für die meisten deutschen Katholiken bedeuteten die militärische Niederlage, die Revolution und das Ende der Monarchie den jähen Zusammenbruch einer scheinbar fest gefügten Welt von Ordnungen, Vorstellungen und Hoffnungen."

[129] Vgl. Liedhegener, Antonius: Christentum und Urbanisierung. Katholiken und Protestanten in Münster und Bochum 1830-1933, Paderborn-München-Wien-Zürich 1997, 227-239.

[130] Vgl. Ruster: Nützlichkeit, 388-391.

trägt bereits Züge der kirchlichen Verortung gegenüber der Moderne, wie sie in der Theologie nach dem Zweiten Weltkrieg und besonders im II. Vatikanum wieder aufgegriffen wird. Schon der Versuch, nun gerade auch in der Ablehnung der neu errungenen demokratischen Strukturen an die Verhältnisse der Vorkriegszeit anzuknüpfen, erwies sich als zunehmend problematisch und wurde unterschiedlich bewertet. In diesem Punkt waren schon nicht mehr alle katholischen Meinungsführer bereit, die Einstellungen der Bischöfe zu teilen und die Reihen des Katholizismus zu schließen. Die Einheitlichkeit der Haltungen und Wertungen innerhalb des Katholizismus zeigte bereits hier zunehmend Auflösungserscheinungen[131], wie etwa im Bereich der moralischen Forderungen zu Fragen der Familie und Sexualität oder aber in politischen Bewertungen von Monarchie und Demokratie.[132]

Die Situation der Kirche in Österreich in den ersten drei Jahrzehnten des 20. Jahrhunderts war weiterhin geprägt von einer aus dem Josephinismus entstandenen, engen Verbindung der Kirche mit dem Staat, die jedoch weniger als Alternative zum römischen Zentralismus verstanden wurde als noch wenige Jahrzehnte zuvor. Die enge Verbindung von katholischer Kirche und Österreichischem Staat in Form der Monarchie zeigte ihr Höchstmaß von Symbiose aus Anlass des XXIII. Internationalen Eucharistischen Kongresses, der 1912 in Wien stattfand:

> „In einer gigantischen Kundgebung präsentierte sich der österreichische Katholizismus als eine klassenübergreifende, supranationale, eng mit Rom verknüpfte Massenorganisation. Die Damen des kaiserlichen Hauses und die Hocharistokratinnen wirkten bei der organisatorischen Vorbereitung mit. Die Prozessionszüge wurden von Adeligen ‚befehligt'. (…) In Verehrung der Eucharistie und des greisen Monarchen standen und knieten sie nebeneinander: die Völker der Monarchie, der einfache Arbeiter neben dem ungarischen Magnaten, der Bauer neben seinem ehemaligen Grundherren, der Meister neben seinem Gesellen."[133]

---

[131] Vgl. Ruster: Nützlichkeit, 56.

[132] Generell konstatiert Manfred Kittel für den katholischen Bevölkerungsteil gegenüber protestantischen Bevölkerungsteilen in der Weimarer Republik eine größere Bereitschaft deren demokratische Struktur mitzutragen, wenngleich gerade der durchgehaltene und durch den politischen Katholizismus verstärkte Konfessionalismus eine der schwerwiegendsten Belastungen des jungen Staates darstellte. Vgl. Kittel, Manfred: Konfessioneller Konflikt und politische Kultur in der Weimarer Republik, in: Blaschke, Olaf (Hg.): Konfessionen im Konflikt. Deutschland zwischen 1800 und 1970: ein zweites konfessionelles Zeitalter, Göttingen 2002, 243-297, 250: „Der ‚politische Katholizismus' stand mit Masse im Lager der Republik, der Protestantismus ganz überwiegend im Lager ihrer Gegner. Wegen der wesentlich günstigeren Wahrnehmung der Republik durch die katholische Seite war hier auch die Bereitschaft und die Fähigkeit zum Abbau des überkommenen politischen Konflikts der Bekenntnisse deutlich größer als im Protestantismus."

[133] Hanisch, Ernst: Österreichische Geschichte 1890-1990. Der lange Schatten des Staates – Österreichische Gesellschaftsgeschichte im 20. Jahrhundert, Wien 1994, 214.

Das hier in kirchlichem Brauchtum ausgedrückte Bemühen um die österreichische Identität und Einheit war somit auch erklärtes Ziel kirchlicher Maßnahmen und Verlautbarungen, in deren Zusammenhang auch die Stärkung der „Katholischen Aktion" als der Tendenz nach alleiniger Laienorganisation zu sehen ist. Besonders das Verhältnis von Pfarrer und Dorflehrer wird dabei immer wieder in den Blick gerückt, das als Sinnbild einheitlicher Bemühungen um eine Stärkung der „Katholischen Aktion" erschien:

> „Wir Priester sehnen uns heute nach den Laien. Es ist unsere stille Hoffnung, daß eine neue Zeit der Gemeinschaft anbricht. Wir haben alle viel umzulernen und neu zu lernen. Unterlassen wir es darum nicht, täglich zu Gott zu flehen, daß in Priestern und Laien, in Pfarrer und Lehrer, der Geist des königlichen Priestertums erwacht, damit sich die Hoffnungen erfüllen, die wir an die Katholische Aktion knüpfen."[134]

Doch auch in der Katholischen Kirche Österreichs werden nach dem Ersten Weltkrieg Anzeichen sichtbar, die die aus dem 19. Jahrhundert überkommenen Prägungen zunehmend in Frage stellen. Erste Ansätze für veränderte Voraussetzungen für die Priesterausbildung und eine Priesterseelsorge, die nicht mehr nur auf asketische Ermahnungen und in der Abkehr von der Welt mönchische Ideale vertrat, zeugen von einem pastoralen Strukturwandel, der allmählich einsetzt:

> „Die um 1900 geweihte Seelsorgergeneration kam noch von wahrhaft katholischen Müttern. Die Väter stammten bereits mehr oder weniger aus der Geisteswelt des Liberalismus, die in der zweiten Hälfte des 19. Jahrhunderts herrschte. Die Nachkriegsgeneration, so wurde in der Aussprache betont, ist aus lau katholischen Familien, ja sogar aus nicht mehr religiösen Familien hervorgegangen. Man wird diese Dinge nicht verallgemeinern dürfen, wird aber doch sagen müssen, daß diese Entwicklungslinien immer stärker hervortreten."[135]

Hier werden erste Anzeichen des Einflusses moderner Gesellschaftsentwicklungen auf die Kirche sichtbar, vor denen weder Kirchenmitglieder noch Priester abzuschotten sind.

So deutet sich ein Einfluss säkularer und liberaler gesellschaftlicher Tendenzen auf das Leben der Kirche an, der zunächst von einer Sehnsucht nach der verlorenen Geschlossenheit des Katholizismus innerhalb der katholischen Restauration begleitet wird. Diese Sehnsucht nach Einheit und Geschlossen-

---

[134] Dorr, Karl: Die Katholische Aktion, nach ihrem Wesen und als Aufgabe gesehen, in: Rudolf, Karl (Hg.): Pfarrer und Lehrer im Dorfe, Referate der Tagung in Hubertenhof vom 9. bis 12. September 1935, Innsbruck-Wien-München 1935, 34 - 45, 45. Die Tagung beschäftigte sich ausschließlich mit der Frage des Verhältnisses von Lehrern und Pfarrern und dessen Bedeutung für die Stärkung der „Katholischen Aktion"!
[135] Metzger, Konrad: Seelsorge für Seelsorger, in: Rudolf, Karl (Hg.): Heiliges Priestertum, Referate der zweiten Wiener Seelsorger-Tagung vom 27.-30. Dezember 1932, Wien 1933, 60-71, 63.

heit erhält noch einmal in den Jahren des „Austrofaschismus" im Bundesstaat Österreich von 1934-1938 unter ständigen Rückgriffen auf die starke kirchliche Präsenz des 19. Jahrhunderts durch Engelbert Dollfuß und Kurt Schusschnigg eine besondere Ausprägung.[136] Die Einheit des Volkes und die Einheit der katholischen Kirche werden als Ziele zunehmend synchronisiert. So ergibt sich jedoch für die katholische Kirche sowohl in Österreich als auch in Deutschland eine ablehnende Haltung gegenüber dem demokratischen System beider Staaten bis in die 1930er-Jahre. In dessen konstitutivem Meinungspluralismus wird vor allem eine Gefahr der traditionellen Einheitsbestrebungen ausgemacht:

> „Weil die Kirchen das monarchische Regierungssystem zurückwünschten, konnten sie auch nicht zu tragenden Säulen eines auf demokratischer Grundlage gebauten Staatswesens werden und ebneten gerade dadurch, gewollt oder ungewollt, zusammen mit anderen Faktoren dem Faschismus in Deutschland die Wege."[137]

Das Pfarrhaus steht nun, anders als in der Zeit des Josephinismus, nicht mehr im Zentrum der Aufmerksamkeit. Gerade die Öffnung der österreichischen Kirche gegenüber Rom verlagert ihren Schwerpunkt zu den Bischöfen. Das Pfarramt gerät zugunsten von Großveranstaltungen und den Diskussionen um das I. Vatikanische Konzil in den Windschatten des Interesses, was seine kommunale Bedeutung jedoch kaum geschwächt haben dürfte. Doch gerade das gegenüber dem Josephinismus abgenommene staatliche Interesse reduziert den hohen Erwartungs- und Leistungsdruck für die Pfarrer.

2.1.5 Katholizismus und Nationalismus – Das Pfarrhaus im Dritten Reich

Gerade die dem deutschen Milieukatholizismus entstammende enge Verbindung von Zentrumspartei und katholischem Klerus bewirkte seit 1933 eine für die Pfarrer ungewohnt scharfe Oppositionssituation[138], nun gegenüber der NSDAP und den neuen Machthabern. Die Wahlerfolge der Nationalsozialisten und die Machtergreifung durch Adolf Hitler hatten eine weitgehende Entmachtung der katholischen Kirche im politischen Bereich zur Folge. Katholiken und Mitgliedern der Zentrumspartei wurden einflussreiche Positionen entzogen.

---

[136] Hanisch: Österreichische Geschichte, 310-323.
[137] Denzler, Georg / Fabricius, Volker: Die Kirchen im Dritten Reich. Christen und Nazis Hand in Hand?, Bd. 1, Darstellung, Frankfurt a. M. 1984, 30.
[138] Lediglich in wenigen ländlich strukturierten Regionen behielt die für die Milieukonzeption bestimmende Verbindung von Katholizismus und Zentrumspartei in der letzten Mehrparteienwahl vom 05.März 1933 ihre Stärke mit einem Wahlerfolg von über 90% Stimmenanteil. Vgl. Schwarzmüller, Theo: Hauenstein gegen Hitler. Die Geschichte einer konfessionellen Lebenswelt, Kaiserslautern 2007.

Um diese Situation nicht weiter zu verschärfen, sollte zunächst jede weitere Konfrontation mit der NSDAP vermieden und abgewartet werden.[139] Gerade die darin zum Ausdruck kommende Verunsicherung seitens des Episkopates und des Pfarrklerus dürfte in der Wahrnehmung des Pfarrhauses in dieser Zeit zu den schwerwiegendsten Phänomenen gehören. Galt das Pfarrhaus bis dahin zumindest innerhalb des bestehenden Milieukatholizismus als eine Art „Fels in der Brandung", von dem klare Antworten auf gesellschaftliche Fragen erwartet werden konnten, erwies sich diese Sicherheit nun als hohl. Die von der Römischen Kurie erwirkte Verfügung, dass sich alle Kleriker einer Parteimitgliedschaft zu enthalten hätten, zielte seitens der Nationalsozialisten vor allem gegen das Zentrum. Sie bewahrte in den Folgejahren jedoch viele Priester auch vor dem Ansinnen eines Eintritts in die NSDAP:

„Die katholische Geistlichkeit konnte sich unter Hinweis auf den Sinn dieser Bestimmung allen Aufforderungen entziehen, ihre patriotische Gesinnung durch Beitritt zur NSDAP zu beweisen."[140]

Hier spiegelt sich die durchaus ambivalente Beziehung zwischen Nationalsozialismus und Katholizismus wider[141], die durch die religionsproduktiven Tendenzen und die religionsphänomenologischen Inszenierungen des Nationalsozialismus insbesondere auf den Nürnberger Reichsparteitagen[142] für die katholische Kirche zur größten Herausforderung[143] ihres „Dispositivs der Dauer" werden sollte. Gerade die antipluralistische, die Einheit von Volk und Gesellschaft betonende Ausrichtung des Nationalsozialismus und die von den Glaubensinhalten absehende[144] Begeisterung Adolf Hitlers für die katholische Kirche als zweitausend Jahre alte Institution[145] stellt für eine

---

[139] Thomas Fandel verweist auf entsprechende Anweisungen seitens der Ordinariate an Pfarrer. Vgl. Fandel, Thomas: Konfession und Nationalismus. Evangelische und katholische Pfarrer in der Pfalz 1930-1939, Paderborn-München-Wien-Zürich 1997, 113-123.

[140] Hürten, Heinz: Kurze Geschichte des deutschen Katholizismus 1800-1960, Mainz 1986, 215.

[141] Vgl. als Überblick über das vielfältige Quellenmaterial: Gruber, Hubert: Katholische Kirche und Nationalsozialismus 1930-1945. Ein Bericht in Quellen, Paderborn-München-Wien-Zürich 2006.

[142] Vgl. Kershaw, Ian: Der Hitler-Mythos, 135. Kershaw weist eine messianische Sprache und biblische Zitate in der Rede Hitlers auf dem Reichsparteitag 1936 nach und beschreibt die religiöse Wirkung der Atmosphäre: „Es ist kaum zu bezweifeln, daß für die Millionen, die bereits ‚hitlergläubig' waren oder sich im Prozeß der ‚Bekehrung' befanden, die ‚religiöse' Dimension eine starke Komponente des Führer-Mythos war."

[143] Neben den Reichsparteitagen gehören auch die Olympischen Spiele von 1936 in Berlin zu den großen Inszenierungen des Nationalsozialismus. Vgl. Kershaw, Ian: Hitler 1936-1945, Stuttgart 2000, 36.

[144] Religiöse Motive finden sich beispielsweise in der Vorsehungsgläubigkeit, mit der Hitler politische Abläufe zu interpretieren suchte. Vgl. Kershaw: Hitler, 128.

[145] Denzler / Fabricius: Die Kirchen im Dritten Reich, Bd.1, Darstellung, 15: „Weil Hitler die Christen beider Konfessionen zum Aufbau und zur Festigung des ‚neuen Deutschland' brauchte, spielte er immer wieder die Rolle des Wolfs im Schafspelz. Deshalb auch distan-

Reihe von Theologen[146] eine geeignete Kontaktfläche[147] dar und dürfte in den theologischen Annäherungsversuchen Bischof Alois Hudals[148] und in der teilweise positiven Einstellung anderer Bischöfe zur Kriegsführung im Deutschen Reich[149] seine extremsten Ausformungen gefunden haben. So lässt sich auch bei Hitler eine „semi-instrumentelle"[150] Verwendung des Religiösen bis hin zu einer eigenen Theologie nachweisen.[151] Die aus den

---

zierte er sich gelegentlich von Rosenbergs Generalangriff auf das Christentum und suggerierte Katholiken wie Protestanten mit der Rede vom ‚positiven Christentum' immer wieder die Möglichkeit der Vereinbarkeit von NS und Kirche."

[146] Vgl. Schmaus, Michael: Begegnungen zwischen katholischem Christentum und nationalsozialistischer Weltanschauung, Münster³ 1934.

[147] Vgl. Lindt: Zeitalter, 144-146.

[148] Vgl. Hudal, Alois: Die Grundlagen des Nationalsozialismus, Leipzig-Wien 1937, 246: „Niemand im katholischen Lager leugnet das Positive, Große und Bleibende, das in dieser Bewegung gelegen ist, die neue Probleme berührt und Fragen aufgeworfen hat, mit denen das Christentum sich auseinandersetzen muß, um eine moderne Synthese von Deutschtum und Glaube zu finden." Der Versuch Hudals, mit diesem Werk die Vereinbarkeit von Katholizismus und Nationalsozialismus nachzuweisen, wurde von weiten Bevölkerungsteilen insbesondere Österreichs, der Heimat Hudals, sehr interessiert aufgegriffen. Sein Buch, das von den österreichischen Bischöfen unterschiedlich bewertet, aber von Kardinal Innitzer energisch verteidigt wurde, erfuhr eine beachtliche Auflagenstärke. Vgl. Moritz, Stefan: Grüß Gott und Heil Hitler. Katholische Kirche und Nationalsozialismus in Österreich, Wien 2002, 45-46. Auffallend ist dieses Bemühen insbesondere deshalb, weil sich Hudal als Bischof an der deutschen Nationalkirche der Anima in Rom noch 1935 scharf gegen die Rassenlehre Rosenbergs (in dessen „Mythus des 20. Jahrhunderts") wandte. Vgl Hudal, Alois: Rom, Christentum und deutsches Volk, Innsbruck-Wien-München 1935, 10: „Wer tiefer in die deutsche nationale Geschichte blickt und die ins Unermessene anwachsende Literatur auch nur in ihren bedeutendsten Werken verfolgt, wird sich des Eindrucks nicht erwehren können, daß besonders die Lehre von Rasse und Blut, die in der blendenden Form eines weltanschaulichen Mystizismus und Religionsersatzes dem modernen deutschen Menschen geboten wird, eine der größten aller Irrlehren ist, die sich seit den Tagen der Reformation dem Christentum und in erster Linie dem Katholizismus gegenüber gestellt haben."

[149] Vgl. Breuer, Thomas: Dem Führer gehorsam. Wie die deutschen Katholiken von ihrer Kirche zum Kriegsdienst verpflichtet wurden, in: Ders. / Prolingheuer, Hans (Hg.): Dem Führer gehorsam: Christen an die Front. Die Verstrickung der beiden Kirchen in den NS-Staat und den Zweiten Weltkrieg, Oberursel 2005, 154-268.

[150] Bucher, Rainer: Kirchenbildung in der Moderne. Eine Untersuchung der Konstitutionsprinzipien der deutschen Katholischen Kirche im 20. Jahrhundert, Stuttgart-Berlin-Köln 1998, 82.

[151] Vgl. Bucher, Rainer: Hitlers Theologie, Würzburg 2008, 129: „Hitlers Versuch, die reaktionäre Revolution eines utopischen Anti-Modernismus mit der Übernahme etwa technischer Modernisierung und Massenmobilisierung zu verbinden, musste für eine Theologie verführerisch sein, die selbst zwischen einem strikten (römischen) Anti-Modernismus und einer absehbaren gesellschaftlichen Bedeutungslosigkeit in der deutschen Gesellschaft zerrissen wurde. Gerade die merkwürdige doppelte Doppeldeutigkeit des Nationalsozialismus als reaktionäre Revolution eines utopischen Anti-Modernismus mit Modernisierungsfolgen machte die Attraktivität des nationalsozialistischen Projekts für die deutsche katholische Theologie des Jahres 1933 aus."

religionsproduktiven Tendenzen[152] des Nationalsozialismus zunehmend erwachsenden Loyalitätskonflikte für Priester und Bischöfe wurden nach der „Machtergreifung" immer offensichtlicher:

> „Die Spannung zwischen politischer Loyalität und religiös-moralisch begründetem Protest, der schon als solcher zu einem Akt politischen Widerstands wurde, blieb das nie überwundene Problem in den öffentlichen Aussagen des Episkopats."[153]

Ein eigenes katholisches Milieu widersprach schon in seiner Grundidee dem Gedanken „Volksgemeinschaft" als einem zentralen Element des Nationalsozialismus. Dagegen suchte die Kirche durch die Betonung der dem „Dispositiv der Dauer" ureigenen Regionalisierung von Religion und Politik, also ihrem Rückzug in den rein religiös-liturgischen Bereich, einen katholischen Sonderweg innerhalb der Begrenzung des Dritten Reiches[154] zu finden:

> „Der Rückzug aus Politik und Öffentlichkeit wurde von ihr [Anm. d. V.: der Kirche] eher als Chance ergriffen, sich auf das Wesentliche ihres Auftrags zu konzentrieren und sich nicht länger in Verstrickungen hineinziehen zu lassen, die nicht ihre eigentliche Sache waren."[155]

Aus dieser Regionalisierung, der auch die namhaftesten Theologen folgten[156], ergab sich einerseits die Notwendigkeit der Selbstbeschränkung auf alles rein Religiöse und damit der Verzicht auf jede politische Stellungnah-

---

[152] Zu den bemerkenswertesten Versuchen einer Verbindung von Nationalsozialismus und (beziehungsweise als) Religion gehört das Werk „Mythus des 20. Jahrhunderts" von Alfred Rosenberg, das neben Hitlers „Mein Kampf" zu den grundlegenden Schriften des Nationalsozialismus gehörte und von der katholischen Kirche 1934 indiziert wurde. Vgl. zum Werk und seiner Indizierung: Burkhard, Dominik: Häresie und Mythus des 20. Jahrhunderts. Rosenbergs nationalsozialistische Weltanschauung vor dem Tribunal der Römischen Inquisition, Paderborn-München-Wien-Zürich 2005.
[153] Hürten, Heinz: Deutsche Katholiken 1918-1945, Paderborn-München-Wien-Zürich 1992, 527.
[154] Die bis in die Siebzigerjahre des 20. Jahrhunderts vermutete Einheit des Katholizismus gegenüber der nationalsozialistischen Ideologie gegenüber eines in sich zerstrittenen und allein damit für die Rassenideologie anfälligeren Protestantismus konnte mit größerem zeitlichen Abstand differenzierter beurteilt werden. Vgl. Schnabel, Reimund: Die Frommen in der Hölle. Geistliche in Dachau, Frankfurt a. M 1966, 22: „Im Gegensatz zum Protestantismus fanden die Nazis bei Antritt ihrer Herrschaft in Deutschland die Katholische Kirche als einen geschlossenen, straff organisierten und homogenen Block vor." Die vergleichsweise große Zahl der im Konzentrationslager Dachau inhaftierten katholischen Pfarrer gegenüber evangelischen Geistlichen muss wohl als nicht ausreichendes Kriterium der historischen Beurteilung des Protestantismus dieser Zeit betrachtet werden.
[155] Hürten, Heinz: Deutsche Katholiken, 344.
[156] Vgl. Ruster, Thomas: „Ein heiliges Sterben". Der Zweite Weltkrieg in der Deutung deutscher Theologen, in: SaThZ 9 (2005), 212-228.

me.[157] Andererseits wurde es damit den Katholiken bis hinauf in den Episkopat zur selbst auferlegten Pflicht, die staatsbürgerliche Loyalität immer wieder nicht nur zu betonen, sondern sogar unter Beweis zu stellen[158], womit jedoch beispielsweise eine mangelhafte (Seel-)Sorge der Kirche, etwa um einzelne Soldaten, in Kauf genommen wurde.[159] Das Schweigen des Episkopates zum Holocaust an der jüdischen Bevölkerung und anderen gesellschaftlichen Gruppen bis hinauf zu Papst Pius XII. hat hierin seinen wichtigsten Grund.[160]

Einen Sonderweg neben der kirchlichen Selbstbeschränkung auf ihr „Dispositiv der Dauer" bildeten einige wenige Theologen, die gerade aufgrund ihrer Annäherung an den Nationalsozialismus die Milieukonzeption zu überwinden suchten. Die Theologen Karl Adam, Joseph Lortz, Michael Schmaus und Carl Eschweiler standen dabei vor allem auch aufgrund ihrer milieukritischen Konzeptionen in einem binnenkirchlichen Abseits:

„Alle drei theologischen Autoren [Anm. d. V.: Adam, Lortz und Schmauss] erlangten durch ihre massive Befürwortung des Nationalsozialismus innerkirchlich keine wirklichen Vorteile, ja sie manövrierten sich mit ihrem Versuch eines inneren Bündnisschlusses zwischen Nationalsozialismus und Katholizismus innerkirchlich wie politisch eher in eine doppelte Außensei-

---

[157] In den Hirtenworten der deutschen Bischöfe zum Kriegsbeginn fallen neben den nationalistischen Parolen und Aufforderungen zu Loyalität dem Staat gegenüber und treuer Pflichterfüllung im Kriegsdienst vor allem die Aufforderungen bezüglich des geistlichen Lebens auf. Vgl. Machens, Josef Godehard: Hirtenbrief des Hildesheimer Bischofs am 3.9.1939, in: Kirchlicher Anzeiger für die Diözese Hildesheim (1939), 53: „Kriegszeiten sollen Zeiten der Einkehr und der Selbstheiligung sein. Da sollen alle Gläubigen, voran die Soldaten, die unter die Fahnen einberufen werden, aber auch die Daheimgebliebenen, die Beichtstühle geradezu belagern und die Kommunionbänke im heiligen Eifer besetzt halten. Kriegszeiten müssen Zeiten der seelischen Erneuerung, neuer Gottesliebe, eifrigen Sakramentenempfanges sein." (Der Hirtenbrief wurde am 10.09.1939 in den Pfarreien des Bistums Hildesheim verlesen.

[158] Möglich waren diese Loyalitätsbeweise insbesondere durch die der Kirche und den Nationalsozialisten gemeinen Bekämpfung des Kommunismus/Bolschewismus. Der gemeinsame Hirtenbrief zum Weihnachtsfest 1936 lässt diese Gemeinsamkeit deutlich erkennen, enthält jedoch aufgrund seiner Argumentation zugleich verdecktes Kritikpotential gegenüber dem Nationalsozialismus.

[159] Vgl. Missalla, Heinrich: Für Gott, Führer und Vaterland. Die Verstrickung der katholischen Seelsorge in Hitlers Krieg, München 1999.

[160] Daniel Jonah Goldhagen hat diese Abwägung der Kirchenleitung in jüngerer Zeit am profiliertesten herausgearbeitet und mit dem kirchlichen Umgang mit der eigenen Geschichte in Beziehung gesetzt. Vgl. Goldhagen, Daniel J.: Die katholische Kirche und der Holocaust. Eine Untersuchung über Schuld und Sühne, Berlin 2002, 26: „Die Kirche, Pius XII. sowie Bischöfe und Priester in ganz Europa haben in der NS-Zeit eine moralische Abwägung angestellt und im Großen und Ganzen entschieden, dass es vorzuziehen sei, die Verfolgung der Juden durch die Deutschen und ihre Helfer zuzulassen und zu unterstützen und sogar die Juden sterben zu lassen, statt zu ihren Gunsten einzuschreiten. Die Kirche der Nachkriegszeit, darunter auch und vielleicht besonders die Kirche von heute, hat eine moralische Abwägung vorgenommen und findet an den moralischen Abwägungen, die sie und ihr Klerus im Vorfeld und während des Holocaust angestellt haben, wenig oder gar nichts auszusetzen."

terposition. Sie gerieten zwischen die Stühle zweier zunehmend rivalisierenden Loyalitätszentren, denen sie beiden verdächtig waren."[161]

Dabei ist dieser theologische Sonderweg nicht einfach eine politische Fehleinschätzung, sondern auch ein Versuch mittels einer „Theologie des Völkischen" als Hilfsmittel die kirchliche Selbstbeschränkung aufzusprengen und aus dem „Dispositiv der Dauer" auszubrechen. Die Kirchenleitung hingegen sah gerade in diesem Dispositiv und dem Modell „regionalisierter Zuständigkeiten von Kirche und Staat"[162] die geeigneten Instrumente, um die Bedrohung des Nationalsozialismus zu überstehen, was insbesondere die Stellung der Pfarrei stärkte, ihr aber auch über weite Strecken die Möglichkeit zur Meinungsführerschaft und Orientierungshilfe nahm:

„In gewisser Hinsicht hinkten sie [Anm.: die Geistlichen] eher der öffentlichen Meinung hinterher, als daß sie imstande oder willens waren, diese zu führen. Sie mußten die Tatsache berücksichtigen, daß Hitlers nationale ‚Erfolge', vor allem der gewaltige Triumph der Remilitarisierung des Rheinlands, selbst unter jenen Angehörigen ihrer Gemeinden ungeheuer populär waren, die an den nationalsozialistischen Angriffen auf die Kirchen heftige Kritik übten."[163]

Für das katholische Verbandswesen lässt sich in der Zeit des nationalsozialistischen Regimes ein Niedergang, letztlich durch Verbot und Gleichschaltung, beobachten. Auch die katholischen Ordensgemeinschaften sehen sich einer offenen Bekämpfung ausgesetzt[164]. Dagegen bleibt die kirchliche Größe der Pfarrei[165], trotz einzelner Übergriffe, ebenso wie die Institution

---

[161] Bucher, Rainer: Das deutsche Volk Gottes. Warum Hitler einige katholische Theologen faszinierte und „Gaudium et spes" für die deutsche Kirche eine Revolution darstellt, in: Keul, Hildegund / Sander, Hans-Joachim: Das Volk Gottes – ein Ort der Befreiung. FS Elmar Klinger, Würzburg 1998, 64-82, 68.

[162] Bucher: Das deutsche Volk Gottes, 75.

[163] Kershaw: Hitler, 19.

[164] Vgl. Mertens, Annette: Himmlers Klostersturm. Der Angriff auf katholische Einrichtungen im Zweiten Weltkrieg und die Wiedergutmachung nach 1945, Paderborn-München-Wien-Zürich 2006, 384: „Der Kampf gegen die Orden und Klöster gehörte von Anfang an zu den zentralen Zielen der NS-Kirchenpolitik. Die Orden standen im Mittelpunkt des nationalsozialistischen Feindbilds von der katholischen Kirche: Sie galten als deren ‚Lebensnerv' und ‚beste und gefährlichste Kampftruppe'. Die zölibatäre Lebensweise der Ordensleute, ihr Gehorsam gegenüber den Ordensoberen und der weltanschauliche Einfluss, den sie durch ihre Tätigkeit in der Erziehung und Seelsorge auf die katholischen Bevölkerungsteile ausübten, liefen der nationalsozialistischen Ideologie strikt zuwider."

[165] In manchen Bistümern kommt es außerdem gerade angesichts der zunehmenden Einschränkungen durch den Nationalsozialismus zum Aufbau überpfarrlicher Strukturen und zur Intensivierung des Kontaktes zwischen dem Bischof und den Pfarrgemeinden zugunsten einer gestärkten diözesanen Identität. Vgl. Aschoff, Hans-Georg: Diözese Hildesheim, in: Gatz, Erwin (Hg.): Pfarr- und Gemeindeorganisation. Studien zu ihrer Entwicklung in Deutschland, Österreich und der Schweiz seit dem Ende des 18. Jahrhunderts, Paderborn-München-Wien-Zürich 1987, 111-128, 125.

der Bistumsleitung unter dem Existenzschutz des Konkordates zwischen dem Vatikan und dem Deutschen Reich erhalten[166] und gewinnt gerade in den Kriegsjahren aufgrund ihrer alleinigen Repräsentation der Kirche an Bedeutung:

> „Seit der Zurückdrängung der Kirche aus den meisten öffentlichen Arbeitsbereichen, seit der Erdrosselung der einst starken katholischen Verbände, der Gleichschaltung der katholischen Presse und der Schließung vieler Klöster waren die Gemeinden der eigentliche Ort kirchlichen Lebens."[167]

So wird die Pfarrgemeinde zu dem Ort kirchlicher Kontinuität[168] und das Pfarrhaus ein aufmerksam beobachteter Ort, der dem direkten Zugriff des Staates entzogen bleibt[169] - dies freilich solange, bis eine systemkritische Äußerung oder ein verweigerter Hitlergruß zur Denunziation führten.[170] Auch das bestehende Pfarrhausleben war damit durch einen Rückzug auf rein religiös-spirituelle Themenfelder erkauft. Zu anderen Themen hatten Pfarrer – oftmals auch im Sinne der Bischöfe[171] – zu schweigen. Nicht nur durch die Machthaber, sondern auch durch die Gemeindemitglieder wird nun jede von dieser stillschweigenden Abgrenzung abweichende Äußerung aus dem Pfarrhaus sofort registriert. Es wird damit in den meisten Fällen zu einem schweigsamen, aber genau beobachteten Ort.

---

[166] In einzelnen Detailfragen im Hinblick auf die (Selbst-)Beschränkung der Kirche auf rein religiöse Fragen kam es jedoch immer wieder zu Konflikten, z. B. in der Frage der Beflaggung von Kirchen mit Hakenkreuzfahnen. Vgl. dazu Fettweis, Klaus: Zwischen Herr und Herrlichkeit. Zur Mentalitätsfrage im Dritten Reich an Beispielen aus der Rheinprovinz, Aachen 1989, 188-197.

[167] Gatz, Erwin: Deutschland. Alte Bundesrepublik, in: Ders. (Hg.): Kirche und Katholizimus seit 1945, Bd. 1, Mittel-, West- und Nordeuropa, Paderborn-München-Wien-Zürich 1998, 53-131, 54.

[168] Hürten, Heinz: Deutsche Katholiken, 353: „Die Pfarrei war im Bewusstsein vieler aus einer kirchlichen Verwaltungsorganisation zu dem Ort geworden, wo die Kirche als geistliche Gemeinschaft erlebt wurde."

[169] Einen Eindruck von der Heterogenität und politischen Pluralität des Klerus, der von aktiven Nationalsozialisten bis hin zu entschiedenen Widerständlern ganz unterschiedliche Positionen und Charaktere enthielt, bietet: Denzler, Georg: Widerstand ist nicht das richtige Wort. Katholische Priester, Bischöfe und Theologen im Dritten Reich, Zürich 2003, 111-208.

[170] Vgl. zur Inhaftierung von Pfarrern im Konzentrationslager Dachau: Münch, Maurus: Unter 2579 Priestern in Dachau. Zum Gedenken an den 25. Jahrestag der Befreiung in der Osterzeit 1945, Trier 1972. Balling, Adalbert / Abeln, Reinhard: Speichen am Rad der Zeit. Priester in Dachau, Freiburg-Basel-Wien 1985. Schnabel, Reimund: Die Frommen in der Hölle. Geistliche in Dachau, Frankfurt a. M. 1966.

[171] Ian Kershaw konnte die Verbindung zwischen Kirchenkampf und der Ausbildung des „Hitler-Mythos" und die Funktion des Episkopates darin aufzeigen. Vgl. Kershaw: Hitler-Mythos, 132: „Da Hitler sich selber weitgehend dem bitteren Beigeschmack des Konflikts entziehen konnte, wurde er tatsächlich häufig als Verteidiger der religiösen Werte des Christentums gegen die ideologischen Fanatiker der NS-Bewegung betrachtet – und dies bemerkenswerterweise wohl auch von einigen Kirchenführern."

Wenngleich die Kirchenpolitik der Nationalsozialisten gegenüber der evangelischen Kirche große Unterschiede kannte, lässt sich trotz der Nähe vieler evangelisch-lutherischer Pfarrer vor allem zum nationalistischen Gedankengut bis hin zur Parteimitgliedschaft nicht von einer einheitlichen Bestimmung des evangelischen Pfarrhauses ausgehen. Die Spaltung zwischen „Deutschen Christen" und „Bekennender Kirche" bewirkte sowohl bei den Kirchenmitgliedern als auch bei den Nationalsozialisten eine sehr genaue Wahrnehmung der politischen Haltung der einzelnen Pfarrer, aus der eine uneinheitliche Wahrnehmung des evangelischen Pfarrhauses folgte. Einzelne Pfarrhäuser als Orte des Widerstands und Protestes fanden sich hier neben vielen Pfarrhäusern mit eindeutig nationalsozialistischer Gesinnung[172] bis hin zur Mitwirkung an eugenischen Maßnahmen und theologischer Legitimation des nationalsozialistischen Antisemitismus.

Eine explizite Oppositionshaltung und Proteste gegenüber der Diskriminierung und Verfolgung von Juden und anderen Bevölkerungsgruppen, wie z. B. vom Berliner Dompropst Bernhard Lichtenberg, bleiben auch im katholischen Pfarrhaus die Ausnahme, sind mancherorts aber gerade auch ein Indiz für die Geschlossenheit des katholischen Milieus und provozieren besonders scharfe Beobachtung.[173] Das Interesse der nationalsozialistischen Machthaber gilt dabei vielerorts den Taufregistern und Archiven der Pfarreien, um die Verfolgung der Juden damit zu systematisieren. In dieser Kooperationsbereitschaft vieler Pfarrer zur Ausstellung von Ariernachweisen ist vielleicht der schwerwiegendste Beitrag zum Holocaust durch die Pfarrer zu sehen. Mit ihm wird eine erhebliche Zahl der Pfarrhäuser zu einem Ort der Schuld und Mitverantwortung, die bis heute kaum reflektiert sind[174].

Stärker als ein aktiver Einsatz für Schutzsuchende und ein Eintreten für Verfolgte ist die Rolle des katholischen Pfarrhauses für die Kirche dieser Zeit selbst sicher in seiner die Gemeinde und Gemeinschaft stabilisierenden Funktion zu sehen. Dies lässt sich selbst dort beobachten, wo ganze Gemeinden infolge des Bodenkriegs evakuiert wurden, flüchten mussten oder vertrieben wurden. Gerade im Bistum Aachen bleibt der Zusammenhalt der Gemeinden auch in dieser Situation bestehen. Die Pfarrer werden zu wichtigen Identifikationsfiguren der Ortsgemeinde und sind aktiv an der Organisation der Rückkehr und des Wiederaufbaus beteiligt. Diese große Bedeutung der Pfarrstruktur war nicht zuletzt darauf zurückzuführen, dass die Pfarrer nur in geringen Zahlen für den Kriegsdienst in der Wehrmacht eingezogen

---

[172] Vgl. Jochheim, Martin: Der Einzelne und das Volksganze. Seelsorge im Dritten Reich, in: Raschzok, Klaus (Hg.): Zwischen Volk und Bekenntnis. Praktische Theologie im Dritten Reich, Leipzig 2000, 203-224.

[173] Vgl. Schwarzmüller: Hauenstein gegen Hitler, 72: „Wie eine Besatzungstruppe nahmen die SA- und SS-Leute Hauenstein ein. Offiziell hieß es, sie sollten die öffentliche Ordnung, Ruhe und Sicherheit gewährleisten. An den zwei Ausgängen des Pfarrhauses standen Tag und Nach zwei Posten mit Gewehr."

[174] Vgl. Goldhagen: Die katholische Kirche und der Holocaust, 82.

wurden[175] und so, mit Einschränkungen, ihren Dienst in den Ortsgemeinden weiter versehen konnten. Wenngleich im Jahr 1945 gerade im Ostteil des Deutschen Reiches die Seelsorge und die kirchlichen Strukturen aufgrund des Kriegsverlaufes weitgehend zusammenbrachen, blieben die Kirchen in Deutschland doch eine der wenigen funktionierenden Institutionen, was eine Umdeutung ihrer geschichtlichen Rolle im Nationalsozialmus als scharfer Opponentin ermöglichte:

> „Nach der bedingungslosen Kapitulation vom 8. Mai 1945 und dem vorläufigen Ende der deutschen Staatlichkeit waren die beiden Kirchen die einzigen intakt gebliebenen Großorganisationen in Deutschland. Die Katholische Kirche hatte dem Nationalsozialismus keine inhaltlichen Konzessionen gemacht. Sie war ihm vielmehr entgegengetreten und genoß aufgrund der Verfolgung vieler ihrer Mitglieder bei den westlichen Alliierten großes Ansehen und bei der Reorganisation des öffentlichen Lebens und der Verwaltung zunächst beachtlichen Einfluß."[176]

Erst die Jahrzehnte später einsetzende (Selbst-)Reflexion der Kirche zu ihrer Haltung im Nationalsozialismus formulierte die Anfragen an die kirchliche Zurückhaltung in ihrem Protest vor allem an dem nationalsozialistischen Massenmord an den europäischen Juden und anderen Minderheiten. Eine ausdrückliche Benennung der Unrechtmäßigkeit der Judenverfolgungen, angefangen bei den Nürnberger Rassegesetzen, fand sich weder in der Enzyklika „Mit brennender Sorge"[177] des Jahres 1937 und nur sehr vage in den Predigten des deutschen Episkopates.[178] Stattdessen musste die theologische Sicht auf das Judentum, die als durch und durch von den antijüdischen Polemiken der mittelalterlichen Theologien durchdrungen erschien und insbesondere die Bundestheologie dieser Zeit prägte, als Vorläuferin des nationalsozialistischen Judenhasses entlarvt werden.[179]

---

[175] Gatz: Deutschland, 59: „Ca. 5 Prozent der 1940 aktiven Geistlichen fielen an der Front oder in der Heimat bzw. wurden vermisst."

[176] Gatz: Deutschland, 60. Die Ernennung der (Erz-)Bischöfe Frings, von Galen und Preysing in das Kardinalskollegium durch Papst Pius XII. verstärkte als Vertrauensausdruck die Stellung der Bischöfe im Nachkriegsdeutschland und bildete ein römisches Statement gegen die These von der „deutschen Kollektivschuld".

[177] Vgl. Denzler, Georg / Fabricius, Volker: Die Kirchen im Dritten Reich. Christen und Nazis Hand in Hand?, Bd. 2, Dokumente, Frankfurt a. M. 1984, 104-150.

[178] Wenngleich die Predigten Kardinal Faulhabers und Bischof von Galens das Unrecht an vom Judentum konvertierten Katholiken oder dem Euthanasieprogramm der Nationalsozialisten thematisierten, blieb ein Eintreten vor allem für die Juden die absolute Ausnahme. Vgl. Bucher: Kirchenbildung, 186-214.

[179] Vgl. Denzler: Widerstand, 36-37. Denzler analysiert die „Adventspredigten" Kardinal Faulhabers: „Richtig ist, dass er [Anm. d. V.: Kardinal Faulhaber] sich bei dieser Gelegenheit tatsächlich zum Anwalt des Alten Testaments gemacht hat. (…) Wenn Faulhaber hier für das Alte Testament eintrat, geschah es zur Abwehr des Kampfes gegen das Christentum. Um zum zeitgenössischen Judentum Stellung zu nehmen, fühlte er sich nicht zuständig. Es ging ihm

Die Kirche hatte ihr eigenes Bestehen und den Einsatz für ihre Mitglieder mit dem Verzicht auf einen Einsatz für andere verfolgte Mitmenschen erkauft[180] und war damit ganz der Logik des ekklesiologischen Modells des 19. Jahrhunderts als eines „Milieuegoismus"[181] verbunden geblieben. Politischer Widerstand lässt sich somit, trotz bekannter Ausnahmen, weder dem Episkopat noch dem einfachen Klerus im Ganzen attestieren.[182] Dagegen wurden die Gemeinden und die katholische Kirche allgemein, insbesondere der Gottesdienst und der Klerus, tendenziell als unpolitischer Gesellschaftsbereich wahrgenommen. Dieser unpolitische Charakter der Kirche, der der gesellschaftlichen Regionalisierung geschuldet war, bewirkte allenfalls eine Aura des Widerstands und der unausgesprochenen Kritik. Diese Aura war es denn auch, an die in der Nachkriegszeit angeknüpft werden konnte. Eine direkte Mitschuld an den Verbrechen des Nationalsozialismus, der Wehrmacht und unzähliger Deutscher konnte so für die katholische Kirche insgesamt ausgeschlossen werden.[183] Zugleich impliziert diese moralische Unbeschadetheit und das Überleben durch politischen Rückzug die wohl schwerwiegendste kirchliche Schuld dieser Zeit. Die historische und politische Einordnung der im Widerstand aktiv agierenden Priester ist immer wieder kontrovers diskutiert worden und soll im Rahmen dieser Arbeit nur angedeutet werden. Die Vielzahl der Repressalien und Konflikte der Pfarrer vor allem mit der Gestapo[184] mag jedoch die Rolle der katholischen Kirche in der Nachkriegszeit nachvollziehbar werden lassen. Charakteristikum des Pfarrhauses im Nationalsozialismus war damit eine meist bis zur Unerträglichkeit durchgehaltene Schweigsamkeit, die allenfalls kleine stille Zuwendungen gegenüber Hilfesuchenden zuließ. Nur darin kam das Pfarrhaus dem eigenen, aus der Milieukonzeption entstammenden Anspruch nach, den Menschen Orientierung zu geben.

---

allein um das vorchristliche Judentum. Und für dieses hatte er theologisch ein vernichtendes Urteil, weil es die Stunde der Heimsuchung nicht erkannt habe."

[180] Vgl. Hürten, Heinz: Deutsche Katholiken, 342: „Der Preis für die prekäre Sicherung der kirchlichen Identität und Aktionsfreiheit im Reichskonkordat war der Rückzug aus der politischen Mitverantwortung."

[181] Ziemann, Benjamin: Der deutsche Katholizismus im späten 19. und 20. Jahrhundert. Forschungstendenzen auf dem Weg zu sozialgeschichtlicher Fundierung und Erweiterung, in: ASozG 40 (2000), 402-422, 412.

[182] Auf Ausnahmen, wie den Berliner Dompropst Bernhard Lichtenberg, sei hier ausdrücklich hingewiesen. Vgl. Hanky, Dieter: Bernhard Lichtenberg. Priester - Bekenner - Märtyrer - „ein Priester ohne Furcht und Tadel", Berlin-Hildesheim 1994.

[183] So verweist Hürten auf die geringe Relevanz katholischer Seelsorger in den Entnazifizierungsprozessen der Alliierten. Hürten, Heinz: Deutsche Katholiken, 649: „Unter dem katholischen Klerus Bayerns, der vor dem Kriege etwa 5.500 Geistliche umfasst hatte, gaben lediglich 25 der alliierten Militärregierung Anlass zum Einschreiten."

[184] Eine Übersicht über die einzelnen Schicksale und Biographien sowie über die Art der Prozesse und Arbeitsbehinderungen der katholischen Pfarrer bietet von Hehl in einer sehr detaillierten Studie. Vgl. Hehl, Ulrich von: Priester unter Hitlers Terror. Eine biographische und statistische Erhebung, 2 Bände, Paderborn-München-Wien-Zürich³ 1996.

Während die katholische Kirche in Deutschland bereits seit der Machtergreifung der Nationalsozialisten, aber besonders nach dem Kriegsbeginn immer wieder schmerzliche Erfahrungen mit der veränderten Situation machen musste, begannen derartige Auseinandersetzungen in Österreich nicht einmal mit dem „Anschluss" an das Deutsche Reich am 13. März 1938. Die Reaktion der Kirche, insbesondere des katholischen Klerus gegenüber der politischen Entwicklung, war tendenziell positiv, sie stand diesem Anschluss sehr aufgeschlossen gegenüber:

> „Was damals [Anm. d. V.: 1938] höchste Repräsentanten der katholischen wie der evangelischen Kirche Österreichs an impulsiven Aktionen und Reaktionen geschrieben und getan haben, mag angesichts der damaligen Unkenntnis der wirklichen Hintergründe und des großdeutschen Begeisterungstaumels vielleicht entschuldbar erscheinen. Trotzdem fällt es heute schwer, den Enthusiasmus damaliger, kirchlicher Äußerungen zu verstehen."[185]

Das Bemühen, durch - anfangs bei vielen Klerikern sogar begeisterte[186] - kirchliche Annäherungen an den Nationalsozialismus für die Kirche Bestandsschutz zu gewinnen, zeigte extreme Auswüchse bis hinein in jede Pfarrgemeinde, in der mittels der Pfarrblätter die nationalsozialistische Propaganda bereitwillig mitverbreitet wurde.[187] So waren die Aufrufe zur Volksabstimmung und die Aufforderungen zur Zustimmung zu der Angliederung Österreichs an das Deutsche Reich am 10. April 1938 vor allem in

---

[185] Läpple, Alfred: Kirche und Nationalsozialismus in Deutschland und Österreich. Fakten – Dokumente – Analysen, Aschaffenburg 1980, 178. Gerade der Primas der kath. Kirche Österreichs, Kardinal Theodor Innitzer, zeigte ein schwer nachvollziehbares Maß an großdeutscher Begeisterung, sandte Hitler anlässlich seiner Parade durch Österreich einen Willkommensgruß und ließ zu dessen Einzug in die Stadt Wien die Kirchenglocken läuten. Die folgenden staatskirchenrechtlichen Verhandlungen wurden unter großem Zeitdruck und in dem Bemühen geführt, auch in Österreich durch eine Reihe von Zeichen der Kooperationsbereitschaft die Existenz der Kirche zu sichern. Am 28. September 1938 wurden sie schließlich seitens des österreichischen Episkopats in einer Denkschrift an Adolf Hitler abgebrochen. Die Begeisterung war nach nur sechs Monaten in offene Konfrontation umgeschlagen.

[186] Vgl. Wagner, Helmut: Der NS-Kirchenkampf in den Pfarren. Auswirkungen des NS-Kirchenkampfes auf pfarrliches Leben und seelsorgliche Praxis vor, während und nach der Zeit des NS-Regimes (1938-1945) am Beispiel von Mühlviertler Pfarren, Linz³ 1998, 260-270.

[187] Als positive Ausnahme sei hier vor allem auf August Maria Knoll verwiesen, der als Sozialwissenschaftler und engagierter Katholik für eine strikte Trennung von Staat und Kirche eintrat und während der nationalsozialistischen Herrschaft mit Berufsverbot belegt war. Gerade auch in den Nachkriegsjahren wehrte sich Knoll gegen die Tendenz österreichischer Theologen, zu dem neuen, demokratischen Staatssystem, wie vormals zum Nationalsozialismus theologische Rechtfertigungen des jeweiligen Systems zu erstellen und so nicht nur eine staatstragende, sondern darüber hinaus den Staat legitimierende Theologie und Kirchenpolitik zu betreiben. Vgl. Knoll, August Maria: Katholisches und scholastisches Naturrecht. Zur Frage der Freiheit, in: Glaube zwischen Herrschaftsordnung und Heilserwartung, Studien zur politischen Theologie und Religionssoziologie, Wien-Köln-Weimar 1996, 25-160.

den Sonntagsgottesdiensten verlesen und in den Pfarrblättern gedruckt worden:

> „Auch in zahlreichen Wiener Pfarren wurden die Katholiken von ihren Pfarrern auf die Volksabstimmung vorbereitet. Im Grinzinger Pfarrblatt wurden die Katholiken aufgerufen, ‚ihr Bestes für das Reich' zu leisten, so wie es auch die Bischöfe in ihrem Bekenntnis bereits dargelegt hätten."[188]

Wenn auch gerade Bischof Pawlikowski[189] aus dem Bistum Graz-Seckau innerhalb des österreichischen Episkopats als Ausnahmeerscheinung angesehen werden muss, kann doch für alle Bischöfe ein politischer Rückzug beobachtet werden, der etwa in der Aufforderung zur Mandatsniederlegung von katholischen Priestern und der Formulierung pastoraler Leitlinien auch offiziellen Ausdruck fand:

> „Bei Visitationsreisen im Laufe des Jahres 1940 präsentiert der Bischof [Anm. d. V.: Pawlikowski] seinem Seelsorgsklerus abermals pastorale Leitlinien, die im Juni dieses Jahres noch schriftlich wiederholt wurden. Für die Bewältigung der Gegenwartsschwierigkeiten erwarte er von seinen Priestern viel Geduld, mahne sie zur Besonnenheit und Vermeidung aller unangebrachter Kritik und Einmischung in außerpastorale Belange und rate zu kluger Auswahl eines jeden Wortes in sämtlichen Seelsorgsbereichen bis in den Beichtstuhl hinein (…)."[190]

Das Pfarrhaus wurde auf diese Weise innerhalb kürzester Zeit geradezu zum Inbegriff der Kooperation mit den neuen Machthabern und staatsbürgerlicher Loyalität. Diese drückte sich in besonders schmerzlicher Weise in der kirchlichen Amtshilfe bei der Ausstellung von Ariernachweisen mit Hilfe der pfarrlichen Matrikelbücher aus.[191] Die exakte kirchliche Registrierung von Taufen, Trauungen und Todesfällen wurde besonders hier zum wichtigen Bestandteil der Durchsetzung der nationalsozialistischen Rassengesetze in Österreich[192]. Mit der Bereitstellung dieser Daten schuf die Kirche einen

---

[188] Moritz: Grüß Gott, 16.
[189] Vgl. zur Rolle von Fürstbischof Ferdinand Stanislaus Pawlikowski in der Zeit des Nationalsozialismus: Veselsky, Oskar: Bischof und Klerus der Diözese Seckau unter nationalsozialistischer Herrschaft, Graz 1981, 254-323. Fürstbischof Pawlikowski war neben dem Rottenburger Bischof Johann Baptist Sproll der einzige Diözesanbischof eines deutschen beziehungsweise österreichischen Bistums, der ein Opfer direkter Repressalien seitens der Nationalsozialisten wurde. Bereits im März 1938 wurde er selbst für 24 Stunden inhaftiert und erlebte dabei einen Wendepunkt in seinem politischen Bewusstsein und seinem kirchlichen Selbstverständnis.
[190] Veselsky: Bischof, 314.
[191] Einige Pfarrer gingen darüber hinaus auch zu aktiver Unterstützung der Nationalsozialisten über. Veselsky: Bischof, 269: „Schweren Kummer bereiteten dem Ordinarius [Anm.: Fürstbischof Pawlikowski] der Diözese die offensichtlich unkontrollierbaren Publikationen einiger Geistlicher, die zur jungen Bewegung gerade in den Umbruchstagen begeisterte Töne anschlugen."
[192] Vgl. Moritz: Grüß Gott, 199.

wesentlichen Beitrag für das schlimme Schicksal vieler Menschen. Dort, wo Priester und andere Angehörige der katholischen Kirche zum Widerstand bereit waren[193], waren sie jedoch auch ausgerechnet aus kirchlichen Kreisen Anfeindungen ausgesetzt. Eine aktive Beteiligung von Priestern im Widerstand und eine entsprechende öffentliche Wahrnehmung der Kirche blieb somit auch hier die Ausnahme. Als kirchliche Konstante stand das Pfarrhaus in Österreich insgesamt vor allem in den Anfangsjahren des NS-Regimes in Österreich auf der Seite des Staates und seiner Regierung. Infolge der josephinischen Staatsanbindung fehlte ihm nahezu jegliche Fähigkeit zu Distanz und Kritik und legitimierte so die nationalsozialistische Herrschaft mit. Vor allem die zunehmenden Einschränkungen in der pfarrlichen Seelsorgearbeit[194] veranlassten Pfarrer gegen die nationalsozialistischen Machthaber zu opponieren, freilich ohne dass selbst hierbei von einem geschlossenen Protest gesprochen werden könnte.

2.1.6 Die Nachkriegszeit

Das Ende des Zweiten Weltkrieges bedeutete für die katholische Kirche innerhalb des Deutschen Reiches einen Tiefpunkt, wie er sich in allen Bereichen des öffentlichen Lebens zeigte. Mit dem Deutschen Reich lag auch der deutsche Milieukatholizismus in Trümmern. Dennoch befand sich die katholische Kirche im Vergleich zu anderen Trägern des öffentlichen Lebens, gerade 1945 und in der Folgezeit, als einzig funktionierende Großinstitution schnell in einer Art Monopolstellung.[195] Die Alliierten[196] waren auf die kirchliche Kooperation nicht nur im Sozialwesen angewiesen und der Strom vieler Gläubiger in die Gottesdienste der Kirchen untermauerte diese zu-

---

[193] Vgl. Veselsky: Bischof, 324-430.
[194] Vgl. Wagner: Der NS-Kirchenkampf, 185-259.
[195] Vgl. Riechert, Karen: Der Umgang der katholischen Kirche mit historischer und juristischer Schuld anlässlich der Nürnberger Kriegsverbrecherprozesse, in: Köhler, Jochim / Melis, Damian van (Hg.): Siegerin in Trümmern. Die Rolle der katholischen Kirche in der deutschen Nachkriegsgesellschaft, Stuttgart-Berlin-Köln 1998, 18-41, 20: „Die katholische Kirche erwies sich nach dem Zusammenbruch von 1945 als die einzige noch einigermaßen funktionsfähige gesellschaftliche Struktur in Deutschland. Außerhalb ihrer Verdienste in der Flüchtlingshilfe und Aufbauarbeit errang sie vor allem das Vertrauen jener Kreise der Bevölkerung, die sich mit unterschiedlichsten Anliegen an sie wendeten, und das der westlichen Besatzungsmächte. Sie stand in dem Ruf, dem Nationalsozialismus als einzige gesellschaftliche Kraft einen monolithischen Widerstand entgegengesetzt zu haben, was ihr hohes Ansehen verschaffte und sie in eine scheinbar neutrale Vermittlerrolle zwischen Bevölkerung und Besatzungsmächten brachte."
[196] Mertens: Klostersturm, 346: „Die drei westlichen Aliierten begegneten der katholischen Kirche nach dem Krieg zunächst mit Wohlwollen. In den Augen der Besatzer war sie die einzige Institution, die das Dritte Reich sowohl organisatorisch als auch moralisch unbeschadet überstanden hatte. Die kirchlichen Autoritäten genossen noch das Vertrauen der Bevölkerung, so dass die Besatzungsmächte den Kirchen zutrauten, eine zentrale Rolle bei der Erneuerung Deutschlands spielen zu können."

nehmend starke Position. Der Umgang mit der eigenen Geschichte[197] beschränkte sich katholischerseits auf eher schwache Schuldeingeständnisse[198] mit zaghaften Hinweisen auf Verfehlungen Einzelner, sodass etwa mittels tatsächlich verfolgter Priester und Laien das Bild der Kirche als Opfer des Nationalsozialismus[199] und gar als Widerstandskämpferin entstehen konnte. Diese tendenziell undifferenzierte Vergangenheitsbewältigung entsprach dem Bedürfnis der Mehrheit des deutschen Volkes in dieser Zeit und verstärkte die moralische Autorität der katholischen Kirche deutlich. Zugleich erkannten die Bischöfe schon in den ersten Hirtenbriefen 1945 die staatliche Autorität der Alliierten an und unterstützten das Entnazifizierungsprogramm, um so pauschalen Verurteilungen entgegenzuwirken, den um ihre Anstellung Bangenden zur politischen Stimme zu werden und den Verlust konservativen Einflusses in Politik und Gesellschaft abzuwenden:

„Die ‚religiöse Renaissance' und die Rolle der Kirche, politisches Sprachrohr der desorganisierten Bevölkerung bei den Alliierten zu sein, vergrößerten in den ersten Nachkriegsmonaten den sich katholisch bekennenden Bevölkerungsteil und festigten ihn innerlich und äußerlich. Dadurch wurde die Hoffnung der Bischöfe unterstützt, daß eine massenhafte Rekonversion zum kirchlich gebundenen Christentum bevorstehe."[200]

Die stark quantitativ definierte Stärke der Kirche wurde jedoch schnell, wenn auch von wenigen, in der Gefahr gesehen, zur leeren Hülse einer reinen Kirchlichkeit zu verkommen, in der eine persönliche Auseinandersetzung mit dem christlichen Glauben kaum stattfand.[201]
Hier zeigt sich, überwiegend freilich erst sehr viel später wahrgenommen, ein grundlegendes Krisensymptom der katholischen Kirche in der Nachkriegszeit: ihre „Schrumpfung auf eine eher sakralisierende als evangelisie-

---

[197] Vgl. zum Umgang der katholischen Kirche mit der eigenen Schuld im Nationalsozialismus und dessen wissenschaftlicher Aufarbeitung: Schmidtmann, Christian: „Fragestellungen der Gegenwart mit Vorgängen der Vergangenheit beantworten": Deutungen der Rolle von Kirche und Katholiken in Nationalsozialismus und Krieg vom Kriegsende bis in die 1960er-Jahre, in: Holzem, Andreas / Holzapfel, Christoph (Hg.): Zwischen Kriegs- und Diktaturerfahrung. Katholizismus und Protestantismus in der Nachkriegszeit, Stuttgart 2005, 167-201.
[198] Vgl. Groß, Alexander: Gehorsame Kirche – ungehorsame Christen im Nationalsozialismus, Kevelaer 2004, 82-93. Eine deutliche Stellungnahme zu Schuld und Versagen der katholischen Kirche im Nationalsozialismus kam erst auf der Würzburger Synode 1975 in der Erklärung „Unsere Hoffnung" zustande.
[199] Am deutlichsten dürfte diese kirchliche Selbsteinschätzung als Opfer des Nationalsozialismus in einer eigenen Dokumentation aufscheinen: Neuhäusler, Johann: Kreuz und Hakenkreuz. Der Kampf des Nationalsozialismus gegen die katholische Kirche und der kirchliche Widerstand, München² 1946.
[200] Melis, Damian van: Der katholische Episkopat und die Entnazifizierung, in: Köhler, Joachim / Melis, Damian van (Hg.): Siegerin in Trümmern. Die Rolle der katholischen Kirche in der deutschen Nachkriegsgesellschaft, Stuttgart-Berlin-Köln 1998, 42-69, 47.
[201] Vgl. Ziemann, Benjamin: Das Ende der Milieukoalition. Differenzierung und Fragmentierung der katholischen Sozialmilieus nach 1945, in: Comparativ 9 (1999) 2, 89-101.

rende Kirche"²⁰² und der Verlust der „kommunikativen Anschlussfähigkeit"²⁰³ ihrer religiösen Codes durch ein bloßes Anknüpfen an der Milieuidentität der Vorkriegszeit.²⁰⁴ Die Kirche begnügte sich damit, die Reste ihrer religiösen Codes aus dem 19. Jahrhundert wiederzubeleben²⁰⁵ und sich an deren vermeintlicher Unbeschadetheit zu freuen, anstatt sich der Aufgabe zu stellen, sich zu einer veränderten gesellschaftlichen Situation neu zu positionieren.²⁰⁶ Besonders deutlich wird dies in den folgenden Jahrzehnten der Nachkriegszeit an der Zuordnung der Geschlechterrollen. Diese war, stärker als gemeinhin historisch analysiert²⁰⁷, ein wesentlicher Bestandteil

---

²⁰² Chenu, Marie-Dominique: Kirchliche Soziallehre im Wandel. Das Ringen der Kirche um das Verständnis der gesellschaftlichen Wirklichkeit, Fribourg-Luzern 1991, 65. Für Chenu stellt gerade das Verbot der französischen Bewegung der Arbeiterpriester einen Höhepunkt dieser inneren Schrumpfung dar.

²⁰³ Ziemann: Codierung, 383-384: „Auf der einen Seite stand das öffentliche Selbstbild der Kirche als einer ‚Siegerin in Trümmern' (…). Auf der anderen Seite aber gab es, und dies wird oft übersehen, bereits zu diesem Zeitpunkt Äußerungen hellsichtiger Beobachter, die auf das Problem der kommunikativen Anschlussfähigkeit des religiösen Codes reflektierten."

²⁰⁴ Nur verhältnismäßig kleine Nischen boten dabei die Gelegenheit, nach neuen Zugängen zu gesellschaftlichen Entwicklungen zu suchen und sich um eine kirchliche Kommunikationsfähigkeit zu bemühen. Dies galt etwa für die Hochschulgemeinden Vgl.: Bucher, Rainer: In Graz und anderswo. Braucht die Hochschule eine Gemeinde? in: Polz-Watzenig, Astrid / Opis, Matthias / Kölbl, Alois / Bucher, Rainer (Hg.): Au contraire. Glaube - Emotion - Vernunft, Klagenfurt 2006, 181-188, 184 f.: „Hochschulgemeinden waren in Zeiten des geschlossenen und latent-anti-intellektuellen katholischen Milieus ‚Fenster der Öffnung' zur Moderne und damit Orte des Abbaus kognitiver Dissonanzen, wie sie sich bei katholischen Intellektuellen in der pianischen Epoche der katholischen Kirchengeschichte von der Mitte des 19. bis zur Mitte des 20. Jahrhunderts zwischen offiziellem Lehrgehalt der Kirche und universitär erworbenen Wissensbeständen aufbauen mussten."

²⁰⁵ Das Entstehen einer kirchlichen Diskursfähigkeit und Diskussionskultur und damit ein zunehmend positives Verhältnis zur eigenen, kirchlichen Meinungspluralität kann als bedeutsamer Entwicklungsschritt zu einer in der Nachkriegsgesellschaft verorteten Kirche gelten. Als profilierteste Beiträge zu dieser neu entstehenden Kultur kann einerseits eine Streitstrift von Carl Amery gelten, andererseits die Auseinandersetzungen um die erste Ausgabe der katholischen Studentenzeitschaft „Initiative", die nicht nur in Gestalt von Leserbriefen einer großen Meinungsvielfalt ein Forum bot. Vgl. Amery, Carl: Die Kapitulation oder Deutscher Katholizismus heute, Reinbek 1963. Amery analysiert erstmals in großer Offenheit und einer nicht nur einem Fachpublikum zugänglichen Form Wertvorstellungen und Machtmechanismen des katholischen Milieus und problematisiert diese insbesondere vor dem Hintergrund ihres Versagens angesichts des Nationalsozialismus.

²⁰⁶ Eine hierzu gegenläufige Entwicklung lässt sich unter den katholischen Studierenden und jungen Akademikern der Nachkriegszeigt beobachten, die etwa durch die Betonung des politischen Engagements wesentlich zu einer Öffnung der Milieukonzeption beitrugen. Vgl. Schmidtmann, Christian: Katholische Studierende 1945-1973. Ein Beitrag zur Kultur- und Sozialgeschichte der Bundesrepublik Deutschland, Paderborn-München-Wien-Zürich 2006, bes. 40-64.

²⁰⁷ Ruff, Mark Edward: Katholische Jugendarbeit und junge Frauen in Nordrhein-Westfalen 1945-1962. Ein Beitrag zur Diskussion über die Auflösung des katholischen Milieus, in: ASozG 38 (1998), 263-284, 264: „Genau definierte Geschlechterrollen waren seit der Entstehung des modernen katholischen Milieus in der zweiten Hälfte des 19. Jahrhunderts ein

des Milieukonzeptes und wurde in den 1950er-Jahren noch einmal restauriert. Zunehmend geriet jedoch vor allem das Frauenbild mit der durch die Kriegssituation stark gewandelten Geschlechterzuordnung in der Gesellschaft in Konflikt, was schließlich zur Krise des Verbandswesens maßgeblich beitrug. Das Festhalten an überholten Geschlechterrollen und deren massive Propagierung vor allem innerhalb der Frauenverbände bewirkte, obwohl Frauen bis in die Gegenwart als die Trägerinnen des kirchlichen Lebens zu würdigen sind, letztlich den Beginn einer „Entfeminisierung"[208] der Kirche in der Nachkriegszeit als Teil der Milieuauflösung.

Die Entnazifizierung des Klerus stellte sich im katholischen Bereich als relativ unproblematisch dar, da gegenüber den evangelischen Pfarrern mit 0,2 bis 0,5 % nur ein kleiner Teil der katholischen Priester als belastet galt und von seinen Aufgaben entbunden wurde.[209]

An diese erste Phase der Nachkriegszeit, die sich durch eine ausgesprochen zögerliche und zurückhaltende Selbstreflexion der kirchlichen Rolle im Nationalsozialismus auszeichnete, konnte sich erst in den 1960er-Jahren eine zweite Phase anschließen.[210] Vor allem auch durch einen verstärkt aufkommenden kritischen Blick auf die Rolle von Papst Pius XII. entstand eine kirchenkritische Haltung in größeren Bevölkerungsteilen[211], die eine Auseinandersetzung mit der eigenen Geschichte erzwang und den Beginn einer Aufarbeitung des christlich-jüdischen Verhältnisses markiert.

Eine besondere Bedeutung innerhalb der Nachkriegssituation kommt der großen Bevölkerungsgruppe der Vertriebenen zu, deren Ansiedlung im späteren bundesdeutschen Gebiet die größte Herausforderung der Nachkriegsgesellschaft darstellte. Die kirchliche Seelsorge wurde mit den Heimatvertriebenen über lange Zeit vor ihre größte Herausforderung gestellt.[212] Mit ihnen kam es zu einer Vermischung der bis dahin konfessionell nahezu eindeutig gegeneinander abgrenzbaren Regionen in Deutschland, sodass gerade auch die norddeutschen Diasporabistümer ein starkes Anwachsen der Zahl ihrer Diözesanen beobachten konnten.[213] Die mancherorts pragmati-

---

fundamentaler Bestandteil des Katholizismus' generell und damit auch des deutschen Katholizismus."

[208] Ruff: Jugendarbeit, 265.
[209] Melis: Entnazifizierung, 49-51.
[210] Vgl. Bendel-Maidl, Lydia / Bendel, Rainer: Schlaglichter auf den Umgang der deutschen Bischöfe mit der nationalsozialistischen Vergangenheit, in: Bendel, Rainer (Hg.): Die katholische Schuld? Katholizismus im Dritten Reich – Zwischen Arrangement und Widerstand, Münster-Hamburg-London 2002, 221-247, 221.
[211] Hochhuth, Rolf: Der Stellvertreter. Schauspiel, Reinbek (Hamburg) 1963.
[212] Fischer, Alfons: Pastoral in Deutschland nach 1945, Bd. 2, Zielgruppen und Zielfelder der Seelsorge 1945-1962, Würzburg 1986, 149-161.
[213] Vgl. Menges, Walter: Wandel und Auflösung der Konfessionszonen, in: Lemberg, Eugen / Edding, Friedrich (Hg.): Die Vertriebenen in Westdeutschland. Ihre Eingliederung und ihr Einfluss auf Gesellschaft, Wirtschaft, Politik und Geistesleben, Bd. 3, Kiel 1959, 1-23.

schen Problemlösungen führten zu verstärkten ökumenischen Kontakten[214], bei allen inneren Vorbehalten, und zu einer Vorbereitung der „Schleifung der Bastionen"[215], wie Hans Urs von Balthasar die konfessionelle Annäherung vielsagend beschrieb. Die Gründung neuer Pfarrgemeinden, der Bau von Kirchen und die Seelsorge für die Heimatvertriebenen prägten über mehrere Jahrzehnte die pastorale Arbeit der bundesdeutschen Bistümer. Bei all diesen Bemühungen galt gerade die enge Verbindung des ebenfalls heimatvertriebenen Klerus an die heimatvetriebene Bevölkerung als seelsorgerliche Chance. Diese emotionale Nähe von Klerikern und Gemeindemitgliedern wurde dadurch unterstrichen, dass auf eine Inkardinierung der Priester in den Aufnahmediözesen verzichtet wurde, um so ein besonderes Zeichen der Verbundenheit mit der alten Heimat und den heimatvertriebenen Bevölkerungsteilen zu setzen:

> „Die rechtliche Verbundenheit der vertriebenen Priester mit ihren alten Gemeinden hat gerade in den ersten Jahren nach der Vertreibung wertvolle Früchte gezeigt. In dem Gefühl der Heimatlosigkeit empfanden die Vertriebenen gerade den Seelsorger als Repräsentanten der Heimat und empfingen von ihm Trost und Aufrichtung."[216]

Zielrichtung der teilweise „innovativen Seelsorgemethoden"[217] war dabei meist auch die Erhaltung beziehungsweise Stärkung der katholischen Milieukohärenz. Der Integration des „Vertriebenenklerus"[218] in die Presbyterien der verbliebenen Bistümer bei gleichzeitiger Sorge um die Identitätspflege der Heimatvertriebenen und ihrer Verbände war dabei ebenso Sorge zu

---

[214] Die ersten ökumenischen Bemühungen sind umso bemerkenswerter, als die Epoche des 19. bis in die Mitte des 20. Jahrhunderts ausgehend von Olaf Blaschke als „Zweites Konfessionelles Zeitalter" charakterisiert werden konnte. Vgl. zur Bestimmung des konfessionelles Gefüges in der Nachkriegszeit vor dem Hintergrund derartiger konfessionalistischer Konfrontationen: Damberg, Wilhelm: Milieu und Konzil. Zum Paradigmenwechsel konfessionellen Bewusstseins im Katholizismus der frühen Bundesrepublik Deutschland, in: Blaschke, Olaf (Hg.): Konfessionen im Konflikt. Deutschland zwischen 1800 und 1970: ein zweites konfessionelles Zeitalter, Göttingen 2002, 335-350.

[215] Balthasar, Hans Urs von: Schleifung der Bastionen: von der Kirche in dieser Zeit, Einsiedeln^5 1989.

[216] Kindermann, Adolf: Religiöse Wandlungen und Probleme im katholischen Bereich, in: Lemberg, Eugen / Edding, Friedrich (Hg.): Die Vertriebenen in Westdeutschland. Ihre Eingliederung und ihr Einfluss auf Gesellschaft, Wirtschaft, Politik und Geistesleben, Bd. 3, Kiel 1959, 92-158, 121.

[217] Vgl. Hirschfeld, Michael: Katholisches Milieu und Vertriebene. Eine Fallstudie am Beispiel des Oldenburger Landes 1945-1965, Köln-Weimar-Wien 2002, 250-281.

[218] Vgl. zu Spannungen innerhalb des Klerus: Hirschfeld: Katholisches Milieu und Vertriebene, 372-508, 413: „Ein Pauschalurteil über distanzierte bis ablehnende Stellungnahmen oldenburgischer Seelsorger gegenüber ihren heimatlos gewordenen Mitbrüdern lässt sich damit ebenso wenig fällen, wie eine einseitig positive Beurteilung des Vorgehens aller ostvertriebenen Geistlichen bei der Neuetablierung nicht der Realität enspricht."

tragen und stand gerade auch in katholisch geprägten Regionen vor besonderen Herausforderungen der Integration.[219]
Auch in der Nachkriegszeit gelang die Errichtung der „Katholischen Aktion" [220] in Deutschland nicht, weil einzelne Laienverbände ihre Arbeit aus der Vorkriegszeit wieder selbstständig aufnahmen und Unsicherheit in der Zielsetzung des Vatikans bestand:

> „Zu dieser Zeit waren sich die Bischöfe allerdings noch nicht im Klaren darüber, ob der Hl. Stuhl die historisch einmalige Situation nicht dazu benutzt wissen wollte, die Katholische Aktion als einzige Laienorganisation durchzusetzen."[221]

Aus dieser Unsicherheit ergab sich zunächst ein neuerlicher Rückgriff auf die Pfarreien als zentrale Organisationsgröße der kirchlichen Seelsorge. Die Wiederbelebung des katholischen Verbandswesens entsprach dabei außerdem der kirchlichen Tendenz, in der Nachkriegssituation an die Gegebenheiten der Vorkriegszeit anzuknüpfen:

> „Und so haben wir nach 1945 weitergemacht mit dem gleichen Rüstzeug, mit unerschüttert gebliebenem Glauben, mit unseren überkommenen Wertvorstellungen, mit unserer Alles-hat-seinen-Sinn-Gewißheit, unserer Selbsteinschätzung, zu Hohem berufen zu sein als Katholiken und als Deutsche. Wir machten weiter, als ob von 1933 bis 1945 unsere Welt nicht zerstört worden wäre, als ob wir nicht dabei gewesen wären."[222]

Daneben kam es 1952 mit der Wiederbelebung des „Zentralkomitees der Deutschen Katholiken", das in der Mitte des 19. Jahrhunderts entstanden war, doch zu einer Organisationsstruktur der katholischen Bevölkerung, die stark an die Bischöfe und damit an das Pfarrei- und Diözesansystem angebunden war. Ein eigenes Phänomen neben den Verbänden stellen hier die Großveranstaltungen dar, in denen die Kirche die postnationalsozialistische religiöse Suche aufgriff. Wallfahrten, Eucharistische Kongresse und Katholikentage (erstmals wieder 1948) spiegelten das kirchliche Aufblühen und das daraus erwachsene Selbstbewusstsein dieser Zeit wider.

Das kirchliche Hochgefühl dieser Zeit, die Euphorie der vollen Gotteshäuser, ließ die Kirchen zu einem wichtigen Faktor im Machtgefüge der Nachkriegszeit bereits mit Beginn der Entnazifizierungsverfahren[223] werden und

---

[219] Kindermann: Wandlungen, 145-147.
[220] Vgl. Ruster: Nützlichkeit, 359-363.
[221] Hürten, Heinz: Geschichte, 244.
[222] Beilmann, Christel / Hammer, Peter: Eine katholische Jugend in Gottes und dem Dritten Reich. Briefe, Berichte, Gedrucktes 1930-1945, Kommentare 1988/89, Wuppertal 1989, 345.
[223] Melis: Entnazifizierung, 51: „Durch das entscheidende Kriterium der Entnazifizierung, die Mitgliedschaft in einer der NS-Organisationen, konnte die katholische Amtskirche als nahezu vollständig unbelastet auftreten. Ihre Interventionen gegen die Entlassungen und Internierungen führte sie daher in den folgenden Jahren ohne den Vorwurf des Eigennutzes. Sie trat als selbstlose Vertreterin der Bevölkerung auf, die keine Stimme habe."

das ekklesiologische Modell der Kirchenkonstitution aus dem 19. Jahrhundert entsprechend des „Dispositivs der Dauer" als angestrebte Milieurestauration beziehungsweise „Milieustabilisierung"[224] vorerst bestehen. Dabei sollte gerade auch für die große Gruppe der Heimatvertriebenen an Milieuverständnisse der Vorkriegszeit beziehungsweise des 19. Jahrhunderts angeknüpft werden, um wieder zu alter Einheit zurück zu finden:

> „Die vorkonziliare Zeit [Anm. d. V.: vor dem II.Vatikanum!] war eine ‚acies bene ordinata', sie glich einem bestens geordneten Heerlager unter streng hierarchischer Führung. Zusammengewachsen war man zuerst im Abwehrkampf gegen die Reformation, später gegen die Aufklärung und gegen die Übergriffe des Staatsabsolutismus im 18. Jahrhundert, im Kulturkampf des 19. Jahrhunderts und schließlich im Kirchenkampf während des Dritten Reiches. Eine einheitliche Theologie, die Neuscholastik, und eine einheitliche, durch päpstliche Verlautbarungen immer wieder aktualisierte kirchliche Soziallehre bestimmten alles. Kurzum: eine Geschlossenheit, die für die meisten Katholiken so etwas wie geistige Heimat war und die viele heute zurückwünschen."[225]

Lediglich in einer Hinsicht war schnell klar, dass nun nicht mehr an die Vorkriegssituation angeknüpft werden konnte: Eine politische Organisation des Katholizismus, wie sie bis zur Machtergreifung der Nationalsozialisten mit dem Zentrum[226] bestanden hatte, konnte trotz anfänglicher Bemühungen nicht erneut installiert werden, wenngleich schon nach kurzer Zeit eine sehr hohe Identifikation katholischer Bevölkerungsteile mit der Christdemokratischen Union bestand.

Nach den schweigsamen Jahren während des Dritten Reiches erfährt das Pfarrhaus somit in der Nachkriegssituation eine enorme Aufwertung und starke Wahrnehmung: Ihm kommt neben der Seelsorge immer wieder auch eine lokalpolitische Verantwortung zu. Es kann nun wieder als ein die Gesellschaft stabilisierender Faktor wahrgenommen werden, ohne dabei auf die rein religiösen Belange beschränkt oder auf die eigene Konfession begrenzt zu sein. Der Umgang mit dem darin erfahrenen Machtgewinn ist jedoch teilweise so überbordend und ungewohnt, dass er im geschichtlichen Rückblick ein sinnvolles Maß an Selbstbeschränkung vermissen lässt.

Die Nachkriegssituation der katholischen Kirche in Österreich stand zunächst unter dem Eindruck des im Dritten Reich erfolgten Anschlusses Österreichs an das Deutsche Reich. Die diesbezüglich von sechs Diözesanbischöfen veröffentlichte „Feierliche Erklärung" wirkte nun in kompromittie-

---

[224] Vgl. Hirschfeld: Katholisches Milieu und Vertriebene, 282-334.
[225] Kasper, Walter: Kirche – wohin gehst du? Die bleibende Bedeutung des II. Vatikanischen Konzils, Paderborn³ 1993, 11.
[226] Vgl. Schmidt, Ute: Zentrum oder CDU. Politischer Katholizismus zwischen Tradition und Anpassung, Opladen 1987.

render Weise nach.²²⁷ Angesichts der hochloyalen Kooperation der Kirche mit dem NS-Regime verwundert es kaum, dass auch nach Beendigung des Krieges antijüdische Ressentiments wiederholt in kirchlichen Verlautbarungen und bischöflichen Predigten nachgewiesen werden können. Dass daraus jedoch kein moralischer Zusammenbruch der Kirche entstand, mag allenfalls damit zusammenhängen, dass sich die Kirche im Augenblick des Zusammenbruchs des Deutschen Reiches auch mit ihrer Mitschuld ganz an der Seite der österreichischen Bevölkerung sah. Man hatte zusammen den Weg in den Nationalsozialismus beschritten, man war gemeinsam untergegangen und begann nun gemeinsam zu verdrängen und den Blick nach vorn zu richten. In diesem Zusammenhang fällt auf, dass die österreichischen Bischöfe in ihrem ersten Nachkriegshirtenwort sehr viel weniger Bereitschaft zu einer kritischen Auseinandersetzung mit der eigenen NS-Vergangenheit zeigten als die deutschen Bischöfe. Gerade in ihrem Rückblick wird die Verfolgung der Kirche durch die Nationalsozialisten als „Kirchenkampf" beschrieben, damit sehr undifferenziert vereinfacht und eigene Schuld oft verdrängt. Politisch konnte schnell an einer Nähe zur Nachfolgepartei der Christlich-sozialen Partei, der ÖVP, angeschlossen werden, um ansonsten der kirchlichen Sorge um die konfessionelle Einheit Österreichs als nahezu vollständig katholischer Nation nachzugehen.

Der Umgang mit eigener Schuld, eigenem Versagen während der Zeit des Nationalsozialismus geschieht auch viele Jahrzehnte nach Kriegsende in kaum überzeugender Weise. So verweist etwa ein Hirtenbrief des Erzbischofs von Wien im Jahr 1988 aus Anlass der fünfzigsten Jährung der Ereignisse des Jahres 1938 lediglich auf die kirchliche Opferrolle im Nationalsozialismus, ohne auch nur im Ansatz eigenes kirchliches Versagen oder den Holocaust an den Juden zu thematisieren. Der damalige Erzbischof von Wien, Kardinal Groer, schreckt in seinem Schreiben an die Priester nicht einmal davor zurück, den Begriff des Holocausts auf die Kirche in ihrer veränderten gesellschaftlichen Situation anzuwenden.²²⁸ Sehr viel differenzierter und selbstkritischer ist da das Referat seines Vorgängers, des „Langzeitkardinal-(s)"²²⁹ Franz König, das dieser am 27. September 1987 bei der Herbstkonferenz der Katholischen Aktion Österreichs in St. Pölten hielt.

---

²²⁷ Vgl. Liebmann, Maximilian: Österreich, in: Gatz, Erwin, (Hg.): Kirche und Katholizismus seit 1945, Bd.1, Mittel-, West- und Nordeuropa, Paderborn-München-Wien-Zürich 1998, 283-315, 283-284.
²²⁸ Erzbischof Kardinal Dr. Hans Hermann Groer, Brief an die Priester des Erzbistums Wien, 03. März 1988, in: Liebmann, Maximilian: Kirche in Österreich, 1938-1988, Graz-Wien-Köln 1999, 53-56.
²²⁹ Zulehner, Paul M. / Polak, Regina: Religion – Kirche – Spiritualität in Österreich nach 1945. Befund, Kritik, Perspektive, Innsbruck 2006, 40. Kardinal König (geb. 03.08.1905; gest. 13.03.2004) gelang es, die kirchliche Engführung und Anbindung an die ÖVP - durch den Verzicht auf Bereitschaft zu parteipolitischer Vereinnahmung - zu weiten und im Verlauf seiner langen Amtszeit (1956-1986) mit allen politischen und gesellschaftlichen Kräften in

„Der materielle und geistige Schaden von sieben Jahren NS-Herrschaft war furchtbar. Vielleicht haben wir in Österreich nach 1945 diese Katastrophe zu wenig überdacht, weil damals alle Energien von den unmittelbaren Notwendigkeiten des Wiederaufbaus in Anspruch genommen wurden. (...) Als katholische Christen müssen wir eingestehen, dass auch kirchliche Kreise Schuld auf sich geladen haben, als sie einem religiös verbrämten Antisemitismus Raum gaben."[230]

Gegenüber der deutschen Kirche ergibt sich so nach Kriegsende eine sehr verschiedene Situation und eine höchst unterschiedliche Bereitschaft zu kritischer Selbstreflexion.[231] So lässt sich im Hinblick auf die beiden Hirtenworte als deutsche und österreichische kirchliche Nachkriegspositionierung beobachten, dass die österreichische Erklärung „auch in keiner noch so vorsichtig gehaltenen, andeutenden Weise ein Schuldeingeständnis für einen noch so geringen Teil der Katholiken ablegte, geschweige denn Mitglieder der Amtskirche belastete. Nicht einmal für die Gläubigen wurde eine Verführbarkeit durch den NS zugegeben, wogegen der deutsche Episkopat für Teile von ihnen ausdrücklich eine, auch moralische, Schuld eingestand und damit das Verhältnis des Katholizismus zum NS differenzierter schilderte."[232]

Die Arbeit der Laienorganisation wurde im Anschluss an das Kriegsende unter erneuerten Vorzeichen wieder aufgenommen, wie dies auch in Deutschland versucht wurde.

Für Österreich kann hier in der Zeit nach dem Zweiten Weltkrieg jedoch auf die große Bedeutung der Katholischen Aktion (KA) hingewiesen werden, die sehr viel breiteren Einfluss gewinnen konnte, als dies von bundesdeutschen Laienorganisationen mit der Konzeption des „Zentralkomitees der Katholiken" (ZdK) und den recht eigenständigen (wenn auch finanziell sehr abhängigen) Verbänden gesagt werden kann. Unterbrochen durch die Zeit des Nationalsozialismus knüpfte die KA an ihre Vorkriegstradition an und suchte wiederholt, jedoch mit begrenztem gesellschaftlichem Erfolg, politischen Einfluss mit einer starken Außenabgrenzung gegenüber den sozialistischen beziehungsweise sozialdemokratischen Kräften zu gewinnen. Innerkirchlich hatte die Aufhebung der Verbände zu einer engeren Anbindung der

---

Dialog zu treten. Ihm kommt als langjähriger Vorsitzender der Österreichischen Bischofskonferenz und bedeutender Konzilsvater inbesondere durch seine Initiierung von Diözesansynoden und vielen weiteren Maßnahmen zur Umsetzung der Beschlüsse des Zweiten Vatikanischen Konzils für die Kirchengeschichte Österreichs im 20. Jahrhundert eine Schlüsselrolle zu.

[230] Alterzbischof Kardinal Dr. Franz König: Referat bei der Herbstkonferenz der Katholischen Aktion Österreichs in St. Pölten am 27.09.1987, in: Liebmann: Kirche in Österreich, 56-72.
[231] Vgl. Erklärung der deutschen Bischöfe zum 30. Januar 1933, Würzburg 1983, veröffentlicht in: Denzler, Fabricius: Die Kirchen im Dritten Reich, Bd. 2, Dokumente, 270-271.
[232] Bücker, Vera: Die Schulddiskussion im deutschen Katholizismus nach 1945, Bochum 1989, 131.

Katholischen Aktion an die bischöfliche Verwaltung geführt. Hier wird die Unterschiedlichkeit der Konzepte der Laienorganisation zwischen Deutschland und Österreich am deutlichsten sichtbar, da die österreichische Form der Katholischen Aktion zwar eine große Abhängigkeit, jedoch ebenfalls starke Einflussmöglichkeiten durch eine direkte Einbindung in diözesane Gremien und Entscheidungsstrukturen mit sich bringt.

Organisatorisch wurde die Zeit des Nationalsozialismus seitens der kirchlichen Hierarchie wiederholt als ‚Entschlackung'[233] der Strukturen interpretiert. Nun bot sich die Gelegenheit, die KA als alleinige Laienorganisation erstehen zu lassen und eine Reorganisation der Verbände zu verhindern.[234] Wenngleich dieses Vorgehen auch auf heftige Kritik stieß, bewirkte es doch eine euphorische Aufbruchstimmung und eine Belebung der Aktivitäten des Pfarreilebens:

> „Damit der hierarchische Durchgriff bis in die letzte Gliederung gegeben sei, wurden auf den drei Ebenen: Diözese, Dekanat und Pfarre entsprechende Ausschüsse der KA projektiert. (…) Die Bischöfe wünschten also bzw. gingen davon aus, dass alle katholisch getauften Kinder und Jugendlichen der KA angehörten."[235]

Da die österreichische Nachkriegssituation weit weniger durch Wiederaufbau (von zerstörten Städten und damit auch Kirchen und kirchlichen Einrichtungen) und die Integration von Vertriebenen bestimmt war, ergeben sich für das katholische Pfarrhaus auch weit weniger politische Profilierungsmöglichkeiten als eine staatstragende Institution. Es steht hinter dem starken Auftritt des Episkopats deutlich zurück, ihm bleibt nun die etwas stiller gewordene seelsorgliche Präsenz. So widmen sich in den 1950er- und 1960er-Jahren viele Seelsorger dem Aufbau einer tragfähigen Jugend- und Verbandspastoral. Die Nachkriegszeit wird kirchlich daher oftmals als Zeit des Aufschwungs erlebt beziehungsweise rückblickend so interpretiert.[236]

Verbindend ergibt sich für die Zeit vom Zweiten Weltkrieg an bis in die 1960er-Jahre des Jahrhunderts sowohl für Österreich als auch für die Bundesrepublik Deutschland ein kirchliches Hochgefühl, wie es gerade auch in der Kulturkampfsituation des 19. Jahrhunderts undenkbar gewesen war. Die Kirche war gefragt, sie war gesellschaftlich präsent und, trotz aller Zersetzungs- und Ermüdungserscheinungen[237] ihrer Milieukonzeption, hoch geachtet. So kann für den Vorabend des Konzils gesagt werden:

---

[233] Hanisch: Österreichische Geschichte, 379.
[234] Liebmann: Österreich, 294.
[235] Liebmann: Österreich, 295.
[236] Vgl. Attems, Franz: Der Pfarrhof war fast täglich bis Mitternacht in Betrieb, in: Csoklich, Fritz / Opis, Matthias / Petrik, Eva / Schnuderl, Heinrich (Hg.): Re-Visionen. Katholische Kirche in der Zweiten Republik, Graz-Wien-Köln 1996, 316-318.
[237] Vgl. Frankl, Karl Heinz: Die katholische Kirche in Österreich von 1945 bis 1995 – die Geschichte einer Erschöpfung?, in: Csoklich, Fritz / Opis, Matthias / Petrik, Eva / Schnuderl,

> „Die Kirchen waren voll, die Laienorganisationen stark, der Einfluss der katholischen Kirche in der Öffentlichkeit war überaus groß. Die großen ‚Männer', die Europa nach dem Kriege aufbauten, waren meist praktizierende Katholiken, wie Konrad Adenauer in Deutschland, Robert Schumann in Frankreich, Alcide Degasperi in Italien, Julius Raab und Leopold Figl in Österreich."[238]

Zugleich ist diese Zeit geprägt von antimodernistischen Tendenzen[239], die am kirchlichen Status quo der Vorkriegszeit anzuknüpfen suchten und jenen theologisch-kirchlichen Reformstau entstehen ließen, der bis zur Konzilsankündigung immer deutlicher sichtbar wurde:

> „Als junger Vikar in einer Stuttgarter Arbeitergemeinde konnte man schon längst, bevor das Konzil auch nur angekündigt war, deutlich in der Jugendarbeit, in der Schule, bei Hausbesuchen das Abbröckeln an dem nach außen scheinbar so fest gefügten Bau der Kirche feststellen. Die Säkularisierung aller Lebensbereiche war längst in Gang."[240]

Das Verschließen der Augen vor den Problemen der Kirche in den modernen Gesellschaften war kaum noch möglich und war dennoch immer wieder eine verlockende Alternative. So ist beispielsweise selbst ein Schreiben Papst Johannes XXIII. an die Priester[241] aus Anlass der Hundertjahrfeier des Todes des Hl. Pfarrers von Ars, Hl. Johannes Baptist Maria Vianney, von einem Priesterbild geprägt, das zur Zeit der Veröffentlichung in nicht geringem Maß anachronistisch wirkte.

In den zwei Jahrzehnten vor Beginn des Zweiten Vatikanischen Konzils ist daher der „Erosionsprozess"[242] des Milieukatholizismus immer unübersehbarer, wenn auch der Beginn dieser Entwicklung bereits während der Weimarer Republik einsetzte. Er äußert sich vor allem auch in einem zunehmenden „zeitgenössischen Unbehagen"[243] bezüglich der religiösen Übergriffigkeit

---

Heinrich (Hg.): Re-Visionen. Katholische Kirche in der Zweiten Republik, Graz-Wien-Köln 1996, 17-40.

[238] Krätzl, Helmut: Vom Geist des Konzils. Wie sich die Kirche zu bewegen begann, in: Herder Korrespondenz Spezial, Das unerledigte Konzil. 40 Jahre Zweites Vatikanum, Freiburg 2005, 7-11, 7.

[239] Vgl. Enzyklika Humani generis, 1950.

[240] Kasper: Kirche - wohin gehst du?, 14-15.

[241] Papst Johannes XXIII.: Das katholische Priestertum. Rundschreiben seiner Heiligkeit Papst Johannes XXIII. zur Hundertjahrfeier des Todes des heiligen Pfarrers von Ars, Münster 1959, 21: „Wie viele und große Wohltaten erweisen der menschlichen Gesellschaft solche [Anm. d. V.: Priester], die, frei von weltlichen Sorgen und ganz im göttlichen Dienste, ihr Leben, ihre Gedanken, ihre Kräfte für das Wohl der Brüder opfern! Welch großen Nutzen bringen der Kirche jene Priester, die vor allem um die unversehrte Bewahrung ihrer Reinheit besorgt sind."

[242] Ruff: Jugendarbeit, 284.

[243] Kreutzer, Ansgar: Modernitätsverarbeitung und Modernitätskritik beim Zweiten Vatikanum, in: ThPQ 154 (2006), 386-400, 394.

der katholischen Kirche gegenüber nicht religiösen Deutungsformen, das zu einem entscheidenen externen Impuls für das Bemühen um eine modernisierungstheoretische Neuorientierung der Kirche wurde.

2.1.7 Die Initiation durch das Zweite Vatikanische Konzil

Neben den Beschlüssen des Zweiten Vatikanischen Konzils, die im Unterschied zum I. Vatikanum nicht als Verurteilung von Irrlehren formuliert wurden, sondern positive Glaubensaussagen im Dialog mit Gegenwartsphänomenen wagten[244] und Anschluss an die Entwicklungen der Moderne suchten, wird vor allem immer wieder der „Geist des Konzils"[245] als wichtigster Einfluss auf das kirchliche Leben in der zweiten Hälfte des 20. Jahrhunderts angesehen. Doch bereits hierin zeigt sich die Problematik der Konzilsrezeption, die bis in die Gegenwart davon geprägt ist, die Neuverortung der Kirche mit dem Zweiten Vatikanum und die Brisanz seiner Texte abzuschwächen[246]:

> „Das Konzil verstand sich als ein pastorales Konzil. Es hat die ganze bisherige Tradition bewahrt; aber es wollte sie nicht starr wiederholen, sondern sie in lebendiger Weise auf die Probleme von heute anwenden und sie so für das heutige Leben fruchtbar machen."[247]

Eine reduktionistische Bewertung des Konzils verwässert letztlich das große Potential der Konzilstexte[248], deren Umsetzung als bis heute unerledigte Aufgabe anzusehen ist[249] und von denen insbesondere die Pastoralkonstitution „Gaudium et spes" einen „dogmatischen Fortschritt"[250] ermöglichte.[251]

---

[244] Pesch, Otto H.: Das Zweite Vatikanische Konzil (1962-1965). Vorgeschichte, Verlauf - Ergebnisse, Nachgeschichte, Würzburg 1993, 148-160, 160: „Wenn die Texte sperrig sind, wächst die Neigung, sich am Buchstaben des Textes vorbeizuschleichen und sich auf einen nebulösen ‚Geist des Konzils' zu berufen. Das ist so lange problematisch und wenig hilfreich, solange nicht klargestellt wird, was mit dem ‚Geist' gemeint ist. (…) Der ‚Geist des Konzils' ist der aus den Akten und im Blick auf die Vorgeschichte des Konzils hervortretende Wille der überwältigenden Mehrheit der Konzilsväter, auch dort, wo er durch Einsprüche und manchmal auch unfaire Tricks einer kleinen Minderheit im einzelnen verwässert und abgeschwächt wurde – und als solcher ist er eine gültige Auslegungsregel für die Konzilstexte."
[245] Hilberath, Bernd Jochen: Zwischen Vision und Wirklichkeit. Fragen nach dem Weg der Kirche, Würzburg 1999, 18-20.
[246] So spricht Giuseppe Alberigo lediglich vom „Ereignis des Konzils", um damit tendenziöse Interessen seiner Rezeption Ausdruck zu verleihen.
[247] Kasper: Kirche – wohin gehst du?, 18.
[248] Am deutlichsten geschieht diese nachkonziliare Abschwächung im Umgang mit der Pastoralkonsitution „Gaudium et spes", die sogar in vatikanischen Verlautbarungen nur noch als „Pastoralschreiben" tituliert wird.
[249] Vgl. Lehmann, Karl: Kraftvoll-lebendige Erinnerung bis heute. 40 Jahre Zweites Vatikanisches Konzil und 30 Jahre Gemeinsame Synode, in: Garhammer, Erich (Hg.): Ecclesia semper reformanda. Kirchenreform als bleibende Aufgabe, Würzburg 2006, 11-29, 21: „Wir sagen uneingeschränkt Ja zu diesem Konzil: zu seinem Geist, den man allerdings nicht ohne

Sie greift in besonderer Weise die Intentionen Papst Johannes XXIII. aus dessen Eröffnungsrede „Gaudet Mater Ecclesia"[252] zum Konzil auf und wird dabei zum entscheidenden hermeneutischen Schlüssel für alle übrigen Konzilsdokumente:

> „Die Pastoralkonstitution ist der Schlüssel zum Konzil, sein dogmatisches Hauptereignis. An ihr vorbei kann es das Lehramt der Zukunft überhaupt nicht geben."[253]

Die Bestimmung einer kirchlichen Haltung, die zur Welt, zu anderen Konfessionen und Religionen und damit insgesamt zur Gegenwart in Dialog[254] tritt, sorgte für einen kirchlichen Klimawechsel bis hinein in die Pfarreien. Die theologische Neuorientierung, insbesondere aufgrund der gesellschaftlichen Veränderungen in den europäischen Staaten nach Beendigung des Zweiten Weltkrieges, war immer drängender geworden. Und wenn auch manche euphorische Kirchenstimmung an die Vorkriegssituation gerade des Verbandskatholizismus anzuknüpfen suchte, gelang dies jedoch immer

---

die buchstäbliche Mühe um die Texte und ihren Sinn gewinnen kann; zum ganzen, unverkürzten Konzil mit all seinen Dimensionen und Schattierungen; auch zu den Problemen, den noch aufzulösenden Knoten, den Aporien, dem Unvollkommenen und auch zu den Lücken."

[250] Vgl. Klinger, Elmar: Der Glaube des Konzils. Ein dogmatischer Fortschritt, in: Ders. / Wittstadt, Klaus (Hg.): Glaube im Prozess. Christsein nach dem II. Vatikanum. FS Karl Rahner, Freiburg-Basel-Wien 1984, 615-626.

[251] Die gegenwärtige Konzilsrezeption wird weithin nach anfänglichem Enthusiasmus und nachfolgender Ernüchterung in einer dritten Phase sachlicher und authentischer Interpretation des Konzils und seiner Realisation verortet. Größte Aufmerksamkeit gilt dabei jenen Ansätzen, die die theologischen Fortschritte des Konzils etwa durch einen Verweis auf den „Geist des Ganzen" zu nivellieren suchen (vgl. Kasper, Walter: Theologie und Kirche, Mainz 1987, 295.) oder die Autorität der dogmatischen Konzilskonstitutionen von deren geschichtlicher Entstehung herleiten, statt sie voraus zu setzen. Um eines vor- und nachkonziliaren Kontinuitätsinteresses willen, werden dabei die Zumutungen des wirklich Neuen negiert, wie dies in Ansätzen bei Walter Kasper zu beobachten ist. Vgl. Kasper: Theologie und Kirche, 296: „Es ist deshalb absurd, in der Weise zwischen der vorkonziliaren und der nachkonziliaren Kirche zu unterscheiden, als ob die nachkonziliare Kirche eine neue Kirche wäre bzw. als ob nach einer langen, dunklen Periode der Kirchengeschichte erst durch das letzte Konzil das ursprüngliche Evangelium wieder entdeckt worden wäre."

[252] Vgl. die Darstellung der Rede in verschiedenen Übersetzungen bei: Kaufmann, Ludwig / Klein, Nikolaus: Johannes XXIII. Prophetie im Vermächtnis, Fribourg-Brig 1990, 107-150.

[253] Klinger, Elmar: Armut – Eine Herausforderung Gottes. Der Glaube des Konzils und die Befreiung des Menschen, Zürich 1990, 97.

[254] Vgl. Papst Paul VI.: Enzyklika Ecclesiam suam, 1964. Vgl. zur Bedeutung der Enzyklika „Ecclesiam suam" und ihren Einfluss auf den Verlauf des Konzils: Heinz, Hanspeter: Für eine dialogische Kirche. Leitmotive und Zwischentöne, München-Zürich-Wien 1996, 59-70, 61: „Die Hinwendung zu einem dialogischen Kirchenverständnis in ‚Ecclesiam suam' kann auf eine dreifache Formel gebracht werden: Zeitgemäßheit, Interpersonalität und Wahrhaftigkeit. Paul VI. lässt keinen Zweifel daran, dass die Kirche an der unverkürzten und unverfälschten Wahrheit festzuhalten hat. Wohl aber sieht er es als Gebot der Stunde, die aus der verbindlichen Überlieferung kommende Wahrheit in unserer gewandelten Zeit neu einzuwurzeln und zu verankern."

weniger überzeugend. Lediglich auf wenige Ansätze einiger Theologen der 1920er-Jahre ließ sich aufbauen, um eine Ekklesiologie des Dialogs mit der Moderne zu finden, ohne einerseits in die alte Abgrenzung und Abschottung des Antimodernismus der Pianischen Epoche zu verfallen und andererseits der Moderne das katholische Einheits- und Autoritätsdenken überzustülpen.[255] Beides war mit den Erfahrungen des Nationalsozialismus obsolet geworden und nun zu überwinden. Das Konzil konnte so nur als Auftakt einer kirchlichen und theologischen Neuorientierung gelten und als Impulsgeber für ein beständiges Bemühen um eine kontextuelle und damit gegenwartsrelevante Theologie:

> „Um das ‚neue Bild der Kirche' entstehen zu lassen, von dem Rahner, vom Konzil zurückgekehrt, ab 1966 mit Begeisterung sprach, war auch eine neue Theologie nötig."[256]

Als ein Beispiel solcherart gegenwartsrelevanter theologischer Ansätze sei hier auf den Ansatz Hans-Joachim Höhns verwiesen, der angesichts der Kontingenzvergessenheit und gleichzeitigen Kontingenzproduktivität moderner Gesellschaften mit der Neuformulierung einer Negativen Theologie reagiert, um so zu einer „zeitgenössischen Form christlicher Gottesrede"[257] zu gelangen.

Die Kirche erschien nicht mehr als Heilsanstalt, in die möglichst alle Menschen einzugliedern wären, sondern als Sakrament Gottes zur Heilung und Heiligung der Welt (LG 48). Die Betonung der Kirche als jener, die allen Menschen das bereits von Gott zugesagte Heil bringt, anstatt der Kirche, in der ausschließlich das Heil zu finden ist, zeigt bereits einen grundlegenden Paradigmenwechsel an, der etwa eine positive Würdigung der gesellschaftlichen Pluralität erlaubt (GS 91).[258] Insbesondere mit „Gaudium et spes" und „Lumen gentium" gelang eine Verhältnisbestimmung zur Moderne, die deren evolutionären, wie auch selbstkritischen Charakter übernimmt und sich so zu einer „kritischen Zeitgenossenschaft"[259] entwickelt. Die Kirche sucht hier in einer materialen Wende Wege aus jener ekklesiozentrischen

---

[255] Einer der bedeutendsten Wegbereiter der Hinwendung der Kirche zur Welt ist in Marie-Dominique Chenu zu sehen, der mit dem Begrif der „fait révélateur" bereits in den 1930er-Jahren die theologische Rede von den „Zeichen der Zeit" vorwegnahm. Vgl. Heimbach-Steins, Marianne: „Erschütterung durch das Geheimnis" (M.-D. Chenu). Die Entdeckung der Geschichte als Ort des Glaubens und der Theologie, in: Fuchs, Gotthard / Lienhard, Andreas (Hg.): Visionen des Konzils. 30 Jahre Pastoralkonstitution „Die Kirche in der Welt von heute", Münster 1997, 103-121, 115.
[256] Ruster, Thomas: Zwischen Erwählung und Abgrenzung. Überlegungen zum ekklesiologischen Prozess im 19. und 20. Jahrhundert, in: LebZeug 50 (1995), 101-112, 108.
[257] Kreutzer, Ansgar: Kritische Zeitgenossenschaft. Die Pastoralkonstitution Gaudium et spes modernisierungstheoretisch gedeutet und systematisch-theologisch entfaltet, Innsbruck 2006, 447.
[258] Sander: Theologischer Kommentar, 822.
[259] Kreutzer: Kritische Zeitgenossenschaft, 448-450.

Selbstverengung, die latent ihren Selbsterhalt mit ihrem eigentlichen Auftrag verwechselt. Sie bewegt sich als Volk Gottes auf die Menschen zu, anstatt deren Bewegung zu fordern und stellt sich damit immer neu auch der Aufgabe eigener Identitätssuche (GS 4).

> „Die Kirche braucht sich nicht selber zu universalisieren, wenn es ihr um das Heil aller geht, weder geschichtlich-zukünftig, noch triumphalistisch, noch innerlich; die Universalität kann sie getrost Gottes Heilswillen überlassen. Aber sie steht in der Pflicht, davon ein Zeichen und Werkzeug zu sein."[260]

Ja, die Kirche betreibt vor diesem Hintergrund nicht mehr nur Pastoral, sondern definiert sich selbst von dieser her. In ihrer konstitutiven Rückbindung an ihre pastorale Ausrichtung auf die Menschen kann sie sich ganz von deren Lebenssituation her verstehen:

> „Denn Pastoral ist damit für die Kirche etwas, ohne das es Kirche als Kirche nicht geben kann, das sie aber nicht selbstverständlich schon hat, sondern an dem sie – als Realisation des Evangeliums in den ‚Zeichen der Zeit' – auch scheitern kann. In der Pastoral entscheidet sich das Kirchesein der Kirche."[261]

Dieses Bemühen um eine erneuerte kirchliche Positionierung gegenüber modernen Gesellschaften ermöglicht erste Ansätze für eine neue Anschlussfähigkeit und bereitet zugleich den Boden für eine ehrlichere, weil dialogische[262] Selbstwahrnehmung der eigenen Situation als Krise. Die breite öffentliche Diskussion veralteter kirchlicher Standpunkte und deren Ablehnung selbst durch katholische Kirchenmitglieder, wie sie nach dem Konzil etwa in der Diskussion um die Enzyklika „Humanae vitae" stattfand, zeigen die Dimensionen der Veränderungen an, die sich in dieser Nachkonzilszeit als „Krise katholischer Vergemeinschaftung"[263] entwickelte. Hier zeichnen sich schon früh weitergehende Probleme des gesellschaftlichen Anschlusses der kirchlich-religiösen Codes ab.

Gerade auch im Hinblick auf das Verständnis des Priesters suchte das II. Vatikanum die kirchliche Neupositionierung zu konkretisieren und durchzuführen. Die Diskussionen um die Konzilsdokumente „Presbyterorum ordinis" und „Optatam totius" zeugen teilweise von einer großen Kenntnis moderner Gesellschaftsentwicklungen und der Bereitschaft, Identität und Ausbildung der Priester den entsprechend gewandelten Anforderungen

---

[260] Ruster: Erwählung, 109-110.
[261] Bucher, Rainer / Krockauer, Rainer: Einleitende Gedanken, in: Dies. (Hg.): GOTT. Eine pastoraltheologische Annäherung, Wien-Berlin-Münster 2007, 1-7, 4.
[262] Vgl. Klinger, Elmar: Macht und Dialog, Die grundlegende Bedeutung des Pluralismus in der Kirche, in: Fürst, Gebhard (Hg.): Dialog als Selbstvollzug der Kirche, Freiburg-Basel-Wien 1997, 150-165.
[263] Ziemann: Codierung, 392.

anzupassen.²⁶⁴ Gerade auch der Aus- und erstmals der Fortbildung der Priester wurde in den Folgejahren im Rahmen der nationalen Pastoralsynoden und der Römischen Bischofssynode von 1971 große Aufmerksamkeit gewidmet. Hierbei überwog jedoch schnell die Beschäftigung mit neuen Formen des Priesteramts (zum Beispiel die „Viri probati-Frage" und die „Arbeiterpriester") oder die breite Diskussion um die Zulassungsbestimmungen zur Diakonen- und Priesterweihe.²⁶⁵

Das Bemühen, diese Anschlussfähigkeit der Kirche zur Moderne durch neue Formen von Vergemeinschaftung, wie es im Hinblick auf die Priester mit der Betonung des Presbyteriums geschah, wiederzufinden, zeigen gerade in den 1970er- und 1980er-Jahren in den Pfarrgemeinden ein vielfältiges Spektrum: Gruppenarbeit, Bibelteilen, Gottesdienstgruppen, die Initiierung von „Kleinen christlichen Gemeinschaften", Taizégruppen und andere Versuche können hier als charakteristisch gelten und finden ihren Nachhall in erneuerten beziehungsweise für kirchliche Gemeindearbeit übersetzten methodischen Ansätzen und einer kooperativen Haltung in der Gemeindepastoral, wie sie zum Beispiel in der Themenzentrierten Interaktion²⁶⁶ (TZI) zum Ausdruck kommt.²⁶⁷ Die hinter diesen Ansätzen stehenden Bemühungen zeugen von der in der Folgezeit des Konzils veränderten Wahrnehmung der Territorialpfarrei als Gemeinde²⁶⁸ und damit als vollwertigem Selbstvollzug der Kirche. So sehr die Diözesen als Ortskirche als maßgebendes Element der Kirchenstruktur betont wurden, so sehr wurde die Gemeinde als Weiterentwicklung der Pfarrei zur „Kirche am Ort"²⁶⁹. Deren bisher auf milieuinterne Funktionen beschränkte Bedeutung als Filiale der Kirche wurde nun eine Wandlung zuteil und bewirkte eine Aufwertung der Pfarrei als Pfarrgemeinde, die freilich in den folgenden Jahrzehnten unter dem Stichwort der „lebendigen Gemeinde"²⁷⁰ bis hin zu einer „Gemeindeideologie"²⁷¹ überstra-

---

²⁶⁴ Vgl. Gatz, Erwin: Entwicklungen seit dem Zweiten Vatikanischen Konzil, in: Ders. (Hg.): Geschichte des kirchlichen Lebens in den deutschsprachigen Ländern seit dem Ende des 18. Jahrhunderts, Bd. 4, Der Diözesanklerus, Freiburg-Basel-Wien 1995, 218-249.
²⁶⁵ Als herausragender Beitrag zu den aufgezeigten und breit geführten Diskussionen sei hier lediglich auf eine Schrift von Weihbischof Josef Maria Reuss aus dem Jahr 1982 verwiesen. Neu veröffentlicht: Reuss, Josef Maria: In der Sorge um die Priester und das ganze Gottesvolk, in: Hartmann, Richard (Hg.): In der Sorge um die Priester und das ganze Gottesvolk. Anfragen-Erfahrungen-Positionen, Ostfildern 2007, 12-38.
²⁶⁶ Vgl. Cohn, Ruth C.: Von der Psychoanalyse zur themenzentrierten Interaktion. Von der Behandlung einzelner zu einer Pädagogik für alle, Stuttgart⁹ 1990.
²⁶⁷ Hilberath: Vision, 137-140.
²⁶⁸ Vgl. Mette, Norbert: Einführung in die katholische Praktische Theologie, Darmstadt 2005, 116-138.
²⁶⁹ Karrer, Leo: Orte der Kirche: die Menschen, in: Diakonia 37 (2006),153-157,153.
²⁷⁰ Vgl. Haslinger, Herbert / Bundschuh-Schramm, Christiane: Gemeinde, in: Dies. (Hg.): Handbuch Praktische Theologie Bd. 2, Durchführungen, Mainz 2000, 287-307.
²⁷¹ Prägnante Verwendung des Begriffs bei: Kamphaus, Franz: Tut dies zu meinem Gedächtnis, Freiburg 1999, [Sonntagsgottesdienst im Zeichen des Priestermangels]: „Schnell kann das berechtigte Bewusstsein der Gemeinde zu einer Gemeindeideologie führen, die nicht mehr

paziert wurde. Die darin jedoch intendierte und ermöglichte Annäherung der Kirche an die Lebensorte der Menschen bot die Chance, die verlorene Anschlussfähigkeit der religiösen Codes wieder zu erlangen und aufgrund dieser Nähe neue Möglichkeiten der Glaubensverkündigung zu finden, dies freilich um den Preis von Fehlentwicklungen, die erst seit den 1990er-Jahren zunehmend als eine „Reduktion auf kleine Transzendenzen"[272], eine „Erosion der Gnadenanstalt"[273] und einem „latenten Institutionalismus"[274] zunehmend erkennbar wurden.

Eine derartig tragische Verwechslung von Mittel und Ziel der Glaubensverkündigung kennt dabei bereits einen längeren Vorlauf: So wurde mit einem Wechsel vom Extrem der moral- und angstüberladenen kirchlichen Verkündigung bis in die 1950er-Jahre in das andere Extrem einer liebesüberladenen Zwischenmenschlichkeitsverkündigung, die mit hohem Aufwand vorgenommen wurde, das eigentliche Ziel verfehlt: die Anschlussfähigkeit der religiösen Codes der Kirche an die Moderne. Die Spannung zwischen Immanenz und Transzendenz, die für ein Funktionieren dieser Codes notwendig ist, ging verloren und wurde zunehmend erst am Ende des 20. Jahrhunderts zaghaft wieder gesucht.

Das Pfarrhaus der Nachkonzilszeit wird vor dem Hintergrund der angestoßenen Veränderungen zu einem Indikator für die Umsetzung der Konzilsbeschlüsse, welche durch die Pfarrer und kirchlichen MitarbeiterInnen sehr unterschiedlich gefördert und kommuniziert wurden. Eine nationale Unterschiedenheit zwischen Österreich und Deutschland kommt weitgehend zur Nivellierung, weshalb hier nun von der bisherigen Absetzung abgesehen werden kann. Stattdessen gibt es eine zunehmende Beobachtung des Pfarrhauses und der jeweiligen Pfarrer durch ihre Gemeinden hinsichtlich ihrer persönlichen Einstellung zu den Veränderungen durch das Konzil. Einerseits

---

katholisch ist." Sehr deutlich sichtbar bei: Werbick, Jürgen: Warum die Gemeinde vor Ort bleiben muss, Donauwörth 2002, 63.

[272] Ebertz, Michael N.: „Tote Menschen haben keine Probleme"? – oder: Der Zwang zum Vergessen und Erinnern. Die Beschneidung des eschatologischen Codes im 20. Jahrhundert, in: Holzem, Andreas (Hg.): Normieren – Tradieren – Inszenieren. Das Christentum als Buchreligion, Darmstadt 2004, 279-300.

[273] Ebertz, Michael N.: Erosion der Gnadenanstalt? Zum Wandel der Sozialgestalt von Kirche, Frankfurt a. M. 1998, 206-234.

[274] Vgl. Bucher, Rainer: Wider den sanften Institutionalismus der Gemeinde. Zur Priorität der Pastoral vor ihren sozialen Organisationsformen, LS 57 (2006), 64-70, 65: „Die Gemeinde forderte dafür freilich einiges. Im Wesentlichen ein Vierfaches: Man musste erstens ‚dazugehören', zweitens ‚mitmachen', drittens sich (zumindest meist) über seinen Lebenslaufstatus (Kind, Jugendliche/r, Mann, Frau, Senior/in) identifizieren lassen, und schließlich die Gemeinde als Selbstverständlichkeit akzeptieren. Es galten also ein Integrations- und Aktivitätspostulat, es wirkte gemeindlich reformatiert, die alte Standespastoral nach und es herrschte eine institutionelle Selbstverständlichkeitswahrnehmung." Und: Karrer: Orte, 154: „Es kann ja nicht zuerst darum gehen, die Menschen in die Institution Kirche hinein zu aktivieren. Das ist die ewige Versuchung eines jeden Systems, sich selbst ins Zentrum zu stellen, statt die Aufgabe, in deren Dienst es steht."

werden Pfarrer zum Motor für die neuen Möglichkeiten im Rahmen der liturgischen Neuerungen, des neuen Gemeindeverständnisses aufgrund der Wiederentdeckung des gemeinsamen Priesteramtes aller Getauften und der Konstituierung synodaler Elemente. Andererseits reagieren viele Pfarrer verunsichert und zögerlich und fallen somit als Vermittler der Konzilsbeschlüsse oftmals aus. Die in den 1970er- und 1980er-Jahren stark ansteigenden Kirchenaustrittszahlen sowie eine Welle von Laisierungsgesuchen von Priestern hängen zu einem beträchtlichen Teil mit Enttäuschungen zusammen, die aus der zögerlichen Fortführung der Konzilsgedanken entstehen. Insgesamt lässt sich jedoch für das Pfarrhaus sagen, dass seine einheitliche Charakterisierung kaum noch möglich ist, sondern zunehmend von der jeweiligen Gestalt und Persönlichkeit des Pfarrers abhängt, also selbst einen starken Pluralisierungsschub erfahren hat.

Vor allem für die Pfarrgemeinden des deutschsprachigen Raumes lässt sich für die unmittelbar an das Zweite Vatikanische Konzil anschließende Zeit eine hohe Erwartungshaltung an die Reformbereitschaft und -fähigkeit der Kirchenleitung beobachten. So waren der Beginn und der Ablauf des Konzils, in einigen Bereichen jedoch auch gerade seine Ergebnisse für das kirchliche Leben bis hinein in die Gemeinden fortan bestimmend, wenngleich wohl längst nicht so überraschend wie mancherorts vermutet:

> „Die scheinbare Idylle stört, ja zerstörte das kirchliche Großereignis des abgelaufenen Jahrhunderts, das Zweite Vatikanische Konzil (1962-1965). Da prasselten geradezu, für das Empfinden vieler Kirchenglieder, die Änderungen in den ruhigen See kirchlicher Beschaulichkeit. Augenscheinlich wurden sie auch noch dem letzten Glied der römisch-katholischen Kirche in der Liturgiereform."[275]

Stattdessen wurden der Beginn des Konzils und vor allem seine Ergebnisse als überfällige und lang ersehnte Zeichen der Gegenwartswahrnehmung durch die Kirche von vielen Gläubigen positiv aufgenommen. Der Erwartungsdruck richtete sich schnell auf die ganze Gesellschaft und fand Parallelen auch im außerkirchlichen Zusammenhang, etwa in den Studentenprotesten.[276] Zu den Forderungen, mit denen sich die Kirchenleitung immer mehr konfrontiert sah, gehörten eine stärkere Demokratisierung kirchlicher

---

[275] Beinert, Wolfgang: Kann man dem Glauben trauen? Grundlagen theologischer Erkenntnis, Regensburg 2004, 12.
[276] Vgl. Heinz, Hanspeter: Mutiger Start – neue Anläufe. Phasen der Rezeption des Konzils in Deutschland, in: Herder Korrespondenz Spezial, Das unerledigte Konzil. 40 Jahre Zweites Vatikanum, 45-50, 45: „Im Unterschied zum Konzil fand die Würzburger Synode in einer gesellschaftlich und kirchlich äußerst unruhigen Zeit statt. Mit der Demokratisierungsdiskussion in der Gesellschaft wurden auch Möglichkeit und Grenzen einer ‚Demokratisierung der Kirche' kontrovers erörtert."

Strukturen[277] ebenso wie intensives ökumenisches Bemühen, Abschaffung des Zölibatsgesetzes für Priester und Forderungen nach Gleichberechtigung der Frauen in der Kirche.

Neben diesen Streitthemen, die in der breiten Öffentlichkeit thematisiert wurden, konnten vor allem im Bereich der Liturgiereform, der Pfarrgemeinderäte und anderer demokratischer Strukturen auf Dekanats- und teilweise auch auf Bistumsebene, im katholischen Schulwesen und anderen Bereichen Änderungen durchgeführt werden. Die „Gemeinsame Synode der Bistümer in der Bundesrepublik Deutschland"[278] in Würzburg, die von Jugendverbänden auf dem Katholikentag von 1968 in Essen initiiert und von den Bischöfen zwischen 1971 und 1975 einberufen wurde, kann als Höhepunkt des bundesdeutschen Ringens um die Umsetzung der Konzilsbeschlüsse betrachtet werden. Weniger durch ihre Beschlüsse, als mehr durch ihre diskussionsfreudige und offene Atmosphäre prägte sie das kirchliche Leben und das Verhältnis von Bischofskonferenz und Laienorganisationen in den folgenden Jahren ausgesprochen positiv. War die Würzburger Synode ein sichtbares Zeichen für das Bemühen einer Übersetzung der Konzilsbewegung in die deutsche katholische Kirche, enttäuschte gerade der abklingende Elan der Folgezeit viele Erwartungen.[279] Die Solidarität großer Teile der Kirchenmitglieder mit Theologen, denen in den Folgejahren die Lehrerlaubnis entzogen wurde, und die Gründung kirchlicher Oppositionsbewegungen, wie zum Beispiel „Kirche von unten", können als äußere Kennzeichen dieser Enttäuschung gewertet werden.

---

[277] Freilich gab es schon kurz nach Beendigung des Konzils vielfältige Bemühungen, überhöhten Erwartungen durch klare Grenzziehungen entgegenzutreten und gerade hinsichtlich erhoffter Demokratisierungstendenzen gegenzusteuern. Vgl. dazu sehr anschaulich: May, Georg: Demokratisierung der Kirche, Möglichkeiten und Grenzen, Wien-München 1971, 28: „Demokratisierende Tendenzen, die die Lehre von der Volkssouveränität auf die Kirche übertragen wollten, sind vom kirchlichen Lehramt mehrfach abgewiesen worden. (…) Die Grundlage der Demokratie, die Lehre von der Volkssouveränität, ist also in der Kirche nicht vorhanden. Wenn es keine Souveränität der Gesamtheit der Kirchenglieder gibt, dann entfällt das Volk als verfassunggebendes Organ. (…) Die Übertragung kirchlicher Gewalt kann immer nur von Gott zum Menschen bzw. vom höheren zum niederen Amtsträger geschehen."
[278] Vgl. zur zeitgeschichtlichen Betrachtung und gegenwärtigen Einordnung der „Würburger Synode": Leder, Gottfried: Auf neue Art Kirche sein…? Laienhafte Anmerkungen, Berlin-Münster 2008, 34-38.
[279] Vgl. Weiß, Wolfgang: Die Würzburger Synode – Markstein oder Episode?, in: Garhammer, Erich (Hg.): Ecclesia semper reformanda, Kirchenreform als bleibende Aufgabe, Würzburg 2006, 65-84, 83-84: „Dass sich die Enttäuschung der progressiven Reformer schon während und noch mehr nach der Synode mehrte, ist offensichtlich. (…) Die Synode war vor allem ein ernsthafter Versuch, die christliche Botschaft und Sendung im Horizont der Zeichen der Zeit zu begreifen, die Probleme der Menschen und die Glaubenssituation wahrzunehmen."

2.1.8 Die Kirche in der Postmoderne[280]

Wenn im Folgenden einzelne Aspekte der gesellschaftlichen Entwicklung in der Moderne seit der Mitte des 20. Jahrhunderts beleuchtet werden sollen, geschieht dies vor dem Hintergrund der Wahrnehmung, dass das kirchlich-gesamtgesellschaftliche Verhältnis als ein stark gewandeltes erscheint - oder zumindest vielfach so erfahren wird - und sich daraus Rückwirkungen auf Funktion und Identität von Religion und Kirche ergeben. Bereits diese begriffliche Fassung deutet an, dass Gesellschaft und Kirche weder in eins zu setzen noch deutlich voneinander zu trennen sind. Die Kirche ist stattdessen als Teil der Gesellschaft wesensmäßig auf diese verwiesen und von ihr geprägt. Dies gilt auch angesichts eines gewandelten Religionsverständnisses und einer beobachteten Trennung von Religion und Ethik.[281] Darüber hinaus lassen sich gesellschaftlich-religiöse Entwicklungen nur kaum in einer eindeutigen Bewertung fassen und darstellen, was direkt auf das für die Postmoderne zentrale Phänomen des „Verlustes der Zentralperspektive"[282] verweist. Dies zeigt sich insbesondere hinsichtlich des traditionellen Säkularisationstheorems, mit dem die religiöse Entwicklung des 20. Jahrhunderts über weite Strecken interpretiert wurde. Doch gerade das vielfältige Wiederaufblühen verschiedener Formen von Religion, das freilich in seiner spezifisch europäischen Gestalt vor allem als „Resignifikation"[283], statt als „Desecularization"[284] zu beschreiben ist, zeigt die Korrekturbedürftigkeit und Überholung solcher Erklärungsmuster.[285] Dabei sind es weniger die Religionsphänomene selbst als der Umgang mit ihnen, der als ein postmodernes Charakteristikum erscheint. So warnt etwa Jacques Derrida[286] vor

---

[280] Der Begriff der „Postmoderne" geht auf den Philosphen Jean-Francois Lyotard und seine philosophische Bestimmung des Begriffs in seinem Werk „Das postmoderne Wissen" von 1979 zurück. Vgl.: Lyotard, Jean-Francois: Das postmoderne Wissen, Graz-Wien 1986. Vgl. zur Diskussion um den Begriff der „Postmoderne" in der Philosophie: Welsch, Wolfgang: Unsere postmoderne Moderne, Berlin⁶ 2002, bes. 169-184.
[281] Vgl. Neuhold, Leopold: Religion und katholische Soziallehre im Wandel vor allem der Werte. Erscheinungsbilder und Chancen, Münster 2000, bes. 123-157.
[282] Kaufmann: Schutt der Geistfeindschaft, 11.
[283] Polak, Regina: Religion kehrt wieder. Handlungsoptionen in Kirche und Gesellschaft, Ostfildern 2006, 35ff.
[284] Berger, Peter L. (Hg.): The Desecularization of the World. Resurgent Religion and World Politics, Washington 1999.
[285] Hinsichtlich des Wandels traditioneller, d.h. vor allem institutionell-kirchlicher Religionsformen ist dabei weiter von einer Säkularisierung der Gesellschaft auszugehen. Durch die „Resignifikation" von Religiositäten wird dieser Prozess eher begleitet statt abgelöst.
[286] Derrida, Jacques: Glaube und Wissen. Die beiden Quellen der „Religion" an den Grenzen der bloßen Vernunft, in: Ders. / Vattimo, Gianni (Hg.): Die Religion, Frankfurt a. M. 2001, 9-106, 65: „Heute wieder, heute endlich, heute auf andere Weise scheint die große Frage der Religion zu sein, die Frage nach dem, was manche überstürzt als die ‚Rückkehr' der Religion bezeichnen möchten. Wenn man die Dinge so ausdrückt, wenn man also zu wissen glaubt, wovon man spricht, versteht man von Anfang an überhaupt nichts – als wäre die Religion etwas, *das nur dadurch ankommt und uns erreicht, dass es wiederkehrt,* daß es plötzlich jenes

einer vorschnellen Rede von der Wiederkehr der Religion, ein Interpretationsmuster, das seinen Gegenstand und die unterstellte Entwicklung erst selbst zu produzieren geneigt ist. Selbst bei einer Weitung des Religionsbegriffs, mit dessen Hilfe unzählige Gegenwartsphänomene mit einem „religioiden"[287] Label versehen werden können, bleibt eine derartige Beobachtung defizitär.

Hinter dem Interpretationsmuster der „Religionswiederkehr" steht zudem in der Regel ein auf gesellschaftliche Funktionen reduzierter Religionsbegriff, der nur mehr hinlänglich zur Charakterisierung von Religion in der Postmoderne ausreicht.

Die kirchliche Situation ist dabei selbst zunächst als Ergebnis einer Entwicklung zu kennzeichnen, die Herbert Lindner als Ausdifferenzierung verschiedener Funktionsbereiche analysiert hat:

> „Religion wird zu einem Funktionsbereich unter anderen.
> Die Einheit der mittelalterlichen Gesellschaft war religiös grundiert. Alle ihre zentralen Funktionen standen in einem religiösen Kontext. Könige sind Herrscher von Gottes Gnaden. Das Alltagsleben der Menschen ist von religiösen Symbolen durchdrungen, der Lauf der Zeit durch den kirchlichen Festtagskalender geordnet. Kirchen prägen das Stadtbild und Kunst ist weithin religiöse Kunst. Die Untergliederungen folgen räumlichen Gegebenheiten. Im Prozess der Modernisierung löst sich diese Einheit auf. Politik, Wirtschaft, Wissenschaft und Kultur werden zu eigenständigen Bereichen, in denen jeweils ein Aspekt nach einer speziellen Eigenlogik bearbeitet wird."[288]

So reduziert sich das kirchliche Prägepotenzial[289] in der Moderne zunächst auf einen Teilbereich des Kultursystems und bildet dort eine Binnen-Logik und Binnen-Kommunikation - die des katholischen Milieus. Im Verlauf des 20. Jahrhunderts werden jedoch auch die kirchlichen Rückkoppelungen auf die sie umgebende Gesellschaft (die kirchlich meist als Gestaltungschance interpretiert werden) und gesellschaftliche Prägungen der Kirche wieder erkennbar.

überrascht, was man zu kennen glaubte, den Menschen, die Erde, die Welt, die Geschichte, jenes, was angeblich in die Rubrik der Anthropologie, der Geschichte oder irgendeiner anderen Humanwissenschaft gehört, irgendeiner anderen Philosophie, zum Beispiel in die Rubrik einer ‚Religionsphilosophie'."

[287] Körtner, Ulrich H. J.: Wiederkehr der Religion? Das Christentum zwischen neuer Spiritualität und Gottvergessenheit, Gütersloh 2006, 28.

[288] Lindner, Herbert: Kirche am Ort. Ein Entwicklungsprogramm für Ortsgemeinden, Stuttgart-Berlin-Köln 2000, 21.

[289] So zeigt Leopold Neuhold die Konsequenzen eines gewandelten Religionsbegriffs und einer postmodernen Religiosität für die Prägekraft der katholischen Soziallehre zusammen mit neu entstehenden Chancen und Aufgaben auf. Vgl. Neuhold: Religion und katholische Soziallehre, 212.

So sieht Manfred Josuttis die funktionale Wechselwirkung[290] zwischen Kirche und Gesellschaft weitgehend auf Erziehung, Sinnstiftung und Krisenbewältigung (im Sinn von diakonal-caritativem Engagement) beschränkt. Auf die Diskussion, die sich an dieser funktionalen Beschränkung der Kirche in der Gesellschaft abarbeitet, braucht hier nicht näher eingegangen zu werden. Von weiterführender Bedeutung ist die Rückwirkung der gesellschaftlichen Wandlungsprozesse auf das Leben der Kirche, die in eben diesen Kernbereichen ihres eigenen Selbstverständnisses im Prozess der Postmoderne ihr Prägepotenzial verliert, was in einem weiteren Schritt insbesondere auf die Funktion und die Bedeutung des Pfarrhauses hin zu untersuchen ist.

Bildet der österreichische „Kulturkatholizismus" während der pianischen Epoche eine sehr spezifische Sozialform kirchlich-gesellschaftlichen Lebens, so vollzieht sich gerade in der Postmoderne eine Entwicklung, die der Kirche ihre gesellschaftliche Prägekraft nimmt – trotz einer nachwirkenden und in Teilen der Gesellschaft „aufrechterhaltenen Katholizismusfiktion"[291]. So zeigt auch die katholische Kirche Österreichs die gleichen postmodernen Phänomene[292], wie sie in Deutschland und anderen westeuropäischen Staaten beobachtbar sind und sich zwischen katholikalen und reformerischen Reaktionen in einem breiten Spektrum abbilden – verbunden mit einer immanenten Versuchung, nach vorschnell komplexitätsreduzierenden und damit tendenziell ideologischen Interpretationen zu suchen. In der folgenden Beschreibung postmoderner Phänomene wird daher auf die bisherige Differenzierung zwischen Österreich und Deutschland weitgehend verzichtet.

Der Begriff der „Postmoderne" erscheint schon hinsichtlich seiner Unselbstständigkeit[293] prägnant und impliziert eine immanente Pluralität:

> „Das Wort signalisiert den Bruch mit dem im 20. Jahrhundert noch relativ intakten Glauben an Fortschritt durch Wissenschaft, Technik, Aufklärung und das Zugehen auf eine ‚hominisierte Welt'. Stattdessen konstatiert man

---

[290] Vgl. Josuttis, Manfred: Unsere Volkskirche und die Gemeinde der Heiligen. Erinnerungen an die Zukunft der Kirche, Gütersloh 1997, 19.

[291] Bucher, Rainer: Katholische Perspektiven II, in: Groß, Herbert (Hg.): Religion als Wahrnehmung. Konzepte und Praxis in unterschiedlichen Kulturen und Kirche, Berlin 2006, 107-125, 115.

[292] Vgl. zur Bestimmung des Begriff „Postmoderne" in Bezug auf seine Bedeutung für die Pastoraltheologie: Widl, Maria: Postmoderne Religiositäten. Herausforderung für Pastoral und Theologie, in: zur debatte 35 (1/2005), 2-5.

[293] Welsch: Unsere postmoderne Moderne, 6: „‚*Moderne*' ist das Substantiv. ‚Postmoderne' bezeichnet nur die Form, wie diese Moderne gegenwärtig einzulösen ist. *Unsere* Moderne ist die postmodern geprägte. Wir leben noch in der Moderne, aber wir tun es genau in dem Maße, in dem wir ‚Postmodernes' realisieren."

das Ende der großen Ideologien, damit aber auch Pluralisierung und Zerstörung bisher leitender Wertvorstellungen."²⁹⁴

Die Unübersichtlichkeit gesellschaftlicher und religiöser Entwicklungen wird dabei nicht nur zur Herausforderung, sondern zu dem wohl einzig durchgängigen Kennzeichen der Gegenwart, in der sich nicht nur unterschiedliche Lebensentwürfe und Stile ergänzen:

„Pluralität ist postmodern vielfältiger und einschneidender geworden. Sie ist extensiv und intensiv gestiegen. So sehr, dass ein qualitativer Sprung eintrat. Alle Beschreibungen, alle Lösungen haben künftig vom Boden der Vielheit aus zu erfolgen."²⁹⁵

Gerade diese Pluralität ist es, die die Rede von der Wiederkehr der Religion innerhalb der Postmoderne vor allem zu einer Definitionsfrage des Religionsbegriffs macht. Die durch das Konzil offen gelegte, aber durch die gesellschaftliche Wandlung bewirkte Veränderung der kirchlichen Stellung in der Gesellschaft und die Reaktion auf Krisenphänomene führte innerhalb der Kirche ihrerseits zu einer starken Meinungs- und Glaubenspluralität bis hin zu heftigen Polarisierungen. Das katholische Milieu hat, von wenigen Resten abgesehen, keinen Bestand mehr und ist einem ausgeprägten Autonomiebestreben als Bestandteil gesamtgesellschaftlicher Individualisierungstendenzen anheimgefallen. Der „Exodus bei den Priestern und Ordensleuten"²⁹⁶, sinkende Teilnehmerzahlen bei Gottesdiensten und die Auseinandersetzung um die kirchliche Morallehre sind Indizien für die veränderte Situation, die als „Entkirchlichung" beziehungsweise „De-Institutionalisierung"²⁹⁷ des Religiösen beschrieben wird. Dass mit dieser Entwicklung nicht automatisch eine Krise des Religiösen in der Gesellschaft ausgesagt ist, wird verstärkt seit den 1990er-Jahre unterstrichen und wird in der Verlagerung des Religiösen vom „institutionellen Rahmen auf individuelle Orte"²⁹⁸ sichtbar. Durch die Entgrenzung des Religionsbegriffs²⁹⁹, seiner Befreiung aus rein funktio-

---

²⁹⁴ Hünermann, Peter: Gestern und Heute. Eine kontrastierende Relecture der Situation des Menschen in der heutigen Welt (GS 4-10), in: Ders. (Hg.): Das Zweite Vatikanische Konzil und die Zeichen der Zeit heute, Freiburg-Basel-Wien 2006, 29-60.
²⁹⁵ Welsch: Unsere postmoderne Moderne, 320.
²⁹⁶ Kasper: Kirche – wohin gehst du?, 28.
²⁹⁷ Dubach, Alfred: Nachwort: „Es bewegt sich alles, Stillstand gibt es nicht" in: Ders. / Campiche, Roland J.: Jeder ein Sonderfall? Religion in der Schweiz, Zürich-Basel² 1993, 295-313, 301: „Diese DeInstitutionalisierung bedeutet den Verlust kollektiv bindender Orientierung, daß Religion für den einzelnen die Qualität absoluter, objektiver Gültigkeit verloren hat. Charakteristisch für moderne Gesellschaften sind unstabile, unzusammenhängende, unzuverlässige Plausibilitäten."
²⁹⁸ Neuhold: Religion und katholische Soziallehre, 50.
²⁹⁹ Vgl. Horx, Matthias / Wippermann, Peter (Hg.): Trendbüro. Wie Waren zu Ikonen werden, Düsseldorf 1995.

nalen[300] Verengungen und der Suche nach alternativen Religionssorten[301] in der Gesellschaft als Religionsphänomenologie wird stattdessen ein „Megatrend der Religion"[302] konstatiert, der sich durch ein persönliches Kompositionselement auszeichnet und seit der Aufklärung[303] aus der zwingenden Verbindung mit einem Gottesglauben (vor allem in seiner kirchlichen Form) und einer kirchlich-klerikalen Monopolvermittlung gelöst hat. Doch gerade die Prognose von einem Aufblühen religiöser Elemente neben ihrer institutionalisierten Form der Kirchen, nach einer weitgehenden Säkularisierung der Gesellschaft, steht in einer breiten religionssoziologischen Debatte. So versucht Detlef Pollack, die Rede von der Wiederentdeckung der Religion in den westlichen Industriestaaten Europas mit der These zu konfrontieren, es handele sich bei der Säkularisierung[304] um einen überholten Mythos und, mit einem Hinweis auf einen unübersehbaren Traditionsabbruch und einen breiten Gewohnheitsatheismus, um kirchlichen Selbstbetrug.

---

[300] Unterschiedliche Ausformungen eines funktionalen Religionsbegriffs kennzeichnen gerade Entwürfe des 20. Jahrhunderts. So stellt Emile Durkheim die gesellschaftliche Funktion der Religion heraus. Vgl. Durkheim, Emile: Die elementaren Formen des religiösen Lebens, Frankfurt a. M. 1981, 75: „Eine Religion ist ein solidarisches System von Überzeugungen und Praktiken, die sich auf heilige, d. h. abgesonderte und verbotene Dinge, Überzeugungen und Praktiken beziehen, die in einer und derselben moralischen Gemeinschaft, die man Kirche nennt, alle vereinen, die ihr angehören." Thomas Luckmann hingegen unterstreicht die durch die Religion ermöglichte Verbindung zwischen Gesellschaft und Individuum als dialektisches Verhältnis mit dem Ergebnis gegenseitiger Prägung. Vgl. Luckmann, Thomas: Die unsichtbare Religion, Frankfurt a. M. 1991, 109: „Die Individuation des Bewußtseins und des Gewissens eines historischen Individuums geschieht weniger durch eine originäre Neuerschaffung von Weltansichten als durch die Internalisierung einer schon vorkonstruierten Weltansicht. Die Weltansicht und die ihr zugrundeliegende Bedeutungshierarchie wird so zum individuellen Relevanzsystem, das den Bewußtseinsstrom überlagert." Franz-Xaver Kaufmann kann als Hauptvertreter eines tendenziell funktionalen Religionsbegriffs hinsichtlich der individuellen Lebensbewältigung gelten, in der die Religion Identität stiftend und hinsichtlich ihrer Hilfe zur Kontingenzbewältigung definiert wird. Vgl. Kaufmann, Franz-Xaver: Religion und Modernität. Sozialwissenschaftliche Perspektiven, Tübingen 1989. Zur funktionalen Bestimmung von Religion und zur Wiederherstellung der gesellschaftlichen und individuellen Relevanz des Christentums vgl. Kaufmann, Franz-Xaver: Wie überlebt das Christentum?, Freiburg-Basel-Wien 2000.
[301] Vgl. Eliade, Mircea: Das Heilige und das Profane. Vom Wesen des Religiösen, Frankfurt a. M. 1984, 23-60.
[302] Vgl. Friesl, Christian / Polak, Regina: Megatrend Religion? Neue Religiositäten in Europa, in: Polak, Regina (Hg.): Megatrend Religion? Neue Religiositäten in Europa, Ostfildern 2002, 26-106.
[303] Als erster Vertreter dieser Unterscheidung von Religion und Theismus kann der Theologe Friedrich Schleiermacher gelten, den Körtner daher als „theologischer Exponent der Moderne" kennzeichnet (Körtner: Wiederkehr, 56). Vgl. Meckenstock, Günter (Hg.): Friedrich Schleiermacher. Über die Religion. Reden an die Gebildeten unter ihren Verächtern (1799), Berlin-New York 2001.
[304] Gerade die uneindeutige Definition von „Religion" und „Religiosität" lädt immer wieder dazu ein, die Säkularismusthese zu hinterfragen. Vgl. Knobloch, Stefan: Mehr Religion als gedacht! Wie die Rede von Säkularisierung in die Irre führt, Freiburg-Basel-Wien 2006.

„Sofern nicht alles und jedes für ‚religioid' erklärt wird, kann man statt von einem Megatrend Religion mit gleichem Recht von einem Megatrend Gottvergessenheit sprechen."[305]

Die Hilflosigkeit im Umgang mit der Religion und ihrer Einschätzung verweist auf ein der Postmoderne paralleles Phänomen der „Postsäkularität"[306], das sich vor allem durch ein entmonopolisiertes Aufblühen von Religion, die Religionsproduktivität der Postmoderne, und den weitgehenden Verzicht intellektueller Eliten auf einen kämpferischen Säkularismus auszeichnet.
Wo unter dem populären Schlagwort der Spiritualität, freilich meist in Loslösung von seinen christlichen Wurzeln[307], neue Formen und Kombinationen von Religiosität auftreten, sind sie häufig von einem Bedürfnis nach „Ganzheit"[308] bestimmt. Die kritisch als „Patchwork-Religiosität" beurteilte und als „Synkretismus"[309] häufig geradezu diskriminierte postmoderne Religiosität prägt dabei auch Kirchenmitglieder und bewirkt sowohl für die Individuen als auch für die Kirchen neue Herausforderungen.
Zwar lassen sich mittlerweile in allen gesellschaftlichen Bereichen Religionsphänomene aufzeigen - unter Verwendung sehr unterschiedlicher Definitionen des Begriffs „Religion"[310], allerdings wäre es übertrieben, hierbei von einem Trend zur Religion zu sprechen. Anderseits findet sich die Kirche dabei bestenfalls in der Rolle eines Zulieferers einzelner Teile:

---

[305] Körtner: Wiederkehr, 31.
[306] Vgl. zur Diskussion um den Begriff „postsäkular" nach seiner Verwendung von Jürgen Habermas: Bucher, Rainer: Ein verzeihendes Zeugnis für Christus ablegen. Die Theologie vor dem Phänomen der „Postsäkularität", in: Fuge, 2 (2008), 93-100.
[307] Vgl. Körtner: Wiederkehr, 95-99.
[308] Luther, Henning: Leben als Fragment. Der Mythos von der Ganzheit, in: WzM 43 (1991), 262-273, 263: „Sind nicht unsere Ideale der Vollkommenheit und Ganzheit letztlich zerstörerisch? Zerstören sie nicht das uns lebbare Leben? Unser Leben mit all seinen Brüchen, Fehlern, Unvollkommenheiten, Schwächen? (…) Gegen das Ideal der Ganzheit und Vollkommenheit möchte ich die Vorstellung vom Fragment ins Spiel bringen. Leben als Fragment zu verstehen, heißt nicht, erniedrigt zu werden, auf die Unvollkommenheit festgelegt zu werden, also klein gemacht zu werden. (…) Leben als Fragment zu verstehen, soll vielmehr eine Befreiung sein, die uns von falschen Idealen erlöst."
[309] Wagner, Falk: Möglichkeiten und Grenzen des Synkretismusbegriffs für die Religionstheorie, in: Drehsen, Volker / Sparn, Walter (Hg.): Im Schmelztiegel der Religionen. Konturen des modernen Synkretismus, Gütersloh 1996, 72-117, 83 f.
[310] Vgl. auf evangelischer Seite: Gräb, Wilhelm: Lebensgeschichten – Lebensentwürfe – Sinndeutungen. Eine Praktische Theologie gelebter Religion, Gütersloh² 2000. Und: Gräb, Wilhelm: Von der Religionskritik zur Religionshermeneutik, in: Ders. (Hg.): Religion als Thema der Theologie. Geschichte, Standpunkte und Perspektiven theologischer Religionskritik und Religionsbegründung, Gütersloh 1999, 118-143. Christian Bauer kritisiert diesen Ansatz vor allem aufgrund ihrer Bruchfreiheit als „Gänseblümchentheologie" mit geringem Niveau, die sich auf das bloße Beschreiben von Religionsphänomenen in ihrer Vielheit beschränke und einer „Differenzverwischung" erliege. Vgl. Bauer, Christian: Theologie des Surfens? Erkundigungen einer Theologie des Heiligen jenseits der Differenz von Sakralem und Profanem, unveröffentl. Manuskript, Vortrag vom 15.09.2005, Potsdam.

> „In diesen Kontexten ereignet sich die Wiederkehr der Religion vor allem in Prozessen der ‚Dekonstruktion'. Hierbei geht es weder um die pure Destruktion noch um die Neuerfindung des Religiösen, sondern um ein zerlegendes Zusammensetzen. Zerlegt und neu zusammengesetzt wird das Ensemble religiöser Angebote, das Set religiöser Erwartungen und nichtreligiöser Bedürfnisse sowie die bisherige Zuordnung religiöser Semantik und Symbolik mit entsprechenden Funktionen und Institutionen."[311]

Die kirchliche Wahrnehmung sieht sich angesichts dieser gesellschaftlichen Entwicklungen zwischen Warnungen vor einem bloßen Interesse an religiösen „Nebenwirkungen"[312] und bloß „religionskonsumptiven"[313] Tendenzen einerseits und Ermutigungen zu bereitwilligem Anschließen an diese neu entstehenden religionsproduktiven Erscheinungsformen andererseits. Beide Bestrebungen erliegen jedoch nicht selten der Gefahr, den beobachtbaren gesellschaftlichen Entwicklungen den kirchlichen Umgang damit bloß gegenüberzustellen.

Stellt es die einzelnen Menschen vor die Herausforderung, mit der eigenen Religiosität einen weiteren Bereich zur persönlichen Gestaltung und Prägung vorzufinden, sehen sich die Kirchen verstärkt in der Rolle von Religionsanbietern neben anderen und damit in einer marktähnlichen Situation.

Hinsichtlich der Divergenz zwischen den von der Kirche gelehrten Glaubensinhalten und dem persönlichen Glauben der Kirchenmitglieder konnte zwar darauf verwiesen werden, dass es ähnliche Vermittlungs- und Adaptionsprobleme nicht erst im 20. Jahrhundert gab. Jedoch wurden sie in besonderer Weise seit den 1970er-Jahren deutlich spürbar[314], da die verstärkte Subjektorientierung jedem die Aufgabe zuwies, sich zur kirchlichen Glaubensverkündigung individuell zu verhalten:

> „Neu ist hingegen, daß der Ort der Variabilität mehr und mehr in das Subjekt verlagert wird, während die Variabilität früher stärker zwischen verschiedenen sozialen Gruppen, Schichten und Kulturen existierte. Das entspricht dem Übergang von einer segmentär gegliederten, zu einer funktional differenzierten Gesellschaftsform."[315]

---

[311] Höhn, Hans-Joachim: Religion und Säkularisierung – nach ihrem Ende. Beobachtung – Kritik – Plädoyer, in: Evangelische Aspekte 16 (2006), 14-18, 15.
[312] Höhn: Religion, 15.
[313] Höhn: Religion, 17.
[314] Vgl. Haarsma, Frans: Analyse, Die Lehre der Kirche und der Glaube ihrer Glieder, in: Ders. / Kasper, Walter / Kaufmann, Franz-Xaver (Hg.): Kirchliche Lehre – Skepsis der Gläubigen, Freiburg-Basel-Wien 1970, 9-36, 10-11: „Die Krise erstreckt sich also auf den ganzen Glauben. Was aber noch schwerwiegender ist: Selbst die Autorität der Kirche in Fragen von Dogma und Moral wird nicht selten angezweifelt oder zurückgewiesen. (…) Eine Radikalisierung der Standpunkte auf beiden Seiten ist festzustellen."
[315] Kaufmann, Franz-Xaver: Zur Rezeption soziologischer Einsichten in die Theologie, in: Haarsma, Frans / Kasper, Walter / Kaufmann, Franz-Xaver (Hg.): Kirchliche Lehre – Skepsis der Gläubigen, Freiburg-Basel-Wien 1970, 97-127.

Die bis zum Zweiten Vatikanischen Konzil mit viel Kraft aufrecht erhaltene Einheitlichkeit scheint unwiederbringlich verschwunden[316] und von einer Meinungsvielfalt und Pluralität[317] der Lebensformen und Glaubensbiographien abgelöst zu sein. Die Pluralität prägt nicht nur das gesellschaftliche Umfeld und die Kirchenmitglieder selbst, sondern zunehmend auch die Seelsorgerinnen und Seelsorger, ermöglicht damit eine Pluralität von Theologien und verändert somit auch die Prägung des Pfarramtes. So lässt sich beispielsweise in allen pastoralen Berufsgruppen eine Vielfalt unterschiedlicher Typen beobachten, die sich auch auf den Forschungsgegenstand des Pfarrhauses auswirken.[318] Im zweiten Teil dieses Kapitels werden daher verschiedene Funktionen des Pfarrhauses herausgearbeitet. Sie nehmen Bezug auf unterschiedliche Epochen des Pfarrhauslebens und auch auf seine verschiedenen, gegenwärtig gelebten Formen, die häufig dem Rollen- und Selbstverständnis von Pfarrern, Seelsorgerinnen und Seelsorgern sowie Gemeinden entsprechen.

Für die kirchliche Entwicklung der Postmoderne bleibt also eine zunehmende Unübersichtlichkeit des Religiösen festzuhalten. Offensichtlich kann jedoch ein Kennzeichen anstelle einheitlicher Glaubensinhalte als verbindendes Element analysiert werden: eine dauerhafte Ästhetisierung des Religiösen.[319] Sie kann gerade für die katholische Kirche aufgrund ihres medialen Potenzials und ihrer liturgischen Tradition immer wieder positiv als

---

[316] Vgl. zum Schwinden des kath. Milieus in einer katholischen Region: Bücker, Vera: Niedergang der Volkskirchen – was kommt danach?, Kirchlichkeit und Image der Kirchen in einer Ruhrgebietsstadt, Münster 2005, 15-20, 19: „Insgesamt lässt sich der Prozess der 50er und 60er Jahre als langsame Auflösung der bis dato klaren Außengrenzen beschreiben. Man definierte sich nicht mehr über das Anderssein bzw. die Unterschiede zur jeweils anderen Konfession. Diese an und für sich positive Entwicklung zeitigte aber auch Folgen, die unerwünscht waren und sich in der Lockerung der Bindung der Mitglieder zeigte. In den 1970er Jahren verlor das katholische Milieu rapide an Integrationskraft, da sich seine Organisationsstruktur und innere Befindlichkeit nicht mehr in Übereinstimmung mit der Modernisierung der Wirtschaft, Politik und Gesellschaft befanden und keinen hinreichenden Zugang zum Wertewandel der Postmoderne fanden, die charakterisiert ist von einem neuen Individualisierungsschub mit Auflösung der Kleinfamilie und anderen sozialen Solidarisierungen, ‚Risikogesellschaft' und ‚Erlebnisgesellschaft'."

[317] Ihren Widerhall findet die Pluralität religiöser Überzeugungen in den die Säkularisationstheorien ergänzenden (und teilweise ablösenden) Pluralismustheorien. Vgl. Körtner: Wiederkehr, 73.

[318] So zeigt Paul M. Zulehner in einer, sicher sehr optimistischen Studie zur Situation der katholischen Priester im deutschsprachigen Raum vier Grundmuster auf: „zeitloser Kleriker", „zeitoffener Gottesmann", „zeitnaher Kirchenmann" und „zeitgemäßer Gemeindeleiter". Vgl. Zulehner, Paul M. / Hennersperger, Anna: „Sie gehen und werden nicht matt" (Jes 40,31). Priester in heutiger Kultur – Ergebnisse der Studie Priester 2000©, Ostfildern 2001.

[319] Neben einer starken Ästhetisierung der Alltagswelt im Verlauf des 20. Jahrhunderts kam es auch in der jüngeren protestantischen Theologie zu einer intensiveren Auseinandersetzung mit dem Verhältnis von Theologie und Ästhetik, als deren herausragender Vertreter hier nur auf Klaas Huizing verwiesen sei. Vgl. Huizing, Klaas: Ästhetische Theologie, 3 Bände, Stuttgart 2000-2004.

Chance der Glaubensverkündigung betrachtet, ihr aber zugleich aufgrund der Polyvalenz des Ästhetik-Begriffs bis hin zu einer „Tiefenästhetik"[320] zur intellektuellen Herausforderung und in Bereichen mangelnder Professionalität zur Falle werden.[321] So ist Paul M. Zulehner der Qualitätsfrage kirchlichen Handelns mit einer eigenen Studie gerade auch für einen zentralen Sektor kirchlicher Identität, der Liturgie, nachgegangen.[322]

Für die zweite Hälfte des 20. Jahrhunderts ist dabei die unterschiedliche Interpretationsrichtung dieser Situation kennzeichnend. Ihr gilt es sich einerseits als Krise und Trend zu Oberflächlichkeit oder andererseits als Realität zu stellen, in der Chancen der Glaubensverkündigung und des kirchlichen Lebens entdeckt werden können. Für die Wahrnehmung des Pfarrhauses ist hier ein verändertes Verständnis als Filiale einer Religionsanbieterin entscheidend:

> „Der Kirche macht dabei vor allem die gegenwärtige Umstellung der Vergesellschaftungsform des Religiösen zu schaffen. Sie werden gegenwärtig von unverlassbaren Schicksalsgemeinschaften zu Anbieterinnen auf dem Markt von Sinn, Lebensbewältigung und Weltorientierung. Sie sind ohne Zweifel immer noch stark und einflussreich, aber seit einiger Zeit eben auch erfolgs- und marktabhängig."[323]

Dabei ist gerade nach der Rolle kirchlicher Mitarbeiter und Mitarbeiterinnen aufgrund einer gesellschaftlich unterstellten Totalidentifikation mit dieser religiösen Anbieterin und ihrer Botschaft zu fragen, die einerseits mögliche Anknüpfungspunkte vor allem für solche Menschen bieten, die den Anspruch zur Kreation der eigenen Religiosität als Überforderung erleben und nach Orientierungsmöglichkeiten Ausschau halten. Maßgeblich wird hier die einzelne Person, ihr Grad der kirchlichen Identifikation und ihr persönlicher Glaube dafür von Bedeutung sein, ob sie dieser Rollenerwartung nachkommt, sich derartig als „Fels in der Brandung" verstehen mag und damit eine Kontrastidentität ausbildet. Andererseits wird nach Möglichkeiten zu

---

[320] Welsch, Wolfgang: Das Ästhetische – Eine Schlüsselkategorie unserer Zeit?, in: Ders (Hg.): Die Aktualität des Ästhetischen, München 1993, 13-47, 17 f.

[321] Vgl. Höhn, Hans-Joahim: Spüren. Die ästhetische Kraft der Sakramente, Regenburg 2002, 14: „Denn viel von der Attraktivitätsschwäche des kirchlichen Christentums resultiert aus seinem Unvermögen, eine Alternative zur dogmatischen und moralischen Selbstdarstellung zu pflegen. Die Dominanz von Dogma und Moral hat bei vielen Zeitgenossen den Eindruck erweckt, als gäbe das Evangelium nur zu denken und zu tun, als würde sich der christliche Glaube in dogmatischen Wissens- und moralischen Tatbeständen realisieren. Er findet seine Identität und Relevanz aber auch noch auf andere Weise: indem es der Mensch zu spüren bekommt, was das Evangelium für sein Leben bedeutet."

[322] Zulehner, Paul M. / Beranek, Markus / Gall, Sieghard / König, Marcus: Gottvoll und erlebnisstark. Für eine neue Kultur und Qualität unserer Gottesdienste, Ostfildern 2004.

[323] Bucher, Rainer: Neue Machttechniken der alten Gnadenanstalt?, in: Ders. / Krockauer, Rainer (Hg.): Macht und Gnade. Untersuchungen zu einem konstitutiven Spannungsfeld der Pastoral, Münster 2005, 183-199, 190.

suchen sein, den Menschen kirchliche Hilfs- und Orientierungsangebote zu unterbreiten, die durch die veränderte Situation gerade nicht verunsichernd sind, sondern die sie für ihre individuelle Lebensgestaltung als spannend und bereichernd empfinden. Gerade hier begegnet der Kirche in der Postmoderne einem Phänomen, das im Folgenden näher dargestellt sein soll.

2.1.8.1 Die Phänomene der Individualisierung und Pluralisierung

Wer sich mit soziologischen Gesellschaftsanalysen westlicher Industrienationen in der Postmoderne beschäftigt, begegnet schnell gängigen Erklärungsmustern, die auf einen Freiheitsgewinn der einzelnen Menschen verweisen. Dieser Zugewinn an Gestaltungsfreiheit für das eigene Leben und die damit verbundene Verantwortung der einzelnen für ihr Schicksal innerhalb einer „Risikogesellschaft"[324] schlägt sich vor allem in individualisierten Biographien nieder.

Die damit ebenfalls individualisierte Sinnsuche zeigt sich ihrerseits in einem breiten Spektrum spiritueller Möglichkeiten und Vergemeinschaftsformen, die nicht bloß die Suche nach dem je eigenen religiösen Bewusstsein erfordert, sondern aufgrund der unbegrenzten Kombinations- und Kompositionsmöglichkeiten, desavouierend häufig als „Patchworkreligion" bezeichnet, zu einer eigenen persönlichen Herausforderung wird. Sie ist dabei jedoch gerade eine konsequente Durchführung der religiösen Zumutung an die Einzelnen Gläubigen:

> „Die Formel ‚Individualisierung der Religion' artikuliert einen realen Widerspruch. Religion ist nämlich zu einem das *Gegenteil* von Individualisierung, sie ist Bindung, Gedächtnis, kollektive Identität und Ritual, aus denen, profanisiert und naturalisiert, die Gesellschaftlichkeit ‚gemacht' ist, hervorgeht. Religion ist zweitens die *Quelle* von Individualisierung. *Gehe und bete zu dem Gott deiner Wahl!* Religion beruht auf der Glaubensentscheidung des einzelnen und damit letztlich auch auf der Unterstellung der Freiheit des Individuums. Religion ist demnach das Gegenteil *und* die Quelle von Individualisierung."[325]

Die mit der Individualisierung einhergehende Pluralisierung der Lebensformen, Lebensstile und Biographien bestimmt so auch das religiöse Bezugssystem der Menschen und dies zu einem sehr hohen Grad auch bei Kirchenmitgliedern und kirchlichen MitarbeiterInnen. Die beobachtbare Binnendifferenzierung der Kirche hinsichtlich einer Vielzahl von Spiritualitäten und Religiositätsformen, deren geschichtliche Wurzeln weit in die Zeit der

---

[324] Beck, Ulrich: Risikogesellschaft. Auf dem Weg in eine andere Moderne, Frankfurt a. M. 1986.
[325] Beck, Ulrich: Der eigene Gott. Friedensfähigkeit und Gewaltpotential der Religionen, Frankfurt a.M.-Leipzig 2008, 107.

Aufklärung, ja laut jüngeren Analysen bis in das Hochmittelalter[326] hineinreichen, können seit der Moderne durch den kirchlichen Monopolverlust sanktionsfrei gezeigt werden. Diese Binnenpluralität identifiziert die Kirche eben nicht mehr nur als „Volkskirche" milieuverhafteten, pianischen Verständnisses, sondern als „Volk Gottes", das sich neu der Herausforderung und der Ermöglichung religiöser Freiheit[327] zu stellen hat:

> „Der Volksbegriff überschreitet nun allerdings nach der Pastoralkonstitution das kirchliche Volk Gottes und bezieht sich auf alle Menschen und Völker."[328]

Zu den bekanntesten Gesellschaftsanalysen der zurückliegenden Jahre gehören die Beobachtungen Gerhard Schulzes. Bis hinein in die Alltagsästhetik weist er eine Segmentierung unterschiedlicher gesellschaftlicher Gruppen nach, die aufgrund ihrer Prägung, ihrer Empfindungen und Wahrnehmungen weitgehend von einander separiert erscheinen. So bestimmt Schulze drei alltagsästhetische Schemata: Hochkulturschema, Trivialschema und Aktionsschema. Diese bilden ein grobes Raster, ohne jedoch die Individualität der Lebensstile außer Acht zu lassen:

> „Die unzählig vielen Kombinationen, welche aus einer differenzierten Bestimmung ästhetischer Positionen resultieren, werden in der Alltagswahrnehmung meist auf ein grobes Raster reduziert, wobei die einfachste Wahrnehmungsstruktur dichotom ist: eher hochkulturorientiert / eher nicht usw. Es ist weiterhin anzunehmen, dass ästhetische Selbst- und Fremdbeurteilung relational ist, bezogen auf kultur- und zeitspezifische Verteilungen ästhetischer Dispositionen im Kollektiv, wie man sie im Verlauf vieler Interaktionen erfährt."[329]

Für die Kirchengemeinden ergibt sich aus diesem Phänomen der alltagsästhetischen Segmentierung nicht allein ein Problem aus ihrem Anspruch, gesellschaftsübergreifende Relevanz zu besitzen. Darüber hinaus wird die Kirche vor diesem Hintergrund zum einen immer wieder ihre Prägung, den Charakter ihrer Angebote und ihre gesellschaftliche Zusammensetzung kri-

---

[326] So führt Karl Gabriel den Investiturstreit zwischen Papst und Kaiser als ersten Schritt zu einem „eigenständigen geistlichen Bereich" und als Grundlage einer gesellschaftlich-religiösen Segmentierung an, die in der Reformation und der Aufklärung bis hin zur Moderne ihre Weiterentwicklung erfuhr. Vgl. Gabriel, Karl: Gesellschaftliche Differenzierung und Individualisierung der Lebenswelt, in: Conc(D) 42 (2006), 132-141, 133.
[327] Vgl. zur Herausforderung, als die die Freiheit für den christlichen Glauben erfahren werden kann: Körner, Bernhard: Vor-Gabe Gottes. Wie frei darf der Glaube sein?, in: Polz-Watzenig, Astrid / Opis, Matthias / Kölbl, Alois / Bucher, Rainer (Hg.): Au contraire. Glaube - Emotion - Vernunft, Klagenfurt 2006, 139-151.
[328] Fuchs, Ottmar: Kirche, in: Haslinger, Herbert (Hg.): Handbuch Praktische Theologie, Bd. 1, Grundlegungen, Mainz 1999, 363-375, 364.
[329] Schulze, Gerhard: Alltagsästhetik und Lebenssituation. Eine Analyse kultureller Segmentierungen in der Bundesrepublik Deutschland, in: Soeffner, Hans-Georg (Hg.): Kultur und Alltag. Soziale Welt, Sonderband 6, Göttingen 1988, 71-92, 79.

tisch in den Blick nehmen und zielgruppenspezifisch ausrichten müssen.[330] Zum anderen gilt es nach der Positionierung ihrer Mitglieder, ihrer Mitarbeiterinnen und Mitarbeiter, vor allem auch der Seelsorgerinnen und Seelsorger und ihrer alltagsästhetischen Wahrnehmung zu fragen, um einer Subjektwerdung der Kirche als Volk Gottes zu entsprechen:

„Der Empfänger bekommt in einer milieusensiblen Pastoral den Status eines Mitinterpreten, ja eines Mitautors der Gottesrede."[331]

Die Fähigkeit der sensiblen Wahrnehmung einer inneren Pluralität ist also nicht bloß die Voraussetzung, den kirchlichen Verkündigungsauftrag zu erfüllen, sondern zur Kirchenbildung überhaupt.

Bereits seit dem 19. Jahrhundert zeigt die soziale Herkunft der Priester wie auch der aktiv am Leben von Pfarrgemeinden Beteiligten eine weitgehende Schwerpunktsetzung der katholischen Kirche auf bestimmte Gesellschaftsbereiche. Die damit einhergehende Verengung ermöglichte erst die milieuspezifische Vereinheitlichung der Spiritualität.

Welche Anforderung die individualisierte Subjektorientierung in den deutschsprachigen Gebieten gerade auch in Bezug auf die religiöse Orientierung für die einzelne Person und deren Selbstfindung mit sich bringt, veranschaulicht Fulbert Steffensky.[332] Dabei wird oftmals kulturpessimistisch unterstellt, dass die gewonnene Freiheit des Subjekts durch einen Mangel an einem Orientierung bietenden Gegenüber erkauft worden sei, der bis in die Mitte des 20. Jahrhunderts in verschiedenen Institutionen der Gesellschaft bestanden habe. Verbunden mit Befreiung und Verlust als zwei Seiten der Subjektorientierung ist ein Wachstum an Kausalwissen, mit dem einzelne Phänomene der Welt und des Lebens für den einzelnen erklärbar wurden, jedoch auch in ihrem Zusammenhang und ihrer Zusammenschau zerbrochen sind:

---

[330] Diesem Anliegen ist in jüngster Zeit insbesondere die sogenannte „Sinus-Studie" verpflichtet: Sinus Sociovision: Milieuhandbuch, Religiöse und kirchliche Orientierungen in den Sinus-Milieus® 2005, München-Heidelberg 2005.

[331] Sellmann, Matthias: Milieuverengung als Gottesverengung, LS 57 (2006), 284-289, 287.

[332] Steffensky, Fulbert: Wo der Glaube wohnen kann, Stuttgart 1989, 8: „Aufgewachsen bin ich in einem katholischen Dorf. Wer in diesem Dorf lebte, konnte dem Kollektiv nicht entgehen. Jeder kannte jeden, eine Tatsache mit oft schrecklichen Konsequenzen. Es war nicht nur das einzelne Subjekt bekannt, man kannte die Menschen auch in ihrer Herkunft, und man war immer schon definiert als der Sohn des X und die Tochter der Y. Jeder sah jeden und jeder kontrollierte jeden. (…) Das Dorf war eine ‚Lehre'. Es war dem einzelnen immer gesagt, woran zu glauben und was zu tun war. Der Nachteil liegt auch hier wieder auf der Hand: Denken und Freiheit waren verboten. Der einzelne war immer schon Beute der Toten, der Vergangenheit und des Allgemeinen. Kann man solch einer Situation einen Vorteil abgewinnen? Vielleicht diesen: Der einzelne brauchte sich nicht ständig neu zu erfinden in dem, was er glauben und was er als Lebensabsicht verfolgen sollte. Es war etwas da, was man übernehmen konnte oder von was man sich zumindest abwenden konnte."

„So macht die Zerstörung der mythischen Welterklärung den Menschen zugleich freier und einsamer. Freier: Die falschen Götter des Zusammenhangs und der Erklärung der Welt sind gestürzt, die Wahrheit ist gewachsen, und der Mensch kann handeln. Einsamer: Der Mensch erkennt zwar Gründe für die Erscheinungen als einen äußeren Zusammenhang, aber keinen ‚Sinn' mehr, den das mythologische Wissen immer mitgeliefert hat, auch wenn der ‚Sinn' vielleicht bösartig war. (…) Die Rätsel wachsen mit der Zunahme der Erklärungen."[333]

Hier erwächst aus der zunehmenden Verantwortung und dem zunehmenden Wissen des Subjekts zugleich auch dessen immer größere Selbstverpflichtung, in der es zum Gestalter des Lebens wird und sich als gefordert, nicht selten auch als überfordert erlebt. So tragen große Teile der Subjektorientierung Merkmale einer Krise, in die das Subjekt damit gestellt ist. Doch dies ist eben nur eine Seite dieser Entwicklung, ihre verunsichernde oder gar überfordernde. Daneben hat die gewonnene Freiheit[334] in der Lebensplanung vor allem zu einer Potenzierung der Lebensmöglichkeiten geführt, die (zumindest für Teile der Gesellschaft) einen Gewinn an Lebensqualität darstellt. Das hier zum klassischen Erklärungsmuster geronnene Diktum der Säkularisierung[335] der Gesellschaft, das die westliche industrielle Welt zu einem zunehmend religionsfreien Raum werden sieht, findet in der religionssoziologischen Arbeit Thomas Luckmanns eine entscheidende Korrektur. Mithilfe einer weiten, funktionalistischen Definition der Religion kann er auch in einer scheinbar säkularen Gesellschaft Religion ausmachen und analysiert hier einerseits die religiöse Dimension säkularer Welten in den unzähligen Transzendenzerfahrungen der Menschen und andererseits eine Verschiebung der Religion in das Private[336], die der fortschreitenden funktionalen Diffe-

---

[333] Steffensky: Glaube, 12-13.
[334] Vgl. zur gegenwärtigen Diskussion um den Freiheitsbegriff: Schockenhoff, Eberhard: Theologie der Freiheit, Freiburg-Basel-Wien 2007.
[335] Entschieden gegen die Säkularisierungstheorien und Thesen von der Privatisierung der Religion formuliert der spanische Religionssoziologe José Casanova seine Beobachtung vom spätmodernen Wiedererstarken der Religion im Bereich der Öffentlichkeit. Vgl. Casanova, José: Public Religions in the Modern World, Chicago 1994. Daneben finden sich Beobachtungen zur Rückkehr der Religion in die Öffentlichkeit vor allem in der religionssoziologischen Beobachtung von religiösen Fundamentalismen. So etwa bei Hubert Knoblauch oder bei Martin Riesebrodt. Vgl. Riesebrodt, Martin: Fundamentalismus als patriarchalische Protestbewegung. Amerikanische Protestanten und iranische Schiiten im Vergleich, Tübingen 1990.
[336] Vgl. Marhold, Wolfgang: Privatisierung und Individualisierung: Thomas Luckmanns phänomenologischer Zugang zur heutigen Sozialform der Religion, in: Gabriel, Karl / Reuter, Hans-Richard (Hg.): Religion und Gesellschaft, Texte zur Religionssoziologie, Paderborn-München-Wien-Zürich 2004, 133-135, 134: „Durch die modernen Privatisierungs- und Individualisierungsprozesse ist so dem Einzelnen die Aufgabe zugefallen, Erlösung und persönlichen Sinn auf sich alleine gestellt in der Privatsphäre zu finden."

renzierung der Gesellschaft entspricht.[337] So findet ein Austausch über die selbst gestaltete persönliche Religiosität in nennenswertem Maß weder auf gesellschaftlicher Ebene noch auf der Ebene persönlicher Bekanntschaften statt. Als Gesprächsthema fällt die eigene Religiosität damit aus und wird so zu einem quasi intimen Bereich der Einzelperson.

Wie sehr dies für die Kirche zu einer Herausforderung wird, hat Fulbert Steffensky nicht nur in Bezug auf die Wahl der Kirchenmitgliedschaft verdeutlicht, sondern darüber hinaus für die Lebensstile ihrer eigenen Amtsträger. Am Beispiel eines angehenden evangelischen Pastors und seiner Lebensgefährtin zeigt er, wie selbstverständlich auch kirchliche Amtsträger ihr Leben als Bereich der autonomen und privaten Gestaltung verstehen und entsprechend gestalten.[338] So wird hier besonders deutlich, was immer wieder auch in der Beschäftigung mit dem Leben von Seelsorgerinnen und Seelsorgern und ihren Lebensorten, -stilen und -gestaltungen von größter Bedeutung ist und nicht selten ausgeblendet bleibt: Ihre eigene Zugehörigkeit zu gesellschaftlichen Entwicklungen. Im Hinblick auf die zunehmende Subjektorientierung lässt dies nach dem Verhältnis von Privatem und Öffentlichem, nach kirchlich Erwartetem und persönlich Gestaltetem fragen. Hier zeigt sich ein Spannungsfeld, in dessen Zentrum das Pfarrhaus als Lebensraum von Priestern, PastoralreferentInnen und GemeindereferentInnen und vielen anderen Menschen steht. Es steht nicht nur im Gegenüber zu gesellschaftlichen Entwicklungen, sondern ist in sie hineingenommen und seine Bewohner und Bewohnerinnen sind davon geprägt, wie andere Mitglieder der Gesellschaft ebenso.

Neben der selbstverständlichen Tatsache, dass auch PfarrhausbewohnerInnen diesem Trend individualisierter Religiosität unterliegen, hat dieser Folgen für jene Pfarrhauskonzeptionen, die in starker Prägung durch die Gemeindetheologie entstanden sind. Hier herrschte oftmals das Ideal kleiner Spiritualitäts- und Glaubensgruppen vor, die sich nicht zuletzt im Pfarrhaus trafen, um sich über ihren Glauben auszutauschen oder Gespräche zu biblischen Texten zu führen. Versuche, entsprechende katechetische Modelle,

---

[337] Vgl. Luckmann, Thomas: Privatisierung und Individualisierung. Zur Sozialform der Religion in spätindustriellen Gesellschaften, in: Gabriel, Karl (Hg.): Religiöse Individualisierung oder Säkularisierung, Gütersloh 1996, 17-28.

[338] Steffensky: Glaube, 28-29. „Vor kurzem besuchte mich ein Paar, das seit einigen Jahren schon zusammenlebt. Er ist evangelischer Theologe und soll nun seine erste Pfarrstelle bekommen. Seine Freundin ist Juristin. Die zuständige Kirchenleitung verlangt nun, daß die beiden heiraten. Nur unter dieser Bedingung könne er die Pfarrstelle haben. Die Kirchenleitung argumentiert nicht moralisch. Sie verlangt die Eheschließung, um ein mögliches Ärgernis in der Gemeinde zu vermeiden. Die beiden Betroffenen sind empört. Sie fühlen sich in ihren bürgerlichen Freiheiten verletzt. Sie erklären, es sei einzig ihre Sache, welche Form und welchen Inhalt sie ihrem Zusammenleben gäben. (…) Ihre Liebe darf weder durch den Befehl einer Kirchenleitung noch durch die Erwartung einer Gemeinde bestimmt werden. Jede Bestimmung von außen ist ein Verrat an der eigenen Intimität."

wie zum Beispiel das „Bibelteilen" oder gemeindliche Sozialisationsformen wie zum Beispiel „Small christian communitys" in oder im Umfeld von Pfarrhäusern zu etablieren, müssen dementsprechend als gescheitert gelten. Sie sind wohl auch deshalb nur von sehr kleinen Minderheiten der Kirche und sogar der Gemeinden angenommen worden, weil sie vor dem Hintergrund einer individualisierten und kaum mitteilbaren Religiosität nicht jene Grundlagen finden, die es in anderen Gesellschaften, aus denen sie stammen, durchaus (noch) gibt. Erwartungen an das Pfarrhaus als eines Kommunikationsortes von Glaubenserfahrungen gehen daher zunehmend ins Leere.

2.1.8.2 Die Ausdifferenzierung von Lebensorten in modernen Gesellschaften

Wie wohl keine andere gesellschaftliche Entwicklung der vergangenen 40 Jahre hat die Ausdifferenzierung der Lebensorte der Menschen eine Diskussion um kirchliche Strukturen und Pastoralkonzepte verursacht. Ihr liegt die Beobachtung zugrunde, dass sich menschliche Lebensvollzüge zunehmend an unterschiedlichen Orten ereignen. Dies ist eine Entwicklung, die in der Industrialisierung ihren Ausgang genommen hat und seit der Mitte des 20. Jahrhunderts kirchliche Strukturen zunehmend hinterfragt. Ein erster großer Aufbruch der einheitlichen Lebenswelt vollzieht sich mit der Trennung von Arbeitsplatz und Wohnort bei den industriellen Arbeitern und Arbeiterinnen in den Städten des 19. Jahrhunderts.[339] Diese Ausdifferenzierung bedeutet gleichwohl nicht, dass die private Wohnung kein Arbeitsort, insbesondere von Frauen[340], wäre. Er findet jedoch in ausdifferenzierten Arbeitsorten eine entscheidende Ergänzung. Die Entwicklung setzt sich in der räumlichen Trennung von Ausbildung/Schule, Erholung (sowohl durch Freizeitbeschäftigungen, als auch durch Urlaub), Krankheit und Alter fort. Ihre Weiterführung findet diese Ausdifferenzierung in den verschiedenen Lebensstilen[341] innerhalb der Städte, die vor allem von Pierre Bourdieu erstmals untersucht wurden.

Als anschauliches Beispiel für diese Ausdifferenzierung menschlicher Lebensorte kann die Entstehung einer eigenen bundesrepublikanischen Urlaubskultur in den 60er-Jahren des 20. Jahrhunderts gelten. An zurückliegende Ansätze in Form von KdF-Reisen des nationalsozialistischen Regimes anknüpfend, entsteht im bürgerlich-mittelständischen Milieu der Bundes-

---

[339] Stellvertretend für die umfangreiche soziologische Literatur sei hier auf drei Beschreibungen verwiesen: Berking, Helmuth / Löw, Martina (Hg.): Die Wirklichkeit der Städte, Baden-Baden 2005. Eckardt, Frank: Soziologie der Stadt, Bielefeld 2004. Häußermann, Hartmut / Siebel, Walter: Soziologie des Wohnens. Eine Einführung in Wandel und Ausdifferenzierung des Wohnens, Weinheim-München 1996.
[340] Häußermann / Siebel: Soziologie des Wohnens, 312-314.
[341] Dangschat, Jens: Lebensstile in der Stadt. Raumbezug und konkreter Ort von Lebensstilen und Lebensstilisierungen, in: Ders. / Blasius, Jörg (Hg.): Lebensstile in den Städten, Opladen 1994, 335-354.

republik der Brauch, anfangs jährlich später sogar häufiger, den eigenen Urlaub im europäischen Ausland, vor allem in Italien, zu verbringen. Damit gliedert sich ein wesentlicher Bestandteil des Lebens, Teile von Erholung und Freizeit, aus dem Wohnort aus. Erst spät und relativ unbeholfen reagiert die Kirche durch die Entwicklung einer eigenen Urlauberseelsorge auf diese veränderte Lebenspraxis. Neben dem Ort des Arbeitsplatzes gibt es nun einen weiteren, zweiten Ort an dem die Menschen außerhalb der eigenen Wohnortpfarrei einen - wenn auch zeitlich begrenzten - wesentlichen Teil ihres Lebens verbringen.[342] Pfarrgemeindliche Wahrnehmungen leerer Gottesdienste in den Schulferien und sogar zu Hochfesten (vor allem an Ostern) sind allenfalls ein Indiz für die abnehmende Kompatibilität von Pfarreiprinzip und den Lebensorten der Menschen. Michael N. Ebertz folgert daraus seine Kritik am derzeitigen Pfarrprinzip und dessen weitgehender Monopolstellung, das eben nur noch bestimmten gesellschaftlichen Gruppen entspricht und damit andere und größer werdende Teile der Kirchenmitglieder automatisch ausgrenzt:

> „Es ist an der Zeit die Augen zu öffnen und wahrzunehmen, dass es auch die anderen ‚vielen Menschen' gibt, die sich – trotz Wohnraumnähe – schon längst nicht mehr in die pfarrheimlich-verlängerten Wohnzimmer anderer begeben wollen; die sich – wegen der Wohnraumnähe – als sozial Fremde und ausgeschlossen fühlen; die sich vereinsamt fühlen in der auf Frohsinn und Harmonie bedachten Pfarrcommunio; die sich nicht mehr an den parochialen Grenzen orientieren, weil sie ihnen zu eng geworden sind, zu heimatlich (für die anderen!), zu friedlich, höflich, friedhöflich;"[343]

Die von Ebertz zugrunde gelegte Unterscheidung von „wohnraumpedalen" und „wohnraumfugalen" Menschen mag plakativ sein, verweist jedoch auch auf die unterschiedlich stark ausgeprägte Ausdifferenzierung der Lebensorte verschiedener gesellschaftlicher Milieus.

Hinzu kommt ein aktueller Trend in bestimmten Berufsgruppen durch zunehmende Flexibilisierung von Arbeitszeiten und -orten bis hin zu Modellen von „Portfolio-Work"[344], in denen Lebens- und Arbeitsorte wieder stärker

---

[342] Auf die von Siegfried H. Sunnus beobachtete Ausnahmeerfahrung der Einheit von Arbeits- und Lebensort im Pfarrhaus wird an anderer Stelle eigens einzugehen sein. Vgl. Sunnus, Siegfried H.: Pfarrerberuf im Wandel 1970-2005. Rückblicke eines Großstadtpfarrers auf Gemeinde und Kirche. Mit einem Nachdruck von „Die ersten sieben Jahre. Rückblick eines Landpfarrers", Berlin 2006, 226: „Der Pfarrerberuf ist einer der wenigen Berufe, in denen jene alte, aus der Agrarwelt stammende Einheit von Arbeit und Wohnen sinnvoll ‚re-identifiziert' werden kann. Wir haben Chancen zur Selbstverwirklichung als Ehepaar gefunden, die in der geteilten Welt von Arbeiten und Wohnen fast verschwunden sind."
[343] Ebertz, Michael N.: Wider den Wohn-Territorialismus. Michael N. Ebertz' Replik auf „Plädoyer für die Verörtlichung des Glaubens", in: LS 55 (2004), 16-17, 17.
[344] Gross, Peter: Abschied von der monogamen Arbeit, in: Berliner Debatte INITIAL, Bd. 5, 1997, 3-9, 6: „Portfolio-Work ist die Zukunft der Arbeit. (…) Ganz dementsprechend hat Lufthansa zur Maxime erhoben, daß nur befördert wird, wer auf einer Ebene zwei völlig neue

miteinander verbunden werden. Allerdings lässt sich dies nur für bestimmte Berufsgruppen beobachten. Insgesamt ist aber eine Segmentierung der Gesellschaft mit weitreichenden Folgen zu beobachten:

> „Der Mensch wird nicht als ganzer, sondern immer nur in bestimmten Funktionen erfasst – als Staatsbürgerin, Vater, Berufstätige, Klient etc. Das mit dieser Haltung verbundene Lebensgefühl wird häufig als ‚urbanes' beschrieben und ist durch Unverbindlichkeit, Anonymität und eine Vielzahl von Kontakten mit oft geringer Intensität charakterisiert."[345]

Die gleichzeitige Pluralität von Lebensorten, an denen sich die Identitätsgestaltung der einzelnen Menschen realisiert, bewirkt nicht nur eine zunehmende Unübersichtlichkeit und tendenzielle Überforderung, sondern außerdem eine Aufwertung der Bewegung zwischen diesen Orten. Die Transitorte werden aus Nicht-Orten ihrerseits zu Lebensräumen, wie der Soziologe Peter Gross mit einem Rückgriff auf Marc Augés zeigen konnte:

> „Nicht-Orte sind Durchgänge, Transitorien von universeller Natur, darum überall kenntlich, vertraut: Autobahnen, Tankstellen, Einkaufszentren, Hotelketten und die entsprechenden, wiederum universellen Hinweistafeln auf Autobahnen, Tankstellen, Einkaufszentren, Hotelketten. (…) Bis zu einem gewissen Grad sind diese Nicht-Orte identisch mit den Transitbauten und -orten, den Durchgangslagern, Schleusen, Kreuzungen, wo sich die Hinweise zu irgendwelchen Auf- und Ausgängen häufen. Nicht-Orte verlangen oder erzeugen einen universellen Menschenschlag, den Kunden, den Reisenden, den Nutzer, den Passagier."[346]

Hier lassen sich Anzeichen postmoderner „Überschneidungen und Überlappungen"[347] der in der Moderne ausdifferenzierten gesellschaftlichen Teilsysteme erkennen.

Angesichts dieser Entwicklung zu einer individualisierten und pluralisierten Lebenswelt mit einer Vielzahl von Lebensorten lässt sich zugleich eine gesteigerte Verlustwahrnehmung bezüglich der emotionalen Beheimatung von Menschen als „Heimatlose" oder gar „Heimatvertriebene" beobachten. Die emotionale Verbindung zu einem Ort wird als unerlässliche und zugleich bedrohte Größe des eigenen Lebens erfahren. Auch dieser heimatli-

---

unterschiedliche Jobs gemacht hat. Und die freien Berufe sowie viele der neuen Selbstständigen sind buchstäblich ‚Diener vieler Herren' – aber zu ihrem Vorteil. Ein Arbeitnehmer, der die rasanten Wandlungsvorgänge auf der Unternehmensebene und die daraus resultierenden beschäftigungspolitischen Unsicherheiten durch ein Portfolio von Erwerbstätigkeiten abzumildern versucht, mindert auf gleiche und seine Art die Arbeitsplatzunsicherheit und steigert gleichzeitig sein Arbeitsvermögen."

[345] Pohl-Patalong, Uta: Von der Ortskirche zur Kirche vor Ort. Ein Zukunftsmodell, Göttingen 2004, 94.
[346] Gross, Peter: Ich-Jagd. Im Unabhängigkeitsjahrhundert, Frankfurt a. M. 1999, 128.
[347] Höhn, Hans-Joachim: Postsäkular. Gesellschaft im Umbruch – Religion im Wandel, Paderborn-München-Wien-Zürich 2007, 29.

che Ort bedarf daher einer bewussten Abgrenzung und damit der - wiederum individualisierten - Gestaltung:
> „Heimat ist zweierlei, ein Ort und eine Institution im Sinne von festgelegten Gemeinschaftsformen. Beide lösen gleichermaßen Gefühle der Vertrautheit und Zugehörigkeit aus. Aus diesen Gefühlen entsteht Identität. Die Orte und Institutionen der Heimat sind identitätsstiftend (…)."[348]

Begleitet von der Suche nach neuen Formen von Beheimatung diagnostiziert Michael Gross die Erfahrung der „Fremdheit"[349] als bestimmende Empfindung der Postmoderne. Mit Blick auf das Pfarrhaus kann schon hier festgestellt werden, dass es als partielle Einheit von Arbeits- und Wohnort vom gesellschaftlichen Trend der lebensräumlichen Ausdifferenzierung zumindest teilweise ausgenommen scheint. Im Vergleich zu seiner Umwelt steht es somit als Exot dar und signalisiert zumindest „wohnraumfugalen" Menschen Fremdheit.[350] Erst die Zuständigkeit für mehrere Pfarreien in Folge des Priestermangels erzeugt hier eine neuerliche Parallelisierung: Es entstehen Arbeitswege und mit mehreren Pfarrbüros sogar verschiedene parallele Arbeitsplätze.

Die nicht zuletzt in der Einheit von Wohn- und Arbeitsort begründete Fremdheit des Pfarrhauses gegenüber gesellschaftlichen Entwicklungen lässt sich jedoch auch als Außenseite einer kirchlich-gesellschaftlichen Inkompatibilität seit den 1970er-Jahren begreifen. Die Überbetonung einer spezifisch kirchlichen Struktur mittels des Gemeindebegriffs geschah seit den 1970er-Jahren in einer Gegenbewegung zur aufkommenden und immer stärker alle Bereiche der Gesellschaft prägenden Entbettung des sozialen Lebens. Allenfalls als Generationenprojekt konnte die Gemeindetheologie an bestehende Sehnsüchte und Verlustängste angesichts einer zunehmenden Verunsicherung anknüpfen und zunehmend ein Amalgam mit bürgerlichen Gesellschaftsgruppen bilden.

Während sich die Menschen in den westlichen Industrienationen zunehmend in weltweite Zusammenhänge und Bezüge gestellt sehen, fokussierte die Kirche das Leben auf einen ausgesprochen kleinen lokalen und allenfalls regionalen Bereich. Je stärker jedoch die globalisierten und segmentierten Lebensbedingungen als Herausforderung und Chance erlebt werden, desto geringer erscheint die Plausibilität einer auf örtliche Stabilität fußenden

---

[348] Hecht, Martin: Wir Heimat-Vertriebenen, in: Psychologie heute 32/12 (2005), 22-27, 22.

[349] Gross, Peter: Alle sind fremd. Leben in der Multioptionsgesellschaft, in: Neuhaus, Helmut (Hg.): Leben mit Fremden. Drei Vorträge, Atzelsberger Gespräche 1996, Erlangen 1997, 45-55, 46.

[350] Als Indiz dieser Fremdheit kann vielerorts das Angebot von Sprechzeiten des Pfarrers und Bürozeiten des Pfarramts herangezogen werden. Diese Zeiten orientieren sich meist an „wohnraumpedalen" Menschen wie Rentnern und Freiberuflern, ignorieren jedoch meist Arbeitszeiten und -orte eines Großteils der Bevölkerung.

Kirchenkonzeption. „Fremdheit" erscheint nämlich gesellschaftlich gerade das verbindende Moment aller Menschen zu sein:

> „'Alle sind fremd' beinhaltet deshalb keineswegs eine Klage über den Verlust von Heimat, Gemeinschaft, Eigenheit, Lokalität, sondern die Feststellung und Behauptung, dass ‚Fremdheit' das Gemeinsame aller, die Fremdheit die neue, letztverbliebene und ultimative Gemeinsamkeit ist."[351]

Erst in der medialen Präsenz Papst Johannes Pauls II., in der medialen Inszenierung von Papsttod und Papstwahl im Jahr 2005 oder in Großevents, wie etwa dem Weltjugendtag, lassen sich kirchliche Adaptionsversuche erkennen, Kirchenmitgliedschaft gerade für junge Menschen aus der Engführung einer (Orts-)Gemeindemitgliedschaft zu befreien.[352] Insofern sind diese Ansätze Weiterentwicklungen und Fortführungen jener Ansätze, die sich beispielsweise auch im Verbändewesen beobachten ließen. Gerade in den Herausforderungen einer Mediengesellschaft zeigt sich, inwieweit die Kirche neue Medien nur als Ermöglichung eigener Verkündigung betrachtet oder als pastoralen Ort, an dem und in dem sie die Menschen begleitet. Wo die Kirche sich moderner Medien bedient, um durch katholische Radio- und Fernsehsender oder spezielle Internetportale die Menschen mittels einer Vorauswahl vor den Herausforderungen der Meinungsbildung und damit vor den Anstrengungen einer pluralisierten Welt zu schonen, verbleibt sie in einer gesellschaftsablehnenden Grundhaltung. Wie sehr die Begleiterscheinungen der Mediengesellschaft zum Abbild der Anforderungen einer insgesamt pluralisierten Gesellschaft werden, wird bei ihrer näheren Betrachtung schnell deutlich:

> „Die These, die ich ihnen vorschlagen möchte, besagt, dass sich in der Mediengesellschaft anstelle eines Emanzipationsideals der vollends entfalteten Selbstbewusstheit, des vollkommenen Bewusstseins desjenigen, der um die Dinge Bescheid weiß (…), ein Emanzipationsideal den Weg bahnt, das vielmehr auf Oszillation und Pluralität, das heißt auf der Erschütterung gerade des ‚Realitätsprinzips' beruht."[353]

Für Vattimo ist damit die Entwicklung zur Mediengesellschaft vor allem durch eine Potenzierung der Wahrnehmungen und Eindrücke, der Vielzahl von Meinungen, Stimmen und Einschätzungen bestimmt. Die Greifbarkeit

---

[351] Gross: Alle sind fremd, 46.
[352] Frühere Ansätze, das pfarrgemeindliche Angebot für junge ChristInnen durch alternative Angebote zu ergänzen, etwa in Form von Hochschulgemeinden, zeichneten sich vielerorts über lange Zeit gerade durch eine noch gesteigerte Gemeindetheologie aus. Ja, die Hochschulgemeinden können vor diesem Hintergrund als eine Herkunft der Gemeindetheologie angesehen werden. Durch besonders hohe Ansprüche an Verbindlichkeit und Engagement potenzierte sich jedoch deren Krise am Ende des 20. Jahrhunderts auf tragische Weise und konterkariert heutige Ziele: statt einer Steigerung eine Alternative zur Gemeindestruktur zu bieten.
[353] Vattimo, Gianni: Die transparente Gesellschaft, Wien 1992, 19.

der Realität rückt dadurch eher in weite Ferne, als dass sie, wie die Medien suggerieren, leichter zu fassen wäre. Den positiven Wert ihrer Pluralität erhält sie für Vattimo dabei allein in der ermöglichten Begegnung mit dem Anderen, in ihrer „Un-heimlichkeit"[354]. Die Begegnung mit der Vielzahl fremder Kulturen, Positionen und Sichtweisen verändert die Wahrnehmung des eigenen Standpunktes, als zumindest eines unter vielen, und läuft dem eurozentristischen Weltempfinden massiv entgegen:

> „Folge ich in dieser Welt vielfältiger Kulturen meinem Wertesystem – seien es religiöse, ästhetische, politische oder ethische Werte -, werde ich der Geschichtlichkeit, Zufälligkeit und Begrenztheit dieser Systeme, angefangen bei meinem eigenen, sehr genau Rechnung tragen."[355]

In der Befreiung der ursprünglich beschränkten Sicht liegt damit für Vattimo das eigentlich emanzipatorische Moment der Mediengesellschaft. Erst wo die Kirche bereit ist, sich durch ihr eigenes mediales Engagement pluralitätskompatibel anzubieten, ihre Foren zur Präsentation ihrer eigenen Vielstimmigkeit zu benutzen und sich zugleich als Begleiterin in den Herausforderungen der Mediengesellschaft anzubieten (statt bloß als Beschützerin!), entwickelt sie auch hier Anzeichen einer pluralitätsfähigen Neuorientierung.

Für das Interesse dieser Arbeit an einem spezifisch kirchlichen Ort in der Gesellschaft, bedeutet diese mediale Pluralität zunächst eine veränderte Wahrnehmung des „Lebensortes Pfarrhaus". Durch die Zunahme der verschiedenen, von der je eigenen Lebensweise abweichenden Lebensformen wird sie als generell vermutete Andersartigkeit des Lebens im Pfarrhaus relativiert. Sie erscheint als eine seltene Form neben vielen anderen, die erst mit der Mediengesellschaft in das Bewusstsein einer breiten Öffentlichkeit treten konnte.

Hinsichtlich ihrer Orientierungs- und Heimatlosigkeit produzierender Effekte und daraus resultierender Unsicherheit ähneln sich Moderne und Postmoderne weitestgehend, wird die Postmoderne zur Durchführung der Moderne.[356] Die Postmoderne übersteigt die Moderne jedoch hinsichtlich ihrer sicherheitsreduzierenden Effekte: Während sich die Moderne gerade durch die starke Funktion von Gewissheiten auszeichnet, etwa in Form von Ideolo-

---

[354] Vattimo: Gesellschaft, 22.
[355] Vattimo: Gesellschaft, 22.
[356] Gegen diese Definition der Postmoderne als Weiterentwicklung oder Durchführung der Moderne wendet sich Anthony Giddens mit seiner Definition einer der Postmoderne eigenen Neuausrichtung. Vgl. Giddens, Anthony: Konsequenzen der Moderne, Frankfurt a. M.² 1997, 63: „Sofern wir uns auf die Phase der Postmoderne zubewegen, heißt das, daß uns die Bahn der gesellschaftlichen Entwicklung von den Institutionen der Moderne weg- und zu einer neuen und unterscheidbaren Art von sozialer Ordnung hinführt." Im Folgenden soll jedoch dieser Postmoderne-Konzeption einer Diskontinuität nicht gefolgt werden, da sie m.E. nicht zuletzt an der Schwierigkeit einer eindeutigen Abgrenzung scheitert.

gien, lösen sich diese im Zuge der Postmoderne weithin auf. Die hierin sich vollziehende Entmachtung Orientierung anbietender Autoritäten, wie Kirchen oder Parteien, ruft jedoch noch keinesfalls automatisch einen Mangel an Orientierung oder die Entstehung von Heimatlosigkeit hervor, die kirchlich allzu gerne suggeriert wird. Diese Entwicklung entspricht dem Verlust an sozialer Koordinationsfunktion und -kompetenz und damit einem massiven öffentlichen Geltungsverlust nicht nur bei den institutionalisierten Formen der Religion:

> „Religion hat in Theorie und Praxis aufgehört zu existieren als gesellschaftliche Primärinstanz sozialer Identitätsbildung und als kulturelles Lebenssinndepot, als Legitimationsbüro sozialer Ordnung, als Lieferant von Erklärungen zu Herkunft und Zustand der Welt."[357]

Während gerade im 19. Jahrhundert mit dem Milieusystem den Menschen eine Alternativsicherheit geboten werden konnte, ist ein vergleichbares kirchliches Antwortmuster in der Postmoderne weithin nicht erkennbar. So ist gerade für eine Suche nach neuen Beheimatungsformen eine gelingende Gegenwartsanalyse entscheidend, um an einem veränderten Heimatverständnis anzuknüpfen:

> „Die Welteinheimischen von morgen sind Kosmopoliten, deren Heimat nicht mehr der Ort, sondern Netzwerke und ihre Fahrpläne, Durchgangsstationen, Gleitmittel, Reiseutensilien und Erkennungsmelodien sind. (…) Dieser Generation von Wanderern, denen das Transitorische vertraut ist, und die ihrer Befindlichkeit mit Smileys Ausdruck geben, ist das alte Zuhause des Face-to-Face nur mehr Durchgangslager, Erholungsstation."[358]

Für die Bedeutung des Pfarrhauses wird hier zu fragen sein, inwiefern es in dieser Situation über eine bloße Kontrastidentität einen pastoralen Mehrwert übernehmen kann und an der Seite der großen Gruppe der „Mobilitätsverlierer" seinen Platz findet. Im Interesse einer „Kommunikationspastoral"[359] beziehungsweise einer nomadischen Seelsorge zeichnet sich jedoch sehr deutlich ab, dass eine Wohnortfixierung zumindest in ihrer bisherigen Ausschließlichkeit an größere Bevölkerungsgruppen keinen Anschluss mehr findet. Es wird entscheidend sein, die pastorale Engführung auf eine gesellschaftliche Teilgruppe zu übersteigen, ohne sie zu vernachlässigen und Kontaktflächen auch zu Mobilitätsgewinnern zu finden.
Dies jedoch nicht, um diese verschiedenen Lebensorte der Menschen aufzusuchen, um Gott oder die Frohe Botschaft dorthin zu bringen. Stattdessen

---

[357] Höhn: Postsäkular, 30. Hans-Joachim Höhn warnt hier vor einem Austausch eines vermeintlichen Säkularisierungstheorems durch einen bloßen Gegen-Mythos der Wiederkehr der Religion.
[358] John Naisbitt zitiert nach: Gross: Alle sind fremd, 53.
[359] Ebertz, Michael N.: Kirche im Gegenwind. Zum Umbruch der religiösen Landschaft, Freiburg i. B.² 1998, 140.

wird es der Kirche mit einer solch nomadischen Struktur allein darum zu gehen haben, ihr eigenes Kirchesein in der Kommunikation mit den Menschen zu realisieren, die Gottesfrage an diesen Orten offenzuhalten, statt versanden zu lassen und so den Menschen einen Transzendenzbezug zu ermöglichen, indem sie sich selbst personal anbietet.

2.1.8.3 Mobilität und Heimat – Kirche als Heimat?

Indem bislang in der Darstellung gesellschaftlicher Entwicklungen in Moderne und Postmoderne auf Phänomene wie die zunehmende Segmentierung und Individualisierung der Gesellschaft eingegangen worden ist, ergibt sich nicht zuletzt auch aufgrund des technischen Fortschritts die Frage nach der gewonnen Mobilität der Bürger. Zunächst ist hier auf eine geografische Mobilität hinzuweisen, die sich in häufigen Wohnortwechseln aus familiären und vor allem auch aus beruflichen Gründen zeigt, wie auch in einer geografischen Pluralisierung innerhalb der Freizeitgestaltung. Während jedoch diese Form der geographischen Mobilität vor allem auf gut ausgebildete und wohlhabende Bevölkerungsteile zutrifft, lässt sich eine angestiegene regionale Mobilität auch für andere Schichten der Bevölkerung beobachten.

Mit Michael Walzer[360] sei jedoch auch auf andere Formen der Mobilität verwiesen, die für unsere Untersuchung relevant sind. So beschreibt Walzer auch eine sozioökonomische Mobilität, die sich in gesellschaftlichen und beruflichen Auf- und Abstiegsentwicklungen für die einzelnen Menschen sowohl von ihrer chancenreichen als auch von ihrer bedrohlichen Seite zeigt. Entscheidend ist, dass hochqualifizierte Bevölkerungsteile die Vorteile neu entstandener Mobilität genießen können, während schlecht ausgebildete und arme Bevölkerungsteile sich zunehmend einer erzwungenen Mobilität stellen müssen.

Daneben zeigt gerade die interpersonale Mobilität mit einem vielfältigen Möglichkeitsspektrum an Beziehungsformen als auch die weltanschauliche Mobilität, jene Freiheit zur persönlichen Positionierung des Einzelnen, ein personales Pendant zur gesellschaftlichen Tendenz zunehmender Unsicherheiten und globaler Risiken.[361] So wird – in negativer und damit tendenziell kulturpessimistischer Hinsicht - der Verlust von Gewissheiten für viele Soziologen zum bestimmenden Kennzeichen der Postmoderne:

„Was immer man bemüht an Gewissheiten, vom Essen und Trinken zur Kleidung und Namensgebung, vom Einrichten und Gastgeben zum Freundschaften-Schließen und Kinder-Haben; die vertrauten Selbstverständlichkeiten, deren Merkmal es ist, daß man sich begründungslos an diese hält,

---

[360] Walzer, Michael: Sphären der Gerechtigkeit, Frankfurt a. M.-New York 1992.
[361] Beck, Ulrich: Weltrisikogesellschaft, Frankfurt a. M. 2007, 96: „In der Moderne ist das Eingehen von Risiken für den Einzelnen wie die Regierenden eine Notwendigkeit. Am Beginn des 21. Jahrhunderts ist jedes Handeln mit globalen Risiken konfrontiert."

schmelzen im scharfen und heißen Licht der aufklärerischen Moderne und nun ihrer multikulturellen Globalisierung."[362]

Die Möglichkeit zu vielfachen Entscheidungen beinhaltet den Zwang zur Entscheidung und damit die Betonung der persönlichen Verantwortlichkeit. Innerhalb dieser Multioptionierung des Lebens der Einzelnen und ihrer Mobilisierung wird zugleich jedoch ein Bedürfnis nach Beheimatung[363] erkennbar, das als Entscheidungsziel und -kriterium innerhalb der Mobilitäts- und Gestaltungsformen Ausdruck findet:

> „Umso wichtiger ist es allerdings, bei jeder Art von Mobilität auch eine komplementäre Suche nach Rückbeziehung wahrnehmen zu können. Rückbeziehung meint dabei jeweils eine neue Bindung an Sinn- und Beziehungsgefüge, allerdings unter den Bedingungen der Mobilität."[364]

Andreas Wollbold sieht in dieser Rückbeziehung eine neue Form der Heimat, die sich nun unter den Bedingungen der veränderten gesellschaftlichen Situation, das heißt in den Regeln neuer Mobilitäten, als „Wahl-Heimat" vollzieht. Vor einer vorschnellen Indienstnahme dieser Beobachtung durch kirchlich-gemeindliche Interessen mag dabei als Gefahr einer naiven Vereinnahmung gewarnt sein. Die persönliche Heimat wird für Einzelne durch die Wahlfreiheit zu einem selbst zu gestaltenden Lebensbestandteil. Wo, in welchen Lebensformen und Beziehungen und zu welchem Zeitpunkt Menschen Beheimatung suchen, wird zu einer Frage des persönlichen Lebensstils.[365] Die anthropologische Dimension des Heimatbegriffs[366] gilt es einerseits zunächst in seiner Weite als Bindung an Sinn- und Beziehungsgefüge[367] wahrzunehmen und andererseits als Kontinuum menschlicher Existenz

---

[362] Gross: Alle sind fremd, 49.
[363] Sehr anschaulich wird diese Sehnsucht nach Beheimatung im Rahmen einer Lebensform als Single bei Ulf Poschardt beschrieben: Poschardt, Ulf: Einsamkeit. Die Entdeckung eines Lebensgefühls, München 2006, 82: „Die zweite hedonistische Route zum Familienglück führt über jahrelanges exzessives Reisen, unzählige Umzüge und biographische Brüche zu einer Sehnsucht nach Sesshaftigkeit. Die manifestiert sich zuerst im wachsenden Interesse an schönen Wohnungen und Häusern, dann in einem exponentiell ansteigenden Etat für Interior, Design und Kunst. Wenn Jungs Anfang Dreißig große Esstische und bequeme Sofas kaufen und sich ihr erstes Bild aus einer Galerie an die Wand dübeln, hat ein Umbruch begonnen."
[364] Wollbold, Andreas: Kirche als Wahlheimat. Beitrag zu einer Antwort auf die Zeichen der Zeit, Würzburg 1998, 105.
[365] So zeichnet sich bereits in den 1960er-Jahren eine starke Veränderung der Beziehung zwischen biografischer Entwicklung und entsprechendem Wohnverhalten ab, durch die bis heute eine Vielfalt von Wohn- und Lebenskonstellationen entstanden ist. Vgl. Matthes, Joachim: Wohnverhalten, Familienzyklus und Lebenslauf, in: Kohli, Martin (Hg.): Soziologie des Lebenslaufs, Darmstadt 1978, 154-172.
[366] Neumeyer, Michael: Heimat. Zu Geschichte und Begriff eines Phänomens (= Kieler Geographische Schriften), Bd. 84, Kiel 1992.
[367] Lotter, Konrad: Art. Heimat, in: Sandkühler, Hans-Georg (Hg.): Europäische Enzyklopädie zu Philosophie und Wissenschaften, Bd. 2, Hamburg 1990, 536-538.

ernstzunehmen. Es gilt nach Konsequenzen bezüglich des Wandels der Heimat zur Wahlheimat für die Kirche zu fragen[368], die sich sowohl im Hinblick auf ihre Mitglieder, als auch hinsichtlich ihrer Seelsorgerinnen und Seelsorger (in diesem Rahmen insbesondere als Pfarrhausbewohner und -bewohnerinnen) vor die besondere Herausforderung gestellt sieht, mit dem Wahlverhalten in seinem freiheitlichen Aspekt umzugehen, in dem Zwang zur Wahl Hilfestellung zu leisten und sich als potentielle Wahlheimat (auf Zeit) selbst anzubieten. Derartige Ansätze zu einer Verbindung von Gemeindetheologie und der Erfahrung, dass die Mehrheit der Kirchenmitglieder ihre durchaus bewusst wahrgenommene Kirchenmitgliedschaft im Rahmen einer „Kasualienfrömmigkeit"[369] gestalten, sind meist in der Gefahr, lediglich systemstabilisierende Interessen zu verfolgen und so die Gemeindetheologie der 2. Hälfte des 20. Jahrhunderts künstlich am Leben zu halten. So nachvollziehbar und lauter derartige Versuche, wie etwa bei Jan Hendriks[370], erscheinen, da sie aus der Infragestellung der Gemeindetheologie Impulse für deren Wandlung zu ziehen versuchen, so sehr verharren sie jedoch darin, auf neue Entwicklungen mit alten Strukturen[371] zu antworten.

Die Kirche und ihre Funktionsträger und -trägerinnen stehen damit vor der Herausforderung, einerseits selbst Teil der gesellschaftlichen Entwicklung zu sein und andererseits die Kirche mobilitätsfähig und damit selbst mobil zu machen. Die kirchlichen Strukturen innerhalb der Pianischen Epoche waren davon geprägt, den Menschen eine Alternativeinheit zu bieten. Dieser Weg in eine sich von der Umwelt und ihrer Mobilität abgrenzende und damit tendenziell sektenhafte Kirche dürfte schon aufgrund der gesellschaftlichen Prägung ihrer hauptamtlich Mitarbeitenden unmöglich sein. So diagnosti-

---

[368] Sehr bewusst ist innerhalb der evangelischen Kirchen Deutschlands auf diese Frage nach Konsequenzen für die Kirchen aus der Mobilisierung eingegangen worden. Vgl. Engelhardt, Klaus / von Loewenich, Hermann / Steinacker, Peter (Hg.): Fremde Heimat Kirche. Die dritte EKD-Erhebung über Kirchenmitgliedschaft, Gütersloh 1997.

[369] Vgl. Först, Johannes: Die unbekannte Mehrheit. Sinn- und Handlungsorientierungen 'kasualienfrommer' Christ/inn/en, in: Ders. / Kügler, Joachim (Hg.): Die unbekannte Mehrheit. Mit Taufe, Trauung und Bestattung durchs Leben? Eine empirische Untersuchung zur „Kasualienfrömmigkeit" von KatholikInnen – Bericht und interdisziplinäre Auswertung, Berlin 2006, 13-53.

[370] Hendriks, Jan: Gemeinde als Herberge. Kirche im 21. Jahrhundert – eine konkrete Utopie, Gütersloh 2001. Gerade die Verbindung der Gemeinde mit der Gastfreundschaft, mit der Hendriks jene Bereicherung des (protestantischen) Gemeindeverständnisses sucht, manifestiert – so sehr sich auch alle Christen ihres Gaststatus vergewissern sollen - die klassischen Rollen von Gastgebern und Gästen, die letztlich die mündige Kirchenmitgliedschaft der „Kasualienfrommen" unterwandert und der Gemeinde ihren ekklesiogischen Monopolanspruch belässt.

[371] Vgl. Bucher, Rainer: Die Entdeckung der Kasualienfrommen. Einige Konsequenzen für Pastoral und Pastoraltheologie, in: Först, Johannes / Kügler, Joachim (Hg.): Die unbekannte Mehrheit – Mit Taufe, Trauung und Bestattung durchs Leben? Eine empirische Untersuchung zur „Kasualienfrömmigkeit" von KatholikInnen – Bericht und interdisziplinäre Auswertung, Berlin 2006, 77-92, 85.

ziert Paul M. Zulehner aufgrund der gesamtgesellschaftlichen Entwicklung für die Priester zunächst eine hohe Anforderung an Mobilität:

> „Priesterlicher Dienst unter heutigen Bedingungen und zumal in einer Zeit der Herausforderungen der Kirchentransformation hinein in neue soziokulturelle Verhältnisse fordert Priestern als Personalelite der Kirche hohe wache Mobilität ab. (…) Und zu dem sind Priester auch ganz gewöhnliche Zeitgenossen und damit von der allgemeinen Mobilität von Kultur und Gesellschaft voll erfasst."[372]

Wenn diese Anforderung normalerweise in Partnerschaft, Ehe und Familie ein Gegengewicht findet, stellt sich die Frage nach einer entsprechenden Beheimatung der Priester. Zulehner sieht die gegenwärtig anhaltende Zölibatsdiskussion auch als Indiz dieser Suche nach einer Beheimatung der Priester begründet. Zugleich erscheint es jedoch als wichtig, „Beheimatung" nicht auf die Frage von Ehe und Familie einzugrenzen, sondern in einer – auch spirituellen – Dimension zu definieren. Dabei galt und gilt im Blick auf die Person Jesu zunächst die „Heimatlosigkeit" (Mt 8,20) als eschatologisch geprägtes Ideal christlicher Nachfolge in Verbindung mit neuen Vergemeinschaftungsformen. Hubertus Brantzen verweist dementsprechend zu recht darauf, dass christliches Leben immer auch einen Verweischarakter auf die noch ausstehende „himmlische Heimat" (Phil 3, 20) besitzt. So ergibt sich für die Beheimatung von Menschen, die den christlich-eschatologischen Glauben als Ausrichtung auf den Himmel als Ziel menschlichen Lebens authentisch verkünden und bezeugen wollen, die Forderung des Abbildens:

> „Doch bis zur Erreichung dieses Zieles gilt es, die Jetzt-Heimat, dieses konkret zu lebende Leben, aus jener Erwartung heraus zu gestalten. Diese Jetzt-Heimat als Bild und Gleichnis jener Letzt-Heimat muss ernst genommen werden, wenn das Leben nicht durch falsche Ideologien überfremdet werden soll."[373]

Doch diese Jetzt-Heimat bildet gerade für Pfarrer die Herausforderung, sich der Suche nach eigener Beheimatung zu stellen und gleichzeitig Impulse für eine Kirche als „Wahlheimat" zu geben.

An dieser Stelle deutet sich noch einmal eine doppelte Funktion des Pfarrhauses an. Ihm kommt sowohl eine Funktion ad intra als Wohnung, Privatbereich und Beheimatung seiner Bewohner und Bewohnerinnen zu als auch eine vielfältige Funktion für die Beheimatung von Menschen in der Kirche und Gemeinde ad extra.

---

[372] Zulehner: Modernisierungsstress, 262-263.
[373] Brantzen, Hubertus: Nur Beheimatete können Heimat schenken, in: ThQ 149 (2001), 26-32, 29.

Für die Gegenwart muss gerade hinsichtlich der Anschlussfähigkeit[374] des Pfarrhauses an postmoderne Entwicklungen die Pluralität von Beheimatungen und Heimatkonzeptionen als ein Bestandteil der „Postmoderne" ernst genommen werden – und dies insbesondere hinsichtlich seiner eigenen Bewohner und Bewohnerinnen.

2.1.8.4 Die „Friedhöflichkeit" der Pfarrgemeinde

Dass der katholischen Kirche der Umgang mit der oben skizzierten Gesellschaft der Postmoderne Probleme bereitet, sie als ein religiöses Angebot neben anderen wahrgenommen wird, kann als viel beschrieben und unbestritten vorausgesetzt werden. Der Verlust der religiösen Monopolstellung als Volkskirche[375] und ihre offensichtliche Rat- und Hilflosigkeit verwunderte allenfalls in den ersten Jahrzehnten nach dem Zweiten Vatikanischen Konzil. Heute scheint ihre Hilflosigkeit, sich in den gesellschaftlichen Entwicklungen der Gegenwart zu positionieren, eher zu ihren Charakteristika zu gehören. In den zurückliegenden Jahren haben sich für den Umgang mit der kirchlichen Situation zwei Metaphern etabliert, auf die hier näher eingegangen werden soll.

Michael N. Ebertz hat den kirchlichen Bedeutungsverlust als „Erosion der Gnadenanstalt"[376] bezeichnet und dabei die Verlusterfahrung in den Mittelpunkt seiner Kirchenanalyse gestellt.

Als zweite Metapher hat sich die Exilserfahrung Israels etabliert, mit der eine Fortschreibung der Konzilsmetapher der Kirche als wanderndes Volk Gottes[377], dem Exodus Israels entsprechend, gesucht wird. So sehr das Volk Israel in der Erfahrung des Exils eine Neubestimmung seines Gottesverständnisses leistet, so sei in Analogie der kirchlichen Krise zur Exilserfahrung Israels eine Wiederentdeckung Gottes in den eigenen Reihen der Kirche im Sinne einer „Synagogisierung"[378] denkbar und notwendig. Aufgrund

---

[374] Vgl. als Beispiel für einen Ansatz derartiger Anschlussfähigkeit insbesondere durch Pluralitätsfähigkeit: Kügler, Joachim / Bechmann, Ulrike: Proexistenz in Theologie und Glaube. Ein exegetischer Versuch zur Bestimmung des Verhältnisses von Pluralitätsfähigkeit und christlicher Identität, in: ThQ 182 (2002), 72-100.

[375] Wenn sich auch die Gegenwartsanalysen der großen Kirchen im deutschsprachigen Raum sehr ähneln, so lässt sich doch ein sehr verschiedener Umgang mit diesen Analysen in der katholischen und in den evangelischen Kirchen beobachten. Deshalb findet auch hier eine Beschränkung auf die röm.-kath. Kirche statt.

[376] Ebertz Michael N.: Erosion der Gnadenanstalt? Zum Wandel der Sozialgestalt der Kirche, Frankfurt a. M. 1998.

[377] Zerfaß, Rolf: Volk Gottes unterwegs: in der Fremde, unter den Völkern, in: Haslinger, Herbert (Hg.): Handbuch Praktische Theologie, Bd. 1. Grundlegungen, Mainz 1999, 167-177, 167: „Wie kaum ein anderes Leitwort des Zweiten Vatikanischen Konzils ist die Metapher vom ‚Volk Gottes unterwegs' in der nachkonziliaren Ära auf Resonanz gestoßen."

[378] Stenger, Hermann: Für eine Kirche, die sich sehen lassen kann, Innsbruck 1995.

der eigenen kirchlichen Gottvergessenheit sei eine Wiederentdeckung Gottes nötig, wie sie Israel mit der Bildung der Synagoge im Exil gelang:

> „Das alte Bekenntnis ‚Gott wohnt in unserer Mitte' (Jos 3, 10; 1 Sam 4,3; Ex 17,7) bekommt einen neuen Sinn: Es bedeutet nicht mehr: Gott wohnt in unserem Lande oder in unserem Tempel. Es heißt jetzt: Gott wohnt in uns, zwischen uns; er wird gegenwärtig darin, wie wir leben, was wir tun."[379]

Die israelitische Wiederentdeckung Gottes mit der Exilsmetapher soll für das kirchliche Leben am Ende des 20. Jahrhunderts produktiv werden und pastorales Handeln begründen helfen.[380] So sinnvoll und hilfreich derartige Orientierungshilfen für das pastorale Handeln in einer veränderten kirchlichen und gesellschaftlichen Situation und eine kirchliche Selbstvergewisserung sein mögen, so gilt ihnen gegenüber zugleich Skepsis.

Beide Metaphern für die kirchliche Gegenwartssituation sind geprägt von einer Verlusterfahrung, die die kirchliche Gegenwart vor dem Hintergrund vermeintlicher kirchlicher Blüte bis in die zweite Hälfte des 20. Jahrhunderts betrachtet. So zeigt sich in der Krise der Kirche, deren Brisanz insbesondere an der oftmals desolaten Situation der Pfarreien[381] ablesbar ist, als einem Verlust an gesellschaftlicher Relevanz letztlich eine Gotteskrise oder gar ein Gottesverlust in den eigenen Reihen.[382] Sowohl die Erosions-Metapher als auch das Geschichtsbild des Exils legen dabei eine Gegenwartswahrnehmung der Kirche nahe, die verräterisch passiv und hilflos ist. Wo sich eine Erosion vollzieht, wird zum Beispiel ein Fels vom Wind erodiert. Wo ein Volk in das Exil gehen muss, wird es Opfer seiner Feinde. Wo die Kirche sich in derartigen Passivbildern wiederzufinden sucht, praktiziert sie im ersten Fall Unehrlichkeit mit sich selbst und im zweiten Fall Unehrlichkeit mit ihrer Umgebung, denn die Kirche ist weder rein passiv, noch ist ihre Umgebung feindlich. Statt passiv ist sie zumeist träge, statt angefeindet eher irrelevant. Diesen passivisch geprägten Bildern gegenüber ist daher immer auch nach den eigenen kirchlichen Beiträgen dazu zu fragen, warum sie gesellschaftlich marginalisiert wird. So lässt sich hinter den üblichen Denk-

---

[379] Zerfaß: Volk Gottes, 171.
[380] Vgl. Schwerdtfeger, Nikolaus: Exilische Mystagogie. Anmerkungen zu einer notwendigen Aufgabe, in: Raffelt, Albert (Hg.): Weg und Weite, FS Karl Lehmann, Freiburg i. B.² 2001, 485-503, 496: „Wenn mit dieser theologischen Situationsanalyse im Rückgriff auf die biblische Exils- und Diasporaerfahrung etwas Wesentliches für uns benannt ist, bleibt zu fragen, was dies für eine Mystagogie heute bedeutet."
[381] Vgl. zur kirchenrechtlichen Bedeutung des Begriffs „Pfarrei": Paarhammer, Hans / Fahrnberger, Gerhard: Pfarrei und Pfarrer im neuen CIC. Rechtliche Ordnung der Seelsorge, der Verkündigung des Wortes Gottes und der Feier der Sakramente in der Christengemeinde, Wien-München 1983.
[382] Vgl. Schwerdtfeger: Exilische Mystagogie, 496: „Das Suchen und Finden Gottes in einer Zeit der Gotteskrise muß darum vermutlich mit dem Eingeständnis beginnen, dass wir in unserer Gesellschaft und vielleicht sogar in unserer Kirche (!) nicht einmal sicher sind, ob wir Gott überhaupt vermissen."

schemata der Kirchen- und Gemeindekrise ein tiefer liegender Missstand großer Unsicherheiten gegenüber postmodernen Entwicklungen entdecken, der auch auf eine „defizitäre Praxisrezeption von ‚Gaudium et spes'"[383] schließen lässt.

Im Bild der Erosion sieht sich die Kirche wie ein Fels in der Wüste Stürmen und Winden ihrer Umgebung ausgesetzt, die sie abtragen und dezimieren. Doch wer der Kirche ein derartiges Selbstbild zugesteht, entlässt sie aus ihrer Verantwortung. Auch die Passivität des Felsens ist als Negativ des Handelns zu rechtfertigen und zu verantworten. Um im Bild zu bleiben: Nur leblose Steine werden eben im Sturm erodiert. Wo sich die Kirche derart selbst verortet, offenbart sie eine von Ressentiments geprägt Haltung gegenüber ihrer Umwelt, die den Ansätzen des II. Vatikanums gerade zuwiderläuft.

> „Das Konzil hält Zuordnungslösungen für Probleme bereit, die ohne diese Lösungen zu schwerwiegenden Defiziten kirchlicher Autorität und damit pastoraler Präsenz führen. Diese Probleme sind allenthalben zu spüren. Viele leiden darunter, viele nehmen Abschied, denn die Gatter sind offen und die Individuen frei. Am schwersten aber wiegt das Vergegenwärtigungsdefizit des Evangeliums, das uns diese Zuordnungsprobleme einträgt. Es ist schwer zu verantworten."[384]

Die Exilsmetapher geht hier sogar noch weiter und schreibt der Kirche eine Opferrolle zu. Als Exilantin findet sie sich neben dem Volk Israel wieder, das von seinen Gegnern misshandelt und vertrieben wurde. Das Merkmal der Passivität findet also seine Ergänzung in einer Opferrolle, die kirchlich ganz und gar nicht gerechtfertigt ist. Nicht die Kirche wird als Unterlegene ins Exil geführt und damit ihrer Heimat in der Gesellschaft beraubt. Im Gegenteil: Auch wenn auf diese Weise die zunehmende Erfahrung kirchlicher Fremdheit in der europäischen Kultur zum Ausdruck gebracht werden soll, die damit verbundene Schuldzuweisung könnte unpassender nicht sein.[385] Die Kirche wurde nicht ins Exil geschickt. Stattdessen gehört sie zu den Gliedern der Gesellschaft, die aufgehört haben mit deren Bewegung Schritt

---

[383] Bucher, Rainer: „Gott bewahre uns vor dem Historismus und Relativismus im Umgang mit den Standpunkten des Konzils". Über die praktischen Konsequenzen zwiespältiger Konzilsrezeption, in: Franz, Thomas / Sauer, Hanjo (Hg.): Glaube in der Welt von heute. Theologie und Kirche nach dem Zweiten Vatikanischen Konzil, FS Elmar Klinger, Bd.1, Profilierungen, Würzburg 2006, 110-126, 117.
[384] Bucher: „Gott bewahre uns…", 126.
[385] Während sich das Volk Israel für seine teilweise Verschleppung in das babylonische Exil zu Recht in einer Opferrolle wieder findet, ist seine eigentliche Stärke gerade darin zu sehen, noch in der ungerechten Exilserfahrung nach eigener Verantwortlichkeit und eigenem Versagen in seiner zurückliegenden und gegenwärtigen (!) Gottesbeziehung zu fragen. Selbst das misshandelte Israel findet also, anders als die Kirche seit der Moderne, zu einem aktiven Umgang mit den gegenwärtigen Verhältnissen.

zu halten. Sie hat sich damit ihr Exil selbst geschaffen. Sie ist nicht Opfer, sondern verantwortlich handelnde beziehungsweise unterlassende Täterin:

> „Der Kirche wurde ihr eigener Ort fremd und unbekannt. Diese Erfahrung aber teilt sie mit vielen, vor allem den Gegenwartssensiblen. Der Ort, an dem die Kirche ihre Botschaft zu bewähren hat, hat sich verändert, und das, zugegeben, sehr schnell und fundamental. Ihre Aufgabe aber wäre diese Bewährung. Spricht dadurch wirklich ‚alles gegen Gott'? Ist das wirklich ‚unsere Situation als ‚Kirche in der Fremde''? Wer ist da wem oder wem ist da was fremd geworden?"[386]

Diese Gegenwartsfremdheit mag eine Vielzahl von Ursachen haben und nicht zuletzt in einer guten Rücksicht auf die Langsamsten und Schwächsten begründet sein. Doch die Verantwortung dafür liegt dann trotzdem auch bei ihr selbst. Die passive Opferrolle der Exilsmetapher kommt hier an Grenzen, die häufig in Kauf genommen, manchmal aber sogar bewusst kalkuliert scheint.

Eine besondere Erfahrung, die eng mit dem Leben der „Pfarrgemeinden"[387] verbunden ist, besteht in der „Heimatlosigkeit", die bei bestimmten Gesellschaftsgruppen gerade dann wächst, je mehr andere ein Gemeindeleben prägen und sich in ihm beheimatet fühlen.[388] Damit konterkariert die gemeindliche Realität gerade die ursprüngliche Intention der Gemeindetheologie, mit der die Kirche in der Nachkonzilszeit auf die Herausforderungen der Moderne zu antworten suchte: Sie desintegriert, statt zu integrieren. Sie verhindert den Dialog mit den Menschen ihrer Zeit eher, als ihn zu ermöglichen. Diese gemeindliche Realität markiert vielerorts - wenngleich nicht überall - das Scheitern der Gemeindetheologie als eine „halbierte, ja selbstwidersprüchliche Modernisierung"[389], insofern sie die Freiheit der mündigen Christen und Christinnen betonte und zugleich in die Enge der Pfarrfamilie zurückführen wollte. Die Gemeinde sollte als Sozialform die Kirche von morgen verwirklichen, konnte aber aufgrund ihrer Tendenz zur Selbstzentrierung und der Bindung so vieler Kräfte zum Selbsterhalt kaum

---

[386] Bucher, Rainer: Gegenwart. Nicht Exil. Zur Wahrnehmung des Unbekannten in der katholischen Pastoraltheologie, in: ThQ 185 (2005), 182-195, 195.

[387] Der Begriff der „Pfarrgemeinde" geht über den kirchenrechtlichen Begriff der „Pfarrei" hinaus und wurde in der Nachkonzilszeit zum Inbegriff einer Gemeindetheologie, die die Subjektwerdung der Gemeinde zum Ziel hatte und in der Postmoderne durch eine zunehmende Ablehnung der gemeindlichen Virtuosenreligiosität durch die Kirchenmitglieder und deren Preferierung eines Kundenverständnisses hinterfragt wird. Vgl. zur Gemeindetheologie: Klostermann, Ferdinand: Wie wird unsere Pfarrei eine Gemeinde? Für alle Mitarbeiter in der Pfarrgemeinde, Wien-Freiburg i. B. 1979.

[388] Steffensky, Fulbert: Das Haus, das die Träume verwaltet, Würzburg[8] 2004, 9-10: „Alle haben Recht, wenn sie Heimat einklagen in ihren Kirchen. Das Problem ist, dass jeder eine andere Heimat einklagt und dass diese Heimaten nicht zueinander passen."

[389] Bucher, Rainer: Die Gemeinde nach dem Scheitern der Gemeindetheologie. Perspektiven einer zentralen Sozialform der Kirche, in: Ritzer, Georg (Hg.): „Mit euch bin ich Mensch…", FS Friedrich Schleinzer, Innsbruck-Wien 2008, 19-46, 32.

nach außen wirken. Hier entstanden tragische Verkehrungen, die in ihrer fatalen Wirkung die Gemeinden der Gegenwart allzu häufig prägen: Menschen erleben hier, dass sie aufgrund ihrer Prägung, ihrer Eigenheit und Eigenart nicht dem Milieu entsprechen, das ihre Ortsgemeinde prägt. Das darin zum Ausdruck kommende Phänomen der (meist unbewussten) Ausgrenzung und der Fremdheit gilt es wahrzunehmen, um die zum Teil darin begründete Diskussion um kirchliche Orte beziehungsweise die Verortung des Glaubens nachvollziehen zu können, wie sie zwischen Jürgen Werbick und Michael N. Ebertz geführt wurde. Insbesondere in der Beschränkung vieler ihrer Gemeinden auf wenige und vergleichsweise kleine und ältere gesellschaftliche Milieus, wie dies durch die „Sinusstudie"[390] veranschaulicht werden konnte, verfehlt die Kirche nicht nur ihren Sendungsauftrag zu allen Menschen, sondern verschließt sich gerade auch den Teilen der Gesellschaft, die als meinungs- und stilbildend wahrgenommen werden.[391] Diesen muss zwar die Kirche keinesfalls immer entsprechen, doch muss sie ihnen auf Augenhöhe entgegentreten können.

Für die Kirchen lässt sich dabei eine in Bezug zur Gesamtgesellschaft noch verschärfte Problematik der „Überalterung" beobachten, die neben dem demographischen Wandel in den Kirchenaustritten gerade jüngerer Mitglieder begründet ist:

> „In den Kirchen setzt sich diese Alterungstendenz auch bei den Gemeindemitgliedern fort. Die Entwicklung wird dadurch verstärkt, dass Kirchenaustritte vor allem im jüngeren Alter stattfinden und es damit zu einer weiteren Verschiebung zugunsten der älteren Generation kommt."[392]

Die problematische Milieu- und Generationsverbundenheit der überkommenen Gemeindetheologie wird hier in ihrer Tragik erkennbar und verstärkt den Ruf nach einer Relativierung der Gemeinde[393] gegenüber dem Gesamt

---

[390] Vgl. Spielberg, Bernhard: …et nos mutamur in illis. Wenn die Analyse stimmt – was dann?, in: LS 58 (2006), 252-257, 257: „Die Auseinandersetzung mit der Studie zu religiösen und kirchlichen Orientierungen in den Sinus-Milieus hat erst begonnen. Ihr sollte nicht nur eine weitere Differenzierung des Angebots folgen, sondern zuerst eine Auseinandersetzung mit der Frage nach der Orientierung der Kirche selbst."

[391] Vgl. zu der verspäteten kirchlichen Nutzung der Gesellschafts- und Marktforschung: Interview mit Walter Erlenbach, Kirche und Marktforschung, in: Sinnstiftermag 4/2007, (www.sinnstiftermag.de, entnommen am 05.06.2007).

[392] Scherz, Florian: Kirche und Raum - Räumliche Gestaltung kirchlichen Lebens zwischen Geographie und Theologie. Theoretische Überlegungen am praktischen Beispiel von fünf evangelischen Kirchengemeinden in der Region Lindau am Bodensee, Erlangen-Nürnberg 2003, 22.

[393] Bucher: Die Gemeinde nach dem Scheitern, 39: „Es gälte, die Gemeinde gesamtpastoral zu relativieren, also viel stärker wieder einzubinden ins Netz pastoraler Orte überhaupt. Das zentrale Merkmal vernetzter sozialer Strukturen ist die grundsätzlich Gleichrangigkeit der Vernetzungsknoten, die aufgabenbezogene Vernetzungsflexibilität und die weitgehende Vernetzungsautonomie, also das weit reichende Recht der einzelnen Orte, die eigenen Vernetzungsstrukturen selbst zu knüpfen und zu lösen."

der Pastoral – nicht gegenüber einem kirchlichen Zentralismus, wie oftmals befürchtet.

In den zurückliegenden Jahrzehnten wurde das kirchliche und pastorale Augenmerk zunehmend auf die biographischen Implikationen des Religiösen[394] und damit auf die individuelle und subjektive Seite einer religiösen Entwicklung gelegt und nach dem kirchlichen Umgang damit gesucht:

> „Ein praktisch-theologisches Handlungskonzept, das dieser ausgewiesenen engen Verknüpfung von Subjektivität, Biographie und Religion sowie den eingangs formulierten, aus der Empirie abzuleitenden Notwendigkeiten praktisch-theologischen Handelns gerecht werden will, wird m. E. neben der klaren Orientierung am Subjekt auch die Biographie als Schnitt- und Kulminationspunkt von eben jener Subjektivität und Religiosität in den Mittelpunkt ihres Handelns stellen."[395]

Dabei gilt es jedoch sowohl die veränderte (Selbst-) Wahrnehmung pastoraler Objekte, als auch die der handelnden Subjekte in die Frage einzubeziehen, wie Handlungsmuster biographischen Veränderungen unterliegen, beziehungsweise mit diesen biographischen Veränderungen bei anderen umgegangen wird.

2.1.8.5 Die Konsequenzen der Communio-Ekklesiologie

Die Kirche in ihrem Selbstverständnis und in ihrem Bezug zur Umwelt als das Zentralthema des Zweiten Vatikanums hatte vor allem in der Dogmatischen Konstitution Lumen Gentium (LG) zu einer erneuerten Selbstbestimmung geführt. Damit ergibt sich jedoch nicht nur eine veränderte gesellschaftliche Verortung der Kirche, in der diese sich als „Heilssakrament"[396] für die Welt versteht. Darüber hinaus erfolgt eine Weitung der insbesondere in der Pianischen Epoche gepflegten Leib-Christi-Ekklesiologie[397], die in der Enzyklika „Mystici corporis" von Papst Pius XII. 1943 noch einmal unterstrichen worden war.

In den Texten des II. Vatikanischen Konzils wird die vorherige Diskussion integriert, indem sowohl der Begriff der „Communio"[398], als auch der des

---

[394] Vgl. Fowler, James W.: Stufen des Glaubens. Die Psychologie der menschlichen Entwicklung und die Suche nach Sinn, Gütersloh 1991, 136-231.

[395] Könemann, Judith: „Ich wünschte, ich wäre gläubig, glaub' ich." Zugänge zu Religion und Religiosität in der Lebensführung der späten Moderne, Opladen 2002, 380.

[396] Vgl. Hünermann, Peter: Ekklesiologie im Präsens. Perspektiven, Münster 1995, 52-54. Volk, Hermann: Die Kirche als Sakrament des Heils, in: Seidel, Walter (Hg.): Kirche – Ort des Heils. Grundlagen - Fragen - Perspektiven, Würzburg 1987, 33-68.

[397] Hilberath: Vision, 34-39.

[398] Vgl. als Übersicht zu der geführten theologischen Diskussion: Bucher, Rainer: Communio. Zur Kritik einer pastoralen Projektionsformel, in: Feeser-Lichterfeld, Ulrich / u.a. (Hg.): Dem Glauben Gestalt geben. FS Walter Fürst, Berlin 2006, 121-133, 133: „Auf Seiten der Hierarchie dient sie [Anm.: die Communio-Ekklesiologie] als Hoffnungschiffre auf Gefolgschaft in

„Volkes Gottes" verwendet wird – ohne weitere Klärung. Diese wird erst in der Folgezeit, insbesondere der Bischofssynode von 1985, mit einer ausgesprochenen Priorität für den Communio-Gedanken als grundlegende Idee der Konzilsdokumente vorgenommen, was in der Folge den Vorwurf der Uminterpretation der Konzilsintentionen bewirkte.[399]
Die angedeuteten theologischen Implikationen dieser Entwicklung in der Rezeptionszeit des Konzils haben somit zu einer Fokussierung auf die „Communio-Ekklesiologie"[400] mit dem zentralen Begriffspaar Koinonia/Communio[401] geführt. Ihre Verwurzelung findet die Communio-Ekklesiologie dabei in der communialen Trinitätstheologie[402], mit ihr wurde durch die Verbindung von „horizontaler" und „vertikaler Communio" der Aspekt kirchlicher Gemeinschaft in allen Bereichen kirchlichen Lebens durchgeführt[403] und so zunehmend verabsolutiert[404], ohne jedoch praktikable

---

Zeiten der religiösen Individualisierung und eines grundsätzlich gewandelten Verständnisses von gläubigen Einzelnen und kirchlicher Institution. Die kirchliche Basis wiederum, vor allem die Laien, projizieren in ihr die Hoffnung auf Anerkennung als gleichberechtigte Dialogpartner durch die Hierarchie, die wissenschaftliche Theologie aber bekam mit der Communio-Ekklesiologie eine Möglichkeit in die Hand, ihren ansonsten kaum praxistauglichen Trinitätsspekulationen ekklesiale Relevanz zu verleihen." Vgl. als Beispiel: Augustin, George: Teilhabe am Leben Gottes, in: Ders. / Krämer, Klaus (Hg.): Gott denken und bezeugen, FS Walter Kasper, Freiburg 2008, 418-436, 432: „Der eine Gott ist Communio. Der eine Gott lebt im Vollzug der Gemeinschaft von Vater, Sohn und Geist. Die Teilhabe im und am Leben Gottes ist der rKern der Trinitätstheologie vie der Commuio-Ekklesiologie. Die Menschen sollen auf endliche Weise die communio des trinitarischen Gottes abbilden und die Befähigung erlangen, einmal für immer an dem Leben Gottes teilzunehmen. Durch die Teilhabe am Leben Gottes entsteht im Prozess der geschichtlichen Verwirklichung die vertikale Communio mit Gott und die horizontale Communio untereinander."
[399] Klinger, Elmar: Auseinandersetzungen um das Konzil. Communio und Volk Gottes, in: Wittstadt, Klaus / Verschooten, Wim (Hg.): Der Beitrag der deutschsprachigen und osteuropäischen Länder zum Zweiten Vatikanischen Konzil, Leuven 1996, 157-175, 158.
[400] Vgl. hierzu sehr anschaulich: Beinert, Wolfgang: Kirchenbilder in der Kirchengeschichte, in: Ders. (Hg.): Kirchenbilder-Kirchenvisionen. Variationen über eine Wirklichkeit, Regensburg 1995, 58-127, 116: „Das bisher allein favorisierte Modell des Leibes Christi in der mittelalterlichen Interpretation wird, wo nicht ersetzt, so doch ergänzt durch den Rückgriff auf die Communio-Vorstellung der ersten Jahrhunderte." Kehl, Medard: Die Kirche: eine katholische Ekklesiologie, Würzburg³ 1994.
[401] Gerade die äquivalente Verwendung der Begriffe trägt dazu bei, die Communio-Ekklesiologie vor einseitigen Interpretationen und einer Loslösung von ihrer orts- und eucharistiegemeindlichen Erdung zu bewahren. Vgl. Hilberath: Vision, 54.
[402] Vgl dazu als gute Übersicht: Bollig, Michael: Einheit in der Vielheit. Communio als Schlüsselbegriff des christlichen Glaubens im Werk von Gisbert Greshake, Würzburg 2004.
[403] Am deutlichsten wurde diese Betonung der Communio-Ekklesiologie für viele Kirchenmitglieder in der Kirchenarchitektur, die auf den Ansätzen der liturgischen Bewegung mit Architekten wie Rudolf Schwarz, Dominikus Böhm oder Martin Weber aufbaute und nach möglichen Neugestaltungen kirchlicher Räume suchte. Vgl.: Zahner, Walter: Raumkonzepte der Liturgischen Bewegung, in: Gerhards, Albert / Sternberg, Thomas / Zahner, Walter (Hg.): Communio-Räume. Auf der Suche nach der angemessenen Raumgestalt katholischer Liturgie, Regensburg 2003, 70-94.

Kriterien für die Bewertung und Unterscheidung verschiedener Gemeinschaftsformen und selbst gegensätzlicher Communio-Ekklesiologien zu liefern. Hier zeigt sich eine Weite des Begriffs der Communio, die etwa von Josef Ratzinger als unbedingt erhaltenswerte Stärke betont wird:

> „Dabei sei dem Begriff Communio gelegentlich eine Bedeutungsverengung widerfahren: die Perspektive des Empirisch-Greifbaren, das die Soziologie erfasst, gewinne die Oberhand oder werde verabsolutiert. So solle das Dokument [Anm. d. V.: „Schreiben an die Bischöfe der katholischen Kirche über einige Aspekte der Kirche als Communio", 28. Mai 1992] helfen, zum Bedeutungsreichtum, den das Zweite Vatikanum diesem Begriff gebe, zurückzuführen."[405]

So wird eine Wertschätzung gegenüber der Weite jenes Communio-Begriffs deutlich, die in einer geradezu universalistischen Form alle theologischen und kirchlichen Bereiche durchzieht, als christliche Fortführung eines bloß sozialethischen Solidaritäts-Begriffs auftritt und damit seine Ideologieanfälligkeit offenbart.[406] Die Communio der Kirche wird hier zum Verwirklichungsraum christlicher (Nächsten-)Liebe[407], die eine bloß weltimmanente, selbstgewirkte Solidarität und Gerechtigkeit übersteigt, jedoch ihrerseits in der permanenten Gefahr eines Ekklesiozentrismus[408] steht.

Seit den 1990er-Jahren gibt es ein starkes Bemühen um die Communio-Ekklesiologie architektonisch noch stärker auszudrücken. Dies geschieht mittlerweile in einer ganzen Reihe von neugebauten oder auch renovierten Kirchen in Gestalt der „Ellipsenanordnung", die eine kreisähnliche Anordnung um die zwei „Brennpunkte" Ambo und Altar vorsieht und gerade den Umgang mit zu groß gewordenen Kirchenräumen ermöglicht. Vgl. zu den unterschiedlichen Realisierungen die verschiedenen Beiträge in: Gerhards, Albert / Sternberg, Thomas / Zahner, Walter (Hg.): Communio-Räume. Auf der Suche nach der angemessenen Raumgestalt katholischer Liturgie, Regensburg 2003.

[404] Vgl. zu Fehlentwicklungen innerhalb der Communio-Ekklesiologie und ihrer trinitätstheologischen Rückbindung: Hilberath, Bernd Jochen: Der dreieine Gott als Orientierung menschlicher Kommunikation angesichts der Kommunikationswelten „Weltgesellschaft" und „Weltkirchen", in: Ders. / Kraml, Martina / Scharer, Matthias (Hg.): Wahrheit in Beziehung. Der dreieine Gott als Quelle und Orientierung menschlicher Kommunikation, Mainz 2003, 71-78, 74: „In der Tat wird die Trinität oft überstrapaziert und zur Grundlegung gegensätzlicher Konzeptionen herangezogen. Dass sich menschliche Existenz wesentlich in Kommunikation und Communio vollzieht, muss nicht trinitätstheologisch begründet werden, nicht einmal theologisch."

[405] Ratzinger, Josef, am 15. Juni 1992, zitiert nach: Cordes, Paul Josef: Communio. Utopie oder Programm? Freiburg-Basel-Wien 1993, 21.

[406] Arens, Edmund: Gemeinschaft mit Schmutzflecken, in: Orientierung 69 (2005) 181-185, 181.

[407] Vgl. Papst Benedict XVI.: Enzyklika Deus caritas est, 25. Dezember 2005, 34-41: Zum Verhältnis von Gerechtigkeit und Liebe.

[408] Vgl. Hilberath: Vision, 52: „Daß zwanzig Jahre nach Abschluß des Konzils diese Leitidee [Anm. d. V.: der Communio] hervorgekehrt wird, und die Tatsache, daß dies zugleich mit einer deutlichen Reserve gegenüber dem Volk-Gottes-Begriff verbunden ist, muß vorsichtig machen. Konkret gilt es zu fragen, ob eventuell neue, dem Konzil fremde und vielleicht sogar das Konzil verfremdende Intentionen mit dieser Leitidee verbunden werden."

So findet die Koinonia/Communio, freilich mit unterschiedlichen Voraussetzungen und Interpretationen, ihre Anwendung im Verhältnis der Kirche zur Welt (LG 1), in der Beschreibung kirchlicher Einheit der Teilkirchen mit der Universalkirche, in der hierarchischen Gemeinschaft unter[409] und mit den Amtsträgern[410], in der eschatologischen Einheit von gegenwärtiger Kirche mit dem kommenden Gottesreich und letztlich auch in der persönlich erfahrbaren Glaubenseinheit des Individuums mit dem trinitarischen Gott. Hier wird die sowohl vertikal als auch horizontal ausgeweitete[411] Adaption des Communio-Begriffs erahnbar, die bis hin zu einer disziplinarischen Funktionalisierung[412] führt. Eine Umsetzung der Communio-Ekklesiologie bis hinein in neue Konzepte von Gemeinde- und Kirchenstrukturen, verweist vor allem auf ein zentrales Element: ihre Vielfalt und Pluralität ermöglichende Weite – und damit ihren Mangel an theologischer Aussagekraft!

> „Die geisterfüllte ekklesiale Communio darf in ihrer gemeindlichen Verortung nicht monolithisch gedacht werden, so als gäbe es ein administratives Prinzip, das alle Vielfalt und Verschiedenartigkeit persönlicher wie gruppenbezogener Glaubensstile vereinheitlichen könnte bzw. dürfte. Die Pfarrei spiegelt in ihrer kirchensoziologisch vertrauten Struktur wohl kaum die belebende Fülle ekklesialer Communio, zu der die zivile Gesellschaft provoziert, wider."[413]

So könnte die systematische Communio-Theologie gerade als Ermöglichungsgrund eines Gemeindeverständnisses der Postmoderne aufgrund ihrer pluralitätsfördernden Weite erscheinen. Doch gerade hinsichtlich einer solchen Anschlussfähigkeit weist ihre systematisch-dogmatische Durchführung Schwächen auf. Hier droht die Communio-Theologie im Gewand einer Familienmetapher tendenziell eher zur Beschwörungsformel einer einheitlichen, und das bedeutet meist zentralistisch vorgegebenen oder aber milieu-

---

[409] So wendet Christian Hennecke das Communio-Theorem direkt auf die Lebenspraxis der Priester und auf das Pfarrhaus an und stellt damit ein Beispiel für seine moralisch-imperativische Instrumentalisierung dar. Vgl. Hennecke, Christian: Auf eine andere Art Pfarrer sein?, in: Pastoralblatt 58 (2006), 170-175, 173: „(…) an dieser Stelle muss es darum gehen, mit Kreativität und Phantasie den Lebensraum des ‚Wir' neu zu beschreiben. Die Lebensform der Priester als kommuniale Lebensform zielt auch auf eine strukturelle Neubeschreibung des Pfarrhauses als pastorales und geistliches Lebenszentrum." Vgl. auch: Kehl, Medard: Reizwort Gemeindezusammenlegung. Theologische Überlegungen, in: StZ 132 (2007), 316-329.
[410] Vgl. Klinger: Auseinandersetzungen, 171.
[411] Vgl. Fuchs, Ottmar: Kirche, in: Haslinger, Herbert (Hg.): Handbuch Praktische Theologie, Bd. 1, Grundlegungen, Mainz 1999, 363-375, 367 f.
[412] Eine derartige Instrumentalisierung weist Herbert Vorgrimler exemplarisch an der Communio-Ekklesiologie von Paul J. Cordes nach. Vgl. Vorgrimler, Herbert: Volk Gottes oder Communio?, in: Keul, Hildegard / Sander, Hans-Joachim: Das Volk Gottes. Ein Ort der Befreiung, Würzburg 1998, 41-53.
[413] Tebartz-van Elst, Franz-Peter: Gemeinde in mobiler Gesellschaft. Kontexte – Kriterien – Konkretionen, Würzburg² 2001, 508.

verengt gemeindlichen Spiritualität, Theologie und Liturgie zu werden. Sie wird so, teilweise gegen ihre Intention, zum Instrument einer Pluralitätsminderung und verhindert damit gerade allzu häufig eine postmoderne Anschlussfähigkeit:

> „Die monistische Reduktion des Communio-Begriffes auf die absichtslose Liebe kann allzu leicht zum willfährigen Herrschaftsmittel in der Hand absichtsreicher Hierarchie umschlagen, wenn nicht zu dieser Dimension der Koinonia beispielsweise im gleichen Maß die Dimension der absichtsreich gegensteuernden Gerechtigkeit dazukommt."[414]

Zwar findet das christliche Verständnis der Communio im Rahmen des Zweiten Vatikanischen Konzils auch eine Außenabgrenzung gegenüber Ideologien, die aus dem Eindruck der zwei Weltkriege des 20. Jahrhunderts moralistisch die Einheit der Menschen und Völker über alle Glaubens- und Nationalitätsgrenzen hinweg postulierten, wie es etwa Harvey Cox in seinem Buch „Stadt ohne Gott"[415] versucht hat. Doch diese ideologische Abgrenzung des Begriffs verhindert nicht seine innerkirchliche Pluriformität und theologische Ideologieanfälligkeit und führt immer wieder zu „hierarchistischen"[416] und zentralistischen Instrumentalisierungen.[417] Dieser Anfälligkeit entgeht der zweite zentrale Begriff zur ekklesiologischen Bestimmung als „Volk Gottes". In ihm findet sich schon begrifflich ein Wechselspiel von Soziologie und Theologie, das zum gegenseitigen Korrektiv wird und vor ideologischen Absolutheitsansprüchen sowohl der innerweltlichen Vergemeinschaftung, wie auch einer weltflüchtigen Gottessuche zu bewahren hilft. Das seit den 1990er-Jahren verstärkt als Defizit[418] wahrgenommene Kennzeichen des Communio-Begriffs, der sich durch eine enorme Verbreitung und Popularität auszeichnet, konnte auch durch seine praktische Durchfüh-

---

[414] Fuchs, Ottmar: Zwischen Wahrhaftigkeit und Macht. Pluralismus in der Kirche?, Frankfurt a. M. 1990, 153-194, 156.

[415] deutscher Titel des Buches: Cox, Harvey: The Secular City. A Celebration of its Liberties, New York 1965.

[416] Fuchs, Ottmar: Die Communio der Kirche, in: Hilberath, Bernd Jochen (Hg.): Communio - Ideal oder Zerrbild von Kommunikation? Freiburg-Basel-Wien 1999, 209-234, 217.

[417] Auch Vermittlungsversuche, wie etwa bei Medard Kehl, scheinen eher zur bloßen Rettung des Begriffs der „Communio", als zu einer zukunftsweisenden Fortführung seiner konziliaren Intention zu werden. Vgl. Kehl, Medard: Die Kirche. Eine katholische Ekklesiologie, Würzburg³ 1994.

[418] Insbesondere dort, wo der disziplinarisch instrumentalisierte Begriff der „communio hierarchica" nicht mehr bloß auf die Kleriker, sondern auf die Gesamtkirche übertragen wird, offenbart sich die Paradoxie seiner Verwendung. Vgl. Hilberath, Bernd Jochen: „Nur der Geist macht lebendig." Zur Rezeption von Lumen Gentium, in: Hünermann, Peter (Hg.): Das Zweite Vatikanische Konzil und die Zeichen der Zeit heute, Freiburg-Basel-Wien 2006, 253-269, 258: „Wer die Kirche als Ganze zu einer ‚hierarchischen Gemeinschaft' macht und dann womöglich noch mittels des Begriffs der societas kanonistisch ordnet, verrät die Grundintention des Konzils."

rung bis in die Gemeindetheologie nicht verdeckt werden.[419] Ihnen gemein ist eine Leerstelle in der näheren Differenzierung gemeindlicher Communio und der Mangel an einer spezifisch christlichen und kirchlichen Kriteriologie.

Soziologisch scheint in der Beschäftigung mit der Communio-Ekklesiologie in ihren unterschiedlichen Ausformungen und Bedeutungsebenen vor allem eine Beobachtung bemerkenswert zu sein, die in ihrer eigenen Begründung wurzelt und zunächst historisch fundiert erscheint: Das theologische Anknüpfen an menschlicher Sehnsucht nach Einheit und Gemeinschaft spiegelt die Nachkriegssituation der Konzilszeit und ihre kirchliche Konfrontation mit politischen Gemeinschaftsideologien im Nationalsozialismus und Kommunismus wider. So nahe liegend daher das ekklesiologische Konzept der Communio in der Konzils- und Nachkonzilszeit als Alternativmodell erscheint, so sehr entfremdet es die Kirche von den Prozessen der postmodernen westlichen Gesellschaften. Die soziologischen Beobachtungen zunehmender Individualisierung sowie biografischer, funktionaler und lokaler Segmentierungen und religiöser Privatisierung[420] lassen eine Ungleichzeitigkeit von Communio-Ekklesiologie und gesellschaftlichen Entwicklungen erkennen, die die verschiedenen communionalen Bestrebungen in allen Bereichen gemeindlichen Lebens in ein geradezu anachronistisches Licht stellen. Der kommunikatorische Anspruch der Kirche als Glaubensgemeinschaft verliert hier sowohl an seinen Außengrenzen als auch bei seinen Mitgliedern an Integrationskraft:

„Die weithin ‚privatisierten' Sinnwelten, welche den sogenannten Pluralismus moderner Gesellschaften kennzeichnen, stehen in keinem übergreifenden Bedeutungszusammenhang."[421]

---

[419] Verstärkt wird die Problematik des Communio-Verständnisses durch den pluralen Gebrauch des Begriffs für unterschiedliche Bereiche. So findet er sich in der Neuinterpretation der kirchlichen Hierarchie, insbesondere in der Verhältnisbestimmung von Papst und Bischöfen, wie theologisch in der Schöpfungs- und Trinitätstheologie und gemeinde- und amtstheologisch in dem Zueinander von allgemeinem und besonderem Priesteramt. Diese vielfältige Verwendung des Begriffs ist möglich, durch seine interpretative Weite, die zugleich seine Problematik ausmacht. Vgl. Hilberath, Bernd Jochen: Kirche als Communio. Beschwörungsformel oder Projektbeschreibung?, in: ThQ 174 (1994), 45-65, 46: „Alle reden von communio, und jede/r meint etwas anderes! ‚Communio' ist offenbar weniger ein Programmwort, ein Stichwort für ein klares, gemeinsames Projekt als vielmehr eine Zauberformel, die vieles, ja Unterschiedliches und sogar Gegensätzliches bedeuten kann, wobei der differierende Sprachgebrauch nur darin übereinkommt, dass mit ‚communio' jeweils etwas beschworen werden soll."

[420] Luckmann: Privatisierung und Individualisierung, 25. „Die umfassende Privatisierung des Lebens außerhalb institutionell eng definierter Handlungsbereiche ist eine für die Sinnhaftigkeit des Einzeldaseins besonders bedeutsame Folge des hohen Grades der funktionalen Differenzierung der Sozialstruktur in den modernen Gesellschaften."

[421] Luckmann: Privatisierung und Individualisierung, 27.

Kurz: Während der Verlagerung des Religiösen in den Privatbereich und einer damit einhergehenden Marginalisierung aller religiösen Vergemeinschaftungsformen betont die Kirche auf allen nur erdenklichen Ebenen ihres Selbstvollzugs ihren Communiocharakter. Sie verschärft damit auf geradezu tragische Weise ihre gesellschaftliche Ungleichzeitigkeit und verspielt die Reste ihrer gesellschaftlichen Anschlussfähigkeit durch ein Starren auf vermeintlich menschliche Sehnsucht nach (auch religiöser) Gemeinschaft, statt dem Einzelnen in seinem nunmehr privatisierten religiösen Suchen Hilfestellungen anzubieten. Wo sie sich derart auszurichten versuchen würde, könnte „Communio" von einer Differenzen verdrängenden zu einer Differenzen aushaltenden, ja sogar fördernden Einheit[422] werden, die durch ihre Begründetheit in einem dialogischen Gottesverhältnis zu einer dialogischen Kirchenstruktur würde. Es wäre zu prüfen, inwiefern gerade der nachkonziliar zunehmend verdrängte Kirchenbegriff des „Volkes Gottes", aufgrund seiner Implikationen der Bewegung auf Fremdes hin, für eine solche postmoderne Anschlusssuche geeigneter ist, zumal er weit eher als Inbegriff der konziliaren Grundintention zu betrachten ist als der Communio-Begriff. Freilich integriert auch der Begriff des „Volkes Gottes" jene Communio-Intention und setzt eine kommunikativ-kooperative Kirchenstruktur voraus, die jedoch gerade in ihrer stärkeren Subjektorientierung und insbesondere in ihrer Zielgerichtetheit einer communialen Abgeschlossenheit wehrt!

Wie weit entfernt jedoch die kirchliche Realität von einer derartig dialogischen Struktur ist, bildet gerade die kirchliche Situation in Österreich ab:

> „Dass in keinem anderen Land die prozentuale Teilnahme am Kirchenvolks-Begehren so zahlreich war wie in Österreich, zeigt die hohe Akzeptanz seines Inhalts. (...) Die inzwischen angewachsene Literatur über das Kirchenvolks-Begehren scheint eine Verwurzelung im konziliar-laikalekklesiologischen Entwicklungsprozess anzuzeigen, die heute noch nicht abschätzbar ist."[423]

Zum Ausdruck kommt in dem Kirchenvolksbegehren sicher auch eine von abnehmendem Vertrauen gekennzeichnete Atmosphäre zwischen den Laienbewegungen und dem Klerus, die zum Beispiel in dem Skandal um den Erzbischof von Wien, Kardinal Groër, im Jahr 1995 oder dem St. Pöltener Priesterseminar im Jahr 2003, ihre bisherigen Hauptursachen und Höhepunkte fanden. Von dem daraus resultierenden Vertrauensverlust dürfte auch die Pfarrseelsorge immer stärker geprägt werden.

Die nachkonziliaren Veränderungen in der Österreichischen Kirche bildeten Schwerpunkte vor allem in der Reform der Liturgie, der Bildung bezie-

---

[422] Fuchs: Wahrhaftigkeit, 179.
[423] Liebmann: Österreich, 300.

hungsweise Stärkung demokratischer Strukturen[424] und der Umstrukturierung der Katholischen Aktion. Gerade das zunehmende Bewusstsein für demokratische Strukturen und die daher in ihrer hierarchischen Einbindung mitbegründete Krise der Katholischen Aktion haben einen Wandel im Selbstverständnis der Gemeindemitglieder bewirkt, das für die pastorale Arbeit in der Kirche von kaum zu überschätzender Bedeutung war und ist:

> „Daß die Kirche selbst nicht mehr einfachhin als ein Gegenüber von ‚Subjekten' und ‚Objekten' der Seelsorge erfahren wird, sondern als eine gemeinsame Sache der aktiven Christen, welchen Standes immer, hat Konsequenzen auch für die Vorstellungen von der politischen Rolle der Kirche in der Gesellschaft, für die Einstellung zu demokratischen Strukturen, zu den Prinzipien öffentlicher und argumentativer Urteils- und Willensbildung und für die Chancen der Aktivierung der Kirchenglieder in Angelegenheiten kirchlichen und öffentlichen Interesses."[425]

Der damit zum Ausdruck gebrachte Wandel im Selbstverständnis und Selbstbild der Gemeindemitglieder und ihrem Verhältnis zum Klerus, der sich für den ganzen deutschsprachigen Raum beobachten lässt, hat weitgehende Folgen für die Pfarrpastoral, die Aufgaben und das Selbstbild der Pfarrer und wird im Folgenden weiter zu thematisieren sein. Schnell wurden die Aufgaben bei der Erneuerung der Kirche, deren Herausforderungen und Auswirkungen auf den Pfarrklerus erahnt: Gerade an der Durchführung des Communio-Gedankens auf allen Ebenen des kirchlichen Selbstvollzugs lässt sich der tiefgreifende kirchliche Wandel des Priesterbildes im 20. Jahrhundert[426] in seinen Konsequenzen bis in die Pfarrei veranschaulichen. Dies mag ein Beispiel verdeutlichen: Während bis in die 1960er-Jahre Freundschaften unter Priestern oder von Priestern zu anderen Bekannten als ein unstatthaftes Phänomen unterbunden wurden, gilt nun gerade seine kommunikatorische Kompetenz in der Leitung einer Gemeinde[427] bis hinein in eine „Spiritualität der Communio"[428] als Hauptkriterium seelsorglich-pastoraler Eignung.

Thomas Kellner[429] hat die gemeindlichen Dimensionen dieser Neubestimmung anhand der Communio-Theologie aufgezeigt. Er charakterisiert die

---

[424] Hierzu ist zunächst die Bildung von Priesterräten als teilweise gewählten Vertretern unterschiedlicher Priestergruppen als bischöfliches Beratungsgremium zu sehen. Das Bistum Graz-Seckau war hierbei noch vor Abschluss und Verabschiedung des entsprechenden Konzilsdekretes Vorreiter. Darüber hinaus ist hier die Bildung von Pfarrgemeinderäten zu sehen, die zur Unterstützung der Pfarrpastoral in allen Pfarrgemeinden eingeführt wurden.

[425] Schneider, H.: Katholische Kirche und österreichische Politik, in: ÖJP 1 (1977), 153-224, 202.

[426] Baumgartner: Wandel des Priesterbildes, 13-16.

[427] Kellner, Thomas: Kommunikative Gemeindeleitung. Theologie und Praxis, Mainz³ 2001, 277-318.

[428] Lambert, Willi: Beziehungskultur von Seelsorgern, in: ThPQ 151 (2003), 379-388, 379.

[429] Kellner, Thomas: Auf neue Art Pfarrer sein. Die Communio-Theologie und die Praxis einer kommunikativen Gemeindeleitung, in: Schreer, Werner / Steins, Georg (Hg.): Auf neue

zentralen priesterlichen Aufgaben hinsichtlich der Gemeindeleitung als kommunikatives Geschehen:

> „Mit einer Transformation der trinitarischen Communio-Theologie braucht das Schreckgespenst vom beziehungs- und seelenlosen Managerpriester in jedem Fall nicht befürchtet zu werden. Im Gegenteil, gerade die Beschreibung des priesterlichen Dienstes als Kommunikation mit Gott und als Kommunikation mit den Menschen, könnte diesen Dienst in Zukunft auch für junge Menschen wieder attraktiver machen."[430]

Hinsichtlich der Umsetzung der konziliaren Communiotheologie bleibt zu Beginn des 21. Jahrhunderts bei aller Sympathie für deren ursprüngliche Zielsetzung eine zunehmende Hinterfragung ihrer Weite als kaum hilfreiche Floskel, die Ge- und Missbrauch fast aller theologischer (Fach-)Richtungen zulässt:

> „Die Communio-Ekklesiologie wird geradezu dazu eingesetzt, um die Vielgestaltigkeit des realen innerkirchlichen Communiolebens eher zu beschränken. Zweifelsohne gibt es gegen diesen Trend im Umgang mit der Communio-Ekklesiologie ausgesprochen ehren- und bemerkenswerte Rettungsversuche. De facto aber funktioniert die Communio-Ekklesiologie pastoraltheologisch als projektive Leerformel."[431]

2.1.8.6 Die Pluralisierung priesterlicher Rollenverständnisse

Mit dem Zweiten Vatikanischen Konzil entstand eine derartig umwälzende Erneuerung des Gemeindeverständnisses, dass dies für die Lebenssituation der Priester im Gemeindedienst vielfältigste Folgen mit sich brachte. Die Wiederentdeckung des gemeinsamen Priesteramtes aller Getauften und damit eine stärkere Mitverantwortung der Laien, oder besser aller Glieder des Volkes Gottes, in den verschiedenen Bereichen kirchlichen Lebens sowie eine Orientierung des Gemeindebildes an den frühchristlichen Gemeinden (und teilweise naive Forderungen an deren unreflektierte Übertragbarkeit in die Gegenwart), bedingten eine Infragestellung bisheriger Amts- und priesterlicher Selbstverständnisse.[432] Manche Priester, die ganz von einem vorkonziliaren Priesterbild geprägt waren, taten sich schwer mit dem Ruf zu neuer Geschwisterlichkeit und „kooperativer Gemeindepastoral" in

---

Art Kirche sein. Wirklichkeiten – Herausforderungen – Wandlungen. FS Bischof Dr. Homeyer, München 1999, 193-202.

[430] Kellner: Auf neue Art Pfarrer sein, 202.

[431] Bucher: Communio, 132-133.

[432] Vgl. Greshake, Gisbert: Priestersein. Zur Theologie und Spiritualität des priesterlichen Amtes, Freiburg i. B.-Basel-Wien⁵ 1991, 13-17. Greshake geht in seinem Buch von einer alle Bereiche der priesterlichen Existenz und Identität umfassenden Verunsicherung aus. Inwiefern dies jedoch vor allem für vorkonziliar geprägte Priester gilt beziehungsweise für Priester mit einem ausgeprägt vorkonziliaren, also kultisch bestimmten Selbstverständnis, bleibt offen.

Folge des wieder entdeckten gemeinsamen Priesteramtes. Andere wurden zum Motor der Veränderung in ihren Gemeinden. Das bisherige, aus der Milieukonzeption überkommene kultisch-sacerdotal übersteigerte Amtsverständnis erschien jedoch mehr und mehr als überholt. Dort, wo an ihm festgehalten wurde beziehungsweise wo es revitalisiert wird, klafften und klaffen Selbst- und Fremdwahrnehmung oftmals weit auseinander und lassen den so auftretenden Pfarrer als grotesk und kurios erscheinen.[433] Die theologische Betrachtung der Gemeinde als entscheidende kirchliche Größe und die ausbleibende oder uneindeutige definitorische Neubestimmung des Pfarrers (und mehr noch des Priesters mit einem außergemeindlichen Arbeitsbereich) musste für viele Kleriker zu massiven Verunsicherungen führen. Hier lässt sich weiterhin eine theologische Leerstelle wahrnehmen, die für eine zeitgemäße Bestimmung der kirchlichen Ämter zur schweren Hypothek geworden ist:

> „Damit ist jeder Form von Priestertum der Abschied gegeben, sofern damit die Vorstellung eines sakralen Sonderstatus oder einer heilsmittlerischen Funktion intendiert ist. Träger allen gemeindlichen, auch des ‚gottesdienstlichen' Handelns kann nur die Gemeinde, die Kirche als ganze kraft des allen verliehenen Geistes sein."[434]

Der Versuch Eugen Drewermanns[435], die theologische Bestimmung des Priesteramtes auf seine therapeutische Funktion zu fokussieren, hat sich dabei ebenfalls als nicht tragfähig und zu eng geführt erwiesen, als dass damit eine positive Bestimmung des Amtes in der Kirche gelingen könnte, wenngleich eine versöhnte Kooperation von Psychoanalyse und Theologie auch hier noch weitgehend aussteht.[436] So ergibt sich vor allem in den zwei Jahrzehnten nach dem Konzil eine Pluralisierung der von Priestern gelebten Amtsverständnisse, die sich in ihrer Vielfalt von Selbstverständnissen der Pfarrer niederschlägt[437], ohne jedoch von der Kirchenleitung darin Begleitung und Bestärkung zu erfahren. Verbunden mit der Ausbildung ganz unterschiedlicher Lebensstile entwickeln sich mannigfaltige Indikatoren, mit

---

[433] Auffallend ist eine Pflege jenes vorkonziliaren Priestertyps in den Medien, zum Beispiel in Fernsehvorabendserien, in denen jenes Priesterbild einerseits weiter tradiert und verbreitet wird, andererseits gerade jenen humoristischen Effekt erzeugt, der den mangelnden Realitätsbezug gerade unterstreicht.
[434] Hoffmann, Paul: Das Erbe Jesu und die Macht in der Kirche. Rückbesinnung auf das Neue Testament, Mainz 1991, 103.
[435] Vgl. Drewermann, Eugen: Kleriker. Psychogramm eines Ideals, München^5 1992.
[436] Vgl. Fischedick, Heribert: Die Angst vor dem Spiegel. Zum Verhältnis von Kirche und Psychoanalyse, in: Bittler, Anton (Hg.): Frommer Mißbrauch? Zur Problematik katholisch-klerikaler Hilfen und Helfer, Tübingen 1993, 19-28.
[437] Vgl. Karrer, Leo: Priesterbilder zwischen gestern und morgen, in: Diakonia 16 (1985), 1-5, 2.

denen Priester ihre Rolle und ihre Aufgaben als Pfarrer beschreiben[438] und eine theologische Positionierung vornehmen beziehungsweise diese für die Gemeinde und ihre Mitbrüder zum Ausdruck bringen. Die persönliche Kleidung und die Wahl einer Automarke, das Urlaubsziel wie auch die Wohnungseinrichtung und viele andere Bestandteile des privaten Lebens werden zu Indizien des je eigenen Priesterbildes, dem es Ausdruck zu verleihen gilt. Eine Kategorisierung von „konservativ" bis „progressiv" reicht dabei längst nicht mehr aus, wenn spätestens seit den neunziger Jahren mit jenen Indizes auf der Suche nach dem je eigenen Stil gespielt wird. Festzustellen bleibt, dass seit den 70er-Jahren des 20. Jahrhunderts eine auch theologische Stilpluralität unter den Priestern entstanden ist, die sich so in den vorherigen Jahrhunderten, insbesondere in der Pianischen Epoche, nicht beobachten lässt. Entsprechend schwer und problematisch sind allgemeine Aussagen über die Lebenssituation von Priestern in der zweiten Hälfte des 20. Jahrhunderts. So formulieren Zulehner und Graupe in einer ersten großen Erhebung zu Priestern in Wien nur sehr vorsichtige Tendenzen:

> „Jüngere Priester (dazu sind die Kapläne, und zu einem größeren Anteil die Priester in der Stadt zu zählen, da die jüngeren dort stärker vertreten sind), haben zwar eine relativ längere Arbeitszeit, kommen jedoch häufiger in den Genuß eines freien Tages und eines längeren Urlaubs. Es scheint daher, daß sie eher dazu neigen, Arbeit und Freizeit voneinander streng zu trennen, und die Arbeit in einer konzentrierten Form durchzuführen."[439]

Der hier beobachtete Wandel im Arbeits- und Selbstverständnis junger Priester geht einher mit der Veränderung anderer, besonders der familiären Lebensformen in der Gesellschaft.[440] Durch diese Pluralisierung der Lebensformen und den Bedeutungsgewinn der Lebensform der Alleinstehenden beziehungsweise Alleinlebenden ergibt sich für das Verhältnis von Pfarrhausleben und Gesellschaft ein tiefgreifender Wandel, der auch für die priesterliche Existenz eine Entwicklung von einer quasifamiliären Lebensform hin zu einer singleähnlichen Lebensform[441] mit sich bringt. Ein priesterliches Leben als deutlicher Kontrast zum gesellschaftlichen Umfeld lässt

---

[438] Hanisch, Reinhold: Stellenbeschreibungen von Pfarrern. Zwei Beispiele, in: PBl, 54 (2004), 99-106, 106: „Es fällt auf, wie stark unterschiedlich die Stellenbeschreibungen von Pfarrern sein können. Sie folgen je eigenen Logiken, die in der alltäglichen Praxis weitgehende Auswirkungen haben. Schon die Wahrnehmung der vorfindlichen Menschen, Strukturen, Aufgaben und Herausforderungen ist stark geprägt von dem je eigenen theologischen Selbstverständnis."
[439] Zulehner, Paul M. / Graupe, Sepp R.: Wie Priester heute leben. Ergebnisse der Wiener Priesterbefragung, Wien 1970, 55.
[440] Vgl. Beck-Gernsheim, Elisabeth: Was kommt nach der Familie? Einblicke in neue Lebensformen, München² 2000.
[441] Vgl. Bien, Walter / Bender, Donald: Was sind Singles? Ein alltagstheoretischer Zugang zur Problematik, in: Bertram, Hans (Hg.): Das Individuum und seine Familie. Lebensformen, Familienbeziehungen und Lebensereignisse im Erwachsenenalter, Opladen 1995, 61-89.

sich somit allenfalls für eine Übergangsphase in der Mitte des 20. Jahrhunderts ausmachen. Vor dieser „Kontrastphase" gab es eine Annäherung an das Umfeld durch ein quasifamiliäres Pfarrhausleben. Das priesterliche Alleinleben hingegen gilt aufgrund der vielfältigen Singleformen[442] in der Altersgruppe bis circa 40 Jahre für die jungen Priester genauso wenig als Kontrasterfahrung wie das Alleinleben der älteren Priester, die sich nicht mehr nur neben Witwern, sondern eben auch neben getrennt lebenden und geschiedenen Singles wieder finden. Lediglich die Motivation zur Wahl dieser Lebensform und ihr spiritueller Hintergrund mag dann noch ein Unterscheidungskriterium sein. Durch die Zunahme von Ehescheidungen älterer Ehepaare und das Sterben eines Ehepartners können selbst ältere Priester ihr zölibatäres Alleinleben im Pfarrhaus kaum noch allein aufgrund einer gesellschaftlichen Kontrastierung[443] definieren. Allenfalls für die in sich noch einmal sehr uneinheitlich verlaufende Familienphase zwischen 35 und 60 Jahren erscheint das Alleinleben im Pfarrhaus gegenüber den Altersgenossen als ungewöhnlich. Wenn überhaupt, dann wohl nur in dieser Lebensphase lässt sich bei Priestern von jener Kontrastidentität sprechen, die für das Pfarrhausleben zwischen der Zeit nach dem II. Weltkrieg und den Siebzigerjahren des 20. Jahrhunderts, also der Zeit unmittelbar nach dem II. Vatikanum als bestimmend angesehen wurde.

Auffallend wenig wird diese offensichtliche Verschiebung in der spirituellen Ausbildung der Priester und ihrer Begleitung berücksichtigt, sodass der Befähigung zu einem Leben ohne Familie in der Ausbildung viel Aufwand eingeräumt wird. Daneben müssen junge Priester zugleich feststellen, dass ihr bloßes Alleinleben von ihrer Umwelt nur kaum als Zeichen religiöser Entschiedenheit wahrgenommen wird und im Vergleich zu früheren Generationen entsprechend wenig Faszination ausübt. Ein Verweis auf die im Zölibatsversprechen enthaltene sexuelle Enthaltsamkeit wird oftmals als bloß zeitweise Unterscheidung vom Singleleben akzeptiert oder gänzlich in Frage gestellt.

Die Umfragen unter Priestern in den 70er-Jahren des 20. Jahrhunderts, die auch im deutschsprachigen Raum durchgeführt wurden, zeigten bereits eine Diskrepanz zwischen dem Selbstbild vor allem der älteren Priester einerseits und den Erwartungen der Kirchenmitglieder andererseits. Während die Kirchenmitglieder ein Priesterbild und einen daraus resultierenden Lebensstil wünschen, der dem der Gemeindemitglieder nahe ist und den Priester stärker an die Seite der Laien rückt, verstehen sich die Priester gerade auch aufgrund ihrer vorkonziliaren Prägung als Gegenüber zur Gemeinde, das sich aufgrund des Weiheamtes unterscheidet. Die Rollenerwartung der

---

[442] Vgl. Hradil, Stefan: Die „Single-Gesellschaft", München 1995.
[443] Vgl. zur Entwicklung der Eheschließungsstatistiken und dem Wandel des Familienverständnisses: Segalen, Martine: Die Familie. Geschichte, Soziologie, Anthropologie, Frankfurt a. M.-New York 1990.

kirchlichen Organisation hingegen bezieht sich vorrangig auf Fragen des Gemeindemanagements.[444] Hier wird das amtstheologische Dilemma der Nachkonzilszeit bereits erkennbar. Das Konzil hatte zwar einige Neuansätze für das Verständnis des Weiheamtes, insbesondere des Priesteramtes, dessen Dienstcharakter (PO 12) und Einbindung in das gemeinsame Priesteramt aller Getauften aufgezeigt, blieb jedoch in der theologischen und praktischen Durchführung dieser Ansätze hinter den geschürten Erwartungen zurück. Gerade auch die Debatte um das Konzilsdekret „Presbyterorum ordinis" bewirkte die Bestimmung einer priesterlichen Spiritualität, die über bloße Frömmigkeitsübungen hinaus geht und somit bisherige Einheitlichkeitvorstellungen hinter sich lässt:

> „Die Priester gelangen auf ihnen eigene Weise zur Heiligkeit, nämlich durch aufrichtige und unermüdliche Ausübung ihrer Ämter im Geist Christi."[445]

Trotz derartiger Richtungsweisungen entstand in den Folgejahren eine zunehmend schwierige und konfliktreiche Definition des Priesters zwischen einem sacerdotal-kultzentrierten Typus und einem funktional-communionalen Typus, die bis heute auch die Ausbildung der Priester weitgehend kennzeichnet:

> „Das Zweite Vatikanum hat, ohne den vorgegebenen Rahmen grundsätzlich zu sprengen, einige Korrekturen und Akzentverschiebungen vorgenommen. Dazu gehört beispielsweise die Zuordnung von allgemeinem Priestertum der Gläubigen und Amtspriestertum und die Überwindung einer einseitig sazerdotal-kultisch ausgerichteten Sicht des Priesters durch die Betonung von dessen Verkündigungsauftrag. (…) Aber insgesamt wird das ‚tridentinische' Modell des Priesters nirgendwo grundsätzlich in Frage gestellt oder auch nur kritisch unter die Lupe genommen."[446]

Diese Diskrepanz der kirchlichen Amtstheologie, die häufig eine Entfremdung zwischen der gemeindlichen Erwartung an die Priester und ihrem Selbstverständnis hervorruft, verringert sich zwar in den Folgejahren, jedoch verschieben sich damit zunächst nur die unterschiedlichen Positionen. Gerade der Brief Papst Johannes Pauls II. an die Priester vom 8. April 1979[447] zeigt das Festhalten an der Betonung des Weihepriestertums als Grund einer Kontrastidentität zu den Nichtgeweihten und betont die Einheit der Priester mit dem Bischof. Die Beziehung der Priester zu den Laien ist dabei als

---

[444] Dessoy, Valentin: Zukunft und Veränderung gestalten. Führungsverantwortung und Führungsrolle der Priester, in: Diakonia 36 (2005), 366-370, 370.
[445] PO 13.
[446] Ruh, Ulrich: Brauchen wir einen anderen Klerus?, in: HerKorr 44 (1990), 397-399, 398.
[447] Vgl. Papst Johannes Paul II.: Schreiben an alle Priester der Kirche vom 08. April 1979, in: Denzler, Georg (Hg.): Priester für heute. Antworten auf das Schreiben Papst Johannes Pauls II. an die Priester. Mit Dokumentation des Papstschreibens vom 8. April 1979, München 1980.

Dienst charakterisiert, der die Priester auf die Mitmenschen „hinordnet" und sie für die Gemeinschaft zum Geschenk werden lassen soll:

> „Vielleicht mehr psychologisch, aber auch theologisch bedingt, ist die Priesterspiritualität des Papstbriefes eine Weihespiritualität."[448]

Trotz einer wortreichen Anlehnung an die Formulierungen des II. Vatikanums zum gemeinsamen Priestertum aller Gläubigen korrigiert der Papst wiederholt Ansichten, die auf eine Nivellierung des Kontrastes zwischen Priestern und Laien hinwirken. Jedoch offenbart der Umgang der Priester mit diesem Brief, dass sie das Verständnis der Kirchenmitglieder stark übernommen haben. So werden auch später Folgerungen und Forderungen für den Lebensstil, zum Beispiel in Bezug auf die Priesterkleidung,[449] im deutschsprachigen Raum kaum zur Kenntnis genommen und praktisch nicht umgesetzt. Die Verständnisunterschiede des Priesteramtes verlaufen in dieser Zeit offenbar nicht mehr zwischen dem Klerus und den Laien (die sich eben andere Priester wünschen), sondern zwischen einigen Vertretern der Kirchenleitung auf der einen Seite und einem Großteil der Gemeindepriester und Laien auf der anderen Seite. Diese Priester, denen es um eine stärkere Betonung auch ihrer eigenen Anteilhabe am gemeinsamen Priestertum als Fundament ihres Weihepriestertums geht, rücken so an die Seite der Laien:

> „Das ekklesiologische Priesterbild wertet den Priester nicht ab, wenn es ihn dem Laien näher bringt, denn es sieht im Laien den Christen an sich, nicht den Christen minderer Güte."[450]

So typisch diese Grenzverschiebung der unterschiedlich gewichteten Priesterbilder für die ersten zwei Jahrzehnte nach dem II. Vatikanum erscheinen mögen, so wird im 3. Abschnitt dieser Arbeit auch nach deren Weiterentwicklung zu fragen sein. Wenn junge Priester seit den 1990er-Jahren in ihrem Lebensstil wieder verstärkt äußere Merkmale einer „kontrastdefinierten Priesteridentität" aufgreifen, legt dies gerade die Hypothese nahe, dass sich eine eindeutige standesspezifische Identität der Priester kaum noch ausmachen lässt. Dort wo standes- und berufsspezifische Verhaltensweisen wieder aufgegriffen werden und bei Priestern, die durch die Konzilszeit stärker geprägt wurden, vielfach Sorgen vor einem neuerlichen Aufkommen einer vorkonziliaren Kontrastidentität wachsen, dürfte eben dies Anzeichen einer postmodernen Situation sein. Weniger das verstärkte Tragen von Priesterkleidung, als vielmehr die Frage, zu welchen Anlässen, in welcher Art und mit welchem Zweck sie verwendet wird, dürfte hierbei das entschei-

---

[448] Müller, Alois: Was für Priester sind wir?, in: Denzler, Georg (Hg.): Priester für heute. Antworten auf das Schreiben Papst Johannes Pauls II. an die Priester, München 1980, 63-65, 63.
[449] Kongregation für den Klerus: Direktorium für Dienst und Leben der Priester, Rom 1994.
[450] Müller: Priester, 65.

dende Charakteristikum der jüngeren Priestergeneration sein. Gerade darin zeigt sich also noch einmal die Pluralität gelebter Priesterbilder[451] und eine durchaus zeitbedingte Individualität.[452] So wäre von einer der Uniformität der pianischen Epoche entwachsenen Pluriformität[453] der Priesteridentitäten auszugehen, deren Entwicklung jedoch nicht unbedingt den Erwartungen der Kirchenleitung sowie deren Kritikern der nachkonziliaren Phase zu entsprechen scheint. Es ist eine Pluralität, die in den lehramtlichen Verlautbarungen praktisch nicht wahrgenommen wird, sodass deren vereinheitlichendes Priesterbild meist nur in Bruchstücken adaptiert wird.

Hinsichtlich der Aufgabenbeschreibung von Pfarrern zeigt sich etwa in den kirchenrechtlichen Bestimmungen eine deutliche Schwerpunktsetzung auf die Bereiche der Sakramentenspendung und die Verwaltung der Pfarrei (CIC cann. 528-530). Die in can. 529 angezeigte Nähe des Seelsorgers zu den Gläubigen weist zwar über dieses ansonsten stark reduzierte Verständnis hinaus, verzichtet aber auf weitgehende Konkretisierungen. Als Folge dieses Mangels in der Bestimmung des Berufs- und Aufgabenfeldes gibt es nur in wenigen deutschen und österreichischen Bistümern konkrete Aufgaben- und Stellenbeschreibungen für Pfarrer, eine sehr uneinheitliche Praxis von Pfarrexamen als pastoralen Qualifizierungsnachweis und eine kaum praxisbezogene Aus- und Weiterbildung.[454] Weitgehend im Unterschied zu anderen pastoralen Berufen entzieht sich damit der Beruf des Pfarrers modernen Ansätzen zur Personalplanung und -organisation und beschränkt seine Definition auf einen kirchenrechtlichen Minimalkonsens, was nicht zuletzt auch

---

[451] Zulehner / Hennersperger: „Sie gehen und werden nicht matt", 25: „Alle Priester sagen von sich, dass ihr priesterliches Amt Dienst an der Gemeinde ist. Das ist der kleinste gemeinsame Nenner der Priester in unseren Breiten, in Österreich, in Deutschland-West und Deutschland-Ost, in der Schweiz, in Kroatien, in Polen – überall dort, wo wir die Studie Priester 2000© gemacht haben. Auf diesem breiten Boden steht aber ansonsten kein einheitliches Priesterbild. Fragt man Priester, wie sie ihr Amt verstehen, kommen unterschiedliche Antworten. Wahrscheinlich gibt es letztlich so viele Priesterbilder wie Priester."

[452] Der Definition von „Individualisierung" bei Detlef Pollack und Gert Pickel folgend, zeichnet sich diese gerade durch die Abnahme der Heterogenität zwischen „strukturell geprägten Gruppen" und eine Zunahme der Heterogenität innerhalb eben dieser Gruppen aus. Übertragen auf die Gruppe der Priester folgt daraus eine größere gruppeninterne Varianz bei gleichzeitiger Nivellierung ihrer gruppenspezifischen Eigenheiten. Vgl. Pollack, Detlef / Pickel, Gert: Individualisierung auf dem religiösen Feld, in: Honegger, Claudia / Hradil, Stefan / Traxler, Franz (Hg.): Grenzenlose Gesellschaft? Verhandlungen des 29. Kongresses der Deutschen Gesellschaft für Soziologie, des 16. Kongresses der Österreichischen Gesellschaft für Soziologie, des 11. Kongresses der Schweizerischen Gesellschaft für Soziologie in Freiburg i. B. 1998, Opladen 1999, 625-687, 626.

[453] Vgl. Greinacher, Norbert: Vom Priester zum Gemeindeleiter, in: Denzler, Georg (Hg.): Priester für heute. Antworten auf das Schreiben Papst Johannes Pauls II. an die Priester, München 1980, 66-84, 79.

[454] Dessoy: Zukunft, 370.

seine Professionalisierung[455] verhindert. So lässt sich überspitzt formulieren: Ein Pfarrer ist, was der Pfarrer selbst daraus macht! Eine diözesane Arbeitskontrolle, Mitarbeitergespräche mit Pfarrern seitens der Vorgesetzten und Personalchefs fallen dabei in den meisten Bistümern ebenso aus wie die Einforderung von Fortbildungs- und Qualifizierungsmaßnahmen.

Das von Priestern bewohnte Pfarrhaus ist so vor allem in seiner Wahrnehmung durch die Mitglieder der Pfarrgemeinden durch eine beeindruckende Heterogenität gekennzeichnet. Sie wird gerade auch durch den Einsatz von Priestern aus anderen Ländern und mit entsprechend anderen kulturellen und spirituellen Prägungen einerseits zur Bereicherung andererseits aber oftmals zu einer enormen Herausforderung. Die bestimmende Frage im Umgang der Gemeinden mit Priestern im Pfarrhaus ist daher kaum noch, dass ein Priester im Pfarrhaus lebt, sondern was für ein Priester dort lebt.

2.1.8.7 Die Pluralisierung pastoraler Berufe

In der Betrachtung der nachkonziliaren kirchlichen Situation soll hier ein Aspekt herausgegriffen werden, der für die Erforschung des Pfarrhauses von besonderer Bedeutung ist. In Folge der „Würzburger Synode"[456] entstanden nicht nur als Reaktion auf einen zunehmenden Priestermangel, sondern auch als Konsequenz einer gewandelten Amtstheologie des II. Vatikanums[457] in der deutschen und österreichischen katholischen Kirche pastorale Berufe der Pastoralreferentinnen und Pastoralreferenten (in Österreich: Pastoralassistentinnen und Pastoralassistenten[458]) (PR/PA) auf der theologischen Grundlage des gemeinsamen Priestertums durch Taufe und Firmung und mit einer akademisch-theologischen Ausbildung als akademischer Zugangsqualifikation.[459] Damit wächst postkonziliar ein zunehmendes Bewusstsein für die

---

[455] Vgl. zur Bestimmung von Professionalität im Pfarrberuf in der protestantischen Pastoraltheologie: Karle, Isolde: Der Pfarrberuf als Profession. Eine Berufstheorie im Kontext der modernen Gesellschaft, Gütersloh 2001, bes. 233-243.

[456] Vgl. Hentschel, Werner J.: Pastoralreferenten, Pastoralassistenten: zur theologischen Grundlegung ihres Dienstes im Umfeld der gemeinsamen Synode der deutschen Bistümer in der Bundesrepublik Deutschland, Eichstätt-Wien 1986.

[457] Guido Bausenhart bietet einen Überblick über die nachkonziliare Amtstheologie und deren konziliaren Grundlagen. Vgl. Bausenhart, Guido: Das Amt in der Kirche. Eine not-wendende Neubestimmung, Freiburg-Basel-Wien 1999.

[458] Im weiteren Verlauf der Arbeit wird auf die Berufsbezeichnung der deutschen Bistümer zurückgegriffen, da sie aufgrund ihrer weitergehenden Differenzierung auch eine Berücksichtigung der Ausbildungsphase zulässt.

[459] Vgl. zur Entstehung, zu den biblisch-theologischen Grundlagen und zur Etablierung der neuen Berufe in den verschiedenen kirchlichen Bereichen: Köhl, Georg: Der Beruf des Pastoralreferenten. Pastoralgeschichtliche und pastoraltheologische Überlegungen zu einem neuen pastoralen Beruf, Freiburg (Schweiz) 1987.

Verschiedenartigkeit von Berufungen[460] im Volk Gottes. Es ist die Entdeckung von existierenden Berufungen, die eine bis dahin geltende Verengung des Berufungsbegriffs auf klerikale Berufe übersteigt:

> „Dieses Potential kommt überall in der Kirche vor, aber in den deutschsprachigen Kirchen ist es entwickelt worden. Besser gesagt, die deutschsprachigen Kirchen haben dieses Potential entwickeln lassen."[461]

Mit der Weiterentwicklung des älteren Berufs der Gemeindehelferin zu Gemeindereferentin und Gemeindereferent (GR) mit einem religionspädagogischen Ausbildungsprofil entstand automatisch die Notwendigkeit der Profilbildung der unterschiedlichen Berufsgruppen. Nicht nur sich überschneidende Aufgabenbereiche (dies gilt vor allem für Österreich) führten zu einer Fülle an Vorbehalten gegenüber der neuen Berufsgruppe der PR/PA seitens vieler Priester und Gemeinden. Eine uneinheitliche Zuschreibung der Aufgabenbereiche zwischen Kategorialer Seelsorge, Gemeindepastoral oder Beschränkungen auf Aufgaben in übergemeindlichen Strukturen in den verschiedenen Diözesen verstärkten die Unklarheit über Profil, Spiritualität[462] und Zielsetzung dieser Berufe weiter, sodass die ersten Erfahrungsberichte vor allem der Pastoralreferenten und -referentinnen von der Suche nach einer Berufsidentität geprägt waren.[463] Besonders in österreichischen Diözesen ergibt sich durch weniger differenzierte Berufsbezeichnungen, Aufgabenfelder und Besoldungsregelungen eine noch größere Unklarheit der Berufsgruppen.[464]

Zu einer engeren Zusammenarbeit von Pfarrern und PR/PA kam es vor allem in den Diözesen, in denen PR/PA auch gemeindeleitende Funktionen übertragen wurden.[465] Stärker als in anderen Regionen und Gemeinden kam es hier zu direkten Vergleichsmöglichkeiten mit dem Pfarrerberuf und entspre-

---

[460] Vgl. zur Befreiung des Begriffs „Berufung" aus seiner klerikalen Engführung: Feeser-Lichterfeld, Ulrich: Berufung. Eine praktisch-theologische Studie zur Revitalisierung einer pastoralen Grunddimension, Münster 2005. Fesser-Lichterfeld zeigt die ekklesiologische Dimension des Berufungsbegriffs auf, wenn er von einer kirchlichen Berufung zur Pastoral spricht. Vgl. 386: „'Berufung' wird damit zum zentralen Moment des konstitutiven Aufeinanderbezogenseins von Kirche und Welt, wie es die beiden Konzilskonstitutionen Lumen Gentium und Gaudium et spes in ihren jeweiligen Eingangsartikeln programmatisch zum Ausdruck bringen."

[461] Laurer, Hildegard: „Braucht die Kirche Pastoralreferentinnen und -referenten?", Zum notwendigen Berufsprofil, in: Mokry, Stephan / Döhner, Katharina (Hg.): Nur Schönwetterberufe?, Laien im pastoralen Dienst zwischen Finanznot und Idealismus, Würzburg 2006, 54-58, 54.

[462] Vgl. Baumgartner, Konrad: Theologische Reflexion zum Beruf des/r PastoralreferentIn, in: FS 25 Jahre PastoralreferentInnen in der Diözese Regensburg, Regensburg 1999, 11-17.

[463] Vgl. Münning, Bernhard / Butterbrodt, Rupert / Wingert, Winfried (Hg.): Der Pastoralreferent – Seelsorger und Laie. Erfahrungsberichte, Hildesheim 1985.

[464] Vgl. Schaden, Leonhard: Pastorale Dienste in Österreich, in: LS 42 (1991), 349-353.

[465] Vgl. zu unterschiedlichen Formen von Laien in gemeindeleitenden Funktionen und deren Entwicklung: Mette: Einführung, 142-145.

chenden Konflikten. Die entstandene Rollenunklarheit der Pfarrer trat hierdurch deutlich zu Tage und führte zu der Frage, inwieweit das spezifisch priesterliche Amtsverständnis lediglich in der Sakramentenspendung als Unterscheidungskriterium seinen Ausdruck finden könne. Eine Diskussion um die amtstheologische Verbindung von Priesterweihe, Gemeindeleitung und Eucharistieleitung stellte hier insbesondere in den 1990er-Jahren eine Folge der ekklesiologischen Verschiebung und der Ausbildung einer Gemeindetheologie dar.

Vor allem in den Bistümern, die den Beruf der PR/PA nach can 517 § 2 CIC in gemeindeleitenden Funktionen verorteten, wie zum Beispiel im Bistum Limburg oder im Bistum Würzburg, kam es im Blick auf das Pfarrhaus zu einer Übertragung der Berufsvielfalt.[466] Das Pfarrhaus war nun oftmals Wohnhaus und Amtssitz der gemeindeleitenden PR/PA, wobei mancherorts nach besonderen Titeln, wie etwa „Ansprechperson", „Bezugsperson" oder „Pfarrbeauftragte" gesucht wurde.[467] Sie sollten nicht nur die durch den Priestermangel entstandenen Lücken schließen, sondern darüber hinaus gerade durch ihre Präsenz im Pfarrhaus eine „menschennahe Pastoral" ermöglichen:

> „Letzteres, das Modell des/der Pfarrbeauftragten, ist eine kirchenrechtliche Notlösung, aber es ermöglicht dennoch, im Gegensatz zum Errichten von Großpfarreien, eine menschennahe und menschliche Seelsorge, in der die Strukturen der Pastoral mit deren Zielsetzung korrespondieren."[468]

An dieser Stelle kann nicht die breite kirchenrechtliche[469] und pastoraltheologische Diskussion um diese Form der Aufgabenzuschreibung zur Darstellung kommen. Für die Betrachtung des Pfarrhauses erscheint die entstandene Vielfalt an pastoralen Berufen und damit auch eine (nicht nur berufliche) Pluralität von Pfarrhausbewohnerinnen und -bewohnern[470] als eine Fortfüh-

---

[466] Besonders ausgeprägt ist diese Praxis durch die besondere kirchliche Struktur in der Schweiz. Da die Situation dort nur bedingt mit deutschen und österreichischen Diözesen vergleichbar ist, wird sie im Rahmen dieser Arbeit ausgeklammert bleiben.

[467] Spätestens hier wird erkennbar, dass der Begriff „Pfarrhaus" nicht unbedingt mit der Person des Pfarrers verbunden ist, da eine Umbenennung mit den neuen Bewohnern und Bewohnerinnen nicht vorgenommen wurde.

[468] Positionspapier der Berufsgruppe der GemeindereferentInnen, des Verbandes der PastoralreferentInnen und der MAV Pastoraler MitarbeiterInnen im Bistum Limburg: „Zusammen Zeuge der Auferstehung sein" (vgl. Apg 1,22) – Anforderungen an die Pastoral der Zukunft. Limburg 2004, 8.

[469] Vgl. für die orts- und universalkirchlichen Rechtsbestimmungen: Loretan, Adrian: Laien im pastoralen Dienst. Ein Amt in der kirchlichen Gesetzgebung: Pastoralassistent/ -assistentin, Pastoralreferent/ -referentin, Freiburg (Schweiz) 1994.

[470] Diese Tendenzen, auf die im Folgenden wiederholt eingegangen wird, beziehen sich selbstverständlich nur auf Diözesen, in denen es eine entsprechende Praxis der Pfarrhausnutzung gibt. Diözesen, die die personellen und vor allem finanziellen Möglichkeiten haben, die Pfarrhäuser als Wohnort lediglich Priestern und Haushälterinnen vorzubehalten, erleben einen entsprechenden Pluralitätsmangel. Das Erleben ungenutzter Pfarrhäuser stellt hier meist ein

rung der Pluralisierung priesterlicher Selbst- und Amtsverständnisse entscheidend. Das mag für die Wahrnehmung des Pfarrhauses durch Gemeindemitglieder mit einer Zunahme der Unübersichtlichkeit verbunden sein, doch ist damit das Pfarrhaus gerade auch ein Abbild gesellschaftlicher Entwicklungen, zu denen es gerade nicht mehr im Kontrast steht. Im Verzicht auf eine reine Kontrastidentität kann somit die Vielfalt pastoraler Berufe[471] und Vielfalt von Lebensmodellen und Familienkonstellationen als Bereicherung des Pfarrhauses hinsichtlich seiner Nähe zur Lebenswirklichkeit der Gesellschaft verstanden werden und wird vor allem von PastoralreferentInnen selbst so gesehen.

> „Die Verbindung von Ehe und pastoralem Beruf wird positiv gesehen. Die Kinder formen den Befragten und seine pastorale Arbeit mit (80%).Verheiratete sind näher bei den alltäglichen Problemen der Menschen als Ehelose (60%)."[472]

Gerade in diesem kirchlichen Ortswechsel „von der Mitte zum Rand" kann das zentrale Spezifikum der PastoralreferentInnen und ihr grundlegender ekklesiogener Beitrag gesehen werden[473] - und dies gerade in der gegenwärtigen Krise der Kirche[474], in der sie oftmals die letzten Brückenbauer in

---

besonders ausgeprägtes Phänomen dar, auf das jedoch im Rahmen dieser Arbeit nicht eigens eingegangen werden soll.

[471] Damit diese Vielfalt auch als Reichtum erfahrbar wird, kristallisiert sich in der gegenwärtigen Debatte um die Stellung der einzelnen pastoralen Berufe die Notwendigkeit weiterer Profilierungen der jeweiligen Berufsbilder heraus. Vgl. Köhl, Georg: Die Profile der einzelnen pastoralen Dienste und die Personalentwicklungsprozesse auf dem praktisch-theologischen Prüfstand, in: TThZ 116 (2007), 335-347, 335: „Eine pluralitätsfähige Kirche braucht eine Vielfalt pastoraler Dienste und Ämter, inkulturiert in den jeweiligen gesellschaftlichen Kontext. Aufgabe dieser Dienste und Ämter ist die Unterstützung einer vom Evangelium inspirierten Vielfalt kirchlicher – auch spezifisch ortskirchlicher – Ausdrucks- und Sozialformen von Kirche innerhalb einer differenzierten Gesellschaft sowie die Entdeckung und der Schutz der Charismen in den Gruppen und Gemeinden, um eine evangelisierende Pastoral zu ermöglichen." Wenn Köhl nachfolgend die Profilierung der pastoralen Berufe im Einzelnen konkretisiert, markiert dies eine sinnvolle Ausweitung der Debatte, die andernorts oftmals auf die beruflich-kirchliche „Ortssuche" (Paul M. Zulehner) von PastoralreferentInnen verkürzt wird. Gerade aufgrund ihrer engen und damit verhängnisvollen Anbindung an die Gemeindetheologie stellt sich diese Aufgabe beispielsweise für den Beruf der GemeindereferentInnen in besonderer Weise.

[472] Zulehner, Paul M. / Renner, Katharina: Ortsuche. Umfrage unter Pastoralreferentinnen und Pastoralreferenten im deutschsprachigen Raum, Ostfildern 2006, 76.

[473] Bucher, Rainer: Das entscheidende Amt. Die Pluralität, das Konzil und die Pastoralreferent/innen, in: PthI 9 (1989), 263-294. Vgl. Sander, Hans-Joachim: Im Zeichen von religionsgemeinschaftlicher Not und pastoralgemeinschaftlichem Segen. Die Topologie eines neuen Seelsorgsberufs, Festvortrag beim Jubiläum 30 Jahre Pastoralreferenten und -referentinnen im Erzbistum Bamberg am 11. Juni 2005 in der KHG-Erlangen, veröffentlicht: www.bvpr-bamberg.de (entnommen am 07.08.2007).

[474] Karrer, Leo: Ist die Stunde der Laientheologen vorbei? Leitungspersönlichkeiten in priesterlosen Gemeinden, in: ThPQ 155 (2007), 283-293, 291.

kirchenferne gesellschaftliche Milieus sind.[475] Parallel zur Entstehung neuer pastoraler Berufe in den 1970er-Jahren entwickelte sich im Zuge der neuen Gemeindetheologie auch eine Auslagerung einer Vielzahl kirchlicher Angebote und Leistungen aus der Gemeinde. Diese Auslagerung verfolgte das Ziel weitgehender Professionalisierung, wie etwa im caritativen Sektor. Sie eröffnete gerade auch PastoralreferentInnen die Möglichkeit zu Spezialisierungen in kategorialen Arbeitsfeldern und veränderte auch die Aufgaben der pastoralen MitarbeiterInnen in den Gemeinden, insbesondere der Pfarrer:

> „Um die Gemeinde herum bildete sich ein von ihr recht unabhängiger Kranz kirchlicher Handlungsorte in Diakonie, Schule oder Erwachsenenbildung. Die alte Pfarrerrolle wurde in ein Set von Hauptamtlichenberufen ausdifferenziert."[476]

Der parallele Verlauf dieser Entwicklung der kirchlichen Professionalisierung außerhalb der Pfarrgemeinden zur Etablierung der neuen pastoralen Berufe in den Gemeinden und damit eine Professionalisierung in die Pfarreistruktur hinein, verschärfte die Notwendigkeit der Profilbildung und engte zugleich das Aufgabenset der Pfarrerrolle ein – ein weitgehend unbewusster Vorgang, weil die verbliebenen Arbeitsfelder und Aufgaben durch den Priestermangel zunehmend in mehreren Gemeinden und für mehr Menschen zu erbringen waren und somit durch die Aufgabenreduzierung in den meisten Fällen keine Entlastung eintrat. Es gilt festzuhalten, dass die Etablierung des Berufs der PR/PA in den Bistümern, in denen sie nicht nur in pfarreiübergreifenden Strukturen eingesetzt wurden und werden, den einzigen Versuch zu einer innergemeindlichen Professionalisierung darstellt.

Seit Entstehung des Berufes der PastoralreferentInnen lässt sich hier die Entwicklung beobachten, dass für immer weniger Angehörige dieser Berufsgruppen das Priesteramt ursprünglich angestrebt wurde, wie dies noch in den ersten Jahrzehnten beobachtbar war. Zudem wird immer deutlicher eine Binnenpluralität auch dieser Berufe erkennbar, die sich einerseits in einer großen spirituellen Vielfalt ausdrückt, welche jedoch überwiegend im Privaten verbleibt und so eher selten zur Bereicherung des kirchlichen Lebens fruchtbar gemacht wird.[477] Andererseits bewirkt die Suche nach einer kirchlichen Verortung der jungen Berufe im kirchlichen Leben eine unterschiedliche Ausbildung des eigenen Berufsverständnisses. Dabei lässt sich eine

---

[475] Bauer, Christian: Gott im Milieu? Ein zweiter Blick auf die Sinus-Milieu-Studie, Diakona 39 (2008), 123-129, 129: „Unter diesem Anspruch betrachtet, gibt die gegenwärtige Personalentwicklung der deutschen katholischen Kirche Anlass zu ernster Sorge. Zumal man in einer zunehmenden Zahl von Diözesen meint, aus Kostengründen auf die Pastoralreferentinnen und –referenten verzichten zu können, die meist noch am ehesten Anschluss an zukünftige Leitmilieus der Gesellschaft haben."
[476] Bucher, Rainer: Die Neuerfindung der Gemeinde und des Pfarrgemeinderates, in: LS 55 (2004), 18-22, 19.
[477] Zulehner: Ortsuche, 72.

tendenzielle „Presbyteralisierung"[478] in den Arbeitsfeldern der Pastoralreferentlnnen in der Gemeindepastoral beobachten.

> „Eine erste Auswirkung dieser Entwicklung ist eine faktische ‚Laisierung' bislang presbyteraler Aufgaben (taufen, Eheassistenz, beerdigen, Gemeindeleitung, Predigt). Sie gelten (völlig unabhängig von theologischen Bestimmungen) immer seltener als presbyteral."[479]

Dass die Profilierung insbesondere des Berufes der PastoralreferentInnen nicht allein eine Frage persönlicher Schwerpunktsetzung und Identitätsfindung, sondern eingebunden in kirchliche Kontexte ist und von der Realität der Praxis bestimmt wird, konnte jedoch erst in der Diskussion um die Interpretation der Studie „Ortsuche" zur Geltung gebracht werden.[480]

Zusätzlich zu den strukturellen Maßnahmen der Diözesen, die den Zuständigkeitsbereich der Pfarrer, aber meist auch aller anderen gemeindlichen Mitarbeiterinnen und Mitarbeiter vergrößern, wird gerade in der Vielfalt kirchlicher Berufe, die in einem pastoralen Team meist mehrerer Pfarrgemeinden und Gemeindeverbünde zusammenarbeiten, gerade die Teamfähigkeit[481] zu der entscheidenden Kompetenz aller Berufsgruppen.[482]

Wo die Ortsuche der PastoralreferentInnen diesen Weg der Profilbildung auf Kosten einer anderen Berufsgruppe geht, beinhaltet dies nicht nur sehr viel Konfliktpotenzial. Die Chance der Kirche, den neuen pastoralen Berufen auch eine brückenbauende Funktion zwischen Klerikern und Laien, wie auch aufgrund ihrer Buntheit zwischen verschiedenen gesellschaftlichen Milieus zu ermöglichen und so gerade von der Pluralität dieser Berufsgruppen zu profitieren, scheint noch zu wenig wahrgenommen zu werden.[483] Eine Bestimmung der PastoralreferentInnen als „theologische Lehrer"[484] oder besser noch als „Zeitgenossen"[485] markiert nicht nur ihre zentrale Vermittlungs-

---

[478] Zulehner: Ortsuche, 170.
[479] Zulehner: Ortsuche, 170.
[480] Vgl. Karrer, Leo: Ortsuche der PastoralreferentInnen, Diakonia 38 (2007), 212-217.
[481] Vgl. Kümpel, Robert: Priester und Pastoralreferentinnen und -referenten, in: Mokry, Stephan / Döhner, Katharina (Hg.): Nur Schönwetterberufe? Laien im pastoralen Dienst zwischen Finanznot und Idealismus, Würzburg 2006, 59-66.
[482] Grawe, Bernadette: Teamentwicklung in der Pastoral. Gedanken zum gegenwärtigen Lernbedarf, in: Diakonia 35 (2004), 202-208.
[483] Vgl. Karrer, Leo: Gewinnt die Kirche durch die Laien-Theologinnen und -Theologen Zukunftskraft?, in: Schreijäck, Thomas (Hg.): Werkstatt Zukunft. Bildung und Theologie im Horizont eschatologisch bestimmter Wirklichkeit, Freiburg 2004, 258-270, 269: „Es ist zu erwarten, dass die Kirche, die pluralitätsfähig und ‚pluralitätskompatibel' zu werden versuchen muss, mit Hilfe dieser neuen theologischen pastoralen und katechetischen Potenziale ihren ungeheuren Wirklichkeitsverlust und die versäumte Realitätsnähe korrigiert, um in einer individualisierten (singularisierten) Welt und in einer differenzierten Gesellschaft überhaupt wirksam werden und präsent sein zu können."
[484] Kehl: Kirche, 443.
[485] Nientiedt, Klaus: Neue Dienste für eine sich erneuernde Kirche. 25 Jahre Pastoralreferenten/Pastoralreferentinnen, in: LS 52 (2001), 207-214, 212.

funktion, sondern auch den Wandlungsprozess der ekklesiologischen Selbstvergewisserung nach dem II. Vatikanum, dem sie sich als Berufsgruppe verdanken und für den sie verdienstvoll in besonderer Weise stehen. Doch gerade vor dem Hintergrund dieser „Zeitgenossenschaft" zeigen die Entscheidungen in mehreren deutschen Bistümern, keine Ausbildung von Pastoral- und GemeindereferentInnen mehr zu ermöglichen und auf unbestimmte Zeit keine Einstellungen mehr vorzunehmen, ihre geradezu dramatischen Auswirkungen auf das kirchliche Leben.[486] Diese Entwicklung bedeutet letztlich einen Verlust kirchlicher „Aneignungs- und Entfaltungskompetenz"[487], ein unzeitgemäßes und den Konzilsintentionen widersprechendes Zurückdrängen weiblicher Mitsprache[488], eine Reduktion kirchlicher Pluralität und damit eine abnehmende Verbindung von Zeitgenössischem und Theologie.

2.1.8.8 Kirchliche Krisenphänomene

Die bereits vor dem II. Vatikanischen Konzil sich abzeichnenden grundlegenden Veränderungen in Kirche und Gesellschaft werden seit den 1980er-Jahren in ganz Westeuropa immer unübersehbarer. Ein statistischer Rückgang bei den Zahlen der Gottesdienstbesucher und Kirchenmitglieder[489], beim Sakramentenempfang, den Kirchensteuereinnahmen und ein drastischer Priestermangel korrespondieren mit einer zunehmenden gesellschaftlichen Marginalisierung der Kirche innerhalb der Gesamtgesellschaft, die in der Regel mit dem umstrittenen Begriff der „Säkularisierung" bestimmt wird.[490] Vor allem die strukturellen Hintergründe dieser Krisensymptome gehen dabei weit vor das Zweite Vatikanische Konzil zurück und können auch als Erblasten der Pianischen Epoche gelten:

„Wir dürfen auch nicht die Augen vor der Tatsache verschließen, dass manche Krisen-Symptome der nachkonziliaren Zeit schon zurückreichen in

---

[486] Vgl. Foitzik, Alexander: Seelsorge: Pastoralreferenten suchen ihren Ort, in: HerKorr 58 (2004), 547-549.
[487] Lauerer: Pastoralreferentinnen und -referenten?, 58.
[488] Vgl. Tremel, Monika: Die Evangelisierung der Kirche durch die Frauen. Das Amt der Pastoralreferentin: ein Zeichen der Zeit, in: Mokry, Stephan / Döhner, Katharina (Hg.): Nur Schönwetterberufe? Laien im pastoralen Dienst zwischen Finanznot und Idealismus, Würzburg 2006, 67-81, 68: „Erst, wenn die bundesrepublikanische Kirche das Amt der PR, und damit das Amt der hauptamtlich tätigen Frauen als ein Konstitutivum für die Pastoral behauptet, dann liefert sie den höchsten Beweis dafür, dass sie wirklich den Weg des Konzils geht."
[489] Vgl. zur kirchenrechtlichen, dogmatischen und pastoraltheologischen Diskussion um die Bedeutung des Kirchenaustritts: Bucher, Rainer: Es geht um etwas Neues. Die pastoraltheologische Herausforderung der Kirchenaustritte: ThPQ 156 (2008), 4-12, 8: „Das Kirchenrecht bestraft die Tat [Anm. d. V.: des Kirchenaustritts] mit ihr selber, die Dogmatik sagt, dass sie in einem tieferen Sinn eigentlich gar nicht stattgefunden hat."
[490] Vgl. die Kritik an der „Säkularisierungsthese" bei: Knobloch, Stefan: Mehr Religion als gedacht! Wie die Rede von Säkularisierung in die Irre führt, Freiburg-Basel-Wien 2006.

die 50er und den Beginn der 60er Jahre: z.B. Schwächung der Verbände, Rückgang der geistlichen Berufungen, Verminderung der Reichweite der katholischen Presse, Identifikationsschwierigkeiten vieler Kirchenmitglieder."[491]

Auf unterschiedlichen Ebenen führen diese Krisenphänomene seit den 1990er-Jahren vor allem in den deutschen Bistümern zu Bemühungen um Strukturveränderungen, in denen häufig die Koordinaten Priestermangel und Finanzmangel maßgeblich sind. Das Phänomen der Gemeinden ohne (eigenen, d. h. ausschließlich für eine Gemeinde zuständigen) Pfarrer[492] und eine entsprechende Vergrößerung von Zuständigkeitsbereichen für einzelne Pfarrer bis hin zu Pfarreizusammenlegungen dürfte für das gemeindliche Leben dabei von besonders einschneidender Bedeutung sein und wird in der Öffentlichkeit der Kirche breit diskutiert. Dabei wird die Bedeutung der Orts- und Pfarrgemeinde in der positiven Würdigung als Ortsangebot des Glaubens[493] einerseits oder aber in ihrer Infragestellung aufgrund ihrer postmodernen Inkompatibilität gegenüber der zunehmenden Segmentierungen von Lebensorten und ihrer Kontaktschwäche zu großen Teilen der gemeindefernen Gesellschafts- und Kirchenteile[494] andererseits disktutiert.
Gerade jener Institutionalismus, der die Erhaltung der Pfarreistruktur bei bloßer territorialer Ausweitung als Ziel pastoralen Handelns an die Stelle der Verkündigung des Evangeliums setzt, prägt viele Beiträge in der gegenwärtigen Strukturdebatte[495]:

„Das Ziel aller Umstrukturierungen ist also die flächendeckende Konsolidierung der Pfarrei. (…) Der Leitgedanke ist: Die Pfarrei ist eine ‚Gemeinschaft von Gemeinden'."[496]

---

[491] Lehmann: Kraftvoll-lebendige Erinnerung, 19.
[492] Erste wissenschaftliche Untersuchungen der Auswirkungen des Priestermangels auf das Gemeindeleben und ihre pastoraltheologische Reflexion fanden in der Schweiz statt. Vgl. Schweizer Pastoralsoziologisches Institut (Hg.): Gemeinden ohne Pfarrer am Ort. Ergebnisse einer Untersuchung in Schweizer Pfarreien, Zürich 1987. In der Untersuchung fallen vor allem auch die vielen positiven Rückwirkungen auf die Orts- und Pfarrgemeinde auf, wenn ein Pfarrer nicht mehr vor Ort wohnt und für mehrere Gemeinden zuständig ist.
[493] Vgl. Werbick, Jürgen: Auslaufmodell Ortsgemeinde? Rückfragen eines systematischen Theologen, in: Diakonia 37 (2006), 168-173.
[494] Stoltmann, Dagmar: Von der Übersichtlichkeit zur Umsichtigkeit. Erfahrungen mit Seelsorgeräumen, in: Diakonia 38 (2006), 174-178, 176: „Die Übersichtlichkeit der Territorialgemeinde birgt die Gefahr, die Menschen, ihre Freuden und Hoffnungen und vor allem ihre Trauer und Ängste aus dem Blick zu verlieren, da nicht genügend beachtet wird, dass diesseits und jenseits der Pfarreigrenze lebendiges Leben stattfindet, das gar nicht selten nach Begleitung, Trost und geteilter Freude sucht."
[495] Vgl. zur kritischen Auseinandersetzung mit diözesanen Strukturmaßnahmen und Pastoralentwicklungen: Spielberg, Bernhard: Kann Kirche noch Gemeinde sein? Praxis, Probleme und Perspektiven der Kirche vor Ort, Würzburg 2008.
[496] Belok, Manfred: Von der Strukturdebatte zur Zieldiskussion. Zur Seelsorgeentwicklung im deutschsprachigen Raum, in: Diakonia 37 (2006), 179-186, 182. Vgl. Pock, Johann: Gemeinden zwischen Idealisierung und Planungszwang: biblische Gemeindetheologien in ihrer

Entscheidend dürfte hier sein, ob nicht nur ein Plural von Gemeinden unter dem Dach der einen Pfarrei entsteht, sondern eine wirkliche Pluralisierung von Gemeindeformen und -stilen, um zu pfarreifremden Milieus, wie sie etwa in der von der Deutschen Bischofskonferenz 2005 in Auftrag gegebenen Studie „Religiöse und kirchliche Orientierungen in den deutschen Lebenswelt-Milieus"[497] (Sinus-Studie) analysiert wurden, Anschluss zu finden:

> „Insbesondere in den Milieus der ‚modernen Performer', der ‚Experimentalisten' und der ‚Hedonisten' hat die Kirche den Anschluss verloren, d.h. vor allem bei den jüngeren Generationen, die hier die höchsten Anteile stellen. Eine mögliche Antwort darauf ist eine differenzierte Seelsorge, die die Vermittlung des Glaubens in Form und Inhalt als ‚auftragsbestimmte Bedürfnisorientierung' auf die unterschiedlichen Milieus auszurichten vermag."[498]

Pfarrgemeinde erhaltende und bloß ausweitende Strukturmaßnahmen, die Reduzierung des Immobilienbestands bis zur Profanierung von Kirchen und das Bemühen um eine Verkleinerung des Personalstands, bis hin zur faktischen Abschaffung der jungen pastoralen Berufe durch ein „Ausschleichen" der Ausbildungswege und Einstellungsstopps für junge Mitarbeiterinnen und Mitarbeiter, weisen jedoch in die andere Richtung bloßen Rückzugs ohne Neuausrichtung. Wirklich krisenhaft erscheint dabei weniger manch ökonomischer Zwang, dem sich vor allem die deutschen Bistümer, wenn auch auf international nahezu unvergleichlich hohem Niveau, zunehmend zu stellen haben. Ähnliche Notwendigkeiten finden schließlich seit den 1990er-Jahren in Deutschland in fast allen gesellschaftlichen Bereichen statt. Vielmehr erscheinen die sich dabei vollziehenden Schwerpunktsetzungen als eine tendenzielle Verschließung gegenüber der Postmoderne und ein Rückfall hinter die Neuausrichtung der Kirche im II. Vatikanum. Gerade die Beobachtung unterschiedlicher Formen und Grade von Kirchlichkeit bei den eigenen Kirchenmitgliedern zeigt ja die Präsenz postmoderner Entwicklungen innerhalb der Kirche auf. Entscheidend ist die Frage, ob sich die Kirche selbst und vor allem die Kirchenleitung gegen diese Binnenpluralität wehrt und auf eine Starrheit der Außenabgrenzung pocht oder sich ihr gegenüber positiv verhält, „die damit verbundenen Spannungen aushalten lernt und schöpferisch so weitergestalten kann, daß sie die Menschen zu bewusster und stärkerer Identifikation ermutigt und befähigt, ohne autoritären

---

Bedeutung für gegenwärtige Gemeindeentwicklungen. Eine kritische Analyse von Pastoralplänen und Leitlinien der Diözesen Deutschlands und Österreichs, Wien-Berlin-Münster 2006.
[497] Katholische Sozialethische Arbeitsstelle und Medien-Dienstleistung GmbH: Milieuhandbuch „Religiöse und kirchliche Orientierungen in den Sinus-Milieus® 2005", Heidelberg 2005.
[498] Belok: Strukturdebatte, 185.

Zwang auszuüben, aber auch ohne das Profil zu verlieren und sich anpässlerisch um jeden Preis anzubiedern."[499]

Entscheidend ist also, wie die Kirche mit der ihr eigenen und der ihr begegnenden Pluralität an Meinungen und Spiritualitäten, Stilen und Kirchlichkeiten[500] umgeht. Tritt sie als Kampffeld zerstrittener Parteiungen von „Progressiven" und „Konservativen" auf, die sich selbst zur eigentlichen Repräsentanz der Kirche erklären, über andere erheben und letztlich nur mit sich selbst beschäftigen? Oder erlernt sie in einer „milieusensiblen Pastoral"[501] den Umgang mit ihrer eigenen gewandelten Identität und gelingt es ihr, in der Pluralität enthaltene Konfliktpotenziale konstruktiv in die Unterstützung der je eigenen Berufung zu überführen und so zum Ermöglichungsrahmen vielfältiger Glaubenserfahrungen zu werden? Bereits hier werden die Chancen – und das Wirken des Heiligen Geistes! – in der gegenwärtigen Krise erkennbar, mit denen die Kirche selbst zu einer verantwortbaren Selbstreflexion und zurück zu ihren eigentlichen Aufträgen finden kann. Eine ehrliche und offene Selbstwahrnehmung kann die Kirche so zurück zur Kommunikation mit der sie umgebenden Gesellschaft führen und ihr ihren Dienst der Evangeliumsverkündigung wieder ermöglichen:

> „Kulturation heißt: Kirche bringt das Evangelium in die Gesellschaft, die Gesellschaft bringt das Evangelium in die Kirche."[502]

Wenn etwa aus finanziellen Erwägungen für mehrere Bistümer ein Ausbildungs- und Einstellungsstopp für Laientheologen und -theologinnen beschlossen wird – unter dem Verdacht einer innerkirchlichen Konkurrenzsituation[503] -, bewirkt dies vor allem eine (noch weiter zunehmende) Überalterung des zurückbleibenden Personalstandes, eine Entpluralisierung der kirchlichen Berufe und eine Personalauswahl weitgehend ohne jegliche Leistungskriteriologie. Es findet also, obwohl das einer der gängigen Vorwürfe gegenüber den Sparkonzepten ist, nicht die Einführung marktwirtschaftlichen Denkens im Raum der Kirche statt, sondern allenfalls ein pseudomarktwirtschaftliches Taktieren. Im Gegensatz zur Kirche findet in der Arbeitswelt ihres gesellschaftlichen Umfeldes kaum noch eine ausschließli-

---

[499] Polak: Religion kehrt wieder, 257.
[500] Vgl. die Empirischen Befunde zur kircheninternen Pluralisierung bei: Polak: Religion kehrt wieder, 277 ff.
[501] Bucher, Rainer: Mehr als Adressaten. Grundsätzliche Überlegungen zum Konzept einer milieusensiblen Pastoral, in: Ebertz, Michael N. / Hunsting, Hans-Georg (Hg.): Hinaus ins Weite. Gehversuche einer milieusensiblen Kirche, Würzburg 2008, 67-76, 74: „Ich möchte es mit einem alten theologischen Begriff Inkarnationskompetenz nennen. Es meint die Fähigkeit, von den anderen her die Bedeutsamkeit des Evangeliums erschließen und entdecken zu können. (...) Warauf wir uns nicht einlassen, dem kann Gott sich nicht erschließen – zumindest nicht durch uns. Das aber heißt: Pastoral muss sich auf das Fremde einlassen."
[502] Polak: Religion kehrt wieder, 304.
[503] Vgl. Gärtner, Stefan: LaientheologInnen im Ausverkauf? Beobachtungen zum Verhältnis von Klerikern und LaiInnen angesichts der Sparzwänge, in: Diakonia 37 (2006), 64-69, 65.

che Orientierung an Altersgrenzen und einmal erworbenen Ämtern und Würden statt, sondern vielmehr anhand von Kriterien wie Leistungsfähigkeit und -bereitschaft, Motivation und Kreativität. Selbst der gefürchtete „Jugendwahn", der freilich in der Kirche nie anzukommen drohte, wird mittlerweile in vielen Unternehmen zu Gunsten dieser Kriterien relativiert. Es entsteht also nicht nur hier eine zunehmende Kluft gegenüber den Maximen einer postmodernen Gesellschaft, worin das eigentliche Krisenphänomen zu sehen ist, drückt sich darin doch nicht zuletzt eine mangelnde Umsetzung der Intentionen von „Gaudium et spes" aus: Erst die Wahrnehmung von und die Auseinandersetzung mit den Zeichen der Zeit führen die Kirche selbst zu ihrem eigenen Wesen (GS 4).[504] Es ist daher zu konstatieren, dass die vielfache Rede von der „Krise" in der Regel eine krisenverdeckende Funktion hat, in dem sie den Blick nur zu oberflächlichen Phänomenen lenkt, statt auf die tieferliegenden Probleme. Eine Sichtung der eigentlichen Krise, die eher in einem inneren Schisma unterschiedlicher ekklesiologischer Selbstverständnisse und der Selbstreduktion auf die eigenen Kirchenmitglieder zu suchen wäre, wird daher durch die Beschäftigung mit bloßen Krisensymptomen systematisch verhindert.[505]

Auch der Blick auf eine Vielzahl von Pfarrhäusern ist seit den 1990er-Jahren von der zunehmend prekären Finanzsituation vieler Bistümer geprägt. Wo sie aufgrund des Priestermangels keine Nutzung durch einen Pfarrer finden und eine dienstliche Nutzung durch andere pastorale Mitarbeiter und Mitarbeiterinnen nicht möglich oder sinnvoll ist, erscheinen sie als totes Kapital, das zum Ausgleich des Pfarrei- oder Bistumshaushaltes heranzuziehen ist. Verkäufe von Pfarrhäusern mehren sich zunehmend und allein das zögerliche Vorgehen mancher Pfarreien und Bistümer mag hier noch ein Bewusstsein für die Bedeutungsvielfalt des Pfarrhauses für die Pfarr- und Ortsgemeinde zu bezeugen. Um dieser Bedeutungsvielfalt nachzugehen, sollen im Folgenden Grundfunktionen des Pfarrhauses herausgearbeitet werden und Schlaglichter auf dessen komplexe Bedeutung im Leben seiner Bewohner und Bewohnerinnen, wie auch im Leben der Pfarr- und Ortsgemeinde werfen.

Die nachfolgenden Betrachtungen auf das Pfarrhaus beziehen sich vor allem auf die Zeit seit dem 19. Jahrhundert, die von 1850 bis 1950 als Pianische Epoche[506] umschrieben worden ist. Sie kann als Voraussetzung für die

---

[504] Vgl. Bucher, Rainer: 40 Jahre danach: beschädigt. Die defizitäre Rezeption von Gaudium et spes und die Krisen der Kirche, in: Diakonia 36 (2005), 121-127, 125.

[505] Vgl. Richartz, Dieter: Von Kirchen-Kürzungen im Bistum Aachen. Einige Aspekte des Konsolidierungsprozesses im Bistum Aachen: „Was passiert, wenn Mutter Kirche mich vor die Tür setzt?" oder: „Wir stehen vor einem brennenden Haus". Eine qualitative Studie, bislang unveröffentlichte Dissertationsarbeit, Graz 2008.

[506] Altermatt, Urs: Katholizismus und Moderne. Zur Sozial- und Mentalitätsgeschichte der Schweizer Katholiken im 19. und 20. Jahrhundert, Zürich 1989, 66-67: „In diesen 100 Jahren deckten sich Doktrin und Praxis in einem vorher und nachher nie mehr erreichten Ausmaß.

nachfolgenden Entwicklungen des 20. Jahrhunderts und in ihrer stark identitätsbildenden Wirkung auf die Kirche als Wegbereiterin des II. Vatikanischen Konzils betrachtet werden. Eine chronologische Vorgehensweise ist deshalb im Weiteren nicht sinnvoll, da unterschiedliche Formen des Pfarrhauslebens gleichzeitig beziehungsweise auch über Epochen hinweg beobachtbar sind. So kann es gut sein, dass ein Pfarrhaus im 20. Jahrhundert noch so gestaltet ist, wie es für das 19. Jahrhundert eigentlich als typisch ausgemacht ist. In der Pluralität der Lebensgestaltungen spiegelt das Pfarrhaus zudem die gesellschaftliche Entwicklung wider, die in der zweiten Hälfte des 20. Jahrhunderts insgesamt zu beobachten ist und im nachfolgenden Kapitel in ihrer Breite aufgezeigt werden soll. Insbesondere für die nachkonziliare Zeit kann jedoch insgesamt von einer Lösung des Priesterbildes aus seiner kultzentrierten Engführung ausgegangen werden, die sich auf unterschiedliche Lebensbereiche der Kirche ausgewirkt hat. Die Darstellung des Priesters in modernen Medien, wie auch in der Literatur fällt in ihrer Personenzentriertheit[507] zwar auffallend häufig in alte Stereotypen vorkonziliarer Zeit zurück, verweist jedoch zunehmend auf den Dienstcharakter[508] des priesterlichen Amtes:

> „Entsprechend wird der eigentliche Wirkungskreis des Priesters wesentlich in den zwischenmenschlichen Beziehungen gesehen. (…) Der Priester wird ein Mensch ‚zum Anfassen', dem man ‚normal' nahe kommen kann."[509]

Die ‚Pianische Epoche' der römischen Kirche von Pius IX. bis Pius XII. (1846-1958) war durch eine außerordentliche Homogenität der katholischen Frömmigkeitskultur geprägt, aus der eine geradezu imponierende Einheit der Glaubens-, Weltanschauungs- und Kultgemeinschaft von Papst und Bischöfen, Klerus und Gläubigen hervorging, ein breites ‚sentire cum ecclesiam'".

[507] So attestiert Elisabeth Hurth den Priestern der Fernsehserien, wie „Oh Gott, Herr Pfarrer", nicht nur eine theologische Trivialisierung und „Transzendenzlosigkeit", sondern auch eine Vernützlichung des Glaubens als „lebensnahe Gebrauchstheologie mit dogmatischen Minimalinhalten". Vgl. Hurth, Elisabeth: Mann Gottes. Das Priesterbild in Literatur und Medien, Mainz 2003, 185-190.

[508] Vgl. Bieger, Eckhard: „Mit Leib und Seele." Erfolg einer Serie – Symptom für Probleme der
Kirche, in: HerKorr 44 (1990), 486-490, 489: „Vom Pfarrer nehmen sie [Anm. d. V.: die Menschen, auf die der Serienpfarrer trifft] an, daß er in einer direkten Beziehung zu Gott steht, daß er sogar in der Autorität, im Namen Gottes handeln kann, daß er also nicht nur betet, sondern auch religiöse Vollmachten hat. Aus dieser Beziehung heraus ist der Pfarrer dann auch in der Lage, einen tieferen Blick für den Menschen zu entwickeln und Zugang zu allen Menschengruppen zu haben. Er ist in den Augen vieler auch belastbarer, man kann ihm vieles anvertrauen, Probleme bei ihm abladen, und zugleich gewährt das Beichtgeheimnis für den, der sich aussprechen will, einen besonderen Schutzraum".

[509] Hurth: Mann Gottes, 142.

2.1.8.9 Die Vielfalt des Pfarrhauslebens in der Gegenwart

Sowohl die oben beschriebenen Krisenphänomene der Kirche in der Postmoderne, wie auch die mit dem II. Vatikanum begonnenen Veränderungen im Rollen- und Amtsverständnis der Priester und deren Pluralisierung, haben in den zurückliegenden fünfzig Jahren zu einer Vielzahl von Veränderungen und Neuaufbrüchen im Umgang mit dem Pfarrhaus geführt.

Gerade durch den Priestermangel und die dadurch notwendig gewordene Frage nach dem Umgang mit einem leerstehenden Pfarrhaus konnten hierbei in den deutschsprachigen Ländern kreative Wege gesucht werden. Sie seien im Folgenden lediglich angedeutet, da sie einerseits nicht erschöpfend dargestellt werden können und andererseits auch in der anschließenden empirischen Untersuchung thematisiert werden.

Die wohl wichtigste und mittlerweile vielerorts selbstverständlich gewordene Form der Nutzung von Pfarrhäusern geschieht durch deren Verwendung als Dienstwohnung für kirchliche Mitarbeiterinnen und Mitarbeiter im pastoralen Dienst der jeweiligen Ortsgemeinde oder auch in anderen kirchlichen Dienstverhältnissen.[510] Die Nutzung ermöglicht den Gemeinden nicht nur die Erfahrung von Familienleben im Pfarrhaus, sondern fordert sie mancherorts auch zu einer Begegnung mit anderen Lebensformen heraus.[511]

Die Erfahrung von Pfarrhausfamilien ist mit dem Einzug nicht priesterlicher Berufsgruppen in die Pfarrhäuser freilich allenfalls in ihrer „legitimen" und offiziellen Form neu, weniger in ihrer Faktizität. Schon die historische Untersuchung von Lebenssituationen katholischer Pfarrer weist immer wieder auf Liebesbeziehungen zwischen Priestern und Haushälterinnen oder nicht im Pfarrhaus angestellten Frauen und ganze Pfarrhausfamilien hin. Dabei lässt sich gerade anhand der unterschiedlichen Reaktionen von visitierenden Dechanten und den variierenden Formen der Bestrafung durch diözesane Konsistorien im 19. Jahrhundert beobachten, dass auch in den Gemeinden bekannte Verhältnisse teilweise toleriert wurden. Erst, wenn es zu Zerwürfnissen zwischen den Gemeinden und ihrem Pfarrer kam, wurden auch die Verstöße gegen die kirchlichen Moralvorstellungen in der Aufstellung der Vergehen genannt:

---

[510] In manchen Bistümern werden Pfarrhäuser nicht nur an kirchliche MitarbeiterInnen als Dienstsitz vergeben, sondern aus finanziellen Gründen gerade auch offen vermietet, um so überhaupt zu einer Nutzung der Gebäude zu gelangen oder aber eine wesentlich höhere Mieteinnahme zu erlangen. Der Verkauf von Pfarrhäusern erfolgt derzeit noch sehr zurückhaltend.

[511] Hierzu sind Gemeinschaftsformen von Ordensgemeinschaften ebenso zu zählen, wie etwa voreheliche und nichteheliche Lebensformen.

> „In einigen Fällen tolerierten Pfarrgemeindemitglieder, vor allem städtische, in ihren Pfarrgemeinden sexuelle Beziehungen der Priester zu Frauen."[512]

So gab es auch für die kirchliche Hierarchie keinen Handlungsbedarf, solange das Ansehen und die Autorität der Kirche insgesamt keinen Schaden zu nehmen drohten – eine oft auch gegenwärtige Praxis, teilweise als inkonsequent, teilweise auch als menschlich bewertet. Hier finden sich Biographien, für die selbst von betroffenen Priestern Respekt oder gar Akzeptanz nur selten offen eingefordert wird:

> „Die Gesetze der Kirche halten den Weg, den ich mit meiner Partnerin gehe, nicht für möglich. Er ist es doch. Mit Erfahrung der Liebe wuchs auch der Glaube."[513]

Parallel zu einer Welle von Laisierungsverfahren in den 1970er- und 1980er-Jahren kam es zu einer Zunahme von Priestern, die immer weniger verdeckt zu ihrer Partnerin standen und gleichzeitig ihr Pfarramt weiterführten.

> „Mein Leben als Priester wäre ohne die Partnerschaft ärmer, und auch die Partnerschaft bekommt aus dem Priesterleben Nahrung. Allerdings bleibt das Leiden an der Einengung, an den starren Grenzen. In einer solchen Liebe nach außen hin zu tun, als kennten wir uns nur flüchtig, ist die schlimmste Realität. Unsere Partnerschaft ist im Grunde eine Ehe."[514]

Gerade die Situation des Priestermangels bewahrt diese Pfarrer weitgehend vor Disziplinierungsmaßnahmen und bewirkt in manchen Gemeinden als Protest gegen das Zölibatsgesetz der Kirche Toleranz oder gar eine besondere Unterstützung des Pfarrers.

Doch die Suche nach neuen Formen des Pfarrhauslebens schließt zölibatär lebende Priester vielerorts mit ein. Mit der Entstehung „Neuer Geistlicher Gemeinschaften" in Folge des II. Vatikanischen Konzils ist auch die Frage des gemeinschaftlichen Zusammenlebens mehrerer Priester und Pfarrer immer stärker relevant geworden. So plädiert Thomas Maria Renz sehr massiv für ein priesterliches Gemeinschaftsleben, sei es in Form einer Vita Communis oder einer Priestergemeinschaft.[515] Gerade die gesellschaftlichen Entwicklungen der Postmoderne und daraus folgende Konsequenzen für das Leben der Priester, stellen spezifische Anforderungen an deren Ausbildung

---

[512] Bowman, William David: Frauen und geweihte Männer: Priester und ihre Haushälterinnen in der Erzdiözese Wien, 1800-1850, in: Saurer, Edith (Hg.): Die Religion der Geschlechter. Historische Aspekte religiöser Mentalitäten, Wien-Köln-Weimar 1995, 245-259, 256.

[513] Gelheim, Rainer Maria von: Der einsame Weg zu zweit, in: Marz, Bernd (Hg.): Alles für Gott? Priestersein zwischen Anspruch und Wirklichkeit, Düsseldorf 1990, 72-79, 78.

[514] Gelheim: Weg, 79.

[515] Renz, Thomas Maria: Gemeinsam statt einsam. Priester in Gemeinschaft: ein Lebensmodell für die Zukunft, in: Augustin, George / Kreidler, Johannes (Hg.): Den Himmel offen halten. Priester sein heute, Freiburg-Basel-Wien 2003, 166-176.

und die Suche nach tragfähigen Lebenskonzepten[516]. Dabei gilt der Einrichtung einer Vita Communis aus unterschiedlichen Motiven große Sympathie seitens der Kirchenleitung. Als eine Art Hausgemeinde wird in ihr in oftmals romantisierender Weise eine Idealform christlichen Lebens gesehen, die quasi als „neue Familie" einerseits dem Gemeinschaftsideal Jesu zu entsprechen scheint[517], andererseits eine besondere Nähe zu frühchristlichen Gemeindeformen der Hauskirche[518] signalisiert. Dass hier häufig unrealistische Erwartungen geschürt und Idealbilder projiziert werden, liegt auf der Hand. Als eine der grundlegenden Formen einer Vita Communis versteht das Direktorium für Dienst und Leben der Priester 1994 das Verhältnis von Pfarrer und Pfarrvikaren[519], zeigt jedoch auch Möglichkeiten darüber hinaus als sinnvoll auf. Neben all diesen aufrichtigen Versuchen, für ein priesterliches Leben in Gemeinschaftsformen welcher Art auch immer zu werben, muss jedoch gegenwärtig festgestellt werden, dass sie nur an wenigen Orten in die Praxis umgesetzt werden. Versuche, die es immer wieder und in allen deutschsprachigen Diözesen gab und gibt, bleiben die Ausnahme und damit oftmals selbst hinter den Erwartungen der Kirchenleitungen zurück. Es bleibt offen, inwieweit hier weniger das Zusammenleben, als vielmehr Begleitfaktoren und ein allzuhohe Idealisierung des Zusammenlebens als Communio die geringe Umsetzung dieser Möglichkeit begründen.

Zudem bleibt die Frage, ob im Rahmen klerikal-hierarchischer Strukturen derartige Gemeinschaftsformen ernsthaft gewünscht sind und gefördert werden können, wenn gleichzeitig die pastoralen Konzeptionen der Bistümer für einzelne Pfarrer immer größere geographische Räume vorsehen. Doch neben derart strukturellen Vorgaben sind auch Vorbehalte gegenüber kommunitären Lebens- und Pfarrhauskonzepten in Bistumsleitungen beobachtbar.

Gerade durch die Spannung kommunitärer Konzeptansätze zu gesellschaftlichen Individualisierungstendenzen werden die Machtimplikationen deutlich, die von Michel Foucault identifiziert wurden, denn „was die Macht am

---

[516] Vechtel, Klaus: Das Priesterbild des Ignatius und die Priesterausbildung heute, GuL 80 (2007), 94-108, 108.
[517] Mk 3, 31-35 parr. Mt 12, 46-50; Lk 8, 19-21. Vgl. Claussen, Carsten: Frühes Christentum zwischen Familie und Hausgemeinde, in: Klinger, Elmar / Böhm, Stephanie / Franz, Thomas (Hg.): Hauhalt – Hauskult – Hauskirche. Zur Arbeitsteilung der Geschlechter in Wirtschaft und Religion, Würzburg 2004, 61-77, 66.
[518] Vgl. Claussen: Frühes Christentum, 69.
[519] Direktorium für Dienst und Leben der Priester, 28: „Es ist zu wünschen, daß Pfarrer dazu bereit sind, im Pfarrhaus die ‚Vita communis' mit ihren Pfarrvikaren zu fördern, indem sie diese effektiv als Kooperatoren und Teilhaber an der pastoralen Sorge hoch achten (Verweis CIC., can. 550, § 2); ihrerseits müssen die Pfarrvikare zum Gelingen der priesterlichen Gemeinschaft beitragen, indem sie die Autorität des Pfarrers anerkennen und respektieren. (Verweis CIC., can. 545, § 1)." Dabei zeigt schon die Verwendung des Plural einen eher weltkirchlichen Bezug des Direktoriums auf, bei dem eine Übertragung in westeuropäische Gemeindesituationen als offene Frage bestehen bleiben dürfte.

meisten fürchtet, ist die Kraft und die Gewalt von Gruppen."[520] Die Vita Communis von Priestern, noch dazu, wenn sie von einem kooperativ arbeitenden Priesterkollegium gebildet wird, vermag jedoch auch zu einem Subsystem gemeindlicher Kirchenbildungsprozesse zu werden.[521]

In starkem Kontrast zu kommunitären Ansätzen und damit als hilfreiche Andeutung der Bandbreite von Pfarrhauskonzeptionen steht eine alternative Suche nach solchen Pfarrhauskonzeptionen, die vor allem in städtischen und großstädtischen Kirchengemeinden vereinzelt praktiziert werden: Es ist die Bereitstellung einer normalen Mietwohnung als Dienstwohnung für den Pfarrer. Die Motive für dieses Vorgehen sind individuell und abhängig von den Gegebenheiten der jeweiligen Gemeinde. Es eröffnet jedoch nicht selten neue Möglichkeiten in der Rollenfindung des Pfarrers einerseits und in den Kontaktmöglichkeiten zu Gemeindemitgliedern und „Kasualienfrommen" andererseits. Diesem Anliegen folgen jedoch auch Ansätze, leerstehende Pfarrhäuser durch caritative Einrichtungen mit zu nutzen[522] oder auch bewohnte Pfarrhäuser mit einer nichtkirchlichen Nutzung zu kombinieren.[523]

---

[520] Defert, Daniel / Ewald, Francois (Hg.): Michel Foucault, Analytik der Macht, Frankfurt a. M. 2005, 72.
[521] Lörsch, Martin: Kirchen-Bildung. Eine praktisch-theologische Studie zur kirchlichen Organisationsentwicklung, Würzburg 2005, 40.
[522] Vgl. im evangelischen Bereich: Pohl-Patalong, Uta: Von der Ortskirche zu den kirchlichen Orten. Ein Zukunftsmodell, Göttingen 2004, bes. 136-148.
[523] So wurde in das Pfarrhaus der Pfarrgemeinde St. Michael und St. Elisabeth in Marburg-Schröck auf Initiative des Pfarrers eine Niederlassung der Deutschen Post aufgenommen. Das Pfarrbüro wurde so zu einer Postagentur.

3. Funktionen und Wahrnehmungen des Pfarrhauses

> „Schweigend gingen sie miteinander weiter bis ans Friedhofstor. Isidor warf einen Blick auf die dunklen Pfarrhausfenster im ersten Stock und überlegte kurz, ob er Beneke einladen sollte. Schon stellten sich die üblichen Bedenken ein: nicht abgespült – nur Schmalz und Tütenbrot im Haus – Distanz wahren – peinlich."[1]

Wie bereits gezeigt wurde, gibt es im katholischen Pfarrhaus zu Beginn des 21. Jahrhunderts eine große Vielfalt von Berufen, Lebensformen und -stilen seiner BewohnerInnen. Damit baut es jedoch auf einer Geschichte[2] auf, die sich ihrerseits durch eine große Pluralität an Funktionen des Pfarrhauses für Ortsgemeinde und Kirche, unterschiedliche Konstellationen seiner BewohnerInnen und von außen angetragenen Bedeutungen und Wahrnehmungen auszeichnet. Diesen vielfältigen Dimensionen des Pfarrhauslebens soll im Folgenden schlaglichtartig nachgegangen werden.

Hier soll nun der Blick auf die Lebenswirklichkeit von PfarrhausbewohnerInnen gerichtet werden, um dabei Fragehorizonte für eine anschließende qualitative Studie zu erarbeiten: „Am Anfang einer Analyse muss eine genaue und umfassende Beschreibung (Deskription) des Gegenstandsbereiches stehen."[3]

3.1 Das Pfarrhaus als Lebensort

3.1.1 Das Pfarrhaus als Lebensort einer „Großfamilie"

In der Wahrnehmung von Pfarrhäusern, die aus der Zeit des 18. und 19. Jahrhunderts stammen, fällt neben deren prominenter Lokalisierung im Ortsbild häufig deren Größe auf. Darin verweisen sie in ihrer Bausubstanz bereits auf eine Nutzung durch eine Vielzahl von Menschen, die sich im 19. und in der ersten Hälfte des 20. Jahrhunderts entwickelte. Erwin Gatz[4] hat hier angesichts der bunten Mischung der PfarrhausbewohnerInnen von einer „Familie"[5] gesprochen, nicht selten war es eine „Großfamilie".[6] Die Entste-

---

[1] Morsbach: Gottesdiener, 277.
[2] Gatz, Erwin: Zur Kultur des priesterlichen Alltags, in: Ders. (Hg.): Geschichte des kirchlichen Lebens, Bd. 4, Diözesanklerus, Freiburg-Basel-Wien 1995, 282-318.
[3] Mayring, Philipp: Einführung in die qualitative Sozialforschung. Eine Anleitung zu qualitativem Denken, Weinheim-Basel[5] 2002, 21.
[4] Gatz: Kultur des priesterlichen Alltags, 298.
[5] Der Begriff der Familie wird hier nicht in seiner beschränkt biologischen Deutung verwendet, sondern aufgrund seiner historischen Entwicklung, seiner sozialen Hintergründe und der

hung dieser „Großfamilie"[7] beziehungsweise einer quasifamiliären Haus- und Lebensgemeinschaft ist zunächst in den ökonomischen Erfordernissen[8] begründet, aufgrund derer das Pfarrhaus zumindest im ländlichen Raum als „Pfarrhof" mit eigener Landwirtschaft und Tierhaltung bestimmt war. Wo in ländlichen Gemeinden die Finanzierung der Pfarrer durch die Landwirtschaft der Pfarrei zu bestreiten war, gehörten nicht selten Mägde[9] und Knechte[10] zur Tischgemeinschaft oder doch zumindest zur Hausgemeinschaft. Zusätzlich zu den ökonomischen Zwängen ist in dieser Zeit ein Leben außerhalb eines Familienverbundes kaum vorstellbar.[11] Die Pfarrhausfamilie stellt

---

historischen Formenvielfalt der Familie, wie auch der gegenwärtigen Verständnisweisen des Familienbegriffs, in einer entsprechenden definitorischen Weite als Sozialform. Vgl. Mitterauer, Michael: Die Familie als historische Sozialform, in:
Ders. / Sieder, Reinhard (Hg.): Vom Patriarchat zur Partnerschaft. Zum Strukturwandel der Familie, München 1980, 13-37.

[6] Als Voraussetzung für diesen Teil der Forschungsarbeit kann u. a. die Wahrnehmung der soziologischen Diskussion um den Begriff der Familie angesehen werden. Er eignet sich jedoch in diesem Kontext besonders gut, weil er einerseits auf die historische Prägung im bürgerlichen Milieu des 19. Jahrhunderts anspielt und andererseits durch seine gegenwärtige Neubestimmung und Revision die Lebensgemeinschaft eines Pfarrhauses nach den weiten Kriterien eines universalen Familienbegriffes mit einschließt. Wenn der Begriff in diesem Zusammenhang dennoch als Bild verwendet wird (und deshalb entsprechend markiert ist), liegt dies daran, dass die verwandtschaftliche Verbindung unter den Generationen, die von vielen Familienforschern als ein wesentliches Kriterium des Familienbegriffs angesehen wird, als Regelfall für die „Pfarrhausfamilie" nicht angenommen werden kann. Hilfreich erscheint hier aufgrund seiner Weite vor allem das von Karl Lenz vorgeschlagene Definitionskriterium der „persönlichen Beziehung".
Vgl. Lenz, Karl: Familien als Ensemble persönlicher Beziehungen, in: Busch, Friedrich W. / Nave-Herz, Rosemarie (Hg.): Familie und Gesellschaft. Beiträge zur Familienforschung, Oldenburg 2005, 9-31, 25: „Mit einer Soziologie persönlicher Beziehungen wird es nicht nur möglich, die in Familien vorkommenden Formen – Eltern-Kind-Beziehungen, Zweierbeziehungen, Geschwisterbeziehungen – und die mit Familien verknüpften Formen wie Verwandtschaftsbeziehungen zu betrachten, sondern einbezogen werden in dieses Forschungsfeld auch familienunabhängige Formen wie z. B. Freundschafts- und Arbeitsbeziehungen. Eine Soziologie persönlicher Beziehungen hat das Potential, diese Forschungsfelder zusammenzubringen."
[7] Vgl. zur Vielschichtigkeit des Begriffs Familie und seiner Definitionsversuche: König, René: Materialien zur Soziologie der Familie, Köln 1974, 98: „Familie als Gruppe verbindet ihre Mitglieder in einem Zusammenhang des intimen Gefühls, der Kooperation und der gegenseitigen Hilfe, wobei die Beziehungen der Familienmitglieder den Charakter der Intimität und der Gemeinschaft innerhalb der Gruppe haben."
[8] Vgl. zur Bedeutung des Hauses im Rahmen von ökonomischen Strukturen: Brunner, Otto: Neue Wege der Verfassungs- und Sozialgeschichte, Göttingen³ 1980, 103-127.
[9] Einen anschaulichen Einblick in die Biographien von Mägden im 19. Jahrhundert findet sich bei: Weber, Therese (Hg.): Mägde. Lebenserinnerungen an die Dienstbotenzeit bei Bauern, Wien-Köln-Graz 1985.
[10] Vgl. zur geschlechtsspezifischen Arbeitsteilung in ländlichen Gesellschaften: Mitterauer, Michael: Familie und Arbeitsteilung. Historischvergleichende Studien, Wien-Köln-Weimar 1992, 85-148.
[11] Eine neue Spielart dieser Familienkonstellationen konnte Marek Fuchs für den ländlichen Bereich seit der 2. Hälfte des 20. Jahrhunderts ausmachen und definiert diese als „Hausfamili-

damit auch die Antwort auf eine gesellschaftliche Erwartung dar, wonach ein Leben nur in Gemeinschaft gelingen könne:

> „Erst in der Familie finden wir den ganzen Menschen. Damit ist beileibe nicht gesagt, daß jeder sich verheiraten solle; aber einer Familie angehören, in einem Hause, zum mindesten in einer familienartigen Genossenschaft leben, sollte ein Jeder."[12]

Eine derartige Stilisierung und Idealisierung des Familienlebens, zumal mit ihrer seit dem 18. Jahrhundert gängigen Verengung des Familienbegriffs auf die „Haushaltsfamilie"[13], entsprach einem romantisch-konservativen Ideal, das so jedoch immer weniger der gesellschaftlichen Realität entsprach. Allenfalls im städtischen Bürgertum[14], das im 19. Jahrhundert seine Blüte erlebte, konnte dieses Ideal unter teilweise großer Kraftanstrengung aufgebaut und erhalten werden. Auch hier waren es jedoch vor allem die Dienstmägde[15], die ein solches Familienleben erst ermöglichten. Im Rahmen der Verbürgerlichung der städtischen Gesellschaft im 19. Jahrhundert dürften sie auch im Pfarrhaus, hier jedoch immer im Schatten der Haushälterin[16], das Familienbild ergänzt haben. Sowohl in innerer Hierarchie und Struktur als auch in ihrer gesellschaftlichen Einbindung und deren Abhängigkeiten spiegelt die „Pfarrhausfamilie" durchaus das Familienleben der bäuerlichen Bevölkerung auf dem Land wie auch der bürgerlichen Bevölkerung in der Stadt am Ende des 19. Jahrhunderts wider. Dabei sind bei der Analyse dieses Familienlebens als einer Einheit von Produktionsstätte und Lebensort romantisierende und ideologisierende Betrachtungen zu vermeiden[17] und wo

---

en". Mehrere Generationen einer Familie leben dabei in einem Mehrfamilienhaus mit separaten Wohneinheiten und bilden so eine neue Form familiären Lebens in einem gemeinsamen Haus mit neubestimmtem Nähe-Distanz-Verhältnis. Vgl. Fuchs, Marek: Hausfamilien. Nähe und Distanz in unilokalen Mehrgenerationenkontexten, Opladen 2003.

[12] Riehl, Wilhelm Heinrich: Die Familie, in: Die Naturgeschichte des Volkes als Grundlage einer deutschen Social-Politik, Bd. 3, Stuttgart-Augsburg² 1855, 86.

[13] Mitter auer: Familie, 19.

[14] Vgl. Gall, Lothar: Bürgertum in Deutschland, Berlin 1989, 382-442.

[15] Eine wertvolle Übersicht über die Situation der Dienstmädchen im 19. Jahrhundert findet sich bei: Budde, Gunilla-Friederike: Das Dienstmädchen, in: Frevert, Ute / Haupt, Heinz-Gerhard (Hg.): Der Mensch des 19. Jahrhunderts, Essen 2004, 148-175, 149: „Dienstmädchen begleiteten, ja gewährleisteten den Aufstieg des europäischen Bürgertums und verschwanden ebenso lautlos, wie sie gekommen waren, als die Blütezeit des Bürgertums zu Ende ging."

[16] Insofern die Haushälterin die Funktion der Vorgesetzten gegenüber anderen Angestellten im Pfarrhaus übernahm, entsprach sie sehr direkt der Rolle der Hausherrin.
Vgl. Budde: Dienstmädchen, 162: „Wenn auch das männliche Familienoberhaupt rechtlich als offizieller Arbeitgeber fungierte, waren es am Arbeitsplatz primär die Bürgerfrauen, mit denen es die Dienstmädchen zu tun hatten. Eine Vielzahl von Faktoren legte den Rahmen fest, in dem sich diese prekäre Beziehung, in der es die Balance zwischen Nähe und Distanz zu halten galt, abspielte."

[17] Einen Einblick in den Arbeitsalltag von Hausfrauen im 19. Jahrhundert ermöglicht vor allem anhand von Haushaltsratgebern: Kuhn, Bärbel: „...und herrschet weise im häuslichen Kreise." Hausfrauenarbeit zwischen Disziplin und Eigensinn, in: Dülmen, Richard van (Hg.):

sie vorkommen, als solche zu entlarven. Ingeborg Weber-Kellermann ist dies im Hinblick auf die Stellung und Autorität des Familienvaters gelungen, der bei dem ersten deutschen Kulturhistoriker mit wissenschaftlichem Interesse an familiären Zusammenhängen, Wilhelm Heinrich Riehl[18], im Stil des 19. Jahrhunderts und seinem Blick auf das Familienleben, als moralisch unumstößliche Größe, als Garant für Gerechtigkeit und Ordnung in Familie und Gesellschaft geschildert wird und in dieser Funktion und Stellung gesamtgesellschaftlich angefragt sein muss. Die Pfarrhausfamilie trägt damit gerade im 19. Jahrhundert zu einer Manifestation der Geschlechterrollen in Familie und Gesellschaft bei.[19] Inwiefern dies auch für den Pfarrer als „Familienvater" des Pfarrhauses gilt, wird in einem eigenen Kapitel zu betrachten sein.

Die Knechte und Mägde[20] entstammten häufig der meist kinderreichen Familie oder Verwandtschaft des Pfarrers und versinnbildlichten in ihrer Rolle die vormoderne Einheit von Lebens- und Arbeitswelt. Zu diesen Angestellten gehörte in besonderer Weise die Hauswirtschafterin oder Pfarrhaushälterin (beziehungsweise Pfarrhausfrau), manchmal Eltern des Pfarrers, häufig jedoch auch Hilfspriester wie Kapläne und Vikare. Hinzu kamen Schüler und Priesteramtskandidaten, die zu Ausbildungszwecken die Pfarrhausgemeinschaft teilten, und Gäste. Sie alle bildeten eine nicht selten beeindruckend zahlreiche „Großfamilie"[21], die den Pfarrer in die Rolle des Hausvaters mit großer Autorität rückte und bauliche Größenordnungen von Pfarrhäusern mit über zwanzig Räumen[22] mit sich brachte. Während die hierarchischen Strukturen ein Abbild der bischöflichen Autorität im Gesamt des Bistums darstellen, lässt sich nach der Parallele des Pfarrhauses zur antiken Familie als Hausgemeinschaft mit der starken Rolle des „Pater familias" und den darin entstehenden Hausgemeinden fragen. Wenn immer wieder darauf verwiesen wird, dass die Ausbildung des Bischofsamtes in der antiken Kirche durch eine Übertragung der Funktion des „Pater familias" zu

---

Verbrechen, Strafen und soziale Kontrolle. Studien zu historischen Kulturforschung, Bd. 3, Frankfurt am Main 1990, 238-277.

[18] Riehl, Wilhelm Heinrich: Die Familie, in: Die Naturgeschichte des Volkes als Grundlage einer deutschen Social-Politik, Bd. 3, Stuttgart-Augsburg² 1855.

[19] Vgl. Riehl: Die Familie, 51-85.

[20] In der Darstellung des Schicksals und der Biografien von Mägden in der Frühen Neuzeit bei Renate Dürr lassen sich Kontinuitäten, etwa in der Frage der Machtverhältnisse und der Stellung des Hausvaters, bis in das 19. Jahrhundert hinein ablesen. Vgl. Dürr, Renate: Mägde in der Stadt. Das Beispiel Schwäbisch Hall in der Frühen Neuzeit, Frankfurt a. M.-New York 1995.

[21] In der weiten Definition des Begriffs der Familie als Hausgemeinschaft und der daraus resultierenden Familiengröße entspricht das Pfarrhaus offensichtlich anderen Familienstrukturen bei Bauern und Handwerkern des 18. und 19. Jahrhunderts. Vgl. dazu Weber-Kellermann, Ingeborg: Die Familie. Eine Kulturgeschichte der Familie, Frankfurt a. M.-Leipzig 1996.

[22] Gatz: Kultur des priesterlichen Alltags, 293: „In Pfarreien mit mehreren Kaplänen konnte die Zahl der Räume auf über 20 steigen. So zählte 1910 in der Stadt Freiburg ein Pfarrhaus bei vier Kaplänen 23, ein anderes bei drei Kaplänen 22 Räume."

erklären sei[23], entlarvt Hans-Josef Klauck dies als zu einfaches Erklärungsmuster.[24] Deutlich ist jedoch eine parallele Binnenstruktur der Hausgemeinschaft zwischen dem antiken „Oikos"[25] einerseits und dem Pfarrhaus der Pianischen Epoche andererseits:

> „Wir haben gesehen, dass ein Hauswesen als soziologische Größe in der antiken Theorie und in der Praxis vor allem durch Herrschaftsbeziehungen definiert war, die sich auf den Hausherrn konzentrierten."[26]

Diese Parallele verstärkt sich, wenn die „ambivalente Haltung des Frühchristentums gegenüber familiaren Verpflichtungen"[27] berücksichtigt wird, die eine Tendenz des antiken Judentums zur Relativierung von verwandtschaftlichen Beziehungen zu Gunsten einer individuellen Religiosität fortschreibt und in den Evangelien ihren Niederschlag gefunden hat.[28] Sie mag begründen, zunächst den Blick auf den „Pater familias" zu richten, wenngleich hier auf einen eigenen historischen Durchgang der Entwicklung verzichtet werden soll.

Der gesellschaftliche Wandel[29], dem die Familie nach einer ersten tiefgreifenden Krise in der Kriegs- und unmittelbaren Nachkriegszeit seit den 1970er-Jahren unterworfen ist, kann hier nur angedeutet werden.[30] Er wird jedoch gerade im Erleben heutiger PfarrhausbewohnerInnen eine Folie für deren veränderte Lebenssituation darstellen. So erscheint gerade auch die von jeglichem traditionell familiären Leben losgelöste priesterliche Existenz in Analogie zu eben jenem Wandel der Familie[31] und deren Verständnis. Nicht nur die häufig beschriebene Ähnlichkeit zu modernen Lebensformen

---

[23] Dassmann, Ernst: Hausgemeinde und Bischofsamt, in: Viviarum. FS Theodor Klauser, Münster 1984, 82-97.

[24] Klauck, Hans-Josef: Gemeinde zwischen Haus und Stadt. Kirche bei Paulus, Freiburg i. B. 1992, 31.

[25] Bernhard Heininger konnte darauf verweisen, dass die frühchristlichen Hausgemeinden dabei auch gravierende Unterschiede zur üblichen Ordnung des antiken „Oikos" zulassen und zeigen, „dass die mit den Geschlechterunterschieden verbundenen differierenden Rollenzuschreibungen – die Frau gehört ins Haus und hat in der Öffentlichkeit nichts zu sagen, nur der Mann darf sich öffentlich zeigen und in der sprechen – in der christlichen Gemeinde obsolet geworden sind." Heininger, Bernhard: Die Kraft der Bilder. Imagination von Kirche im Neuen Testament, in: Garhammer, Erich (Hg.): Ecclesia semper reformanda. Kirchenreform als bleibende Aufgabe, Würzburg 2006, 105-129, 115.

[26] Klauck: Gemeinde, 31.

[27] Claussen: Frühes Christentum, 77.

[28] Mt 10, 37 par. Lk 14, 26.

[29] Vgl. Peuckert, Rüdiger: Familienformen im sozialen Wandel, Wiesbaden⁵ 2004.

[30] Vgl. zur Diskussion um ein postmodernes Familienverständnis, dessen Bezug zum Eheverständnis und daher meist „krisenzentrierte" Interpretation: Schneider, Werner: Von der familiensoziologischen Ordnung der Familie zu einer Soziologie des Privaten?, in: Soziale Welt 53 (2002), 375-396.

[31] Vgl. Mitterauer: Familie, 37. „So mag etwa das Wissen um die Häufigkeit des Zusammenlebens mit nichtverwandten Personen in Familienkonstellationen der Vergangenheit ein Alternativdenken über Familienformen der Zukunft erleichtern."

der Singles kann also ein Verständnismuster für das Pfarrhausleben in der Postmoderne bilden, sondern möglicherweise gerade andere Formen quasifamiliären und gemeinschaftlichen Lebens.[32] Doch auch die Rolle der anderen traditionellen Pfarrhausbewohner und -bewohnerinnen, insbesondere der Pfarrhaushälterin, hat sich stark verändert, weshalb auch ihr in einem eigenen Kapitel besonderes Augenmerk gewidmet sein soll.

3.1.2 Der Pfarrer

Als Vorgesetztem, Hausherrn und quasi als Familien-Vater kommt dem Pfarrer innerhalb der Hausgemeinschaft des Pfarrhauses im 19. Jahrhundert eine herausgehobene Stellung zu, die neben seinem Amt vor allem in seiner ökonomischen Privilegiertheit begründet ist. Die große Autorität des Hausvaters, die innerhalb der patriarchalen Gesellschaftsstrukturen begründet war und in dessen Rolle der Pfarrer im Pfarrhaus erschien, erwuchs jener Spaltung der Gesellschaft in einen öffentlichen und einen privaten Bereich, die aus der Zeit der Aufklärung erwachsen war:

> „Nur wer ein Haus regierte, war Herr oder konnte - im Dorf wie in der Stadt - gleichberechtigter Genosse sein und an der kommunalen Selbstregierung teilhaben."[33]

Hier zeigt sich weit über die von Schmidt untersuchte Zeit hinaus eine Wechselwirkung zwischen häuslicher Herrschaft und kommunalgesellschaftlicher Autorität.[34] Während für den öffentlichen Bereich der Gesellschaft seit der Aufklärung und insbesondere im 19. Jahrhundert Dehierarchisierung und die Gleichheit der Bürger betont werden, werden die aus der Ständegesellschaft überbrachten Werte spiegelbildlich im Privaten aufrechterhalten und wirken systemstabilisierend zurück:

> „Dehierarchisierung und die potentielle Gleichheit aller Menschen sind die Leitbegriffe des öffentlichen Bereichs – der, als Fundament und Stütze, den Privatbereich braucht. Hier muss die Herrschaft des Vaters gerade dann, wenn die Herrschaft von Landesvater und Gottvater in Frage gestellt wird, die Welt zusammenhalten. Die grundlegende Grenzüberschreitung, die wir in der Entstehung der bürgerlichen Öffentlichkeit beobachten, ist verknüpft

---

[32] Hierzu kann etwa in kleinstädtischen Räumen das Modell der „Hausfamilien" als Dreigenerationenkonstellation gehören, bei dem mehrere Generationen zwar ein Haus bewohnen, aber eigene Wohnungen haben und getrennte Haushalte führen.
[33] Schmidt, Heinrich R.: Hausväter vor Gericht. Der Patriarchalismus als zweischneidiges Schwert, in: Dinges, Martin (Hg.): Hausväter, Priester, Kastraten. Zur Konstruktion von Männlichkeit in Spätmittelalter und Früher Neuzeit, Göttingen 1998, 213-236, 214.
[34] Schmidt zeigt jedoch nicht nur die Bedeutung der patriarchalen Strukturen innerhalb der Hausgemeinschaft auf (die in einer besonderen Ausformung für das lutherische Pfarrhausleben galt), sondern verweist auch auf dessen Rollen stabilisierende Funktion. Auf das Geschlechterverhältnis im Rahmen des Evangelischen Pfarrhauses wird in einem eigenen Exkurs einzugehen sein.

und erkauft mit einer neuen und energischen Grenzziehung: der Grenzziehung zwischen privatem und öffentlichem Bereich."[35]

Vor diesem gesamtgesellschaftlichen Hintergrund entwickelt sich der Blick auf den Pfarrer in seiner Hausvaterfunktion. Dies scheint zwar seiner insbesondere durch das Zölibatsversprechen den gesellschaftlichen Strukturen und Geschlechterrollen enthobenen Stellung zu widersprechen, ist jedoch zugleich ein Tribut an seine Arbeitsfähigkeit innerhalb eines Systems, das die männliche Autorität stark an jene Funktion als Hausvater anbindet. Bis in die Neuzeit hinein war die verbindliche zölibatäre Lebensform mit einer „heiligmäßigen Ungeschlechtlichkeit"[36] begründet worden, die den Pfarrer den üblichen Geschlechterrollen entzog. Zugleich zeigen nicht nur disziplinarische Probleme mit diesem überhöhten Anspruch, sondern schon Alltagsuntersuchungen und Predigten, wie sehr sich Priester um eine Nähe zum übrigen Männerbild bemühten:

> „Die Metaphernwelt der Vergleiche, die die Priester zu Hilfe nahmen, zeigt zunächst einmal, daß sich auch die geistlichen Würdenträger trotz der prätendierten ‚engelgleichen Reinheit' nicht jenseits der Männer- und Frauenwelt definierten."[37]

Diesem priesterlichen Bemühen, spezifischen Verhaltensweisen und Eigenschaften der männlichen Geschlechterrolle gerecht zu werden, ja diese sogar zu unterstreichen, hatte vor allem auch seine häusliche Position zu entsprechen. Der Pfarrer ist derjenige, der Knechte[38] und Mägde und mancherorts auch Hilfspriester einstellt und entlässt und in besonderer Weise für ihr geistliches Leben Sorge trägt:

> „Während des Mittagsmahles wird er [Anm. d. V.: der Pfarrer] in der Nähe seiner Dienstleute sein, damit sie ehrbar und christlich sich verhalten und Gottes Gaben nicht durch unwürdiges Benehmen mißbrauchen, und das vorgeschriebne Gebet vor und nach Tische andächtig verrichtet werde. (…) Am Abend sorge er gleichfalls, daß seine Dienstleute nicht zur Ruhe gehen, ohne zuvor sich im Gebete zu Gott gewendet zu haben: und so sei er alle Tage in seinen Reden und Handlungen ein Muster milden Ernstes, holder Sanftmuth, weiser Strenge, mit einem Worte: ein Muster eines priesterli-

---

[35] Ammicht-Quinn, Regina: Anleitung zur Grenzüberschreitung. Theologinnen und ein doppeltes Öffentlichkeitsproblem, Berlin 2004, 3. (bislang unveröffentlicht!)
[36] Denzler, Georg: Die Geschichte des Zölibats, Freiburg-Basel-Wien 1993, 117-121.
[37] Dürr, Renate: „… die Macht und Gewalt der Priestern aber ist ohne Schrancken". Zum Selbstverständnis katholischer Seelsorgegeistlicher im 17. und 18. Jahrhundert, in: Dinges, Martin (Hg.): Hausväter, Priester, Kastraten. Zur Konstruktion von Männlichkeit in Spätmittelalter und Früher Neuzeit, Göttingen 1998, 75-99, 76.
[38] Vgl. zur historischen Problematisierung von Knechtschaft als Nachfolgerin der Leibeigenschaft im Rahmen der Aufklärung: Günther, Horst: Herr und Knecht, in: Frühsorge, Gotthard / Gruenter, Rainer / Freifrau Wolff Metternich, Beatrix (Hg.): Gesinde im 18. Jahrhundert. Studien zum 18. Jahrhundert, Bd. 12, Hamburg 1995, 1-12.

chen Hausvaters nach Gottes Willen. Tun wir das nicht, so verleugnen wir den Glauben'."[39]

Dem Pfarrer obliegt somit neben der Sorge für das Gemeindeleben der Pfarrei auch die Verantwortung darüber, dass das gemeinsame Pfarrhausleben für die Gemeinde Vorbildcharakter besitzt und behält.[40] In ärmeren Gegenden und kleineren Pfarreien obliegt ihm selbst die Sorge für die Ökonomie. Dort, wo die Größe der Pfarrstelle es zulässt, sind landwirtschaftliche Arbeiten meist an die Hausangestellten delegiert oder Ländereien ganz an umliegende Bauern verpachtet. Diese Nähe des Landpfarrers zur Landbevölkerung des 18. und 19. Jahrhunderts durch seine landwirtschaftliche Tätigkeit einerseits und seine meist auch bäuerliche Herkunft hat Wilhelm Heinrich Riehl noch am Ende des 19. Jahrhunderts als große Stärke des katholischen Klerus herausgestellt:

> „Die katholische Kirche hat es niemals vergessen, welch ungeheurer Einfluß ihr dadurch in die Hand gegeben ist, daß, wenigstens in Deutschland, fast sämtliche Glieder ihres Klerus aus dem Bauernstande hervorgehen."[41]

Zu den Aufgaben des Pfarrers gehört es dann, die seelsorgerlichen Aufgaben teilweise an die Hilfspriester zu verteilen oder sie selbst zu übernehmen und das Pfarramt mit deutlichem Schwerpunkt auf den Kasualien zu verwalten. In vielfacher Hinsicht kommt dem Pfarrer damit innerhalb der Pfarrhausfamilie die Stellung des Familienvaters zu und ist darin für ideologische Betrachtungen anfällig.[42] So wie es dem lutherischen Ideal des Hausvaters entspricht, die Familie wie eine Hauskirche täglich zu Frömmigkeit und

---

[39] Anonym: Priester und Welt, 115-116.
[40] Besondere Aufmerksamkeit erfährt die Rolle des Hausvaters im Barock, so z. B. bei dem Mönch und Theologen Abraham a Sancta Clara (1644-1709), der am Ideal des biblischen Hauptmanns von Karphanuam, der für seinen erkrankten Knecht den besten Arzt, Christus, ruft und so zum Vorbild für den treusorgenden Hausvater wird. Vgl. Hüttl, Ludwig: Das Erscheinungsbild der Dienstboten in der katholischen Frömmigkeitsgeschichte des 18. Jahrhunderts, in: Frühsorge, Gotthard / Gruenter, Rainer / Freifrau Wolff Metternich, Beatrix (Hg.): Gesinde im 18. Jahrhundert. Studien zum 18. Jahrhundert, Bd. 12, Hamburg 1995, 121-160, 123.
[41] Steinbach, Peter: Einleitung, in: Wilhelm Heinrich Riehl (Hg.): Die bürgerliche Gesellschaft, Frankfurt a. M.-Berlin-Wien 1976, 87.
[42] Mit einem Verweis auf Max Weber deckt Ingeborg Weber-Kellermann die Pfeiler jener patriarchalen Stellung des Familienvaters auf. Vgl. Weber-Kellermann: Die Familie, 68: „In seinen Ausführungen über Patriarchalismus und traditionelle Herrschaft schreibt Max Weber, daß die persönliche Autorität des Herrn auf der körperlichen und geistigen Abhängigkeit der Frauen beruhe, auf der Hilfsbedürftigkeit der kleinen Kinder, der Anerkennung der von Kindheit an gewohnten patriachalischen Gewalt durch den Knecht sowie dessen Schutzbedürfnis. Er stellt fest, daß sich hier die Kindespietät für die Person des Herrn mit der Pietät für die Tradition verbindet; während die Pietät die Macht des Herrn vergrößert, wird sie durch die Tradition in Schranken gehalten."

Glauben anzuleiten[43], so liegt auch in katholischen Familien bis hin zur „Pfarrhaus-Familie" die allgemeine Sorge um die Frömmigkeit in der Hand des Vaters beziehungsweise eben des Pfarrers.

An verschiedenen Punkten durchbricht der Pfarrer jedoch zugleich die Analogie zum Familienvater beziehungsweise übersteigt sie. Dies liegt einerseits in seiner seelsorgerischen Tätigkeit und andererseits seit dem ausgehenden 18. Jahrhundert auch in seiner Bildung und gesellschaftlichen Stellung begründet, die ihn im ländlichen Bereich zunehmend deutlich von den Bauern und in der Stadt von den Handwerkern unterscheiden und in eine bürgerliche Position heben. Hier lässt sich mit der leichteren Bezahlbarkeit von Büchern seit dem 18. Jahrhundert das Entstehen eigener, großenteils privater Bibliotheken und das persönliche Studium im Studierzimmer in den Pfarrhäusern beobachten.

Eine in den Bestimmungen des Konzils von Trient begründete und durch Weiheversprechen manifestierte Spiritualität führte zu einem zwar zeitintensiven und inhaltlich aber auf die tägliche Messfeier und das Stundengebet („Brevierlesen") reduzierten, geistlichen Leben. Noch bis in die Mitte des 20. Jahrhunderts ist für viele Gemeindemitglieder der im Garten wandelnde Pfarrer, der im Gehen das Stundengebet verrichtet, ein bleibender Eindruck. Das Pfarrerbild ist damit von Ruhe, Zurückgezogenheit und zunehmend von Intellektualität geprägt und steht vor allem im ländlichen Raum in geradezu extremem Kontrast zur Umwelt. Diese im Verlauf des 19. Jahrhunderts zunehmende Abgeschiedenheit des Pfarrers und das dahinter stehende Idealbild des Priesters führt mitunter zu Widersprüchen: Einerseits ist gerade seine Erreichbarkeit eine der höchsten Prioritäten, da seine Anwesenheit bei Sterbenden und das Spenden der Sakramente in Notsituationen als heilsnotwendig betrachtet wurden und seine Wahrnehmbarkeit als Vorbild im Lebenswandel immer wieder eingeschärft wird. Andererseits entsteht in nicht wenigen Gemeinden eine solche Entfremdung zwischen Priester und Gemeindemitgliedern, dass ein selbstverständlicher Umgang unmöglich wird. Ein Kontakt zum Pfarrer wird vor allem im Zusammenhang der Kasualien gesucht. Zwar hatte seit der Gegenreformation und der Verbreitung der ignatianischen Spiritualität auch die Einzelseelsorge zunehmend an Bedeutung gewonnen, jedoch fand auch diese weitestgehend in Gestalt der Sakra-

---

[43] Vgl. Frühsorge, Gotthard: Einübung zum christlichen Gehorsam: Gesinde im „ganzen Haus", in: Frühsorge, Gotthard / Gruenter, Rainer / Freifrau Wolff Metternich, Beatrix (Hg.): Gesinde im 18. Jahrhundert. Studien zum 18. Jahrhundert, Bd. 12, Hamburg 1995, 109-120, 112: „Daß er [Anm. d. V.: der Hausvater] nicht nur dem Gesinde das Wort Gottes mitteilt, wie der Katechismus fordert, sondern dem gesamten Haus, muß aus dem historischen wie dem spirituellen Verständnis der Vaterrolle, wie sie in der Hauslehre Luthers hervortritt, geschlossen werden."

mente, besonders des Beichtsakramentes statt[44] und war in Form von Exerzitien in der Regel auf Akademiker beschränkt.

Seelsorge, wie sie in der katholischen Kirche erst in der Mitte des 20. Jahrhunderts wieder entdeckt wurde, verblieb als Aufgabe meist den anderen Bewohnern des Pfarrhauses, insbesondere der Haushälterin und den Hilfspriestern, zu denen die gesellschaftlichen Barrieren niedriger waren. Für letztere jedoch erschien es als selbstverständlich, die wirtschaftliche Stellung, die örtliche Autorität und die Macht des Pfarramtes anzustreben.

Dabei bewirkten die meist großen Weihejahrgänge in überwiegend katholischen Regionen einerseits ein Überangebot an Priestern und führten damit zu einem Konkurrenzkampf um (attraktive) Pfarrstellen. Manche Priester blieben über Jahrzehnte in einem Pfarrhaus als Kaplan oder Hilfspriester ohne eine eigene Pfarrstelle übernehmen zu können. Andererseits ermöglichte der Mangel an ausreichenden Pfarrstellen den Anreiz, sich als Pfarrer in Diasporagebieten mit meist ärmeren Gemeinden um eine Anstellung zu bemühen oder gar in die Mission einzutreten.

Eine Zusammensetzung der Pfarrhausbewohner und -bewohnerinnen als Pfarrhausfamilie findet sich in ländlichen Regionen bis in die Mitte des 20. Jahrhunderts, in städtischen Bereichen endet diese Form des Pfarrhauslebens meist bereits zu Beginn des 20. Jahrhunderts. Erst mit dem Aufkommen der „offenen Pfarrhäuser" und neuen Formen der „Vita Communis" wird an einige Aspekte des gemeinschaftlichen Lebens angeknüpft, wenngleich unter veränderten Vorzeichen. Insgesamt stellt die Pfarrhausfamilie jedoch ein Lebensmodell der Vergangenheit dar, das dem heute meist allein lebenden Pfarrer gewichen ist oder zunehmend dadurch ersetzt wird. Damit ergeben sich jedoch veränderte Herausforderungen für ein gelingendes zölibatäres Priesterleben. Die Lebensgewohnheiten ähneln zunehmend denen von Singlehaushalten[45], Einsamkeit und ein Mangel an intensiven persönlichen Beziehungen als integraler Bestandteil eines psychologischen und spirituellen Reifungsprozesses[46] und zur Vermeidung narzisstischer Tendenzen[47]

---

[44] Zum Vergleich der konfessionell sehr unterschiedlich entwickelten Seelsorgepraxis im 19. Jahrhundert: Möller, Christian (Hg.): Geschichte der Seelsorge in Einzelporträts, Bd. 3, Göttingen-Zürich 1996. Winkler, Klaus: Seelsorge, Berlin-New York 1997.

[45] Die sich daraus ergebende Nähe der zölibatären Lebensform zu modernen Lebensformen von Singlehaushalten wird bislang kaum reflektiert und in ihren Konsequenzen für die pastorale Arbeit nutzbar gemacht. Einen Beitrag dazu mag das in dieser Arbeit geschilderte persönliche Empfinden und die je eigene Umgangsweise mit dieser veränderten Situation ergeben.

[46] Vgl. Müller, Wunibald: Liebe und Zölibat. Wie eheloses Leben gelingen kann, Mainz 1994, 77: „Diesem im Grunde genommen ein ganzes Leben währenden Bemühen und Verlangen, Einsamkeit zu überwinden, muß sich auch ein zölibatär lebender Mensch in den unterschiedlichen Phasen seines Lebens stellen, will er in der Lage sein, zölibatär zu leben. Das heißt auch, daß dem Zölibatär viele Weisen, Einsamkeit zu überwinden, nicht nur gegeben sind, sondern ihre Wahrnehmung und Verwirklichung gleichsam selbstverständlich und notwendig sind für seine gesamte menschliche Entwicklung."

lassen sich vielfach beobachten. Konsequenzen dieser Entwicklung sind nur in Ansätzen erkennbar.

3.1.3 Die Hauswirtschafterin

Naturgemäß kommt der Hauswirtschafterin in der Wahrnehmung der Gemeindemitglieder wie auch der Pfarrhausbewohner über lange Zeit (teilweise bis in die Gegenwart) eine herausgehobene Stellung zu. Mancherorts stellt sie das entscheidende Bindeglied zwischen der Gemeinde und dem Pfarrer dar, sie ermöglicht und verhindert Kontakte. So ist „der Einfluß der Haushälterin, Köchin oder Magd des Pfarrers sicher auch in jenem sensiblen Bereich der weiblichen Dorföffentlichkeit zu suchen, die sich ein Urteil über das Verhalten der einzelnen Mitglieder der Gemeinde anmaßte."[48] Sie leitet dort, wo der Pfarrer nicht mit den Alltagsgeschäften belastet sein will, die Ökonomie und ist im 18. und 19. Jahrhundert direkte Vorgesetzte für Mägde und Knechte.[49] Ist hier die Hierarchie auch klar geregelt, so berichten Hilfspriester doch bis ins 20. Jahrhundert von Auswüchsen ihnen gegenüber, die in einer hierarchischen Unbestimmtheit zwischen Hilfspriester und Hauswirtschafterin begründet sein mochten. Die Stellung der Hauswirtschafterin beziehungsweise Köchin markiert somit eine entscheidende Stelle weiblicher Macht innerhalb des ansonsten patriarchalen und priesterzentrierten Herrschaftssystems[50]:

> „Im Kontext der katholischen Kirche, wo Frauen aus Machtpositionen systematisch ausgeschlossen waren, verweisen weibliche Verwandte in häuslichen Diensten darauf, dass Frauen im 19. Jahrhundert in der katholischen Kirche informell Macht ausüben konnten."[51]

---

[47] Vgl. Ehrlich, Shmuel H.: Narzissmus und Beziehung – Auf Erfahrung beruhende Aspekte von Identität und Einsamkeit, in: Wiesse, Jörg (Hg.): Identität und Einsamkeit. Zur Psychoanalyse von Narzissmus und Beziehung, Göttingen 2000, 91-115. Sachse, Rainer: Histrionische und Narzisstische Persönlichkeitsstörungen, Göttingen-Bern-Toront-Seattle 2002.

[48] Ulbrich, Claudia: Shulamit und Margarete. Macht, Geschlecht und Religion in einer ländlichen Gesellschaft des 18. Jahrhunderts, Wien-Köln-Weimar 1999, 65.

[49] Wie den Gesindeordnungen bis ins 19. Jahrhundert zu entnehmen ist, verbleiben die Knechte und Mägde innerhalb der Hausfamilie und ihrer Ordnung in der Rolle von weitgehend unmündigen Kindern. Vgl. Frühsorge: Einübung zum christlichen Gehorsam, 114: „Es ist erstaunlich, um nicht zu sagen erschreckend zu beobachten, daß seit Luther und der von seiner Hauslehre abhängigen Ordnungsvorstellung bis – beispielsweise – zu einer abgeänderten Gesindeordnung vom 16. August 1899 für das Herzogtum Braunschweig sich in der Beschreibung dessen, was Gesinde sei und welchen Platz in der Welt es auszufüllen habe, nichts Wesentliches geändert hat. (…) Gesinde, die Weggefährten, von denen gesprochen wurde, verharren allein im Status ewiger Kindhaftigkeit."

[50] Vgl. Bowman: Frauen und geweihte Männer, 249.

[51] Bowman: Frauen und geweihte Männer, 250.

Mit besonderer Sorge betrachten seit jeher Bistumsleitungen die Stellung der Hauswirtschafterin im Pfarrhaus und ihre Beziehung zum Pfarrer, die gerade im 19. Jahrhundert zu Beschwerden von Pfarrgemeinden beim zuständigen Dechanten führten und als Druckmittel instrumentalisiert wurden.[52] Kam es nicht nur zu Verfahren gegenüber Priestern, sondern auch zu Verurteilungen durch Konsistorien, waren die Konsequenzen höchst ungerecht. Während Priester nur für kurze Zeit ihres Amtes enthoben, in konsistoriale Haft genommen und relativ schnell wieder in eine neue Gemeinde versetzt wurden, standen die Frauen meist mit der Kündigung vor dem finanziellen Ruin. Erwarteten sie ein Kind, lag die Last der Sorge und Verantwortung allein auf ihren Schultern:

> „In allen Fällen, in denen diese sexuellen Beziehungen zu Schwangerschaften führten, waren die Frauen höchstwahrscheinlich gezwungen, gänzlich allein mit den Folgen zurechtzukommen."[53]

In dieser Sorge begründet sind eine Vielzahl diözesaner Regelungen zur Auswahl der Haushälterin aus der engen Verwandtschaft des Pfarrers (möglichst eine leibliche Schwester) einerseits und Gesetzgebungen, die bis in das Privatleben des Pfarrers und der Hauswirtschafterin dieser Sorge nachgehen, andererseits. So gab es Bestimmungen verschiedener Diözesansynoden zu ihrem Mindestalter oder, zum Beispiel in Trier, das Verbot zusammen zu verreisen.[54] In vielen Diözesen fand seit Mitte des 19. Jahrhunderts eine Verfolgung „unsittlicher Verhältnisse" zwischen Haushälterinnen und Pfarrern statt, deren Ausgang meist in der Denunzierung durch andere Priester oder Gemeindemitglieder lag.[55] Dabei fällt auf, dass der hohe moralische Anspruch, der durch die zunehmend ultramontane kirchliche Tendenz entstand, nicht nur von Denunziationen, sondern auch von einem signifikanten Anstieg (teilweise schwerer) Sexualdelikte durch Priester begleitet war (Vgl. Kap. 3.2.8 Der Verfluchte Ort – sexualisierte Gewalt und Verbrechen im Pfarrhaus).

Der Pfarrhaushälterin, die in solchen Fällen nicht nur das Opfer von Übergriffen seitens der Kleriker war, sondern zugleich in extremer wirtschaftlicher Abhängigkeit vom Pfarrer stand, kam generell eine Fülle von Aufgaben zu, die sich einerseits auf die Hauswirtschaft (Kochen, Reinigen, Waschen) bezog, andererseits jedoch auch deutlich darüber hinausging. So war auf ihre Hilfe in der Landwirtschaft des Pfarrhofes – teilweise auch in alleiniger Verantwortung - bereits hingewiesen worden. Mancherorts gab es Haushäl-

---

[52] In allen deutschsprachigen Bistümern gab es Regelungen zur Anstellung von Haushälterinnen und anderen Angestellten im Pfarrhaus. Dabei wurden meist nahe Verwandte oder ältere Frauen empfohlen, um möglicher Anstoßnahme seitens der Pfarrgemeinden entgegenzuwirken und die Autorität des Klerus durch Gerüchte nicht zu gefährden.
[53] Bowman: Frauen und geweihte Männer, 253.
[54] Gatz: Kultur des priesterlichen Alltags, 297.
[55] Vgl. dazu: Olenhusen: Klerus und abweichendes Verhalten, 230-232.

terinnen, die Aufgaben in der Pfarrgemeinde übernahmen und sich in der Erziehung und Ausbildung von Mädchen, in der Sakristei oder in caritativen Tätigkeitsfeldern engagierten. Wo eine derartige Ausweitung der Tätigkeiten oder gar entsprechende Erwartungen auftraten, wird die Parallele zur evangelischen Pfarrfrau offensichtlich.

Eine Veränderung der Bedeutung und Funktion der Pfarrhaushälterin lässt sich ab der Mitte des 20. Jahrhunderts beobachten. Einerseits führte die bessere Ausbildungssituation von Frauen und die geringere Zahl von Geschwistern dazu, dass die Schwestern von Priestern nicht mehr selbstverständlich mit in ein Pfarrhaus einzogen. Andererseits mögen Ursachen in den kleiner werdenden Familien, in der zunehmenden Selbstbestimmung der Frauen und damit im gesamtgesellschaftlichen Frauenbild zu finden sein.

Nicht nur die geringeren Kinderzahlen und der Rückgang materieller Armut bei alleinstehenden Frauen im Lauf des 20. Jahrhunderts haben hier ihre Spuren hinterlassen. Gerade die Zunahme der Erwerbstätigkeit bei Frauen und ihre gesellschaftliche Gleichberechtigung haben die geschlechtsspezifische Zuordnung der Frauen auf das Arbeitsfeld der Hauswirtschaft aufbrechen können. Eine Stellung etwa einer leiblichen Schwester des Pfarrers als Pfarrhaushälterin ist so in der Gegenwart kaum noch anzutreffen oder unterliegt zumindest genauen Absprachen.

Auf pointierte, wenngleich immer wieder auch vereinfachende Weise weist Hubertus Mynarek auf Hintergründe dieser mittlerweile veränderten Situation hin:

> „Wenn heute junge, einigermaßen im modernen Leben stehende Frauen den Pfarrhaushalt zu übernehmen bereit sind, dann geschieht das deshalb, weil sie für den betreffenden Priester Sympathie empfinden – Sympathie im weitesten Sinne des Wortes, d. h. weder eine Ausklammerung idealistischer noch erotischer Komponenten, die ohnehin nicht säuberlich voneinander zu trennen sind."[56]

---

[56] Mynarek, Hubertus: Eros und Klerus, Essen 1999, 62.

Die Stellung der Haushälterin, ihr verändertes Arbeitsfeld[57] und ihr Verhältnis zum Pfarrer gab und gibt für Außenstehende dennoch immer wieder Anlass zu Spekulationen, obwohl gesicherte Zahlen über erotische, sexuelle beziehungsweise eheähnliche Lebensverhältnisse von Pfarrern und Haushälterinnen nicht bestehen. Wenngleich es nicht das Ziel dieser Arbeit ist, diesbezüglich repräsentative Erhebungen und entsprechende Spekulationen einander gegenüber zu stellen, so dürfte doch allein das generelle Verdachtsmoment gegenüber dem Verhältnis zwischen Pfarrer und Haushälterin das Bild der Gemeinde vom Pfarrhausleben mitprägen. Die Studie zu Fragen der Sexualität bei Priestern von A. W. Richard Sipe ermöglicht hier eine sachliche Unaufgeregtheit:

> „Die hart arbeitenden und engagierten Frauen dieser Gruppe sind schon immer verleumdet und häufig zu Unrecht bezichtigt worden, die Sexualpartner der Priester zu sein, für die sie arbeiten. Für die meisten dieser Frauen trifft das nicht zu, was natürlich nicht heißt, daß keine entsprechenden Fälle bekannt wären."[58]

Es bedarf dieser generellen Einordnung, um daneben den Umgang mit Pfarrhaushälterinnen durch Pfarrer und Kirchenleitungen zu verstehen. So berichtet Sipe von Fällen, in denen ein eheähnliches Verhältnis von Pfarrer und Haushälterin als geringeres Übel gegenüber der Amtsniederlegung des

---

[57] Aufschlussreich ist eine Darstellung der Tätigkeitsbereiche einer Pfarrhaushälterin durch das Veronikawerk, den Berufsverband der Haushälterinnen. Sie umreißt das Berufsbild mit folgenden Berufsbezeichnungen: „Sekretärin, Wäscherin, Lektorin, Gärtnerin, Gruppenleiterin, Näherin, Kommunionhelferin, Wirtschafterin, Büglerin, Telefonistin, Krankenpflegerin, Organistin, Katechetin, Verwalterin, Köchin, Pfarrgemeinderätin, Messnerin." veröffentlicht in: www.veronikawerk.de (11.01.2006). Die aufschlussreiche Vermischung von Haushaltstätigkeiten und Gemeindetätigkeiten, und somit von Haupt- und Ehrenamtlichkeit scheint hier zum Berufsideal stilisiert zu werden. Die Aufnahme der „Pfarrhaushälterin" in den Katalog spezifisch kirchlicher Berufe im „Zentrum für Berufungspastoral" der Deutschen Bischofskonferenz (veröffentlicht in: www.berufung.org (11.01.2006)) zeugt einerseits von dem Bemühen, ihr Ansehen zu heben und entspricht andererseits jener Idealisierungstendenz des Veronikawerkes: „Wichtige Eigenschaften einer Pfarrhaushälterin sind Freundlichkeit im Umgang mit Menschen, Kooperationsbereitschaft, Kontaktfreudigkeit, Zuverlässigkeit und Diskretion. Eine gute partnerschaftliche Zusammenarbeit mit dem Pfarrer und seinen Mitarbeiter/innen ist unverzichtbar und nicht immer leicht." veröffentlicht in: www.veronikawerk.de (11.01.2006). Gerade die verbandliche Organisation der Pfarrhaushälterinnen scheint jedoch für die Bildung einer Berufsidentität und einen bewussten Umgang mit Klischees und Vorurteilen von zentraler Bedeutung zu sein: „Wo liegen die Schwierigkeiten und Probleme? Im Wandel des Berufsbildes des Priesters. Im Klischee, das nur auf Putzen und Kochen einengt. Die für manche Kolleginnen recht bittere Erfahrung, als die unterste Sprosse der Leiter im Pfarrhaus angesehen zu werden, der Notnagel oder das Mädchen für alles sein zu müssen, was andere nicht tun wollen. Immer wieder nur auf das Dienen angesprochen zu werden. Die überzogenen Erwartungen, z. B. immer da sein zu müssen. Um hier nur einiges zu nennen." veröffentlicht in: www.bg-phh.org (entnommen am 11.01.2006).
[58] Sipe, A. W. Richard: Sexualität und Zölibat, Paderborn-München-Wien-Zürich 1992, 100.

Priesters in Kauf genommen oder sogar empfohlen wurde[59] - ein Verhalten, das sich sowohl bei der Kirchenleitung, als auch bei Gemeinden beobachten lässt!

Ein zahlenmäßiger Rückgang der Anstellungen von Pfarrhaushälterinnen durch Priester mag zum einen auch im Vermeiden derartiger Spekulationen, aber ebenso in der gesellschaftlichen Möglichkeit, Beziehungen auf andere Weise zu unterhalten, begründet sein.

Unabhängig von der Beziehungsfrage setzen allein die wirtschaftlichen Möglichkeiten derartigen Anstellungen als Vollzeit-Kraft Grenzen. Hinzu kommt ein im deutschsprachigen Raum weiter entwickeltes Sozialsystem, das etwa eine geschwisterliche Wirtschaftsgemeinschaft nicht mehr kennt und durch steigende Lohnnebenkosten die Stelle einer Haushälterin für viele Pfarrer nicht mehr finanzierbar sein lässt. In der zweiten Hälfte des 20. Jahrhunderts entstehen jedoch auch individuelle Formen und Kombinationen der jeweiligen Anstellungen, z. B. die Tätigkeit als Pfarrhaushälterin im Rahmen einer Teilzeitstellung oder in Kombination mit der Anstellung als Pfarrsekretärin. Verstärkt zeigen auch Pfarrer Interesse an Anstellungen von Pfarrhaushälterinnen mit eigenen Familien. Sie leben selbst nicht im Pfarrhaus, bieten aber nicht selten dem Pfarrer durch ihr eigenes Familienleben einen punktuellen Familienanschluss und tragen damit zu einer Vermeidung von Gerüchten bei. Und was vielleicht noch wichtiger ist: Sie entlasten die Pfarrer so von einem zu hohen emotionalen Erwartungsdruck an gemeinsame Freizeitgestaltung.

Als neuere Form der Pflege des Pfarrhaushaltes hat sich indes anstelle der Haushälterin die (stundenweise) Anstellung einer Haushaltshilfe oder Reinigungskraft durchgesetzt. Diese Praxis wird nicht nur aufgrund größerer Flexibilität bezüglich des Arbeitsumfangs und der besseren Finanzierbarkeit als Teilzeitkraft an Attraktivität gewonnen haben.

Während die Erfolge der Frauenbewegung seit den 70er-Jahren des 20. Jahrhunderts auch zu einer stärkeren Wahrnehmung der Hausarbeit als Frauenarbeit geführt haben[60] und ihre geschlechtsspezifische Einengung auf die häusliche Arbeit zurückdrängt, ist doch gerade angesichts der angespannten bundesdeutschen Arbeitsmarktsituation seit den 1990er-Jahren eine gegenläufige Entwicklung abzusehen. Hier wird jedoch ebenso ein Wandel der privaten Hausarbeit insgesamt sichtbar, von dem der Pfarrhaushalt nicht

---

[59] Vgl. Sipe: Sexualität, 101.
[60] Thiessen, Barbara: Re-Formulierung des Privaten. Professionalisierung personenbezogener, haushaltsnaher Dienstleistungsarbeit, Wiesbaden 2004, 381: „Die private Haushaltsarbeit ist unter dem Fokus der geschlechtshierarchischen Arbeitsteilung in neuer Weise wissenschaftlich in den Blick gerückt. Dies kann als ein wesentlicher Verdienst der Frauen- und Geschlechterforschung gelten, die die Geschichte der Arbeit aus der Perspektive des Privaten rekonstruiert hat."

ausgenommen ist: Die geschlechtshierarchische Arbeitsteilung im Privaten wird seitens der Frauen aufgekündigt und der Bedarf an professionellen, haushaltsnahen Dienstleistungen steigt bei gleichzeitig zunehmender Geringachtung der Haushaltsarbeit[61] an.

3.1.4 Die Kapläne, Hilfspriester und Vikare

Die bereits angesprochenen großen Weihejahrgänge in katholischen Regionen im 19. Jahrhundert führten zu einigen Schwierigkeiten nicht nur in der Bewerbung um eine Pfarrstelle. So wurde eine mehrere Jahre dauernde Kaplanstätigkeit zur Selbstverständlichkeit und wurde zu einem prägenden Merkmal für die Gemeindepastoral:

> „In diesem Zusammenhang wurde auch die ‚Vita communis' von Pfarrer und Kaplan noch einmal dezidiert festgeschrieben: durch diese sei die Seelsorge besser zu koordinieren und könne der Kaplan erheblich an Erfahrung gewinnen – außerdem sei diese Lebensform noch erheblich kostengünstiger als zwei getrennte Haushalte."[62]

Schon die Vermittlung als Kaplan in ein Pfarrhaus[63] konnte sich mancherorts als problematisch erweisen und führte dazu, dass manche Priester noch die ersten Monate nach ihrer Weihe im Priesterseminar verblieben. In großen Pfarreien hingegen lassen sich unterschiedliche Entwicklungen beobachten: Zum einen gab es Pfarreien, in denen den Kaplänen mit einer „Kaplanei" ein eigenes Haus zur Verfügung stand. Dies befand sich meist in der Nähe des Pfarrhauses war jedoch immer deutlich kleiner und bescheidener als dies. Wenn durch gemeinsames Mittagessen und Dienstbesprechungen auch eine Einbindung in das Pfarrhausleben gewährleistet war, ermöglichte die Kaplanei den jeweiligen Priestern doch ein relativ selbstständiges Leben, teilweise

---

[61] Vgl. Thiessen: Re-Formulierung, 385.

[62] Scharf-Wrede, Thomas: Katholisches Leben im Wandel, in: DHVG 66 (1998), 311-330, 320.

[63] Vgl. zur kirchenrechtlichen Entwicklung der Anstellungsrechte von Hilfspriestern: Lindner, Dominikus: Die Anstellung der Hilfspriester. Eine kirchenrechtsgeschichtliche Untersuchung, Kempten 1924. Bereits das Konzil von Trient hatte die ausreichende Anstellung von Hilfspriestern zur Sicherung der Pfarrseelsorge angemahnt, diese jedoch weiterhin, mittelalterlicher Praxis folgend, in der Verantwortlichkeit der Pfarrer belassen: Vgl. Lindner: Die Anstellung, 63: „Das Hilfspriesteranstellungsrecht hatte damit in der Zeit nach dem Trienter Konzil so ziemlich überall die folgende Gestalt bekommen: Befugt zur Auswahl des Hilfspriesters war der Pfarrer; der von ihm ausersehene Geistliche bedurfte jedoch, bevor er auf seinem Posten seelsorglich tätig werden konnte, außer der bischöflichen Approbation zum Beichthören auch noch jener zum Seelsorgedienst überhaupt." Nach ersten Änderungen der Anstellungsrechte in den Bistümern Salzburg und Freising, kam es seit dem 18. Jahrhundert zunehmend auch in anderen Diözesen zu einer Verschiebung des Anstellungsrechts vom Pfarrer zum jeweiligen Bischof. Mancherorts, wie z. B. in den Bistümern Passau und Augsburg erfolgte diese Änderung erst im 19. Jahrhundert und meist in Verbindung mit der territorialen Umstrukturierung der Bistümer im deutschen Sprachraum.

sogar einen selbstständig geführten Haushalt mit eigener Haushälterin. Gerade in der ersten Hälfte des 20. Jahrhunderts entwickelten sich die Kaplaneien als Orte der Jugendpastoral und kirchlichen Erneuerung. Meist junge Priester, die durch die Art ihres Tätigkeitsfeldes[64] in Schulen und der gemeindlichen und verbandlichen Jugendarbeit sowie durch Aufgeschlossenheit gegenüber kirchlichen Reformen, wie z. B. in der liturgischen Erneuerung, breite Zustimmung und Sympathie der Gemeinden erlangten, waren nicht selten.

In anderen Regionen und Pfarreien, in denen das Wohnen und Leben aller Priester in einem gemeinsamen Pfarrhaus vorgesehen war, konnte die Situation für Kapläne und Hilfspriester weit beengter sein - nicht nur in räumlicher Hinsicht. So stand ihnen neben einem Taschengeld häufig nur ein Zimmer und die Versorgung durch die Pfarrhaushälterin zu. Das Zusammenleben mehrerer Kapläne in einer Pfarrei[65] kann als Spezifikum großer städtischer Pfarreien gelten und war sowohl durch eine eigene Binnenhierarchie nach Weihealter wie auch oftmals durch eine besondere Konkurrenzsituation bestimmt. Gegenüber dem Pfarrer bildeten sie nicht selten eine eigene Fraktion.

Hinzu kam, dass einige Hilfspriester als „Supernumerare", als Priester ohne Planstelle, von Pfarrern selbst angestellt wurden.[66] Nicht nur bei ihnen liegt die Abhängigkeit vom Pfarrer, der hier in besonderer Weise als „Pfarrherr" empfunden worden sein dürfte, auf der Hand. Ihre Arbeit wie auch ihr Privatleben ist ganz auf die Pfarrhausgemeinschaft ausgerichtet und durch deren hierarchisches System bestimmt. Ausnahmen kennt dieses System nur dort, wo bei einem führungsschwachen Pfarrer ein Machtvakuum entsteht, das entweder von der Haushälterin oder von einem Hilfsgeistlichen ausgefüllt wird.

Doch bis weit in das 20. Jahrhundert hinein behält das Pfarrhaus als Pfarrfamilie für Kapläne und Vikare eine Bedeutung, die für viele auch im positiven Sinn prägend ist und als Schutzraum empfunden wurde:

> „Meine erste Stelle war die eines Vikars (Kaplans) in Stuttgart. Das Pfarrhaus, in dem ich wohnte, war geradezu ideal. Der Pfarrer, ein überaus gütiger, mit der Gemeinde, die er aufgebaut hatte, eng verbundener Seelsorger, ließ seinen Mitarbeitern in ihren Diensten an Schule, Krankenhäusern, Ju-

---

[64] Einen anschaulichen Einblick in die vielfältigen Aufgabenbereiche und die beeindruckende Arbeitsbelastung eines Kaplans gegen Ende des 19. Jahrhunderts bietet Georg Lenhart in seiner Biographie. Vgl. Lenhart, Georg: Reminiscor miserationum tuarum domine: Kramereien in einem bescheidenen Priesterleben, Mainz 1951, 91-103.
[65] Erwin Gatz führt hier ein wohl extremes, aber anschauliches Beispiel von Pfarrer Jakob Hauck in Nürnberg an, dem 1912 zeitweise 12 Kapläne unterstanden. Vgl. Gatz: Kultur des priesterlichen Alltags, 288.
[66] Diese Rechte der Pfarrer, selbstständig Hilfspriester anzustellen, wurden von den Bistumsleitungen im Lauf des 19. Jahrhunderts mehr und mehr zurückgenommen und mit dem CIC/1917 gänzlich abgeschafft.

gendgruppen, Ministranten und Choralschola volle Freiheit. Das Pfarrhaus strahlte eine echte familiäre Atmosphäre aus: die Mahlzeiten boten die Gelegenheit zu Gesprächen über die damals täglich gemachten Erfahrungen, vor allem in den Schulen, die zumeist antikirchlich eingestellt waren und die jede Gelegenheit wahrnahmen, den jungen Vikar in Verlegenheit zu bringen."[67]

Die hier angedeuteten Kommunikations- und Reflexionsmöglichkeiten zwischen Kaplänen und Pfarrern dienten jedoch nicht nur der Ausbildung der jungen Priester und der Kontrolle ihrer Arbeit. Mit ihnen bot sich vielen Pfarrern auch die Möglichkeit zu einem Informationsaustausch über ihre Gemeinde und deren Mitglieder, auf den sie für die Gemeindepastoral, wie sie während der Pianischen Epoche entstanden war, angewiesen waren. Nicht wenige Pfarrer schätzten daher wohl ihre Kapläne als Verbindung in die Gemeinde, wie sie von Georg Lenhart beschrieben wird:

„Was er [Anm. d. V.: der Pfarrer] aus der Pfarrei wissen wollte, das verstand er sehr geschickt aus seinen Kaplänen herauszuholen. Gewöhnlich beim Abendessen stellte er seine Fragen. Sie bezogen sich auf Vereinstätigkeit und Vereinsvorkommnisse, auf Kranke und Krankenbesuche, auf Schultätigkeit und Predigtstudium, kurz auf alles, was mit der Seelsorge direkt oder indirekt zusammenhing."[68]

Die hier skizzierte enge Einbindung der Kapläne und Vikare in das Pfarrhausleben wird etwa seit den 1980er-Jahren in Frage gestellt. Die Zunahme sogenannter „Spätberufener", denen die Beschränkung auf ein einzelnes Zimmer über Jahre nach bereits in anderen Berufen erarbeiteter Selbstständigkeit kaum zumutbar erscheint, und die gesamtgesellschaftlich erhöhten Ansprüche an den persönlichen Wohnraum führten nicht nur zu baulichen Veränderungen der Pfarrhäuser. So gibt es in manchen Bistümern die Praxis, frei gewordene Pfarrhäuser eines Gemeindeverbundes den Kaplänen als Dienstsitz zuzuweisen und ihnen das Führen eines eigenständigen Haushaltes mit entsprechender finanzieller Ausstattung zuzugestehen. Überall durchgesetzt hat sich zumindest die Definition eines Mindeststandards für die Wohnungen von Kaplänen, die jedoch mancherorts unter den gesellschaftlichen Standards Gleichaltriger liegen.

3.1.5 Das Familienleben im Pfarrhaus

Erst durch die Entstehung der neuen pastoralen Berufe der Pastoralreferenten und Gemeindereferenten, auf deren Bedeutung an anderer Stelle eingegangen wird, und Überlegungen zur Nutzung von Pfarrhäusern entstanden in

---

[67] Fries, Heinrich: Erfahrungen eines Weges, in: Marz, Bernd (Hg.): Alles für Gott? Priestersein zwischen Anspruch und Wirklichkeit, Düsseldorf 1990, 60-71, 60.
[68] Lenhart: Reminiscor, 93.

vielen Diözesen des deutschsprachigen Raumes, wenngleich uneinheitlich, Regelungen zu deren Nutzung als Dienstwohnung für kirchliche MitarbeiterInnen und deren Familien. Die damit entstehende Situation von Familienleben im Pfarrhaus war für viele Pfarrgemeinden irritierend und in den 1970er- und 1980er-Jahren für die Familien selbst eine große Herausforderung. Pfarrhäuser, die in ihrer Architektur kaum Anforderungen einer Familie entsprachen, z. B. durch die Abtrennung eines privaten Wohnbereichs, und Gemeinden mit überzogenen Erwartungen an die Vorbildfunktion der Familien, erschwerten diese Praxis anfangs, sie machten jedoch vielerorts den guten Erfahrungen mit einem belebteren Pfarrhaus Platz. Das katholische Pfarrhaus mit Familienleben rückte so in eine dem evangelischen Pfarrhaus vergleichbare Rolle, oftmals mit analogen Problemen wie beim Schutz der Privatsphäre und den Anforderungen an die EhepartnerInnen der kirchlichen MitarbeiterInnen. Im Rahmen der empirischen Studie wird den Fragen des familiären Lebens in heutigen Pfarrhäusern deshalb besonderes Augenmerk gewidmet.

3.1.6 Ein Ort geschützt-ungeschützter Sexualität

Schon die Überschrift dieses Kapitels mag Leser und Leserinnen verwirren, hat doch das Pfarrhaus aufgrund des Zölibatsversprechens der Priester zunächst über lange Zeit als Ort nicht gestalteter Sexualität und seit dem 20. Jahrhundert doch zumindest als Ort nicht praktizierter Sexualität zu gelten. Doch gerade die festen kirchenrechtlichen Vorgaben und Erwartungen an das keusche, das heißt sexuell enthaltsame Leben der Priester, wie meist auch aller unverheirateten PfarrhausbewohnerInnen, bewirken in ihrer praktischen Umsetzung teilweise geradezu gegenläufige Folgen.

Denn zunächst wird durch die seit dem Konzil von Trient strikter eingeforderte Realisierung des Zölibatsversprechens ein gesellschaftlicher Raum geschaffen, der für Männer attraktiv erscheinen musste, die sich nicht in einem auf einer heterosexuellen Beziehung gründenden Lebensmodell einer Familie wieder finden mochten. So wird in katholisch geprägten Regionen das Pfarrhaus gerade auch in der Neuzeit und Moderne[69], aufgrund mangelnder Alternativen zum Familienleben, neben dem Kloster und dem Militär und aufgrund der moralischen Beurteilung der Homosexualität durch das katholische Lehramt und die öffentliche Meinung, zur einzigen Ermöglichung nicht-familiärer Lebensformen.

---

[69] Vgl. zur geschichtlichen Entwicklung der moralischen Bewertung von Homosexualität im Rahmen der katholischen Moraltheologie insbesondere des 19. Jahrhunderts: Spijker, Herman van de: Die gleichgeschlechtliche Zuneigung. Homotropie: Homosexualität, Homoerotik, Homophilie – und die katholische Moraltheologie, Olten-Freiburg i. B. 1968, 125-153.

Erhebungen und Spekulationen über den prozentualen Anteil homosexuell veranlagter Priester am Gesamtklerus variieren meist stark[70], lassen aber erkennen, dass er deutlich über den gesamtgesellschaftlichen Zahlen liegt.[71] Das Pfarrhaus stellt insofern gegen die restriktive moralische Beurteilung der Homosexualität durch die Kirche einen geschützten Raum insbesondere für homosexuell veranlagte Priester dar[72], führt den Umgang in Priesterseminaren mit homosexuellen Kontakten fort, der schon in der Pianischen Epoche von „Geheimhaltungssystemen"[73] bestimmt war, und konterkariert kirchliche Positionen damit teilweise bis in die Gegenwart.[74] Wenngleich die zur Familie alternativen Lebensformen ebenso wie die gesellschaftliche Definition der Familie in der zweiten Hälfte des 20. Jahrhunderts eine beeindruckende Pluralisierung erfuhren, bleibt diese Schutzfunktion des Pfarrhauses gerade in ländlich geprägten Regionen bedeutsam, da hier – auch aufgrund traditioneller gesellschaftlicher Konventionen – den meisten Männern teilweise noch in der Gegenwart ein offener Umgang mit ihrer so genannten „abweichenden" sexuellen Veranlagung unmöglich ist.[75] Diese Schutzfunktion dürfte sich jedoch vor allem beziehungsweise nahezu ausschließlich auf die Veranlagung zur Homosexualität beziehen, weniger auf deren Praktizierung. So ergibt sich für homosexuell veranlagte Priester, die entgegen dem Zölibatsversprechen und der kirchlichen Einstellung zur

---

[70] Hinzu kommt, dass eine eindeutige Veranlagung als homo- oder heterosexuell einem hohen Prozentsatz von Männern gegenübersteht, deren Veranlagung uneindeutig ist. Vgl. Giddens, Anthony: Wandel der Intimität. Sexualität, Liebe und Erotik in modernen Gesellschaften, Frankfurt a. M. 1993, 22-27.

[71] Vgl. Müller, Wunibald: Priester als Seelsorger für Homosexuelle, Düsseldorf 1979, 98-112.

[72] Vgl. zur geschichtlichen Wandlung des Umgangs mit Homosexualität und Homosexuellen: Stewart, Alan: Homosexuals in History: A. L. Rowse and the Queer Archive, in: ÓDonell, Katherine / ÓRourke, Michael (Hg.): Love, sex, intimacy, and friendship between men, 1550-1800, Basingstoke 2003, 53-69.

[73] Sipe: Sexualität, 142-144.

[74] Vgl. Denzler, Georg: Die verbotene Lust. 2000 Jahre christliche Sexualmoral, München-Zürich 1988, 192-204, 194: „Die Homosexualität scheint bei Priestern, die seit dem II. Laterankonzil (1139) unverheiratet bleiben mußten, nicht selten gewesen zu sein. Der sittenstrenge Mönch und Kardinal Petrus Damiani drang auf zusätzliche Strafen für schuldige Geistliche, mußte sich aber in seinem Übereifer von dem aus dem Elsaß stammenden Papst Leo IX. (1049-1054) dämpfen lassen. Vielleicht war das ‚Laster' unter dem Klerus so stark verbreitet, daß ein energisches Durchgreifen, wie Damiani es für notwendig hielt, zu einer spürbaren Dezimierung des Klerus geführt hätte."

[75] Wie sehr eine derartige Flucht in das Priesteramt beziehungsweise das Pfarrhaus eine Diskriminierungen von Homosexuellen reproduzierende Wirkung haben kann, lässt sich angesichts klerikaler Über- und Abwehrreaktionen allenfalls vermuten. Vgl. Bruns, Manfred: Selbstbewusst schwul in der Kirche?, in: Rauchfleisch, Udo (Hg.): Homosexuelle Männer in Kirche und Gesellschaft, Düsseldorf 1993, 109-132, 127: „Im Gegenteil, die Unterdrückung der eigenen Sexualität kann zu besonderen Aggressionen gegen diejenigen führen, die das ausleben, was man sich selbst nicht erlaubt und wovor man phobische Angst hat. Homosexuelle sind nach meiner Erfahrung besonders oft Opfer von Aggressionen aufgrund unterdrückter eigener homosexueller Anteile der Aggressoren."

Homosexualität[76] ihre Veranlagung in einer Beziehung, sei sie dauerhaft oder eher situativ angelegt, zu leben versuchen, die Notwendigkeit eines Doppellebens[77], das während Urlaubsfahrten, in entfernter gelegenen Großstädten oder bei Freizeitaktivitäten das Praktizieren der eigenen Sexualität ermöglicht. Das Pfarrhausleben verschont so den einzelnen Priester vor allem vor Verdächtigungen und Spekulationen, denen alleinstehende Männer bis in die Gegenwart schnell ausgesetzt sind, nicht jedoch vor der Suche nach alternativen Orten zur Praktizierung der eigenen sexuellen Veranlagung.[78]

Als bloße Veranlagung wird die Homosexualität zwar seitens des kirchlichen Lehramtes als Ausschlusskriterium für das Weiheamt betrachtet[79], jedoch faktisch kaum beziehungsweise im Rahmen eines „Forum internum" thematisiert.[80]

Hinzu kommt, dass homosexuell veranlagte Priester aufgrund ihrer Kontaktmöglichkeiten die weitgehend einzigen Seelsorger für homosexuelle Menschen darstellten und darstellen.[81] Neben Vereinen, Selbsthilfegruppen und Vereinigungen am Rand der Kirche[82], gibt es in vielen deutschsprachigen Diözesen erst seit den 1990er-Jahren Beauftragte für die Homo-

---

[76] Kongregation für das Katholische Bildungswesen: Instruktion über Kriterien zur Berufungsklärung von Personen mit homosexuellen Tendenzen im Hinblick auf ihre Zulassung für das Priesterseminar und zu den heiligen Weihen, Verlautbarungen des Apostolischen Stuhls Nr. 170, Rom 4. November 2005.

[77] Vgl. Migge, Thomas: Kann denn Liebe Sünde sein? Gespräche mit homosexuellen Geistlichen, Köln 1993, 55: „Zwar entschuldige ich mich damit, daß ich ein sehr beliebter Pfarrer bin, aber Doppelleben bleibt Doppelleben, da ist nichts dran zu rütteln! Das kann man drehen und wenden wie man will. Ich bin ein schwuler Pfarrer, der sich zu einem Großteil verstellen muß."

[78] Eine Studie von Christa Spilling-Nöker zeigt parallel Phänomene in evangelischen Landeskirchen Deutschlands auf, die z. B. eine Ordination gerade bei einer dauerhaften homosexuellen Beziehung verweigern und sicherstellen sollen, dass homosexuelle Paare keine Pfarrhäuser bewohnen, wenngleich es keine Erwartungen an eine zölibatäre Lebensweise der PfarrhausbewohnerInnen gibt. Vgl. Spilling-Nöker, Christa: Wir lassen Dich nicht, du segnest uns denn. Zur Diskussion um Segnung und Zusammenleben gleichgeschlechtlicher Paare im Pfarrhaus, Berlin 2006, 177 ff.

[79] Kongregation für das Katholische Bildungswesen: Instruktion zu den Kriterien zur Unterscheidung von Berufungen bei Personen mit homosexuellen Tendenzen hinsichtlich ihrer Zulassung für das Priesteramt und zu den heiligen Weihen (04.11.2005), in: Sekretariat der Deutschen Bischofskonferenz (Hg.): Verlautbarung des Apostolischen Stuhls (Nr. 170, 04.11.2005), 10: „Wenn ein Kandidat Homosexualität praktiziert oder tiefsitzende homosexuelle Tendenzen hat, sind der Spiritual wie auch der Beichtvater im Gewissen verpflichtet, ihm abzuraten, weiter den Weg zur Weihe zu beschreiten."

[80] Vgl. zur Frage der Thematisierung der sexuellen Veranlagung von Kandidaten für das Priesteramt: Müller, Wunibald: Homosexualität – eine Herausforderung für Theologie und Seelsorge, Mainz 1986, 205-210.

[81] Müller: Priester als Seelsorger für Homosexuelle, 98-112.

[82] Zu den bekanntesten und wichtigsten Vereinigungen dürfte „HuK", die „Ökumenische Arbeitsgruppe Homosexuelle und Kirche", gehören, die sich um die kirchliche Wahrnehmung von Homosexuellen in Kirche und Pastoral bemühen.

sexuellen-Seelsorge und die Kontakte zur ökumenischen Arbeitsgemeinschaft „HuK" („Homosexuelle und Kirche"). Hier wird eine kategoriale Leerstelle der Pastoral[83] erkennbar, die für den hilflos wirkenden Umgang der katholischen Kirche mit homosexuellen Menschen symptomatisch sein dürfte.

Seitens der Priester wird das Praktizieren und Leben der sexuellen Veranlagung bewusst oder unbewusst losgelöst vom Arbeitsumfeld der Gemeinde stattfinden, um Irritationen unter den Gemeindemitgliedern und Sanktionen durch die kirchlichen Vorgesetzten zu vermeiden. Die von Priestern praktizierte Homosexualität stellt nicht nur einen Verstoß gegen das Zölibatsversprechen, sondern darüber hinaus gegen die katholische Moralvorstellung dar. Diese Unterscheidung von Veranlagung und Handlung zeigt ihre schmerzhaften Folgen gerade auch für homosexuelle LaientheologInnen im pastoralen Dienst, für die deshalb meist ein Wohnen im Pfarrhaus und ein damit verbundenes Outing gegenüber Vorgesetzten und Gemeinden nicht in Frage kommt.[84] In lehramtlichen und moraltheologischen Veröffentlichungen lässt sich am Ende des 20. Jahrhunderts dagegen eine veränderte, meist aber widersprüchliche Wahrnehmung[85] der Veranlagung zur Homosexualität beobachten[86], die für sich genommen seltener als sündig bewertet wird, allerdings weiterhin von vor allem (entwicklungs-)psychologischen Fehlannahmen und Vorurteilen geprägt bleibt.[87]

Nahezu diametral steht dieser Schutzfunktion für homo- und bisexuell veranlagte Menschen die öffentliche Kontrolle des Pfarrhauses bezüglich heterosexuellen Beziehungen entgegen. Gerade seit dem Konzil von Trient stehen Priester unter einer zunehmenden Verdächtigung und daraus resultierender Kontrolle ihres zölibatären Lebenswandels sowohl seitens der Gemeindemitglieder als auch seitens ihrer Vorgesetzten. Gesellschaftliche Moralvorstellungen und kirchenrechtliche Vorgaben[88] verschärften sich[89]

---

[83] Gunk, Hans-Albert: Homosexualität – Herausforderung für Theologie und Seelsorge, in: Arntz, Ernst Otto / König, Peter-Paul (Hg.): Kirche – und die Frage der Homosexualität, Hildesheim 1995, 11-24.
[84] Söderblom, Kerstin / Anonym: „Du hast irgendetwas mit Kirche zu tun." Erfahrungen gleichgeschlechtlich Liebender im kirchlichen Dienst, in: Diakonia 37 (2006), 327-332.
[85] Ammicht-Quinn, Regina: Ein Lehrstück in Widersprüchen. Homosexualität und Moraltheologie, in: Diakonia 37 (2006), 340-347.
[86] Gründel, Johannes: Katholische Kirche und Homosexualität, in: Arntz, Ernst Otto / König, Peter-Paul (Hg.): Kirche – und die Frage der Homosexualität, Hildesheim 1995, 107-124, bes. 116-119.
[87] Vgl. zum aktuellen Diskussionsstand innerhalb der katholischen Kirche und der Pastoraltheologie: Schmid, Peter F.: Ein dringend notwendiger (Nach-)Lernprozess. Homosexualität – eine pastorale und theologische Herausforderung, in: Diakonia 37 (2006), 305-310.
[88] Vgl. zur geschichtlichen Entwicklung des Zölibatsversprechens und dem Umgang mit entsprechenden Verfehlungen in unterschiedlichen Epochen: Denzler, Georg: Das Papsttum und der Amtszölibat, Bd. 2, Stuttgart 1976.

insbesondere im 18. und 19. Jahrhundert in einer Reaktion auf eine breite Zölibatskritik[90] dermaßen, dass eine heterosexuelle Beziehung meist nur in strenger Geheimhaltung und einer psychischen Spaltung von Sexualleben und Berufsleben[91] möglich war und bis heute ist:

> „Der Konkubinat, d. h. die der Form der Ehe ermangelnde, faktisch dauernde, aber rechtlich jederzeit lösliche Geschlechtsverbindung – ‚wilde Ehe' – hat demgemäß im Occident das ganze Mittelalter hindurch auch kirchlich geduldet bestanden und ist – wie wir hier vorgreifend gleich feststellen wollen – definitiv erst an der Schwelle der Reformation durch das Laterankonzil von 1516 und weiter durch das Konzil von Trient kirchlich verboten und in Deutschland dann durch die Polizeigesetzgebung des Reichs (Reichspolizeiordnung von 1530) und der Einzelstaaten, speziell in den protestantischen Gebieten, auch mit äußerer Gewalt unterdrückt worden."[92]

Bedingt durch die weitgehend veröffentlichte Wahrnehmung des Privatlebens innerhalb des Pfarrhauses wirkt dies für die Geheimhaltung der heterosexuellen Beziehung über lange Zeit als bedrohend, erst seit dem 20. Jahrhundert lässt sich dies ähnlich für homosexuelle Beziehungen beobachten[93], da sich der gesellschaftliche Umgang mit homosexuell veranlagten Menschen vor allem in städtischen Regionen stark gewandelt hat.

Der Umgang kirchlicher Vorgesetzter mit den sexuellen Beziehungen von Priestern ist meist durch Nachsicht geprägt, solange sie nicht öffentlich werden[94] (weshalb Kinder aus den Beziehungen häufig als Bedrohung interpretiert werden) oder zur Aufgabe des Priesteramts führen:

> „Der Hauptgrund für die Nachlässigkeit kirchlicher Autoritäten ist leicht zu erraten. Angesichts eines in vielen Ländern erschreckend großen Mangels an Priestern will man jeden weiteren ‚Verlust' so lange wie möglich aus-

---

[89] Vgl. etwa die Enzyklika „Mirari vos" vom 15.08.1832, in der Papst Gregor XVI. gegen alle innerkirchlichen Diskussionen den Zölibat ausgesprochen scharf verteidigt.
[90] Denzler: Papsttum, 295: „Die Zahl der gegen das Zölibatsgesetz verfassten Schriften und Bücher vermehrte sich im 19. Jahrhundert sprunghaft."
[91] Vgl. Sipe: Sexualität, 98.
[92] Weber, Marianne: Ehefrau und Mutter in der Rechtsentwicklung. Eine Einführung, Tübingen 1907, 187.
[93] Auf die Diskussion um die Zulassung von homosexuell veranlagten Männern und Frauen zur Ordination in den protestantischen Kirchen und den seelsorgerischen Umgang mit Homosexuellen kann hier nur verweisend eingegangen werden: Hirschler, Horst: Homosexualität und Pfarrerberuf, Hannover 1985. Hartfeld, Hermann: Homosexualität im Kontext von Bibel, Theologie und Seelsorge, Wuppertal-Zürich 1991, bes. 162-261. Zschoch, Hellmut (Hg.): Liebe-Leben-Kirchenlehre. Beiträge zur Diskussion um Sexualität und Lebensformen, Trauung und Segnung, Wuppertal 1998.
[94] Bez, Dagmar / Osterheider, Felix: Der Zölibat – ein Machtinstrument der katholischen Kirche?, Sinzheim 1995, 179/178: „Die Bischöfe duldeten die Normbrüche der Priester in ihrem Bistum, solange die Beziehung zur Partnerin nicht öffentlich war. In der Regel wurden die Priester ermahnt und aufgefordert, die Beziehung zu beenden. […] Erst wenn die Beziehung des Priesters zu einer Frau öffentlich bekannt wurde, schlug die Reaktion der Bischöfe um und die Betroffenen mussten schnellstmöglich Amt und Gemeinde verlassen."

schließen. Und die Verluste wären, wollte man gewissenhaft nach dem Rechten sehen, in der Tat dermaßen hoch, daß die heute ohnehin schon auf Sparflamme eingestellte Seelsorgepraxis an vielen Stellen zusammenbrechen müsste."[95]

Diese Nachsicht, die Außenstehenden oft als Verlogenheit[96] erscheint, wird jedoch immer wieder auch von ganzen Gemeinden mehrheitlich geteilt, die mancherorts sogar ein familiäres Pfarrhausleben oder deutlich homosexuelle Verhaltensweisen zu tolerieren bereit sind und diese als „geringeres Übel" gegenüber dem Verlust ihres Pfarrers ansehen, wenn nicht gar als eine Form des Widerstands gegen kirchenoberliche Vorgaben interpretieren und damit sympathisieren.

3.1.7 Die Privatheit im Pfarrhaus

Die Frage der Privatheit[97] lässt in Bezug auf das Pfarrhausleben eine vielschichtige Problematik erkennen, die einerseits in einer Verschiebung alles Religiösen in den privaten Lebensbereich des Individuums in der Moderne begründet liegt[98], andererseits jedoch in der Rollendefinition der Seelsorgerinnen und Seelsorger als öffentlicher RepräsentantInnen des Religiösen. Dieser Zwiespalt wiegt bei Pfarrern umso schwerer, als dem Priester eine dermaßen hohe Identifizierung mit seiner beruflich-amtlichen Rolle zukommt oder zumindest unterstellt wird, dass ihm bis in die zweite Hälfte des 20. Jahrhunderts überhaupt jede Form von Privatleben, unabhängig von

---

[95] Denzler, Georg (Hg.): Lebensberichte verheirateter Priester. Autobiographische Zeugnisse zum Konflikt zwischen Ehe und Zölibat, München-Zürich 1989, 7.
[96] Gerade die Schicksale von Kindern, die einer Beziehung eines Priesters mit einer Frau entstammen, stellen ein viel beachtetes Problem dar, das in den vergangenen Jahrzehnten gerade auch durch die Arbeit von Vereinigungen ehemaliger Priester und ihrer Frauen eine Sensibilisierung erfuhr. Stellvertretend sei hier verwiesen auf: Jäckel, Karin: „Sag keinem, wer dein Vater ist". Das Schicksal von Priesterkindern, Bergisch-Gladbach 1998.
[97] Vgl. zur begrifflichen Bestimmung von „öffentlich" und „privat" und den aktuellen Diskussionsstand: Freise, Fridun: Einleitung: Raumsemantik, Rezeptionssituation und imaginierte Instanz – Perspektiven auf vormoderne Öffentlichkeit und Privatheit, in: Emmelius, Caroline / Freise, Fridun / Mallinckrodt, Rebekka von / u. a. (Hg.): Offen und Verborgen. Vorstellungen und Praktiken des Öffentlichen und Privaten in Mittelalter und Früher Neuzeit, Göttingen 2004, 9-32.
[98] Einer tendenziell kulturpessimistischen Kritik an der weitgehenden Privatisierung des Religiösen (vgl. Gabriel, Karl: Caritas und Sozialstaat unter Veränderungsdruck. Analysen und Perspektiven, Berlin 2007, 174-175.) schließt sich diese Arbeit bewusst nicht an, da sie meist aus einer Reserve gegenüber gesellschaftlichen Individualisierungstendenzen und einer Sorge vor einem pastoralen Informations- und Machtverlust gespeist zu sein scheint. Die gewonnene Autonomie des Individuums im Bereich des Religiösen gilt es dagegen wertfrei zu analysieren und dort positiv zu würdigen, wo er Ausdruck einer persönlichen Freiheit und Indiz einer positiven Menschenrechtspraxis ist.

seiner Berufsrolle, sowohl von Gemeinden und Gemeindemitgliedern als auch von Vorgesetzten aberkannt wurde:

> „Ein allgemein anerkanntes Privatleben, wie es in der hochspezialisierten Gesellschaft üblich und funktional notwendig ist, gibt es bei ihm nicht. (…) Fest steht jedenfalls, dass beim Priester auch heute noch das Großgebilde Kirche sein persönliches Leben genauso erfasst wie sein öffentliches. Wir sprechen daher bei ihm von einer totalen Rolle."[99]

Die hier bereits beobachtete Differenz zwischen dem gesellschaftlichen Umgang mit Privatheit und dessen Bezug zum Leben der Pfarrer beziehungsweise der PfarrhausbewohnerInnen dürfte bis in die Gegenwart zu den größten Herausforderungen des Pfarrhauslebens und der seelsorgerlichen Existenz gehören, die der verbreiteten gesellschaftlichen Entwicklung des Verhältnisses von Privatheit und Religion kontrastierend entgegenläuft:

> „Yet the private/public distinction is crucial to all conceptions of the modern social order and religion itself is intrinsically connected with the modern historical differentiation of private and public spheres."[100]

Die eindeutige Zuordnung der persönlichen Religiosität zum Privatbereich, die sich etwa in Umfragen widerspiegelt, kennzeichnet gerade die religionsproduktiven Tendenzen moderner Gesellschaften. Diese Schutzfunktion, mit der die persönlichen religiösen Überzeugungen der gesellschaftlichen Diskussion durch ihre Verlagerung in den Privatbereich weitgehend entzogen werden und eine Beschäftigung mit Wahrheitsfragen vermieden wird, ist begleitet von einer gerade in der Postmoderne zunehmenden öffentlichen Präsenz von Religion in allgemeiner, unpersönlicher Hinsicht.

Zur Bestimmung dieses Verhältnisses im Hinblick auf das Pfarrhaus soll auch hier zunächst ihre geschichtliche Entwicklung in den Blick genommen werden.

3.1.7.1 Die privatisierte Öffentlichkeit und die veröffentlichte Privatheit

Die Verhältnisbestimmung zwischen Privatem und Öffentlichem hat in den zurückliegenden 300 Jahren eine Neuordnung erfahren, die es sinnvoll erscheinen lässt, diesen Wandlungsprozess kurz zu skizzieren, bevor der Blick erneut auf das Pfarrhaus gelenkt wird.[101]

---

[99] Deschwanden, Leo: Eine Rollenanalyse des katholischen Pfarreipriesters, in: IJRS 4 (1968), 123-157, 125.
[100] Casanova, José: Private and Public Religion, in: Ders. (Hg.): Public Religions in the Modern World, Chicago-London 1994, 40-66, 40.
[101] Vgl. zur Geschichte des Privaten im europäischen Kontext: Ariès, Philippe / Duby, Georges / Perrot, Michelle (Hg.): Geschichte des privaten Lebens, Bd. 4, Von der Revolution zum Großen Krieg, Frankfurt a. M. 1992.

Gerade die Trennung beider Bereiche, des Privaten und des Öffentlichen, wurde seit der Aufklärung als Errungenschaft nicht nur für die Privatsphäre, sondern gerade auch für den politischen Sektor der Gesellschaften erfahren. Das Selbstverständnis der Bevölkerung als „die Privaten" im Gegenüber zu den „öffentlichen Personen" drückt eine gänzlich andere Grenzziehung zwischen beiden Bereichen aus, als sie für die Moderne in späterer Zeit beobachtet werden kann. Diese gesellschaftliche Dichotomie[102] ist dabei nicht nur eine personelle Unterscheidung, sondern darüber hinaus auch eine Aufteilung der Geschlechter[103], sodass hier in besonderer Weise die Rede von der „halbierten Moderne"[104] beziehungsweise dem „halbierten Leben"[105] eine Berechtigung findet. Erst mit dem Entdecken der Öffentlichkeit für den politischen Dialog und einem wachsenden Interesse an der Meinungsbildung der Bürger zu politischen Themen wandelt sich die Definition der Privatheit. Die Trennung beider Bereiche erfolgt nun weniger zwischen gesellschaftlichen Gruppen beziehungsweise Ständen als vielmehr im Leben jedes Menschen, das in öffentliche und private Bereiche unterteilt wird:

> „Wie in ihrem Verhalten, so versuchten die Bürger der Hauptstädte des 18. Jahrhunderts auch in ihren Anschauungen festzulegen, was das öffentliche Leben war und was es nicht war. Die Grenzlinie zwischen dem Öffentlichen und dem Privaten war vor allem dadurch bestimmt, dass mit ihrer Hilfe das Gleichgewicht zwischen den Ansprüchen der Zivilisation - verkör-

---

[102] Karl Gabriel analysiert in der Verbindung von Moderne und Tradition für die Industriegesellschaft des 19. Jahrhunderts ein „Amalgam von Tradition von Modernität". Vgl. Gabriel, Karl: Tradition im Kontext enttraditionalisierter Gesellschaft, in: Wiederkehr, Dietrich (Hg.): Wie geschieht Tradition? Überlieferung im Lebensprozeß der Kirche, Freiburg-Basel-Wien 1991, 69-88, 76: „Traditional bestimmt blieb der Determinismus des Geschlechts in der Zuordnung zur Arbeits- und Familienwelt. Frauen wurden ohne eigene Optionsmöglichkeiten primär der Familienwelt zugeordnet. (…) Obwohl das neue Amalgam ein ‚Gewächs' des kirchen- und insbesondere katholizismusdistanzierten Bürgertums war, hat die katholische Kirche es mitgetragen und viel zu seiner Durchsetzung inbesondere in den unteren sozialen Schichten beigetragen. Heute sieht sie sich beinahe allein in der Verteidigung dieses bürgerlichen, halbtraditionalen, halb modernen Erbes."

[103] Vgl. Kaschuba, Wolfgang: Deutsche Bürgerlichkeit nach 1800. Kultur als symbolische Praxis, in: Kocka, Jürgen (Hg.): Bürgertum im 19. Jahrhundert, Bd. 2, Wirtschaftsbürger und Bildungsbürger, Göttingen 1995, 92-127, 96: „Die Möglichkeiten der Frauen, zu eigenen beruflichen und privaten Lebensentwürfen zu gelangen, bleiben auch in dieser neuen Bürgerwelt mehr als bescheiden."

[104] Beck: Risikogesellschaft, 118. „Was sich in die private Form des ‚Beziehungsproblems' kleidet, sind – gesellschaftstheoretisch gewendet – die *Widersprüche einer im Grundriß der Industriegesellschaft halbierten Moderne*, die die unteilbaren Prinzipien der Moderne – individuelle Freiheit und Gleichheit jenseits der Beschränkung von Geburt – immer schon geteilt und qua Geburt dem einen Geschlecht vorenthalten, dem anderen zugewiesen hat. Die Industriegesellschaft war und ist *nie* als *Nur*industriegesellschaft möglich, sondern immer nur als halb Industrie- *halb Stände*gesellschaft, deren ständische Seite kein traditionales Relikt, sondern industriegesellschaftliches *Produkt* und *Fundament* ist."

[105] Beck-Gernsheim, Elisabeth: Das halbierte Leben: Männerwelt Beruf, Frauenwelt Familie, Frankfurt a. M. 1987.

pert im kosmopolitischen, öffentlichen Verhalten – und den Ansprüchen der Natur - verkörpert in der Familie - hergestellt wurde."[106]

Die klare Aufteilung des privaten und öffentlichen Lebens erfährt im 19. Jahrhundert jedoch gerade eine ständespezifische Auflösung, wo bei Arbeiter- und Bauernfamilien die großenteils äußerst ärmlichen Wohnverhältnisse durch größte Beengtheit, Heimarbeit und Gemeinschaftsküchen[107] und in großbürgerlichen und adeligen Bevölkerungskreisen durch eine große Zahl von Bediensteten und Gästen[108] das Private zugleich öffentlich ist.[109]

Für den politischen Sektor ist damit eine der Voraussetzungen für die zunehmende Demokratisierung westlicher Gesellschaften geschaffen, die selbst für Monarchien gilt. Für den privaten Sektor entsteht das Ideal eines persönlichen Schutzbereiches, der in der „Biedermeierzeit" zum Überlebensraum wird und dem staatlichen und gesellschaftlichen Einblick weitgehend entzogen bleibt. Das möglichst weitgehende Absehen von der Person zugunsten des rationalen Arguments im politischen Sektor bedeutete ein Zurückdrängen des Emotionalen in den vor Einblicken geschützten Privatbereich von Familie, Ehe und Hausgemeinschaft. Dem rational geprägten, öffentlichen Diskurs steht damit der emotional, naturhafte Privatbereich gegenüber:

> „In der Öffentlichkeit schuf sich der Mensch; im Privaten, vor allem innerhalb der Familie, verwirklichte er sich. (…) Das Öffentliche und das Private bildeten gemeinsam das, was wir heute als ein ‚Universum' sozialer Beziehungen bezeichnen."[110]

Eine Objektivierung des politischen Diskurses mittels des Vernunftbegriffs galt mit der Aufklärung spätestens seit dem Ende des 18. Jahrhunderts als Ideal, um Entscheidungsprozesse transparent zu machen.

Die Beschäftigung mit der „sozialen Frage" infolge von Industrialisierung und städtischer Armutsentwicklung im 19. Jahrhundert bewirkt erstmals die politische, also öffentliche Beschäftigung mit dem Privaten:

---

[106] Sennett, Richard: Verfall und Ende des öffentlichen Lebens. Die Tyrannei der Intimität, Frankfurt a. M. 1986, 34-35.
[107] Saldern, Adelheid von: Im Haus, zu Hause - Wohnen im Spannungsfeld von Gegebenheiten und Aneignungen, in: Reulecke, Jürgen (Hg.): Geschichte des Wohnens, Bd. 3, 1800-1918. Das bürgerliche Zeitalter, Stuttgart 1997, 145-332, 220.
[108] Saldern: Im Haus, 314.
[109] Perrot, Michelle: Einleitung, in: Ariès, Philippe / Duby, Georges / Perrot, Michelle (Hg.): Geschichte des privaten Lebens, Bd. 4, Von der Revolution zum Großen Krieg, Frankfurt a. M. 1992, 7-11, 8f.: „Das 19. Jahrhundert war das Goldene Zeitalter des Privaten, in dem Vokabular und Habitus des privaten Lebens Gestalt annahmen und sich differenzierten. Sozialität, Privatheit, intime Beziehungen und Individuum bewegten sich im Idealfall in konzentrischen Kreisen, in der Realität freilich überschnitten sie sich."
[110] Sennett: Verfall, 35.

> „Die Öffentlichkeit wird zu einer Arena, in der neben dem Kultur- und Nationalitätenkampf auch die ‚Soziale Frage' Einzug hält. Damit wird die Entwicklung der privaten Verkehrswirtschaft zum politischen Thema und zur Grundlage eines auf Dauer gestellten Konflikts, an dem sich politische Parteien entwickeln. Kurz: Die Trennung von bourgeois und citoyen erwies sich als Illusion. Über die soziale Frage und den Klassenkampf veröffentlicht sich das Private."[111]

Als weitere Konsequenz der sozialen Implikationen der Industrialisierung trat die Bedeutung der Familie in weiten Teilen der Bevölkerung, insbesondere in der Arbeiterklasse, mehr und mehr in den Hintergrund. Zugleich erfuhr sie aufgrund der bürgerlichen Idealvorstellung des privaten Familienlebens eine Entrückung ins Utopisch-Idealistische. Weitere Faktoren des industriellen Kapitalismus, wie die Wohnsituation der verarmten Arbeiterschichten[112], verstärkten eine krisenhafte Wandlung der bisherigen Zuordnung von Privatem und Öffentlichem. Die enorme „soziale Verdichtung"[113] schränkte die Möglichkeiten persönlicher Freiheit rapide ein. Der öffentliche Raum wurde zur Ermöglichung einer Flucht vor der (auch wortwörtlichen) Enge des privaten Lebens.[114] Die in ihm erfahrene Fremdheit und Anonymität erlaubte ein Unterwandern der moralischen Kontrolle und wurde mehr und mehr zu einer Sphäre, in der sich der Einzelne[115] ausleben konnte:

> „Die Öffentlichkeit war der Raum, in dem es zur Verletzung der Moral kam und wo sie toleriert wurde; in der Öffentlichkeit konnte man die Regeln der Ehrbarkeit brechen."[116]

Zugleich gilt das Erlernen des Umgangs mit diesem Bereich und seiner Eigengesetzlichkeit als unerlässlicher Bestandteil der Persönlichkeitsentwicklung, so dass der Aufbruch in die Fremde, z. B. bei Aufnahme des

---

[111] Imhof, Kurt / Schulz, Peter (Hg.): Die Veröffentlichung des Privaten – die Privatisierung des Öffentlichen, Opladen-Wiesbaden 1998, 10.
[112] Vgl. zur ständespezifischen Wohnsituation der Menschen im 19. Jahrhundert und zur Verschränkung von Privatem und Öffentlichem darin: Saldern: Im Haus, 145-332.
[113] Vgl. zum Verhältnis von sozialer Verdichtung und Freiheit: Sofsky, Wolfgang: Die Verteidigung des Privaten, München 2007, 38-40.
[114] Die beengte und hygienisch oft unhaltbare Wohnsituation insbesondere der Arbeiterschaft in den Großstädten hatte gegen Ende des 19. Jahrhunderts großenteils erschreckende Züge angenommen. Erst in den 1920er-Jahren begannen staatliche Bauprojekte, z. B. Siedlerprojekte und Altstadtsanierungen, diese Situation zu entschärfen. Vgl. exemplarisch diverse Beiträge in: Auffarth, Sid / Saldern, Adelheid von (Hg.): Altes und neues Wohnen. Linden und Hannover im frühen 20. Jahrhundert, Seelze-Velber 1992.
[115] Die Beschränkung auf die maskuline Formulierung spiegelt hier durchaus die historische Geschlechterordnung der bürgerlichen Schicht des 19. Jahrhunderts wider, in der eine vergleichbare Nutzung des öffentlichen Raumes durch Frauen nicht vorgesehen und weitgehend unmöglich war. Für sie blieb auch der öffentliche Raum verknüpft mit der Familie, ohne die etwa das Besuchen eines Cafés oder einer Gastwirtschaft unstatthaft blieb.
[116] Sennett: Verfall, 41.

Studiums, bei der Wanderschaft von Handwerksgesellen oder bei der Aufnahme in das Militär, wichtiger Bestandteil einer Initialisierung zum Erwachsenenleben wurde. Die Partizipation am Fremden, das Beobachten des anderen und der verschiedenen Gesellschaftsbereiche ging dabei einher mit der Erwartungshaltung, sich von dem Beobachteten nicht persönlich treffen lassen zu müssen. Ein „Recht auf Schweigen"[117] als Ermöglichung einer unbeteiligten Partizipation, ein stiller Voyeurismus war die Grundlage des gesellschaftlichen Agreements der Fremdheit und Anonymität. Es zeigte seine fatalen Auswirkungen in der mangelnden Bereitschaft zur Einmischung gerade in den nationalsozialistischen Judenpogromen des 20. Jahrhunderts.

Beginnt das Interesse am privaten Lebensbereich auch aus der Sorge um die verarmten, proletarischen Gesellschaftsschichten der Großstädte, bleibt es nicht bei diesem Blick auf soziale Probleme. Stattdessen wächst auch das Interesse am Privatleben öffentlicher Personen.[118] Die veränderte Wahrnehmung der beiden Lebensbereiche im 19. Jahrhundert, die teilweise als Krise beschrieben wird, begründet eine Vermischung dieser Lebenswelten und einen Verlust ihrer eindeutigen Abgrenzbarkeit im 20. Jahrhundert. Es ist eine Entwicklung, die in der nationalsozialistischen Propaganda durch das Entstehen von Massenmedien einen ersten Höhepunkt in Form des Führerkultes[119] als inszenierte Privatheit fand. Lässt sich in der bundesrepublikanischen Nachkriegszeit vor dem Hintergrund dieser Erfahrung zunächst eine große Unsicherheit mit der Instrumentalisierung des Privaten im öffentlichen Bereich der Gesellschaft beobachten, wird diese Zurückhaltung durch die Entwicklung des Fernsehens und der Boulevardpresse in den 1960er- und 1970er-Jahren und durch den Einfluss eines US-amerikanischen Politikstils weitgehend aufgehoben. Die Instrumentalisierung des Privaten wird zur festen Größe in der politischen Debatte und in der Selbstinszenierung von Politikern in den Wahlkampfphasen.

Gerade die Genderforschung hat hinsichtlich der Einbindung des Privaten in das Politische charakteristische Geschlechterdifferenzen offengelegt. Während bei Männern die Thematisierung von Privatem in Interviews für die Imagepflege als nutzbringend angesehen wird, wirkt sie bei Frauen tendenziell statussenkend:

> „Demnach haben Politiker vom Boulevardisierungs-Trend in der politischen Berichterstattung profitiert, während dieselbe Entwicklung bei Politi-

---

[117] Sennett: Verfall, 45.

[118] Die Veröffentlichung einer Fotografie des verstorbenen Fürsten Bismarck kann hier als ein erster Höhepunkt dieses Interesses gewertet werden.

[119] Pöttker, Horst: Hitler zum Anfassen. Personalisierung von Politik am Beispiel des Rundfunkjournalismus im NS-Regime, in: Imhof, Kurt / Schulz, Peter (Hg.): Die Veröffentlichung des Privaten – die Privatisierung des Öffentlichen, Opladen-Wiesbaden 1998, 210-224.

kerinnen zu einer Bestätigung traditioneller Geschlechterstereotype geführt hat."[120]

Das Interesse am privaten Leben stellt eine neuerliche Verschiebung zur Faszination des anonymen öffentlichen Raums im 19. Jahrhundert dar. Gesellschaftliche Missstände werden gerade mit der Kälte und Fremdheit des öffentlichen Raumes begründet und identifiziert. Menschliche Nähe wird zum Ideal, zur Ermöglichung einer Charakterbildung, zur Grundlage familiärer Erziehung und zum Ausdruck der Inividualität. Richard Sennett interpretiert diese „Ideologie der Intimität"[121] als Ergebnis einer Enttäuschung: Die Sehnsucht nach persönlichem Sinn hatte sich in der Fremdheit und Unpersönlichkeit des öffentlichen Raumes nicht finden lassen. Die Menschen hatten in der Öffentlichkeit vor allem das Unpersönliche erfahren:

„Deshalb kehrten sie sich von ihr ab, um in ihren privaten Lebensbereichen, insbesondere in der Familie, ein Ordnungsprinzip für die Wahrnehmung von Persönlichkeit zu finden. Das erklärt, warum sich nach dem offenen Wunsch nach ‚Nähe' der heimliche Wunsch nach Stabilität verbirgt."[122]

Das aus dieser Sehnsucht nach Nähe erwachsene Interesse an der anderen Person und damit auch an der Privatheit der öffentlichen Person, kann damit aus dem nahezu narzisstischen Eigeninteresse gespeist sein, die notwendige Näheerfahrung zu erlangen. Die Erfahrung der Vertrautheit mit einer Person wird wichtiger, als die Person selbst, die ohnehin kaum von ihrer Bedeutung für den „unbekannt Vertrauten" weiß. Das Interesse am Privaten der öffentlichen Person übersteigt das Interesse an seinen öffentlichen Funktionen, seinen Positionen und Themen um ein Vielfaches.[123]

Nicht nur das Interesse an der öffentlichen Person, sondern generell an den Anderen und Fremden, bildet gerade in dörflichen Strukturen ein Netz von sozialer Kontrolle, das keinesfalls immer als belastend und einengend erfahren werden muss. Hier verbindet sich soziale Kontrolle mit gegenseitiger Sorge und sozialen Kontakten:

---

[120] Klaus, Elisabeth: Das Öffentliche im Privaten – Das Private im Öffentlichen. Ein kommunikationstheoretischer Ansatz, in: Herrmann, Friederike / Lünenborg, Margret (Hg.): Tabubruch als Programm. Privates und Intimes in den Medien, Opladen 2001, 15 -35, 31.
[121] Sennett: Verfall, 329.
[122] Sennett: Verfall, 330.
[123] Sehr anschaulich lässt sich dieses Interesse am Privaten einer Person bei gleichzeitiger Unabhängigkeit gegenüber ihren Positionen an der Faszination vieler Menschen an Papst Johannes Paul II. beobachten. Sein öffentliches Sterben im Jahr 2005 rief weltweit erstaunliche Sympathien hervor, während Anzeichen für eine gewachsene Attraktivität der kirchlichen Botschaften und Themen damit nicht einher zu gehen schien.

"Soziale Kontrolle ist nur in wenigen Fällen lästig, im Gegenteil: Sie ist vielmehr verhaltensregulativ, ihr zu entsprechen bedeutet in der Regel mehr Genuss als der Verstoß gegen sie."[124]

Mit der definitorischen Wandlung der Begriffe „privat" und „öffentlich" und dem modern-postmodernen Ringen um Grenzziehung zwischen beiden Lebensbereichen wird die nun entstandene Komplexität dieser Begriffe erkennbar. Über die Frage, was als privat anzusehen ist, gibt es keinen Konsens:

"'Privat' ist aber nicht nur ein komplexes Prädikat; es ist auch eines, das je nach Kontext und Verwendung einen unmittelbar evaluativen oder präskriptiven Charakter hat."[125]

So differierten die Beurteilung zur Grenzziehung zwischen Privatem und Öffentlichem entsprechend dem subjektiven Empfinden. Der kommunikationstheoretische Ansatz von Elisabeth Klaus, in dem jüngere Ergebnisse der Genderforschung ihren Niederschlag finden, differenziert den Begriff des Öffentlichen in drei Komplexitätsgrade aus: einfach, mittel und komplex. Diese unterschiedlichen Bereiche sind gekennzeichnet durch ihre jeweilige Teilhabe am Selbstverständigungsprozess einer Gesellschaft. Privates ragt in unterschiedlichem Maß in sie hinein und verschränkt sich mit diesen Öffentlichkeitsebenen der gesellschaftlichen Kommunikation. Mit dieser Neubestimmung des Öffentlichen ergibt sich jedoch ebenso eine Diffusion des Begriffs vom Privaten, dessen Neubestimmung prozessualen Charakter bekommt:

„In der Bestimmung von Öffentlichkeit als gesellschaftlichem Selbstverständigunsprozess wird deutlich, dass Privatkommunikation und persönliche Handlungen Beiträge zum gesellschaftlichen Selbstverständigungsprozess leisten. Was aber Privatheit bedeutet, verschwimmt und muss entsprechend neu definiert werden."[126]

---

[124] Brüggemann, Beate / Riehle, Rainer: Das Dorf. Über die Modernisierung einer Idylle, Frankfurt a. M.- New York 1986, 182.
[125] Rössler, Beate: Der Wert des Privaten, Frankfurt am Main 2001, 10.
[126] Klaus: Das Öffentliche, 25.

Die gegenseitige Verschränkung von Privatheit und Öffentlichkeit[127] ermöglicht und erfordert somit ein differenziertes Verständnis des Privaten, wie es in zurückliegenden Diskussionen etwa um Fernsehsendungen bereits erkennbar wurde und wird. Nach dem anfänglichen Entsetzen über die Zurschaustellung des Privat- und Intimlebens, z. B. in der Boulevardpresse, in Fernsehproduktionen wie „Big Brother"[128] oder Talkshows, wurden derartige Phänomene schnell als Ermöglichung von Selbstinszenierung identifiziert.

Die schon aus den späten 1960er-Jahren stammende Forderung „Das Private ist politisch!" spiegelt einen positiven Effekt dieser Veränderung und Grenzverschiebung beziehungsweise Grenzauflösung wider. Das Private gilt nicht mehr als ein quasi gesetzesfreier Bereich, der jeglichem Zugriff und Einblick entzogen wäre. Als Erfolg jüngerer bundesrepublikanischer Gesetzgebung gilt es, wenn Gewalt gegenüber Frauen auch im privaten Bereich von Ehe und Familie justiziabel geworden ist. Eine tendenziell kulturpessimistische Sicht auf die neue Verhältnisbestimmung zwischen Privatem und Öffentlichem sieht hier vor allem die Ausbreitung staatlicher Macht mittels der Gesetzgebung und verschließt einerseits die Augen vor derartigen positiven Effekten und andererseits vor deren Machtbedingtheit:

> „Die Fähigkeit, eine Grenze zwischen Intimsphäre und Öffentlichkeit zu ziehen, hängt von der gesellschaftlichen Macht der AkteurInnen ab."[129]

Ein bewusster Umgang mit dieser Macht der Grenzziehung ist zunehmend in der politischen Debatte zu beobachten, jedoch auch sonst überall dort, wo Menschen öffentliche Funktionen aufgrund charismatischer Macht wahrnehmen. Die damit gegebenen Möglichkeiten der Selbstdarstellung und -inszenierung werden keinesfalls nur in Wahlkämpfen genutzt, wenngleich dort besonders offensichtlich. Sie stehen als Errungenschaften neben den

---

[127] Vgl. zur Frage der Balance zwischen Privatheit und Öffentlichkeit: Sennett, Richard: Verfall und Ende des öffentlichen Lebens. Die Tyrannei der Intimität, Frankfurt a. M. 1981.
Sennett bestimmt die Krise des Öffentlichen durch dessen Privatisierung bzw. die alles bestimmende „intime Sichtweise", mit der öffentliche Ereignisse, Diskussionen und Bestimmungen nur noch insofern als relevant wahrgenommen werden, als sie das eigene Leben betreffen. Dem Öffentlichen sei damit seine Autonomie genommen, es verkommt zum bloßen Hintergrund für die Inszenierung des Selbst. Für Sennett, dessen Gesellschaftsanalyse noch ganz von einer geschlechtsspezifischen Zuordnung des Öffentlichen auf den Mann und des Privaten auf die Frau bestimmt ist, ist diese „Tyrannei der Intimität" das Symptom einer Gesellschaftskrise. Für ihn ergibt sich aus seiner gesellschaftspessimistischen Perspektive ein „Verlust der Zivilisiertheit".
[128] Vgl. zum Überblick über die juristische und soziologische Diskussion um die Fernsehsendung „Big Brother": Häusermann, Jürg: Die enge Welt im Container. Der Blick der Fernsehsendung Big Brother, in: Herrmann, Friederike / Lünenborg, Margret: Tabubruch als Programm. Privates und Intimes in den Medien, Opladen 2001, 141-163.
[129] Klaus: Das Öffentliche, 31.

negativen Auswirkungen der Privatisierung der öffentlichen Debatte, die immer wieder beklagt werden:

> „Es ist nicht zu übersehen, dass sich hier eine schattige Kehrseite des Prinzips Öffentlichkeit zeigt. Das um sich greifende Bedürfnis und der permanente Zwang, alles dauernd ‚öffentlich zu machen' und für das Publikum sympathiebringend aufzubereiten, muss den politischen Diskurs derationalisieren."[130]

Dieter Ross spricht von einer „Überwucherung" des Öffentlichen und Politischen durch das Private.[131] Der damit beobachtete Negativtrend im politischen Bereich bedeute eine zunehmende Entpolitisierung und einen Verlust politischer Kultur. Grenzen zwischen Privatem und Öffentlichem verschwimmen und bewirken eine Veränderung der politischen Kultur, die in ihrer Trennung seit der Antike in je zeitbedingter Form geprägt worden war. Dennoch ist gerade aufgrund der definitorischen Unschärfe[132], der kulturellen Bedingtheit[133] und des Verlustes an Eindeutigkeit der Privatsphäre die

---

[130] Ross, Dieter: Die Regression des Politischen. Die Massenmedien privatisieren die Öffentlichkeit, in: Imhof, Kurt / Schulz, Peter (Hg.): Die Veröffentlichung des Privaten – die Privatisierung des Öffentlichen, Opladen-Wiesbaden 1998, 149-156, 151.

[131] Vgl. eine Reihe von Beiträgen zur Frage des Privaten im politischen Diskurs und der „Personalisierung des Politischen" in: Imhof, Kurt / Schulz, Peter (Hg.): Die Veröffentlichung des Privaten – Die Privatisierung des Öffentlichen, Opladen 1998.

[132] So definiert Jürgen Habermas das Private als den Bereich, der traditionell der häuslichen Sphäre zuzuordnen ist. Vgl. Habermas, Jürgen: Strukturwandel der Öffentlichkeit. Untersuchungen zu einer Kategorie der bürgerlichen Gesellschaft, Frankfurt a. M.² 2002, 225.

[133] In der jüngeren politischen und soziologischen Diskussion fällt eine unterschiedliche Definition des Privaten in den USA gegenüber europäischen Argumentationslinien auf. Während in europäischen Ansätzen die Abgrenzung des Privaten überwiegend als informative Grenze verstanden wird und somit die Zugangskontrolle als das entscheidende Merkmal des privaten Raums aufgefasst wird, überwiegen im amerikanischen Kontext handlungsorientierte Ansätze. So betrachtet John Dewey die Folgen einer Handlung als Indikator ihrer Privatheit.
Vgl. Dewey, John: Die Öffentlichkeit und ihre Probleme, Darmstadt 1996, 26: „Wir nehmen dann als Ausgangspunkt die objektive Tatsache, daß menschliche Handlungen Folgen für andere haben, daß einige dieser Folgen wahrgenommen werden und daß ihre Wahrnehmung zu dem anschließenden Bestreben führt, die Handlung zu kontrollieren, um einige der Folgen zu sichern und andere zu vermeiden." Raymond Geuss folgt Dewey weitgehend in diesem handlungsorientierten Ansatz, jedoch nicht ohne beide Ansätze zusammenzuführen. Geuss, Raymond: Privatheit. Eine Genealogie, Frankfurt a. M. 2002, 111: „Es ist allerdings nicht ausgemacht, dass der beste Weg, Individuierung und selbstbestimmte Entwicklung zu fördern (angenommen wir akzeptieren diese romantischen Ziele), darin besteht, völlige Privatheit zu gewährleisten: entweder als Schutz eines Tätigkeitsbereichs, in dem keine Einmischung in das Handeln stattfindet, oder als Schutz eines Handlungsbereichs, zu dem (ohne Erlaubnis der beteiligten Akteure) niemand epistemischen Zugang hat."
Die praktischen politischen Konsequenzen dieser unterschiedlichen kulturellen Definition des Privaten wurde beispielsweise in den US-amerikanischen Gesetzen zur Terrorismusbekämpfung nach dem 11. September 2001 sichtbar, die das Abhören von Telefongesprächen relativ großzügig erlaubten, ohne dass dies von der Bevölkerung als unzulässiger Eingriff in die Privatsphäre empfunden wurde.

Frage nach dem Schutz des Privaten gegen Indiskretion zu stellen.[134] An dieser Stelle sei auf die Arbeit Beate Rösslers verwiesen, die nicht nur die Bedeutung des Privaten näher eingrenzen konnte[135], sondern nach Sichtung der Vielzahl von Ansätzen eine relativ weite Definition des Privaten liefert: „Als privat gilt etwas dann, wenn man selbst den Zugang zu diesem ‚etwas' kontrollieren kann."[136] Daraus ergibt sich für den Schutz des Privaten, sowohl in Bezug auf die „dezisionale Privatheit" als auch auf „informationelle" und auf „lokale Privatheit"[137], das Kriterium der Zugangskontrolle[138], mit der das Private als Ermöglichungsgrund persönlicher Autonomie und Freiheit geschützt wird. Neben diesem Kriterium der Zugangskontrolle stellt jedoch gerade auch die positive Gestaltung des Privaten, in dem für breite Bevölkerungsschichten der Lebensschwerpunkt[139] liegt, sein entscheidendes Charakteristikum dar. Vor dem Hintergrund der Diskussion um die Verhältnisbestimmung von Privatheit und Öffentlichkeit und der Problematik definitorischer Eingrenzungen soll im Folgenden wiederum der Blick auf das Pfarrhaus gelenkt werden.

3.1.7.2 Der Schutz des Privaten im Pfarrhaus

Im Gegenüber zur Praxis des „offenen Pfarrhauses" wird die Schwierigkeit einer begrifflichen Fassung für eine Entwicklung deutlich, die sich zeitnah mit dieser eingestellt hat: Das explizite Bedürfnis nach Privatsphäre.[140]

---

[134] Branahl, Udo: Der Schutz des Privaten im öffentlichen Diskurs, in: Imhof, Kurt / Schulz, Peter (Hg.): Die Veröffentlichung des Privaten – die Privatisierung des Öffentlichen, Opladen-Wiesbaden 1998, 180-191.
[135] Vgl. Rössler: Der Wert des Privaten, 2003, 19: „Sucht man nun die heterogene Verwendungsweise gemeinsam mit den beiden semantischen Modellen zu systematisieren, um so der gesamten Bedeutungsbreite des Begriffs gerecht zu werden, dann lassen sich, wie ich vorschlagen will, die verschiedenen Bedeutungsaspekte drei Grundtypen zuordnen: ‚privat' nennen wir einerseits Handlungs- und Verhaltensweisen, zum Zweiten ein bestimmtes Wissen und drittens Räume. Die Bedeutung des Prädikats ‚privat' kann man also jedenfalls grob mittels dieser drei Grundtypen bestimmen und damit die prima facie heterogene Verwendungsweise sortieren."
[136] Rössler: Der Wert des Privaten, 2003, 23.
[137] Rössler: Der Wert des Privaten, 2003, 17.
[138] Auch Wolfgang Sofsky erkennt in dieser Entscheidungshoheit des Einzelnen über die Grenzen seiner Privatsphäre angesichts sehr weitgehender Einblicke in das Private etwa durch moderne Medien das entscheidende Kennzeichen des Privaten. Sofsky: Verteidigung des Privaten, 81.
[139] Beck, Ulrich: Jenseits von Stand und Klasse?, in: Ders. / Beck-Gernsheim, Elisabeth (Hg.): Riskante Freiheiten. Individualisierung in modernen Gesellschaften, Frankfurt a. M. 1994, 43-60, 54.
[140] Vgl. zur Begriffsbestimmung von „privat" und „öffentlich": Thiessen: Re-Formulierung, 205.

Gerade in der Abgrenzung der Privatheit gegenüber dem Öffentlichen[141] beziehungsweise dem Amtlichen des Pfarrerberufs und der öffentlichen Rolle anderer pastoraler Berufe wird erkennbar, dass sich hinter dem Bedürfnis, einen dem Gemeindeeinblick entzogenen Lebensraum gestalten zu können, auch ein weiterentwickeltes Amtsverständnis verbirgt. So wie der private Raum des Bürgers dem Einblick des Staates weitestgehend entzogen ist und somit zur Ermöglichung individueller Freiheit wird, so ist der private Wohn- und Lebensraum des Pfarrers und anderer Pfarrhausbewohner und -bewohnerinnen weitestgehend der Gemeinde und den Vorgesetzten entzogen und erhält in der Modern gerade deshalb religiöse und spirituelle Bedeutung:

> „Im Ringen um das ‚eigene Leben' und den ‚eigenen Raum' geht es um mehr als um die räumliche Gliederung des Alltags. Es geht um Kontrolle und Subversion, um das Abschütteln von äußeren und inneren Zwängen. Eigener Raum bedeutet Unabhängigkeit, also (verbotene) Lektüre, Kontemplation, Faulheit, Onanie, Langeweile, Selbstbefragung, im Schutz des Nichtgesehenwerdens Eigenes zu erproben und sich auf Seelenreisen auf in der Suche nach dem ‚eigenen Gott' zu begeben."[142]

Der Schutz des Privaten wird so für Ulrich Beck zur Vorraussetzung der Suche nach dem „eigenen Gott" nachzugehen und damit die Durchführung der Moderne auch im religiösen Bereich zu ermöglichen. Das Private wird so geradezu zum Ermöglichungsraum einer postmodernen Anschlussfähigkeit der Kirchen. Da jedoch zumindest dem Pfarrbüro eine starke öffentliche Aufgabe notwendig zukommt, entstehen an dessen Übergang zur Privatwohnung Abgrenzungsprobleme. Damit zielt der Schutz dieser Privatheit für viele PfarrhausbewohnerInnen auf unterschiedliche Bedrohungsszenarien ab: die Gemeinde, den Staat und teilweise auch die kirchliche Obrigkeit. Hier zeigt sich eine Form des „Cocooning"[143], das – für alle PfarrhausbewohnerInnen – dann an Bedeutung gewinnt, je stärker das (Arbeits-)Leben durch eine Vielzahl von Orten und eine starke Segmentierung geprägt ist. Ein gesteigertes Bedürfnis nach „gutem Wohnen", also einer nicht bloß auf die

---

[141] Auf die Entstehung dieser Grenzziehung in Folge der Aufklärung war bereits unter 2.1.1. hingewiesen worden. Sie ist bis in die Gegenwart eine tiefgreifende Grenze innerhalb der Gesellschaft und verhindert oftmals auch die positive Übernahme von gesellschaftlichen Errungenschaften in das familiäre Leben, z.B. hinsichtlich der Geschlechterrollen. Vgl. Ammicht-Quinn: Anleitung zur Grenzüberschreitung, 3: So „entstand aus der allmählich entstehenden Spaltung zwischen einem öffentlichen und einem privaten Bereich eine neue Geschlechterordnung, innerhalb derer die Frau zum Privatbereich des Mannes gehört. Freiheit und Gleichheit enden an der Türschwelle, (…)."
[142] Beck: Der eigene Gott, 29.
[143] Spielberg, Bernhard: Kreisquadrat und Pfarrgemeinde. Zwei unlösbare Probleme, LS 58 (2006), 92-100, 98: „Cocooning ist der Trend, es sich zu Hause gemütlich zu machen. Wer Tag für Tag und Woche für Woche auf Achse ist, braucht wenigstens in den eigenen vier Wänden einen Raum, um sich zurück zu ziehen. Die Wohnung ist mehr als nur Schlafstätte, sie wird – im Idealfall mit Garten – zum Kokon, das vor einer kalten und hässlichen Welt schützt."

„gute Stube" beschränkten Wohnkultur, lässt sich in der zweiten Hälfte des 20. Jahrhunderts in der gesamten Gesellschaft, insbesondere in gesellschaftlichen Segmenten mit hohem Bildungsgrad beobachten und bewirkt einen deutlichen Qualitätsanstieg der Wohnungen, zum Beispiel auch im sozialen Wohnungsbau:

> „Die ‚gute Wohnung', möglichst noch in ‚guter Umgebung', ist zu einem hochgeschätzten Kulturwert geworden, der das Alltagsleben tief durchdrungen und geformt hat."[144]

Dass die gegenseitige Abgrenzung von privaten und öffentlichen Lebensbereichen bereits seit der Antike mit dieser Machtfrage verbunden ist, wird von Hannah Arendt an dem Beginn ihrer Differenzierung in der Antike analysiert:

> „Historisch ist es sehr wahrscheinlich, daß das Entstehen des Stadt-Staates und des öffentlichen Bereichs auf Kosten der Macht und der Bedeutung des Privaten, der Familie und des Haushalts, stattgefunden hat."[145]

Damit bildet sich eine Gegenüberstellung beider Lebensbereiche, deren Entwicklung hier nicht im Einzelnen nachgezeichnet werden kann. Eine wichtige Prägung des modernen Verständnisses der Privatheit ergibt sich jedoch seit dem 18. Jahrhundert in der Definition der Öffentlichkeit als Hoheitsbereich der Kultur, dem das Private als Raum alles Natürlichen entgegensteht:

> „Die Geographie ihrer Stadt lieferte ihren Bürgern einen Anhaltspunkt, um den Gegensatz von Natur und Kultur zu veranschaulichen, indem sie nämlich das Natürliche mit dem Privaten und die Kultur mit dem Öffentlichen gleichsetzten. (…) Je nachdrücklicher der Gegensatz von Natur und Kultur auf der Folie des Kontrasts zwischen Privatsphäre und Öffentlichkeit begriffen wurde, desto mehr erschien die Familie als Naturphänomen."[146]

Die Folgen dieser Kontrastierung sind als prägendes Element in allen Lebensbereichen und Lebensvollzügen bis in die Postmoderne beobachtbar und dies entgegen aller Tendenzen der Moderne, ihre Gegenüberstellung zu durchbrechen.[147]

Gerade die Fülle pastoraler und spiritueller Literatur, die sich mit dem Lebensstil und der Spiritualität des katholischen Priesters beschäftigt und mit

---

[144] Saldern, Adelheid von: Von der „guten Stube" zur „guten Wohnung". Zur Geschichte des Wohnens in der Bundesrepublik Deutschland, in: ASozG 35 (1995), 227-254, 228.

[145] Arendt, Hannah: Vita activa. Oder: Vom tätigen Leben, München² 1981, 32.

[146] Sennett: Verfall, 111.

[147] Als eines der herausragendsten Beispiele für derartige Versuche kann das öffentliche Bekenntnis zur Abtreibung von 374 Frauen in der Ausgabe des Magazins „Stern" vom 02.06.1971 angesehen werden. Bewusst wurde hier ein Aspekt des eigenen Privatlebens der Öffentlichkeit vorgeführt, an dessen Veröffentlichung bis dahin allenfalls die Abtreibungsgegner in juristischer Hinsicht Interesse gehabt hatten.

abnehmenden Priesterzahlen eher noch zuzunehmen scheint[148], bewirkt ein verstärktes kirchliches Interesse an der Privatsphäre des Priesters, entsprechende Abwehrmechanismen seitens der Priester und ein dauerhaft starkes Phänomen gänzlich „abgeschlossener" Pfarrhäuser. Eine bewusste – und an den Idealen des Bildungsbürgertums orientierte (!) – Gestaltung des privaten Lebens wird dabei als Ausweis eines spirituellen Lebens betrachtet, für das ein gestalteter (statt rigoroser) Umgang mit der Zugangskontrolle zu privatem Wissen als Voraussetzung erscheint. Die Ausbildung eines derartig bewussten Umgangs wird jedoch nicht selten während der Priesterausbildung unterlaufen: Die als „Regensgespräche" deklarierten Befragungen zu privaten und intimen Lebensbereichen, die Regenten und Ausbildungsleiter während der Studien- und Ausbildungszeit bei Priesteramtskandidaten durchführen, um deren Eignung für den Priesterberuf zu eruieren, finden häufig ihre psychologische Fortsetzung in den Gemeindevisitationen und rufen ähnliches Verhalten bei Pfarrern wie vormals bei Seminaristen hervor.[149] Wenngleich es sich hier nicht automatisch um einen Eingriff in die Privatsphäre handelt, muss doch von einem Einblick in „Privacy"[150] als dem genuin persönlichen und individuellen Lebensbereich gesprochen werden. Ein Abschirmen dieses Bereiches erfolgt als notwendige Konsequenz bis in Details der Lebensgestaltung[151]: Eine Reinigungskraft oder Haushaltshilfe wird bewusst außerhalb der Gemeinde gesucht, der private Einkauf im Supermarkt außerhalb des Pfarrgebietes vorgenommen und die Terrasse im Pfarrgarten mit teilweise großem baulichen Aufwand vor Einblicken geschützt. So wird bewusst Aufwand, Geld und Energie zum Schutz von

---

[148] Vgl. Klasvogt, Peter: „Hoffe auf den Herrn und sei stark!". Was für Priester braucht das Land?, in: LS 55 (2004), 18-23. Greshake, Gisbert: Priester sein in dieser Zeit: Theologie-pastorale Praxis-Spiritualität, Freiburg-Basel-Wien 2000. Brantzen, Hubertus: Lebenskultur des Priesters. Ideale-Enttäuschungen-Neuanfänge, Freiburg-Basel-Wien 1998.

[149] Vgl. zu den kirchlichen Kontrollmechanismen und Bestrafungen bei „abweichendem Verhalten" von Priestern: Deschwanden: Rollenanalyse, 132. „Es haben sich im Laufe der Geschichte viele Möglichkeiten ergeben, die jungen Kapläne entsprechend dem Bild, das sich die Vorgesetzten von ihrer charismatischen Persönlichkeit machen, an Posten zu stellen, wo wenig Chance besteht, daß sie abweichendes Verhalten zeigen können. (...) Wer auch nach längerer Erprobung kein genügendes Charisma erworben hat, wird in der Regel auf Außenposten abgeschoben, wo er möglichst einflußlos und ‚ungefährlich' bleibt."

[150] Vgl. Grötker, Ralf (Hg.): Privat! Kontrollierte Freiheit in einer vernetzten Welt, Hannover 2003, bes. 9-14.

[151] Diese Schutztendenzen des eigenen Privatraumes haben als genuines Freiheitsbedürfnis ihre Entsprechung ebenfalls in dem antiken Privatheitsverständnis. Allerdings gilt hier der Privatbereich als von Unfreiheit geprägt, während der Bereich des Öffentlichen, die Polis, der Ort von Gleichheit und Freiheit ist. Vgl. Arendt: Vita activa, 34: „Die Polis unterschied sich von dem Haushaltsbereich dadurch, daß es in ihr nur Gleiche gab, während die Haushaltsordnung auf Ungleichheit geradezu beruhte. (...) Innerhalb des Haushaltsbereichs konnte es also Freiheit überhaupt nicht geben, auch nicht für den Herrn des Hauses, der als frei nur darum galt, weil es ihm freistand, sein Haus zu verlassen und sich in den politischen Raum zu begeben, wo er unter seinesgleichen war."

Privacy investiert, um so den Raum von Freiheit und Selbstentfaltung zu schaffen beziehungsweise zu erhalten und zu einer wirklichen Zugangskontrolle über privates Wissen im Kontext der Pfarrgemeinde zu gelangen. Das damit verbundene Streben nach weitestgehender Autonomie als dem Bürgertum des 19. Jahrhunderts entstammendes Ideal[152], zu deren grundlegenden Kennzeichen die Zugangskontrolle gehört[153], und die als Definition persönlicher Freiheit herangezogen werden kann, bildet die Grundlage für das Verlangen, Privates in einer mehrfachen Hinsicht zu schützen:

> „Auch wenn man die gesellschaftlichen Bedingungen für die Möglichkeit eines autonomen Lebens nur so grob und stichwortartig benennt, wird doch sofort deutlich, dass für ein solches Leben der Schutz von Privatheit konstitutiv ist. Dezisionale Privatheit deshalb, weil anders Entscheidungen und Lebenspläne nicht gelebt und verfolgt werden können, lokale Privatheit deshalb, weil anders der Schutz intimer Beziehungen und die Rückzugsmöglichkeiten nicht gewährleistet werden können."[154]

Über diese Dimensionen der Privatheit hinaus dürfte jedoch gerade die informationelle Privatheit für Gemeindepriester und andere kirchliche MitarbeiterInnen in der Gemeindepastoral, die mit dem Pfarrhaus einen sehr zentralen Wohnort im Bewusstsein der Pfarrgemeinde haben, von besonderer Bedeutung sein. Das Wissen über eine Person, ihre Lebensgewohnheiten und ihren Lebensstil wird im gesellschaftlichen Bereich durch den Datenschutz reglementiert und begrenzt. Doch informationelle Privatheit geht über diesen gesetzesrelevanten Bereich weit hinaus. Gemeint ist hier die Kontrolle über die Selbstdarstellung, die genau dann eingeschränkt wird, wenn eine Person nicht weiß, wer in welchem Maß über das eigene Leben informiert ist. Hier ereignet sich also eine Beschränkung der informationellen Freiheit, indem die Person einen Kontrollverlust über Informationen erleidet und in ihrer Selbstdarstellung und Präsentation anderen gegenüber nicht mehr autonom agieren kann, sondern bereits mit einem unklaren Maß an Vorwissen über das eigene Leben bei einem nicht eingrenzbaren Personenkreis rechnen muss. Für den Pfarrer, wie auch für Pastoralreferentinnen und -referenten und andere PfarrhausbewohnerInnen, die von Gemeindemitgliedern weitgehend beobachtet im Pfarrhaus leben, ändert das bloße Wissen um ihre öffentliche Wahrnehmung ihres Privatlebens darum denn auch kaum etwas:

> „Aus dem gleichen Grunde nützt es nichts, wenn Personen wissen, dass sie beobachtet oder dass Informationen über sie gespeichert werden, wenn sie nicht beobachtet oder auf diese Weise erfasst werden wollen – denn es ist

---

[152] Dass das Ideal nicht unbedingt der Realität entspricht und entsprach, sondern weitgehend ein ideologisches Konstrukt darstellt, wird im Hinblick auf die sehr rudimentäre Privatsphäre in Arbeitersiedlungen des 19. Jahrhunderts deutlich. Vgl. Saldern: Von der „guten Stube", 241.
[153] Rössler: Der Wert des Privaten, 2003, 16.
[154] Rössler: Der Wert des Privaten, 2003, 19.

dann genau die Tatsache, dass sie sich auf die Beobachtung und Kontrolle einstellen müssen, die sie daran hindert, selbstbestimmt, authentisch zu agieren."[155]

Die einzelnen Personen, in unserem Fall Menschen, die ein Pfarrhaus[156] bewohnen, sehen sich somit einer Macht gegenüber, die nicht nur die persönliche Autonomie beschränkt, sondern darüber hinaus in keiner Weise greifbar ist. Sowohl der Personenkreis, der über das informelle Informationsnetz einer Gemeinde oder durch direkten Kontakt zum Pfarrhaus in die informationelle Privatheit eingreift, ist nahezu unbegrenzt als auch der Umfang des Wissens und Beobachtens.[157] Sehen sich auch generell alle Menschen mit dieser Macht konfrontiert und sind Eingriffe in die informationelle Privatheit bei jedem und durch jeden möglich, scheint es insbesondere bei Seelsorgerinnen und Seelsorgern in der Gemeindepastoral hier eine besondere Sensibilität zu geben. Durch Hausbesuche und seelsorgliche Gespräche bis hin zur Beichte nehmen sie selbst wie kaum ein anderer Einblick in die private Lebenswelt von Gemeindemitgliedern. Andererseits werden sie meist aufgrund des institutionalisierten Beichtgeheimnisses und der erwarteten Diskretion als personifizierte Begrenzung dieses Eingriffes meist akzeptiert. Damit verantworten sie mit jedem Eingriff in die Privatsphäre zugleich deren Schutz, ein Schutz, der ihnen selbst in dieser Form seitens der Gemeindemitglieder nicht gewährt wird. So sehen sich nicht wenige SeelsorgerInnen, die Pfarrhäuser bewohnen, einem ungehemmten Informationsfluss über ihre Hobbys, ihr Konsumverhalten, ihren Lebensstil bis hin zu ihrem Tagesablauf innerhalb der Gemeinde ausgesetzt. Gerade Pastoralreferenten und -referentinnen, die mit ihren Familien in Pfarrhäusern wohnen, erleben diese Kontrolle insbesondere hinsichtlich der Kindererziehung und erleben damit eine dem evangelischen Pfarrhaus vergleichbare Situation (vgl. Exkurs).
Je mehr Menschen in der Postmoderne selbst freiwillig bereit sind, Informationen aus ihrem Privatleben zur Verfügung zu stellen, sei es mittels einer Kundenkarte über ihr Konsumverhalten im Supermarkt, mittels Interneteinkauf über ihre literarischen Vorlieben oder bis hin zu einer Fernsehsendung wie „Big Brother" in voluntativer Symmetrie über ganze Abschnitte ihres

---

[155] Rössler: Der Wert des Privaten, 2003, 24.
[156] Verschärfend für den Schutz der Privatsphäre wirkt die definitorische Unschärfe, inwieweit das Pfarrhaus einen öffentlich zugänglichen Raum als „Pfarramt" oder privaten Wohnraum darstellt. Im ersten Fall ginge es um die (Neu-)Konstituierung von Privatheit in einem öffentlichen Raum. Vgl. Epstein, Richard E.: Die Dekonstruktion der Privatheit und die Wiederherstellung derselben, in: Grötker, Ralf (Hg.): Privat! Kontrollierte Freiheit in einer vernetzten Welt, Hannover 2003, 43-66.
[157] Michel Foucault spricht in diesem Zusammenhang von dem Panoptikon einer „unsichtbaren Macht", die automatisch funktioniere. Vgl. Foucault, Michel: Überwachen und Strafen. Die Geburt des Gefängnisses, Frankfurt a. M. 1976.

Privatlebens, desto geringer ist das Bewusstsein, für den Schutz der Privatsphäre anderer mitverantwortlich zu sein.

Verbunden mit dem Wandel klerikaler Macht hin zur charismatischen Herrschaft ist im 20. Jahrhundert eine Kehrseite der Privatheit, die auf deren Instrumentalisierung[158] abzielt.

Eine für die Gemeindeleitung und pastorale Praxis produktive Umsetzung des Einblicks in Teile des Privatlebens, wie sie etwa für Unternehmensleitungen mittlerweile bewusst entwickelt wird, steht noch weitgehend aus. Gerade das bewusste Kommunizieren der eigenen Person und Rolle vermag nicht nur gemeindeintern eine Präsenz herzustellen, die ihrerseits einen Schutz des Privaten erst ermöglicht und Stilblüten der Neugierde zu vermeiden hilft:

> „Der Mangel an Präsenz lässt Spekulationen ins Kraut sprießen. So wie die Israeliten mit dem Goldenen Kalb über Gottes Antlitz spekulierten als Moses fern war, so spekuliert die Öffentlichkeit in Ermangelung einer präsenten Auseinandersetzung über die Schlechtigkeit des wirtschaftlichen Führungspersonals."[159]

Wie hier eindrücklich für unternehmerische Leitung eine produktive Instrumentalisierung des Privaten gerade in Phasen betrieblichen Wandels gesucht wird, gilt es nach einer Entsprechung in der kirchlichen und gemeindlichen Leitung zu fragen. Wo der Schutz der Privatsphäre rigoristisch als totale Abschirmung inszeniert wird und damit seitens der Gemeinde oftmals Befremden auslöst, erscheint dies nicht nur als Gegenextrem zum „Offenen Pfarrhaus", sondern auch als ignorierte Chance, darin einen Beitrag zur kirchlichen Identitätsstiftung und eine Initiation von kirchlichen Wandlungsprozessen auszumachen. Ein wirksamer Schutz der Privatsphäre wird den PfarrhausbewohnerInnen am ehesten dort zugestanden, wo sie nicht verabsolutiert und rigoristisch eingefordert wird, sondern personale Präsenz unterstreicht.

---

[158] Vgl. Stöber, Rudolf: Vom Interesse am Privaten zu dessen Instrumentalisierung. Zum wechselseitigen Einfluss von sozialer Frage, Öffentlichkeit und Privatheit, in: Imhof, Kurt / Schulz, Peter (Hg.): Die Veröffentlichung des Privaten – die Privatisierung des Öffentlichen, Opladen-Wiesbaden 1998, 27-42, 35: „Die Instrumentalisierung des Privaten für politische Zwecke setzte die Erkenntnis voraus, daß das Private politikfähig ist. Politikfähigkeit hing von dem Wechselspiel zwischen Politikspielen und Öffentlichkeitsreaktionen ab und hatte zwei Komponenten: die Verbesserung der Eigenpräsentation und die Perfektionierung der Herabwürdigung des Gegners, beides mit Auswirkungen auf die öffentliche Stimmung."
[159] Fischer-Appelt, Bernhard: Die Moses Methode. Führung zu bahnbrechendem Wandel – Aufbruch zur Wanderkultur in Unternehmen und Gesellschaft, Hamburg 2005, 148.

3.2 Das Pfarrhaus im Leben der Pfarr- und Ortsgemeinde

Wenn in einem ersten Durchgang der Bedeutung des Pfarrhauses hinsichtlich des Lebens seiner Bewohnerinnen und Bewohner nachgegangen wurde, soll nun sein Bezug nach außen in den Blick gerückt werden.

Bereits in den architektonischen Vorgaben für die Pfarrhäuser wird im 19. Jahrhundert deren veränderte beziehungsweise sich verändernde Funktionsbestimmung erkennbar.

Ein erstes Indiz für die funktionale Bestimmung des Pfarrhauses über den bloßen Wohnraum hinaus deutet sich in der Integrierung einer Amtsstube, mehr noch in der Einrichtung eines Gesprächszimmers an. So wurde versucht, innerhalb des Pfarrhauses einen neutralen Ort zu schaffen, der für Anliegen der Gemeindemitglieder bereit stand. Diese erste Ausrichtung des Pfarrhauses auf die Gemeindepastoral wird noch deutlicher in Bestimmungen über die Residenzpflicht des Pfarrers und deren Auswirkungen, etwa auf die Pfarrhaushälterin. So nimmt die Kölner Diözesansynode von 1954 eine sehr deutlich Ausrichtung des Pfarrhauses auf die Gemeindepastoral vor:

> „Jede Priesterwohnung, zumal der Pfarrgeistlichen, steht im Dienste der Seelsorge. Das Pfarrhaus ist zugleich das Vaterhaus der Gemeinde; der Gute Hirt sein Symbol. Der wohltuende Eindruck einer edlen Menschlichkeit, einer ungezwungenen Natürlichkeit und christlichen Lebensformung muß dem Besucher jede unnötige Hemmung nehmen und ihm ein lebendiges Bild eines christlichen Heimes vermitteln."[160]

Dieses Interesse an einer Ausrichtung des Pfarrhauses auf die seelsorgliche Arbeit findet ihre Fortführung in der Forderung nach permanenter Präsenz und Rufbereitschaft. Sie mag zum einen verbunden sein mit einer sakramentstheologischen Definition der Krankensalbung als „Sterbesakrament", die aus einer übergroßen Ängstlichkeit das Sterben eines Gemeindemitglieds ohne vorherigen Besuch des Pfarrers und die eilige Sakramentsspendung als undenkbar erscheinen ließ. Damit war jedoch auch eine veränderte Funktion des Pfarrhauses als Adresse entstanden, nach der eine Familie im Notfall schicken lässt, um seelsorgerliche Hilfe zu holen. So wird das Pfarrhaus aufgrund einer sakramentstheologischen Verengung in besonderer Weise auf die Sorge des Priesters um die Gemeindepastoral ausgerichtet. Dabei manifestiert sich zugleich eine funktionale Ausrichtung als Amtssitz, der nur in besonderen Anliegen der Menschen an Wendepunkten des Lebens angefragt und kontaktiert wird. Durch die im Verlauf des 20. Jahrhunderts zunehmend etablierten therapeutischen Berufe und die Einbindung des Menschen in ein „therapeutisches Netz"[161], die eine deutliche Absetzbewegung zu kirchlichen

---

[160] Erzbischöfliches Generalvikariat in Köln (Hg.): Kölner Diözesansynode 1954, Köln 1954, 2. Abschnitt Kap. 257 §1, 103.
[161] Vgl. Gay, Peter: Menschen im therapeutischen Netz, in: Frevert, Ute / Haupt, Heinz-Gerhard (Hg.): Der Mensch des 20. Jahrhunderts, Essen 2004, 324-343.

Moral- und Verantwortlichkeitsvorstellungen des Individuums impliziert, gerät die rein seelsorgerliche Funktion des Pfarrhauses insbesondere in städtischen Bereichen ins Abseits.

3.2.1 Die Sakralisierung des Pfarrhauses als „heiliger Ort"

Das in Kap. 3.1. dargestellte Pfarrhausleben als Bild einer idealisierten Familie und damit als utopischer Ort weist den Weg in eine Entwicklung der Sakralisierung, die im 19. Jahrhundert ihre Hochform gefunden hat und die das Pfarrhaus als „heiligen Ort" erscheinen lässt. Wenn für das 20. Jahrhundert von einer Veränderung beziehungsweise sogar von einem Verlust der Wahrnehmung heiliger Räume gesprochen wird[162], so ist dennoch im Blick auf das Pfarrhaus in seiner Verbindung zur Kirche nach den Resten dieser versinkenden Sakralität zu fragen. Hier lebte eine Hausgemeinschaft, die lange Zeit als moralisch vorbildlich, hierarchisch geordnet, entsexualisiert, geistlich und intellektuell geprägt galt - beziehungsweise so erschien - und damit das häusliche Ideal insbesondere des 19. Jahrhunderts widerspiegelte. In enger Verbindung mit dem Kirchenbau als sakralem Raum und als „Haus Gottes" bildet es auch schon äußerlich den Mittelpunkt des Ortes[163] und wird in dessen Bedeutung und Funktion mit eingebunden. Es übernimmt an dieser Nabelstelle der Gesellschaft eine quasi kosmologische Funktion für die Ausrichtung des Lebens der Menschen und findet vielfältige religionsphänomenologische Parallelen:

> „Palästina, Jerusalem und der Tempel repräsentieren jedes für sich und simultan das Bild des Universums und das Zentrum der Welt. Diese Vielheit von ‚Zentren' und diese Wiederholung des Bildes der Welt in immer bescheidenerem Maßstab ist ein besonderes Kennzeichen der traditionsgebundenen Gesellschaften."[164]

Das Pfarrhaus bildet somit einen gesellschaftlichen Mittelpunkt und rückt damit zugleich in ein Gegenüber und eine Distanz zu den Menschen eines Ortes und einer Pfarrgemeinde, die sich gerade im Einfluss ultramontaner Tendenzen des 19. Jahrhunderts auf verschiedene Lebensbereiche der Priester auswirkt:

> „1854 wurde ein generelles Wirtshausverbot für Geistliche erlassen, das 1884 erneuert wurde. Dabei ging es nicht in erster Linie um Verhinderung

---

[162] Mertin, Andreas: „... räumlich aber glaubet der Mensch." Der Glaube und seine Räume, in: Klie, Thomas (Hg.): Der Religion Raum geben. Kirchenpädagogik und religiöses Lernen, Münster 1998, 51-76, 55.
[163] Durch das Anwachsen der Städte in Folge der Industrialisierung im 19. Jahrhundert wurden vielerorts Kirchenneubauten angestrebt. Wo jedoch durch die städtebauliche Planung und Entwicklung ein Neubau der Kirche lediglich am Ortsrand statt in seinem Zentrum möglich war, führte dies häufig zu langwierigen Diskussionen.
[164] Eliade: Das Heilige und das Profane, 41.

von Alkoholmissbrauch, sondern um die Distanz von Priester und Volk einerseits, die Verhinderung des gesellschaftlichen Verkehrs des Pfarrers mit Liberalen und Kirchenfeinden andererseits."[165]

Mit der aus einer Vielzahl von Regelungen für das Alltagsleben und deren rigider Kontrolle entstehenden Distanzierung des Klerus von den Kirchenmitgliedern wird das Pfarrhaus zunehmend zum eingeengten Lebensraum des Priesters und mit der Kirche zum Mittelpunkt der kultisch-sacerdotalen Heilsvermittlung. Dieses Zentrum wird beobachtet und, sei es aus Neugier oder Notwendigkeit, punktuell kontaktiert. Insgesamt aber wird es eher staunend angebetet, statt in das alltägliche Leben integriert, sodass es letztlich infolge des Kirchenverständnisses der Pianischen Epoche tendenziell als „heiliges Gegenüber" erfahren wird.[166] Das Pfarrhaus wird hier in seinem Verhältnis zu seinem Umfeld in besonders deutlicher Weise zum Abbild des Kirchenverständnisses einer Epoche, das gerade im I. Vatikanischen Konzil durch Abgrenzung von gesellschaftlichen Entwicklungen bestimmt war. Seinen theologischen Höhepunkt findet diese Tendenz in der „inkarnatorischen Ekklesiologie"[167], in der die Zwei-Naturen-Lehre der Christologie auf das Zueinander von Kirche und (insbesondere moderner) Gesellschaft in Analogie übertragen wird. Diese Identifikation der Kirche mit dem Göttlichen im Gegenüber zur Gesellschaft als das Menschliche entrückt die Kirche und immunisiert sie gegenüber kritischen Infragestellungen. Sie reduziert sie zugleich auf ihre Repräsentationsfunktion des Göttlichen.

Wie sehr die Sakralisierung des Weihepriestertums und damit auch die des Pfarrhauses kirchliches Denken und kirchliche Kultur der Pianischen Epoche prägte, wird unter anderem in architektonischen Neuerungen erkennbar. Ist die Kirchenarchitektur und -kunst bis zum Zweiten Weltkrieg auch überwiegend durch Neo-Gotik und Neo-Romanik beziehungsweise durch die „Nazarener"-Schule, das heißt durch eine ausgesprochene Zitierfreudigkeit und eine tendenzielle Armut eigener und epochenspezifischer Stile gekennzeichnet, so stellen gerade Kirchenbauten im Umfeld des Expressionismus hier eine interessante Ausnahme dar. Mit Blick auf das Pfarrhaus lässt sich jedoch bei dieser vom Expressionismus geprägten Suche nach zeitspezifischer Architektur eine Adaption jener Sakralisierungstendenzen beobachten. Die Kirche und das Pfarrhaus (mancherorts auch erste Pfarrsäle) werden hier in einer baulichen Einheit konzipiert[168], die eine Identifikation beider nach sich zieht. Der Pfarrer scheint geradezu in der Kirche zu wohnen, direkte Zugänge vom Pfarrhaus zur Kirche unterstreichen diese Symbiose - letztlich

---

[165] Olenhusen: Die Ultramontanisierung des Klerus, 53.
[166] Vgl. Schulte-Umberg: Profession und Charisma, 318-325.
[167] Ruster: Nützlichkeit, 395
[168] Ein gutes Beispiel bildet hier die St. Bonifatius-Kirche in Frankfurt-Sachsenhausen, die 1926 von Martin Weber gestaltet wurde.

von Pfarrer und Gottesdienst. Die Rolle der Laien wird dort durch die sakralisierte Bestimmung des Pfarrhauses infolge der Klerikalisierung der Pianischen Epoche manifestiert und abgebildet: Sie sind um das Pfarrhaus und auf dieses hin angeordnet, verbleiben in stiller und passiver Anbetung, während der Blick der Kirche auf den Klerus gerichtet ist, dessen Stellung sich im Pfarrhaus widerspiegelt.

Wenn Alfred Lorenzer in Folge des II. Vatikanischen Konzils und der in der Liturgiereform begründeten architektonischen Umgestaltung der Kirchenbauten von einem „klerikalen Vandalismus"[169] spricht, kennzeichnet dies nicht bloß ein verändertes Kirchen- und Liturgieverständnis. Die geschilderten Veränderungen haben Auswirkungen auf den Umgang mit allen „heiligen Orten" der Gemeinden und verstärken eine Entwicklung des Verlustes des sakralen Raumgefühls. Wenn verschiedene Versuche der Neubestimmung des Pfarrhauses in der zweiten Hälfte des 20. Jahrhunderts zu beobachten sind, wie sie im Folgenden geschildert werden, erscheint dies als weitgehend parallel zu dem Umgang mit Kirchenräumen. Beiden gemein ist der Verlust des religiösen Raumverständnisses, wie er von Mircea Eliade als historisches Auslaufmodell[170] beschrieben wurde: Während den religiösen Menschen bis in die Vormoderne eine heterogene Raumwahrnehmung kennzeichnet, entwickele der moderne Mensch eine zunehmend homogene Raumwahrnehmung, in der es allenfalls noch ein „kryptoreligiöses Verhalten"[171] als Rest einer archaischen Gesellschaft im Leben des modernen Menschen gibt. Gegenüber dieser sehr negativen Beurteilung der gesellschaftlich veränderten Raumwahrnehmung bei Eliade und der kirchlich-liturgischen „Schädigung" bei Lorenzer verweist Andreas Mertin darauf, dass hier eher von Veränderung und Diffusion auszugehen ist:

„Man könnte vielleicht davon sprechen, dass es zwar noch ein diffuses religiöses Raum-Gefühl gibt, dieses sich aber mangels der Rückbindung an religiöse Deutungskategorien, sprich die christliche Erzähl- und Bautradition, nicht mehr kommunikabel machen lässt."[172]

Die hier nur in Kürze skizzierte Veränderung beziehungsweise der Verlust des „Heiligen Raumes" mag einer liturgischen und theologischen Tendenz des 20. Jahrhunderts entsprechen, die vor allem in der Liturgiereform des Zweiten Vatikanischen Konzils Ausdruck fand.

„Es gibt nicht mehr die Aufteilung in profan und sakral! Der eigentliche Kult ist das Leben selbst, bzw. das Leben selbst wird zum Kult, wenn es als Leben vor Gott für die Menschen gelebt wird."[173]

---

[169] Lorenzer, Alfred: Das Konzil der Buchhalter. Die Zerstörung der Sinnlichkeit - eine Religionskritik, Frankfurt a. M. 1984, 212.
[170] Eliade: Das Heilige und das Profane, 13-60.
[171] Eliade: Das Heilige und das Profane, 25.
[172] Mertin: „… und räumlich glaubet der Mensch", 55
[173] Hilberath: Vision, 82 f.

Das anhaltende Ringen um die hier erkennbare evangeliumsgemäße Verschiebung lässt freilich die Frage aufkommen, inwiefern darin zunehmend auch eine Überforderung gesehen werden muss.

3.2.2 Das Pfarrhaus als Vorläufer von Gemeindehäusern und Pfarrheimen

Neben der (Pfarr-)Kirche als zentralem Versammlungsraum der Gemeinde stellt das Pfarrhaus bis in die zweite Hälfte des 19. Jahrhunderts meist das einzige kirchliche Gebäude in den Gemeinden dar. Wo neben den Gottesdiensten Bedarf an Versammlungsmöglichkeiten bestand, wurden vielerorts die örtlichen Wirtshäuser und Gaststätten, sofern sie über einen Saal verfügten, genutzt. Daneben lässt sich in vielen Gemeinden auch eine Verwendung des Pfarrhauses für Gemeindeaktivitäten beobachten. Die Größe des Pfarrhauses oder gar Pfarrhofes (!) legte es nahe, wenig genutzte Räumlichkeiten für Katechismusunterricht und Bibelstunden in kleinen Gruppen zu verwenden. In Deutschland kam es mit dem Erstarken des katholischen Verbandswesens in vielen Gemeinden zum Ankauf und Bau eigener Häuser, die etwa als „Kolpinghäuser" eine Kombination von Geselligkeit und verbandlicher Bildungsarbeit erlaubten und mancherorts über einen eigenen Schankbetrieb verfügten. Gerade die Verbandshäuser sind dem direkten Zugriff der Pfarrer weitgehend entzogen, sein Einfluss ist häufig mit der Tätigkeit als Verbandspräses auf rein geistliche Funktionen beschränkt.

So stellen sowohl Pfarrhäuser als auch die Verbandshäuser die Vorgänger der im Verlauf des 20. Jahrhunderts aufkommenden „Pfarrheime" dar. Mit ihnen wird der Subjektwerdung der Gemeinden im Zuge des Zweiten Vatikanischen Konzils Vorschub geleistet: Hier sind Versammlungen und Gemeinschaftsaktivitäten möglich, die das Leben über den rein liturgischen Bereich hinaus fortsetzen und erst zum Ausweis eines regen Gemeindelebens werden. Da sich hier Gemeindeleben ohne notwendige Verbandsstruktur oft erstmals in weitgehender Unabhängigkeit vom Pfarrer entwickeln kann, stellt das Pfarrheim auch einen der Hauptkonfliktpunkte zwischen Gemeindemitgliedern und Pfarrern dar, die vielerorts über die „Schlüsselfrage" ihren Einfluss zu verteidigen versuchen.

Mit den architektonischen Bewegungen der 1960er- und 1970er-Jahre begann vielerorts das Bemühen um eine architektonische Gesamtschau von Kirche, Pfarrhaus und Pfarrheim, die in unterschiedlichen Grundmustern realisiert wurden. Neben einer bloß räumlichen Nähe in der „gestreuten Anordnung" entstanden „Hofanordnungen" und „Kompaktanordnungen", die alle drei Raumfunktionen in einem gemeinsamen Gebäudekomplex vereinten.[174] Diese architektonischen Ansätze zur Verdeutlichung eines

---

[174] Vgl. Disse, Rainer (Hg.): Kirchliche Zentren. Entwurf und Planung, München 1974.

erneuerten Gemeindeverständnisses zeugen von einer gestiegenen Sensibilität für die wechselseitigen Beziehungen der einzelnen Gebäude und ihrer Funktionen. Das Pfarrhaus wird damit nicht nur baulich in einen Gemeinde- und Kirchenkomplex eingebunden. Seine Bedeutung innerhalb dieses (Gebäude-) Komplexes wird erstmals wahrgenommen. Die permanente Präsenz von PfarrhausbewohnerInnen erhält hierbei eine neue, aus der sakramentalen Engführung befreite, Funktion bezüglich der Verwaltung des Kirchenzentrums und der Ermöglichung gemeindlicher Beheimatung.

So lässt sich in den architektonischen Akzentsetzungen das Bemühen erkennen, den mit Kirche, Gemeindezentrum und Pfarrhaus für das Gemeindeleben zentralen Ort für die Gemeindemitglieder zur „Heimat"[175] werden zu lassen. Gerade in dieser Zielsetzung bekommen Details des Pfarrhauses, auf die Hubertus Brantzen in seiner Arbeit beispielhaft verweist, integrierende oder desintegrierende Bedeutung.

3.2.3 Das Pfarrhaus als Herrschaftssitz und Machtzentrum

Das Verhältnis von Raum und Macht[176], von Architektur und Herrschaft[177] beziehungsweise Herrschaftsanspruch wurde in den zurückliegenden Jahrzehnten gerade in der soziologischen und philosophischen Forschung vermehrt herausgearbeitet. So erscheint es nahe liegend, das Pfarrhaus im Kontext der Frage nach kirchlicher und klerikaler Herrschaft zu beleuchten. Wenn in kirchlich-theologischen Zusammenhängen Herrschaft und Macht thematisiert werden, dann seit einigen Jahren zunächst als „Machtverlust". Unter dem Begriff der „Säkularisierung" erscheint die Kirche als weitgehend entmachtete Institution. Doch es wäre zu einfach, die kirchliche Relevanz in der Gesellschaft auf eine bloße Reduktion zu beschränken. Stattdessen hat sich hier eine Verschiebung kirchlicher Pastoralmacht von der Sphäre des „Kosmos zur Kommunität – und gegenwärtig zum Körper"[178] vollzogen. Eine Verwendung der Begriffe „Herrschaft" und "Macht" in einer pastoraltheologischen Studie hat entsprechend ihrer Vieldeutigkeit sinnvollerweise in einem Rückblick auf die Definition und Bestimmung Max Webers zu

---

[175] Brantzen, Hubertus: Gemeinde als Heimat. Integrierende Seelsorge unter semiotischer Perspektive, Freiburg (Schweiz) 1993.

[176] Vgl. Maresch, Rudolf / Werber, Niels (Hg.): Raum-Wissen-Macht, Frankfurt a. M. 2002.

[177] Vgl. Martensen, Sven: Die Ästhetik der Macht: Zur architektonischen Selbstdarstellung der Bundesrepublik Deutschland, in: Krol, Martin / u. a. (Hg.): Macht - Herrschaft - Gewalt. Gesellschaftswissenschaftliche Debatten am Beginn des 21. Jahrhunderts, Münster 2005, 189-202, 190: „Bauen bedeutet immer auch das Verfügen über Ressourcen wie Flächen, Menschen oder Material und repräsentiert damit bestimmbare Macht- und Herrschaftsverhältnisse."

[178] Bucher, Rainer: Kosmos - Kirche - Körper. Anmerkungen zum Konzept einer „Heilenden Pastoral", in: Conc(D) 38 (2002), 186-196, 186.

erfolgen.[179] Hinzu kommt eine Veränderung der Macht- beziehungsweise besser: Herrschaftsform, die im Folgenden näher dargestellt werden soll, weil ihre Rückwirkung auf das Selbstverständnis von PfarrhausbewohnerInnen, historisch bedingt vor allem des Pfarrers, einen weiteren Fragehorizont eröffnet.[180]

3.2.3.1 Der Wandel der Herrschaftsform

Wenn das Pfarrhaus in seiner örtlichen Vernetztheit mit der Gemeinde, dem Dorf und Stadtteil betrachtet wird, dann rücken schnell soziologische Begriffe ins Zentrum des Redens über das Pfarrhaus: die Herrschaft[181] und die Macht[182]. Gerade aufgrund der exponierten gesellschaftlichen Stellung des Pfarrers bis in die Mitte des 20. Jahrhunderts ergibt sich für ihn ein auf mehreren Säulen ruhender Herrschaftsanspruch[183], der seine Begrenzung einerseits in den kirchenrechtlichen Ordnungen seitens der Obrigkeit und andererseits im Brauchtum, z. B. sehr anschaulich dem Karneval, seitens der Bevölkerung fand.

---

[179] Vgl. zur Verwendung der Begriffe „Herrschaft" und „Macht" in Kirche und Pastoraltheologie: Ebertz: Herrschaft, 90: „Seine in politischer Theorie und Praxis meist mit polemischer Absicht eingesetzte Verwendung lässt den Begriff der Herrschaft zudem in seiner Anwendung auf religiöse Phänomene verdächtig erscheinen, zumal den in religiösen Institutionen um ihren Einfluß besorgten herrschenden administrativen Eliten oder – aus anderen Gründen – den sich an Utopien der Herrschaftsfreiheit orientierenden, aber ebenfalls um Herrschaft und mehr Einfluß kämpfenden theologisch-intellektuellen Fraktionen."

[180] Auf bislang einmalige Weise ist die Journalistin Herlinde Koelbl in ihren Arbeiten der Wirkung von (politischen) Ämtern auf Amtsträger und -trägerinnen nachgegangen und wird im weiteren Verlauf der Arbeit das Interesse an der Wechselwirkung zwischen Pfarrhaus und seinen Bewohnern und Bewohnerinnen als Ideenfolie begleiten. Vgl. Koelbl, Herlinde: Spuren der Macht. Die Verwandlung des Menschen durch das Amt – eine Langzeitstudie, München 1999.

[181] Maurer, Andrea: Herrschaftssoziologie. Eine Einführung, Frankfurt am Main 2004, 2: „Herrschaft wird in der Soziologie in Abgrenzung von Macht und Gewalt als anerkannte, geregelte Form von Über- und Unterordnungsbeziehungen definiert. Wegweisend dafür ist die bekannte Definition Max Webers."

[182] So bedeutsam dieser Begriff für die Soziologie, Philosophie, Pädagogik und andere Bereiche der wissenschaftlichen Forschung ist, so schwer bestimmbar scheint er bis heute angesichts einer Vielzahl von Definitionsversuchen zu sein. Dabei kann wohl allein die Bestimmung von Max Weber eine weiter verbreitete Akzeptanz aufweisen. Vgl. Weber: Wirtschaft und Gesellschaft, 38: „Macht bedeutet jede Chance, innerhalb einer sozialen Beziehung den eigenen Willen auch gegen Widerstreben durchzusetzen, gleichviel worauf diese Chance beruht."

[183] Horst Herrmann greift dazu eine Definition des Klerus von Dombois auf. Vgl. Herrmann, Horst: Macht und Herrschaft als Funktionen des kirchlichen Dienstes?, in: Weber, Wilhelm (Hg.): Macht, Dienst, Herrschaft in Kirche und Gesellschaft, Freiburg 1974, 154-165, 160: „'Klerus' sei eine ausgesonderte Gruppe, die von den regelmäßigen Lebensvollzügen und Beurteilungsmaßstäben ausgenommen, exemt, ist, die aber gleichwohl ein vorbehaltenes und überlegenes Wissen über ebendiese Lebensvollzüge zu haben beanspruche.".

Zunächst gewährt die Amtstheologie und das Kirchenrecht der katholischen Kirche dem Pfarrer in seiner Gemeinde die Stellung des Leiters. Ihm kommt, theologisch und kirchenrechtlich nicht erst, aber in besonderer Weise seit dem Konzil von Trient, die Funktion des Vermittlers göttlichen Heils zu, zu dem er den Menschen durch die Spendung der Sakramente Zugang gewährt – oder verweigert, und somit Anteil an dieser Allmacht Gottes hat. Doch diese spirituelle Seite der klerikalen Herrschaft findet insbesondere im 19. Jahrhundert ihre Entsprechung in weltlicher Hinsicht:

> „Während Historiker der Frömmigkeit dazu neigen, das Verhältnis zwischen Kirche und Gläubigen als eine rein spirituelle – und vielleicht noch eine disziplinarische – Angelegenheit behandeln zu wollen, tritt in der historischen Praxis ein zweiter Aspekt deutlich in Erscheinung. Neben der spirituellen gab es eine materielle Seite im Verhältnis zwischen Kirche und Gläubigen – und man kann hinzufügen: im Verhältnis von Diesseits und Jenseits."[184]

Die hier angedeutete Seite klerikaler Herrschaft verweist nicht nur auf das Pfründewesen und die ganz unterschiedlichen Einnahmen der Pfarrer, die insbesondere in ländlichen Gebieten für eine Vielzahl von Konflikten zwischen der Bevölkerung und den Priestern, bis hin zu Gewalttätigkeiten und Delikten führten. Nicht selten folgte daraus sogar die Vertreibung von ungeliebten Pfarrern aus ihren Gemeinden.[185] Die Autoritätsstellung beziehungsweise Herrschaft des Priesters lässt ihn jedoch als „Mann Gottes" erscheinen. In der definitorischen Unterscheidung Max Webers ist hier gegenüber dem Machtbegriff aufgrund der hierarchischen Struktur von „Herrschaft" als der „Chance, für einen Befehl bestimmten Inhalts bei angebbaren Personen Gehorsam zu finden"[186] zu sprechen.

Diese Herrschaft, die auf erwartbarem Gehorsam fußt und, da sie auf Informiertheit angewiesen ist[187], eng mit einer sozialen Ordnung verbunden ist, die von allen Gesellschaftsteilen mitgetragen wird, prägt das kirchliche Leben vom Beginn des 19. bis hinein in das 20. Jahrhundert nicht nur kirchenintern, sondern in Teilen auch darüber hinaus. Durch die im 19. Jahrhundert zunehmende Konfrontation zwischen Staat und Kirche in weiten Teilen Deutschlands entsteht zunächst auf episkopaler Ebene, später auf allen Machtebenen, ein hoher Legitimitätsdruck, der in die kirchliche Abgrenzung eines eigenen Milieus führt:

> „Ein wichtiger Aspekt des Spannungsfeldes des 19. Jahrhunderts, in dem die Kirche steht, lässt sich also auch als ein – ja auch die ganze Historie

---

[184] Beck, Rainer: Der Pfarrer und das Dorf. Konformismus und Eigensinn im katholischen Bayern des 17./18. Jahrhunderts, in: Dülmen, Richard von (Hg.): Armut, Liebe, Ehre. Studien zur historischen Kulturforschung, Frankfurt am Main 1988, 117.
[185] Vgl. Beck: Pfarrer, 107-115.
[186] Weber: Wirtschaft und Gesellschaft, 28.
[187] Sofsky: Verteidigung des Privaten, 23.

durchziehender - mal mehr, mal minder manifester - Kampf der Kirche mit dem politischen Herrschaftssystem - und umgekehrt - um die Verteilung sozialer Herrschaft verstehen. Wenn auch beide Herrschaftssysteme, das geistliche und das politische, auf jeweils spezifische Evidenzen von Sanktionsweisen - geistliche Vernichtung, physische Gewalt - ihre Macht gründen mögen, so wissen wir dennoch, wie beide sich im Schnittpunkt legitimatorischer/physisch-gewaltlicher Stützung zu ergänzen, aber auch im Schnittpunkt der herrschaftlichen Beanspruchung der ja gemeinsamen ‚Klientel' zu bekämpfen vermögen."[188]

Das Pfarrhaus erscheint dabei auf lokaler Ebene als legitimer Herrschaftssitz neben anderen, wie etwa dem Rathaus.[189] Es ist im ländlichen Raum als „Widdum"[190] durch eine Reihe von Maßnahmen in die ökonomisch-materielle Sphäre des Dorfes eingebunden. Gerade im ländlichen Bereich ist diese traditionale Herrschaft untermauert durch die bereits genannte, häufig bäuerliche Herkunft des Klerus, die von Wilhelm Heinrich Riehl betont wird:

„Man hat sich katholischerseits neuerdings viel Mühe gegeben, die Söhne der gebildeten Stände mehr zum Eintritt in den unteren Klerus zu bewegen. Das ist sehr unklug. Die politische Macht der katholischen Kirche wurzelt in Deutschland zu allermeist in ihrem Einflusse auf die Bauern und ist bedingt dadurch, daß der Dorfgeistliche selber wieder aus dem Bauernstande hervorgegangen ist."[191]

Gerade diese Herkunft aus niedrigen Bildungsschichten und die gesellschaftliche Nähe der Priester zu ihren bäuerlich geprägten Gemeinden waren es jedoch auch, die nicht selten zu den Auslösern mancher der genannten Auseinandersetzungen führten. So kann Rainer Beck nachweisen, dass sogar Handgreiflichkeiten zwischen Bauern und Pfarrern in einer bayerischen

---

[188] Ebertz: Herrschaft, 95 f.
[189] Sehr profiliert tritt die amtliche Bedeutung des Pfarrhauses, auf die eigens einzugehen ist, seit der Gegenreformation in Erscheinung. Die Kontrolle über den Sakramentenempfang der Gemeindemitglieder wird hier in katholischen Gegenden seit dem 17. Jahrhundert mit Hilfe von „Seelenbüchern" gewährleistet, in denen nicht mehr nur Familien, sondern die individuellen religiösen Biografien aufgezeichnet werden. Vgl. Mitterauer: Familie und Arbeitsteilung, 154-200.
[190] „Widdum" oder „Widem" bezeichnet den Pfarrhof als Zusammenspiel von Pfarrhaus, Stall, Vieh und Äckern zur finanziellen Absicherung des Pfarrers. Diese war zusätzlich jedoch durch den „Kirchenzehnt" als regelmäßige Steuer, die „Stolgebühren" als Kultsteuer für einzelne liturgische Handlungen und die Kollekten in einem komplizierten finanziellen System gewährleistet. Aufgrund dieses Systems, das eine Quelle ständiger Auseinandersetzungen der Dorfbewohner mit den Pfarrern darstellte, erlebten viele Dorfbewohner das Pfarrhaus immer in einer untrennbaren Verbindung von geistlichen und finanziellen Ansprüchen. Vgl. Beck: Pfarrer, 121: „Eine strukturelle Verschränkung, die konsequenterweise dazu führt, daß ökonomisches Kalkül jederzeit auf die kultische Sphäre durchschlagen und dort religiöse Empörung auslösen kann."
[191] Steinbach: Einleitung, 87-88.

Landgemeinde ihren Ausgang in der Aggressivität des Priesters hatten[192] - ein Indiz dafür, dass der Standeswechsel der Priester manchmal kaum akzeptiert wurde.

Wie weit die pfarrliche Herrschaft nicht nur in das gesellschaftliche Leben, sondern eben auch in den privaten und familiären Bereich hineinragte, lässt sich an der Diskussion um die Bedeutung der Beichtpraxis ablesen, die bereits im 19. Jahrhundert aufkam. Vor allem mittels der Pönitentinnen (aufgrund einer weitgehenden Feminisierung kirchlicher Spiritualität im 19. Jahrhundert bildeten Frau das Hauptklientel der Beichtpastoral) übte der Beichtvater Einfluss auf das familiäre Leben bis in den Intimbereich der Ehepaare aus; ein Einfluss, der einerseits von vielen Männern sehr kritisch betrachtet und hinterfragt wurde:

> „Es waren also Fragen von Geschlecht, Ehe und Familie, die die Diskussion um die Beichte belebten. Der Mann hätte sich demnach von dieser, das autonome Individuum erniedrigenden Praxis zu befreien gewusst, während es die Frau zum Schaden von Ehemann und Familie nicht verstanden hätte. Diese ihre Schwäche aber hätte der Priester für die Durchsetzung seiner Machtinteressen auszunutzen gewusst."[193]

Andererseits stellt die Beichte im 19. Jahrhundert für Frauen die häufig einzige zur Familie alternative persönliche Gesprächsmöglichkeit dar und ermöglicht durch ihr Schutzverhältnis den Frauen Rückhalt und die Stärkung ihrer familiären Position, die erst allmählich auch eine rechtliche Absicherung erfuhr.[194]

In mancher Hinsicht blieb die Beichte ein pastorales Territorium, in dem das sonstige Herrschaftssystem nur bedingt funktionierte. Hier konnten die Kirchenmitglieder zumindest im städtischen (!) Bereich eine Auswahl unter den Priestern treffen, hier konnte sich der Priester nicht ausschließlich auf seine Funktion als Amtsträger beschränken, sondern musste sich als aufmerksamer Seelsorger, spiritueller Lehrer und milder Beichtvater durch Kompetenz ausweisen. Dies nahm der Beicht- und Bußpraxis dieser Zeit zwar nicht ihre Härte und Strenge und bewahrte nicht vor Fehlentwicklungen des Fragens und Aushorchens, kann jedoch als erstes Vorzeichen einer das Herrschaftssystem erfassenden Dynamik zu einer eher charismatischen Herrschaft betrachtet werden, von der die Gemeinden im ländlichen Raum aufgrund der größeren Entfernungen zunächst abgekoppelt waren. Die Beliebtheit von Wallfahrten ist jedoch gerade auch hier teilweise mit der

---

[192] Beck: Pfarrer, 113.
[193] Saurer, Edith: Frauen und Priester. Beichtgespräche im frühen 19. Jahrhundert, in: Dülmen, Richard van (Hg.): Arbeit, Frömmigkeit und Eigensinn. Studien zur historischen Kulturforschung, Bd. 2, Frankfurt a. M. 1990, 141-170, 142.
[194] Vgl. Weber, Marianne: Frau und Mutter in der Rechtsentwicklung. Eine Einführung, Tübingen 1907.

Auswahlmöglichkeit zwischen verschiedenen und fremden Beichtvätern zu erklären.

Wenn im großstädtischen Bereich seit dem 19. Jahrhundert und vor allem in Diasporasituationen die Akzeptanz der traditionalen Herrschaft zunehmend in Frage gestellt wird und abnimmt, deutet sich darin bereits eine veränderte gesellschaftliche Stellung der Kirche an, die von ihr zunächst durch eine Ergänzung der „traditionalen Herrschaft" mit einer „bürokratischen" beziehungsweise „legalen" Herrschaft beantwortet wird, in der die Priester zunehmend als Kirchenbeamte verstanden werden.[195] Hier vollzieht sich erstmals eine Wandlung der kirchlichen Herrschaftsform[196], wie sie in der zweiten Hälfte des 20. Jahrhunderts noch einmal unter veränderten Vorzeichen beobachtbar ist. Für das Machtgefüge zwischen Bischof und Pfarrer, beziehungsweise zunehmend zwischen Bistumsleitung und Pfarrer, kann jedoch zunächst durch die Ausbildung der „legalen Herrschaft" von einer Sicherung des Machtgefälles von Bischof zu Pfarrer und einer stark organisatorisch-funktional ausgerichteten Neuaufstellung der Kirche ausgegangen und gesagt werden, „dass die katholische Kirche ihre sozial-kulturellen und politischen Bedrohungen mit der technischen Solidarisierung qua Disziplinierung und Funktionalisierung nach dem Muster bürokratischer Organisation parierte. Unberechenbare Quellen der Verselbständigung werden zunehmend ersetzt durch Fachqualifikation (,Leistung') erworbenes, amtlich-positionelles Sozialprestige; durch kontrollierte hierarchische Positionierung, Amtskompetenz und -pflicht; durch der hierarchischen Position gemäßes Gehalt und Nicht-Appropriation von Verwaltungsmitteln und -amt."[197] Diese kirchliche Reaktion auf den Verlust traditionaler Macht förderte die Entwicklung charismatischer Herrschaft in der Moderne und kann als Indiz eines breiten Machtverlustes angesehen werden: nach dem Machtverlust im kosmologischen Diskurs gibt es hier bereits erste Anzeichen für einen kommunitären Machtverlust innerhalb der Kirche selbst.[198]

---

[195] Vgl. Bucher: Machttechniken, 184. Maurer: Herrschaftssoziologie, 45-46. Weber: Wirtschaft und Gesellschaft, 124.

[196] Eng verbunden mit der Empfindung des Machtverlustes sind die Veränderungen im gesellschaftlichen Geschlechterverhältnis, das von älteren Männern tendenziell als Bedrohung ihrer habitualisierten Männlichkeit empfunden werden kann. Jüngere Männer erleben aufgrund ihrer selbstverständlicheren, wenngleich milieuabhängigen Begegnung mit Gleichstellungspolitik und feministischen Forderungen, tendenziell zumindest einen Verlust der Selbstverständlichkeit ihres habituellen geschlechtsspezifischen Rollenverständnisses. Vgl. Behnke, Cornelia / Loos, Peter / Meuser, Michael: Habitualisierte Männlichkeit. Existentielle Hintergründe kollektiver Orientierungen von Männern, in: Bohnsack, Ralf / Marotzki, Winfried (Hg.): Biographieforschung und Kulturanalyse. Transdisziplinäre Zugänge qualitativer Forschung, Opladen 1998, 225-242, 240; „Die Habitualisierung von Männlichkeit variiert je nach Generations- und Milieuzugehörigkeit."

[197] Ebertz: Herrschaft, 100 f.

[198] Bucher: Kosmos - Kirche - Körper, 193.

3.2.3.2 Die Entstehung charismatischer Herrschaft

Aus Ansätzen zur Entwicklung charismatischer Herrschaftsstrukturen in Bezug auf das Papstamt, die bereits im 19. Jahrhundert durch die Betonung seiner liturgischen Funktion begannen,[199] entwickelte sich diese Herrschaftsform im 20. Jahrhundert auch auf den anderen Ebenen des kirchlichen Amts. Seit Mitte des 20. Jahrhunderts lässt sich so in der katholischen Kirche die volle Entfaltung der dreifachen Herrschaftsform beobachten:

> „In einem merkwürdigen Amalgam überlagern sich innerkirchlich eine vormodern feudale, stark personale und auf ständischen Differenzierungen aufruhende Herrschaftsstruktur, modern bürokratische Herrschaftsbeziehungen und seit einiger Zeit wieder verstärkt auch Elemente charismatischer Herrschaft, die weder auf Bürokratie, noch auf dem Glauben an eine vorgegebene Heilige Ordnung, sondern auf dem Vertrauen in eine außergewöhnliche spirituelle Führungsfigur beruhen."[200]

Die gesellschaftlichen Wandlungsprozesse des 20. Jahrhunderts bewirken zunächst eine immer stärker wahrnehmbare Inkompatibilität des gesellschaftlichen und des kirchlichen Systems, für die die Aufbrüche des II. Vatikanums und seine Rezeption lediglich vorübergehende Entspannung brachten:

> „Die Anhebung des allgemeinen Bildungsniveaus und die allmähliche Gleichstellung der Frauen in diesem Prozeß und die damit verbundene Sensibilisierung der Öffentlichkeit im Hinblick auf Gleichberechtigung, Menschenwürde etc. haben dazu geführt, daß die hierarchisch-patriarchalischen Traditionen (nicht nur) der Römischen Kirche in den Jahrzehnten nach dem Zweiten Weltkrieg immer mehr in Frage gestellt wurden."[201]

Dabei beschränkt sich die Ausbildung der „charismatischen Herrschaft"[202] nicht allein auf eine Ebene kirchlicher Hierarchie, sondern lässt sich ebenso auch in Bezug auf das Bistum und den Bischof wie auch bei Gemeindepries-

---

[199] Vgl. Ebertz: Herrschaft, 108-111.
[200] Bucher: Machttechniken, 183.
[201] Siefer, Gregor: Der geweihte Mann, in: Lukatis, Ingrid / Sommer, Regina / Wolf, Christof (Hg.): Religion und Geschlechterverhältnis, Opladen 2000, 203-214, 209.
[202] In der starken Subjektorientierung des Pfarrberufs folgt die inhaltliche Bestimmung des Priesteramtes auf katholischer Seite mit leichter zeitlicher Verzögerung der Entwicklung innerhalb der protestantischen Kirchen. Der dort mit der Krise des Parochialsystems bereits seit den 60er-Jahren des 20. Jahrhunderts eingesetzten Krise des Pfarrberufs wurde weitgehend durch eine starke Personalisierung, Subjektivierung und Individualisierung des kirchlichen Amtes begegnet. Die daraus erwachsene Steigerung der Verantwortung und Belastung des einzelnen Pastors führte jedoch häufig nicht nur zu seiner Überforderung, sondern auch zu großen Irritationen innerhalb der Gemeinden und nicht selten zum Verlust einer amtlichen Verlässlichkeit des Pastors als Gemeindeleiter. Vgl. Karle, Isolde: Der Pfarrberuf als Profession. Eine Berufstheorie im Kontext der modernen Gesellschaft, Gütersloh 2001, 11-30.

tern und Seelsorgerinnen und Seelsorgern beobachten.[203] Hier kann von einer Verschiebung von der „Potestas" zur „Auctoritas" gesprochen werden, die auch von der Bischofssynode im Jahr 2000 im Hinblick auf das Bischofsamt gesehen wurde:

> „So sei heute ein wachsendes Verlangen der Gläubigen nach der persönlichen Begegnung und dem Gespräch mit ihrem Bischof in dessen Eigenschaft als Seelsorger und Hirte feststellbar."[204]

Damit verstärkt die Verschiebung von der „Potestas" zur „Auctoritas" eine Entwicklung, die die Person des Seelsorgers/der Seelsorgerin in den Mittelpunkt stellt und damit vor das Amt:

> „In dem Maße, wie es ihm [Anm. d. V.: dem Priester] gelingt, sich als Mensch zu akzeptieren, erfährt er jene Akzeptanz, die dem klerikalen Vertreter der Amtskirche oder bloßen Sakramentenspender nicht mehr zuteil wird."[205]

Wenngleich die katholische Amts- und Sakramententheologie die Unabhängigkeit des Amtes von der Würdigkeit, Authentizität, Intelligenz und Eigenart des Priesters unterstreicht, läuft die gegenwärtige praktische Ausfüllung dieses Amtes aufgrund der gesellschaftlichen Subjektorientierung dieser Theologie entgegen. Nicht mehr das Amt trägt den jeweiligen Menschen, sondern der Mensch hat durch sein Charisma und seine Begeisterungsfähigkeit, seine kommunikative Kompetenz und Kooperationsfähigkeit[206], seine persönliche Authentizität und nicht zuletzt seine fachliche Kompetenz das Amt zu tragen[207], dessen in der katholischen Theologie herausgehobene Stellung gegenüber dem gemeinsamen Priesteramt sonst kaum noch gemeindliche Akzeptanz findet:

---

[203] Als Indiz für diese veränderte Herrschaftssituation können seit den 1980er Jahren übliche Hinweise angesehen werden, die Bischöfliche Ordinarien zusammen mit den zu verlesenden Hirtenworten der Bischöfe verschicken. Zunehmend lässt sich beobachten, dass diese von den Pfarrern nicht und schon gar nicht vollständig in den Pfarrgemeinden verlesen werden, worauf die Begleitschreiben jedoch vehement pochen.

[204] Witsch, Norbert: Diözesen. Hirtensorge und Management, in: Riedel-Spangenberger, Ilona (Hg.): Leitungsstrukturen der katholischen Kirche. Kirchenrechtliche Grundlagen und Reformbedarf, Freiburg-Basel-Wien 2002, 179-208, 179.

[205] Hoffmann, Paul: Priesterkirche, Düsseldorf 1987, 9.

[206] Friedberger, Walter: Chancen, Probleme und Ziele der Zusammenarbeit im pastoralen Dienst, in: LS 42 (1991), 342-345.

[207] Vgl. Augustin, George: Priesterliches Zeugnis und Liturgie. Perspektiven für einen neuen spirituellen Aufbruch, in: Ders. / Knoll, Alfons / Kunzler, Michael / Richter, Klemens (Hg.): Priester und Liturgie. FS Manfred Probst, Paderborn 2005, 75-92, 89: „Die Glaubwürdigkeit und Anziehungskraft der Kirche hängt entscheidend davon ab, ob ihre amtlichen Repräsentanten und Zeugen wirklich religiöse Menschen und Zeugen des Glaubens sind."

> „Aus einem ehedem kirchlich wie gesellschaftlich angesehenen Stand ist ein in vielem innerlich und äußerlich angefochtener Beruf geworden."[208]

So sind Gemeinden immer weniger bereit, einem Pfarrer oder andere SeelsorgerInnen allein aufgrund ihres Amtes - und damit unabhängig von ihrer sozialen und kommunikativen Kompetenz - Autorität zuzugestehen, wenngleich andererseits gerade Kleriker auch weiterhin als Vertreter der Institution Kirche identifiziert werden: „Der Pfarrer als Amtsträger ist in besonderer Weise Repräsentant der Anstalt; im Kontakt mit ihm hat man Berührung mit der Kirche."[209] Die daraus für einige Priester, aber auch für andere pastorale MitarbeiterInnen erwachsende charismatische Herrschaft ist daher jedoch auch untrennbar mit der Belastung verbunden, mit der ganzen Persönlichkeit dem Amt Glaubwürdigkeit und Autorität verschaffen zu müssen und dadurch tendenziell überfordert zu sein. Dies mag eine der Ursachen sein, weshalb der kirchliche Umgang mit Macht, gerade auch in Gestalt charismatischer Herrschaft, häufig durch Negation und Ablehnung geprägt ist.[210] Manfred Josuttis hat diese Diskrepanz in der Situation des Pfarrers darüber hinaus als direkte Folge eines kirchlichen (diesbezüglich konfessionsübergreifenden) Amtsverständnisses interpretiert:

> „Das Dilemma, in dem er [Anm. d. V.: der Pfarrer] sich damit befindet, läßt sich so charakterisieren, daß er einerseits, wie schon die Berufswahl signalisiert, unbewußt an der Allmacht dessen, in dessen Namen er auftritt, partizipieren möchte, daß er sich auf der anderen Seite aber den Wunsch nach Macht im Namen der Allmacht Gottes und auch im Namen der Humanität verbieten muß und deshalb mit schlechtem Gewissen leicht in ein Verständnis seiner Position flieht, das von seinen Ohnmachtsgefühlen bestimmt ist."[211]

Wo SeelsorgerInnen ein hohes Maß charismatischer Herrschaft zukommt, profitiert in der Regel auch die Institution Kirche, mit der sie solange identifiziert werden, solange beide nicht in Konflikt miteinander geraten. Michael Ebertz konnte die Verknüpfung von charismatischer Autorität mit dem Entstehen einer Bewegung bis hin zu Gemeinde bildenden Effekten an der Person Jesu aufzeigen.[212] Die Entstehung charismatischer Herrschaft in der Kirche, neben anderen Herrschaftsformen, ist daher nicht nur eine zeitbe-

---

[208] Kasper, Walter: Nicht Herren eures Glaubens, sondern Diener eurer Freude. Gedanken zum priesterlichen Dienst, Rottenburg 1997, 5.
[209] Tyrell, Hartmann: Religiöse Organisation: Zwei Anmerkungen, in : Lehmann, Maren (Hg.): Parochie. Chancen und Risiken der Ortsgemeinde, Leipzig 2002, 103-113, 112.
[210] Vgl. Perner, Rotraud A.: Sein wie Gott – von der Macht der Heiler. Priester – Psychotherapeuten – Politiker, München 2002, 26-27.
[211] Josuttis, Manfred: Der Pfarrer und die Macht, in: Ders. (Hg.): Der Pfarrer ist anders. Aspekte einer zeitgenössischen Pastoraltheologie, München² 1983, 70-88, 70.
[212] Ebertz, Michael N.: Das Charisma des Gekreuzigten. Zur Soziologie der Jesusbewegung, Tübingen 1987.

dingte Entwicklung, sondern beinhaltet Potenziale spezifischer Jesusnachfolge, für die eine wachsende Sensibilität in den Gemeinden beobachtbar ist. Kommt einem Pfarrer nur wenig charismatische Herrschaft zu, wird er für den Herrschaftsanspruch der Kirche zur zusätzlichen Belastung.

Deutlich wird aber schon an dieser Subjektorientierung der amtlichen Autorität, dass kirchliche Macht, wie sie von Manfred Josuttis[213] oder Eugen Drewermann[214] in den 1990er-Jahren diagnostiziert und in ihrer Eigenart demaskiert wurde, zunehmend weniger vorkommt. Wo es Versuche des Rückgriffs in diese überholten Autoritätsdefinitionen durch Bischöfe und Priester gibt, finden diese meist breiten öffentlichen Widerspruch. In Extremfällen können SeelsorgerInnen, inbesondere Priester so auf der Suche nach charismatischer Herrschaft und Selbstbestätigung in Abhängigkeiten von der Gemeinde geraten, in der die beschriebene Verschiebung der Machtverhältnisse und ihrer verschiedenen Formen offensichtlich wird:

> „Der Priester, der ständig die Freundschaft empfiehlt, braucht seine Pfarrkinder mehr, als sie ihn brauchen. Wenn er nach Anerkennung sucht, neigt er dazu, sich an seine Ratgeber zu hängen und von seinen Gläubigen abhängig zu werden. Wenn er keine ganz persönliche Form des Bei-sich-Seins und der Nähe zu Gott gefunden hat, in der er sich geborgen fühlt, braucht er in unfreier Weise seine Pfarrangehörigen."[215]

Dies gilt jedoch nicht mehr nur für einige wenige Priester, es gilt für die Kirche als ganze, als die sie in den „Ruinen ihrer ehemals triumphalen, nunmehr aber zerbrochenen Machtsysteme"[216] zu leben hat.

3.2.3.3 Die Überlagerung verschiedener Machtformen

In der Verwaltung der Pfarrgemeinde ist der Pfarrer gegenüber Mitarbeitern und Mitarbeiterinnen in der Regel weisungsbefugt, nimmt als Gemeindeleiter auch die Rolle des direkten Vorgesetzten ein. Darüber hinaus verwaltet er gemeinsam mit einem Verwaltungsrat den Kirchenbesitz der Gemeinde und steht dem Gemeindeverwaltungsgremium (Kirchenvorstand) vor. Mit Blick auf das Pfarrhaus lässt sich vor diesem Hintergrund von einem „Herrschaftssitz" sprechen. Dies gilt insbesondere im 19. Jahrhundert, im ländlichen

---

[213] Vgl. Josuttis, Manfred: Petrus, die Kirche und die verdammte Macht, Stuttgart 1993, 22: „Gerade in der Kirche ist Macht also ein gefährliches Phänomen. Staatliche Instanzen können die äußerliche Beachtung ihrer Gesetze erzwingen, wenn sie nicht autoritär im Sinne der Diktaturen auftreten. Die Kirche aber als eine religiöse Institution kann ungleich bestimmender in das Leben von Menschen eingreifen, die in ihrem Bereich arbeiten wollen. (…) Wenn heilig-unheimliche Macht mit dem Anspruch der heilig-unheimlichen Gottheit aufgeladen wird, kann ein Kraftfeld entstehen, das schlechterdings zerstörerisch wirkt."
[214] Drewermann, Eugen: Kleriker. Psychogramm eines Ideals, München⁵ 1992.
[215] Nouwen, Henri: Nähe. Sehnsucht nach lebendiger Beziehung, Freiburg i. B. 1992, 129
[216] Bucher: Machtkörper und Körpermacht, 356.

Raum auch bis in die Mitte des 20. Jahrhundertes, regional sogar darüber hinaus.

Hier ist jedoch zu fragen, ob der Herrschaftssitz auch Machtzentrum ist oder ob das Pfarrhaus als Machtzentrum nicht weitgehend untergegangen ist beziehungsweise positiv diese einengende Bedeutung ablegen konnte. Die Beobachtung dieser Entwicklung und der darin entstandenen Gegenwart braucht keine Trauer um vermeintlich „bessere Zeiten" hervor zu rufen, wenngleich genau diese Tendenz immer wieder beobachtbar ist und den kirchlichen Umgang mit diesem Machtverlust prägt:

> „Was findet normal, wer den Macht- und Monopolverlust der Kirche bei ihren eigenen Mitgliedern, und genau das ist die neue Situation, als ihr modernes Exil bestimmt und gar als ‚Gotteskrise'? Um was wird da an welchen Ufern geweint?"[217]

Speiste sich die Machtstellung des Pfarrers bis in die Mitte des 20. Jahrhunderts auch aus seiner akademischen Bildung, die ihn zumindest in den Landgemeinden vom großen Teil der übrigen Bevölkerung unterschied, so schwindet dieses elitäre Unterscheidungsmerkmal nach dem Zweiten Weltkrieg zunehmend.

Das II. Vatikanum und die Folgebeschlüsse der nationalen Synoden bewirkten durch die Aufwertung der Laien, die Betonung des gemeinsamen Priestertums aller Getauften neben dem Weihepriestertum, die Einführung pastoraler Berufe neben den Priestern, Ermöglichung synodaler Mitbestimmung durch demokratische Elemente auf Gemeinde-, Dekanats- und Bistumsebene die Hoffnung auf eine Entklerikalisierung und Demokratisierung der kirchlichen Hierarchie. Daneben gab es eine Reihe von Faktoren, die ebenfalls Bewegung in die Machtstruktur brachten, mit besonderen Folgen für den Pfarrer: Die zunehmende Professionalisierung und Spezialisierung inner- wie auch außerkirchlicher Berufsgruppen im Bereich der Beratung und Begleitung, der Supervision und des Coaching degradieren den Pfarrer in der zweiten Hälfte des 20. Jahrhunderts durch die Entstehung von „Gegenmacht"[218]. Er wird vom Helfenden, den die Menschen aufgrund seiner Stellung und Bildung aufsuchen, allenfalls zur Erstkontaktstelle, in welcher er pastoral angewiesen ist, seine eigene Inkompetenz im konkreten Fall zu

---

[217] Bucher: Gegenwart - nicht Exil, 195.
[218] Jörn Brinkhus hat das Verhältnis von Macht und Gegenmacht am Beispiel von Vorgesetzten und Untergebenen veranschaulicht. Vgl. Brinkhus, Jörn: Macht-Herrschaft-Gegenmacht. Überlegungen zu Reichweite und Analysetiefe von Max Webers Herrschaftssoziologie, in: Krol, Martin / u. a. (Hg.): Macht-Herrschaft-Gewalt. Gesellschaftswissenschaftliche Debatten am Beginn des 21. Jahrhunderts, Münster 2005, 167-178, 175: „Damit schwächt Gegenmacht die rationale Herrschaft: Die Macht des Vorgesetzten schwindet, da seine Untergebenen ihm in fachlicher Hinsicht überlegen sind. Gleichzeitig bleibt ihre Gegenmacht an das Herrschaftsgefüge gebunden. Es kann in den festen Hierarchien nicht zu einer Machtübernahme kommen, da die Macht des Vorgesetzten die Gegenmacht des Untergebenen konstituiert und der Wegfall jener auch diese auslöschen würde."

erkennen und zu kirchlichen Beratungsstellen weiter zu vermitteln. Hier deutet sich jene Identitätskrise an, die bereits in einer Untersuchung zur Situation der Priester in Deutschland 1971 beobachtet worden war.[219] Die gesellschaftlichen Wandlungsprozesse in der zweiten Hälfte des 20. Jahrhunderts veränderten die Rolle des Gemeindepriesters in mehrfacher Hinsicht und entsprachen zunehmend der eines Religionsanbieters. So legt Leo von Deschwanden seinen religionssoziologischen Studien bereits in den 1970er-Jahren folgende Tatsachen zugrunde:

> „1. Der Priester ist auf dem großen und vielfältigen ‚religiösen Markt' einer modernen Gesellschaft nur einer von vielen Anbietern. 2. Die von ihm repräsentierte Religion hat in erster Linie Öffentlichkeitscharakter, die er als solche nur in vorbestimmten institutionellen Formen anbieten kann. 3. Die wirklich geglaubte und gelebte Religion jedoch liegt unter den gegebenen gesellschaftlichen Verhältnissen in der Privatsphäre."[220]

Den Auswirkungen dieser veränderten Rollenbestimmung wird eigens nachzugehen sein. In die hier bereits erkennbare Verunsicherung der pfarrlichen Herrschaft werden dabei bislang grundlegende Säulen priesterlicher Identität und katholischer Amtstheologie mit einbezogen.

Dies betrifft Fragen der fachlichen Kompetenz der Pfarrer im Verhältnis zu anderen kirchlichen Berufsgruppen ebenso wie sein spezifisches Aufgabenfeld in der Gemeindepastoral, in denen sich Reste der legalen und auch der traditionalen Herrschaftsformen erhalten haben. Er leitet mit dem Gottesdienst die größte und regelmäßigste Versammlung eines Ortes[221], hat darin als einziger das Recht zur Rede[222], gibt Themen vor[223] und lässt mancherorts

---

[219] Vgl. Forster, Karl: Berufskonflikt und Identitätskrise. Zum gegenwärtigen Spannungsfeld des priesterlichen Dienstes, in: Ders. (Hg.): Priester zwischen Anpassung und Unterscheidung. Auswertung und Kommentare zu den im Auftrag der Deutschen Bischofskonferenz durchgeführten Umfragen unter allen Welt- und Ordenspriestern in der Bundesrepublik Deutschland, Freiburg-Basel-Wien 1974, 41-57.

[220] Deschwanden, Leo von: Die Rolle des Gemeindepriesters zwischen Kirche und Gesellschaft, in: Wössner, Jakobus (Hg.): Religion im Umbruch. Soziologische Beiträge zur Situation von Religion und Kirche in der gegenwärtigen Gesellschaft, Stuttgart 1972, 395-409, 396.

[221] Vgl. Koch, Kurt: Priesterlicher Dienst an der Eucharistie, in: Augustin, George / Knoll, Alfons / Kunzler, Michael / Richter, Klemens (Hg.): Priester und Liturgie. FS Manfred Probst, Paderborn 2005, 13-40.

[222] Vgl. zum Verhältnis von Predigen und Macht: Bohren, Rudolf: Predigtlehre, München³ 1971, bes. 347-440, 426: „Immer predigt nur je einer – eine Ausnahme bildet bezeichnenderweise die Einführung des Pfarrers -, im Parochialsystem predigt jeweils derselbe oder dieselbe." Die Diskussion um die Zulassung zur Predigt auch für nichtordinierte pastorale Mitarbeiterinnen und Mitarbeiter in Folge der neuen kirchenrechtlichen Bestimmungen des CIC 1993 ist nicht zuletzt ein Indiz für das Ringen um Macht und die Suche nach klar beschreibbaren Berufsbildern sowohl für den Beruf des Priesters, als auch für andere pastorale Berufe. Vgl. Loretan: Laien, 120-131.

[223] Vgl. Pock, Johann: Predigt in der Spannung von Macht und Gnade, in: Bucher, Rainer / Krockauer, Rainer (Hg.): Macht und Gnade. Untersuchungen zu einem konstitutiven Spannungsfeld der Pastoral, Münster 2005, 282-289, 285.

bis in die Mitte des 20. Jahrhunderts nur Kinder als Ministranten[224] neben sich zu, was die liturgische Wahrnehmung als alleiniger Herrscher noch unterstreicht. Die Erhaltung der legalen und traditionalen Machtstrukturen in diesen überwiegend institutionellen Bereichen beziehungsweise die Pflege ihrer Reste bringt die Gefahr mit sich, der in diesen Nischen vorfindlichen Rollensicherheit nachzugeben und einer oftmals geforderten Professionalisierung der Berufsgruppe der Pfarrer durch einen Rückzug in diese Bereiche zu entgehen.[225] Dabei handelt es sich jedoch um eine Sicherheit, die sich schnell als trügerisch erweist:

> „Solches machtgeleitetes Verhalten reduziert jedoch nicht die Unsicherheiten, vielmehr wird es zu einer Unsicherheitsquelle eigener Art, die weder durch Macht von unten noch durch horizontal wirkende Macht und neue Arrangements eingebunden werden kann."[226]

Die teilweise nachvollziehbare Sehnsucht nach einer größeren Rollensicherheit und die dabei wenig hilfreiche Suche in den Resten eines abnehmenden Milieukatholizismus wirken meist eher tragisch als konstruktiv. Reformansätze, die auf die Impulse des II. Vatikanums zurückgehen, sind in den vergangenen Jahrzehnten so immer wieder auch angefragt, zurückgenommen und relativiert worden:

> „Insofern entstehen durch anachronistische Verhaltensweisen der gegenwärtig erneut forcierten Sakralisierung von Organisationsstrukturen verständlicherweise Spannungen und Widersprüchlichkeiten."[227]

Grund für diese beobachtbare Tendenz der Skepsis gegenüber Reformbemühungen seit dem II. Vatikanum mag eine generelle Unübersichtlichkeit des gegenwärtigen kirchlichen Herrschaftssystems sein, in dem sich nach der Beibehaltung der traditionalen Herrschaft, vor allem beim Papst- und Bischofsamt, dem Ausbau der legalen Herrschaft, z. B. durch einen enormen

---

[224] Vgl. zur Bedeutung des Ministrantendienstes für die Entwicklung von Kindern: Weber, Therese: „Ich durfte ministrieren". Sozialhistorische Aspekte in biographischen Aufzeichnungen von ehemaligen Ministranten, in: Heller, Andreas / Weber, Therese / Wiebel-Fanderl, Oliva (Hg.): Religion und Alltag. Interdisziplinäre Beiträge zu einer Sozialgeschichte des Katholizismus in lebensgeschichtlichen Aufzeichnungen, Wien-Köln 1990, 135-153.

[225] Entsprechende Tendenzen ließen und lassen sich in ähnlicher Weise für das Pfarramt in protestantischen Kirchen beobachten, hier als Identifizierung des Pfarramtes mit dem Predigtdienst. Vgl. Bormann, Günther: Studien zu Berufsbild und Berufswirklichkeit evangelischer Pfarrer in Württemberg. Tendenzen der Berufseinstellung und des Berufsverhaltens, in: IJRS 4 (1968), 158-209, 165: „'Pfarramt ist Predigtamt. Dieses Merkmal zeichnet das evangelische Pfarramt aus und unterscheidet es grundlegend von dem katholischen Verständnis des kirchlichen Amtes als eines Priesteramtes.' (…) Die Aussage kehrt in beinahe gleichlautender Form in der Mehrzahl unserer Gespräche mit Pfarrern wieder."

[226] Hartmann, Richard: Macht und Steuerung in der Kirche, in: Bucher, Rainer / Krockauer, Rainer (Hg.): Macht und Gnade, Untersuchungen zu einem konstitutiven Spannungsfeld der Pastoral, Münster 2005, 226-237, 234.

[227] Plank: Trient, 251.

Ausbau von kirchlichem Beamtentum und Ordinarien als kirchlicher Verwaltungsapparate in den deutschsprachigen Diözesen, und schließlich dem Aufblühen der charismatischen Herrschaft vor allem auf der Gemeindeebene eine Überlagerung verschiedener Herrschaftssysteme innerhalb der Kirche ergibt. Diese Überlagerung von Herrschaftssystemen erscheint nicht selten als Orientierungslosigkeit und Mangel an Klarheit. Konkurrenzsituationen der verschiedenen, nebeneinander existierenden Herrschaftssysteme, wie sie sich im Fall des Schweizer Pfarrers der Gemeinde Röschenz, Franz Sabo,[228] oder des Regensburger Bischofs Dr. Ludwig Müller[229] zeigen, können als Indizien eines Nebeneinanders dieser unterschiedlichen Systeme mit entsprechend hohem Konfliktpotenzial betrachtet werden. Eine mögliche Chance, die mit dieser Vermischung unterschiedlicher Herrschaftsformen im Raum der Kirche als je gegenseitige Machtbegrenzung und Korrektivfunktion gegeben sein mag, wird dabei kaum kultiviert. In den aufgezeigten Extremfällen offenbart sich jedoch zunehmend, dass auch Bischöfen gegenüber den Priestern kaum noch hierarchische Macht zukommt, und stattdessen auch bei ihnen allenfalls von charismatischer Herrschaft gesprochen werden kann.[230] Die genannten Beispiele können als Anzeichen eines unbeholfenen Umgangs mit der veränderten gesellschaftlichen Situation der Kirche gesehen werden, in der sich die Kirche relativ unvorbereitet einem „Zustimmungsvorbehalt ihrer eigenen Mitglieder"[231] und damit einem „Monopolverlust" als Orientierungsinstanz zu stellen hat. Die unmittelbaren Auswirkungen dieser veränderten Wahrnehmung kirchlicher Ansprüche, gerade bei den eigenen Kirchenmitgliedern, spüren die Gemeindepriester und pastoralen MitarbeiterInnen in besonderer Unmittelbarkeit, sodass sie latent vor den Versuchungen von „Zielgruppenopportunismus und reaktiver Selbstein-

---

[228] Die Situation in der katholischen Kirche der Schweiz stellt aufgrund einiger Besonderheiten im Kirchen- und Staatskirchenrecht und einer besonderen Entwicklung der demokratischen Kirchenstrukturen eine Ausnahme in der katholischen Kirche dar. Sie bildet dadurch jedoch gerade in Konfliktsituationen jene Überlagerung der unterschiedlichen Herrschaftsmodelle sehr anschaulich ab, die auch für andere Nationalkirchen gegenwärtig charakteristisch ist. Vgl. Tschan, Kurt: Pfarrer kanzelt Bischof ab. Der Röschenzer Pfarrer rechnet in seiner Sonntagspredigt mit dem Bistum Basel ab, in: Basler Zeitung, 11.04.2005.

[229] Der Konflikt zwischen Bischof Dr. Müller und den Laiengremien gipfelte im November 2005 in der Abschaffung der bisherigen Diözesan- und Dekanatsräte durch den Bischof und seine prägnante Feststellung: „Kirche ist keine Demokratie." Vgl. Mittelbayerische Zeitung, Bischof Müller verkündet: „Kirche ist keine Demokratie". Diözesan- und Dekanatsrat mit sofortiger Wirkung abgeschafft, 16.11.2005.

[230] Hans-Joachim Sander verweist auf das veränderte Machtverständnis auch der päpstlichen Autorität, die mit Beginn der kirchlichen Sozialverkündigung in der Enzyklika *Rerum novarum* (1891) zunehmend gerade aus dem Eintreten für die Freiheitsrechte der Menschen erwächst.
Sander: Der Streit, 95-96: „War die päpstliche Autorität in der Welt zuvor eng an die *potestas* der politischen Figur gebunden, so wird jetzt eine *auctoritas* daraus gewonnen, dass der Papst gegen Mächte und Gewalten seiner Zeit aufsteht und für die Rechte von anderen eintritt."

[231] Bucher: Machtkörper und Körpermacht, 356.

schließung"[232] stehen. Der geringe Gottesdienstbesuch, das nicht selten verzweifelt anmutende Werben um Freiwillige und Ehrenamtliche in der Gemeindearbeit oder die Unvermittelbarkeit[233] kirchlicher Moralvorstellungen und das damit einhergehende peinliche Schweigen sind nur einige Indizien für die veränderte gesellschaftliche (Macht-)Situation, mit der es vor allem die Gemeindepriester als Schwund eigener Pastoralmacht zu tun haben. In ihrer Position wird die Verschiebung der Voraussetzungen für kirchliche Macht am deutlichsten sichtbar.

3.2.3.4 Der Pfarrer als Scharnier zwischen zwei Systemen

Als Repräsentant der Gemeinde vertritt der Pfarrer als Gemeindeleiter diese sowohl systemintern gegenüber dem Bischof und der Diözesanverwaltung, als auch extern gegenüber den politischen Größen, wie z.B. dem Bürgermeister. Ihm soll daher im Folgenden noch einmal besondere Aufmerksamkeit gewidmet werden.[234]

So wird der Pfarrer mit der Gemeinde weitgehend identifiziert und erfährt nicht zuletzt dadurch einen Prestigegewinn, der die Bildung beziehungsweise den Ausbau von Macht ermöglicht, diese jedoch längst nicht automatisch hervorbringt.[235] Es wäre jedoch zu leicht, den Pfarrer in einem linearen Machtsystem zu verorten, in dem er von oben Weisungen erhält und nach unten Weisungen erteilt. Derartig naive Vorstellungen von Macht und ihren Strukturen übersehen, was Michel Foucault in einem Gespräch sehr treffend offengelegt hat: „(…) ich glaube, dass wir Machtbeziehungen nicht schematisch betrachten dürfen, auf der einen Seite jene, die Macht haben, auf der anderen jene, die keine haben."[236] Bereits Wilhelm Weber und Wilhelm Heinen haben auf die sehr viel komplexere Machtstruktur auch in der Kirche hingewiesen:

„Wenn also nicht mehr das linear-transitive Modell, sondern eher ein Kreiselsystem für die theoretische Darstellung von Machtverteilung und Machtprozessen geeignet erscheint, dann könnte aber auch nicht mehr nur die fast monomane Erörterung von Macht von Hierarchen innerhalb der Kirche auf

---

[232] Bucher, Rainer: Was geht und was nicht geht. Zur Optimierung kirchlicher Kommunikation durch Zielgruppenmodelle, in: Sinnstiftermag 4 (2007) (onlinemagazin: www.sinnstiftermag.de).
[233] Gauly, Thomas M.: Katholiken. Machtanspruch und Machtverlust, Bonn-Berlin² 1992, 21.
[234] In zwei deutschen Bistümern gibt es bislang die Möglichkeit, auch Pastoral- und GemeindereferentInnen in gemeindeleitende Funktionen einzusetzen. Auf diese Option wird an späterer Stelle eigens einzugehen sein. Da es sich hierbei jedoch um ein nur sehr begrenzt realisiertes Phänomen handelt, soll es an dieser Stelle vernachlässigt bleiben.
[235] Vgl. Bucher: Kirchenbildung, 241-244.
[236] Defert / Ewald: Foucault, 239.

der Tagesordnung stehen, sondern ebenso die von Theologen und anderen Experten in der Kirche."[237]

Wenn Weber und Heinen also eine sehr viel komplexere Machtstruktur der Kirche beobachten, als sie für ein hierarchisches Modell gemeinhin angenommen wird, zeigt sich darin bereits eine Veränderung, die die kirchliche Hierarchie im 20. Jahrhundert nicht erst durch das II. Vatikanum bestimmt hat. Zunächst hat sich im kirchlichen Gefüge der Ämter eine gegenseitige Abhängigkeit erhalten, die als Lehensprinzip mittelalterlichen Ursprungs entstanden war und sowohl die Liturgie als auch das katholische Amtsverständnis bis heute prägt. Der Priester verspricht im Akt der Weihe seinem Bischof und sogar dessen Nachfolgern „in die Hand" Gehorsam, während sich der Bischof im Gegenzug zum Unterhalt des Priesters verpflichtet. Damit ist der Priester und eben der spätere Pfarrer vom Beginn seiner Tätigkeit in eine Lehensabhängigkeit gestellt und damit in ein ausgesprochen feudalistisches Herrschaftssystem. Die Einbindung der Pfarrgemeinde in dieses System geschah nun implizit und durch eine Vielzahl von Machterhaltungsmaßnahmen, die dazu dienten, dem Pfarrer eine zum Bischof analoge Stellung gegenüber seinen Gemeindemitgliedern zu verschaffen. Gehorsam gegenüber dem Pfarrer, dem nicht zu widersprechen war, galt in manchen Regionen bis ins 20. Jahrhundert als Selbstverständlichkeit und lässt sich bisweilen noch heute in Resten selbst demokratisch legitimierter Gremien der Gemeinden beobachten. Dabei hat jedoch gerade die im II. Vatikanum grundgelegte Neuausrichtung des Weiheamtes[238] sowie die Stärkung synodaler Strukturen auf Gemeinde- und Dekanatsebene (als Beratungs-, aber meist nicht als Entscheidungsorgane) eben auch dazu geführt, den „pfarrherrlichen Machtanspruch" zu relativieren und zumindest seine Selbstverständlichkeit zu brechen. Die von Jürgen Habermas geforderte herrschaftsfreie Kommunikation[239] bis hinein in die Glaubensverkündigung der

---

[237] Weber, Wilhelm / Heinen, Wilhelm: Wirkformen und Ursprünge von Macht und Herrschaft, in: Weber, Wilhelm (Hg.): Macht, Dienst, Herrschaft in Kirche und Gesellschaft, Freiburg 1974, 21-37, 27.

[238] Vgl. Volk, Hermann: Der Priester und sein Dienst – im Lichte des Konzils, Mainz 1966. Bereits bei Volk wird die anspruchsvolle Christusrepräsentation und teilweise konträre Neukonzeption des Priesteramts sichtbar, aus der im Lauf der Nachkonzilszeit die Identitätskrise des Priesteramtes erwächst. S. 59: „Die Glaubwürdigkeit des Priesters ist eine unerläßliche Bedingung seiner Wirksamkeit als ganzer, auch wenn die Gültigkeit der Sakramente für den Empfänger nicht von der subjektiven Verfassung des Priesters abhängig ist. Es gibt aber keinen priesterlichen Dienst, in welchem die Glaubwürdigkeit des Priesters nicht gemeint, aufgegeben und erwartet ist."

[239] Habermas, Jürgen: Theorie des kommunikativen Handelns, Bd. 1+2, Frankfurt a. M.³ 1999.

Kirche[240], in Folge des II. Vatikanischen Konzils geforderte Demokratisierungsbemühungen auch auf Pfarreiebene, Liturgiereform[241] und viele andere Maßnahmen haben zu einer Abnahme der Selbstverständlichkeit des Machtanspruchs eines Pfarrers geführt. So hat etwa die Einführung des Berufs der PastoralreferentInnen[242] (beziehungsweise PastoralassistentInnen in Österreich) in den meisten deutschsprachigen Diözesen vor allem das fachlich-theologische Wissensmonopol[243] der Priester aufgebrochen. Dies führte zum Verlust eines entscheidenden Wissensvorsprungs[244] und in der Gemeinde-

---

[240] Zerfass, Rolf: Herrschaftsfreie Kommunikation – eine Forderung an die kirchliche Verkündigung?, in: Weber, Wilhelm (Hg.): Macht – Dienst - Herrschaft in Kirche und Gesellschaft, Freiburg 1974, 81-106.

[241] Zu den schärfsten und profiliertesten Kritikern der Liturgiereform ist Alfred Lorenzer zu zählen, der positiv darin, z. B. in der veränderten Rolle derer, die den Gottesdienst statt als stumme Zuschauer nun unter tätiger Anteilnahme mitfeiern, ein Indiz für das Bemühen um Demokratisierung innerhalb der Kirche ausmacht. Lorenzer: Konzil der Buchhalter, 82: „Obschon das Konzil die objektive Struktur der hierarchischen Kontrolle stärkte, habe die Umgewichtung der Liturgie zum Wort hin die subjektive Eigenständigkeit der Laien gestützt. Und das hieße dann: Das Konzil hat eben damit der ‚Freiheit der Christenmenschen' jenes Fundament geboten, auf dem 450 Jahre zuvor der ‚antiautoritäre' Impuls des Protestantismus sich zu entfalten vermochte."

[242] Vgl. Gartmann, Michael: „Laien"-Theologen in der Gemeindepastoral, Notstandsmaßnahme oder Beruf mit Zukunft?, Düsseldorf 1981. Gartmann stellt unterschiedliche Verhältnisbestimmungen in der gemeindepastoralen Zuordnung der verschiedenen Berufsgruppen gegenüber einander gegenüber und untersucht diese insbesondere auf ihre die Berufsidentität stabilisierende Wirkung hin.

[243] Vgl. Friedberger, Walter: Chancen, Probleme und Ziele der Zusammenarbeit im pastoralen Dienst, LS 42 (1991), 342-345, 342: „Die Differenzierung wird nicht mehr wie ehedem bestimmt von Sachkompetenz durch Ausbildung, sondern von der Arbeitsteilung. Die Differenzen kommen meistens dann auf, wenn der Gesamtleiter zu viel von seiner Letztverantwortung hält."

[244] Inwieweit die Skepsis und teilweise offene Ablehnung dieses kirchlichen Berufs durch Priester ihre Ursache in der eigenen Machtgefährdung findet, kann hier nicht näher geklärt werden. Vgl. zu Chancen und Risiken des Berufs der Pastoralreferenten und –referentinnen diverse Aufsätze in: Olbrich, Clemens / Stammberger, Ralf M. W. (Hg.): Und sie bewegen sich doch. PastoralreferentInnen – unverzichtbar für die Kirche, Freiburg-Basel-Wien 2000. Gerade die römische „Instruktion zu einigen Fragen über die Mitarbeit der Laien am Dienst der Priester" (Verlautbarungen des Apostolischen Stuhls nur. 129, 15. August 1997) provozierte so nicht nur Protest, sondern auch Zustimmung in offensichtlich durch die liturgischen Entwicklungen und die Entstehung neuer pastoraler Berufe verunsicherten Kirchenkreisen. Stellvertretend für solche Stimmen, die die neu entstandenen pastoralen Berufe deutlich auf das Priesteramt hin interpretieren beziehungsweise von ihm her definieren, sei hier zunächst verwiesen auf den Freiburger Pastoraltheologen: Windisch, Hubert: Laien-Priester. Rom oder der Ernstfall, Würzburg 1998, 45: „Hauptamtliche Laien sind an der Gelenkstelle von der Gemeinde zum Amt (über Ehrenämter hinaus) zur Zusammenarbeit mit dem Priester qualifiziert. Sie erfüllen einen pastoralen Dienst unter der Leitung des Ortsbischofs, wobei sie im jeweiligen Einsatzbereich dem für die Leitung verwantwortlichen Priester zugeordnet sind. (…) So erfüllen diese Dienste auch einen Dienst am Amt, damit das Amt unter heutigen Gegebenheiten wirkungsvoller dienen kann. Dazu sind sowohl eine positive Einstellung zum Weiheamt und die Bereitschaft, Priesterberufungen zu fördern, notwendig." Wie sehr sich eine derartige Definition der Laien (damit auch der Laientheologen und -theologinnen) in

pastoral zu der längst überfälligen Frage der Binnenpluralität und Professionalität:

> „Das Problempotential des nachkonziliaren Professionalisierungsschubs eskalierte also just dort, wo die Grundregeln des Ausdifferenzierungs-Spiels verletzt wurden: beim Beruf der PastoralreferentInnen. Denn dieser professionalisiert und entklerikalisiert Gemeindestrukturen, ohne sie zu verlassen!"[245]

Ja, dieser Vorsprung hat sich dort sogar in sein Gegenteil verkehrt, wo Priester, selbst junge, aufgrund der starken beruflichen Einbindung kaum Fortbildungsmaßnahmen und Zusatzqualifizierungen wahrnehmen oder auch nur angeboten bekommen, während diese für andere (auch kirchliche) Berufsgruppen selbstverständliche (Selbst-)Verpflichtung sind.[246] Deutlich wird hier jedoch, dass im Blick auf den Beruf des katholischen Pfarrers im soziologischen Sinn nicht mehr von einer Profession gesprochen werden kann, da ihm nicht mehr die monopolartige Alleinvertretung eines Funktionssystems zukommt. Die entstandene fachliche und sogar funktionale Pluralität, die sich durch die Wiederentdeckung und breite Einführung des Diakonats auch stärker als etwa im reformatorischen Raum auf die Kasualien bezieht, hat zu einem Verlust der Zentralstellung des Pfarrers im Funktionalsystem der Kirche und zu einer vom Amt teilweise unabhängigen Pluralisierung der kirchlichen Dienste[247] geführt. So führt die funktionale Spezialisierung, die ihre Parallele in der funktionalen Ausdifferenzierung der Gesellschaft findet, zu einer zunehmenden Rollenunsicherheit.[248]

Flankiert ist dieser Prozess des Verlustes der Profession und damit von Herrschaft durch einen gleichzeitigen Herrschaftsgewinn sowohl der kirchlich angestellten wie auch der ehrenamtlichen Laien, als auch einzelner Priester. War mit der Entstehung der Predigerorden und ihrer Seelsorgetätigkeit in den Städten bereits im Mittelalter die Situation entstanden, dass Laien

---

ihrem Bezug zum Weiheamt auch Jahrzehnte nach dem II. Vatikanum sehr drastisch zeigen kann, sei hier mit einem Zitat eines Nicht-Theologen aufgezeigt: Liminski, Jürgen: Die Stunde des Laien, in: Eberle, Jürgen / Becker, Klaus (Hg.): Die Stunde des Laien. Laie und Priester 20 Jahre nach dem Konzil, St. Ottilien 1987, 15-37, 18: „Und ich stelle mir das so vor: Die Kleriker sind die Meilensteine, die die Straße und die Richtung markieren, manchmal auch Nähe oder Ferne des übernatürlichen Zieles. Wenn sie an der falschen Stelle stehen, oder unkenntlich sind, dann kann der Weg des Wanderers, des Erdenpilgers in die Irre führen. Die Laien hingegen haben dafür zu sorgen, daß der Motor läuft oder das Schuhwerk stimmt, daß die Schlaglöcher ausgefüllt werden und ordentlich Verpflegung im Rucksack ist. Und zwar jeder gemäß seinem Können und seinem Beruf."

[245] Bucher / Plank: Ungeliebte Kinder, 49.
[246] Kuhn, Franz: Die Zusammenarbeit von Priestern und hauptamtlichen Laien, in: LS 42 (1991), 345-349, 348.
[247] Vgl. Kohl, Christoph: Amtsträger oder Laie? Die Diskussion um den ekklesiologischen Ort der Pastoralreferenten und Gemeindereferenten, Frankfurt a. M. 1987, bes. 84-89 und 250-255.
[248] Deschwanden: Rolle, 398.

sich ihren Gottesdienst und ihren Seelsorger aussuchen konnten, kam es in Folge des Trienter Konzils hier zur massiven Einschränkung dieser Macht der Laien. Maßnahmen wie der Pfarrzwang und die Stärkung des Parochialsystems schränkten die Wahlmöglichkeiten zugunsten einer Monopolisierung stark ein. Doch bereits in der zweiten Hälfte des 19. Jahrhunderts begannen viele Gemeindemitglieder in den Städten sich dieser Bevormundung durch freie Gemeinde- und damit auch Priesterwahl zu widersetzen. Die daraus entstehende Konkurrenz von Gemeinden und Priestern, die gerade nach dem II. Vatikanum noch einmal zunahm, ließ Priester die Macht der Laien deutlich spüren, die allenfalls von einer eingeschränkten Mobilität noch gehemmt wurde. Andererseits führte auch der seit den 70er-Jahren des 20. Jahrhunderts deutlich in Erscheinung tretende Priestermangel daneben zu einer Stärkung des Pfarrers gegenüber der Bistumsleitung. Ein zunehmendes Bewusstsein für die Abhängigkeit der Kirche von den weniger werdenden Priestern und die auffällige Nichtakzeptanz ausländischer, vor allem osteuropäischer Priester in vielen Gemeinden, zeugen von einem deutlich gewandelten Machtgefüge auch zwischen Pfarrer und Bischof beziehungsweise Gemeinde und Bischof.

So lässt sich für den Gemeindepriester eine paradox anmutende Situation[249] beobachten, die gerade auch durch jüngste Maßnahmen der Kirchenleitung verstärkt wird: Einerseits erfährt er einen massiven Machtverlust gegenüber seiner Gemeinde und dem außerkirchlichen gesellschaftlichen Umfeld, erlebt den Zustimmungsvorbehalt gegenüber der Kirche auch in persönlichen Begegnungen und muss einen Spagat zwischen Leitungsaufgaben und zunehmender Ohnmacht[250] aushalten.

„Auch Ortsbischöfe und Pfarrer, die in diesem hierarchischen System als die Mächtigen angesehen werden, haben nur noch eine relationale Macht:

---

[249] Erstmals wird der Beginn dieser paradoxen Verschiebung in den Siebziger Jahren von Leo von Deschwanden wahrgenommen. Vgl. Deschwanden: Rolle, 405: „Neu an der heutigen Situation ist jedoch, daß mangelnder Konsensus vermehrt bewußt wird. Neu ist insbesondere, daß es Diskonsensus nicht nur innerhalb der einzelnen Hierarchiestufen und innerhalb bestimmter Grenzen gibt (…), sondern daß es offenkundigen Diskonsensus vor allem zwischen jenen Priestern, die an der ‚Front' stehen, und der Kirche als Institution gibt, daß es Diskonsensus gibt, der – gemäß Selbstverständnis der Institution – das sogenannte Wesentliche trifft. Dazu gehörten unter anderem: Abweichungen im institutionellen und Seelsorgeverhalten, Abweichungen in der Verkündigung von Moral und Glauben, mangelnde Loyalität gegenüber der Hierarchie."
[250] Ein Priester, der als Pfarrer von vier Gemeinden in einem norddeutschen Diasporabistum arbeitet, bringt es auf den Punkt: „Ich bin als Pfarrer der einzelnen Gemeinde, deren Leiter ich sein soll, die am schlechtesten informierte Person in der ganzen Gemeinde. Ich bin nur einmal in der Woche vor Ort und muß feststellen, daß die wichtigsten Dinge bewußt von Mitarbeitern und Gemeindemitgliedern an den anderen Tagen kommuniziert und entschieden werden." Der Pfarrer hat hier seinen Wissensvorsprung gänzlich verloren und rangiert diesbezüglich sehr weit unten in der Machtstruktur einer Gemeinde.

nämlich so viel, wie ihnen, ‚von unten her' gegeben wird. Aber eine solche freiwillige Unterwerfung findet man immer seltener."[251]

Andererseits ist er als Priester eingebunden in ein Herrschaftssystem der kirchlichen Hierarchie, in dem von ihm ein Gehorsamsversprechen und Treueeid erwartet wird und das sich mit großem Aufwand in seinem eigenen Rechtssystem um die Disziplin des Klerikers sorgt.[252] Er steht so mit einem Bein im mehr und mehr ausgehöhlten mittelalterlichen Lehenssystem, während er mit dem anderen Bein in einen komplexen Wandlungsprozess inner- und außergemeindlicher Machtstrukturen eingebunden ist:

„Heutige Priester müssen in einer postmodernen Gesellschaft mit einer tendenziell vor-modernen Theorie ihres Priesterseins zurechtkommen und werden dabei – nicht zuletzt von ihren Vorgesetzten – an den Erfolgsmaßstäben einer modernen Dienstleistungsgesellschaft gemessen."[253]

Das Gemeindeleben wird für den einzelnen Pfarrer zum Testfeld seiner persönlichen Leistungsfähigkeit und zum Legitimationsrahmen seiner herausgehobenen Stellung. Hier entsteht ein Erwartungsdruck seitens der Gemeinde und der Vorgesetzten (!):

„Zu den traditionellen Erwartungen der Kirchenleitung an den Pfarrer (Verkündigung, Feier des Gottesdienstes und der Sakramente, Aufbau der Gemeinde, Seelsorge, Durchsetzung kirchlicher Vorschriften, u. ä.) sind seit dem Konzil u. a. zwei hinzugekommen, die unausgesprochen und unkodifiziert, aber gleichwohl als gewichtig erlebt werden: die Pfarrei als Gemeinde zu verlebendigen (was immer das bedeutet!) und: dem Mitgliederschwund zu wehren (wie immer das geschehen soll!)."[254]

Dass solch ein Erwartungsdruck, meist offen oder indirekt priesterzentriert, nicht nur Stresssymptome, sondern auch klinische Erkrankungen, wie z. B. „Burn-out-Syndrome"[255], hervorruft, liegt auf der Hand.
Ein derartiger Erwartungsdruck[256], der sich aus den Maßstäben einer „modernen, also marktwirtschaftlichen Dienstleistungsgesellschaft"[257] ergibt und

---

[251] Vögele, Rudolf: Wie mächtig und gnädig kann Kirchenleitung sein?, in: Bucher, Rainer / Krockauer, Rainer (Hg.): Macht und Gnade. Untersuchungen zu einem konstitutiven Spannungsfeld der Pastoral, Münster 2005, 213-225, 214.
[252] Vgl. CIC 1983, cann. 1732-1752.
[253] Bucher: Machtkörper und Körpermacht, 359.
[254] Steinkamp: Erben des „Pastors", 210.
[255] Am Lehrstuhl für Pastoralpsychologie und Pastoraltheologie der Universität Graz entsteht derzeit eine entsprechende Forschungsarbeit durch Luboslav Kmet.
[256] Vgl. Zerfaß, Rolf: Die menschliche Situation der Priester heute, in: Diakonia 16 (1985), 25-40, 26: „Die Auseinandersetzung mit dem Mißerfolg war zwar immer ein Thema priesterlicher Existenz, aber neu ist die Härte, mit der uns vor Augen geführt wird, daß wir am kürzeren Hebel sitzen."
[257] Bucher, Rainer: Priester des Volkes Gottes. Überlegungen zu Gegenwart und Zukunft der priesterlichen Lebensform, in: PBl 52 (2000), 174-182, 176.

bei dem die persönliche priesterliche Identität, die in der Studien- und Ausbildungszeit meist erst schwer errungen werden und sich an einem „ausgeprägten, quasi-ontologischen Erwählungsbewusstsein"[258] orientieren muss, je nach hierarchieinternen oder gemeindlichen und außerkirchlichen Kontexten in Frage gestellt wird, produziert unterschiedliche Reaktionen und Handlungsmuster. Hier entstehen Konflikte zwischen einem Rückzug in die hierarchieinterne Plausibilität und dem Inkaufnehmen eines Lebens im gesellschaftlichen Kontrast oder einer Anpassung an gesellschaftliche Erwartungen und dann vorprogrammierten Reibungen mit der kirchlichen Obrigkeit. Für diese tendenziell gegensätzlichen Bewegungsrichtungen lassen sich Gründe in Scharnierfunktionen der Priester ausmachen. Einerseits erfahren viele Priester ihre Situation Schritt für Schritt als einen Verlust der eigenen Autorität:

> „Der aktuelle Zwang, in den Ruinen des zerfallenden kirchlichen Machtsystems zu leben, demütigt."[259]

Andererseits erwächst anderen Priestern und pastoralen MitarbeiterInnen durch ihre charismatische Herrschaft ein Machtgewinn und eine neue Grundlage ihrer priesterlichen Identität:

> „Bei der Frage, wie bewältige ich mein Leben als Priester, möchte ich spontan antworten: dadurch, daß ich in einer konkreten Gemeinde mich angenommen fühle und daß mir die Mitchristen signalisieren, daß sie mich brauchen."[260]

Eine einheitliche Bestimmung des Pfarrers als mächtig, machtlos oder ohnmächtig ist so nicht mehr möglich. So zeigt sich auch hinsichtlich priesterlich-charismatischer Herrschaft, die direkt aus der je eigenen Priesteridentität mit ihrem individuellen Rollen- und Amtsverständnis erwächst, die entscheidende und gegenwartstypische Binnenpluralität:

> „Natürlich gibt es vorgegebene Handlungsstrukturen der Kirche, ob sie aber für den einzelnen Priester zu Glücks- und Unglücksorten werden, hängt plötzlich von ihm ab."[261]

Eine Analyse der jeweils verschiedenen Machtpositionen wird deshalb erforderlich.[262] Wie machtlos sich z. B. konservative Priester in den 1970er-

---

[258] Bucher: Priester des Volkes Gottes, 176.
[259] Bucher: Machttechniken, 190.
[260] Bertel, Erhard: Mit Überzeugung Pfarrer, in: Diakonia 16 (1985), 138-140, 138.
[261] Bucher / Plank: Ungeliebte Kinder, 52.
[262] Die Verwurzelung der Scharniersituation in der Amtstheologie des II. Vatikanums wird im Hinblick auf die zwei nebeneinander bestehenden Repräsentationsfunktionen des Priesters erkennbar: die Repräsentation Christi und die Repräsentation der Kirche, deren Gewichtung je nach Arbeitsumfeld und Persönlichkeit des Priesters unterschiedlich vorgenommen wird und keinesfalls einfach übereinkommen, wie Peter Hünermann meint. Vgl. Hünermann: Ekklesiologie im Präsens, bes. 189-203, 194.

Jahren gefühlt haben müssen, zeigt Ottmar Fuchs am Beispiel der Liturgiereform des II. Vatikanums auf:

> „Konservative Menschen, die ohnehin Fragen der Sicherheit sehr hoch veranschlagen, mussten den Verlust der bisherigen Rückendeckung durch kirchliche Autorität als besonders schmerzlich erfahren."[263]

Hier lässt sich mit Fuchs eine Verschiebung des Machtgefüges beobachten, das nicht mehr durch eine hierarchische Identitätsgewährleistung geprägt ist, sondern durch den jeweiligen kirchenpolitischen Standort. In dieser Verschiebung zeigt sich eine Konfliktlinie, die zunächst in den nachkonziliaren Jahren zwischen Universitätstheologen einerseits und Bischöfen andererseits sichtbar wurde und sich zu einem deutlichen Gegenüber von (häufig vermeintlich) „Progressiven" und „Konservativen" entwickelte. Auch wenn seit den 90er-Jahren des 20. Jahrhunderts eine neuerliche Verschiebung der kircheninternen Macht zugunsten konservativer Kreise erkennbar ist[264], ist doch unabhängig von der je aktuellen Machtgewichtung an dem Phänomen jener innerkirchlichen Konfliktlinie die grundlegende Veränderung gegenüber der kirchlichen Situation des 19. Jahrhunderts deutlich zu sehen, die lediglich kircheninterne Harmonie und konfliktreiche Absetzung gegenüber dem gesellschaftlichen Außen vorsah. So sehr sich manche Kirchenmitglieder auch bemühen, den kirchlichen Gesellschaftsbezug auf Bekenntnis- und Kontrastcharakter zu reduzieren und so die „Pianische Grenzziehung" wieder zu beleben, zeigt allein schon das Vorhandensein gegensätzlicher theologischer und kirchlicher Positionen innerhalb des Klerus und innerhalb der Kirchenmitglieder die Unwiederbringbarkeit der kirchlichen Außenabgrenzung auf. Das in der Moderne entstandene Religionsphänomen christlicher Identität und christlichen Glaubens außerhalb der Kirchen findet hier seine Ergänzung in institutionsinternen Spiegelungen – als Extremform der Kirchenzugehörigkeit als „belonging without believing"[265]. Diese Vielfalt jedoch nicht als Bedrohung, sondern als Ermöglichungspotenzial pluraler Kontaktflächen zu gesellschaftlichen Entwicklungen zu erkennen und darin Chance und andauernde Aufgabe der Kirche zu sehen, wird den Pfarrern zur bleibenden Herausforderung:

> „Wenn die Pluralität als integraler Bestandteil der Kirchenbildung nicht nur zugelassen, sondern immer mehr als ihr eigener Reichtum erfahren wird, wird die religiöse Autonomie des Menschen in Beziehungsfelder eingebunden, die diese Autonomie nicht zerstören, sondern kreativ aufbauen und zugleich begrenzen."[266]

---

[263] Fuchs: Wahrhaftigkeit, 19.
[264] Vgl. Zulehner: Religion – Kirche – Spiritualität, 48.
[265] Hervieu-Léger, Daniéle: Pilger und Konvertiten. Religion in Bewegung, Würzburg 2004, 34.
[266] Fuchs: Wahrhaftigkeit, 53.

Mit Blick auf die durch charismatische Herrschaft begründete Stellung des Priesters in der Gemeinde ergibt sich eine pluralisierte[267] Funktion des Pfarrhauses als Herrschaftssitz in Abhängigkeit der Persönlichkeiten seiner jeweiligen Bewohnerinnen und Bewohner. Gerade die Ermöglichung und Förderung eines individuellen Amtsverständnisses ergäbe sich dann als Auftrag auch für die Bistumsleitungen. Eine Orientierung des konkreten Aufgabenfeldes an den je eigenen Charismen der Priester, wie auch der PastoralreferentInnen und weiterer Mitarbeiter und Mitarbeiterinnen entspräche einer umfassenderen Professionalisierung, als es die bloße Ausweitung der Aufgabenbereiche bislang mit sich bringt. In der Wahrnehmung des eigenen Pfarrhauses als kirchliches Macht- oder Ohnmacht-Symbol in der Gesellschaft kristallisieren sich bereits „Bewältigungsstrategien"[268] der aufgezeigten Entwicklung durch die Pfarrhausbewohner heraus.

Vor allem in der Vermittlung beider Machtsysteme, also zwischen der hierarchisch-diözesanen Seite und der demokratisierend-gemeindlichen Seite, kommt dem Pfarrer eine Scharnierfunktion zu, in der er gerade dann, wenn Veränderungsprozesse von der einen Ebene in die andere übersetzt werden sollen, Herrschaftsgewinn erfährt:

> „Dass die Pfarrer die schwierigste Gruppe in kirchlichen Veränderungsprozessen sind, hat mehrere Ursachen: Die Pfarrer sind noch immer die wichtigsten und zentralen Schaltstellen für Information und Kommunikation für die Basis der Kirche. Trotz der Möglichkeit neuer und offener Kommunikationsformen, z.B. via Internet, stellen die Personen und Rollenträger eine wichtige Kommunikations- und Interpretationsmacht dar, in nicht wenigen Fällen jedoch auch konfliktreich angefragt und von weiten Kreisen der Gesellschaft nicht mehr anerkannt."[269]

Wenn für den Pfarrer ein Eingebundensein in zwei zunehmend konträre Machtsysteme beobachtet werden kann, folgt daraus für das Pfarrhaus in seiner gemeindlichen Funktion zunächst ein Bedeutungs- und Autoritätsverlust. Das Pfarrhaus ist nicht mehr automatisch eines der wichtigsten Herrschaftszentren eines Ortes und vielleicht nicht einmal mehr einer Kirchengemeinde. Durch die Entstehung von Pfarrheimen und Gemeindehäu-

---

[267] Zulehner, Paul M.: (Wider) Die Pluralismusangst in der Kirche. Plädoyer für Unipluralität, in: Ders. (Hg.): Pluralismus in Gesellschaft und Kirche – Ängste, Hoffnungen, Chancen, Freiburg i. B. 1988, 86-105, 98: „Wir gehen davon aus, daß Pluralität in der Kirche ein Ausdruck dafür ist, mit welch vielfältigen Gnadengaben Gott selbst seine Kirche reichlich beschenkt hat. Eine Kirche, die ihre vielfältigen Begabungen nicht fördert, verarmt. Vielleicht ist das die eigentliche Armut unserer Kirchengemeinden, daß des so viele Kirchenmitglieder gibt, die noch nicht die Frage zu stellen gelernt haben, was Gott von ihnen will, damit seine Kirche lebendig ist und heute ihre von Gott gesetzte Aufgabe erfüllen kann."
[268] Eikenbusch, Jürgen: Unsichtbares Christentum? Studien zu religionssoziologischen und theologischen Bewältigungsstrategien der Entkirchlichungserfahrung im 19. und 20. Jahrhundert, Hamburg 2001.
[269] Hartmann: Macht und Steuerung, 231.

sern seit der Mitte des 20. Jahrhunderts gibt es für die Gemeinden Versammlungs- und Veranstaltungsmöglichkeiten, die neben die gottesdienstliche Versammlung getreten sind und deren Monopolstellung gebrochen haben. Gemeinden versammeln sich hier spätestens, insbesondere wenn der Pfarrer für mehrere Pfarreien zuständig ist, auch ohne ihn[270] – mancherorts gerade in seiner Abwesenheit. Diese Entwicklung findet auch in dem Aufkommen von Hausbibelkreisen ihren Ausdruck, bei dem Gemeindemitglieder der Einladung von Bistumsleitungen folgen und sich zum „Bibelteilen" in privaten Wohnungen treffen. Gemeinde versammelt sich dabei zum Teil unabhängig von der Pfarreizugehörigkeit. Das Pfarrheim und manches private Wohnzimmer von Gemeindemitgliedern lösen so die Vormachtstellung des Pfarrhauses ab. Neben dieser gemeindeinternen Machtverschiebung lässt sich eine weitere Auslagerung von Zuständigkeit und Macht in den Bereichen der Caritas und des Schulwesens beobachten. Soziale Einrichtungen und Schulen werden aus der Zuständigkeit und Trägerschaft einer Pfarrei ausgelagert und einem örtlichen oder diözesanen Caritasverband angeschlossen. Schulen, die bis ins 20. Jahrhundert in der Trägerschaft einer Pfarrei waren, werden, sofern es sich um Privatschulen handelt, in die Trägerschaft einer diözesanen Schulstiftung übergeben. Nicht selten sind nach diesen Entwicklungen einzig der Kindergarten und mancherorts noch ein Friedhof die verbleibenden kirchlichen Institutionen in der Trägerschaft einer Pfarrgemeinde. Mit dieser Entwicklung, die eng mit der Ausbildung kategorialer Seelsorgebereiche verbunden ist, wird die gemeindliche durch eine übergemeindliche Machtverschiebung ergänzt. Das Pfarrhaus erscheint nicht nur als ein Gemeindegebäude von vielen, es wird auch zu einer kirchlichen Filiale neben anderen und steht so im Brennpunkt des Konflikts zwischen parochialen und nichtparochialen Strukturen der Kirche.[271]

Wenn trotz dieses Konflikts die parochiale und damit territoriale Struktur der Kirche gerade in Zeiten von Finanzkürzungen als die entscheidende und eigentliche kirchliche Struktur direkt oder über die Verteilung der Finanzen vertreten wird, verweist dies auch auf ein vorproduktives kirchliches Konfliktverständnis.[272] Entscheidend ist hier, dass die monopolartige Stellung

---

[270] Verstärkt wird dieses Phänomen durch Ansätze einer Gemeindeteilung, wie sie sehr viel ausgeprägter und seit längerer Zeit in evangelischen Kirchengemeinden zu beobachten ist. Hier kommt es zu einer zunehmenden Gegenüberstellung von Gottesdienstgemeinde und Gemeindehausgemeinde, deren gemeinsame Schnittmenge immer geringer wird und zur Infragestellung des Parochialen Systems beiträgt. Vgl. Pohl-Patalong, Uta: Von der Ortskirche zu kirchlichen Orten. Ein Zukunftsmodell, Göttingen 2004.
[271] Pohl-Patalong: Von der Ortskirche, 9.
[272] Pohl-Patalong verweist hier auf Dean Tjosvolds Organisationstheorie, nach der Konflikte in Unternehmen und Organisationen neben ihrer Unvermeidbarkeit vor allem auch Problemlösungspotential beinhalten. Sie können Beziehungen stärken, Qualität steigern, Kosten senken, Kreativität anregen und somit einen Gewinn darstellen.

des Pfarrhauses durch eine Vielzahl von Faktoren aufgebrochen worden ist und zu einer größeren Pluraliät kirchlicher Orte und Machtzentren geführt hat, wie sie ähnlich für die Zeit des 14. und 15. Jahrhunderts bis hin zu den die Pfarrei stärkenden Dekreten des Trienter Konzils für das Nebeneinander von Klöstern und Pfarreien zu beobachten ist.[273]

Ein Machtgewinn für den katholischen Pfarrer ist im 20. Jahrhundert allenfalls in einer Entwicklung zu beobachten, in der er kaum zu vermuten ist: dem ökumenischen Dialog. Vor allem in protestantisch geprägten Gebieten bestimmt - trotz stark funktionaler Amtstheologie in den Kirchen der Reformation - oftmals ein sehr personzentriertes Pastorenbild[274] das allgemeine Bewusstsein, in dem der Pastor vor allem für die große Gruppe der „kirchenfernen Christen" als Schlüsselfigur für den Kontakt zur Kirche angesehen wird. Der katholische Pfarrer ist hier im Zusammenhang mit den religiösen Kasualien die zentrale Identifikationsfigur[275] und ermöglicht die Inklusion in das Religionssystem der Kirche:

Vgl. Tjosvold, Dean: Learning to Manage Conflict: Getting People to Work Together Productively, New York 2000, 8: "Cooperativ conflict theory [...] suggests the kind of relationship that partners in conflict want to establish as well the actions that complement these relationships. When people believe their goals are cooperative ('We are in this together.' 'We swim or sink together.'), they are promitted to promoting each other and helping each other be effective ('We trust and rely upon each other.'). Then they are prepared to consider each other's ideas and try to combine them into a mutually beneficial solution. They use the conflict to get the job done and strengthen their relationship."
Tjosvold, Dean: Teamwork for customers. Building Organizations that take pride in serving, San Francisco 1993, bes. 123-152, 128: "Perfect harmony is an unrealistic goal for working with customers. It leads people to assume that they should avoid conflicts or smooth them over. But it is the skilled management of conflict that builds effective customer relationships."
[273] Pohl-Patalong: Von der Ortskirche, 44: „Die relativ unvollständige parochiale Durchgliederung der Städte, vor allem aber der Pfarrzwang, wird im 12. und 13. Jahrhundert noch einmal neu in Frage gestellt: durch die städtischen Orden, vor allem die Franziskaner und Dominikaner. Hier zeigt sich der Konflikt zwischen Parochialität und Nichtparochialität schon offen."
[274] Birgit Weyel erläutert die historischen Hintergründe der Aufklärung für die Entstehung dieser paradox anmutenden Amtsrealität und diskutiert deren Konsequenzen für gegenwärtige Anforderungen für die Ausrichtung des PastorInnenamtes. Vgl.: Weyel, Birgit: Pfarrberuf. Amt / Amtsverständnis / Profession / pastoraltheologisches Leitbildung, in: Gräb, Wilhelm / Weyel, Birgit (Hg.): Handbuch Praktische Theologie, Gütersloh 2007, 639-649, 643: „Dem Verlust an Bedeutung und Plausibilität von Religion und Kirche wurde durch eine Konzentration auf die Person des Repräsentanten von Religion und Kirche in der Öffentlichkeit begegnet. Durch den Entwurf positiver Amtsnormen und eines positiven Pfarrerideals sollte nicht nur mehr Ansehen für den geistlichen Stand wiedergewonnen werden, also einer verlustreichen Entwicklung gegengesteuert werden. Die Reflexion auf die Person des religiösen Berufsträgers ist vielmehr als produktive Reaktion auf einen umfassenden Modernisierungsprozess zu verstehen, in dem der Zugang zur Religion grundsätzlich individualisiert und der Pfarrer zum gesellschaftsöffentlichen symbolischen Repräsentanten gelebter Religion wurde."
[275] Vgl. zur Kritik an der „Pastorenkirche" und der „Pfarrerdominanz" innerhalb der evangelischen Praktischen Theologie: Bohren, Rudolf: Unsere Kasualpraxis – eine missionarische Gelegenheit?, München 1960, 27: „Wie unvollendet die Reformation ‚in den Folgen der

> „Der Pfarrer bzw. die Pfarrerin ist deshalb für die Mehrzahl der Kirchenmitglieder eine Schlüsselfigur für den Kontakt zur Kirche und genießt als solche ein erstaunlich hohes Ansehen."[276]

Mit einer stärkeren konfessionellen Durchmischung der Bevölkerung infolge des Zweiten Weltkriegs und durch die gesamtkirchlichen Bemühungen um den Ökumenismus auf dem Zweiten Vatikanischen Konzil lässt sich eine Übertragung von Elementen des protestantischen Pfarrerverständnisses, vor allem seiner funktionalen Bestimmung, auch auf katholische Gemeindepriester im öffentlichen Bewusstsein beobachten. Das Bild eines von seiner Landeskirche relativ unabhängig arbeitenden Pastors, der bei vielen Entscheidungen allenfalls Rücksprache mit einem Kirchenvorstand seiner Gemeinde halten muss, wurde und wird dabei nicht selten auf den katholischen Priester übertragen und beinhaltet für ihn in der Folgezeit des Konzils häufig eine große Attraktivität. Dass das protestantische Amtsverständnis dem Gemeindepastor größeres Gewicht beimisst und traditionell jeglicher kirchlich-organisatorischer Hierarchie Skepsis entgegengebracht wird, bewirkt zunächst vor allem die Schwierigkeit, Macht als organisationsstabilisierenden Faktor überhaupt wahrnehmen und analysieren zu können und so den Begriff in seiner soziologischen Weite anzuwenden:

> „Macht ist für die protestantische Kirche ein ‚Phänomen', das es gibt, das es aber in Wahrheit nicht geben dürfte."[277]

Hinzukommt, dass die gemeindliche Stellung des evangelischen Pastors relativ häufig nicht seiner evangelisch-amtstheologischen Bestimmung zu entsprechen scheint. So gibt es viele Gemeinden, in denen bei Veranstaltungen und Gruppen die reine Präsenz des Pastors oder der Pastorin erwartet wird, obwohl ihm hier keine fachliche Funktion zukommt und die oftmals dominierende Rolle der Pastorin beziehungsweise des Pastors die Stärkung der Kirchenmitglieder in der Wahrnehmung des allgemeinen Priesteramtes eher zu behindern scheint. Ein Zurücktreten der Pastöre und Pastorinnen aus der Leitungsrolle in den Status des Gemeindemitglieds, z. B. durch den normalen Besuch des Sonntagsgottesdienstes, wenn dieser nicht von ihm oder ihr selbst gehalten wird, oder auch nur in den Status des Publikums bei einem Kirchenkonzert ist kaum beobachtbar, obwohl gerade dies der funktionalen Amtsbestimmung der Reformation als allen Getauften zukommendes allgemeines Priestertum entsprechen würde.[278]

Lehre' blieb, zeigt z. B. die Lehre vom allgemeinen Priestertum der Gläubigen, die wir wohl grundsätzlich anerkennen, indem wir zugleich praktisch alles tun, um ja nicht die Konsequenzen aus dieser Lehre ziehen zu müssen."
[276] Karle: Der Pfarrberuf als Profession, 53.
[277] Josuttis: Der Pfarrer und die Macht, 86.
[278] Die von Isolde Karle angeführten Beispiele eines praktizierten funktionalen Amtsverständnisses scheinen demgegenüber einem noblen reformatorischen Wunschdenken zu

Wo nun im Selbstverständnis der katholischen Priester seit den 1970er-Jahren Anleihen im protestantischen Amtsverständnis vorgenommen wurden, mussten meist jene Differenzen zwischen theologischem und praktiziertem Amtsverständnis und das problematische Verhältnis zur Macht „mit eingekauft" werden.

In seiner Scharnierfunktion wird das katholische Pfarrhaus dabei gerade aufgrund seiner Entmachtung zu einem Ort praktizierbarer und plausibler Religion in postmodernen Gesellschaften, insofern sie nicht nur auf das Religiöse reduziert, sondern gerade von vielen religionsfernen Ansprüchen befreit wird:

> „Säkularisierung entmachtet und ermächtigt Religion zugleich. Entthront und aus der gesellschaftlichen Mitte geworfen, ist der Religion zweierlei gelungen (wozu die Verkünder und Akteure des christlichen Heils freiwillig wohl niemals in der Lage gewesen wären): erstens den ‚Schwarzen Peter' ihrer Zuständigkeit für rationale Erkenntnis und Wissen an die Wissenschaft bzw. den Staat weiterzureichen. (...) Zum zweiten wird Religion auf diese Weise gezwungen, *nichts als Religion zu werden*; also die unaufhebbare Spiritualität des Menschseins, das Transzendenzbedürfnis und – bewußtsein der menschlichen Existenz zu wecken, zu kultivieren, zu praktizieren, zu zelebrieren, zu reflektieren und auf diese Weise subjektiv und öffentlich zur Geltung zu bringen. (...) Die Kirche ist nun nicht mehr für alles zuständig, nur noch für Spiritualität und Religiosität. in der Falle der Allzuständigkeit hingegen zappeln Wissenschaft und Staat."[279]

In der Scharnierfunktion des Pfarrhauses können sich somit Erfahrungen mit einer veränderten kirchlichen Situation entwickeln, die zum Zentrum ihrer pastoralgemeinschaftlichen Identität gehören und im Schlusskapitel eigens thematisiert werden.

3.2.4 Das Pfarrhaus als Repräsentationsbau

Wie sehr kirchliche Sakralarchitektur sowohl von theologischen und künstlerischen als auch von politischen Interessen geprägt ist, lässt sich für unterschiedliche geschichtliche Epochen nachweisen. Doch gerade auch das Anliegen als Glaubensgemeinschaft in einer teilweise säkularen Gesellschaft Präsenz zu zeigen, gewinnt im 19. Jahrhundert vielerorts an Bedeutung.[280]

---

entsprechen. Dies etwa dort, wo sie von „regelmäßigen Gottesdiensten" zu berichten weiß, an denen kein Pfarrer von Amts wegen teilnimmt, oder von Sonntagsgottesdiensten, in denen der Pfarrer oder die Pfarrerin von der Leitungs- in die Publikumsrolle wechselt und so zum Ausdruck bringt, „daß auch der Pfarrer der Verkündigung, des Zuhörens, der Erbauung in Lied und Gebet bedarf." Vgl. Karle: Der Pfarrberuf als Profession, 46.

[279] Beck: Der eigene Gott, 41/42.

[280] Am Beispiel der Nationalkathedrale in Washington D.C. konnte Anna Minta die auf Machtrepräsentation abzielenden Motive kirchlicher Bauvorhaben im 19. und 20. Jahrhundert in den USA aufzeigen. Gerade die US-amerikanische Trennung von Staat und Kirche einer-

Für den ländlichen Raum lässt sich dabei zunächst beobachten, dass der Pfarrer selbst im Dorf von der Dorfgemeinschaft als Statussymbol verstanden wurde und als Indikator kommunaler Selbstbestimmtheit fungierte.[281] Wo es galt, mit der bischöflichen Behörde um die Besetzung einer Pfarrei durch einen eigenen Priester zu kämpfen, gewann vor allem die finanzielle Ausstattung der Pfarrstelle durch die Gemeinde an Bedeutung. Diese Ausstattung mit ihrem teilweise noch überkommenen Pfründewesen führte zu einer inoffiziellen Kategorisierung der Pfarrstellen unter den Priestern, sodass auch das Pfarrhaus im Zuge dieser Konkurrenzsituation unter den Pfarreien an Bedeutung gewann. Ein Verständnis des dörflichen Pfarrhauses als Stolz und Statussymbol der Dorfgemeinschaft liegt hier sehr schnell nahe. Darüber hinaus kam es nicht nur durch die ultramontanen Überhöhungen des Priesterbildes in der zweiten Hälfte des 19. Jahrhunderts, sondern auch durch das Aufblühen des Bürgertums insbesondere in den Großstädten zu einer Aufwertung der Pfarrhäuser als Repräsentanz der jeweiligen Konfession.

Den bürgerlichen Idealen eines heimischen Privatlebens entsprechend, bildete sich im 19. Jahrhundert im aufblühenden Bürgertum ein starkes Standesbewusstsein aus. Das aufwendige Leben bürgerlicher Familien ermöglichte dabei ein für diese Zeit typisches Dienstmägdewesen. Mit ihrem Streben nach gesellschaftlichem Aufstieg stützten dabei die unteren gesellschaftlichen Schichten das Bürgertum. Die stark in das Private gerichtete Gestaltung des bürgerlichen (Familien-)Lebens[282] fand dabei nur an wenigen Punkten seinen gesellschaftlich-öffentlichen Ausdruck, wie etwa in der Zahl der Dienstmägde (wo ein männlicher Bediensteter im Haushalt als Diener oder Butler angestellt war, galt dies als Inbegriff eines funktionierenden Statussymbols), in der Teilnahme am kostspieligen gesellschaftlichen Leben oder in der Wohnsituation:

„Ein großes Haus im Zentrum der Stadt zu führen, war mittlerweile [Anm. d. V.: 1880er-Jahre] längst zu einem Akt der Repräsentation und Repräsen-

---

seits und die Behauptung und Profilierung einzelner Konfessionen angesichts der religiösen Vielfalt schienen für derartige Repräsentationsansprüche einen idealen Nährboden zu bieten. Minta, Anna: ‚Nearer, my God, to thee'. Die Nationalkathedrale in Washington D.C. im Machtgefüge von Staat und Kirche, in: Brodocz, André / Mayer, Christoph Oliver / Pfeilschifter, Rene / Weber, Beatrix (Hg.): Institutionelle Macht. Genese – Verstetigung – Verlust, Köln-Weimar-Wien 2005, 39-55, 40: „Insbesondere an den großen Kathedralbauprojekten im späten 19. und frühen 20. Jahrhundert wird deutlich, dass die großen christlichen Konfessionen wie die Episkopalkirche sowie die römisch-katholische Kirche nicht nur – wie offiziell verkündet – Monumente christlicher Präsenz und Gottesfurcht auf Erden errichten, sondern sich mittels monumentaler und symbolisch aufgeladener Kirchenbauten ihrer einflussreichen Position innerhalb der amerikanischen Gesellschaft und Politik versichern wollen."
[281] Vgl. Dietrich: Konfession, 113-117.
[282] Mohrmann, Ruth-E.: Individuelle Gestaltung im Privaten: Häusliches Leben, in: Dülmen, Richard van (Hg.): Entdeckung des Ich. Die Geschichte der Individualisierung vom Mittelalter bis zur Gegenwart, Köln-Weimar-Wien 2001, 385-406.

tanz geworden: Man repräsentierte den eigenen Erfolg und die eigene Stellung. Aber man trat damit zugleich auch als ein unmittelbarer Repräsentant seiner eigenen Gruppe auf."[283]

Diese starke repräsentative Funktion des Wohnhauses wie auch anderer Statussymbole übernahm gegen Ende des 19. Jahrhunderts eine geradezu politische Funktion, da sie Voraussetzung für den Zugang zu politischen Ämtern und gesellschaftlichen Formen der Einflussnahme wurde.

Je stärker das gesellschaftliche Wertesystem durch das Bürgertum bestimmt wurde, desto deutlicher finden sich gerade im städtischen Bereich entsprechende Anleihen bei Pfarrern.[284] Als Mitglieder der städtischen Intelligenz gehörten sie entweder zum Bürgertum oder zu jenen Kreisen, die mit einem Aufstieg in die bürgerliche Gesellschaft liebäugeln konnten.[285] Zwar lässt sich gerade im städtischen Bereich in der zweiten Hälfte des 19. Jahrhunderts ein Anwachsen der Wohnflächen und ganzer Stadtteile für die Arbeiterschaft beobachten, doch auch im Bürgertum zeigen sich Veränderungen in der Wohnkultur, an denen sich auch die anderen Schichten hinsichtlich des Stils orientieren. Diese Veränderungen drücken sich auch durch die Etablierung von Mietverhältnissen und gerade ab dem mittleren Bürgertum durch einen sehr großzügigen Umgang mit Wohnraum aus.[286] In den durch die Arbeiterschaft geprägten Stadtvierteln mit ihren kleinen Wohnungen, vielen Bewohnern, Hinterhöfen, Kellerwohnungen, teilweise schlechten hygienischen Verhältnissen und vergleichsweise hohen Mieten konnte so ein schwer erträglicher Kontrast zum Leben im Pfarrhaus entstehen, das als oftmals einziges freistehendes Gebäude schon äußerlich deutlich von der Umgebung abgehoben und durch bürgerliche Stilelemente Distanz signalisierte.

Da ein Eintritt in bürgerliche Kreise allgemein als gesellschaftliches Ideal betrachtet wurde, setzte ein entsprechendes Bestreben auch der Pfarrer in dieser gesellschaftlichen Aufwärtsbewegung in den Gemeinden ein. Dieses Streben nach gesellschaftlichem Aufstieg ist um so eher nachvollziehbar, als eine Zurechnung zum „Bildungsbürgertum" weitgehend den evangelischen Pfarrern[287] aufgrund der Bildungs- und Kulturtradition ganzer Familien

---

[283] Gall: Bürgertum in Deutschland, 417.
[284] Wie sehr ein Großteil der protestantischen Pfarrer bereits im Bürgertum beheimatet war, wird zunächst auch durch ihre Einkommenssituation ersichtlich. Vgl. Sarasin, Philipp: Stadt der Bürger. Bürgerliche Macht und städtische Gesellschaft: Basel 1846-1914, Göttingen 1997, bes. 96-101.
[285] Vgl. zum Aufstieg in das Bürgertum durch katholische Bevölkerungsteile: Loth, Wilfried: Katholiken im Kaiserreich. Der politische Katholizismus in der Krise des wilhelminischen Deutschlands, Düsseldorf 1984, bes. 74-80.
[286] Vgl. Nipperdey: Deutsche Geschichte 1866-1918, bes. 136-150, 139.
[287] Janz, Oliver: Zwischen Amt und Profession: Die evangelische Pfarrerschaft im 19. Jahrhundert, in: Siegrist, Hannes (Hg.): Bürgerliche Berufe. Zur Sozialgeschichte der freien und akademischen Berufe im internationalen Vergleich, Göttingen 1988, 174-199.

vorbehalten war.[288] Eine Kompensation dieses Vorsprungs, zumal wo es in städtischen Bereichen aufgrund der Migration von Arbeitern zu einer stärkeren konfessionellen Vermischung kam, entsprach daher im Sinne der Milieustabilisierung durchaus dem konfessionellen Interesse. Dass diesen gesellschaftlichen Aufstiegsbestrebungen des Klerus gerade seine Zusammensetzung und Herkunft überwiegend aus bäuerlichen Familien zuwiderlief und vor allem im städtischen Raum auch durch manchen klerikalen Standesdünkel konterkariert wurde, liegt auf der Hand.[289] Während für die Moderne seit der Aufklärung und insbesondere im 19. Jahrhundert dem evangelischen Pfarrhaus eine Verbürgerlichung attestiert wird, kommt es somit trotz aller Bemühungen bei katholischen Pfarrern kollektivbiografisch zu einer „Entbürgerlichung"[290].

Ein Ankämpfen gegen antikatholische Klischees zeichnete dennoch bis in die Mitte des 20. Jahrhunderts nicht nur das Verhalten des Klerus aus:

„Nach dem gängigen Bild frönten Katholiken dem Müßiggang, häuften unproduktive Schätze an, vergeudeten die Zeit mit zahllosen Gottesdiensten, feierten überflüssige Festtage und gingen allzu häufig auf Wallfahrten. Die Katholiken besaßen kurzum Lebensformen, die dem Aufkommen der bürgerlichen und industriellen Gesellschaft hinderlich waren. Unter dem Einfluss des Kulturkampfes erlebte dieses populäre Bild vom müßiggängerischen, schmutzigen und dummen Katholiken einen neuen Aufschwung."[291]

Doch nicht nur die wirtschaftlich nachteilige Entwicklung katholisch geprägter Regionen[292], die in der zweiten Hälfte des 19. Jahrhunderts besonders sichtbar wurde, trug zu dieser Diskrepanz zwischen Bildungsbürgertum und Katholizismus bei, sondern darüber hinaus und für das Selbstbewusstsein der Katholiken ebenso bedeutsam, eine mangelhafte Repräsentanz im universitären Raum.[293] Die gerade im wilhelminischen Deutschland zunehmend etab-

---

[288] Nipperdey: Deutsche Geschichte 1866-1918, bes. 382-389, 385.
[289] Vgl. Blaschke: Kolonialisierung, 103
[290] Dietrich: Konfession, 93.
[291] Altermatt: Katholizismus: Antimodernismus mit modernen Mitteln, 38.
[292] Vgl. in Anlehnung an die Thesen Max Webers zum Verhältnis von Konfessionalität und Wirtschaftskraft: Inglehart, Ronald: Modernisierung und Postmodernisierung. Kultureller, wirtschaftlicher und politischer Wandel in 43 Gesellschaften, Frankfurt a. M.-New York 1998, 108: „Der Kapitalismus wurde in den drei Jahrhunderten nach der Reformation hauptsächlich in den protestantischen Gebieten Europas und unter protestantischen Minderheiten in katholischen Ländern entwickelt. Ökonomische Akkumulation wurde in diesen kulturellen Kontexten nicht länger verachtet. Im Gegenteil, sie war als Beweis für die Gunst Gottes sehr anerkannt: jenen, die Gott auserwählt hatte, verhalf er zu Reichtum. Eine außergewöhnliche ökonomische Dynamik im protestantischen Europa, die dessen Regionen stark vom katholischen Europa entfernte, war die Folge."
[293] Vgl. Langewiesche, Dieter: Vom Gebildeten zum Bildungsbürger? Umrisse eines katholischen Bildungsbürgertums im wilheminischen Deutschland, in: Huber, Martin / Lauer, Gerhard (Hg.): Bildung und Konfession. Politik, Religion und literarische Identitätsbildung 1850-1918, Tübingen 1996, 107-132.

lierten und anwachsenden katholischen Korporationen[294], die sich in drei Verbänden[295] organisierten, wurden zum markantesten Ausdruck des Bemühens gegen antikatholische Vorurteile im aufgeklärt-protestantischen Bildungsbürgertum, katholischen Glauben und Milieuzugehörigkeit mit nationalem Bewusstsein und aufgeklärter Wissenschaftlichkeit zu verbinden.[296]
Wenn einerseits ein Zugang, oder besser gesagt: Aufstieg, von katholischen Gebildeten in das Bildungsbürgertum, insbesondere in Gestalt von Professuren, durch den Klerus gefördert wurde (etwa in einer massiven Unterstützung des „Akademischen Bonifatius-Vereins" als ein katholisches Netzwerk im akademischen Bereich), so erfuhr andererseits der Klerus in seinem Streben um gesellschaftliche Anerkennung und einen Aufstieg in bürgerliche Gesellschaftsschichten Unterstützung seitens der Gläubigen.
Neben der Pfarrkirche etablierte sich so zunehmend das Pfarrhaus nicht nur als Statussymbol des Pfarrers, sondern auch der Pfarrgemeinde. Wo es einen herrschaftlichen Eindruck erweckte, spiegelte es den Bedeutungsanspruch der Gemeinde wider, die sich eines gesellschaftlich angesehenen Pfarrers versichern konnte. Die zunehmende Verschiebung der Zuständigkeit für das Pfarrhaus von der Gemeinde zur Bistumsverwaltung, in Deutschland insbesondere nach dem Zweiten Weltkrieg, dezimierte diese hohe Identifikation der Gemeinden mit dem Pfarrhaus vielerorts. Der Eindruck einer Filiale des Bistums und damit als dessen Repräsentanz konnte entstehen.
Das Pfarrhaus als Repräsentationsbau stellte somit vor allem in der Pianischen Epoche eine Art konfessionellen Strebens nach Anerkennung außerhalb des Milieus und standesgemäß-klerikalen Strebens nach Anerkennung innerhalb des Milieus dar. Insofern kann das Konzept des Sozialphilosophen Axel Honneth[297] für ein Gesellschaftsmodell, das auf dem Kampf Einzelner um Anerkennung als Identitätsbildung aufbaut, hier seine Parallele in der Identitätssuche des Katholizismus in der Pianischen Epoche finden. Eine

---

[294] Vgl. zur Bedeutung der katholischen Korporationen für die beginnende Hochschulpastoral und ihre kirchenrechtliche Einordnung in diese: Hallermann, Heribert: Präsenz der Kirche an der Hochschule. Eine kirchenrechtliche Untersuchung zur Verfassung und zum pastoralen Auftrag der katholischen Hochschulgemeinden in Geschichte und Gegenwart, München 1996, 62-64.
[295] Hierzu zählten der „Cartellverband der katholischen deutschen Studentenverbindungen" (CV), der „Kartellverband der katholischen deutschen Studentenvereine" (KV) und der „Unitas-Verband" (UV), deren Kennzeichen neben dem Bemühen um eine Verbindung von nationalem und katholischem Bewusstsein auch der Verzicht auf Duell und Mensur war. Allerdings zeigt das Beispiel Münsters, wie konfliktreich das konfessionelle Bemühen um das Bildungsbürgertum zwischen einem katholischen Studentenverein und einer Verschärfung der neuscholastischen Priesterausbildung mit Konviktzwang verlaufen konnte. Vgl. Schulte-Umberg: Profession und Charisma, 375-385.
[296] Dowe, Christopher: Auch Bildungsbürger. Katholische Studierende und Akademiker im Kaiserreich, Göttingen 2006.
[297] Honneth, Axel: Kampf um Anerkennung. Zur moralischen Grammatik sozialer Konflikte, Frankfurt am Main 1992.

Fortsetzung dieses Kampfes mittels des Pfarrhauses findet sich aufgrund einer abnehmenden beruflichen und ständischen Anerkennung im 20. Jahrhundert in einem beständigen Verweisen auf die berufliche Belastung katholischer Pfarrer. Gerade der für die soziale Identität bedeutsame Faktor Arbeit ist in der postmodernen Gesellschaft nach wie vor von hoher Bedeutung:

> „Soziale Identität, also eine Identität als Bürger einer Gesellschaft, entwickelt sich nur dann, wenn in irgendeiner Weise Erfahrungen des sozialen Beitrags erlebt werden können."[298]

Diese Beiträge werden insbesondere in der Zeit nach dem Zweiten Vatikanischen Konzil zunehmend in anderen Bereichen gesucht und etwa durch den Hinweis auf die Arbeitsleistung von Seelsorgerinnen und Seelsorgern zu erbringen versucht.

3.2.5 Das „offene Pfarrhaus"

Gerade in der Funktion des Pfarrhauses als Repräsentationsbau seiner BewohnerInnen und Statussymbol ganzer Gemeinden wird zugleich das enorme Maß seiner öffentlichen Wahrnehmung erkennbar, das besondere Herausforderungen hinsichtlich der Bestimmung von Privatbereichen für seine BewohnerInnen und deren Bezug zur öffentlichen Bedeutung[299] nach sich zieht. Das bereits erläuterte Interesse am Privatbereich der Priester[300] und anderer PfarrhausbewohnerInnen ruft jedoch bei den Betroffenen teilweise gegensätzliche Reaktionen hervor. Finden sich somit bis in die Gegenwart Pfarrhauskonzeptionen, die auf einer rigiden Praxis der Verschlossenheit und Zurückgezogenheit aufbauen, so entstehen gerade in der zweiten Hälfte des 20. Jahrhunderts alternative Pfarrhauskonzeptionen.

Die Aufmerksamkeit für den privaten Lebensbereich versuchte seit den 1970er-Jahren eine beachtliche Zahl von Pfarrern zunehmend durch einen

---

[298] Honneth, Axel, zitiert nach: Pongs, Armin: In welcher Gesellschaft leben wir eigentlich? Gesellschaftskonzepte im Vergleich, Bd. 2, München 2000, 99.

[299] Prost, Antoine: Grenzen und Zonen des Privaten, in: Prost, Antoine / Vincent, Gèrard (Hg.): Geschichte des privaten Lebens, Bd. 5, Vom Ersten Weltkrieg zur Gegenwart, Frankfurt a. M. 1993, 15-151, 113.

[300] Sehr polemisch zeigt Hubertus Mynarek die kirchliche Bedeutung dieses Interesses am Privatleben der Priester auf. Mynarek: Eros und Klerus, 15.: „Kann es im Sinne Jesu sein, wenn die Priester unter einer ständig empfundenen doppelten Bewachung leben, der durch die kirchlichen Vorgesetzten und spionierende ‚Mitbrüder' und der durch das ‚gläubige Volk', das gerade wegen der Freiheiten, die es im Sexuellen heute mehr denn je für sich in Anspruch nimmt, danach lechzt, aufzuschauen zu einem absolut Enthaltsamen, einem Aloysius-Typ, der über allem Irdischen schwebt und die Übertretungen seiner Gemeinde als geheiligter Sündenbock auf sich nimmt und vor Gott hinträgt? Beide Bewachergruppen verursachen eine ständige unterbewusste Angst in den unter dem Zölibatsgesetz Stehenden, die sie zur krampfhaften, unnatürlichen Verdrängung alles dessen aufpeitscht, was in irgendeinem Zusammenhang mit der erotischen oder der sexuellen Sphäre steht."

produktiven Umgang mit ihr für die pastorale Arbeit zu nutzen. Ausgehend von der Jugendarbeit von Kaplänen vollzieht sich in der Folgezeit des Zweiten Vatikanischen Konzils die Öffnung vieler Pfarrhäuser für eine Vielzahl von Gemeindeaktivitäten, vor allem als Jugendraum und geschätzter Freiraum für Teenager außerhalb der Reglementierung des Elternhauses, wie ein Erfahrungsbericht schildert:

> „Die Pfadfinder hängen noch an meinem Vorgänger, der oft ‚heimlich' in die Gemeinde kommt, die Mädchen ‚halten' zu mir, so finde ich auch den Weg zu den Jungen. Ich bewohne ein Haus für mich, das Haus ist Tag und Nacht offen, und viele, sehr viele kommen, suchen Rat, es ist vor allem Liebeskummer, der sie bewegt."[301]

Das „offene Pfarrhaus" entsteht als eine Form insbesondere des priesterlichen Lebensstils[302], der sich mehr oder weniger bewusst gegen eine Abgrenzung des Privaten wendet. Gemeindemitglieder gehen nicht nur in den offiziellen Gemeinderäumen ein und aus, sondern auch in den privaten Wohnräumen des Pfarrers. Der Mittagstisch versammelt nicht nur hauptamtliche Mitarbeiterinnen und Mitarbeiter, sondern Jugendliche der Gemeinde, Ehrenamtliche und manche Hilfesuchende. Der weitgehende Verlust der früheren „Pfarrhausfamilie" wird hier durch eine neue, sehr lockere und unverbindliche Form des Zusammenlebens ersetzt. Damit wird nicht nur dem privaten Lebensbereich des Priesters und anderer Pfarrhausbewohner und -bewohnerinnen der Nimbus des Geheimen genommen, er gerät vielmehr zum Mittel der Glaubensverkündigung: Der Pfarrer wird in der Gesamtheit seiner Existenz für Außenstehende erlebbar und seine Authentizität überprüfbar. Die priesterliche Existenz wird hier, wie in nur wenigen Zeiten zuvor, zur Ganzhingabe – weniger an die Kirche als Ganze, als vielmehr an die konkrete Ortsgemeinde. Der Pfarrer ist immer zu erreichen, jederzeit zu stören und unterstreicht in möglichst vielen Bereichen, dass er sich an der Seite der Gemeindemitglieder sieht. Kennzeichen dieses Pfarrhauslebens scheint ein ständiges Bestreben zu sein, keinerlei Kontrast zwischen PfarrhausbewohnerInnen und Gemeindemitgliedern entstehen zu lassen und gerade durch ein so bewirktes gemeinsames, geteiltes Leben eine Grundlage für seelsorgliches Arbeiten zu schaffen. Ein Paradoxon des „offenen Pfarrhauses" liegt jedoch gerade im Verhältnis zur Gesellschaft, zu der es die Beziehung ermöglichen soll: Es ist in seiner Offenheit, seiner Transparenz und Ungeschütztheit völlig untypisch für die Abgrenzung der privaten Lebensbereiche des Großteils der Gesellschaft in der Postmoderne. Aus dem

---

[301] Joachim, Rainer: Rausgehen, um drinnenzubleiben, in: Marz, Bernd (Hg.): Alles für Gott? Priester sein zwischen Anspruch und Wirklichkeit, Düsseldorf 1990, 98-108, 102.
[302] Teile des „offenen Pfarrhauses" finden sich vereinzelt jedoch auch bei anderen pastoralen Berufsgruppen, von denen Pfarrhäuser oftmals zusammen mit Familien bewohnt werden. Der Schutz des Privaten erfolgt hier oftmals erst als Schutz der Familie.

„offenen Pfarrhaus" folgt also jene Kontrastierung der priesterlichen Existenz, die es eigentlich zu überwinden suchte.

Neben diesem Paradox ergibt sich für den Pfarrer im „offenen Pfarrhaus" nicht nur eine ihn von der Umwelt deutlich unterscheidende Lebensweise. Auch sein pastorales Arbeiten als Gemeindeleiter wird auf diese Weise neu geprägt, jedoch weniger herrschaftsfrei, als dies intendiert gewesen sein mag. Das „offene Pfarrhaus" wird in besonderer Weise zum Mittelpunkt der Gemeinde, in dem nicht nur der Gemeindeleiter lebt und die Verwaltung der Gemeinde ihren Sitz hat. Mit dem „offenen Pfarrhaus" wird dieser Ort auch zum Lebensmittelpunkt der Gemeinde, in der ein Lebensstil geprägt wird, der von besonderer Vitalität und Offenheit, Kommunikationsfähigkeit und Spontanität gekennzeichnet ist. Der daraus resultierende Wissensvorsprung der PfarrhausbewohnerInnen wird so zu einem der wichtigsten Kennzeichen und manifestiert unterschwellig ein Machtgefüge, dem eigentlich gerade seine Geltung genommen werden sollte.

Das weitgehend negative – und deshalb problematische - Verständnis von Macht und eine generelle Kritik an allen Machtstrukturen in der Kirche, die nicht nur dem Evangelium, sondern auch dem demokratischen Geist des II. Vatikanischen Konzils widersprächen, kennzeichnet oftmals die Protagonisten des „offenen Pfarrhauses"[303]. Wo das Pfarrhaus jedoch aufgrund seiner offenen Neuausrichtung in den Gemeindemittelpunkt rückt, offenbart dies alternative Machtstrukturen. Am offenkundigsten ist dies bei der Jugendarbeit im „offenen Pfarrhaus" zu beobachten: Je mehr Jugendliche große Teile ihrer Freizeit an diesem Ort verbringen, ihn als Jugendtreff und damit positiv als Alternative zum Elternhaus erfahren, wächst der Wissensvorsprung des Priesters gegenüber den Eltern. Er weiß mehr über die Freundeskreise, erste Beziehungen, Sorgen und Formen der Freizeitgestaltung als sie und erfährt deshalb nicht selten den Argwohn der Elterngeneration, die sich ihrerseits ausgegrenzt sieht.

Das mag einer der Gründe sein, weshalb die Ansätze des „offenen Pfarrhauses" in den 1970er- und 1980er-Jahren nur in wenigen Ausnahmefällen, vor allem wenn ein Priester nicht versetzt wurde und lange Zeit an einem Ort das Pfarrhausleben gestalten konnte, durchgehalten wurde. In den meisten Fällen fand dieser Lebensstil mit der Versetzung des Pfarrers ein Ende und zwar sowohl im Lebensstil des Pfarrers, als auch in seinem früheren Pfarrhaus, in dem nun sein Nachfolger lebte. Situationen, wie sie in der Einleitung geschildert wurden, stellen schmerzhafte Erfahrungen für Priester und Gemeinden dar und führen zu dem Eingeständnis, mit einem deratig „offenen

---

[303] Vgl. Klostermann, Franz-Xaver: Kirche begreifen. Analysen und Thesen zur gesellschaftlichen Verfassung des Christentums, Freiburg 1973, 139: „Quelle aller ‚Macht' und Autorität in der Kirche ist Gott. Darum kann es in ihr gar keine Autonomie, sondern nur Theonomie und Christonomie geben. Man sollte also statt von ‚Macht' besser von Bevollmächtigung und ‚Vollmacht' sprechen."

Pfarrhaus" und der daraus entstehenden Lebensweise im gesellschaftlichen Kontrast überfordert zu sein. Die Beobachtung, dass junge Kapläne ebenso große Freude an ihrer ersten eigenen Wohnung und deren Gestaltung haben wie ihre Altersgenossen, ohne diese zu einem Gemeinderaum umfunktionieren zu wollen, mag banal klingen. Sie ist jedoch ein Indiz für die Wiederentdeckung des Privaten im Pfarrhaus.

3.2.6 Das Pfarrhaus als sozial-pastoraler und politischer Ort

Der Verbindung von (Pfarr-)Gemeinde und Caritas ist in der zweiten Hälfte des 20. Jahrhunderts zunehmend pastoraltheologische und caritaswissenschaftliche Thematisierung zuteil geworden.[304] Im Rahmen der Gemeindetheologie des 20. Jahrhunderts erfuhr die Diakonia als komplementäres Element der gemeindlichen Grunddienste eine ekklesiologische Aufwertung.[305] Ungeachtet ihrer definitorischen Unschärfen[306] wurden Martyria, Liturgia und Diakonia in Erweiterung um die Koinonia als Grundvollzüge der Pastoral[307] manifestiert.

Die vor allem im 19. Jahrhundert zunehmende Institutionalisierung der karitativen Dienste[308] insbesondere durch Ordensgemeinschaften fand dabei im 20. Jahrhundert ihre Fortsetzung in der Delegation vieler Aufgabenbereiche an Diözesan-, Stadt- und Dekanatscaritasverbände.[309] So wurden in vielen deutschen Diözesen aufgrund administrativer Überlegungen und zur Standardisierung und Qualitätssicherung karitative Einrichtungen, wie etwa Alten- und Pflegeheime oder Kindertagesstätten, aus einer pfarrgemeindlichen Trägerschaft in die Trägerschaft von Caritasverbänden überführt und

---

[304] Vgl. Völkl, Richard: Theologische Überlegungen zur Caritas der Gemeinde, in: Nordhues, Paul / Becker, Joseph / Bormann, Paul (Hg.): Handbuch der Caritasarbeit. Beiträge zur Theologie, Pastoral und Geschichte der Caritas mit Überblick über die Dienste in Gemeinde und Verband, Paderborn 1986, 57-67.

[305] Vgl. Nordhues, Paul: Empfehlungen der Deutschen Bischofskonferenz und der Kommission für gesellschaftliche und caritative Fragen zur Caritasarbeit in der Gemeinde, in: Ders. / Becker, Joseph / Bormann, Paul (Hg.): Handbuch der Caritasarbeit. Beiträge zur Theologie, Pastoral und Geschichte der Caritas mit Überblick über die Dienste in Gemeinde und Verband, Paderborn 1986, 209-212.

[306] Vgl. zur Diskussion um die Definition der Grundvollzüge der Pastoral zuletzt: Haslinger, Herbert: Wie grundlegend sind die Grundvollzüge? Zur Notwendigkeit einer pastoraltheologischen Formel, LS 57 (2006), 76-82.

[307] Vgl. Karrer, Leo: Grundvollzüge christlicher Praxis, in: Haslinger, Herbert (Hg.): Handbuch Praktische Theologie. Durchführungen, Bd. 2, Mainz 2000, 379-395.

[308] Aschoff, Hans-Georg: Von der Armen zur Wohlfahrtspflege. Anfänge staatlicher Sozialgesetzgebung. Die Kirche im Kontext unterschiedlicher Sozialhelfer, in: Gatz, Erwin (Hg.): Caritas und soziale Dienste. Geschichte des kirchlichen Lebens in den deutschsprachigen Ländern seit dem Ende des 18. Jahrhunderts, Bd. 5, Freiburg i. B. 1997, 71-90.

[309] Kaiser, Jochen-Christoph: Katholischer Neuaufbruch im Kaiserreich – Zur Gründung des Deutschen Caritasverbandes, in: Caritas. Zeitschrift für Caritasarbeit und Caritaswissenschaft 99 (1998), 8-15.

damit oftmals weiter professionalisiert. Die Einbindung der verbandlichen Caritas in den Sozialstaat deckt ihre große kirchliche und gesellschaftliche Bedeutung in Form von horizontalen und vertikalen „Vermittlungsleistungen"[310] auf.

Zugleich erfährt die Aufgabendefinition von Pfarrern gerade auch in der zweiten Hälfte des 19. Jahrhunderts eine deutlich caritative Ausrichtung auf die Armenfürsorge[311] und entspricht darin in weiten Teilen dem priesterlichen Selbstverständnis von Pfarrern. So ergibt sich jedoch eine zunehmende Diskrepanz zwischen verbandlich institutionalisierter Caritas als Wohlfahrtsträgerin sozialer Einrichtungen und dem caritativen Problembewusstsein und Engagement von Pfarrgemeinden, Pfarrern und Pastoral- und GemeindereferentInnen, die in ihren Konsequenzen durchaus wahrgenommen wird:

> „In unserer Zeit der vielfältigen Caritasorganisation wächst die Gefahr, daß der Abstand zwischen Helfer und Hilfsbedürftigen zu groß und die Beziehung zu unpersönlich wird. Demgegenüber mag es nützen, daran zu erinnern, daß die Urzelle christlicher Liebestätigkeit die Pfarrei ist und der Pfarrer zugleich Armenvater seiner Gemeinde sein soll."[312]

Hier findet ein Ideal seinen Ausdruck, dessen Realisierung nicht nur durch die starke institutionelle Struktur der kirchlichen Caritas, sondern darüber hinaus gerade auch durch die vielfältigen anderen Aufgabengebiete der Gemeindeseelsorgerinnen und -seelsorger Grenzen gesetzt sind. Wie wenig eine Wahrnehmung der pfarrgemeindlichen Caritasarbeit und auch der caritativen Arbeit der Pfarrer seitens der Caritasverbände lange Zeit stattfand, zeigt die Veröffentlichung der „Caritas-Armutsuntersuchung", die die Arbeit von Pfarrern als Kontaktstelle für persönliche Probleme unter dem sehr breit gefassten Titel „andere professionelle Helfer" einordnet[313], obwohl diese Gruppe fast ebenso häufig kontaktiert wird, wie die Einrichtungen der Caritas insgesamt. Diese offensichtliche Schwäche einer groß angelegten Studie kann als Ausdruck einer Unterschätzung des Pfarrhauses als Kontaktfläche für soziale Bedürfnisse seitens des Deutschen Caritasverbandes und anderer Sozialverbände gewertet werden.

Die Krise vieler caritativer Einrichtungen, die vor allem in einem defizitären christlich-kirchlichen Profil begründet erscheint[314] und nach Konsequenzen

---

[310] Gabriel: Caritas und Sozialstaat, 39.
[311] Scheuermann, Audomar: Pfarrei und Caritas. Zur Geschichte und Ordnung der pfarramtlichen Liebestätigkeit, in: Nordhues, Paul / Becker, Joseph / Bormann, Paul (Hg.): Handbuch der Caritasarbeit. Beiträge zur Theologie, Pastoral und Geschichte der Caritas mit Überblick über die Dienste in Gemeinde und Verband, Paderborn 1986, 159-167, 163.
[312] Scheuermann: Pfarrei, 165.
[313] Hauser, Richard / Hübinger, Werner: Ergebnisse und Konsequenzen der Caritas-Armutsuntersuchung, in: Deutscher Caritasverband (Hg.): Arme unter uns. Teil 1: Ergebnisse und Konsequenzen der Caritas-Armutsuntersuchung, Freiburg i. B. 1993, 387-392.
[314] Vgl. Kamphaus, Franz: Pfarrei und caritative Institutionen, in: Nordhues, Paul / Becker, Joseph / Bormann, Paul (Hg.): Handbuch der Caritasarbeit. Beiträge zur Theologie, Pastoral

gesellschaftlicher und kirchlicher Wandlungsprozesse in der Postmoderne auch für karitative Einrichtungen fragen lässt[315], findet darüber hinaus oftmals ihr Gegenüber in einer Krise der pfarrgemeindlichen Caritas, in der mancherorts das Bewusstsein für soziale Belange kaum ausgeprägt erscheint und Caritasausschüsse von Pfarrgemeinderäten nur wenig Rückhalt in der Gemeinde haben.

So bleibt in vielen Fällen (vor allem in Städten) die Pfarrhaustür als Anlaufstelle von Hilfsbedürftigen, vor allem von Obdachlosen, das einzig verbleibende rein karitative Engagement von Seelsorgerinnen und Seelsorgern in der Pfarrseelsorge und verweist auf das Pfarrhaus und Pfarrbüro als karitativen Ort:

> „Zu den Orten der Caritas gehört schließlich ein Raum, der für viele nicht mit diakonalem Handeln in Verbindung gebracht wird, aber der dennoch Anlaufstelle und Zufluchtsort ist: das Pfarrbüro."[316]

Wenngleich sich karitative Tätigkeiten mit anderen seelsorglichen Hilfeleistungen vermischen, dürfte jedoch gerade die „Pfarrhaustür"[317] im Rahmen der „Passantenpastoral" als unterschätzter, wenn auch umstrittener[318] Beitrag zur kirchlichen Caritas gelten. Das Pfarrhaus stellt für Notlagen unterschiedlicher Formen in den Städten oftmals eine Erstanlaufstelle für Menschen dar, die durch eine gute Kenntnis lokaler sozialer Angebote zumindest zielgerichtet weitergeleitet werden können.

Die profiliert soziale Ausrichtung des Pfarrhauses entspricht dabei durchaus seiner geschichtlichen Funktion und seiner historischen Bedeutung im gesellschaftlichen Umfeld. Das Pfarrhaus als geschichtlich oftmals letzte Möglichkeit, uneheliche Kinder auszusetzen beziehungsweise in die weitere Pflege einer kirchlichen Einrichtung zu geben[319], ist in dieser Hinsicht,

---

und Geschichte der Caritas mit Überblick über die Dienste in Gemeinde und Verband, Paderborn 1986, 252-253, 252: „Haben wir noch die Kraft, unsere Institutionen christlich zu prägen? Ein kirchliches Haus gewinnt sein Profil nicht allein von der Heiligenfigur an der Fassade und den ordnungsgemäßen Papieren der Mitarbeiter."

[315] Gabriel: Caritas und Sozialstaat, 32-34.

[316] Kleymann, Siegfried: O Seligkeit, getauft zu sein? Vom Glaubenszeugnis einer Ortsgemeinde, Münster 2005, 152.

[317] Vgl. Sturzenegger, Walter: Nothilfe unter der Pfarrhaustür, Tages-Anzeiger, Zürich 23.12.2003.

[318] Vgl. Huber, Martin: Bettler bringen Pfarrer ins Dilemma, Tages-Anzeiger, Zürich 08.05.2006: „Aus fachlicher Sicht sind Almosen an der Pfarrhaustür nicht unumstritten - weil sie modernen Erkenntnissen der Sozialarbeit widersprechen, wie Caritas-Sprecher Stefan Stolle sagt. Mit dem Verteilen von Almosen sei dem Armen auf lange Sicht nicht gedient. Besser wäre es, sich Zeit zu nehmen, mit den Leuten ihre Situation zu analysieren und zu schauen, wie sie wieder auf eigenen Beinen stehen können."

[319] Vgl. Denzler: Die verbotene Lust, 213: „Statt Sympathie und Unterstützung erfuhren die ledigen Mütter und unehelichen Kinder von seiten der Kirche gewöhnlich nur Geringschätzung und Benachteiligung. Es ist darum nicht verwunderlich, wenn ungezählte Frauen ihr illegitimes Kind aus Angst vor Schande und Strafe aussetzten. Solche Kinder lagen oft vor

gemeinsam mit Klöstern und Hospitälern ein Vorläufer moderner „Babyklappen".[320]

Erst in den 1980er-Jahren begann ein neuer Schwerpunkt sozialer Arbeit, die ihren Mittelpunkt im Pfarrhaus hatte: die Betreuung von Asylbewerberinnen und -bewerbern. Unter dem Titel „Kirchenasyl"[321] entstand hier ein soziales Engagement von Gemeindemitgliedern, Pfarrern und Pastoral- und GemeindereferentInnen für bereits im staatlichen Asylverfahren abgelehnte AsylbewerberInnen.

Nicht selten war und ist dieser „Sakralschutz" durch eine Kirchengemeinde kurzzeitig und in Phasen der Eskalation wortwörtlich mit dem Kirchenbau verbunden, rückt in seinem Verlauf jedoch meist das Pfarrhaus in das Zentrum der Aufmerksamkeit[322], das dadurch oftmals bis in die 1990er-Jahre in eine Oppositionshaltung gegenüber rigorosen staatlichen Gesetzen und Regelungen gedrängt wurde, die freilich im protestantischen Bereich ausgeprägter war. In der Strittigkeit, ob dem Pfarrhaus (und auch Gemeindehaus) ebenso wie dem Kirchbau das (ungesetzliche) Recht des Kirchenasyls zukommt, weil es mit diesem auf einem Kirchengrundstück steht, offenbart eine in der Moderne stark gewandelte Wahrnehmung des Pfarrhauses. Sein einstmals sakraler Charakter kann hier kaum noch zur Geltung gebracht werden, es erscheint rechtlich meist als normales Wohnhaus, dem kein besonderer „Sakralschutz" mehr zugestanden wird. Dass dieser „Sakralschutz" dennoch in vielen Fällen gewährt wird, kann als Indiz für eine schwer fassbare Bedeutung des Pfarrhauses als Autorität und „Heiliger Ort" interpretiert werden.

Auf entsprechende Skepsis oder Ablehnung stoßen Bemühungen einzelner Gemeinden um Kirchenasyl in großen Bevölkerungsteilen und staatlichen Institutionen:

> „Somit wirkt ‚Kirchenasyl' tatsächlich als Affront gegen den Rechtsstaat, zumal der durchaus aufrichtig gemeinte Anspruch, Unrecht zu beseitigen und Flüchtlingen zu ihrem Recht zu verhelfen, ins Leere geht, da das geltende Asylverfahren kein Unrecht darstellt und der Rechtsweg in jedem Fall ausgeschöpft wurde und auch in Zukunft ausgeschöpft werden kann."[323]

---

der Tür der Kirche oder vor dem Pfarrhaus, weil die verzweifelten Mütter von Geistlichen noch am ehesten Hilfe erwarteten. Einzelne Gemeinden richteten Findelhäuser ein, in denen die ausgesetzten Kinder wie in einem Heim aufgezogen wurden."

[320] Dieses im Mittelalter entstandene Sozialwesen kann jedoch nicht darüber hinweg sehen lassen, dass der kirchliche Einfluss auf die gesellschaftlichen Moralvorstellungen für die Notlagen der ledigen Mütter und unehelichen Kinder selbst mitverantwortlich war.

[321] Vgl. Nagel, Ernst Josef: Flüchtlinge und „Kirchenasyl", Stuttgart-Berlin-Köln 1995.

[322] Morgenstern, Matthias: Kirchenasyl in der Bundesrepublik Deutschland. Historische Entwicklung, aktuelle Situation, internationaler Vergleich, Wiesbaden 2003, 141-146.

[323] Bell, Roland / Skibitzki, Frieder: „Kirchenasyl" - Affront gegen den Rechtsstaat?, Berlin 1998, 51.

Hier wird erkennbar, dass politische und caritative Ausrichtungen des Pfarrhauses vor allem dann, wenn sie zu einer starken öffentlichen Wahrnehmung führen, kaum akzeptiert werden. So sehr von den Kirchen insgesamt zunehmend ein Verzicht auf politische Einmischung erwartet wird, so gilt als Erwartung gegenüber dem Pfarrhaus ebenfalls eine möglichst weitgehende politische Neutralität.

Breite gesellschaftliche Akzeptanz findet der caritative Einsatz des Pfarrhauses, wo mit ihm Lücken der staatlichen Versorgung geschlossen werden. Wo jedoch der soziale Einsatz mit politischen Forderungen verbunden wird oder gar rechtliche Regelungen in Frage stellt, schwindet die Akzeptanz schnell. Statt sich auf derartige Verengungen des kirchlichen Bewusstseins einzulassen, gilt es immer wieder nach neuen „Updates"[324] der „Politischen Theologie"[325] in der Gegenwart zu suchen:

> „Wer nur auf den Einzelnen schaut und mit ‚christlichem Anarchismus' eine harmlose Hilflosigkeit gegenüber den Dynamiken der Gegenwart dokumentiert, reduziert Pastoral in ihrer Wirkung auf die Bearbeitung von Kontingenz am Einzelnen."[326]

Entscheidend für eine pastoraltheologische Annäherung oder gar Bewertung der sozial-karitativen Bedeutung des Pfarrhauses in der Gegenwart ist, angesichts der Diskussion um eine erneuerte Zuordnung von Pfarrei und Gemeinde und eine Neubestimmung der gemeindlichen Grundvollzüge, die Bedeutung der Diakonia für die Kirche selbst. Sie stellt gegenüber der Verkündigung[327] und besonders gegenüber der Liturgie und der Koinonia eine zweckfreie Außenrelation der Kirche und der Gemeinde dar, die für die Kirchenbildung nicht nur harmloses Beiwerk mit Alibifunktion, sondern konstitutives Element der Kirchenbildung in ihrem Verständnis seit dem II. Vatikanum (GS 45) ist, und bewahrt sie, sofern sie nicht nach innen umgepolt wird, vor einem „sanften Institutionalismus"[328].

---

[324] Schüßler, Michael: „Updates" für die Politische Theologie? Fundamentalpastorale Dekonstruktionen einer diskursiven Ruine, in: Bucher, Rainer / Krockauer, Rainer (Hg.): Pastoral und Politik. Erkundungen eines unausweichlichen Auftrags, Wien 2006, 22-38.
[325] Metz, Johann Baptist: Art. Politische Theologie, in: Rahner, Karl (Hg.): Herders Theologisches Taschenlexikon, Bd. 6, Freiburg-Basel-Wien 1973, 51-58.
[326] Schüßler: „Updates", 27.
[327] Vgl. Fuchs, Ottmar: Martyria und Diakonia: Identität christlicher Praxis, in: Haslinger, Herbert (Hg.): Handbuch Praktische Theologie. Grundlegungen, Bd.1, Mainz 1999, 178-197, 195: „So ist es keine christliche Theologie, von der Liebe Gottes zu reden, wenn sie nicht im Aggregatszustand der Zwischenmenschlichkeit und der entsprechenden Politik rekonstruiert wird."
[328] Bucher: Wider den sanften Institutionalismus, 65.

3.2.7 „Servicestelle Pfarramt"

Mit der zunehmenden Trennung von Staat und Kirche in den deutschsprachigen Ländern Europas im Verlauf des 19. Jahrhunderts lässt sich für die kircheninternen Strukturen eine Tendenz zu wachsender Bürokratisierung[329] beobachten. Diese Entwicklung findet ihren Niederschlag auf allen Hierarchieebenen und bedeutet für die Gemeindepriester als niedrigste Hierarchieebene zunächst vor allem einen Verlust an Einfluss und Eigenständigkeit. Die Einführung beziehungsweise der Ausbau der mittleren Hierarchieebene der Dechanten, als Kontrollinstanz der Bischöfe gegenüber den Pfarrern[330], sowie der Entzug der Anstellungsrechte für Kapläne und deren Ansiedlung bei der Bistumsleitung, sind nur zwei Beispiele für den Ausbau der diözesanen Verwaltungsapparate, die Generalvikariate beziehungsweise Bischöflichen Ordinariate, und die Zentralisierung von kirchlichen Zuständigkeiten mit entsprechender Schwächung eines kircheninternen Subsidiaritätsprinzips. Die bis in alle Lebensbereiche hineinreichende Kontrolle des Pfarrklerus zeigt nun mehr und mehr seine über das staatliche Beamtenverständnis hinausgehende Funktionalisierung, in dem er in regelmäßigen Visitationen detaillierte Rechenschaft über seine persönliche Lebensführung und die Gemeindeverwaltung zu geben hat. Sie wird somit zunehmend zu einer Amtsverwaltung, für die es exakte Vorgaben einzuhalten gilt:

> „Zentrales Merkmal der bürokratischen Formalisierung der kirchenamtlichen Sozialbeziehungen wird der ‚geistliche Geschäfts- und Kurialstil'; das Pfarrbüro wird sozusagen zum ‚kleinen Bruder' der bischöflichen und der römischen Kurie."[331]

Durch diese Reduzierung des Pfarramtes ergibt sich jedoch für das Pfarrhaus – hier zeigt sich die Ambivalenz der Entwicklung - auch ein Bedeutungs- und Autoritätszuwachs als Filiale der Weltkirche, durch die selbst der „hinterste Dorfpfarrer zum Platzhalter des Papstes und Inhaber göttlicher Autori-

---

[329] Vgl. Ebertz, Michael N.: Die Bürokratisierung der katholischen „Priesterkirche", in: Hoffmann, Paul (Hg.): Priesterkirche, Düsseldorf 1987, 132-163.

[330] Vgl. zum hierarchischen Kontrollmechanismus, z. B. in Bezug auf das Pressewesen: Blaschke: Kolonialisierung, 126: „Der Papst forderte absoluten Meinungsgehorsam von den Journalisten, die Bischöfe überwachten die Dechanten, diese die Priester und diese ihre Klientel." Durch die Visitationspflicht kommt den Dechanten gerade im 19. Jahrhundert eine besondere Rolle bei der Ermittlung gegen die Pfarrer zu, denen moralische Verfehlungen, insbesondere sexuelle Beziehungen, vorgeworfen wurden. Sah sich ein Dechant seinerseits selbst Vorwürfen ausgesetzt oder wurde sogar in einem kirchlichen Verfahren eines Fehlverhaltens überführt, konnte die Bestrafung ungleich härter ausfallen. Vgl. zum Fall von Dechant Josef Hoffmann im Jahr 1844: Bowman: Frauen und geweihte Männer, 255-256. „Die offiziellen kirchlichen Würdenträger behandelten Hoffmann deshalb so streng, weil er in der Erzdiözese sehr hohe Ämter ausgeübt hatte. Seine Verletzung des katholischen Moralkodex' wirkte möglicherweise für die Kirche ruf- und autoritätsschädigender als Vergehen einfacher Landpriester."

[331] Ebertz: Bürokratisierung, 154.

tät avancierte".³³² Dieser gibt seine stark reglementierte Einbindung in die Hierarchie der Priesterkirche in Gestalt einer formalisierten Seelsorge weiter, die sich zunehmend auf die Verwaltung von Kasualien und die moralische Überwachung der Gemeinde beschränkt. Am deutlichsten ist dies erkennbar in der Beichtpraxis, in der beide Hauptaspekte dieses Selbstverständnisses des Pfarramtes zusammen kommen. Ein weiterer Bedeutungszuwachs folgt aus der quasi-staatlichen Stellung des „Pfarr-Amtes" in einer Zeit, in der staatlichen Institutionen und Behörden ein hohes Ansehen zukommt, wie dies in der Folgezeit des Josephinismus für Österreich beobachtet werden kann. Das Ansehen des Pfarramtes als staatlicher Behörde wird dabei durch besondere Aufgabenzuweisungen an den Pfarrer, die an traditionelle Aufgaben anknüpfen konnten, noch verstärkt:

> „Neben seinem Priesteramt, das er nun dank seiner höheren Bildung kompetent versah und zu dem mehr und mehr auch die Aufsicht über die Volksschule gehörte, wurde er Repräsentant der Monarchie im Dorf. Ab 1667 führte er Tauf-, Heirats- und Sterberegister, und mit der Bestimmung von 1737, die Eintragungen doppelt anzufertigen, wurde die generelle Verbreitung dieser Register erwirkt. (…) Dank dieser doppelten Mission – politisch und religiös – konnte er die Ordnung in der Familie, deren Normen er festlegte, aus nächster Nähe beobachten."³³³

Der Pfarrer übernimmt als Amtsleiter staatliche Funktionen und erhält entsprechende Absicherungen als Beamter:

> „Sofern er als Pfarrer staatliche Funktionen übernehmen musste wie Schulaufsicht, Mitverwaltung des Kirchenvermögens, Führung der Standesbücher u. a., war er auch rechtlich den Staatsbeamten gleichgestellt. (…)"³³⁴

Weitere Entwicklungsschritte zu einem Verständnis des Pfarramtes als Dienstleister finden sich in der Großstadtseelsorge gegen Ende des 19. Jahrhunderts (vgl. Exkurs: Pastor Wilhelm Maxen – ein Beispiel beginnender Großstadtseelsorge). Die sozialen Probleme des Proletariats infolge der Industrialisierung und des rasanten städtischen Wachstums stellten sich hier zunehmend auch den Pfarreien als Herausforderung.³³⁵ Während bislang den städtischen Klöstern die Sorge um die Betreuung von Armen und Kranken zugefallen war, rückte dies Aufgabenfeld nun zunehmend in den Blick der Pfarrei und begann das Selbstverständnis des Pfarramtes zu wandeln.
Gerade die veränderte kirchliche Gestalt, die vor allem im 20. Jahrhundert zu einer starken Präferenz der charismatischen Herrschaft auf gemeindlicher

---

[332] Blaschke: Kolonialisierung, 101.
[333] **Fabre, Daniel: Die Familie. Privates Leben und Brauchtum im Widerstreit**, in: Ariès, Philippe / Chartier, Roger (Hg.): Geschichte des privaten Lebens, Bd. 3: Von der Renaissance zur Aufklärung, Frankfurt a. M. 1991, 535-571, 566.
[334] Olenhusen: Die Ultramontanisierung des Klerus, 47.
[335] Vgl. Mühlberg, Dietrich: Proletariat. Kultur und Lebensweise im 19. Jahrhundert, Wien-Köln-Graz 1986, 148-155.

Ebene führte, veränderte insbesondere deren Verhältnis zur außergemeindlichen Umwelt und bewirkte nicht selten eine Geringschätzung gegenüber „Kasualienfrommen" und Gemeindefernen. Es ist daher gerade vor dem Hintergrund einer zunehmend fragwürdigen Praxis der Gemeindetheologie nach deren Weiterentwicklung und konstruktivem Umgang mit dem selbstbestimmten Verhalten von Kirchenmitgliedern zu fragen:

> „Es wäre zweifellos denkbar, den noch keineswegs abgeschlossenen Trend der Gemeinden zu einem tankstellenhaft unterhaltenden Dienstleistungsbetrieb aufzugreifen und bewusst weiter voran zu treiben."[336]

Wenngleich dieser Ansatz von Lutz Hoffmann bereits in den 1970er-Jahren diagnostiziert wurde, verblieb er seiner Zeit entsprechend im Muster eines Industriebetriebes, in dessen Analogie er die Kirchengemeinden zunehmend sah. Wenn Michael Hochschild in seiner religionssoziologischen Analyse der Gegenwart eine „neue Religionsfreundlichkeit"[337] attestiert, macht er zugleich deren Verwurzelung in einer Protesthaltung gegenüber einer „alten Religionsfreundlichkeit" deutlich, der gegenüber eine „Verdachtshermeneutik der gesellschaftlichen Verfilzung in Anschlag gebracht wird"[338]. Die Identifikation der alten Religionsfreundlichkeit mit einem (staats-)kirchlich strukturierten und organisierten Christentum stößt heute demnach selbst bei Kirchenmitgliedern auf größtes Misstrauen. Dies wird bislang nur in Ansätzen wahrgenommen und erhält in manchmal unscheinbaren Dingen Relevanz. Die Bezeichnung des Pfarrbüros als „Pfarramt" oder gar als „Kanzlei" dürfte hier als Inbegriff jenes staatskirchlichen Ideals angesehen werden. Reste eines solchen verbeamteten Pfarramtsverständnisses finden sich bis in die Gegenwart hinein in die „Sakramenten-Verwaltung" (!), also dem Kern des kirchlichen Selbstvollzugs, dessen Verwahrung als einer Art Schatz dem zuständigen Ortspfarrer anvertraut zu sein scheint. Damit geriert sich der Pfarrer, aufgrund eines immer noch weit verbreiteten „Ritenmonopols"[339], nicht selten als Prüfinstanz darüber, wer in rechtmäßiger Weise an diesem Schatz partizipieren darf und wer nicht. Er setzt nicht selten den Preis für den Empfang eines Sakramentes in Form von Vorbereitungskursen, ehrenamtlichen Gemeindeengagements oder vorgeschriebenen Gottesdienstbesuchen fest. Die Problematik, zwischen Rigorismus und Laxheit ein richtiges

---

[336] Hoffmann, Lutz: Management und Gemeinde, in: Wössner, Jakobus (Hg.): Religion im Umbruch. Soziologische Beiträge zur Situation von Religion und Kirche in der gegenwärtigen Gesellschaft, Stuttgart 1972, 369-394, 387.
[337] Vgl. Hochschild, Michael: Religion in Bewegung. Zum Umbruch der katholischen Kirche in Deutschland, Münster 2001, 12-16.
[338] Hochschild: Religion in Bewegung, 14.
[339] Polak, Regina: Religion kehrt wieder. Handlungsoptionen in Kirche und Gesellschaft, Ostfildern 2006, 25.

Maß zu finden[340] und damit dem Selbstverständnis des Pfarramtes Ausdruck zu verleihen, stellt für viele Pfarrer eine der größten Herausforderungen[341] ihres Amtes dar.

> „Die zwei nahe- und bereitliegenden Reaktionsmechanismen jedenfalls, nämlich die erhobenen Handlungsintentionen und Handlungsinterpretationen entweder zu ‚taufen' und damit in die bestehenden Normalinterpretationen der kirchlichen Kasualien interpretatorisch einzuordnen, oder aber deren Träger zu ‚exkommunizieren' und ihnen die kirchlichen Handlungen zu verweigern, welcher Weg zwar seltener eingeschlagen, aber doch immer mal wieder versucht wird, diese beiden Straßengräben bestimmen zwar das gegenwärtige Bild kirchlichen Handelns angesichts des neuen Phänomens einer religiös ‚unbekannten Mehrheit', sie können aber nicht als kreative Antwort auf die Herausforderung dieses Phänomens betrachtet werden, im Gegenteil: sie reagieren zwar auf das Neue der Situation, aber sie reagieren nicht neu, sondern in den Mustern des Alten."[342]

Dabei wächst das Bewusstsein für eine Haltung interessierter Offenheit gegenüber allen Kirchenmitgliedern (statt nur gegenüber den gemeindeprägenden Gruppen!), wie auch BesucherInnen und Gästen auf fast allen pastoralen Gebieten bis hinein in die Liturgie mit „besucherfreundlichen Gottesdiensten"[343].

Mittlerweile dürfte gerade der gesellschaftliche (und vor allem wirtschaftliche) Wandel zu einer Dienstleistungsgesellschaft diese Vergleichspunkte zu einer veränderten kirchlich-gemeindlichen Situation profilierter erkennbar werden lassen, sodass die Ortsgemeinde zunehmend als religiöse „Dienstleistungsorganisation"[344] in Erscheinung tritt, deren Fixpunkt das „Pfarramt" als der Ort ist, an dem „Kasualienfromme"[345] (und nicht unbedingt kirchlich Distanzierte![346]) wie auch Gemeindemitglieder die kasualen Dienstleistun-

---

[340] Emeis, Dieter: Zwischen Ausverkauf und Rigorismus. Zur Krise der Sakramentenpastoral, Freiburg i. B.-Basel-Wien 1991.
[341] Hofer, Peter: Nachwerfen oder verweigern? Wider eine falsche Alternative, in: ThPQ 150 (2002), 133-142.
[342] Bucher: Die Entdeckung der Kasualienfrommen, 85.
[343] Wieh, Hermann: Besucherfreundliche Gottesdienste und eine erfolgreiche Katechumenatsbewegung. Amerikanische Anregungen für den deutschen Kirchenalltag, PBl 52 (2000), 291-304, 293 f.
[344] Ebertz, Michael N.: Kirche im Gegenwind. Zum Umbruch der religiösen Landschaft, Freiburg i. B.² 1998, 83-97.
[345] Först, Johannes: Die unbekannte Mehrheit. Sinn- und Handlungsorientierungen ‚kasualienfrommer' Christ/inn/en, in: Ders. / Kügler, Joachim (Hg.): Die unbekannte Mehrheit – Mit Taufe, Trauung und Bestattung durchs Leben? Eine empirische Untersuchung zur „Kasualienfrömmigkeit von KatholikInnen – Bericht und interdisziplinäre Auswertung, Berlin 2006, 13-53. Först wendet sich gegen die Interpretation von Urs Altermatt, die Zunahme der Gruppe der „Kasualienfrommen" bloß als eine „Rückkehr zur Normalität" zu verstehen und so möglicherweise das Besondere dieser Entwicklung in der Gegenwart zu übersehen. (Seite 50)
[346] Vgl. Mette, Norbert: Kirchlich distanzierte Christlichkeit. Eine Herausforderung für die praktische Kirchentheorie, München 1982. Mette stellt hier erstmals die berechtigte Frage,

gen, etwa für die – auch sakramentale – Gestaltung von Familienfeiern,[347] erbitten oder einfordern:

> „Eine Marginalisierung kirchlicher Angebote in der Konkurrenz der Möglichkeiten ist um so wahrscheinlicher, je weniger deren Bedeutung für die Lebensführung einsichtig wird. Es hat deshalb den Anschein, als ob heute weniger die individuelle Glaubwürdigkeit als die *gesellschaftliche Nützlichkeit* der Kirchen gefragt sei."[348]

Die angesichts derartiger Ansätze immer wieder beklagte Konsumentenhaltung, bei der diese Gemeinde- beziehungsweise Kirchenmitglieder kaum Bereitschaft zur Mitgestaltung und auch kaum aufgrund von Glaubensüberzeugungen die Nähe zur Kirche suchen[349], sondern die Erwartung einer möglichst professionellen Dienstleistung anbringen, drückt nur einen Teil des Phänomens aus, das jedoch in besonderer Weise für Seelsorger und Seelsorgerinnen in der Gemeindepastoral aufgrund der unterstellten „Tauschlogik"[350] und deren Differenz zu erwarteten Überzeugungen Frustererfahrungen hervorruft und immer wieder diskutiert wird.[351] Der Wandel in der Funktionsweise des „Pfarramtes" hin zur „Agentur für Religiöses" stellt dabei jedoch nur die Außenseite eines gewandelten Kirchenverständnisses dar:

> „Es wird eine Tendenz geben, hin zu einer Beteiligungskirche, die nicht mehr eng geschlossen ist, sondern offene, fließende Grenzen hat, unterschiedliche Formen der Mitgliedschaft: vorübergehende Teilhabe, auf der anderen Seite aber auch enge, ja lebenslängliche Verbindlichkeitsformen; es wird Schnupperriten, Annäherungsriten an das Christentum geben, keine Differenzierung nach ,Entweder-Oder-Kriterien'".[352]

So mag die Klage der Seelsorgerinnen und Seelsorger über eine Konsumentenhaltung von Kirchenmitgliedern tatsächlich allzu oft eine versteckte

---

wer eigentlich hier wem fern stehe und fragt nach der impliziten Kirchen- und Institutionskritik der sogenannten (!) Distanzierten.

[347] In einer Studie von Vera Bücker gaben im Jahr 2005 58,6% der befragten Kirchenmitglieder auf die Fragen, warum sie noch nicht aus der Kirche ausgetreten seien an, sie bräuchten sie zur feierlichen Gestaltung besonderer Feste. Vgl. Bücker: Niedergang der Volkskirchen, 82-83.

[348] Kaufmann: Wie überlebt das Christentum?, 131.

[349] Vgl. etwa zu den Motiven zum Kircheneintritt Erwachsener: Hartmann, Klaus / Pollack, Detlef: Motive zum Kircheneintritt in einer ostdeutschen Großstadt. Eine kirchensoziologische Studie. Abschlussbericht, Heidelberg 1997.

[350] Ebertz: Kirche im Gegenwind, 92.

[351] Vgl. Hofer: Nachwerfen oder Verweigern?, 142: „Die verschiedenartigsten Erwartungen werden an den Liturgen herangetragen, und **es fällt unendlich schwer**, deutlich zu sein, weil die Wünsche und Erwartungen so undeutlich sind. Aber es wäre schon viel gewonnen, wenn wir langsam lernten, immer genauer hinzuhören, was einer erzählen will und wonach er fragt."

[352] Ebertz, Michael N.: Schnupperkurse, Annäherungsriten: Wie die Kirche zum Menschen kommt. Interview, Badische Zeitung, 26.01.1999.

Klage über deren zunehmende Subjektwerdung sein, in der sich niemand durch die Erwartungshaltung eines Pfarrers seine Art der Einbindung in die Kirche oder gar in die Ortsgemeinde vorgeben lässt![353] Wo Menschen bereit sind, selbst die Nähe und Distanz zur Kirche und Gemeinde zu bestimmen[354], sind sie jedoch darin in jedem Fall zu bestärken, wenn sie nicht wieder zu reinen Objekten der Pastoral degradiert werden sollen. Gerade innerhalb dieser veränderten Rahmenbedingungen bieten sich stattdessen neue Möglichkeiten für seelsorgerische Angebote:

> „Eine Chance, diesen Prozess nicht nur zu erleben, sondern an manchen Stellen auch mitgestalten zu können, bietet sich den in der Kirche Verantwortlichen aber allemal: Denn mit ihren traditionellen Angeboten, an entscheidenden Übergängen im Leben rituelle Begleitung anbieten zu können, dürfte die Kirche in der Gesellschaft über eine Kompetenz verfügen, die weit mehr im Leben der Menschen verankert ist, als es der von außen auf die ‚Unbekannte Mehrheit' gerichtete Blick zunächst glauben macht."[355]

Eine breite Ausdifferenzierung kirchlicher Angebote, die eben nicht in jedem Fall auch gemeindliche Angebote sein müssen oder gar von jeder Ortsgemeinde vorgehalten, zu denen aber immer kompetent als „Verweisagentur" [356] weitervermittelt werden müsste, wird so einerseits zu einer Spiegelung gesellschaftlicher Pluralisierungstendenzen und andererseits zur volkskirchlichen Chance und Kriterium ihrer modernen Anschlussfähigkeit:

> „Das kirchliche Leben ist nicht mehr vor allem von den regelmäßig stattfindenden Gottesdiensten und Andachten und den ständischen Kreisen – vom Jugendkreis, über den Mütterkreis bis hin zum Altenkreis – geprägt. Angebote zur Pflege von Gemeinschaft und Geselligkeit wie Kirchentage und Gemeindefeste, bildungspolitische Angebote, wie sie etwa von den Akademien unterbreitet werden, Haus- und Familienkreise, kirchenmusikalische Veranstaltungen spielen im kirchlichen Leben seit Jahrzehnten eine zunehmende Rolle."[357]

Wenn dabei auch nach den Grenzen der Angebotspalette zu fragen ist, bleibt doch die Beobachtung, dass eine Orientierung an den Bedürfnissen unterschiedlicher Personengruppen und Milieus vielerorts längst eingesetzt hat

---

[353] Vgl. Mette: Einführung, 140. Mette folgt ganz diesem Verständnis des gemeinsamen Priestertums aller Gläubigen als Gemeindemitglieder, wonach gerade ein aktives Engagement in der Ortsgemeinde Ausdruck dieses Bewusstseins und seiner Würde sei: „Das gemeinsame Priestertum der Gläubigen kommt allerdings nicht nur im Mitwirken von ehrenamtlich sich einsetzenden Kirchenangehörigen zum Zuge, sondern kann auch in verschiedenen Aufgabenbereichen hauptamtlich wahrgenommen werden." Eine Realisierung des gemeinsamen Priestertums in Distanz zur Orts- und Pfarrgemeinde und ohne ausgeprägtes ehren- oder hauptamtliches Engagement scheint für Mette gar nicht vorstellbar.
[354] Vgl. Karrer: Orte, 155.
[355] Först: Die Unbekannte Mehrheit, 51.
[356] Bucher: Neuerfindung, 20.
[357] Pollak: Individualisierung auf dem religiösen Feld, 627.

und allenfalls an den Pfarrgemeinden vorbeigeht. Herbert Lindner hat den dabei beobachtbaren Tauschhandel (Kirchensteuer gegen Amtshandlungen) in seiner auch systemstabilisierenden Auswirkung betrachtet und erkennt darin Chancen:

> „Aber hat nicht eine Ortsgemeinde als ‚kundenorientierter und qualitativ hochstehender Dienstleistungsbetrieb' Chancen? Das Grundbild einer an den Bedürfnissen des Gegenübers orientierten Organisation muß nicht sofort negativ interpretiert werden. Ist das Mißtrauen gegenüber dem ‚bloßen' Konsum immer das letzte Wort? (...) In der Logik des ‚Konsums' stecken viele Varianten ...
> Und muß es dem Evangelium Kraft und Bedeutung nehmen, wenn es als ‚starkes Stück' angeboten wird, das seine kreative Wirkung beim ‚Gebrauch' schon zeigen wird?"[358]

Derartige positive Anknüpfungsversuche an die Strukturen einer modernen Dienstleistungsgesellschaft, in der die Kirche sich zu behaupten habe und ihr dies durchaus zugetraut werde, verändern nicht nur das Arbeiten in der Pfarrseelsorge. Gleichwohl haben sich derartige Ansätze gegenüber unterschiedlicher Kritik an der reinen „Konsumentenhaltung" von Kirchenmitgliedern zu behaupten und dies insbesondere aufgrund ihrer latenten Gefahr eines verstärkten Klerikalismus.

Die in der zweiten Hälfte des 20. Jahrhunderts in Verbindung mit dem üblichen Säkularismustheorem und dessen Fortführung überwiegend als „Entkirchlichung" beschriebene Krise der großen Kirchen bereitet nun auch der Funktion und Bedeutung des Pfarramtes einen radikalen Paradigmenwechsel. Die Kirche sieht sich zunehmend als eine Anbieterin auf einem unübersichtlich gewordenen „Markt des Religiösen" und findet sich damit der Herausforderung gegenübergestellt, das Profil ihrer Verkündigung und ihrer gesellschaftlichen Funktion zu schärfen. Das beinhaltet sowohl ein Überdenken der eigenen Verkündigungspraxis als auch ein offenes Suchen nach neuen Schwerpunktsetzungen aufgrund einer ehrlichen Realitätswahrnehmung bis hin zur Neuausrichtung des eigenen Missionsauftrages als einer „Pastoral mit Ausstrahlung"[359]. Hier offenbart sich die Chance zur Aufwertung der kirchlichen Angebote:

> „Das Vordringen von Tauschbeziehungen im kirchlichen Mitgliedsverhältnis wird zugleich zu einer kircheninternen Anfrage an die Qualität und Qualitätssicherung kirchlicher Dienstleistungen sowie an die vielfältigen sozialen und kulturellen Begrenztheiten und Beschränktheiten des kirchlichen Lebens, insbesondere des parochialen Gemeindelebens."[360]

---

[358] Lindner, Herbert: Kirche am Ort. Eine Gemeindetheorie, Stuttgart-Berlin-Köln 1994, 167.
[359] Vgl. Bucher, Rainer: Neuer Wein in alte Schläuche? Zum Innovationsbedarf einer missionarischen Kirche, in: Sellmann, Matthias (Hg.): Deutschland – Missionsland. Zur Überwindung eines pastoralen Tabus, Freiburg-Basel-Wien 2004, 249-282, 282.
[360] Ebertz: Kirche im Gegenwind, 94.

Michael Schramm stellt in seiner ökonomischen Betrachtung der kirchlichen Positionierung eine Nachfrage bei religiösen Inhalten und gerade jenen Riten fest, die keine besonderen Bindungsforderungen nach sich ziehen oder voraussetzen:

> „Möglicherweise sinkt der Bedarf nach solchen Lebenswenderiten, die mit normativen Verpflichtungen verbunden sind (Firmung, Trauung), während sich die reglementierungslosen Riten (Taufe, Beerdigung) relativ hoher Nachfrage erfreuen. Die Marktanalyse zeigt also eine relativ hohe Nachfrage nach ‚mobilen' oder ‚Instant'-Produkten."[361]

Freilich entsteht dieser Angebotscharakter bereits längst automatisch und eben nicht mehr nur zwischen der Ortsgemeinde und der sie umgebenden Gesellschaft, sondern auch innerhalb der Gemeinde selbst. Aufgrund einer zunehmend differenzierten kirchlichen Identität[362] und eines „Zustimmungsvorbehaltes" der Kirchenmitglieder wird der Angebots- und Dienstleistungscharakter ein auch der Gemeinde immanentes Merkmal. Er prägt fast all ihre Selbstvollzüge und das Arbeiten der Hauptamtlichen, insbesondere in ihrer gemeindeleitenden Funktion. Für die meisten der – neben caritativen Einrichtungen – pastoral und liturgisch geprägten Angebote der Kirche, die von einer großen Zahl von Kirchenmitgliedern in Anspruch genommen werden, stellt das Pfarrbüro beziehungsweise Pfarramt eine erste Kontaktfläche dar. Dies gilt einerseits für einen Teil der Kerngemeinde, aber durchaus auch für die „Kasualienfrommen".

Aufgrund der großen Bedeutung ästhetischer Vermittlung[363] von Inhalten ist somit im Rahmen einer stärkeren Profilierung kirchlicher Angebote als Reduzierung auf das kirchlich Spezifische und damit ein Verzicht auf ein Engagement in gesellschaftlichen Teilbereichen, in denen andere Organisationen kompetenter sind als die Kirche, nach Konsequenzen für die dann

---

[361] Schramm, Michael: Das Gottesunternehmen. Die katholische Kirche auf dem Religionsmarkt, Leipzig 2000, 32-33.

[362] Vgl. Garhammer, Erich: Der Gottesherrschaft Raum geben. Pastoraltheologie im Zeitalter der Individualisierung, in: Nauer, Doris / Bucher, Rainer / Weber, Franz (Hg.): Praktische Theologie. Bestandsaufnahme und Zukunftsperspektiven. FS Ottmar Fuchs, Stuttgart 2005, 77-82, 77: „Die Kirche hat nicht nur das Interpretationsmonopol in der Gesellschaft verloren, sie hat auch bei ihren eigenen Gläubigen dieses Monopol eingebüßt. Die Lizenz sich der Kirche gegenüber als selbstbestimmt zu verhalten, ist bei den Kirchenmitgliedern angekommen."

[363] Höhn, Hans-Jochim: Wiederkehr der Religion? Beobachtungen – Kritik – Plädoyer, in: Religion unterrichten 1 (2008), 6-8, 8: „Postsäkulare religiöse Suchbewegungen erwarten eine Sinnvergewisserung zunehmend ‚jenseits' von Dogma und Moral. Besonders nachgefragt werden Angebote zu Schulungen der religiösen Erfahrungsfähigkeit, welche zugleich die Sinnlichkeit von Mensch und Religion betonen. An die Stelle von Dogma und Moral tritt als Ausdrucksmedium das Ästhetische; religiöse Riten und Rituale werden in dem Maße geschätzt, wie sie bestimmte Wirkungen im religiösen Subjekt hervorrufen, die als heilsam, befreiend, bewusstseinserweiternd, erhebend etc. erlebt werden."

verbleibenden Angebote zu fragen. Auch hier sei noch einmal auf Michael Schramm verwiesen, der auf der Grundlage der ständigen Gefahr einer „ästhetischen Exkommunikation" großer Teile der Kirchenmitglieder eine „Pluralisierung des Designs des Religionsproduktes" fordert![364]

Mit Blick auf das Pfarramt als eine der verbliebenen Kontaktflächen zu jenen Teilen der Kirchenmitglieder, die fälschlich als „Kirchenfernstehende" tituliert werden, meist aber nur gemeindefern sind, und zugleich zu jenen Gläubigen, die eine starke Präsenz im Gemeindeleben ausmachen, ist zu fragen, ob es in dieser Funktion von den Verantwortlichen wahrgenommen wird. Möglicherweise ist das Pfarrhaus mit seinem Pfarrbüro eine grundsätzlich übersehene Chance. Wird es insbesondere ästhetisch so gestaltet, dass mit ihm zumindest keine Abschreckung jener Menschen geschieht, die dem gemeindlichen Ästhetikdiktat nicht entsprechen. So gilt es in Bezug auf recht unterschiedliche Personengruppen das Pfarrbüro als Kontaktstelle ernst und wahr zu nehmen. Ohne hier konkrete Hinweise auf mögliche Gestaltungsformen dieser Kontaktstelle geben zu wollen, sei auf die Signalwirkung einzelner Aspekte hingewiesen. So stellt die in der Überschrift dieses Kapitels bereits angedeutete Öffnungszeit eines Pfarrbüros eine deutliche Aussage darüber dar, wer als Zielgruppe erwartet wird. Eine Büroöffnungszeit an einem Werktag zwischen 10 und 12 Uhr signalisiert etwa eine deutliche Spezialisierung auf Menschen, die außerhalb einer fest vorgegebenen Arbeitszeitstruktur leben. Doch selbst dann, wenn man konstatiert, dass Rentner und Rentnerinnen ohnehin die größte Kundengruppe des Pfarrbüros darstellen, bleibt die Verwunderung, wie wenig auf deren Bedürfnisse eingegangen wird, etwa indem das Pfarrbüro im Anschluss an einen Werktagsgottesdienst oder im Vorfeld einer Seniorenveranstaltung geöffnet wird. Dies lässt nur den Schluss zu, dass selbst „Stammkunden" hier sträflich vernachlässigt werden. Eine Büroöffnungszeit nach einem Sonntagsgottesdienst oder in den Abendstunden eines Werktages würde hier wahrscheinlich ungewohnte Signale setzen. Allerdings wird hier auch deutlich, wie sehr das Dienstleistungsbewusstsein selbst bei staatlichen Behörden mittlerweile ausgeprägter ist als im „Pfarramt". Abendliche Öffnungs- und Sprechzeiten an mindestens einem Werktag sind etwa bei kommunalen Bürgerbüros und anderen Verwaltungseinrichtungen mittlerweile Standard.

Vermutet sei an dieser Stelle, dass dieser Zustand weniger aus einer überzogenen Beamtenmentalität von Pfarrern und anderen Mitarbeitenden geschieht, als vielmehr aus einer Unterschätzung des Pfarrhauses und Pfarrbüros als bewusst zu gestaltende kirchliche Kontaktfläche.[365] Hinsichtlich

---

[364] Schramm: Gottesunternehmen, 94.
[365] Diese tendenzielle Unterschätzung findet sich nicht nur in Bezug auf das Pfarrbüro, sondern in teilweise noch stärker ausgeprägter Form bei diözesanen Einrichtungen. Als Beispiel sei hier auf eine hochmoderne deutsche Diözesanbibliothek verwiesen, deren Kundenkreis hauptsächlich aus den hauptamtlichen MitarbeiterInnen eines Bistums besteht. Die

dieser neu zu entdeckenden Funktion als einer Kontaktstelle (neben anderen) zu Menschen ganz unterschiedlicher Milieus verkörpert auch das Pfarrhaus eine Chance, zu einer „Theologie im Zeichen der Zeit"[366] zu gelangen, wie es Auftrag des II. Vatikanischen Konzils ist. In diesem Wahrnehmungsmangel folgt die Pfarreiebene meist lediglich der diözesanen Verwaltung der Bischöflichen Ordinariate und anderer diözesaner Einrichtungen, denen eine entsprechende Orientierung an den Bedürfnissen der Pfarreiebene meist sehr fern ist.

Zur Beobachtung einer zunehmenden „Kundenorientierung" kirchlicher Einrichtungen gehört auch eine wachsende Sensibilität für die kirchliche Außenwirkung. Hier rücken insbesondere Kirchenmitglieder mit einer eher lockeren Bindung an die Orts- und Gottesdienstgemeinde in den Blick wie auch Nichtchristen. Mit einem seit den 90er-Jahren des 20. Jahrhunderts wieder anwachsenden missionarischen Bewusstsein ergibt sich in einzelnen Bereichen des Gemeindelebens wie auch der Bistümer die Frage nach deren Wirkung auf Außenstehende, insbesondere im Zusammenhang eines Erstkontaktes, der meist durch ästhetische Wahrnehmung bestimmt ist:

> „Während der vorherrschende Stil in Musik, Kunst und Liturgie für die einen geradezu identitätsstiftend wirkt, schließt sie [Anm. d. V.: die Gemeinde] andere gerade dadurch aus."[367]

Bis in die Frage der Gestaltung von Internetseiten und Pfarrbriefen, aber auch in die liturgische Gestaltung der Gottesdienste[368], entsteht so eine hohe Erwartung bis hin zum „Modernisierungsstress". Ohne diesen Stress zu verstärken und einer Designerkirche das Wort zu reden, lohnt doch eine Wahrnehmung der kirchlichen Orte, an denen der veränderten kirchlichen Situation Rechnung getragen wird und auf die „nach dem Milieukatholizismus nunmehr pluralisierten Zielgruppen und deren unterschiedliche Erwartungen"[369] im Rahmen der eigenen Möglichkeiten eingegangen wird. Dieser

---

Öffnungszeiten sehen jedoch montags eine Schließung vor, wenn vor allem die meisten Pfarrer aufgrund ihres arbeitsfreien Tages die Bibliothek nutzen könnten. Weniger die tatsächliche Nutzung, als vielmehr das Signal, die Bibliothek sei für Pfarrer nicht bestimmt, ist hier entscheidend. Ähnliches gilt für religionspädagogische Materialstellen. Während Lehrkräfte ihre Zielgruppe darstellen, finden sich auffallend häufig vormittägliche Öffnungszeiten, die für Lehrer und Lehrerinnen aufgrund ihres Schuleinsatzes eine Nutzung des Angebotes unmöglich machen.

[366] Sander, Hans-Joachim: Symptom „Gotteskrise": Die Zeitsignatur der Theologie, in: ZKTh 121 (1999), 45-61, 51: „Das Gegenüber von Kirche und Welt, Glauben und Geschichte, Rede von Gott und Realität der Zeit gehört zum Evangelium. Seine Verkündigung bedarf der Zeichen der Zeit."
[367] Spielberg: Kreisquadrat und Pfarrgemeinde, 96.
[368] Vgl. Wieh: Besucherfreundliche Gottesdienste, 291-304.
[369] Hochschild: Religion in Bewegung, 122-125.

Dialogfähigkeit kommt im Kontext einer mystagogischen Pastoral[370], die davon auszugehen hat, dass die Kirche Gott nicht zu den Menschen zu bringen hat, sondern ihn bei den Menschen entdecken hilft, besondere Bedeutung für die Kirche zu: Sie ermöglicht ihr selbst Gotteserfahrungen!
Wenn Seelsorger und Seelsorgerinnen hier in kulturpessimistischer Manier eine zu starke „Kundenmentalität" bei den Menschen beklagen, ignorieren sie, dass sie es mit Menschen zu tun haben, die – wie sie selbst! – durch ihre postmoderne Gesellschaft geprägt sind und nichts anderes tun, als die Wertmaßstäbe und Denkmuster ihrer Zeit an die Kirche anzulegen. Individualisierung ist auch in der Kirche angekommen, was für diese unter anderem bedeutet, dass sie sich zunehmend als „Bewegung" organisiert, weil die Form (innerkirchlicher) Bewegungen, z. B. in Gestalt der Neuen Geistlichen Gemeinschaften oder klassischen Ordenstraditionen, den Individuen die Möglichkeit bietet, ihre persönliche Spiritualitätsform zu finden und diese ohne allzu große Verbindlichkeit gegenüber der Bewegung zu leben:

> „Man muß zur Kenntnis nehmen, daß Religion heute innerhalb wie außerhalb der Kirche die soziale Form der Bewegung mit Erfolg erprobt. Diese Beobachtung hat eine gewisse Tragweite, weil sie dem Mißverständnis begegnet, Kirche vollziehe sich noch immer als eine Art bürokratische Heilsanstalt, die sich als Organisationsform überlebt hat."[371]

Hier begegnet die Kirche allerdings vor allem einem stark leistungsorientierten Denken, zu dem nicht nur ihr afunktionales Weiheamtsverständnis im Widerspruch steht, sondern vor allem ihr gespaltenes Verhältnis zu allen Fragen der Leistungskontrolle.[372] Menschen in all ihrer Verschiedenheit bringen so Kunde von einer Welt, von der sich die Kirche entfernt hat.
Wenn daher auch in der Kirche für eine stärkere „Kundenorientierung" geworben wird, bedeutet das nicht, dass unkritisch marktwirtschaftliches oder gar kapitalistisches Denken in der Kirche Einzug halten solle[373], son-

---

[370] Vgl. Haslinger, Herbert: Sakramente – befreiende Deutung von Lebenswirklichkeit, in: Ders. (Hg.): Handbuch Praktische Theologie. Durchführungen, Bd. 2, Mainz 2000, 164-184, 169 f.
[371] Hochschild: Religion in Bewegung, 9.
[372] Vgl. Gärtner: LaientheologInnen, 67: „Je kirchendistanzierter jemand ist, um so eher wird er vermutlich eine zwar gut gemeinte, aber eben nicht gute Leistung in der Pastoral ablehnen, selbst wenn ihm der konkrete Anbieter der Leistung sympathisch und authentisch gegenübertritt oder es sich dabei um einen Priester handelt."
[373] Vgl. zur Diskussion um Chancen und Gefahren der Rede vom „Kunden" und deren anthropolischen Implikationen: Krockauer, Rainer: Die Kunde des „Kunden". Anthropologische Überlegungen zur Qualitätsdiskussion in der kirchlichen Kinder- und Jugendhilfe, in: Aman, Hans / Kruip, Gerhard / Lechner, Martin (Hg.): Kundschafter des Volkes Gottes. FS Roman Bleistein, München 1998, 262-273, 268: „Der ‚Kunde' im sozialen Bereich ist eben nicht zuerst Objekt marktstrategischer Ziele, sondern ist als Subjekt und Person selbst Träger einer ganz bestimmten Kunde. Genau dieser ‚Kunde' bringt dann eine Kunde mit sich, die heilsam für einen selbst, das eigene Selbstverständnis und die hinter einem stehende Organi-

dern dass es um die Begegnung mit Menschen aus allen (!) gesellschaftlichen Milieus geht, die der Kirche Kunde bringen von dem Denken und den Erwartungen heutiger Menschen - und gerade in diesem Kontakt vollzieht sich Kirchenbildung![374] So lässt sich gerade auch für die gesellschaftlichen Milieus, die sich durch eine niedrige Altersstruktur und gleichzeitig eine starke Entfremdung von der Kirche auszeichnen, eine hohe Erwartung an die Kommunikationsfähigkeit der Kirche[375] formulieren:

> „Wir empfehlen aber, an die milieutypische Logik insofern anzuknüpfen, dass sich die katholische Kirche nicht als eindimensionaler Monolith im Weltanschauungsmarkt präsentiert, sondern die Vielfältigkeit ihrer Kulturen und Theologien innerhalb der katholischen Kirche kommuniziert: Den Experimentalisten die Kirche als eine vielfältige, topographische Kulturlandschaft nahe bringen, in der sie sich individuell bewegen können. Dazu ist wichtig, die einzelnen Kulturen und Theologien herauszuarbeiten, klar zu profilieren, in den einschlägigen Medien dieses Milieus zu kommunizieren und Projektwerkstätten dazu anzubieten."[376]

In der gegenwärtigen pastoraltheologischen Diskussion um die Verhältnisbestimmung von Pfarrei und Gemeinde und der Definition dieser Begriffe bildet sich somit immer auch ein implizites Kirchenverständnis ab. Wird der Pfarreibegriff im Sinne des Kirchenrechts (vgl. can. 515 CIC/1983) als Glaubens- und im Sinne einer Identifizierung von Pfarrei und Gemeinde nach Kaufmann als Engagiertengemeinschaft verstanden, mag auch das Pfarrhaus und mit ihm das Pfarrbüro seine Klientel vormittags zwischen 10 und 12 Uhr erreichen. Wird der Pfarreibegriff entgegen der kirchlichen Praxis[377] jedoch tatsächlich territorial verstanden und die „Skala der Pra-

---

sation ist. Von den ‚Kunden' her wäre also das eigene Selbstverständnis zu er-kunden. Denn deren Kunde bestimmt die Qualität der eigenen Dienstleistung mit."

[374] Vgl. Hilberath, Bernd Jochen: Corporate Identity für das Unternehmen Kirche, in: ThQ 180 (2000), 54-69. Hilberath zeigt die Chancen einer stärkeren Auseinandersetzung mit ökonomischen Grundsätzen auf, deren kirchliche Rezeption diese gerade zu ihrem Wesen führen kann.

[375] In der religionssoziologischen Forschung wird der Untersuchung von Kommunikation als Elementarkriterium von Religion besonderes Augenmerk gewidmet. Vgl. als Grundlegung: Tyrell, Hartmann: Religiöse Kommunikation. Auge, Ohr und Medienvielfalt, in: Schreiner, Klaus (Hg.): Frömmigkeit im Mittelalter: politisch-soziale Kontexte, visuelle Praxis, körperliche Ausdrucksformen, München 2002, 41-93.

[376] Sinus Sociovision: Milieuhandbuch, 294.

[377] Für die kirchliche Krise mag auch darin ein Indiz zu sehen sein, dass sie ihr eigenes und sogar in Reformprozessen konserviertes Pfarreiprinzip selbst nicht ernst nimmt, indem sie sich nicht wirklich für alle Menschen der territorialen Pfarrei interessiert. Vgl. Pohl-Patalong: Von der Ortskirche, 72: „Der **Konflikt** [Anm. d. V.: zwischen parochialen und nichtparochialen kirchlichen Strukturen] bricht immer dann aus, wenn das nichtparochiale Prinzip erstarkt und zur Konkurrenz des parochialen Elements wird. In der Regel geschieht dies dann, wenn sich die Gesellschaft rasch verändert und die Parochien diesen Veränderungen nicht schnell genug hinterherkommen und die religiösen und sozialen Bedürfnisse von Menschen nicht mehr erfüllen."

xis"[378] als unbefriedigendes Instrumentarium religiöser Bestimmung verabschiedet, setzt sie sich also aus allen Menschen eines Ortes oder Gebietes, eines Stadtteils oder einer Region zusammen, integriert also auch die verunglimpften „Fernstehenden" und gar die Nichtchristen, weil sich gerade im Dialog mit ihnen entsprechend des II. Vatikanums Kirchenbildung vollzieht[379], dann weitet sich der „Kundenkreis", also die Vielfalt derer, die auch den Seelsorgerinnen und Seelsorgern Kunde von den „Zeichen der Zeit"[380] bringen könnten, spürbar aus – und bereichert die Kirche!

3.2.8 Der verfluchte Ort – sexualisierte Gewalt und Verbrechen im Pfarrhaus

In der wissenschaftlichen Beschäftigung mit der kirchlichen Seelsorge wurden in den vergangenen Jahren zunehmend Erkenntnisse der Psychoanalyse gewinnbringend umgesetzt. Die Seelsorge im engeren Sinn eines „quasitherapeutischen Aktes"[381] mit einem extrem problematischen Reflexionsdefizit kam seit Mitte des 20. Jahrhunderts durch eine Reihe von skandalträchtigen Übergriffen durch Seelsorger in das Bewusstsein der Öffentlichkeit. Es entstand ein Problembewusstsein, das WissenschaftlerInnen, Kirchenleitungen und SeelsorgerInnen[382] sensibilisierte und begann, die Verhaltensmuster innerhalb der Seelsorgepraxis zu verändern. Die Überwindung einer naiven Negierung der Geschlechtlichkeit des Seelsorgers und der Seelsorgerin, die Wahrnehmung der Prägungen nicht nur der Klienten, sondern auch der Seelsorgerinnen und Seelsorger, das Ernstnehmen der Gefahr von Übertragungen[383] und Gegenübertragungen spielen dabei eine

---

[378] Hervieu-Léger: Pilger, 59.

[379] Bucher: Wider den sanften Institutionalismus, 67: „Das Evangelium dieser Welt zu erschließen, indem sie es von den Menschen dieser Welt her entdeckt, dieses Entdeckungsgeschehen ist der Kern der Pastoral und das Kerngeschäft der Kirche. Alle Sozialformen in der Kirche sind dazu da." Bucher, Rainer: Kirche verliert sich nicht im Außen – sie findet sich dort. Rainer Buchers Replik auf den Beitrag von Andreas Wollbold, in: LS 57 (2006), 73-75, 74: „Der anti-diakonale Reflex in Wollbolds Text scheint mir Ausdruck einer dahinter liegenden Angst vor dem Sich-Verlieren in der Vielfalt, vor Entgrenzung und Diffusion."

[380] Theobald, Christoph: Zur Theologie der Zeichen der Zeit. Bedeutung und Kriterien heute, in: Hünermann, Peter (Hg.): Das Zweite Vatikanische Konzil und die Zeichen der Zeit heute, Freiburg-Basel-Wien 2006, 71-84, 72: „Der entscheidende und in gewissem Sinn revolutionäre Punkt ist die Wechselseitigkeit dieses Auslegungsprozesses, in dem das Evangelium (GS 4) oder der Glaube (GS 11) die Interpretation der ‚Zeichen der Zeit' ermöglicht, umgekehrt aber das Hören, Unterscheiden und Deuten der vielfältigen Sprachen unserer Zeit dazu führt, die geoffenbarte Wahrheit immer tiefer zu erfassen, besser zu verstehen und angemessener vorzulegen' (GS 44)."

[381] Vgl. Lämmermann, Godwin: Sex und Seelsorge. Übertragung und Gegenübertragung in problematischen Seelsorgebegegnungen, in: PTh 91 (2002), 375-392, 379.

[382] Vgl. Feid, Anatol: Nacht eines Priesters. Protokoll eines Doppellebens, Düsseldorf 1996.

[383] Lämmermann: Sex und Seelsorge, 377: „Übertragung meint, vereinfacht gesagt: Der Klient oder die Klientin verlieben sich in ihre Therapeut(inn)en bzw. Seelsorger(innen). Vor

zentrale Rolle. Wo es zwischen KlientIn[384] und SeelsorgerIn zu einer Geschlechtsbeziehung kommt, ist dies als sexualisierte Gewaltanwendung und in jedem Fall als Machtmissbrauch[385] anzusehen. Gewalt beginnt jedoch nicht erst bei einer ausgelebten Geschlechtsbeziehung oder strafrechtlich relevanten Taten, sondern bereits an dem Punkt, an dem seitens des Seelsorgers beziehungsweise der Seelsorgerin nicht zuletzt aufgrund der weitgehend fehlenden Lehranalyse und einer nicht stattfindenden Supervision eine Gegenübertragung beginnt, der oder die Ratsuchende als Projektionsfläche für eigene Wünsche funktionalisiert wird und Seelsorgerinnen und Seelsorger „sich indirekt und verstohlen selbst zum geheimen Thema der Interaktion"[386] machen.

Besondere Aufmerksamkeit gilt dabei der Rolle des katholischen Priesters aufgrund seiner herausgehobenen amtstheologischen Stellung und eines bis in die 1960er-Jahre geltenden Monopols auf kirchliche Seelsorge, jedoch auch Männern in anderen helfenden und das bedeutet kirchlich eben auch pastoralen Berufen.

Die Thematisierung von Machtmissbrauch und sexualisierter Gewalt[387] im kirchlichen Raum behandelt damit in der Regel priesterliches Fehlverhalten, das insbesondere seit den 1980er-Jahren verstärkt aufgedeckt werden konnte. Dabei schockierten die kirchliche und gesellschaftliche Öffentlichkeit nicht nur Berichte von Betroffenen[388] und das Vorkommen von pädophiler und ephebophiler sexualisierter Gewalt durch Kleriker aller Hierarchieebenen, wie der Fall des Wiener Erzbischofs und Kardinals Groer zeigte, sondern auch die Vielzahl der angezeigten Fälle:

---

allem, wenn die Interaktion über das normale Maß von Alltags- und kasualer Gelegenheitsseelsorge hinausgeht und intensiv wird."

[384] Julia Strecker hat hier zu Recht auf die Geschlechtsspezifika hingewiesen. Vgl. Strecker, Julia: Sexuelle Grenzverletzungen und Übergriffe in Seelsorge und Beratung. Zum Artikel von Gowdin [Anm.: Godwin!] Lämmermann, in: Pastoraltheologie, Wissenschaft und Praxis in Kirche und Gesellschaft 91 (2002), 393-402, 391: „Es handelt sich hier um einen Ausdruck struktureller Gewalt von Männern gegen Frauen."

[385] Strecker: Sexuelle Grenzverletzungen, 394-395: „Wenn ein Seelsorger eine sexuelle Beziehung zu einer Klientin eingeht, so hat das nichts mit Liebe und im eigentlichen Sinn auch nichts mit Sexualität zu tun. Es geht um Kontrolle und Macht, um Manipulation und Abhängigkeit und um den Missbrauch von Vertrauen. (…) Entscheidend finde ich den Punkt des Machtgefälles zwischen Seelsorger und Klientin."

[386] Lämmermann: Sex und Seelsorge, 383.

[387] Vgl. zur Begriffsbestimmung: Ulonska, Herbert: Täterprofile im Raum der Kirche, in: Ders. / Rainer, Michael J. (Hg.): Sexualisierte Gewalt im Schutz von Kirchenmauern. Anstöße zur differenzierten
(Selbst-)Wahrnehmung, Berlin² 2007, 123-141, 124.

[388] vgl. Burkett, Elinor / Bruni, Frank: Das Buch der Schande. Kinder und sexueller Missbrauch in der katholischen Kirche, Wien-München 1995, 95: „Tim erzählte nie jemandem von dieser ersten Nacht im Pfarrhaus – oder von den heimlichen Besuchen des Priesters in den sechs Jahren ihrer sexuellen Beziehung."

„In den vergangenen 50 Jahren sind in den Vereinigten Staaten 4392 Priester, ein Fünftel davon Ordensleute, des Missbrauchs beschuldigt worden. 10 667 Klagen habe es in diesem Zeitraum gegeben, davon wurden ein Drittel erst in den vergangenen zwei Jahren eingereicht. Die meisten Vorfälle gab es hingegen in den siebziger Jahren. Rund 6700 Anschuldigungen stellten sich insgesamt als zutreffend heraus, etwa 3300 Fälle wurden nicht weiter verfolgt, da der Beschuldigte bereits verstorben war."[389]

Immer wieder wird im Kontext von sexualisierter Gewalt durch Priester nach historischen Entwicklungen und Wurzeln gefragt. Die Motive für das geschichtliche Interesse können sowohl in der Tendenz begründet sein, gegenwärtige Fälle durch den Hinweis „so etwas habe es immer schon gegeben" zu relativieren und zu verharmlosen. Andererseits lässt sich eine Instrumentalisierung der Missbrauchsskandale in kirchenpolitischen Diskussionen, wie etwa in der Zölibatsdebatte, feststellen, bei der zwischen zölibatärer Lebensweise und der Häufung von Kindesmissbrauch ein Kausalzusammenhang suggeriert wird. Dabei wird mit dem geschichtlichen Kontext immer auch auf das enorme Ausmaß dieses kirchlichen und insbesondere katholischen Problems verwiesen, dessen strukturelle und amtstheologische Implikationen[390] nur allmählich und meist vage formuliert werden:

„Der Soziologe Anson Shupe zeigt vielmehr, dass sogar die Historiker des mittelalterlichen Europa beobachtet haben, wie fruchtbar der Boden der Religion im Hinblick auf potentielle sexuelle Gewalt innerhalb der ungleichen Machtverhältnisse in der römisch-katholischen Kirche ist."[391]

Im Rahmen dieser Forschungsarbeit soll dazu ein Blick in die jüngere Kirchengeschichte
genügen, um gerade auch den kirchlichen Umgang mit Missbrauchsfällen darzulegen, der, neben den eigentlichen Misshandlungen, durch kirchliche Vertuschung und Beschwichtigung, bloße Versetzungspraktiken als Sanktio-

---

[389] Nachrichten, in: HerKorr 58 (2004), 213-214, 213.
[390] So vorsichtig auch mit Typisierungsversuchen von Priestern aufgrund ihres amtstheologischen Selbstverständnisses umzugehen ist, so wichtig wird ihre Analyse für ein prophylaktisches Bewusstsein für die Priesterausbildung und mögliche Konsequenzen für eine Weiterentwicklung der katholischen Amtstheologie zwischen den derzeitigen Polen einer Betonung der „Repraesentatio Christi" und einer geweiteten „Repraesentatio Ecclesiae". Vgl. Conway, Eamonn: Theologien des Priesteramts und ihr möglicher Einfluss auf sexuellen Kindesmissbrauch, in: Conc(D) 40 (2004), 308-322, 317: „Doch maßgebliche Amtstheologien haben einen erkennbaren Einfluss auf das Vorhandensein von Risikofaktoren wie zum Beispiel Isolation, Nähe zur Gemeinschaft, Einstellungen zur Autorität, die Erfahrung von Macht und Hilflosigkeit, Widerstand gegenüber menschlichen Reifungsprozessen, Fortbildung usw."
[391] Nason-Clark, Nancy / Ruff, Lanette: Was ist sexuelle Gewalt?, in: Conc(D) 40 (2004), 259-268, 265.

nen und mangelnde Sorge um die Opfer der Vorfälle als Verrat an der christlichen Botschaft[392] zum eigentlichen Kern der Skandale wurde.
Im Jahr 1936 verfasste Adolf Kardinal Bertram[393] einen Hirtenbrief an die Gemeinden seines Erzbistums Breslau, der einen ersten Höhepunkt im Blick auf Verfehlungen und Verbrechen durch Priester darstellt. Bemerkenswert ist dabei nicht nur, dass sich der Kardinal überhaupt veranlasst sah, zu Vorkommnissen und Gerichtsverfahren Stellung zu nehmen, die offenbar die Kirchenmitglieder verstört haben müssen. Er nutzt außerdem diese Gelegenheit, die Taten als Verfehlungen einzelner zu deuten, denen gegenüber die Kirche besonders hart durchgreife:

> „Bei der Erteilung der Hl. Weihen erschallt unablässig an die Kandidaten die Mahnung zur größten Strenge im eigenen sittlichen Wandel. Am Altare, auf der Kanzel, im Beichtstuhl soll das sittlich reine Leben des Priesters und sein Ruf allen zur Erbauung gereichen. Gegen sittliche Verfehlungen einzelner geistlicher Personen greift die kirchliche Obrigkeit mit aller Strenge durch, ohne davon in der Öffentlichkeit viel Aufhebens zu machen."[394]

Offensichtlich ahnt der Kardinal und deutet auch an, dass die Skandale um unterschiedliche Verbrechen und Vergehen von Priestern gerade in der Anfangszeit des Nationalsozialismus den Zusammenhalt der Kirchenmitglieder und ihre Identität mit Klerus und Kirchenleitung gefährden und damit verheerende Folgen vor allem für die Milieukonzeption der Pianischen Epoche haben könnte. Dieser Zusammenhang findet eine Bestätigung in den statistischen Untersuchungen der priesterlichen Sexualdelikte des 19. Jahrhunderts, die eine massive Zunahme der entsprechenden Sexualstraftaten durch Priester beziehungsweise deren Aufdeckung in jener Zeit nachweisen können, in denen das milieuspezifische Priesterbild mit besonderer Strenge und moralischem Rigorismus durchgesetzt werden sollte.

---

[392] Lutterbach, Hubertus: Der sexuelle Missbrauch von Kindern. Ein Verstoß gegen die christliche Tradition des Kinderschutzes, in: Ulonska, Herbert / Rainer, Michael J. (Hg.): Sexualisierte Gewalt im Schutz von Kirchenmauern. Anstöße zur differenzierten (Selbst-)Wahrnehmung, Berlin² 2007, 63-74.

[393] Vgl. für einen Überblick des Werdeganges und der Rolle Kardinal Bertrams innerhalb der Fuldaer Bischofskonferenz: Volk, Ludwig: Katholische Kirche und Nationalsozialismus. Ausgewählte Aufsätze, Mainz 1987, 252-263.

[394] Bertram, Adolf Kardinal: Hirtenwort zu bestimmten betrübenden Ereignissen der jüngsten Zeit, Breslau 1936, zitiert nach: Marschall, Werner: Adolf Kardinal Bertram: Hirtenbriefe und Hirtenworte, in: Forschungen
und Quellen zur Kirchen- und Kulturgeschichte Ostdeutschlands, Bd. 30, Köln-Weimar-Wien 2000, 627-630, 627.

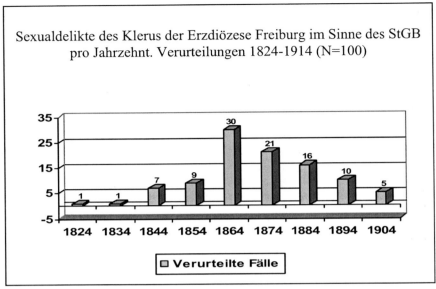

Sexualdelikte des Klerus der Erzdiözese Freiburg im Sinne des StGB pro Jahrzehnt. Verurteilungen 1824-1914 (N=100)

[395]

Kardinal Bertram stellt sich, der moralistischen Logik der Milieukonzeption folgend, in seinem Hirtenbrief angesichts der Missbrauchsfälle empört an die Seite der Kirchenmitglieder und verurteilt die entsprechenden Priester. Obwohl das Durchgreifen der Bischöfe schon im 19. Jahrhundert nachweislich nicht so entschieden war, wie er glauben machen möchte, übt er doch den Schulterschluss:

> „Man sagt: ‚wenn diese Prozesse zu Ende sind, werden die Katholiken wohl ihre Achtung vor dem Klerus und den Ordensoberen verloren haben'. Wer so spricht, kennt weder die katholische Kirche noch das katholische Volk. (…) Solche Verfehlungen sind aber immer nur Ausnahmefälle. Diese berechtigen nicht dazu, über die Kirche selbst, über den Klerus und die Orden den Stab zu brechen."[396]

Als in den 90er-Jahren des 20. Jahrhunderts US-amerikanische Gerichtsverfahren gegen katholische Priester insbesondere wegen Kindesmissbrauchs zunahmen[397] und durch prominente Fälle, wie etwa den des Priester James Porter[398], eine große mediale Aufmerksamkeit[399] für die sexuellen Vergehen

---

[395] Olenhusen: Klerus und abweichendes Verhalten, 242.
[396] Bertram: Hirtenwort zu bestimmten betrübenden Ereignissen, 628.
[397] Oertel, Ferdinand: In der Krise voneinander lernen. Kirchlicher Umbruch in den USA und in Deutschland, in: HerKorr 58 (2004), 402-406.
[398] Vgl. Burkett / Bruni: Das Buch der Schande, 44.

von Priestern entstand, begann eine gesellschaftliche und (wenngleich auch zögernd) kirchliche Sensibilisierung für derartige Vorkommnisse. Gerade aber die immer wieder beobachtbare Hilflosigkeit der Kirchenleitung[400] mit den Verbrechen des eigenen Klerus und dem medialen Fokus auf Kindesmissbrauch durch katholische Priester, ihre Abschottungstendenzen sowie ihre meist gänzlich vermisste Kooperationsbereitschaft mit staatlichen Ermittlungsbehörden, verstärkten den enormen Vertrauensverlust bis hinein in kirchlich stark beheimatete Familien:

> „Wenn die Priester das Vertrauen der ihnen Anvertrauten verraten haben, dann haben die für diese Priester (mit-)verantwortlichen Bischöfe die Gläubigen doppelt verraten: indem sie sie ‚vergessen' haben und indem sie sie mit den betroffenen Priestern alleine gelassen haben."[401]

Pädo- und ephebosexuelle Gewalt ist als Phänomen übergriffiger Macht in einer Vertrauenssituation die Perversion der Seelsorge, wie sie dem christlichen Gottes- und Menschenbild als selbstloses Sorgen, heilendes Handeln, absichtsloses Dasein und liebendes Zuhören erwächst:

> „Seelsorge, das ist Befreiung von den falschen Göttern des Lebens; sexueller Missbrauch in der Pastoral etabliert aber genau solche falschen Götter: zuerst und brutal den der Macht. Sexueller Missbrauch in der Pastoral spricht handelnd von einem Gott der erzwungenen, erschlichenen Nähe, einem Gott, der machtinduzierte Nähe mit Liebe verwechselt, also einem im strikten Sinne perversen Gott."[402]

Vor diesem Hintergrund der Verkehrung der eigenen Gottesbotschaft in der Kirche verwundert die Hilflosigkeit und Benommenheit im Umgang mit

---

Burkett und Bruni schildern nicht nur eindrücklich die geschichtlichen Abläufe, sondern verweisen immer wieder auf den enormen Vertrauensverlust, der durch das vorkonziliare Priesterbild bis in die Sechzigerjahre des 20. Jahrhunderts besonders drastisch war: „Die Geschichte Porters war auch aus einem anderen Grund bedeutsam. Indem sie den Kindesmißbrauch durch Priester – Männer, die traditionsgemäß höchstes Ansehen in der Gesellschaft genießen – aufdeckte, gab sie den amerikanischen Eltern endgültig die Bestätigung, daß die jüngsten Enthüllungen über das Ausmaß und die Allgegenwart des sexuellen Kindesmißbrauchs der Wahrheit entsprachen und daß ihre bisherigen Annahmen, wem sie ihr Kind anvertrauen konnten oder nicht, falsch waren. Das brachte alles ins Wanken."

[399] Rainer, Michael J.: Kirche(n) am Pranger? Sexualisierte Gewalt / Missbrauch und Kirche im Spiegel der Medien, in: Ulonska, Herbert / Ders. (Hg.): Sexualisierte Gewalt im Schutz von Kirchenmauern. Anstöße zur differenzierten (Selbst-)Wahrnehmung, Berlin² 2007, 11-27.

[400] Vgl. Burkett / Bruni: Schande, 63: „Schließlich und endlich stand die katholische Kirche allein am Pranger, weil sie einfach im Umgang mit diesem Problem miserable Arbeit leistete. Sowohl Kirchen der Vereinigten Methodisten wie auch die Baptisten haben Untersuchungen durchgeführt, um das Ausmaß des Problems in den eigenen Reihen abzuschätzen – die katholische Bischofskonferenz der USA behauptet aber weiterhin hartnäckig, daß sie nicht einmal Unterlagen über die bekannten Fälle besitzt."

[401] Haker, Hille / Ammicht-Quinn, Regina / Junker-Kenny, Maureen: Postskriptum, in: Conc(D) 40 (2004), 364-368, 366.

[402] Bucher: Machtkörper und Körpermacht, 361.

ihrem Vorkommen umso mehr und unterstreicht ihre Dimensionen als „Niederlage Gottes"[403], nach der in Gottes Namen Opfer entstehen. Sie findet ihre Fortführung in einem allgemein unsolidarischen Umgang mit Missbrauchsopfern in den Kirchen, der sich in einem „gotteslästerlichen Schweigen"[404] ausdrückt. Erst die hohen Schadenersatzforderungen im Rahmen von US-amerikanischen Gerichtsprozessen und die damit für viele Diözesen verbundenen großen wirtschaftlichen Probleme scheinen im Umgang mit derartigen Vorfällen auch gesamtkirchliche Relevanz verliehen zu haben. Mittlerweile werden nach entsprechenden römischen Dekreten die Erfahrungen der US-amerikanischen Diözesen[405] für einen verbesserten Umgang mit dem Problem des sexuellen Missbrauchs auch weltweit genutzt: Die vielfältigen Folgen für die Opfer[406], und nicht nur ihre juridische Position als Ankläger von Amtsträgern, gelangen in das Blickfeld der Kirche. Theologische Aussagen der Kirchen werden zudem von Missbrauchsopfern generell als kaum hilfreich erfahren.[407]

Im Rahmen dieser Arbeit steht dabei die veränderte gesellschaftliche Sensibilität für Fragen des Kindesmissbrauchs im Vordergrund des Interesses. Dabei spielt zum einen die Sorge der Gesellschaft und der Familien eine wichtige Rolle. Zum anderen lässt sich jedoch seitens des Klerus eine massive Verunsicherung im Rahmen der Kinder- und Jugendarbeit beobachten und damit die Sorge, durch uneindeutige Situationen[408] in den Verdacht des Kindesmissbrauchs zu geraten. Zur Sorge um das Wohl von Kindern und Jugendlichen kommt hier die Sorge um die eigene Reputation und die Angst

---

[403] Vgl. Bucher: Machtkörper und Körpermacht, 362.

[404] Haslbeck, Barbara: Sexueller Missbrauch und Religiosität. Wenn Frauen das Schweigen brechen: eine empirische Studie, Berlin 2007, 400: „Die Versuchung, sich durch Schweigen auf die Seite des Täters zu schlagen, ist groß. Gerade auch – so wenigstens erleben es die Befragten – in der Theologie und den Kirchen. Offensichtlich gibt es hier Muster, die zum Schweigen und Vergessen verführen. Jedoch: ‚Schweigen wäre gotteslästerlich'. Wenn Gott Option ergreift für die Opfer, kann er nicht wollen, dass diese mundtot gemacht werden."

[405] Vgl. Archdiocese of Boston: Policies and Procedures for the Protection of Children, Boston 2003.

[406] Vgl. Adriaenssens, Peter: Kindesmisshandlung: Wie die normale Entwicklung gestört wird, in:Conc(D) 40 (2004), 268-277.

[407] Haslbeck: Sexueller Missbrauch, 431-434.

[408] Als wenig hilfreich erweisen sich hier die Bemühungen um Präventionsprogramme zur Vermeidung von sexuellem Missbrauch bei Kindern, da diese schwerpunktmäßig bei Programmen für Kinder und bei Therapieversuchen und Kontrollen von bereits straffällig gewordenen Tätern ansetzen, aber hinsichtlich einer Sensibilisierung potenzieller Missbrauchssituationen eher ratlos wirken. Vgl. Lohaus, Arnold / Schorsch-Falls, Sabine: Kritische Reflexionen zu Präventionsansätzen zum sexuellen Missbrauch, in: Amann, Gabriele / Wipplinger, Rudolf (Hg.): Sexueller Missbrauch. Überblick zu Forschung, Beratung und Therapie. Ein Handbuch, Tübingen³ 2005, 757-773, 763: „Ein weiterer zentraler Präventionsgesichtspunkt bezieht sich auf mögliche Konstellationen, die die Gefahr eines sexuellen Missbrauchs erhöhen können und auf die daher ein besonderes Augenmerk der involvierten Personen gerichtet sein sollte."

vor einer Stigmatisierung durch die Formulierung eines bloßen Verdachtes. Zur praktischen Ausbildung der angehenden Priester gehört daher in vielen Diözesen das Vermeiden bloß verdächtiger Situationen[409], wodurch sich gerade auch die Funktion des Pfarrhauses als kirchlicher Ort stark wandeln dürfte. Zum Schutz der Kinder kommt aus Sorge vor unbegründeten Vorwürfen des Kindesmissbrauchs der Selbstschutz der Priester. Bemerkenswerter Weise handelt es sich hierbei vor allem um Schutz vor falschen Verdächtigungen, statt um (Verhaltens-) Prävention[410] vor tatsächlich entstehender sexueller Gewalt. Ansätze für ein Bewusstsein zur Prävention[411], sei sie individuell oder strukturell (zum Beispiel in den kirchlichen Ausbildungsprogrammen), sind bislang kaum erkennbar. Forderungen, aus den bisherigen Fehlern sowohl für die Priesterausbildung als auch die kirchliche Personalentwicklung zu lernen, werden daher immer lauter:

> „Die Freiheit zur bösen Tat kann nicht wegtrainiert werden. Aber durch die Maßnahmen zur Personalentwicklung kann der Raum geöffnet werden, der eine vorurteilsfreie, aber auch vorbehaltlose Kommunikation über die Missbrauchsdelikte ermöglicht. Das ist ein Beitrag zu einer lernenden Kirche, die den Opfern ermöglicht, über das ihnen zugefügte Leid frühzeitig sprechen zu lernen, zu erkennen, dass nicht sie daran schuld sind, dass es ihnen schlecht geht."[412]

Hier wird die Notwendigkeit sichtbar, die institutionellen und kommunikativen Strukturen der Kirche zu überprüfen, anstatt sich auf die soziologischen Schemata und Kommunikationsstrukturen von „Männerbünden"[413] mit homoerotischen Implikationen zur Hierarchiestabilisierung[414] zu beschränken.

Die auf der zölibatären Lebensweise und der besonderen, vor allem kultischen Herausgehobenheit aufbauende Attraktivität des Priesterberufes, insbesondere für Männer mit regressiver oder fixierter pädosexueller Veranlagung, gilt es klar zu erkennen und bei der Auswahl der Bewerber für die Priesterweihe zu berücksichtigen. Insbesondere die Versuche durch die Wahl

---

[409] So gilt es mittlerweile vielerorts als undenkbar, dass sich ein Priester mit einem einzelnen Kind auch nur allein in einem Raum aufhält. Beichtgespräche mit Kindern erfolgen häufig bereits in einer halböffentlichen Gesprächssituation, Körperkontakt jeglicher Art gilt es (teilweise bis ins Groteske) zu vermeiden und ehrenamtlichen Eltern kommt bei gemeinsamen Ferienfreizeiten (häufig unbewusst) die Funktion von Entlastungszeugen für den Priester zu.
[410] Perner, Rotraud A.: Die Wahrheit wird euch frei machen. Sexuelle Gewalt im kirchlichen Bereich und anderswo: Prävention – Behandlung – Heilung, Wien 2006, 63.
[411] Vgl. Perner: Wahrheit, 59-117.
[412] Tzscheetzsch, Werner: Missbrauch von Menschen – Missbrauch der Rolle – Missbrauch der Institution. Fragen an die Organisationskultur der katholischen Kirche, in: Ulonska, Herbert / Rainer, Michael J. (Hg.): Sexualisierte Gewalt im Schutz von Kirchenmauern. Anstöße zur differenzierten (Selbst-)Wahrnehmung, Berlin² 2007, 97-104, 103.
[413] Blazek, Helmut: Männerbünde. Eine Geschichte von Faszination und Macht, Berlin 2001.
[414] Blazek: Männerbünde, 50.

des Priesterberufs eigene Ohnmachtserfahrungen auszugleichen, Defiziterlebnisse der eigenen Männlichkeit, etwa in der pubertären Entwicklung, zu kompensieren oder Bestrebungen wahrgenommener Veranlagungen durch ein zölibatäres Leben selbst entgegen zu steuern[415], erzwingen eine deutlichere Klärung der Berufsmotivation während der Ausbildungsphase, als dies bislang üblich ist.

Immer mehr wird darüber hinaus erkennbar, dass ein falscher Umgang mit Verbrechen im Raum der Kirche sowohl den Opfern als auch ihr selbst schadet. Sie verspielt dadurch das für ein pastorales Handeln unabdingbare Vertrauen und konterkariert den Kern ihrer eigenen Botschaft.

Wenngleich in keiner Weise behauptet werden kann, dass die Schutzanliegen von Minderjährigen vor Missbrauch einerseits und der Schutz von erwachsenen Mitarbeitern vor falscher Verdächtigung oder vor einem Schuldigwerden durch sexualisierte Gewalt auf einer Ebene liegen (während Kinder kaum in der Lage sind, sich selbst zu schützen, haben erwachsene Männer diese Möglichkeit sehr wohl), so tragen sie doch als zwei Aspekte einer veränderten Seelsorgesituation zu einer erhöhten Sensibilisierung in der seelsorglichen Praxis und einem veränderten Umgang mit dem Pfarrhaus bei.

3.3 Das Pfarrhaus als Filiale der Diözese

In diesem dritten Abschnitt soll das Pfarrhaus hinsichtlich der Interessen in den Blick genommen werden, die von Seiten der Bistumsleitungen mit ihm verbunden werden. Hier zeigt sich, dass die vorgenommene Einteilung keine strikte Trennung erlaubt, da z. B. die Funktion des Pfarrhauses als Repräsentationsbau auch nicht nur eine gemeindebezogene Relevanz hat. Die geringe Bedeutung, die dem Pfarrhaus z. B. im Zusammenhang mit bischöflichen Visitationen zugemessen wird, lässt vermuten, dass sich hier nur wenig konkrete Funktionen ausmachen lassen. Diese beziehen sich zum einen allgemein auf die seelsorgerliche Versorgung von Pfarreien, der mit der Residenzpflicht der Pfarrer weitestgehend genügt wird. Zum anderen kommt dem Pfarrhaus als „Verlängerung des Priesterseminars" eine Funktion als Ausbildungsort für Praktikanten, Diakone und Kapläne, wie auch für Gemeinde- und Pastoralassistentinnen und -assistenten zu.

---

[415] Ulonska: Sexualisierte Gewalt, 310.

3.3.1 Das Pfarrhaus als Ausbildungsort

Obwohl gerade mit den Dekreten des Konzils von Trient für die Ausbildung der Priester das Priesterseminar[416] die zentrale Stellung innerhalb jeder Diözese einnehmen sollte und dies seit dem ausgehenden 18. Jahrhundert auch weltweit als einheitliches Ausbildungssystem durchgesetzt wurde, wäre es doch zu kurz gegriffen, im Priesterseminar den alleinigen Ausbildungsort zu sehen. Eingerahmt ist die Seminarausbildung gerade in der Pianischen Epoche durch das Pfarrhaus einerseits als Ort der Vorbereitung auf das Theologiestudium, andererseits auch als Weiterführung des Priesterseminars hinsichtlich der praktischen Ausbildung.

Zunächst hatte das Pfarrhaus in Bildungsfragen jedoch nicht nur für einzelne Gemeindemitglieder sondern auch für die Dorfgemeinschaft insgesamt lange Zeit große Bedeutung. So sehr die bäuerliche Herkunft katholischer Geistlicher hier eine besondere Nähe zu den Gemeindemitgliedern ermöglichte, war doch auch ihre neuscholastische Ausbildung und ihr Studium in einem Priesterseminar, zu dem sie den dörflichen Rahmen verlassen hatten, ein gewichtiges Unterscheidungskriterium ihres Standes innerhalb der Dorfgemeinschaft, an dem jedoch das Dorf auf unterschiedliche Weise partizipierte:

> „So übertrug man in Gebhardshain dem katholischen Pfarrer Steil die Leitung der einzigen örtlichen Sparkasse. Er wurde erstens aufgrund seines Wissensstands gewählt, zweitens gab die lange Erfahrung der Dorfbevölkerung mit diesem Seelsorger den Ausschlag."[417]

Durch derartige Einbindungen des Priesters in die Lokalpolitik und Verwaltung zeigt sich mancherorts das Interesse, ihn nicht nur wegen seiner kultisch-religiösen oder seelsorgerlichen Kompetenz, sondern auch hinsichtlich seiner (Allgemein-) Bildung in Anspruch zu nehmen. Das Pfarrhaus ist somit der Inbegriff der „Dominanz eines klerikalen und hierarchischen Prinzips"[418], das der Ausbildung einer klerikal-unabhängigen katholischen Intellektualität bis in die Mitte des 20. Jahrhunderts im Weg stand.

Mit der Zeit fungiert das Pfarrhaus nicht mehr nur als Ausbildungsort für Seminaristen und Priester, sondern auch für die ganze Gemeinde. Seit dem 19. Jahrhundert ergänzen der Katechismusunterricht, die Bibelstunden und die Sonntagsschule des Pfarrers die religiöse Erziehung der Kinder durch das Elternhauses beziehungsweise vor allem der Mütter.[419]

---

[416] Vgl. zur Geschichte der Priesterseminare im Einzelnen: Gatz, Erwin (Hg.): Priesterausbildungsstätten der deutschsprachigen Länder zwischen Aufklärung und Zweiten Vatikanischem Konzil. Mit Weihestatistiken der deutschsprachigen Diözesen, Rom-Freiburg-Wien 1994.
[417] Dietrich: Konfession, 116.
[418] Kaufmann, Franz-Xaver: Den Schutt der Geistfeindschaft wegräumen. Brachliegende Felder katholischer Intellektualität, in: Fuge 2 (2008), 7-24, 9.
[419] Vgl. Dietrich, Tobias: „Dorfreligion" zwischen Glaube und Heimat, in: Geyer, Michael / Hölscher, Lucian (Hg.): Die Gegenwart Gottes in der modernen Gesellschaft. Transzendenz und religiöse Vergemeinschaftung in Deutschland, Bochum-Chicago 2006, 177-196, 180.

In Gegenden, in denen kein „Knabenkonvikt" die Möglichkeit bot, Schüler durch eine Form des Internatslebens auf das Priesterseminar und damit auf das Priesteramt vorzubereiten, boten Pfarrer im 19. Jahrhundert meist ausgesuchten Gymnasiasten eine private Ausbildung, vor allem in lateinischer Sprache an[420], da diese als Voraussetzung für das Theologiestudium galt. Das Pfarrhaus wird so zu einem Ort frühest möglicher Gewinnung von Jugendlichen für den Priesterberuf und zu einer der Epoche entsprechenden „Berufungspastoral"[421], bei der die „Berufung" nicht selten vom Pfarrer ausgeht und in Absprache mit den Eltern erfolgt. Diese Vorbereitung auf das Priesterseminar findet nach dem Studium ihre Fortführung und Ergänzung in der bis in die Gegenwart praktizierten Wohngemeinschaft von Praktikanten, Diakonen und Kaplänen mit dem Pfarrer. Diese sollen im Rahmen ihrer Ausbildung nicht nur das Tätigkeitsfeld des Pfarrers kennenlernen, erste Bezüge zwischen Studium und Gemeindepastoral sehen und hier ihre persönliche Berufung zum Priesteramt überprüfen, sondern gerade auch das Leben des Pfarrers teilen. So unterstreicht Kardinal Bertram, dem die Qualität der Priesterausbildung aufgrund seines eigenen Werdeganges ein besonderes Anliegen war[422], 1931 in einer Ansprache:

> „Jahraus jahrein kann man beobachten, wie überaus wichtig es für den jungen Priester ist, welches seine erste Stelle ist. Das hat seinen guten Grund. Steht der Geist des Pfarrhauses nicht in Harmonie mit dem Geist des Seminars, dann drohen Krisen dem Innenleben (…) Lernjahre sind wertvoll: das ganze Gebahren des Pfarrers hat auf den jungen Priester tiefsten Einfluß; die Weisungen, die ihm im Seminare gegeben wurden, müssen ja erst Gestalt gewinnen, müssen erprobt werden; daher der Einfluß des Modells, das ihm täglich vor Augen steht."[423]

Das Pfarrhaus, in dem der Kaplan seine erste Dienstzeit unter strenger Aufsicht verbringt, wird hier bewusst als Verlängerung der Seminarausbil-

---

[420] Im Vergleich zum katholischen Gemeindeleben kommt in evangelischen Gemeinden dem Pfarrhaus schon früh sehr viel stärker die Bedeutung als Unterrichtsort, vor allem für den in Zusammenhang mit der Tradition der Taufkatechese stehenden Konfirmationsunterricht, zu. Vgl. Wegenast, Klaus / Lämmermann, Godwin: Gemeindepädagogik. Kirchliche Bildungsarbeit als Herausforderung, Stuttgart-Berlin-Köln 1994, 79-108.
[421] Wie sehr seit Trient der Ortspfarrer zur ersten Kontaktstelle für Fragen der Priesterberufung geworden war, zeigt eine Umfrage unter Priesteramtskandidaten in den 60er-Jahren des 20. Jahrhunderts: Waltermann, Leo: Klerus zwischen Wissenschaft und Seelsorge. Zur Reform der Priesterausbildung, Essen 1966, 32: „Der von Pfarrer oder Religionslehrer gewiesene Weg zum Priesterberuf ging über das Konvikt."
[422] May, Georg: Der Domkapitular Adolf Bertram als Referent für die Theologiestudierenden des Bistums Hildesheim nach Briefen aus dem Dom- und Diözesanarchiv Mainz, in: Archiv für schlesische Kirchengeschichte 33 (1975), 125-162.
[423] Bertram, Adolf: Charismen priesterlicher Gesinnung und Arbeit. Skizzen und Winke für Tage der Recollectio, Freiburg i. B. 1931, 92.

dung[424] definiert. Eine Prägung nicht nur der theologischen Ausbildung, sondern des bis in die Mitte des 20. Jahrhunderts stark vereinheitlichten priesterlichen Lebensstils und der priesterlichen Frömmigkeitsformen ist damit ebenso gegeben, wie die Fortsetzung der permanenten Beurteilung und Kontrolle durch einen unmittelbaren Vorgesetzten. Der Pfarrer folgt hier der Funktion des Regens des Priesterseminars.

Erst in Folge des II. Vatikanums kam es zu einer Infragestellung der priesterlichen Ausbildung, die auf Druck vieler Studenten einen stärkeren Praxisbezug[425] schon während des Studiums bewirkte.[426] Die Einführung von Gemeindepraktika im Verlauf des Theologiestudiums oder gar als Vorbereitungsjahr auf das Studium rückte damit das Pfarrhaus zusätzlich als Ausbildungsort noch stärker in den Blick. Darüber hinaus entstanden in den 70er-Jahren auch in der das Studium begleitenden Priesterausbildung individuelle Lösungen, die als Alternative zum Priesterseminar das Pfarrhaus etablierten: Seminaristen erhielten in Ausnahmefällen, aber in zunehmender Zahl, die Erlaubnis, bereits während ihres Studiums in einem Pfarrhaus zu wohnen, um in Distanz zur Seminargemeinschaft und der Nähe zu einer Gemeinde als zukünftigem Arbeitsfeld die eigene Berufung besser prüfen und klären zu können. Die Diskussion um die Priesterausbildung und die Frage, ob das tridentinische Seminarkonzept angemessen auf die gesellschaftlichen Erfordernisse reagieren könne, ließen das Pfarrhaus als die praxisnähere und an die Gemeindepastoral angebundene Alternativausbildung erscheinen. Da jedoch das Seminarkonzept bislang als weltweit einheitliche und verpflichtende Ausbildungsform gilt, suchen Verantwortliche für die Priesterausbildung auf meist wenig überzeugende Weise nach Kompromisslösungen.[427]

---

[424] Eine kurze und treffliche Beschreibung der Atmosphäre vorkonziliarer Priesterseminare und deren Wirkung auf die zukünftigen Priester und Theologen bietet Thomas Ruster: Vgl. Ruster: Nützlichkeit, 346-353.

[425] Vgl. zu Reformvorschlägen zur Priesterausbildung von Priestern und Priesteramtskandidaten: Waltermann, Klerus, 220-270, 221: „Die Reformvorschläge stehen in vielen Briefen und Äußerungen nicht isoliert; gefragt und reflektiert wird das Berufsbild des Priesters für die Gegenwart und die Zukunft. Das Amt des Priesters und die wechselwirkenden Bezüge, in denen er steht, seine Aufgabe in Gemeinde und Gesellschaft haben im Verständnis der Theologie, des Gemeinde- und des Selbstbewusstseins vieler Priester – auch in dem, was man bislang und mancherorts auch heute noch das ‚Standesbewusstsein' nennt – Wandlungen erfahren bis hin zu radikalen Versuchen zu einem gründlich neuen Verständnis. (…) Den vielfältigen und heterogenen Anforderungen der üblichen Praxis vermag kaum ein Priester noch in jeder Hinsicht gut zu genügen, und es kann auch kein einheitliches ‚Priesterbild' heute noch als das eine und für alle gültige Leitbild angesehen und angestrebt werden."

[426] Vgl. Sauer, Joseph: Aspekte der Priesterausbildung, in: Forster, Karl (Hg): Priester zwischen Anpassung und Unterscheidung. Auswertungen und Kommentare zu den im Auftrag der Deutschen Bischofskonferenz durchgeführten Umfragen unter allen Welt- und Ordenspriestern in der Bundesrepublik Deutschland, Freiburg-Basel-Wien 1974, 191-197.

[427] Vgl. Klasvogt, Peter: „Sich als Priester nicht verstecken". Ein Gespräch mit dem Paderborner Regens Peter Klasvogt, in: HerKorr 58 (2004), 610-614.

Eine neue Form der Wahrnehmung des Pfarrhauses als „indirekten Ausbildungsorts" findet sich im Rahmen der seit den 1980er-Jahren entstandenen „Berufungspastoral". So startete das Bistum Limburg im Jahr 2004 die Aktion „Kommt und seht", in der Jugendliche und junge Erwachsene in einem Projekt eingeladen wurden, für zwei Tage in einem Pfarrhaus mit zu leben. Ohne mit einem direkten Bildungsinteresse verbunden zu sein, werden hier Motive des früheren „Ausbildungsortes Pfarrhaus" fortgesetzt. Dabei kann das Pfarrhaus als Ort der Ausbildung vielfältiger priesterlicher Lebensformen, sofern es nicht in den Verdacht bloßer Rekrutierung gebracht wird, Anschlusspotenzial an eine pluralisierte, postmoderne Gesellschaft beinhalten. So wie die Ausbildung von Priesteramtskandidaten nicht mehr nur der Überprüfung einer möglichen Berufung zum Priesteramt verpflichtet ist, so hat sie doch die Entdeckung und Ausformung einer individuellen und persönlichen Form priesterlicher Berufung zu fördern. Es gilt eben nicht mehr nur zu fragen, ob jemand berufen ist oder nicht, sondern unter Ernstnahme der Berufung jedes Christen zur Teilhabe am gemeinsamen Priestertum ist zu fragen, welche Art von Berufung einzelne Menschen haben. Eine derartig verstandene Berufungspastoral zeigt die Vielfalt kirchlicher Berufsgruppen ebenso auf wie außerkirchliche Berufe und Lebensformen. Eine solche positive Würdigung der Individualität aller Christen - also auch von Priestern! - und gar deren Förderung ist bis in die Gegenwart durch das Verständnis eines einheitlichen lehramtlichen Priesterbildes verdeckt, zu dem einzelne berufen sind oder eben nicht. Von einer derartig defizitären Sichtweise des Weiheamtes gilt es - nicht zuletzt um der Anschlussfähigkeit an eine postmoderne Pluralität - Abschied zu nehmen. Solch eine Anschlussfähigkeit zeigt sich zunächst in der Fähigkeit zu einer grundlegend positiven Wertschätzung heterogener Lebensformen und dem Verzicht auf jegliche Ansätze zu deren Bewertung. Wo dies möglich wird, ist sie Ausdruck einer uneingeschränkten Bejahung und Förderung menschlicher Freiheits- und Selbstbestimmungsrechte durch die Kirche und ihre VertreterInnen.

Freilich setzt dieses Finden von persönlichen Lebensformen auch für Priester deren Solidarität mit den verschiedensten Lebensformen und -stilen einer pluralen Gesellschaft und deren Anerkennung voraus.[428] Es wird entscheidend sein, inwieweit pastorale Mitarbeiter und Mitarbeiterinnen in ihrer Pluralitätskompetenz, also ihrer Kommunikationsfähigkeit mit allen Menschen, gesellschaftlichen Gruppen und Milieus, gestärkt werden können, um

---

[428] Vgl. Fuchs, Ottmar: Von der Empathie zur Solidarität. Die Macht des entmächtigenden Zeugnisses, in: Weber, Franz / Böhm, Thomas / Findl-Ludescher, Anna / Findl, Hubert (Hg.): Im Glauben Mensch werden. Impulse einer Pastoral, die zur Welt kommt, FS Hermann Stenger, Münster 2000, 75-83, 75: „Ohne Empathie werden die Menschen zu beliebigen Statisten des eigenen Arrangements. Empathie dagegen schaut auf die anderen, bewahrt sich selbst in harten Zeiten noch Weichteile im eigenen Inneren auf, die sich bewegen und erschüttern lassen. Empathie kann daher als die motivierende und inhaltlich orientierende Grundierung von Barmherzigkeit und Gerechtigkeit angesehen werden."

sie so zu wirklichen „Grenzgängern"[429] werden zu lassen. Hier gilt es gemäß der Intention von „Gaudium et spes" zu realisieren, dass die Kirche selbst eine an den Menschen Lernende ist:

> „Die Kirche hat der Welt etwas zu sagen, die Welt aber auch der Kirche."[430]

Das Pfarrhaus kann daher dort, wo es Berührungspunkte zu Menschen unterschiedlicher gesellschaftlicher Milieus findet, zu einem Ausbildungsort der Kirche an der Welt werden.

3.3.2 Das Pfarrhaus als spiritueller Ort

Die seit den 1980er-Jahren modern gewordene Rede von der Spiritualität hat frühere und bis dahin synonym verwendete Begriffe wie „Frömmigkeit" und „Geistlichkeit" weitgehend abgelöst. Dass dieser begriffliche Wandel jedoch auf eine starke Entkirchlichung, vorzugsweise im Umfeld esoterischer Strömungen auch auf eine Entchristlichung schließen lässt, liegt auf der Hand und ist eng mit den kirchlichen und religiösen Entwicklungen in der Postmoderne verbunden. Während daher vor allem mit dem Begriff der „Frömmigkeit" das persönliche geistliche Leben der Menschen bis in die Mitte des 20. Jahrhunderts bezeichnet wurde und wird, die durch feste, meist kirchlich vorgegebene Formen und Ausdrucksweisen charakterisiert ist, steht der Begriff der Spiritualität schon aufgrund seiner sehr viel breiteren Verwendung für ein stärker individualisiertes geistliches Lebens. Im Zuge dieser weiten Fassung spiritueller Trends und neuer Spiritualitätskombinationen und -kompositionen konnte die Ethnologin Ariane Martin sieben Grunddimensionen gegenwärtiger Spiritualitäten analysieren.[431]

Für das Aufkommen einer größeren Fülle und Pluralität von Spiritualitätsformen auch innerhalb der Kirche wird oftmals auf die beeindruckende Entwicklung „Neuer geistlicher Gemeinschaften" und „Geistlicher Bewegungen" verwiesen, die aufgrund ihrer Verschiedenheit diese Entwicklung auch im innerkirchlichen Sektor abbilden. Wenn von Spiritualität und damit vom Heiligen Geist gesprochen wird, ist dies zunächst untrennbar verbunden mit der Frage nach dem Ort seiner möglichen Begegnung, nach dem „Wo" des Heiligen Geistes. Jürgen Bründl[432] verweist dazu auf die mittelalterliche Thematisierung des Heiligen Geistes im Zusammenhang mit der „Inhabita-

---

[429] Polak: Religion kehrt wieder, 335.
[430] Hilberath: Vision, 147 f.
[431] Martin, Ariane: Sehnsucht – der Anfang von allem. Dimensionen zeitgenössischer Spiritualität, Ostfildern 2005. Als einander überschneidende, aber doch auch erkennbar profilierte Dimensionen moderner Spiritualität nennt Martin: Reise zu sich selbst, Verzauberung, Heilung, Festigkeit, Gemeinschaft, Reise in die Weite und Weltverhältnis.
[432] Bründl, Jürgen: Gegenwart des Geistes? Zu dem Grundproblem der Pneumatologie, in: LS 56 (2005), 70-75, 71.

tio" als seine Einwohnung in den Menschen. Natürlich widerstrebt einem derartigen Bemühen der Bestimmbarkeit des Heiligen Geistes grundsätzlich seine Weite, der das II. Vatikanische Konzil gerade mit seiner Wiederentdeckung der Lehre vom gemeinsamen Priestertum aller Getauften, mehr noch aber auch durch seine Offenheit gegenüber anderen Konfessionen und nichtchristlichen Religionen, etwa in der „Logoi-spermatikoi-Lehre", nachkommt.

Während sich im Ansatz Bründls durch diese Weite eine starke Betonung der Abwesenheit und des Nichterkennens des Heiligen Geistes ergibt, nimmt Hildegund Keul hier eine entscheidende Differenzierung vor: durch den Hinweis, es handele sich nicht nur um eine Nichtbestimmbarkeit des Heiligen Geistes, sondern um dessen „plurale Verortung", derentwegen „die Rede von Gott mit plötzlichen Ortswechseln des Geistes rechnen"[433] muss.

So wenig es daher möglich ist, an einem Ort das Wirken des Heiligen Geistes auszuschließen, so wenig scheint es auch sinnvoll, einen Ort generell als spirituellen, also geisterfüllten Ort zu kennzeichnen:

> „Erst der Blick auf die Präsenz des Abwesenden eröffnet die Möglichkeit, die Orte zu benennen, an denen der Geist verborgen präsent ist."[434]

Der Blick auf das Pfarrhaus wird sich nicht nur dieser Einsicht zu stellen haben, die damit rechnet, dass viele Pfarrhäuser wohl kaum besonders spirituell geprägt erscheinen, sondern sich auch der „Viel- und Andersortigkeit" des Heiligen Geistes vergewissern müssen. Er wird auch die ekklesiologisch-ordinationstheologische Engführung und Überbetonung des Geistwirkens bezogen auf die Kleriker als „Geistliche" auch über die Pianische Epoche hinaus zu berücksichtigen haben, und sich damit von den historischen Entwicklungen, die mit Beginn des 19. Jahrhunderts (und teilweise noch früher) einsetzen, distanzieren müssen. Bestimmendes Anliegen dieser Zeit und insbesondere der Pianischen Epoche war eine Einheitlichkeit priesterlicher Frömmigkeit, die durch klare kirchliche Vorgaben und eine entsprechende Priesterausbildung geprägt war. Sie zeichnet sich insbesondere durch Frömmigkeitsübungen aus, deren Verrichtung zu den obersten Standesverpflichtungen gehörte. Neben der täglichen (Einzel-) Zelebration der Eucharistie bestand sie vor allem aus dem Stundengebet, das als „Brevierlesen" einen geradezu korsettartigen Tagesablauf bewirkte. Parallelen zur gemeindlichen Frömmigkeit, z. B. in der auch vom Priester erwarteten regelmäßigen Beichtpraxis, konnten von Gemeindemitgliedern hingegen kaum wahrgenommen werden, sodass die Art priesterlicher Spiritualität als überwiegend fremd erfahren worden sein dürfte.

---

[433] Keul, Hildegund: Die Gottesrede von Frauen - Gravuren einer geistesgegenwärtigen Theologie, in: LS 56 (2005), 76-81, 79.
[434] Keul, Hildegund: Heterotopie statt Utopie. Hildegund Keuls Antwort auf „Gegenwart des Geistes", in: LS 56 (2005), 84-86, 85.

Die priesterlichen Frömmigkeitsübungen zeichneten sich so durch eine strikte Abgrenzung mit bloß punktuellen Berührungen gegenüber dem geistlichen Leben der Kirchenmitglieder aus. Die Sorge um die Frömmigkeitsübungen der Gemeinde gehörte zum primären Aufgabenfeld der Pfarrer, bestand neben der Sakramentenspendung (insbesondere in Form von Messfeiern und Beichten) vor allem in der (An-)Leitung von Andachten und Gottesdiensten, Prozessionen und Wallfahrten. Hinzu kam auch im österreichischen Josephinismus eine große Erwartung an die Integrität und moralische Lebensführung des Pfarrers, der damit seiner Gemeinde Vorbild und Lehrer sein und sich so als „Geistlicher" auszeichnen sollte. Im Blick auf das Pfarrhaus dürfte jedoch die Kontrastprägung der priesterlichen Frömmigkeitsübungen (die vor allem beim Brevierlesen auffiel), das Bild eines der Welt enthobenen Heilsvermittlers bestimmend gewesen sein, das ganz dem kultisch-sacerdotalen Priesterbild entsprach.[435]

Dem Pfarrhaus kommt hier für die Bistumsleitung als Ort der priesterlichen Standesspiritualität eine entscheidende Kontrollfunktion zu. Es ermöglicht Gemeindemitgliedern die Wahrnehmung der strengen Ordnungen spiritueller Praxis.

Bereits in vielen Ansätzen vor dem II. Vatikanischen Konzil und dann in dessen Differenzierung des Begriffs vom Priestertum und seiner Bestimmung des Weiheamtes kam es im 20. Jahrhundert zu wichtigen Entwicklungen. Besonders durch die neue Bestimmung des Verhältnisses von gemeinsamem Priestertum aller Gläubigen und dem besonderen Priestertum des Weiheamtes kam es zu einer Annäherung der Frömmigkeitsformen: Die Betonung des Gemeinschaftscharakters einer Eucharistiefeier und die Ermöglichung von Konzelebrationen führten faktisch zu einer Abschaffung der einsam mit einem Messdiener gefeierten Messe.

Die Reduzierung des Stundengebetes in seinem täglichen Pensum und die Wiederentdeckung der Tagzeitenliturgie als stellvertretendes Gebet und liturgische Feier der ganzen Gemeinde nahm dem brevierlesenden (oder doch betenden?!) Pfarrer manch geheimnisvolle Fremdheit. Das Anbieten von Einkehrtagen und Meditationskursen für alle Interessierten in Klöstern und Bildungshäusern, wie auch das selbstständige Lesen der Bibel und ein Austausch in Gemeindegruppen, nahmen der priesterlichen Spiritualität vieles ihrer Exklusivität, bereicherten das geistliche Leben der Gemeinden und bewirkten eine größere Nähe zwischen Pfarrern und Gemeindemitgliedern. Reste, die darüber hinaus die priesterliche Spiritualität ausmachen mögen, sind durch eine weniger fragwürdige als vor allem zeitgenössische Verschiebung in den Privatbereich der Wahrnehmung der Gemeinde nun gänzlich entzogen: Exerzitien werden als Urlaubszeit betrachtet, das Stun-

---

[435] Vgl. Hilberath, Bernd Jochen: „Ich bin es nicht." Grundlegendes zur Aufgabe des priesterlichen Dienstes, in: Diakonia 29 (1998), 173-181, 174 f.

dengebet flexibel am frühen Morgen und späten Abend zusammengefasst und so kaum in ihrem stellvertretenden und dienenden Charakter gesehen.[436] Durch die seit den 1980er-Jahren stark zunehmende Arbeitsbelastung durch die Verantwortlichkeit für mehrere Pfarreien und den zunehmenden Erwartungsdruck erfährt auch die Frage nach der Spiritualität der Pfarrer immer wieder Interesse. Nicht nur eine Fülle von Literatur und Lebensratgebern für Priester, sondern auch offizielle kirchliche Stellungnahmen zeugen von der hohen Erwartung an die Priester als Geistliche und offenbaren gleichzeitig Missstände:

> „Die eine Wurzel sehe ich bei den Priestern selbst. Viele beklagen ein mangelndes Zuhause, eine Verwahrlosung ihrer Tagesgestaltung, einen Zerfall der Lebenskultur. Sie sind zu ermüdet, um ein geistliches Leben zu führen, und zu verbraucht, um sich spirituell, theologisch und literarisch weiterzubilden."[437]

Vor dem Hintergrund dieser geradezu dramatisch wirkenden und häufig formulierten Analyse erklärt sich die Fülle von Stellungnahmen, Seminarveranstaltungen und Ratgebern für ein gelingendes priesterliches Leben, die oftmals versuchen bis in kleinste Details des Alltags Tipps für ein gelingendes Priesterleben zu geben und damit zugleich all diese Bereiche von Kleidung über die Gestaltung der Wohnung bis hin zur Büro- und Terminorganisation unter den Anspruch einer besonderen spirituellen Prägung zu setzen.[438] Es liegt auf der Hand, dass die Frage nach der Spiritualität nicht mehr auf einzelne Frömmigkeitsübungen und Vorlieben für bestimmte Gottesdienstformen reduziert werden kann. Doch dürfte die gegenüber anderen Berufsgruppen inflationär wirkende Hilfs- und Ratgeberliteratur lediglich ein weiterer Ausdruck für die Pluralität unterschiedlicher Definitionen dessen sein, was unter priesterlicher Spiritualität verstanden wird.

Entscheidend ist hier, ob mit einer solchen Pluralität priesterlicher Spiritualität auch auf Seiten der Kirchenleitung umgegangen werden kann, diese als ohnehin bereits stattfindende Binnendifferenzierung für die Kirche in postmodernen Gesellschaften als Chance erkannt und als Voraussetzung notwendiger Authentizität ernst genommen wird: Hier lässt sich in Verständnis und Funktion des Pfarrhauses selbst in lehramtlichen Schreiben im 20. Jahrhundert ein Wandel beobachten, in dem Lebensform mehr und mehr als Ausdruck geistlichen Lebens einerseits und zur Gewinnung von Authentizi-

---

[436] Dies mögen Anzeichen einer priesterlichen Scham sein, die etwa anglikanischen Pfarrern, die ihr Stundengebet mit großer Selbstverständlichkeit für andere sichtbar in der Pfarrkirche beten, fremd sind.
[437] Heinz, Hanspeter: Was Priestern zu schaffen macht, in: Diakonia 29 (1998), 171-172, 171.
[438] Vgl. Brantzen, Hubertus: Lebenskultur des Priesters. Ideale – Enttäuschungen – Neuanfänge, Freiburg-Basel-Wien 1998.

tät und Autorität als unabdingbarer Bestandteil der Glaubensverkündigung verstanden wird.[439]

Mit Blick auf die geistliche Ausbildung von Priestern wird daher zu fragen sein, ob diese genügend Raum lässt für die individuelle Ausbildung einer persönlichen Spiritualität, statt der einen priesterlichen Spiritualität, und ob durch das Vorstellen möglichst vieler verschiedener Wege diese Pluralität auch gefördert wird. Es geht um nicht weniger als die Stärkung der „spirituellen Kompetenz"[440], damit genau diese Kompetenz auch bei Kirchenmitgliedern und bei allen spirituell suchenden Menschen gestärkt werden kann. Dort, wo priesterliche Spiritualität sich durch eine Akzeptanz des „Sammelns von Fragmenten"[441] auszeichnet und die eigene Pluralität priesterlicher Identitäten von der Kirche angenommen werden kann, besteht die Chance zu einer wirklichen gesellschaftlichen Anschlussfähigkeit zu finden und den spirituell Suchenden zur Hilfe zu werden.

Wenn die meisten Priester bislang nur aus einem relativ kleinen und gesellschaftlich an Bedeutung abnehmenden Segment der Mittelschicht und entsprechenden Milieus stammen, zugleich aber konstatiert werden muss, dass der Heilige Geist in allen Bereichen einer Gesellschaft wirkt, zeigt dies nur, wie sehr die Vereinheitlichung und Eingrenzung des geläufigen und von der Kirche propagierten Priesterbildes noch einem vor- oder amodernen Priesterideal mit oftmals kurios anmutenden detaillierten Anforderungskatalogen[442] nachläuft und sich mit einem eher begrenzten Spiritualitätsverständnis den Zugang zu mehreren gesellschaftlichen Milieus geradezu verbaut. So korrelieren beispielsweise immer wieder Forderungen nach einem bescheidenen Lebensstil und schlichter Gestaltung der Wohnung und Kleidung mit Forde-

---

[439] Direktorium für Dienst und Leben der Priester, 59: „Schließlich ist der Priester, obwohl er Armut nicht durch ein öffentliches Gelübde versprochen hat, an eine einfache Lebensführung gehalten. Er muss sich all dessen enthalten, was den Geschmack von „vanitas" hat (Verweis CIC 282, § 1) und so die freiwillige Armut annehmen, um so Christus näher zu folgen (Verweis II. Vat. Konzil, Dekret Presbyterorum ordinis, 17d). In allem (Wohnung, Transportmittel, Urlaub usw.) vermeide der Priester jede Art von Wählerischsein und Luxus. (Vgl. ebd. 17e)". Darüber hinaus fällt auf, dass der Wohnung beziehungsweise dem Haus des Pfarrers keinerlei weitere Aufmerksamkeit im Rahmen des „Direktoriums für Dienst und Leben des Priesters" geschenkt wird!

[440] Polak: Religion kehrt wieder, 245: „Spirituelle Kompetenz ist die Fähigkeit, die eigenen spirituellen Sehnsüchte, Begabungen, Resourcen und Erfahrungen so für das eigene Leben und das Leben anderer fruchtbar zu machen, das die Sphäre Gottes selbst in konkreter Welt erfahrbar wird als relevante Dimension menschlicher Wirklichkeit."

[441] Grey, Mary: Spiritualität als Antwort auf die Fragmentierung. Von „Erschütterten Fragmenten" zu einer neuen Integrität, in: Conc(D) 42 (2006), 190-199, 198.

[442] Vgl. Baumgartner, Konrad: Der Pfarrer als paroikos. Theologische Überlegungen zur Stellung des Pfarrers zwischen Fremdling und Vollbürger, in: Diakonia 23 (1992), 152-162, 160: „die Einfachheit seiner Wohnung und Kleidung, der bewusste Kauf des Mittelklassewagens, die Verweigerung, für sich selbst eine Eigentumswohnung oder ein Haus zu bauen oder zu erwerben; die Ablehnung von kirchlichen und staatlichen Ehrentiteln und Auszeichnungen; eine bewusste Gestaltung des Alltags, "

rungen nach musischer und ästhetischer Kompetenz, etwa in der Liturgie. Doch wie soll ein Priester im Bereich der Ästhetik einerseits zu den gesellschaftlichen Virtuosen gehören und andererseits diese Kompetenz bis zur Selbstverneinung unterdrücken? Immer wieder lassen sich derartige Widersprüchlichkeiten dort finden, wo Priestern in der Verunsicherung ihrer Identität Orientierung geboten werden soll. Einerseits wird dabei oftmals betont, wie wenig sich der Priester von der Lebenskultur seiner Umwelt unterscheide, andererseits wird von ihm als einer Art Kulturträger die Aufrechterhaltung sämtlicher bildungsbürgerlicher Ideale bis hin etwa zur gepflegten Esskultur[443] gefordert, die ihn bei jüngeren Pfarrern von den meisten Mitgliedern seiner Altersgruppe unterscheiden dürfte.[444]

So kann auch das Lebensmodell einer „Vita communis", das sich oftmals einer großen Förderung durch die kirchlichen Vorgesetzten erfreut, allenfalls ein zu ermöglichendes Modell neben anderen sein, um sich nicht dem Verdacht einer allgemeingültigen, communialen Gemeinschaftsideologie auszusetzen. Die Unterstützung dieser Lebensform lässt eine tendenzielle Entwicklung vom Pfarrhaus zum Presbyterium erkennen, als Chance in der veränderten Gemeinde- und Kirchenstruktur eine lebbare Form des Priestertums zu finden, die das Pfarrhaus zu einem „Lernort des Glaubens" werden lassen kann:

> „Die Lebensform der Priester als kommuniale Lebensform zielt auch auf eine strukturelle Neubeschreibung des Pfarrhauses als pastorales und geistliches Lebenszentrum."[445]

Diese vor allem auch spirituelle Neubestimmung des Pfarrhauses als geistliches Zentrum geht einher mit einer zunehmenden Distanz zu den traditionalen Pfarreistrukturen und Berufsbildern des Pfarrers, ja auch zur Gemeinde allgemein.[446] Die Neubestimmung wird bislang meist lediglich als Sehnsucht oder Idealvorstellung artikuliert, die als Beginn einer Suche verstanden werden kann, einer prozesshaften Neuentwicklung von Formen priesterli-

---

[443] Heinemann, Gerd: Die Bedeutung der Lebenskultur für den Pfarrer, in: Diakonia 23 (1992), 170-175, 172.
[444] Vgl. als Beispiel: Bender, Justus: Es ist ein Kreuz. Rhetorikkurse, Gesangsstunden, Mimikübungen: Wie die katholische Kirche aus jungen Männern Priester macht – und wie diese mit dem Zölibat und der Verantwortung für eine Gemeinde umgehen, in: ZEIT Campus 2 (2008), 26-31, 31: „Dieses innere Ringen, diese Zerrissenheit, alles gleichzeitig sein zu müssen, Manager, Beichtvater, Seelsorger, Religionslehrer, Alleswisser und zwischendurch: Privatmensch. Das Priesteramt bedeutet ein Dilemma für die Menschen, die es ausüben. Sie dürfen, und sie dürfen nicht. Sie dürfen lieben, aber nur den Herrn. Sie dürfen anderen auf die Schulter klopfen, aber nicht sich selbst. Sie dürfen um Anerkennung werben, aber nur für Gott. Sie dürfen die Schönheit lieben, aber nicht die eigene."
[445] Hennecke, Christian: Kirche, die über den Jordan geht. Expeditionen ins Land der Verheißung, Münster 2006, 165.
[446] Vgl. Hennecke: Jordan, 167: „Mir scheint aber, dass es dazu auch einer größeren Distanz zur Gemeinde bedarf."

chen Lebens. Verbunden mit diesem Bemühen um eine veränderte spirituelle Verortung der priesterlichen Existenz ist der Wandel des Begriffes und des Verständnisses der Gemeindeleitung, etwa als pluriformer Dienst an der „Auferbauung"[447] der Gemeinde. Hier werden veränderte Anforderungen an die GemeindeleiterInnen und Bedürfnisse der Gemeinden erkennbar, die einer „seelsorglich-organisatorischen"[448] Kompetenz entspringen, deren Vermittlung in der Aus- und Fortbildung von GemeindeleiterInnen noch weitgehend vermisst wird.

Oftmals unbewusst kommt es bei derartigen Neubestimmungen jedoch zur Tradierung eines einheitlichen, eben bildungsbürgerlichen Priesterideals, das sowohl der vielfältigen Zusammensetzung des Klerus wie auch der Pluralität seiner Spiritualitäts- und Lebensformen widersprechen dürfte.

Priesteramtskandidaten und Priester, die hingegen selbst in ihrer unterschiedlichen spirituellen Prägung und Schwerpunktsetzung gefördert wurden und werden, selbst wenn dies unter Berücksichtigung der kirchenrechtlichen und lehramtlichen Vorgaben geschieht, können wohl sehr viel stärker auch ihr eigenes Amt in dieser Hinsicht als Ermöglichungsrahmen einer individuellen Berufung anderer Kirchenmitglieder verstehen. Ansätze dafür finden sich etwa in der Neuordnung der Ausbildung des Erzbistums Freiburg:

> „Das Curriculum für die Ausbildung der Priesterkandidaten in Freiburg sieht vor dem Studium ein 6-monatiges Einführungssemester sowie nach dem Vordiplom ein Praxissemester in der Gemeinde vor. Darin sind folgende Lernfelder vorgesehen: Leben aus geistlichen Quellen: Ein Schwerpunkt im Einführungssemester ist eine ‚Gebetsschule', in der die Kandidaten mit Grundformen der Meditation und des persönlichen Gebetes vertraut werden. Dabei ist wichtig, daß Gebet und Alltag in Beziehung gebracht werden. (…) Das Ziel dieser intensiven Monate ist, daß die Studenten auf einen persönlichen geistlichen Weg kommen, bevor sie mit den Inhalten des Theologiestudiums konfrontiert werden."[449]

Wenn Pfarrer in der Folgezeit in dieser Haltung der mystagogischen Hilfestellung[450] zur Entdeckung der je eigenen und persönlichen Spiritualität

---

[447] Vgl. Udenai, Monika: Auferbauung – eine vergessene Dimension der Gemeindeleitung. Ansätze zu einer neuen Praxis und Spiritualität des Gemeindeleitens, Würzburg 2006, 214: „Die Art und Weise Gemeinde zu leiten, bedarf auch abseits von Verkündigung und Sakramentenpastoral einer verstärkten Aufmerksamkeit und Reflexion, weil mit der Einbindung der Auferbauung eine Verlagerung des Schwerpunktes gemeindeleitenden Handelns einhergeht. Dieser Schwerpunkt bewegt sich von rein inhaltlichen Vorgaben in Richtung einer Gestaltung von Prozessen, die eine inhaltliche Auseinandersetzung für die Gemeindemitglieder ermöglichen."
[448] Udenai: Auferbauung, 215.
[449] Knapp, Andreas: Skizzen zur Priesterausbildung, in: Diakonia 26 (1995), 203-208, 207.
[450] Vgl. als Beispiel für Ansätze einer mystagogischen Sakramentenpastoral: Beck, Wolfgang / Hennecke, Christian: Think about. Mit Kindern, Jugendlichen und Erwachsenen das Bußsakrament neu entdecken, München 2008.

anderer Menschen beitragen, ohne sich selbst in ihrer Verschiedenheit beschränkt zu sehen und ohne Bewertung und Verurteilung unterschiedlicher Wege spiritueller Suche den Gemeinden einen geistlichen Dienst zu leisten, könnte dies die Basis für eine erneuerte Wahrnehmung des Pfarrhauses als geistlicher Ort sein: von einer vereinheitlichten Spiritualität der Andersartigkeit[451] gegenüber der Umwelt zu einer Individualität und Pluralität ermöglichenden und fördernden Spiritualität[452], die bis in die Gemeindepastoral hin verschiedene spirituelle Formen und Ansätze anbietet. Wie sehr eine pluralitätsfähige und -fördernde Spiritualität nicht nur zur Bedingung ihrer Wahrnehmung in der Postmoderne gehört, sondern zu ihrem eigenen Wesen[453], verdeutlicht die Erinnerung an die Vision des Petrus (Apg 10, 9-23a), der erst jenes undurchschaubare Gewimmel des Lebens selbst verinnerlichen muss, bevor er dem heidnischen Hauptmann Cornelius vorurteilsfrei und offen begegnen kann (Apg 10, 23b-48).

Wo mit dem Pfarrhaus und im Pfarrhaus Ansätze für eine derartige zur Postmoderne kompatible Spiritualität entwickelt und gelebt wird, mag es für seine Vermittlungsfunktion neue Chancen geben. Die Alternative wäre nicht eine andere, kontrastgeprägte Spiritualität des Milieus, sondern bestenfalls ein musealer Anachronismus:

> „Heiliges, das sozial und personal orientiert, gibt es nur als aktuelle Größe. Einmal aus der Zeit gefallen, taugen seine Darstellungsformen nur noch fürs Museum; es hat seine Orientierungsmacht im Profanen verloren."[454]

Die spirituelle Bereicherung, die durch die Pluralisierung der pastoralen Berufe in der Kirche seit der Mitte des 20. Jahrhunderts angenommen werden kann, lässt sich hier weitgehend nur vermuten. Sie erscheint als eine noch kaum wahrgenommene Chance. So fällt auf, dass nicht nur in den Gemeinden und in der Kirchenleitung, sondern sogar bei PastoralreferentInnen selbst die Bezeichnung als „Geistliche" Klerikern vorbehalten wird, obwohl gerade das Ringen um eine tragfähige Spiritualität, etwa im Zusammenhang mit einem Familienleben, für viele Gemeindemitglieder Vorbildcharakter und Hilfestellung sein könnte. Gerade durch ihre vielfältige spirituelle Prägung dürfte dem Pfarrhaus gegenüber den Gemeindemitgliedern viel einer vormals erfahrenen Fremdheit und Enthobenheit zu nehmen sein.

Wenn nun zunächst verschiedene Personengruppen beschrieben wurden, die Pfarrhäuser bewohnten und bewohnen, sie mit Leben füllten und damit in

---

[451] Vgl. Baumgartner: Pfarrer als paroikos, 153.
[452] Die Rede vom spirituellen „Sonderfall" wirkt negativ wertend, nimmt jedoch das Phänomen ernst, dass Angehörige aller Gesellschaftsgruppen sich durch eine zunehmende Bereitschaft zu religiöser Eigenkomposition auszeichnen. Vgl. Dubach, Alfred: Jede/r ein Sonderfall. Religion in der Schweiz, Ergebnisse einer Repräsentativbefragung, Zürich 1993.
[453] Vgl. Ammicht-Quinn, Regina: Nicht lachen – die Kirche kann sich verändern, in: Conc(D) 42 (2006), 8-11.
[454] Sander: Symptom ‚Gotteskrise', 53.

eine unterschiedliche Wechselwirkung zur Pfarrgemeinde brachten, ist an dieser Stelle auf eine Herausforderung einzugehen, der sich zwar nicht nur Menschen innerhalb eines Pfarrhauses, diese jedoch auch aufgrund ihres institutionell meist „quasi-familiären" Zusammenlebens, stellen müssen: empfundene Einsamkeit. So scheint bezüglich der im Pfarrhaus gelebten Ehelosigkeit der im Priesteramt integrierte Aspekt des Prophetentums von eigener Bedeutung zu sein[455], wie sie bei dem Propheten Jesaja erscheint: „Du sollst dir keine Frau nehmen und keine Söhne und Töchter haben an diesem Ort." (Jer 16,2)

In der Pfarrhausgemeinschaft der Pianischen Epoche wurde von allen (!) PfarrhausbewohnerInnen ein eheloses Leben erwartet. Wenn dies nur bei den Priestern durch das Zölibatsversprechen rechtlich bindend war, gab es jedoch auch gegenüber den Pfarrhaushälterinnen meist die gleiche Erwartung. Da ihrer Situation kirchlich und gesellschaftlich weit weniger Aufmerksamkeit zuteil wurde, gab es hier zu allen Zeiten weit weniger spirituelle Hilfestellungen, um zu einem gereiften Umgang mit dem „Alleinsein"[456] zu finden und die damit verbundenen sozialen und psychologischen Herausforderungen annehmen zu können. Es kann daher gesagt werden, dass das Gefühl der Einsamkeit bei Pfarrhaushälterinnen, wo sie als solche empfunden wurde und wird, nicht selten die eines Priesters und anderer Personengruppen weit übersteigen konnte und kann. Aufgrund der das Klerikerideal begleitenden kirchlichen Maßnahmen verstärkte sich jedoch die Isoliertheit der Kleriker gegenüber ihrem gesellschaftlichen Umfeld insbesondere im Verlauf des 19. Jahrhunderts. Das „Verdikt privater Partikularfreundschaften"[457] für Kleriker, die gesuchte beziehungsweise abverlangte Arbeitsbelastung, eine teilweise rigorose Versetzungspraxis und eine ambivalente Haltung gegenüber kirchlichen Vorgesetzten sind nur einige Aspekte, die in unterschiedlichen Zeiten und variierendem Maß das Gefühl von Einsamkeit hervorrufen und festigen konnten und können. Die Einbindung der Priester in die seelsorgliche Arbeit, die hohe und im Verlauf pastoraler Professionalisierungsprozesse des 20. Jahrhunderts noch gesteigerte Erwartung an ihre Fähigkeit zur Empathie, zum Einfühlungsvermögen in unter-

---

[455] Seidel, Hans: Das Erlebnis der Einsamkeit im Alten Testament. Eine Untersuchung zum Menschenbild des Alten Testaments, Berlin 1969, 73-92, 91: „Der Prophet ist somit in zweifacher Richtung einsam. Einmal in der mitmenschlichen Ebene, wo er als Bote Jahwes dem Volk gegenübersteht, aber ihm zugleich durch Auftrag, Fürbitte und Gliedschaft am Gottesvolk verbunden bleibt, und zum anderen in der Bindung an den sich dem Propheten offenbarenden und doch verborgen bleibenden Gott. Es ist deutlich geworden, daß die Propheten an dieser Einsamkeit gelitten haben. Sie ist von ihnen nicht gesucht worden, sondern sie haben sie als ein mit dem Prophetenamt verbundenes Schicksal auf sich genommen."
[456] Seifert, Theodor: Wachstum im Alleinsein: Singles und andere, in: Schultz, Hans Jürgen (Hg.): Einsamkeit, Stuttgart[5] 1986, 148-160.
[457] Drewermann, Eugen: Kleriker. Psychogramm eines Ideals, München[5] 1992, 187-192.

schiedliche und teilweise gegensätzliche Gefühlslagen und Empfindungen, sowie die hohe Erwartung an ihre emotionsproduzierende Kompetenz, etwa im Umfeld von Kasualien, erfordern in vielen Situationen ein weitgehendes Absehen von eigenen Empfindungen. Die hier teilweise unterstellte „Doppelbödigkeit"[458] beziehungsweise das Verdrängen eigener Empfindungen zugunsten einer „berufsmäßigen Vergleichgültigung"[459] gegenüber allen Gemeindemitgliedern in unterschiedlichsten Situationen führen bis in die Gegenwart zu dem pastoralen Ideal, innerhalb der eigenen Gemeinde keine persönlichen Beziehungen oder Freundschaften aufzubauen. Doch wo intensive persönliche Beziehungen und die Wahrnehmung von Sympathie und Antipathie schon in der Ausbildung von Priestern als Mangel an Professionalität verstanden wird, liegt es nahe, das Pfarrhaus als Ort vereinsamter Existenz zu identifizieren. Wenngleich viele pastorale und berufsgruppenspezifische Rahmenbedingungen Kleriker und insbesondere Gemeindepfarrer von der Lebensrealität der Gemeindemitglieder entfernen und teilweise sogar von ihr isolieren und damit mitverantwortlich sind für Entstehung von Einsamkeit, so lässt sich gerade darin noch einmal eine seelsorgerische Chance ausmachen. So galt über lange Zeit als selbstverständlich, dass Priester aufgrund ihrer Lebensform aus dem seit der Moderne üblichen „Lebenslaufregime"[460], also den lebenszeitlich allgemein typischen Biografiemerkmalen[461] herausfallen, was meist als Bestandteil ihrer „Kontrastidentität" idealisiert wurde und wird. Aufgrund der in westlichen Gesellschaften seit den 1980er-Jahren beobachtbaren Individualisierungstrends, der Pluralisierung von Lebensläufen[462] und Lebensformen[463], einer „Ausfransung des

---

[458] Drewermann: Kleriker, 246.
[459] Drewermann: Kleriker, 247.
[460] Kohli, Martin: Gesellschaftszeit und Lebenszeit. Der Lebenslauf im Strukturwandel der Moderne, in: Berger, Johannes (Hg.): Die Moderne – Kontinuitäten und Zäsuren, Göttingen 1986, 183-208, 184.
[461] Junge, Matthias: Individualisierung, Frankfurt a. M. 2002, 64. „Empirisch ist für die Ordnung des Lebenslaufs kennzeichnend, daß es eine als Idealtyp fassbare Normierung bezüglich des ‚richtigen' Alters für Lebensereignisse gibt. Ebenso gibt es Regeln der ‚richtigen' Abfolge von Ereignissen."
Vgl. Brocher, Tobias: Stufen des Lebens, Berlin² 1977. Brocher versucht, in einem tendenziell schematischen Durchgang durch die standardisierte Biografie einzelne Abschnitte der Identitätsbildung zu bestimmen, 22: „Bei diesen einleitenden Überlegungen haben wir viele Stufen übersprungen, um zunächst die drei Grundprinzipien des Lebenslaufes erkennbar zu machen, die auf jeder Stufe des Lebens neu erlernt und erprobt werden müssen: die Bewältigung der äußeren Wirklichkeit, die Meisterung der inneren Wirklichkeit des Selbst und die Entwicklung der Fähigkeit, sowohl die äußeren wie die inneren Bedingungen der gegebenen Wirklichkeit einer bestimmten Lebenssituation meistern zu können."
[462] Gross, Peter: Die Multioptionsgesellschaft, Frankfurt a. M. 1994, 57-61, 58: „Die Wahlfreiheiten des Einzelnen sind in vieler Hinsicht nicht nur größer geworden, sondern geradezu geplatzt."
[463] Diewald, Martin / Wehner, Sigrid: Verbreitung und Wechsel von Lebensformen im jüngeren Erwachsenenalter – Der Zeitraum von 1984 bis 1993, in: Zapf, Wolfgang / Schupp,

Normallebenslaufs"[464], der lebenslänglichen Aufgabe zur Selbstdefinition[465] und der breiten Etablierung von Single-Lebensformen wird jedoch dieser Aspekt des Kontrastes der ehelosen Lebensform, der als ein die familiäre Lebensform in ihrer Selbstverständlichkeit immer wieder hinterfragendes Element seit dem ersten Jahrhundert des Christentums bekannt ist[466], zunehmend marginalisiert. Das Besondere und Heroische des Priesterdaseins wird im Zuge einer Destandardisierung der Biografien kaum noch als solches wahrgenommen. Damit geht nicht nur ein erheblicher Bestandteil der Attraktivität der zölibatären Lebensform verloren, sondern auch ein Teil ihrer theologisch-spirituellen Begründung. Zugleich wird erkennbar, dass viele Alltagsprobleme ehelos lebender Priester von anderen Bevölkerungsteilen ebenso erlebt werden. Und so ist hier nach den seelsorglichen und pastoralen Potentialen dieser relativ jungen biografischen Parallelisierung zu fragen.

Wo es Pfarrern gelingt, ihr Alleinsein in verantworteter Weise zu gestalten und spirituell zu begreifen, befinden sie sich, vielleicht unerwartet, nahe an den Lebenssituationen und Empfindungen einsamer Menschen in grundsätzlich verschiedenen Lebensformen.[467] Eine der größten Herausforderungen priesterlicher Existenz im Pfarrhaus kann sich damit, wo sie angenommen und gestaltet wird und sich nicht zu Einsamkeit entwickelt, positiv auf die seelsorgliche Tätigkeit rückwirken. Dabei verwundert es und lässt aufmerken, dass etwa bei der Suche nach spezifischen Spiritualitätsformen für Singles und religiös-motivierten Hilfen für allein lebende Menschen, Priester meist nur als Beispiele für ein misslungenes, weil vermeintlich erzwungenes und allenfalls ertragenes Alleinleben angeführt werden.[468] Trotz einer Suche nach modernen Formen des Eremitentums werden sie in diesem Zusammenhang mit ihrer Lebens- und Glaubenserfahrung der Ehelosigkeit als gelingenden Alleinseins praktisch nicht wahrgenommen oder gar als Gefährdung

---

Jürgen / Habich, Roland (Hg.): Lebenslagen im Wandel: Sozialberichterstattung im Längsschnitt, Frankfurt a. M.-New York 1996, 125-146.

[464] Junge: Individualisierung, 67.
[465] Gross: Ich-Jagd, 24: „In der kleinen Postmoderne sucht und beobachtet das Selbst sich selbst und will sich selbst, wenigstens sich selbst gewinnen und erlösen."
[466] Vgl. Lang, Bernhard: Charisma and the Disruption of the Family in Early Christianity, in: Kohl, Karl-Heinz / Muszinski, Heinzarnold / Strecker, Ivo (Hg.): Die Vielfalt der Kultur. Ethnologische Aspekte von Verwandtschaft, Kunst und Weltauffassung, FS Ernst Wilhelm Müller, Berlin 1990, 278-287, 285: „Jesus called his disciples and fallowers out of their families and united them into a community in which marriage formed no structural element. Far from being a stabilizing factor in society, charisma tends to disrupt marriages and families."
[467] Vgl. zur Einsamkeit von Ehe- und Lebenspartnern: Brocher, Tobias: Einsamkeit in der Zweisamkeit, in: Schultz, Hans Jürgen (Hg.): Einsamkeit, Stuttgart[5] 1986, 162-172.
[468] Vgl. Wagner, Ursula: Die Kunst des Alleinseins, Berlin 2005, 139.

der Eigenständigkeit einer Berufung zum Eremitendasein betrachtet.[469] Selbst wo die Ehelosigkeit der Weltpriester gelingt, ist also eine Verknüpfung dieser Ehelosigkeit mit den Inhalten der christlichen Botschaft, mit den spiritualitätsgeschichtlichen Ursprüngen[470] und der charismatischen Autorität des einzelnen Priesters[471] kaum noch möglich. Andererseits scheinen auch Pfarrer dieses pastorale Potenzial ihrer eigenen Lebenserfahrung zu unterschätzen. Wie sonst wäre es zu erklären, dass Pfarrgemeinden selbst dort, wo kaum Familien leben, mit ihren pastoralen Angeboten einem gesellschaftlich überholten familienorientierten Gemeindeideal nachlaufen, ohne pastorale Angebote für Alleinstehende zu initiieren.[472]

Eine besondere Form spiritueller Prägung, möglicherweise als Folge von empfundender Einsamkeit, bis hin zur Ausprägung einer eigenen Pfarrhauskonzeption stellt das „geschlossene Pfarrhaus" dar. Aufbauend aus der milieuspezifischen Fremdheit von Klerus und Pfarrhaus zum Gemeindeleben, beschränken sich vor allem Priester auf die unbedingt notwendige Präsenz während der Pfarrbüroöffnungszeiten und entziehen sich und das Pfarrhaus weitgehend äußeren Einblicken und Möglichkeiten der Wahrnehmung. Diese Form der Pfarrhauskonzeption kann in Extremform einerseits in einer überkommenen milieuspezifischen Kontrastidentität von Priestern wurzeln, andererseits aber auch in einer „inneren Kündigung"[473] begründet

---

[469] Vgl. Bonnet, Serge / Gouley, Bernard: Gelebte Einsamkeit. Eremiten heute, Freiburg-Basel-Wien 1982, 172.

[470] Vgl. stellvertretend für eine Vielzahl von Veröffentlichungen zur historischen Entstehung des Zölibats und des christlichen Ideals der Ehelosigkeit: Heid, Stefan: Zölibat in der frühen Kirche. Die Anfänge einer Enthaltsamkeitspflicht für Kleriker in Ost und West, Paderborn-München-Wien-Zürich 1997.

[471] Vgl. Lang, Bernhard: Einsamkeit als Charisma: Zum Ursprung religiös motivierter Ehelosigkeit im Christentum, in: Assmann, Aleida / Assmann, Jan (Hg.): Einsamkeit, Archäologie der literarischen Kommunikation VI, München 2000, 173-188, 178.

[472] So zeigt etwa der Schweizer Soziologe Peter Gross die erhöhten Anforderungen an die Individuen in modernen Gesellschaften hinsichtlich ihrer Entscheidungskompetenz auf. Der für einzelne vergrößerte Gestaltungsspielraum wird dabei häufig als belastend und überfordernd erfahren. Vgl. Gross: Multioptionsgesellschaft, 393: „Was tun, ist die Gretchenfrage der Moderne, sie erschallt vielstimmig und vielmündig. Schon die gestellte Frage zeugt indessen davon, daß in luftiger Höhe moralischer und ethischer Ansprüche genauso wenig mehr gewiß ist. Die Multioptionsgesellschaft hat auch hier mit Wucht Einzug gehalten. Viktor Frankl hat einmal gesagt, daß wir, weil wir nicht mehr wissen, was wir sollen, auch nicht mehr wissen, was wir wollen. Fügen wir hinzu, daß wir wissen wollen und daß wir wissen, daß wir sollen."

[473] Brinkmann, Ralf D. / Stapf, Kurt H.: Innere Kündigung. Wenn der Job zur Fassade wird, München 2005. Brinkmann und Stapf beschreiben mit dem Begriff der „inneren Kündigung" ein Phänomen beruflicher Demotivation, das erst in den zurückliegenden zehn Jahren im Bereich von Wirtschaftsunternehmen und staatlichen Verwaltungen beobachtet und wissenschaftlich analysiert wurde. Vgl. Brinkmann, Stapf: Innere Kündigung, 15: „Zu unterscheiden ist etwa eine passive und eine aktive Form der inneren Kündigung. Bei der passiven oder resignativ-reaktiven Form steht der bewusste Rückzug im Vordergrund. Er rührt aus der Erfahrung des Mitarbeiters, dass eine Leistungszurückhaltung keine negativen Konsequenzen hat oder sich in seinem Erleben sogar positiv auswirkt, etwa durch die Wiederherstellung des

sein und somit als ein Indikator einer Überlastungserfahrung gelten. Wo PfarrhausbewohnerInnen ein „geschlossenes Pfarrhaus" pflegen, werden oftmals moderne Argumentationsmuster von Privatheit dafür instrumentalisiert.
Der Schaden, der aus solchen Pfarrhauskonzeptionen und einem dementsprechenden Entziehen der eigenen Persönlichkeit des Pfarrers für das Gemeindeleben erwächst, kann immens sein und dürfte ursprüngliche kirchenrechtliche und pastorale Intentionen zur Residenzpflicht konterkarieren.

Exkurs: Das Evangelische Pfarrhaus[474]

Wo in katholischen Gemeinden das zölibatäre Leben des Pfarrers das Interesse der Menschen bindet und Phantasien freisetzt, bildet im evangelischen Raum traditionell das Leben der Pfarrfamilie den Kristallisationspunkt des Interesses. Dabei kommt dem Pfarrer als Hausherrn im Rahmen einer patriarchalen Gesellschaft die eindeutig hervorgehobene Stellung zu.[475] Zwar wird in der Erforschung Martin Luthers, dessen Pfarrhausleben bis heute normative Wirkung zeigt, immer wieder auch dessen Aufwertung der Frauenrolle unterstrichen[476], jedoch ändert dies wenig an ihrer faktischen Stellung[477] innerhalb des Pfarrhauses, auf das sich lange Zeit auch ihr Tätigkeitsfeld beschränkte. Eine Lockerung dieser Rollenzuschreibung entstand vor

---

beschädigten Selbstwertgefühls. Von aktiver innerer Kündigung hingegen kann die Rede sein, wenn Arbeitnehmer das Gefühl ungerechter Behandlung haben. Durch die innere Kündigung versucht der Mitarbeiter, eine ‚gerechte' Situation für sich herbeizuführen bzw. die unbefriedigende Arbeitssituation wieder in den Griff zu bekommen und sich auf diesem Weg für die als ‚ungerecht' erlebte Situation einen Ausgleich zu verschaffen."

[474] Die wissenschaftliche Forschung zum Evangelischen Pfarrhaus, seiner Geschichte und soziologischen Bedeutung ist von einer Fülle von Publikationen bestimmt und kann als weitgehend ausgeschöpft betrachtet werden. Von besonderer Bedeutung ist hier das Pfarrhausarchiv in Eisenach. Neben wissenschaftlichen Betrachtungen finden sich autobiografische Erzählungen und Sammlungen, z. B.: Greiffenhagen, Martin (Hg.): Pfarrerskinder. Autobiographisches zu einem protestantischen Thema, Stuttgart 1982.

[475] Schmidt: Hausväter vor Gericht, 218: „Den Patriarchalismus sieht ein großer Teil der Forschung nicht nur als Recht, sondern auch als Set von Männerpflichten, das vom Rollenträger erhebliche Vorleistungen für die Anerkennung als pater familias verlangte. Damit wird nicht nur die Frau, sondern auch der Mann als dem Patriarchalismus unterworfen begriffen."

[476] Vgl. Scharffenorth, Gerta: „Im Geiste Freunde werden". Mann und Frau im Glauben Martin Luthers, in: Wunder, Heide / Vanja, Christina (Hg.): Wandel der Geschlechterbeziehungen zu Beginn der Neuzeit, Frankfurt a. M. 1991, 97-108. Lorenz, Dagmar: Vom Kloster zur Küche: Die Frau vor und nach der Reformation Dr. Martin Luthers, in: Becker-Cantarino, Barbara (Hg.): Die Frau von der Reformation zur Romantik. Die Situation der Frau vor dem Hintergrund der Literatur- und Sozialgeschichte, Bonn² 1985, 7-35.

[477] Scharffenorth: „Im Geiste Freunde werden", 108: „Freilich hat Luther selbst dazu beigetragen, daß seine neue Sicht des Menschseins als Mann und Frau im Verlauf der Geschichte verblaßte. Es gibt von ihm auch abfällige Äußerungen über Frauen (u. a. in den Tischreden), die bis heute häufig angeführt werden."

allem durch die Einführung der Frauenordination und die gesellschaftlich veränderten Geschlechterrollen im 20. Jahrhundert.

1. Eine kulturhistorische Erfolgsgeschichte

Bei der Beschäftigung mit der Bedeutung des evangelischen Pfarrhauses im deutschsprachigen Raum fällt schnell dessen Bewertung als kulturelle Größe im gesamtgesellschaftlichen Kontext auf. Dabei geht es, in Folge der Professionalisierung des Pfarrerberufs[478], zunächst um ein direktes Einwirken der Pfarrerschaft auf das gesellschaftlich-kulturelle Leben in Städten und Gemeinden:

> „Im Aufklärungsjahrhundert suchten zahlreiche Pastoren Landwirtschaft und Gartenbau zu heben - zum Wohle ihrer Gemeindeglieder."[479]

Darüber hinaus liegt das Gewicht auf den Rahmenbedingungen, die es im familiären und gemeindlichen Raum für die Entwicklung von musischen und wissenschaftlichen Begabungen bietet. Lieselotte von Eltz-Hoffmann hat das evangelische Pfarrhaus daher als „Heimstatt von Dichtern und Denkern" bezeichnet und zeigt die Ausbildung ganzer Denkerdynastien auf, deren Ursprung im evangelischen Pfarrhaus angesiedelt ist:

> „Im Rückblick auf die Geschichte des Pfarrhauses zeigte es sich, daß auf diesem Boden schöpferische Begabungen in reichem Maß zur Entfaltung kamen. Mehr als ein Viertel aller Dichter und Denker, Gelehrter, Sozialreformer und Erzieher, die das deutsche Volk seit dem Anbruch der Neuzeit hervorgebracht hatte, waren aus einem Pfarrhaus hervorgegangen, das damit entscheidenden Anteil an der Entwicklung seiner Kultur und des Geisteslebens hatte."[480]

Eine derartig positive Beurteilung der kulturellen Prägung einer ganzen Gesellschaft durch das Pfarrhaus, beziehungsweise die Rahmenbedingungen, die es in den vergangenen Jahrhunderten bot, lässt nach Ursachen und Gründen für diesen Umstand fragen.

Natürlich ist zunächst der historischen Tatsache Rechnung zu tragen, dass die aus der Reformation hervorgegangenen Kirchen über lange Zeit für akademische Berufe neben dem Bildungssystem und dem Rechtssystem (erst sehr viel später auch der Medizin) in den protestantisch geprägten Regionen eine monopolartige Stellung innehatten. Wer zwischen dem 17. und 19.

---

[478] Vgl. zur Entwicklung und Professionalisierung des evangelischen Pfarrerberufs: Weyel, Birgit: Praktische Bildung zum Pfarrberuf. Das Predigerseminar Wittenberg und die Entstehung einer zweiten Ausbildungsphase evangelischer Pfarrer in Preußen, Tübingen 2006.

[479] Heutger, Nicolaus: Das evangelische Pfarrhaus in Niedersachsen: als Beispiel für die Bedeutung des evangelischen Pfarrhauses, Frankfurt a. M.-Bern-New York-Paris 1990, 61.

[480] Eltz-Hoffmann, Lieselotte von: Das evangelische Pfarrhaus, Heimstatt von Dichtern und Denkern, in: DtPfrBl 12 (2001), 646-648, 646.

Jahrhundert eine höhere Schulbildung und gar ein Studium anstrebte, tat gut daran, dies mit dem Pfarrerberuf zu verbinden. Wie kein anderer gesellschaftlicher Stand und Beruf bot er die Möglichkeiten und wirtschaftlichen Rahmenbedingungen intellektuelle Fähigkeiten und musische Talente zu verwirklichen und zu pflegen. Hinzu kommt eine herausgehobene gesellschaftliche Stellung der Pfarrerschaft, die zusätzlich zur wirtschaftlichen Sicherheit, für alle Schichten der Gesellschaft als erstrebenswert galt. Auch dieser Aspekt verstärkt den Auswahleffekt, der die Intellektuellen aller Epochen zum Pfarrhaus geführt haben dürfte.[481] Mit einem häufig in historischen Beschreibungen des evangelischen Pfarrerberufes gepflegten idyllischen Bild vom Pastor, der sich den verschiedensten Künsten und Wissenschaften hingibt, räumte Friedrich Wilhelm Kantzenbach in einem Aufsatz bereits 1979 auf:

> „Die Zeit, da ein hoher Prozentsatz von Theologiestudenten aus Pfarrhäusern stammte, ging in den letzten zwanzig Jahren unaufhaltsam zurück. Das ist ein Zeichen dafür, daß statt Ermutigung nicht selten (trotz guten Vorbildes des Elternhauses) die Enttäuschung in eine andere berufliche Richtung als die des Pfarrerberufes drängte. Der Rückgang an Autorität, Muße, Übersichtlichkeit der Aufgaben, die für den Pfarrerberuf in heutiger Zeit wohl kaum in Abrede gestellt werden können, macht das trügerische Bild einer Idylle von Beruf und Haus des Pfarrers endgültig unglaubwürdig und als Modell unbrauchbar."[482]

Und dennoch, auch wenn manche historische Beschreibung, die Kantzenbach als Romantizismus entlarven kann, als nicht haltbar erscheint, bleibt doch die Beobachtung jener kulturprägenden Kraft des Pfarrhauses.
Ein eigenes Phänomen stellt daneben jedoch die Tatsache dar, dass große Begabungen nicht nur in diesen Rahmenbedingungen gepflegt werden

---

[481] Der Tatsache, dass diese Stellung und ein entsprechendes Ansehen des Pfarrers (und damit untrennbar verbunden des Pfarrhauses) nicht immer derartig herausgehoben war, ist bereits hier Rechnung zu tragen. Wolfgang Marhold hat die geschichtliche Entwicklung der sozialen Stellung des evangelisch-lutherischen Pfarrers eingehend untersucht. Hier trägt gerade der Übertritt vieler vormals katholischer Priester zum Protestantismus dazu bei, dass sich das schlechte Ansehen des katholischen Klerus in der damaligen Zeit zunächst auch auf die evangelischen Pastöre überträgt. Vgl.: Marhold, Wolfgang: Die soziale Stellung des Pfarrers. Eine sozialgeschichtlich und empirisch orientierte Skizze, in: Greiffenhagen, Martin (Hg.): Das evangelische Pfarrhaus. Eine Kultur- und Sozialgeschichte, Stuttgart 1984, 75-194, 177: „Viele Pfarrer der Reformationszeit waren übergetretene Priester. Als solche hatten sie Anteil an der weitverbreiteten Mißachtung des geistlichen Standes, die in Spott und Hohn über Pfaffen und Mönche ausgegossen wurde und als eine Reaktion auf die Tatsache anzusehen ist, daß wahrscheinlich kein Stand zum Ausgang des Mittelalters so korrumpiert war, wie der geistliche."
[482] Kantzenbach, Friedrich Wilhelm: Zur kirchen- und kulturgeschichtlichen Bedeutung des evangelischen Pfarrhauses. Streiflichter und Schwerpunkte, in: Riess, Richard (Hg.): Haus in der Zeit. Das evangelische Pfarrhaus heute, München 1979, 42-61, 44.

konnten, sondern darüber hinaus diesen auch entstammten. Gottfried Benn[483] hat dieser Beobachtung sein ganzes Augenmerk geschenkt und ist darin in besonderer Weise ideologieanfällig:

> „Er [Anm. d. V.: Gottfried Benn] betont in seinen autobiographischen Schriften die Prägung durch ein Pfarrhaus unter dem Aspekt der Vererbung von Begabungspotentialen sowie hinsichtlich der besonderen moralischen und intellektuellen Erziehung. (…) Benn spricht geradezu von einem ‚Erbmilieu'…".[484]

Eltz-Hoffmann sieht vor allem im Umgang mit der Bibel eine wesentliche Ursache für die Prägekraft des Pfarrhauses. Er nehme im Denken den höchsten Stellenwert ein. In ihm sei bereits jene Verbindung von Religion und Poesie angelegt, an der sich die dichterische Phantasie entzündete.

Wenngleich hier eine starke Engführung auf die biblischen Texte geschieht, so lässt sich doch an Beispielen von Andreas Gryphius bis zu Matthias Claudius eine starke Inspiriertheit durch biblische Motive und Erzählungen beobachten und eine eigene spirituelle Atmosphäre, die seit dem 18. Jahrhundert und dem entstehenden Pietismus den Pfarrer zunehmend mit der Pfarrhausfamilie identifizierte:

> „Das Pfarrhaus als Bethaus mit dem Zentrum des abgeschirmten ‚Studierzimmers' ist die fromme Variante vom Modell des gesitteten, menschenfreundlichen Pfarrhauses, wie es seit der Aufklärungszeit in so vielen überzeugenden Beispielen anschaubar geworden war."[485]

Hinzu kommt bereits seit der Reformation die hohe Wertschätzung der Bildung innerhalb des Pfarrerberufes generell: Einerseits wurde auf eine fundierte bibelwissenschaftliche und theologische Ausbildung gerade in Absetzung zum intellektuellen Niedergang des katholischen Klerus Wert gelegt. Zum anderen ermöglichte der hohe Bildungsstand eine Ausbildung der Pfarrhauskinder, die geradezu als gesellschaftliche Privilegierung bezeichnet werden kann:

> „Die Pfarrersöhne schlugen schon in der zweiten und dritten nachreformatorischen Generation bevorzugt den Beruf des eigenen Vaters ein, der sie im häuslichen Unterricht auf weiterführende Schulen vorbereitet hatte."[486]

Diese Prägung hält sich auch dort noch, wo es zu Konflikten zwischen den künstlerisch orientierten Kindern und ihrem Elternhaus kommt – bis hin zu den linksradikalen Positionen, deren prominenteste Vertreterin mit Gudrun Ensslin ein RAF-Mitglied war. Das Elternhaus bedeutete für viele Generati-

---

[483] Benn, Gottfried: Lebensweg eines Intellektualisten, Gesammelte Werke Bd. 8, Wiesbaden 1968.
[484] Kantzenbach: Zur kirchen- und kulturgeschichtlichen Bedeutung, 45.
[485] Kantzenbach: Zur kirchen- und kulturgeschichtlichen Bedeutung, 53.
[486] Kantzenbach: Zur kirchen- und kulturgeschichtlichen Bedeutung, 47.

onen von Pfarrhauskindern nicht nur eine akademische und spirituelle Prägung, sondern konfrontierte sie zugleich mit der deutlichen Erwartung und gar der Forderung, als nachfolgende Generation selbst den Pfarrerberuf zu wählen. Das Aufwachsen im Pfarrhaus wurde zum Indiz für eine Berufung zum Pfarrer:

> „Der Pfarrer wünschte vielmehr und forderte oft auch von seinem Sohn, daß er die gleiche Laufbahn einschlug. Entzog er sich aber dem geistlichen Amt, wog dies umso schwerer, als dieser Beruf mehr denn andere, als eine Berufung verstanden wurde. Er verschloß sich damit gleichsam dem Ruf Gottes."[487]

Hier deutet sich bereits ein Unbehagen und Konfliktpotenzial an, auf das an späterer Stelle noch eigens einzugehen sein wird.

Für die Pfarrhauskinder ergibt sich, so ist schon hier festzuhalten, neben einer positiven intellektuellen Prägung eine eigene und sehr spezifische Herausforderung: Die persönliche Entwicklung und eine Abnabelung vom elterlichen Pfarrhaus, die für viele namhafte Persönlichkeiten, die einem Pfarrhaus entstammten, genauso prägend gewesen sein dürfte, wie das Pfarrhausleben selbst. Der wohl berühmteste Vertreter dieser doppelten Prägung durch das Pfarrhausleben einerseits und die Abnabelung davon andererseits dürfte in Friedrich Nietzsche zu finden sein. Bei ihm wird die Abkehr vom elterlichen Pfarrhaus zu einer Infragestellung alles Christlichen und spiegelt darin noch einmal die Prägekraft des Pfarrhauses. Ein weiteres prominentes Beispiel stellt C. G. Jung dar, dessen Beeinflussung durch das elterliche Pfarrhaus zwischen positivem Einfluss und Abgrenzung Gerhard Wehr seine Aufmerksamkeit gewidmet hat. Er stellt dessen ambivalentes Geprägtsein fest, wenn er schreibt:

> „Im Lebensrückblick kann Jung immerhin von sich sagen, daß Gott, um den schließlich sein Denken und Streben kreiste, die sicherste Gewißheit darstellte, die es für ihn überhaupt gab. Das bedeutete jedoch keineswegs eine Versöhnung mit dem kirchlichen Christentum seines Elternhauses und schon gar nicht eine Versöhnung mit der Theologie, die sein Vater repräsentierte oder ihm gegenüber wenigstens repräsentieren sollte."[488]

Die Frage der Kindererziehung stellt somit für das Leben im evangelischen Pfarrhaus einen zentralen Punkt jenes öffentlichen Lebens der Pfarrhausfamilie dar, der zu den zentralen Herausforderungen für die ganze Familie gehörte und wohl gehört. Andreas Gestrich widmet sich dem Thema der „Erziehung im Pfarrhaus" in einem eigenen Aufsatz und stellt fest:

---

[487] Eltz-Hoffmann: Das evangelische Pfarrhaus, 646.
[488] Wehr, Gerhard: Zum Beispiel C.G. Jung. Die religiöse Position eines Pfarrersohnes, in: Riess, Richard (Hg.): Haus in der Zeit. Das evangelische Pfarrhaus heute, München 1979, 79-89, 82.

"Um ‚Anstößiges' zu vermeiden, müssen Pfarrerskinder so sein, wie jeder Familienvater seine eigenen gerne hätte: bescheiden und gehorsam, wohlerzogen und erfolgreich in Schule und Beruf. Dem Familienleben insgesamt wird Konfliktfreiheit und Harmonie verordnet – nicht nur per Erlass, von oben', sondern auch durch den Erwartungsdruck der Gemeinde."[489]

Dass Erziehung hier jedoch weit mehr meint, als im heutigen Sprachgebrauch assoziiert wird, zeigt Friedrich von Schulte in seiner frühen Beschäftigung mit dem Pfarrhausleben, auf das Andreas Gestrich in seinem Aufsatz verweist. Dieser sieht in der geringen Arbeitsbelastung, die er evangelischen Pfarrern seiner Zeit unterstellt, die Hauptursache für das große Engagement der Pfarrer in der Erziehung und Ausbildung ihrer Kinder:

"Über zwei, höchstens drei Stunden täglich braucht der Pfarrgeistliche für sein Amt nicht, den Rest des Tages hat er für sich zur Weiterbildung und für die Familie."[490]

So sehr hier wohl auch vor Verallgemeinerung und Vereinfachung gewarnt sein muss, wird doch deutlich, dass die Ausbildung des eigenen Nachwuchses von vielen Pfarrern als Teil ihrer dienstlichen Aufgabe, sogar als Anteilnahme an der Ausbildung des zukünftigen Pfarrklerus und damit als Dienst an der eigenen Kirche verstanden wurde.[491]

Stellen Nietzsche, aber auch Mitglieder terroristischer Vereinigungen, wie Gudrun Ensslin in der „RAF", extreme Beispiele jener Abkehr vom elterlichen Pfarrhaus dar, so finden sich andere Pfarrhauskinder, die den Erwartungen ihrer Herkunft zumindest insoweit entsprachen, dass sie selbst auch Theologie studierten und Pfarrer wurden beziehungsweise werden. Die Ausbildung ganzer Pfarrerdynastien zeigt, dass die Gestalt der evangelischen Kirchen durch ihre Pfarrhäuser maßgeblich mitgeformt ist. So finden sich in diesen Pfarrerdynastien große Theologen wie Adolf von Harnack, auch Theodor Fliedner, Friedrich von Bodelschwingh oder Albert Schweitzer, auf deren caritatives Engagement moderne kirchliche Einrichtungen zurückgehen.

---

[489] Gestrich, Andreas: Erziehung im Pfarrhaus. Die sozialgeschichtlichen Grundlagen, in: Greiffenhagen, Martin (Hg.): Das evangelische Pfarrhaus. Eine Kultur- und Sozialgeschichte, Stuttgart 1984, 63-81, 63 f.
[490] Schulte, Johannes Friedrich von: Herkunft und Alter von deutschen Gelehrten aller Art, in: Ders. (Hg.): Lebenserinnerungen, Bd. 3, Gießen 1909, 271-279, 276.
[491] Hier ist es naheliegend, dass viele evangelische Theologen des 18. und 19. Jahrhunderts vor ihrer ersten Pfarrstelle eine Wartezeit in Kauf nehmen und diese als Hauslehrer überbrücken mussten. Dieser für die meisten Theologen indirekte Einstieg in den Pfarrerberuf mag sich auf das spätere Familienleben und die Erziehung der eigenen Kinder stark ausgewirkt haben. Vgl. Fertig, Ludwig: Pfarrer in spe. Der evangelische Theologe als Hauslehrer, in: Greiffenhagen, Martin (Hg.): Das evangelische Pfarrhaus. Eine Kultur- und Sozialgeschichte, Stuttgart 1984, 195-208.

2. Die Pfarrfrau

Ist die Bedeutung des Pfarrhauslebens für die Entwicklung der Kinder in Bezug auf Erziehung, Ausbildung und Öffentlichkeitscharakter bereits dargelegt worden, erscheint es nun naheliegend, der Gestalt der Pfarrfrau ebenso besonderes Augenmerk zu schenken. Sie stellt wohl neben dem Pfarrer die am meisten mit Klischees, Vorstellungen und Erwartungen behaftete Person des Pfarrhauses dar:

> „Der züchtig verschlungene Haarknoten gehört zu ihrem Bild wie der unermüdliche Dienst in Haus und Gemeinde, den sie fraglos im Namen zweier Herren verrichtete. Ihr Dasein gehörte zum Pfarrer wie der Stamm zur Blüte. Mit seinem Tod war auch sie ausgelöscht."[492]

Zugleich kommt diesen Frauen für die Entwicklung von evangelischen Gemeinden und Landeskirchen größte Bedeutung zur, bei zugleich ausgesprochen geringer Beachtung.[493] Ihr Leben und ihre Funktion in Familie und Hauswirtschaft orientierte sich über weite Strecken an dem großen Vorbild Katharina von Boras[494], der Ehefrau Martin Luthers. Sie galt ihm in besonderer Weise als ebenbürtige Partnerin, wenngleich auch Klagen über ihren Mangel an Demut und Gehorsam überliefert sind und ein Bewusstsein für ihren Einfluss verbreitet ist:

> „Das protestantische Patriarchat ist heimlich immer matriarchalisch geblieben: Der Mann ist das Haupt, sie ist der Hals und dreht ihn, wohin sie ihn haben will."[495]

Geprägt vom Frauenbild unterschiedlicher Epochen beschränkte sich die Rolle der Frau zeitweise auf Haushalt und Familie[496], wurde jedoch seit dem

---

[492] Beuys, Barbara: Die Pfarrfrau: Kopie oder Original?, in: Greiffenhagen, Martin (Hg.): Das evangelische Pfarrhaus. Eine Kultur- und Sozialgeschichte, Stuttgart 1984, 47-61, 47.
[493] Mernyi, Dorothea: Gottes vergessene Töchter. Spuren aus dem Leben der evangelischen Pfarrfrau in Österreich, Wien³ 2002, 9: „Es besteht jedoch kein Zweifel, daß nicht nur Theologen, Synodale, Kuratoren und Presbyter diese österreichische evangelische Kirche aufgebaut, geleitet und gefördert haben, sondern daß auch Frauen in vielfacher Weise in der Verkündigung, in der Seelsorger und Lehrtätigkeit, sowie im diakonischen Bereich und in der Gemeindearbeit maßgeblich beteiligt waren. Vor allem aber waren es auch die Pfarrfrauen, die durch ihre ständige Präsenz für diese Kirche viel getan haben."
[494] Mernyi: Gottes vergessene Töchter, 23.
[495] Herkenrath, Liesel-Lotte: Pfarrers Kinder / Müllers Vieh / geraten selten / oder nie, in: Riess, Richard, Konfliktfeld Pfarrhaus, Göttingen 1978, 324-341, 333.
[496] Vgl. Heutger: Das evangelische Pfarrhaus, 37: „Bei der Erforschung und Würdigung des Wirkens der Pfarrfrau der alten Zeit muß man von vornherein die nie genügend beachtete Tatsache in den Blick nehmen, daß die Pfarrfrau in ihren besten Lebensjahren meistens schwanger war. Oft zehrten die vielen Geburten an der Lebenskraft der Pfarrfrau. Dadurch starben viele Pfarrfrauen vorzeitig."

19. Jahrhundert[497] in Zusammenhang mit den gemeindlichen Aufgaben ihres Mannes gesehen:
> „Die Allgemeinheit erkannte die ‚Frau Pastor' ganz selbstverständlich als Mitinhaberin des Amtes an."[498]

So gab es bis in die zweite Hälfte des 20. Jahrhunderts klare Erwartungen an ihr - vorausgesetzt ehrenamtliches - Engagement in der Gemeindearbeit, bei selbstverständlicher Unterordnung unter das Patriarchat des Pfarrers und Ehemannes. Dabei erstreckte sich ihr Engagement oft über weite Teile des Gemeindelebens: gemeindliche und übergemeindliche Frauenarbeit, Diakonie, Religionsunterricht, Kinder- und Jugendpastoral bis hin zur Finanzierung missionarischer Projekte durch die Organisation von Basaren. Nicht selten entwickelten sich aus dieser Arbeit übergemeindliche Initiativen und Bewegungen, die bis heute in bemerkenswerten Dimensionen zum Profil der evangelischen Landeskirchen beitragen. Eine zentrale Rolle nahmen Pfarrfrauen insbesondere im Rahmen der kirchlichen Frauenarbeit ein, so etwa im Bayerischen Mütterdienst, in der Weltgebetstagsarbeit oder dem Gustav-Adolf-Werk. Sie reagierten so auf die veränderte und oftmals problematische Situation der Frauen in der gewandelten Familienstruktur des 19. Jahrhunderts.[499]

Die Auswirkungen der Emanzipationsbewegung hat das Leben der Pfarrfrauen im vergangenen Jahrhundert so stark verändert[500], wie das all ihrer Zeitgenossinnen, allerdings damit auch des Gemeindelebens. Umgekehrt muss gerade die starke Position der Pfarrfrau in den Kirchen der Reformation als Antrieb[501] für ein sich seit der Neuzeit wandelndes Frauenbild anerkannt werden:

---

[497] Schirmer, Eva: Die Situation der Pfarrfrau. „Helferin für besondere Fälle", in: Kahl, Susanne (Hg.): Die Zeit des Schweigens ist vorbei. Zur Lage der Frau in der Kirche, Gütersloh 1979, 63-82.
[498] Heutger: Das evangelische Pfarrhaus, 37.
[499] Vgl. Hofmann, Beate: Gute Mütter – starke Frauen. Geschichte und Arbeitsweise des Bayerischen Mütterdienstes, Stuttgart 2000, 123. „Die Belastung der in bürgerlichen Kleinfamilien lebenden Frauen führte zu Überforderungs- und Erschöpfungszuständen, die vorher durch die Großfamilie oder bestehende soziale Netze aufgefangen bzw. verhindert werden konnten. Erst deren Auflösung bzw. Veränderung erforderte das Eingreifen von Hilfsorganisationen. So ist die Entstehung des Mütterdienst auch als Reaktion evangelischer Frauen auf veränderte Familienstrukturen zu sehen."
[500] Vgl. Schirmer: Die Situation der Pfarrfrau, 82: „Auch die Ehefrauen von Pfarrern sind Frauen unserer Gesellschaft. Wir können auch in der Kirche den Kopf nicht in den Sand stecken, die Frauenbewegung ignorieren oder in Nostalgie versinken unter Berufung auf die biblische Überlieferung. Die Pfarrfrau aus dem 19. Jahrhundert ist ein Frauentyp, auf den sich die Ehefrauen von Pfarrern heute nicht mehr verpflichten lassen."
[501] Hofmann: Gute Mütter, 375. „Zusammenfassend lässt sich beim Frauenbild des Mütterdienstes eine zunehmende Entidealisierung und damit Entideologisierung feststellen, die weg von normativen Leitbildern hin zur Wahrnehmung der Lebenswirklichkeit von Frauen führt

„Die Untersuchung von Ideal und Realität des Pfarrfrauenlebens, wie es sich im Protestantismus seit der zweiten Hälfte des 19. Jahrhunderts herausbildete, ist demnach kaum als ‚belanglose Nische' gesellschaftsgeschichtlicher Forschung anzusehen. Das gilt aber auch über das Beispiel der Pfarrfrau hinaus für die Frauenrolle allgemein angesichts der angedeuteten Neubewertung des weiblichen Elements als wesentlichem Teil des Haus- und Ehestandes."[502]

Wenn auch herausragenden Frauenpersönlichkeiten, wie vor allem Katharina von Bora und anderen adligen und bürgerlichen Pfarrfrauen, diese Funktion zugekommen sein mag, so kann dies wohl nicht für die breite Masse dieser Frauen gesagt werden. Stattdessen sind sie bis weit in das 20. Jahrhundert hinein in ein enges Korsett gesellschaftlicher Erwartungen, kirchlicher Kontrolle und vorgegebener Geschlechterrollen gepresst. So beschreibt eine Ausstellung zu evangelischen Pfarrfrauen deren Bedeutung für die Gemeinden und ihre Rolle in der Nachkriegszeit des 20. Jahrhunderts noch einmal mit einem sehr traditionellen Aufgabenkanon – trotz einer stärkeren Emanzipierung in den vorherigen Kriegsjahren:

„Die Pfarrfrauen wurden wieder Gehilfinnen ihrer Männer – sie sangen im Chor, spielten die Orgel, organisierten Feste, hielten den Kindergottesdienst, leiteten Mädchenkreise, gründeten Mütterkreise, kümmerten sich um die Frauenhilfe, besuchten die Wöchnerinnen, trösteten Alte und Kranke."[503]

Ein generelles Umdenken in der Geschlechterwahrnehmung und dem Umgang mit Geschlechterrollen begann weniger mit Martin Luther[504], als viel-

---

und in dem Versuch gipfelt, Frauen bei der Gestaltung der von ihnen selbstgewählten Lebensform zu unterstützen."

[502] Schorn-Schütte, Luise: „Gefährtin" und „Mitregentin". Zur Sozialgeschichte der evangelischen Pfarrfrau in der Frühen Neuzeit, in: Wunder, Heide / Vanja, Christina (Hg.): Wandel in den Geschlechterbeziehungen zu Beginn der Neuzeit, Frankfurt a. M. 1991, 109-153, 110.

[503] Zentralarchiv der Evangelischen Kirche in Hessen und Nassau: Pfarrfrau um Gottes Lohn. Ausstellung zum Dienst der Pfarrfrauen während des Dritten Reiches und der Zeit des Wiederaufbaus, Darmstadt 1996, 174.

[504] Umfassend räumt vor allem Dagmar Lorenz mit einer Interpretation Martin Luthers als Reformator patriarchaler Gesellschaftsstrukturen auf. Vgl. Lorenz: Vom Kloster zur Küche, 8: „Luthers Denken ist nicht weniger androzentrisch, als das des Aristoteles, des Alten Testamentes, der Kirchenväter bis hin zu Thomas von Aquin. Sein Rückgriff auf Paulus statt auf das Evangelium selbst bei der Analyse und Definition der Rolle der Frau, seine starke Anlehnung an den traditionell mysogyn gedeuteten Mythos vom Sündenfall und die Einbeziehung der alttestamentlichen Ehe- und Verlobungsgesetze erlauben es ihm nicht, die Frau anders als durch ihre Biologie und ihre Stellung in Bezug auf den Mann zu bewerten. Sie tritt nur als heiratsfähiger Artikel, als Gattin oder Mutter, nie aber als unabhängiges Einzelwesen bei ihm in Erscheinung. Daher wirkt Luthers Perspektive in mancher Hinsicht angesichts der realen Zustände seiner Zeit als reaktionär." Die praktische Umsetzung der Ansätze einer erneuerten Geschlechterwahrnehmung wurde durch manche Entwicklungen konterkariert. Vgl. Roper, Lyndal: Das fromme Haus. Frauen und Moral in der Reformation, Frankfurt a. M.-New York

mehr erst mit der Postmoderne und ihren Ansätzen einer geschlechtergerechten Gesellschaft.
Im Verlauf des 20. Jahrhunderts werden die Pfarrfrauen zunehmend zu Protagonistinnen der Frauenbewegung und begründen bemerkenswerte theologische Trends. Hier ist vor allem auf ihre große Bedeutung für die Entstehung einer ökumenischen Bewegung im Rahmen des „Weltgebetstags der Frauen"[505] (später: „Weltgebetstag") seit 1947[506] zu verweisen, in der sie den Kirchenleitungen deutlich vorausgingen.
Die zunehmende Berufstätigkeit von Pfarrfrauen außerhalb der Gemeinde seit der Mitte des 20. Jahrhunderts verhalf hier zu stärkerer Abgrenzung der Arbeitsbereiche beider Eheleute. Die Einführung der Frauenordination in den evangelischen Landeskirchen in der zweiten Hälfte des 20. Jahrhunderts hat dazu beigetragen, den Pastor/die Pastorin nicht mit dessen/deren Familie gleichzusetzen. Die Erwartungen an den Ehemann einer Pastorin haben nie die Form angenommen, wie sie von Pfarrfrauen bekannt war.[507] Hinzu kam in Zeiten der „Pastorenschwemme" bis in die 90er-Jahre des 20. Jahrhunderts eine Konstellation der Pfarrhausfamilie, die erst mit der Einführung von Pastorinnen entstehen konnte: Ehepaare, bei denen beide Partner den Pastorenberuf innehaben und - mittlerweile - auch ausüben. Hierbei gibt es eine Reihe von Experimenten, wie dem gemeinsamen Ausüben und Teilen einer Pfarrstelle, deren Umsetzbarkeit immer wieder erprobt werden muss. Wie sonst nur in wenigen gesellschaftlichen Bereichen zeigt sich hier die

---

1995, 227: „Die Reformatoren haben parallel zu Luthers Theologie der zwei Reiche gewissermaßen eine Zwei-Reiche-Lehre des Geschlechterunterschieds entwickelt: Mann und Frau waren in geistlicher Hinsicht gleich, aber ihre Ämter auf Erden unterschieden sich."

[505] Bechmann, Ulrike: Weltweite Ökumene von Anfang an. Der Weltgebetstag der Frauen, in: Baumann, Urs / Hilberath, Bernd Jochen (Hg.): Der Weltgebetstag der Frauen. Situation und Zukunft der Ökumene, Berlin-Münster 2006, 21-34, 32: „Den Frauen gelang eine dauerhafte und selbstverständliche ökumenische Zusammenarbeit in den Gemeinden, eine Verankerung der Ökumene im Volk Gottes mit dem festen Willen, diese lokale Ökumene im Horizont weltweiter Solidarität nicht wieder aufzugeben. Der Weltgebetstag bietet einen Ort, wo die Sehnsucht nach einem gemeinsamen Gottesdienst und gemeinsamem Handeln der Christinnen und Christen erfüllt wird. Der Weltgebetstag der Frauen zielt darauf, die Ökumene vor Ort und global zu stärken. Damit leisten die Frauen einen Beitrag zum gegenseitigen Verstehen und zum Frieden."

[506] Hiller, Helga: Ökumene der Frauen. Anfänge und frühe Geschichte der Weltgebetstagsbewegung in den USA, weltweit und in Deutschland, Düsseldorf 1999, 134: „Ganz wichtig ist jedoch, daß ein Grundelement der ökumenischen Liturgie gleich beim ersten Mal aufgenommen wird: Der Wechsel zwischen Texten, die von einer Einzelsprecherin, und solchen, die gemeinsam gesprochen werden. Eine Ansprache ist nicht vorgesehen. Damit wird deutlich gemacht: Diesen Gottesdienst können Frauen selbständig und gemeinsam gestalten. Ebenso weitreichend ist es, daß der Weltgebetstag über die evangelischen Frauenwerke in den Landeskirchen den Frauen und Frauengruppen in den Gemeinden anvertraut wird. Keine andere Struktur hätte es ermöglicht, so schnell so viele Gemeinden in ganz Deutschland zu erreichen."

[507] Beuys: Die Pfarrfrau, 60.

Ermöglichung einer realen Gleichstellung der Geschlechter, die automatisch einer ganzen Gemeinde zur Aufgabe werden kann. Konsequenzen, die sich mit diesen Entwicklungen ergeben, verändern nicht nur das Zusammenleben der Pfarrhausfamilie, sondern wohl die Gemeinde als Ganze, wie Martin Greiffenhagen 1982 in einem Vorwort formulierte:

> „Die Pfarrerfamilie unterscheidet sich bald kaum noch von normalen Familien. Die Frau des Pfarrers ist nicht mehr Pfarrfrau, sondern Ärztin, Lehrerin, Rechtsanwältin. Das Pfarrhaus verliert seine gläsernen Wände, rückt aus dem Zentrum der Gemeinde und wird eine normale Wohnung. Auf diese Weise entfallen für Pfarrerskinder jene besonderen Bedingungen, denen sie bis dahin unterworfen waren."[508]

Hier deutet sich ein derartig grundlegender Wandel im evangelischen Pfarrhausleben, dem Selbstverständnis seiner BewohnerInnen und ihrem Zusammenleben an, dass aktuelle Diskussionen verstehbarer werden: „Das evangelische Pfarrhaus ist heute in Prozesse hineingezogen, die es zum Nachdenken und zu neuem Umdenken herausfordern."[509]

Auswirkungen dieses Wandels, der nicht zuletzt im Wandel der Geschlechterrollen begründet ist, werden an den Herausforderungen an die Ehe von PfarrerInnen ablesbar. Vielen Männern und Frauen, die in Pfarrerehen leben, erscheint ihre Lebenssituation als besonderes Konfliktfeld. Die Überforderungen und der Erwartungsdruck der Gemeinde an ein vorbildliches Eheleben werden zuweilen ergänzt durch Rivalität der Ehepartner:

> „In manchen Pfarrerehen gibt es einen heimlichen Konkurrenzkampf darum, wer mehr für die anderen da ist, sich stärker aufopfert, noch besser für die anderen eintritt. Beide Ehepartner schnüren sich damit gewissermaßen die Luft ab. Es bleibt keine Zeit mehr für sich selbst und füreinander."[510]

Hinzukommen hier besondere Probleme, Beratung durch Dritte anzunehmen, da das Eingeständnis der Hilfsbedürftigkeit dem persönlichen und beruflichen Selbstverständnis häufig zuwiderlaufe.

3. Vom Segen zum Fluch des Pfarrhauses?

Seit einigen Jahren lässt sich im evangelischen Raum eine Diskussion beobachten, die überwiegend unter Pfarrern und Pfarrerinnen geführt wird und die Herausforderungen und Belastungen benennt, die das Leben in einem Pfarrhaus mit sich bringen. Nach einem verklärend-romantisierenden Blick

---

[508] Greiffenhagen: Pfarrerskinder, 7-8.
[509] Riess, Richard: Konfliktfeld Pfarrhaus. Sonderheft Wege zum Menschen 8/9, Vorwort, Göttingen 1978.
[510] Miethner, Christine / Miethner, Reinhard: Konfliktfeld „Pfarrehe", in: Riess, Richard (Hg.): Konfliktfeld Pfarrhaus. Sonderheft Wege zum Menschen 8/9, Vorwort, Göttingen 1978, 316-324, 317.

auf das Pfarrhausleben, der noch bis in das 20. Jahrhundert hinein den Umgang mit dieser gesellschaftlichen Größe prägte, erfolgt nun eine größere Differenzierung in der Bewertung des Pfarrhauslebens.[511]

Sehr anschaulich wird diese differenzierte Bewertung auf evangelischen Kirchentagen gepflegt, bei denen regelmäßig Kirchenmitglieder und Pfarrerfamilien ihre Bewertung des Pfarrhauslebens darstellen.[512] In diesen (nicht repräsentativen) Umfragen kommen viele positive Eigenschaften des Pfarrhauses für die Gemeinde, wie auch für die Pfarrerfamilie zum Ausdruck. So wird hier zwischen „bewohnten" und „belebten" Pfarrhäusern unterschieden und auf die vielfältigen Kontakt- und Kommunikationsmöglichkeiten hingewiesen, die mit dem Pfarrhaus verbunden sind. Von Seiten der Pfarrhausfamilien werden zumeist die äußeren Rahmenbedingungen, wie das zu große (und deshalb teure) beziehungsweise das zu kleine Pfarrhaus (zu großer beziehungsweise zu kleiner Garten etc.) kritisiert. Hinzukommt die permanente Erreichbarkeit des Pfarrers und seiner ganzen Familie, die zwar nicht nur, jedoch überwiegend als große Belastung für das Familienleben empfunden wird. Diese Erreichbarkeit wird von vielen Pfarrern/Pfarrerinnen und ihren Familien als Eingriff in die Privatsphäre, als ein „Leben im Glashaus" empfunden. Zu einer besonderen Herausforderung für Betroffene, Gemeinden und Kirchenleitungen[513] ist hierbei auch das Scheitern von Pfarrhaus-Ehen geworden.[514]

In diesem Zusammenhang wird häufig die Residenzpflicht[515] kritisiert, aufgrund derer vom jeweiligen Pfarrer beziehungsweise der Pfarrerin erwartet wird, dass er/sie mit der eigenen Familie das Pfarrhaus der Gemeinde bewohnt.[516] Sie gilt als malum, das es um des Pfarrerberufes willen allenfalls in Kauf zu nehmen gilt. Andreas Dreyer hält sie sogar für einen der Gründe,

---

[511] Vgl. die autobiografische Darstellung: Sunnus, Siegfried H.: Pfarrerberuf im Wandel 1970-2005. Rückblicke eines Großstadtpfarrers auf Gemeinde und Kirche. Mit einem Nachdruck von „Die ersten sieben Jahre. Rückblick eines Landpfarrers", Berlin 2006.

[512] Sunnus, Siegfried H.: „Leben im Pfarrhaus – schön und belastend zugleich!", Umfrage am Stand evangelischer Pfarrerinnen und Pfarrer beim Kirchentag in Frankfurt, in: DtPfrBl 12 (2001), 414-418, 414.

[513] Vgl. Institut für Wirtschafts- und Sozialethik Marburg (Hg.): Antworten-Fragen-Perspektiven. Ein Arbeits-Buch zur Pastorinnen- und Pastorenbefragung der Evangelisch-Lutherischen Landeskirche Hannovers, Hannover 2005, 23-24.

[514] Stein, Albert: Überlegungen für einen besseren Umgang mit Ehescheidungen im Pfarrhaus, in: Jossutis, Manfred / Stollberg, Dietrich (Hg.): Ehe-Bruch im Pfarrhaus: zur Seelsorge in einer alltäglichen Lebenskrise, München 1990, 239-241.

[515] Eine erste soziologische Erhebung zur Diskussion um die Residenzpflicht ist dargestellt bei: Dautermann, Richard: Ist die Residenzpflicht noch zu retten?, in: Becker, Dieter / Dautermann, Richard (Hg.): Berufszufriedenheit im heutigen Pfarrberuf. Ergebnisse und Analysen der ersten Pfarrzufriedenheitsbefragung in Korrelation zu anderen berufssoziologischen Daten, Frankfurt a. M. 2005, 183-191.

[516] Hinzukommt die selbstverständliche Regelung, dass das Mietverhältnis mit der Gemeinde endet, sobald der Pastor versetzt wird oder in den Ruhestand tritt. Stirbt ein Pfarrer, hat die Familie meist innerhalb weniger Monate aus dem Pfarrhaus auszuziehen.

die zu einem drastischen Einbruch der Zahlen der Theologiestudierenden und InteressentInnen am Pastorenberuf führen.[517] Die Residenzpflicht entwickelt sich so zu einem Sinnbild des schlechten Umgangs der Kirchenleitungen mit ihren Pastören. Zwar lässt die in den siebziger Jahren des 20. Jahrhunderts auch in den evangelischen Kirchen etablierte Personalplanung Sensibilität für die Frage des Pfarrhauslebens erkennen, sie zeigt jedoch keine Lösungswege auf.[518] So formuliert das sogenannte „Würzburger Papier", in dem die Ergebnisse einer Arbeitsgruppe zu Fragen des Pfarrberufs veröffentlicht wurden, eher die eigene Hilflosigkeit:

> „Berufliche Praxis und private Lebensführung sind im Gemeindepfarrdienst untrennbar verbunden. Eine klare Abgrenzung zwischen beruflicher und privater Existenz ist weder zeitlich noch räumlich möglich. Wohnen und Arbeiten gehen ineinander über. (…) Das Pfarrhaus hat einen Privatbereich, aber es ist kein Privathaus. Wäre es das, dann gäbe es keine Begründung mehr, einem Pfarrer / einer Pfarrerin eine Dienstwohnung zu stellen. Das Pfarrhaus ist ein Mittelding zwischen privatem Refugium und Begegnungsstätte. Es sollte insofern ein ‚offenes Haus' sein. Diese Offenheit ist der sichtbare Ausdruck eines Daseins für andere."[519]

Der berufsethische Anspruch, der hier zum Ausdruck gelangt, ist allerdings kein auf den Pfarrberuf begrenztes Phänomen. Er lässt sich auch in allen anderen Berufen als „professionsethische Verhaltenszumutungen"[520] nachweisen, die unter dem Anspruch einer Profession stehen, etwa für Richter oder Ärzte.

Hinzukommt hier jedoch der Umgang der Gemeinden mit dem Pfarrhausleben der Pfarrfamilie, der vereinzelt sogar den Eindruck des „Ausgeliefertseins" bei Pfarrern und Pfarrerinnen entstehen lässt. Es wächst eine Konfliktsituation zwischen einer Faszination an der Öffentlichkeit und dem Bedürfnis nach Intimität.[521] Naheliegend ist damit die Ansicht vieler Pfar-

---

[517] Dreyer, Andreas: Sag mir, wo die Studenten sind …, in: DtPfrBl 8 (2003), 397-399, 398.
[518] Vgl. Lindner, Herbert: Kirche am Ort. Eine Gemeindetheorie, Stuttgart-Berlin-Köln 1994, 301: „Es [Anm. d. V.: das „Würzburger Papier"] kann als der repräsentative Beleg dafür gelten, wie die deutschen evangelischen Kirchenleitungen die Lage des Pfarrberufs sehen. Auf dem Hintergrund eines offenen und pluralen Kirchenbildes zeigen sich die Kirchenleitungen gesellschaftlich sensibel und innerkirchlich kommunikationsbereit. Das Ergebnis: Das wünschenswerte Bild zeigt kommunikativ-kompetente Generalisten (S.2), die in einer glaubwürdigen Haltung die Übereinstimmung von Beruf und Person suchen (S.6 ff.). Dem Privatleben wird ein eigenständiger Bereich aber keine getrennte Lebenswelt konzediert. Das zeigt sich im Leitbild des Pfarrhauses als „offenem Haus", das zwischen die Extreme eines gemeinde-öffentlichen Hauses und eines privaten Refugiums positioniert wird."
[519] Kirchenamt der EKD (Hg.): Der Beruf des Pfarrers / der Pfarrerin heute. Ein Diskussionspapier zur V. Würzburger Konsultation über Personalplanung in der EKD, Studien- und Planungsgruppe, Hannover 1989, 8.
[520] Vgl. Karle: Der Pfarrberuf als Profession, bes. 72-82.
[521] Vgl. Steffensky: Haus, 128-137.

rerinnen und Pfarrer, dass auch eine Wohnung außerhalb des Pfarrhauses aber innerhalb der Gemeindegrenzen für den Pfarrdienst sinnvoll wäre.

> „Dies wird nicht nur vereinzelt als Eingriff in die persönliche Freiheit erlebt, sondern von einigen Pfarrern und Pfarrerinnen auch aus pastoralen Gründen abgelehnt. So notierte eine Pfarrerin bei der Umfrage auf dem Evangelischen Kirchentag in Frankfurt: ‚Wohne nicht (mehr) im Pfarrhaus, dafür aber jetzt mitten in der Gemeinde!! Eine Pfarrerin.'"[522]

Neben die Positionen, die das Pfarrhaus als Mittelpunkt der jeweiligen Gemeinde verstehen, treten hier Eindrücke, nach denen ein Verzicht auf die Residenzpflicht den Pfarrer/die Pfarrerin „näher" an die Gemeinde bringt. Das Pfarrhaus mit meist großem privatem Wohnbereich wird als unangemessene Privilegierung bewertet. Ein Haus, in dem Arbeits- und Lebenswelt vereint sind, wird im Verhältnis zu den meisten gesellschaftlichen Gruppen zu einem Anachronismus. Das Leben - oder zumindest dessen Rahmenbedingungen - im Pfarrhaus unterscheidet sich von den Lebensbedingungen der Gemeindemitglieder[523] so sehr, dass es als Hindernis auf dem Weg zu den Menschen gilt und für eine Entfremdung der Pfarrer von der Lebensrealität der Gemeindemitglieder verantwortlich gemacht wird. Diese Wahrnehmung der Fremdheit des Pfarrhauslebens gegenüber seiner Umwelt kann nicht als neue Einsicht gewertet werden. Sie findet sich immer wieder in der wissenschaftlichen Beschäftigung mit dem evangelischen Pfarrhaus.[524] Allein die Bewertung dieser „Fremdheit" mag sich gewandelt haben. So sieht Ehrhart Neubert diese Differenz zwischen dem Pfarrhausleben und seiner Umwelt weit positiver:

> „Die gesellschaftliche Sonderstellung des Pfarrers, sein Anderssein-müssen, enthält auch die Qualität des Anderssein-könnens. So sehr der Pfarrer seiner Zeit im gewissen Sinne nachhinkt, ist seine Phantasie gefordert,

---

[522] Sunnus: „Leben im Pfarrhaus …", 416.

[523] Die Tatsache, dass dies kein neues Phänomen ist, kann hier nur oberflächlich angedeutet und in Erinnerung gerufen werden. Die akademische Prägung, die freie Arbeitszeiteinteilung, die Besoldungsordnung und viele andere Rahmenbedingungen des Pfarrerberufes ließen sich als Privilegierung skizzieren. Die Beurteilung, inwieweit diese angemessen oder unangemessen ist, dürfte Bestandteil der künftigen Diskussion um die Residenzpflicht und eng mit dem Bemühen um ein Leitbild des Pfarrerberufes in mehreren evangelischen Landeskirchen sein.

[524] Vgl. Steck, Wolfgang: Im Glashaus: Die Pfarrfamilie als Sinnbild christlichen und bürgerlichen Lebens, in: Greiffenhagen, Martin (Hg.): Das evangelische Pfarrhaus. Eine Kultur- und Sozialgeschichte, Stuttgart 1984, 109-125. Steck charakterisiert das evangelische Pfarrhaus bezüglich seines Öffentlichkeitscharakters als „Haus auf dem Berge" oder „Stadt, die auf dem Berg liegt", vgl. 110: „Und in seiner Andersartigkeit, seiner Fremdartigkeit ist auch die Faszination begründet, die das Pfarrhaus auf die anderen ausübt, auf die großen Dichter und Denker, die in der Blütezeit des ländlichen Pfarrhauses, am Ende des 18. und dann im 19. Jahrhundert, die Idylle der pastoralen Familie beschreiben, und auf die anonymen Poeten des Alltags, die bis in die Gegenwart Gerüchte um das Pfarrhaus spinnen und in oft seltsam entfremdeten Erzählungen den aparten Lebensstil seiner Bewohner auf ihre Weise verdichten."

seiner Zeit auch voraus zu sein. Der Pfarrer gilt schon jetzt als das Symbol individueller Freiheit, als das Symbol der Überwindung von Entfremdung. Soweit das nicht als Reaktion verstanden wird, setzt es ihn frei zur Aktion in und für die Menschen seiner Gesellschaft."[525]

Manfred Josuttis beobachtet die Andersartigkeit und Fremdheit des Pfarrers gegenüber den Gemeindemitgliedern sehr pointiert: „Er [Anm. d. V.: der Pfarrer] soll also so leben wie alle und zugleich besser als sie, solidarisch mit den anderen in Distanz zu ihnen."[526] Zugleich folgert er daraus nicht nur eine Feststellung, sondern zeigt die daraus resultierende Forderung zum „Anderssein" und entsprechende Vorwürfe seitens der Gemeinden auf. So ergibt sich für den Pfarrer/die Pfarrerin, die Familien, sowie für das gesamte Pfarrhausleben eine prekäre Situation:

„Der Pfarrer, der anders ist, anders sein will, anders sein soll und nicht anders sein darf, steht in jenem elementaren Spannungsfeld, das mit dem Phänomen der Andersartigkeit immer verkoppelt ist."[527]

Die kirchliche und gemeindliche Umbruchsituation stellt den Pfarrer beziehungsweise die Pfarrerin zudem an einen Kristallisationspunkt, an dessen Amt und Rolle viele Gemeindetheorien abgearbeitet und initiiert werden. Er/sie findet sich damit im Mittelpunkt der meisten theologischen und strukturellen Überlegungen, in denen nach Neukonzeptionen seines/ihres Berufsbildes gesucht wird.[528] Die daraus erwachsene Rollenunsicherheit ergibt sich damit automatisch und wird von den gesellschaftlichen Veränderungen, z. B. den gewandelten Geschlechterrollen oder der Ausdifferenzierung der Pastoren- und Pastorinnenstellen, mitverursacht:

„Im klassischen Pfarrhaus konnte der Mann ganz für seinen Dienst da sein, weil ihm die Pfarrfrau sowohl in der Familie den Rücken freihielt als auch nicht unwesentliche Hilfsdienste am Telefon, in der Kommunikation zu Mitgliedern und bei Gruppen und Kreisen übernahm. Dies gilt nicht mehr für Teildienstleistende und für Pfarrerinnen und Pfarrer mit berufstätigen Partnerinnen und Partnern. Sie müssen ihre knappere Zeit anders strukturieren und einteilen."[529]

Der hier angedeutete, notwendig veränderte Umgang mit der eigenen Arbeitszeit dürfte weitreichende Folgen für die Funktion des Pfarrhauses im Leben der Kirchengemeinde und den Umgang der Pfarrhausbewohner und -

---

[525] Neubert, Ehrhart: Die Einrichtung Pfarrer wird bleiben. Die Situation des Pfarrers in der sozialistischen Gesellschaft der DDR, in: DtPfrBl 78 (1978), 259-263, 263.
[526] Josuttis, Manfred: Der Pfarrer ist anders. Aspekte einer zeitgenössischen Pastoraltheologie, München² 1983, 11.
[527] Josuttis: Der Pfarrer ist anders, 14.
[528] Vgl. Lindner, Herbert: Kirche am Ort. Eine Gemeindetheorie, Stuttgart-Berlin-Köln 1994, bes. 298-316.
[529] Lindner: Kirche am Ort. Ein Entwicklungsprogramm für Ortsgemeinden, 94.

bewohnerinnen damit haben.[530] Er wird zugleich als ein zentrales Moment im Ringen um eine gesteigerte Berufszufriedenheit diskutiert.[531]

4. Ordinationstheologische Implikationen[532]

In der Erfahrung des Pfarrhauslebens als künstliche Barriere zu den Mitmenschen spiegelt sich das Bemühen der Seelsorgerinnen und Seelsorger wider, ganz an der Seite der Menschen zu stehen, deren Lebensrealität zu teilen und somit weniger ein amtliches Gegenüber, als mehr ein mitmenschlicher Kamerad zu sein. Das evangelische Amtsverständnis des Pastors, das auf dem allgemeinen Priestertum aller Gläubigen aufbaut und sich nicht davon abhebt, stellt die theologische Grundlage dieser Sehnsucht dar:

> „Entscheidend für die Ausübung des Pfarrberufs sind für Luther funktionale, nicht ständische Gesichtspunkte. Wie jede andere Christin an ihrem sozialen Ort und wie der Bürgermeister in seinem Amt, so ist auch die Pfarrerin in ihrem Amt von Gott beauftragt und berufen. Der Pfarrer ist nach reformatorischem Verständnis deshalb dezidiert nicht Priester - dies sind alle Christinnen und
> Christen -, sondern minister verbi divini."[533]

Wolfgang Steck ordnet dieses Bestreben, sich nicht von den Gemeindemitgliedern durch das Amt zu entfernen, korrigierend ein:

> „Ein noch so schlechter Pfarrer kann immerhin wenigstens ein guter Kamerad sein, ein guter Mensch, sogar ein guter Christ. Zum guten Pfarrer wird er dadurch nicht."[534]

Andererseits zeigt gerade die anhaltende Kritik an der „Pastorenlastigkeit" vieler protestantischer Kirchen und der darin enthaltene Selbstwiderspruch ein Interesse großer Teile der PastorInnenschaft, sich als notwendiges Gegenüber zu den Gemeinden zu verstehen, eine gegenläufige Tendenz. Das Ringen um eine positive Identitätsbestimmung des Pfarrberufs steht in der

---

[530] Beobachtungen zum Bedeutungs- und Funktionswandel des evangelischen Pfarrhauses können nicht Bestandteil dieser Arbeit sein. Ansätze dafür finden sich in einer Reihe aktueller Publikationen, z.B. bei Uta Pohl-Patalong. Insgesamt bleibt die pastoraltheologische Untersuchung der gegenwärtigen Bedeutung des evangelischen Pfarrhauses jedoch ein Forschungsdesiderat.
[531] Vgl. Höhmann, Peter: Professionsbrüche im Pfarrberuf, in: Becker, Dieter / Dautermann, Richard (Hg.): Berufszufriedenheit im heutigen Pfarrberuf. Ergebnisse und Analysen der ersten Pfarrzufriedenheitsbefragung in Korrelation zu anderen berufssoziologischen Daten, Frankfurt a. M. 2005, 53-75.
[532] Vgl. zur Frage der Gegenüberstellung konfessionscharakteristischer Ordinationsverständnisse und Amtstheologien als Überblick: Frieling, Reinhard: Amt. Laie-Pfarrer-Priester-Bischof-Papst, Ökumenische Studienhefte, Bd. 13, Göttingen 2002.
[533] Karle: Der Pfarrberuf als Profession, 321.
[534] Steck, Wolfgang: Die Privatisierung der Religion und die Professionalisierung des Pfarrerberufs. Einige Gedanken zum Berufsbild des Pfarrers, in: PTh 80 (1991), 306-322, 307.

Spannung dieser Pole: die eigene Zurücknahme der Pastöre und Pastorinnen zugunsten der Betonung des allgemeinen Priestertums und der Hinweis auf die Notwendigkeit einer amtlichen Repräsentanz der Gemeinde, die aufgrund ihrer Verkündigungsinhalte und -grundlagen eine „Fremdheit"[535] zur Gesellschaft bewirkt.

Steck betont in seinen Überlegungen zum Pfarrerberuf die elementare Verbindung von persönlicher Integrität des Pfarrers und seiner daraus resultierenden Autorität. Zugleich sieht er jedoch auch die Gefahr und die Bürde, die sich dem einzelnen Pfarrer daraus ergibt. Denn die Beurteilung seiner persönlichen Integrität stellt nicht nur einen permanenten Einblick in die Privatsphäre des Pfarrers dar. Diese Beurteilung wird zugleich als ständiges Examinieren und damit als Gefahr erlebt:

> „Sie [Anm. d. V.: die Pfarrer] wähnen sich dann mit ihrem persönlichen Lebenswandel auf nicht sicherem Boden. Der berufliche Untergrund ihrer individuellen Lebensführung kommt ihnen wie heimtückisches Glatteis vor, auf dem man sich bestenfalls – wenn auch mit skurrilen Figuren, Drehungen und Wendungen – einigermaßen aufrecht halten kann; ein Untergrund auf dem man mittlerenfalls stürzen und so reaktionsschnell wieder aufstehen kann, daß es vielleicht niemand gesehen hat; ein Untergrund auf dem man schlimmstenfalls einbricht. Das ist dann das berufliche wie persönliche Scheitern, beides auf einen Streich."[536]

Gründlich räumt Steck mit der illusorischen Sehnsucht auf, der Beruf des Pfarrers sei ein Beruf wie jeder andere. Weil der Pfarrer seine Religion und damit etwas durch und durch Persönliches zum Beruf gemacht habe, setzte er sich grundlegend von seinen Zeitgenossen ab. Allein die Privatisierung der Religion seit der Aufklärung hat zunächst zu jenem Unbehagen zwischen Privatheit und Öffentlichkeit des persönlichen (Glaubens-)Lebens geführt, das Pfarrer als „Kinder ihrer Zeit" mit anderen Menschen teilen. Gerade in der Ausbildung einer individuellen Lebenspraxis übersteigt der Pfarrer seit der Neuzeit andere Berufs- und Gesellschaftsgruppen. Während bei gleichzeitiger Individualisierung des Privatlebens bei den meisten Menschen im 19. Jahrhundert und in der ersten Hälfte des 20. Jahrhunderts die Arbeitsabläufe innerhalb einer Berufsgruppe weitgehend standardisiert bleiben, kommt es bei den Pfarrern zu einer ausgeprägten beruflichen Individualität:

> „Der Pfarrer ist anders – das meint ja auch: jeder Pfarrer ist anders, anders als alle anderen Pfarrer. Er ist eine aparte Erscheinung, eine Persönlichkeit mit individuellen Konturen, ein Original, bestenfalls ein religiöser Virtuose. (...) Die Arbeit, die der neuzeitliche Pfarrer zu leisten hat, ist offensichtlich Ausdruck seiner Persönlichkeit. Sie ist privatisiert."[537]

---

[535] Karle: Der Pfarrberuf als Profession, 264.
[536] Steck: Privatisierung, 308.
[537] Steck: Privatisierung, 314.

Der Unterschied des Pfarrerberufs in seiner Verbindung von Privatem mit Beruflich-Öffentlichem gegenüber der Trennung von Berufswelt und Privatleben, die bei den meisten Menschen in den Industriestaaten seit dem 19. Jahrhundert entstanden ist, ist hier offensichtlich. Wolfgang Steck macht diese Differenz zwischen dem Pfarrer und seiner Umwelt an weiteren Indizien fest. So beobachtet er in der Berufswelt eine große vertikale, wie auch horizontale Mobilität. Findet sich die vertikale Mobilität in der Kirche als straff organisiert, so lässt sich eine horizontale Mobilität, die ein Wechseln in andere Berufe ermöglicht, fast gänzlich vermissen. Dieses Fehlen einer horizontalen Mobilität verstärkt seinerseits den Graben zu anderen Berufsgruppen:

> „Dies führt zu einer Isolierung der pastoralen Profession und trägt zu der bekannten Emigration nicht nur der Kirche, sondern auch des Pfarrerberufs aus der Gesellschaft bei."[538]

Die gesellschaftliche Fremdheit eines Pfarrers/einer Pfarrerin ließe sich an weiteren Charakteristika des Berufsbildes verdeutlichen, wie etwa der Frage der Professionalisierung des seelsorgerlichen Handelns, der „professionellen Autonomie"[539] und der ökonomischen Abrechenbarkeit seiner Arbeit. In all diesen Bestandteilen des pfarrlichen Berufsbildes wird erkennbar, dass eine Vergleichbarkeit mit anderen Berufsgruppen weitgehend entfällt. Wenn dieses schwer vergleichbare und überdies schwer bestimmbare Berufsbild zusätzlich mit dem privaten (Familien-)Leben des Pfarrers/der Pfarrerin verbunden ist, ergibt sich eine Fremdheit des Pfarrers zu seiner gesellschaftlichen Umgebung, die wohl auch durch den Verzicht auf die Residenzpflicht nur oberflächlich abgemildert werden könnte. Diese Andersartigkeit des Pfarrers in grundlegenden Bestandteilen seines Berufes und deshalb auch seines Privatlebens dürfte zu dem großen Interesse am Leben und Arbeiten des Pfarrers bei vielen Mitmenschen führen, über das dann als Eingriff in die Privatsphäre geklagt wird.

Immer wieder entstehen dabei auch im Rahmen der evangelischen Theologie Ansätze, den Pfarrer/die Pfarrerin als Gegenüber der Gemeinde, insbesondere als deren Lehrer zu bestimmen. Diesen Aspekt der Vorbildlichkeit des Pfarrers hat Volker Drehsen geschichtlich aufgearbeitet. In einer Fülle von literarischen Werken unterschiedlicher Gattungen hat er seinen Niederschlag

---

[538] Steck: Privatisierung, 318.
[539] Karle: Der Pfarrberuf als Profession, 273: „Nur auf dem Hintergrund professioneller Autonomie, die in der Bindung an Schrift und Bekenntnis begründet ist, ist es möglich, gelassen mit konfligierenden Erwartungshaltungen umzugehen, berechtigte von unberechtigter Kritik zu unterscheiden und unangemessene Verhaltenszumutungen von Gemeindemitgliedern abzuwehren. Es ist deshalb unabdingbar, daß Pfarrerinnen und Pfarrer genügend Distanz zur Gemeinde wahren, um sich selbst und die Gemeindearbeit im ganzen kritisch wahrnehmen und gerade dadurch Handlungsimpulse setzen zu können, die die lebendige Zirkulation des Wortes Gottes fördern."

gefunden und sich so mit pastoraltheologischen Erwägungen früherer Epochen verbunden:

> „Pastoraltheologie und Belletristik kamen also darin überein, daß sie die Vorbildlichkeit des Pfarrers wohl differenzierten und problematisierten, kaum aber grundsätzlich in Frage stellten."[540]

Drehsen beobachtet bei aller geschichtlichen Aufarbeitung der belletristischen Zeugnisse dieser pfarrlichen Vorbildfunktion zugleich ein Schwinden des Interesses an ihr und ein Abwandern der Sehnsucht nach Vorbildern auf andere gesellschaftliche Gruppen und Berufe. Zugleich betont er die positiv als Chance begriffenen Implikationen des Vorbildcharakters: Nicht als Berufsträger, wie immer dies im Einzelnen bestimmt werden mag, sondern in den konstruktiven, kritischen und produktiven Momenten der Ganzheit, Kontinuität und „selbstübersteigenden Weite" der christlichen Existenzweise, die ihm im Beruf und durch ihn, jedenfalls eher und mehr als in anderen Berufen ermöglicht sind, wird die Vorbildlichkeit des Pfarrers und der Pfarrerin erkennbar. In dieser Vorbildlichkeit steht der Pfarrer seinen Gemeindemitgliedern gegenüber, entfernt sich positiv von ihnen, indem er eine Sonderstellung einnimmt.

Die evangelische Theologin Renate Zitt räumt jedoch mit derartigen Kontrastmodellen des Pfarrerberufs, wie sie Manfred Josuttis gar als Abbildung der Andersartigkeit Gottes oder in dem „rätselhaften Auftreten der Propheten in Israel"[541] theologisch verortet und legitimiert, als Wunschvorstellung auf und entlarvt sie als permanente Überforderung der Pfarrerinnen und Pfarrer:

> „Meines Erachtens entsteht durch eine latente Überforderung – mit Dominanz von Forderungen an die Person, die die Aspekte des Amtes einzulösen hat – jedoch auch eine große Blockade zur Diskussion über die Frage nach der Qualität im Pfarrberuf und in der kirchlichen Arbeit."[542]

Diese Qualität des pfarrlichen Arbeitens ist für sie angewiesen auf die Beziehung zur Lebenswirklichkeit der jeweils gegenwärtigen Gesellschaft. In der Beziehung des Pfarrers und der Pfarrerin zur Umwelt, zu den Menschen mit denen er lebt, kristallisiert sich die Professionalität pastoralen Handelns:

> „Leben geschieht in Beziehung: Es geht darum, die Profession Pfarrer/in in den Kontext der Lebens- und Liebesgeschichte Gottes zu stellen, an der Menschen, vielfältige Berufe, gesellschaftliche Bedingungen und Strukturen beteiligt sind, also: vielfältige Beziehungen und Strukturen."[543]

---

[540] Drehsen, Volker: Die angesonnene Vorbildlichkeit des Pfarrers. Geschichtliche Reminiszenzen und pastoralethische Überlegungen, in: PTh 78 (1989), 88-109, 90.
[541] Josuttis: Der Pfarrer ist anders, 35.
[542] Zitt, Renate: Erinnern als Aufgabe. Zur Diskussion um den Pfarrberuf, in: DtPfrBl 103 (2003), 132-135, 133.
[543] Zitt: Erinnern als Aufgabe, 135.

Der Bezug des Pfarrers/der Pfarrerin zu den Mitmenschen und der Gesellschaft in der er/sie, bei aller Fremdheit lebt, ja diese Abhängigkeit seiner Profession von diesen Beziehungen spiegelt sich in Forderungen an die Ausbildung von Pfarrrern wider, wie sie von Hans-Jürgen Abromeit formuliert werden. Gerade zur Förderung der Persönlichkeitsentwicklung von Theologiestudierenden und zukünftigen PfarrerInnen und gegenläufig zu den Individualisierungstendenzen unserer Gesellschaft betont er das Einüben in ein Gemeinschaftsleben als zentralen Bestandteil der Vorbereitung auf das Amt des Pfarrers. Gerade in dieser Betonung von Gemeinschaft und Beziehung in der Pfarrerausbildung entsteht so ein Kontrast zur Gesellschaft:

> „Gegenläufig zu den Individualisierungstendenzen unserer Gesellschaft geschieht pastorale Identitätsbildung durch Lernen im gemeinsamen Leben. Stärkung der Teamfähigkeit ist Einübung in das Priestertum aller Glaubenden. Hierfür gilt es sowohl im Predigerseminar, als auch in der Gemeindepraxis Formen zu entwickeln."[544]

Wenn nun die Profession des Pfarrberufes derartig von der Beziehung und dem Bezug zur Lebenswelt der Mitmenschen abhängt, stellt sich mit Blick auf die Wohn- und Lebenssituation des Pfarrers/der Pfarrerin die Frage, was ihm/ihr diesen Bezug am ehesten ermöglicht beziehungsweise diesen Bezug und die Beziehung zu den Gemeindemitgliedern und anderen gesellschaftlichen Gruppierungen eher verhindert.

---

[544] Abromeit, Hans-Jürgen: Auf die missionarischen Herausforderungen des kirchlichen Alltags vorbereiten. Was sich in der Ausbildung von Pfarrerinnen und Pfarrern ändern muss, in: PTh 91 (2002), 126-136, 135.

4. Das Pfarrhaus – eine empirische Erhebung

> „Schließlich kann man in gewisser Analogie festhalten, dass sowohl die empirische Sozialforschung als auch die Theologie mittels phänomenologisch verfeinerter Interviewverfahren vertiefte Aussagen zur subjektiv erfahrenen und angeeigneten Wirklichkeit gewinnen können. Theologische Themen werden dadurch (…) induktiv lebensweltlich erschlossen."[1]

Mit diesem Satz hat Kerstin Söderblom im Jahr 2007 das Interesse der Pastoraltheologie an Forschungsmethoden der empirischen Sozialforschung untermauert. Wenn innerhalb der theologischen Arbeit damit deren klassische Arbeitsfelder und Horizonte überschritten werden, stellt dies mehr dar als ein weiterer Methodenimport oder das problematische Überstülpen eines fremden Wissenschaftsverständnisses. Vielmehr ist dies Vorgehen dem Anliegen verpflichtet, Menschen und ihre Lebenswelten nicht nur als Adressaten der theologischen Lehre und damit als Gegenüber zu verstehen, sondern ihren theologiekonstituierenden Standpunkt ernst zu nehmen. Diesem Anliegen fühlen sich verschiedene Ansätze zur Ausbildung eines Methodenkanons innerhalb der Praktischen Theologie[2] verpflichtet, die sich um eine Annäherung an menschliche Lebenswelten und -wirklichkeiten bemühen:

> „Die ‚Dokumente der Praktischen Theologie' sind lebendig; sie sind einmalig, und sie verstehen, deuten und konstruieren die gemeinsame Welt in einem dauernden Prozess."[3]

Im Folgenden soll daher zunächst die Vorgehensweise der dieser Arbeit zugrunde liegenden empirischen Forschung vorgestellt werden, bevor dann die Ergebnisse dargestellt werden und die theologische Theoriebildung daraus entstehen kann.

4.1 Die „Erfahrung" im Rahmen einer pastoraltheologischen Arbeit

In der Diskussion der vergangenen zwei Jahrzehnte über die Methodik der Pastoraltheologie und in dem seit ihrer Entstehung geführten Ringen um ihre Zielsetzung hat sich eine Intradisziplinarität durchgesetzt, bei der die gegenwärtige religiös-kirchliche Situation zunehmend unter Zuhilfenahme vor

---

[1] Söderblom, Kerstin: Leitfadeninterviews, in: Dinter, Astrid / Heimbrock, Hans-Günter / Söderblom, Kerstin (Hg.): Einführung in die Empirische Theologie. Gelebte Religion erforschen, Göttingen 2007, 254-269, 268.
[2] Vgl. Klein, Stephanie: Erkenntnis und Methode in der Praktischen Theologie, Stuttgart 2005. Stephanie Klein bietet einen hilfreichen Überblick über die Entstehung, Etablierung und Bedeutung empirischer Forschungsmethoden innerhalb der Praktischen Theologie.
[3] Klein: Erkenntnis und Methode, 25.

allem soziologischer Methoden untersucht wird. Aufgrund ihrer gegenwartsbezogenen Ausrichtung ist die Pastoraltheologie auf diese Hilfe angewiesen, ohne jedoch dadurch zur Religionssoziologie zu werden. Qualitative Forschungsmethoden verstehen sich als den je fachspezifischen Zugängen, Theorien und Methoden vorgelagert und bieten sich daher aufgrund ihres transdisziplinären Charakters für eine pastoraltheologische Forschung im Besonderen an:

> „Die Aufgabe qualitativer Forschung ist somit grundlegend weder als ein Verstehen noch als ein Erklären in angemessener Weise zu charakterisieren. (…) Vielmehr geht es elementarerweise um die Explikation alltäglicher Orientierungsmuster und kommunikativer Regelsysteme."[4]

Erst wenn diese Grundlagenforschung geleistet ist, kann die empirisch-qualitative Forschung oder auch fachspezifisch pastoraltheologische Theoriebildung auf diesem Fundament weiter aufbauen. In dieser Konsequenz soll auch in der vorliegenden Studie auf eine vorausgehende Hypothesenbildung verzichtet werden. Stattdessen erwächst diese erst in der Begegnung mit den erhobenen Daten und wird von Interview zu Interview zur Theoriebildung. Hypothesenbildung geschieht deshalb nicht vor der empirischen Datenerhebung, sondern als deren Ergebnis.[5]

Nachdem daher im vorangehenden Abschnitt dieser Forschungsarbeit der Problemhorizont mittels einer historischen und einer funktionalen Perspektive auf das Pfarrhausleben aufgezeigt wurde, gilt es nunmehr, den Blick auf die gegenwärtige Situation zu richten[6], um von deren „Verstehen"[7] ausgehend weiteres Fragen und theologische Theoriebildung erst zu ermöglichen. So kommt der Gegenwartsanalyse und kirchlichen Bestandsaufnahme in der Pastoraltheologie eine vorrangige Aufgabe zu und dies vor allem Entwerfen handlungsorientierter Theorien.

Die These, dass der einheitlichen kirchlichen und theologischen Theoriebildung zum Priesterbild in Folge des II. Vatikanischen Konzils und insbesondere zur Rolle des Pfarrers sowie anderer Pfarrhausbewohnerinnen und -bewohner eine große Pluralität von Realisationen unterschiedlicher und teilweise sich widersprechender Formen des Pfarrhauslebens gegenübersteht,

---

[4] Bohnsack, Ralf / Marotzki, Winfried (Hg.): Biographieforschung und Kulturanalyse. Transdisziplinäre Zugänge qualitativer Forschung, Opladen 1998, 7.

[5] Strauss, Anselm / Corbin, Juliet: Grounded Theory. Grundlagen qualitativer Sozialforschung, Weinheim 1996, 9: „Das Ziel der Grounded Theory ist das Erstellen einer Theorie, die dem untersuchten Gegenstandsbereich gerecht wird und ihn erhellt."

[6] Ziebertz, Hans-Georg: Empirische Forschung in der Praktischen Theologie als eigenständige Form des Theologie-Treibens, in: Praktische Theologie 39 (2004), 47-55.

[7] Lamnek, Siegfried: Qualitative Sozialforschung. Lehrbuch, Weinheim[4] 2005, 245: „Im Grundsatz gilt, dass das quantitative Paradigma als standardisierender Ansatz eher objektbezogen erklärt und sich kaum bemüht, subjektbezogen zu verstehen, während das qualitative Paradigma als interpretativer Ansatz das Verstehen im Vordergrund sieht und das Erklären im naturwissenschaftlichen Sinne als sekundär betrachtet."

legt es nahe, dieser Vielzahl von Erfahrungen als einer Quelle theologischer Erkenntnis nachzugehen:

> „Die Reflexion und die Theoriebildung aus diesen Erfahrungen verändern den theologischen Diskurs und die theologische Erkenntnis. Sie brechen den universalen Anspruch herrschender Theorien auf und zeigen deren lebensweltliche Rückgebundenheit an bestimmte gesellschaftliche Gruppen."[8]

So kommt dem wissenschaftlichen Blick auf die Erfahrung von Menschen, hier der Bewohner und Bewohnerinnen von Pfarrhäusern, insbesondere den pastoralen MitarbeiterInnen und Priestern[9], eine kritische Funktion einerseits gegenüber der amtstheologischen Theoriebildung, andererseits aber gerade auch gegenüber jenen empirischen Untersuchungen zu, die als quantitative Forschung statistische Ergebnisse produzieren. Denn deren Anliegen, repräsentative Aussagen zu tätigen, steht systemimmanent in der Gefahr, pluralisierte Individualität zugunsten von Schematisierungen zu nivellieren.

Hans-Georg Ziebertz stellt dagegen drei kritische Funktionen der empirischen Forschung in der Pastoraltheologie heraus, die maßgebend auch für diese Arbeit sein sollen:

> „Erstens kommt der empirischen Forschung in der Praktischen Theologie eine wichtige Rolle zu bei der Reflexion und Kontrolle pastoralen Handelns. (…) Zweitens stellt die empirische Praktische Theologie Wissen zur Orientierung des Handelns bereit. (…) Drittens hat die empirische Forschung in der Praktischen Theologie eine kritische Funktion innerhalb der Theologie selbst. Sie gibt der ‚Praxis' eine Sprache und koppelt diese zurück an die theologische Reflexion insgesamt."[10]

Der Blick auf das Pfarrhaus und damit die Lebenssituation seiner Bewohner und Bewohnerinnen geht daher einer gesamtkirchlichen Gegenwartsanalyse nach, spezifiziert und fokussiert diese. Damit öffnet diese Arbeit die Möglichkeiten zur erfahrungsbasierten Auseinandersetzung mit unterschiedlichen Zugangsweisen zum Pfarrhaus – sie schließt sie gerade nicht ab![11] Der Darstellung von Erfahrungen kommt im Rahmen der Pastoraltheologie

---

[8] Klein, Stephanie: Erfahrung – (auch) eine kritische Kategorie der Praktischen Theologie, in: Nauer, Doris / Bucher, Rainer / Weber, Franz (Hg.): Praktische Theologie. Bestandsaufnahme und Zukunftsperspektiven. FS Ottmar Fuchs, Stuttgart 2005, 128-150, 133.

[9] Bucher: 40 Jahre danach, 122: „Priester hingegen zwängt die gültige Konstellation in eine vorformierte und überdeterminierte Zuordnung von Geistlichem und Säkularem, die sie tendenziell entindividualisiert und zu geistlichen Rollenmachtträgern werden lässt."

[10] Ziebertz: Empirische Forschung, 53.

[11] Vgl. Ritzer, Georg: Praktisch-theologische Empirie. Überflüssig wie ein Hühnerauge oder ein wichtiges Sinnesorgan?, in: Ders. (Hg.): „Mit euch bin ich Mensch…", FS Friedrich Schleinzer, Innsbruck-Wien 2008, 327-340, 338: „Praktisch-theologische Empirie ist sich bewusst, dass alle Theoriebildung und Erkenntnis grundsätzlich unabgeschlossen und offen für Ergänzungen sind. Empirische Forschung übt eine wichtige Brückenfunktion zwischen Theorie und Praxis aus."

deshalb eine befreiende Funktion zu, insofern Menschen zu Wort gebracht werden, denen sonst weder in lehramtlichen noch in wissenschaftlichen Zusammenhängen eine Stimme gegeben wird.[12] Darauf basierend erfolgt in einem weiteren Schritt eine theologische Theoriebildung.

4.2 Methodologische Klärungen

Ohne an dieser Stelle die breite soziologische Methodendiskussion referieren zu müssen[13], soll zunächst doch die Wahl der Methode begründet werden, die der vorliegenden Arbeit zugrunde liegt.

Wenn dabei das methodische Vorgehen skizziert wird, mit dem die Interviews geführt und somit die im ersten Abschnitt formulierten historischen Gegebenheiten empirisch rückgebunden werden sollen, gilt es zugleich die Kritik Jean-Claude Kaufmanns[14] am Metologismus als soziologischem Trend des 20. Jahrhunderts zu berücksichtigen und sich hier in der Absicherung der Arbeitstechnik und ihrer Abgrenzung zu den vielfältigen Formen wissenschaftlicher Interviews auf das notwendige Maß zu beschränken.

Um im Rahmen der Interviews eine möglichst intensive Beteiligung der InterviewpartnerInnen zu ermöglichen und somit ihre Erfahrung und Kompetenz zu nutzen, bieten sich zunächst Leitfaden-Interviews in besonderer Weise an. Die Situation des Forschungsgegenstands legt dabei nahe, dass die InterviewpartnerInnen (deren Auswahl eigens zu thematisieren ist) existenziell mit dem Forschungsgegenstand verbunden sind. Als BewohnerInnen erleben sie das Pfarrhaus aus einer spezifischen Expertenperspektive und sollen ihr eigenes Erleben möglichst frei schildern und im Hinblick auf die Fragehorizonte des Forschers darstellen.

Vor diesem Hintergrund und aufgrund der starken (theologie-)geschichtlichen Prägungen legt sich insbesondere eine Orientierung an der Form des halbstandardisierten und dennoch narrativen Interviews[15] für dieses Forschungsinteresse nahe, das aufgrund seiner Offenheit dem kom-

---

[12] Klein: Erkenntnis und Methode, 37-38: „Praktische Theologie muss diese individuell gelebte religiöse Praxis der Menschen, ihre Fragen, Zweifel, Glaubens- und Handlungsprobleme, aber auch die neuen Formen gelebten Glaubens wahrnehmen, theoretisch fassen und reflektieren."
[13] Einen guten Überblick bietet hier: Flick, Uwe: Qualitative Sozialforschung. Eine Einführung, Reinbek bei Hamburg[6] 2002.
[14] Kaufmann, Jean-Claude: Das verstehende Interview. Theorie und Praxis, Konstanz 1999. Da sich Kaufmann sehr um eine methodische Eindeutigkeit und um eine Abgrenzung des „verstehenden Interviews" von anderen Interviewmethoden und -modellen bemüht, kann er, auch wenn in dieser Arbeit die methodische Entscheidung das „fokussierte Interview" als Leitfadeninterview gewählt wurde, an verschiedenen Stellen als Negativ herangezogen werden.
[15] Hopf, Christel: Qualitative Interviews – ein Überblick, in: Flick, Uwe / Kardoff, Ernst von / Steinke, Ines (Hg.): Qualitative Forschung. Ein Handbuch, Reinbek[5] 2007, 349-360.

plexen Wissensbestand der Interviewten Rechnung trägt und zugleich mittels eines Interviewleitfadens dahingehend stimuliert, implizite Annahmen des Forschenden auszudrücken. Auf diese Weise ist es sowohl möglich, die im Interviewleitfaden erarbeiteten Felder zu thematisieren als auch gleichzeitig im Sinne der „Grounded Theory" eine derart große Offenheit des Interviews zu bewahren, dass eine Theoriebildung erst aus den Interviews erwächst:

> „In Untersuchungen mit der Grounded Theory möchten sie Phänomene im Licht eines theoretischen Rahmens erklären, der erst im Forschungsverlauf selbst entsteht. Sie möchten nicht dadurch eingeengt werden, dass Sie an einer vorab entwickelten Theorie festhalten müssen, die sich auf den untersuchten Wirklichkeitsbereich anwenden lässt oder auch nicht."[16]

Die Orientierung an dieser Form qualitativer Forschung soll sich jedoch auf den ersten Abschnitt der Datenerhebung beschränken und auf den zweiten Teil einer „Struktur-Lege-Technik"[17] verzichten, also den weiteren Umgang mit dem erhobenen Datenmaterial bewusst beim Forscher belassen. Dem Modell „halbstandardisierter Interviews" entsprechend, erfolgt die Orientierung an einem Interviewleitfaden in lockerer Form durch möglichst offene Fragestellungen. Lediglich zur Konkretisierung auf den jeweiligen Themenkomplex hin und zur besseren Verständlichkeit einer Position ist ein Nachfragen in halboffener Weise vorgesehen.

Nach der Analyse des Forschungsgegenstandes, die der eigentlichen qualitativen Befragung vorgelagert war, zur Erarbeitung von Fragehorizonten geführt hat und zur Erstellung eines Fragehorizontes in Form eines Interviewleitfadens verwendet wird, werden daher nun Personen näher in der Blick genommen, die aufgrund ihrer konkreten Lebenssituationen für die Fragestellung interessant erscheinen. Dabei werden Erfahrungen dieser Personen im Gespräch erhoben. Allein die Vielfalt dieser individuellen Erfahrungen ermöglicht, „a) die Validität der aus der Inhaltsanalyse und der sozialpsychologischen Theorie abgeleiteten Hypothesen zu testen und b) nicht antizipierte Reaktionen auf die Situation festzustellen und sie zum Anlaß für die Bildung neuer Hypothesen zu nehmen."[18]

---

[16] Strauss / Corbin: Grounded Theory, 32.
[17] Die „Struktur-Lege-Technik" ist ein in der psychologischen Forschung entwickeltes Verfahren im Rahmen der Dialog-Konsens Methode zur visuellen Rückversicherung erhobener Daten, das vor allem in Gruppenprozessen verwendet wird. Die „Struktur-Lege Technik" hat sich in der empirischen Sozialforschung zu einem Kontrollinstrument gegenüber erhobenen Daten durch die Einbindung von IntervieparterInnen bewährt.
[18] Merton, Robert K. / Kendall, Patricia L.: Das fokussierte Interview, in: Hopf, Christel / Weingarten, Elmar (Hg.). Qualitative Sozialforschung, Stuttgart 1979, 171-204, 172.

4.2.1 Die Offenheit des Forschungsprozesses

An dieser Stelle befindet sich daher die Forschungsarbeit an jenem Wendepunkt zwischen der geschichtlich basierten Formulierung von Fragehorizonten einerseits und der Theoriebildung anhand individueller Erfahrungen andererseits[19], die wiederum eine Überprüfung bestehender Hypothesen und möglicherweise deren Korrektur bewirken. Die damit bewusst in Kauf genommene Subjektivität des zweiten Teils führt nicht zu einem Verzicht auf deren Interpretation. Sie stellt jedoch sicher, dass nicht die Befragten über das notwendige, etwa für Experteninterviews methodenimmanente, Maß hinaus[20] Interpretationen erstellen müssen, sondern hier neuerlich die Aufgabe des Forschers beginnt, teilweise jedoch auch schon in der fortlaufenden Korrektur des Fragehorizontes:

> „Der Forschungsprozess muss so offen dem Gegenstand gegenüber gehalten werden, dass Neufassungen, Ergänzungen und Revisionen sowohl der theoretischen Strukturierungen und Hypothesen als auch der Methoden möglich sind, wenn der Gegenstand dies erfordert."[21]

Dieser Offenheit ist der hier zugrunde liegende Umgang mit der Methode des „halbstandardisierten Interviews" geschuldet. Da qualitative Forschungsmethoden in erster Linie an der Erhebung von Daten zur Theoriebildung interessiert sind, statt bestehende Theorien zu überprüfen, ergeben sich für das Forschungsdesign elementare Grundforderungen. So bildet die Offenheit des Forschungsprozesses gegenüber den Ergebnissen und für neue Erkenntnisse eine Voraussetzung für ein seriöses Forschungsinteresse. Der Forschungsverlauf ist daher von einer „Abfolge von Entscheidungen"[22] geprägt. Für den Prozess der Untersuchung bringt dies eine Variabilität, die als „synchroner Lernprozess" bezeichnet werden kann. Notwendigerweise ergibt sich daher ein ständiger Änderungs- und Korrekturbedarf, der seinerseits zum Indiz der Forschungslauterkeit wird.

---

[19] Mit der Methode des „verstehenden Interviews" tritt Jean-Claude Kaufmann bereits in dieser Konzeption einer Forschungsarbeit für eine alternative Reihenfolge in Sinne der „Grounded Theory" von Anselm Strauss ein, die sich jedoch immer wieder bezüglich ihrer Wissenschaftlichkeit anfragen lassen muss. Kaufmann: Das verstehende Interview, 30: „Das verstehende Interview nimmt diese beiden Elemente (Theorie und Methode) wieder auf, dreht aber die beiden Phasen der Konstruktion des Objekts um: Das Untersuchungsterrain ist nicht mehr eine Instanz zur Überprüfung einer vorher formulierten Fragestellung, sondern der Ausgangspunkt für diese Fragestellung."
[20] Natürlich interpretiert jeder und jede Interviewte in dem Maß der eigenen Reflektion und der Formulierung der eigenen Erfahrung und Lebenssituationen immer schon. Dies gilt in einem Umfang, wie es bei der Übersetzung eines Textes in eine Fremdsprache geschieht und unvermeidlich ist.
[21] Mayring: Einführung in die Qualitative Sozialforschung, 28.
[22] Flick, Uwe: Stationen eines qualitativen Forschungsprozesses, in: Ders. / Kardoff, Ernst von / Keupp, Heiner / u. a. (Hg.): Handbuch Qualitative Sozialforschung. Grundlagen, Konzepte, Methoden, Anwendungen, Weinheim² 1995, 147-173, 148.

Diese Offenheit des Forschungsprozesses findet ihren Niederschlag auch in der Form des Interviews und des Interviewleitfadens, der aufgrund erster Interviewerkenntnisse und -erfahrungen im Forschungsprozess verändert wurde: Zunächst sollte ein Element der Methode des „fokussierten Interviews"[23] hinsichtlich eines Frageimpulses[24] angewendet werden: Den InterviewpartnerInnen wurde ein Zitat aus dem Roman „Gottesdiener", in dem ersten Interview auch ein Zitat aus dem „Direktorium für Dienst und Leben der Priester" vorgelegt, mit deren Hilfe sie eigene Erfahrungen beschreiben und interpretieren sollten.

Der Interviewimpuls aus dem Roman „Gottesdiener" von Petra Morsbach:

> *„Schweigend gingen sie miteinander weiter bis ans Friedhofstor. Isidor warf einen Blick auf die dunklen Pfarrhausfenster im ersten Stock und überlegte kurz, ob er Beneke einladen sollte. Schon stellten sich die üblichen Bedenken ein: nicht abgespült – nur Schmalz und Tütenbrot im Haus – Distanz wahren – peinlich."*[25]

Der Interviewimpuls aus dem „Direktorium für Dienst und Leben der Priester":

> *„Im Licht all dessen, was bereits über die Identität des Priesters gesagt wurde, verwirklicht sich die Gemeinschaft des Priesters mit dem Vater, dem tiefsten Ursprung jeder Vollmacht, mit dem Sohn, an dessen Erlösersendung er partizipiert, und mit dem Heiligen Geist, der ihm die Kraft schenkt, jene pastorale Liebe zu leben und zu verwirklichen, die ihn priesterlich qualifiziert."*[26]

Bereits während der ersten Interviews erwies sich dies Vorgehen als wenig hilfreich, die Interviewpartner reagierten auf diese Impulse mit starker Ablehnung und Ratlosigkeit. Das Zitat aus dem „Direktorium für Dienst und Leben der Priester" wurde deshalb nur in dem erstern Interview als Impuls verwendet. Doch auch das Roman-Zitat erwies sich für den Fluss der Interviews als wenig hilfreich und wurde daher nur etwa bis zur Mitte des Forschungsverlaufs beziehungsweise bis zum siebten Interview verwendet. Die

---

[23] Merton / Kendall: Das fokussierte Interview, 171-204. Lamnek. Qualitative Sozialforschung, 368-371.
[24] Vgl. Atteslander, Peter: Methoden der empirischen Sozialforschung, Berlin-New York[10] 2003, 148: „Bei der teilstrukturierten Form der Befragung handelt es sich um Gespräche, die aufgrund vorbereiteter und vorformulierter Fragen stattfinden, wobei die Abfolge der Fragen offen ist. Die Möglichkeit besteht wie beim wenig strukturierten Interview, aus dem Gespräch sich ergebende Themen aufzunehmen und sie von den Antworten ausgehend weiter zu verfolgen. In der Regel wird dafür ein Gesprächsleitfaden benützt."
[25] Morsbach: Gottesdiener, 277.
[26] Kongregation für den Klerus: Direktorium für Dienst und Leben der Priester, 31. Januar 1994, 23.

InterviewpartnerInnen äußerten hierbei wiederholt ihre Vorbehalte gegenüber den Darstellungen vom Pfarrhausleben in Romanen und Fernsehsendungen.
An diesem Beispiel einer Veränderung des Forschungsdesigns während des Forschungsprozesses wird ein der qualitativen Forschung immanenter Aspekt des prozessualen Charakters sichtbar: Nicht nur die Sammlung von Erkenntnissen wächst im Verlauf dieses Prozesses, sondern auch die Form der Erkenntnisgewinnung! Was sich hier im Forschungsverlauf als abduktives und damit gerade „erkenntniserweiternde(-s) Schlussverfahren"[27] erweist, findet seine Fortsetzung in der inhaltlichen Offenheit gegenüber den Forschungsergebnissen, aus der heraus erst Handlungsoptionen erwachsen, die in ihrer Art, wie auch hinsichtlich ihrer Adressaten überraschend sind.
Diese notwendige Offenheit bezieht sich somit auf alle Parameter des Forschungsdesigns. Im Verlauf der Forschung erschien es etwa auch sinnvoll, den Kreis der befragten Personen zu erweitern.

4.2.2 Auswahl der Gesprächspartner

Der Auswahl von Gesprächspartnern und -partnerinnen kommt in der Vorbereitung der Interviews besondere Bedeutung zu. Ihre Auswahl soll einen möglichst vielfältigen Zugang zum Themenkomplex ermöglichen und sowohl die unterschiedlichen Personengruppen als auch unterschiedliche geografische, kulturelle und kirchliche Kontexte berücksichtigen, die im Forschungsinteresse begründet sind.[28] Wenn im Rahmen dieser Forschungsarbeit die interviewten Personen schwerpunktmäßig der Berufsgruppe der Pfarrer angehören, wird damit sowohl ihrer (noch bestehenden) quantitativen Dominanz unter den Pfarrhausbewohnern und -bewohnerinnen, wie auch ihrer historisch monopolartigen Stellung Rechnung getragen. Die Hinzunahme von Pastoralreferentinnen und -referenten, die in Pfarrhäusern arbeiten und wohnen, greift selbstverständlich ihre statistische Repräsentanz in der Gruppe der Pfarrhausbewohnerinnen und -bewohner auf. So ergaben sich zunächst folgende Gruppen von Interviewten:
    1. Pfarrer in einem städtischen Umfeld
    2. PastoralreferentInnen in einem städtischen Umfeld

---

[27] Reichertz, Jo: Abduktion, Deduktion und Induktion in der qualitativen Forschung, in: Flick, Uwe / Kardoff, Ernst von / Steinke, Ines (Hg.): Qualitative Forschung. Ein Handbuch, Reinbek^5 2007, 276-286, 276.
[28] In der Kontaktaufnahme mit den Gesprächspartnern und Gesprächspartnerinnen gehört die Transparenz der Auswahlkriterien zu den vorrangigen Informationen als „Orientierungsinformationen". Vgl. Froschauer, Ulrike / Lueger, Manfred: Das qualitative Interview. Zur Praxis interpretativer Analyse sozialer Systeme, Wien 2003, 66: „Die Orientierungsinformationen beziehen sich unter anderem: auf den Gesprächsgegenstand; den Rahmen, in dem das Gespräch stattfindet (etwa ein universitäres Forschungsvorhaben); warum man die Person ausgewählt hat; wofür dieses Gespräch dient."

3. Pfarrer in einem ländlichen Umfeld
4. PastoralreferentInnen in einem ländlichen Umfeld

In die Auswahl wurden sowohl deutsche, wie auch österreichische Diözesen einbezogen.[29]

Bereits in der Wahl der Personen und auch in der Frage, welche Interviews für eine genauere Analyse herangezogen werden, stellt sich die Diskussion um das Sampling, also die Suche nach repräsentativen Stichproben innerhalb einer qualitativen Forschungsarbeit mit besonderem Nachdruck. Dabei hat sich das Negativkriterium der Vermeidung von Verzerrungen und der Verzicht auf Zufallsstichproben mittlerweile weitgehend durchgesetzt:

> „Stattdessen müssen hier Verfahren einer bewußten (d. h. nicht zufälligen!), kriteriengesteuerten Fallauswahl und Fallkontrastierung eingesetzt werden, bei der sichergestellt wird, daß für die Fragestellung relevante Fälle berücksichtigt werden."[30]

Aufgrund der relativ umfangreichen Bestimmungen von Fragehorizonten als Grundlage dieser qualitativen Forschungsarbeit bietet sich für die kriteriengesteuerte Fallauswahl die Strategie des „Theoretischen Sampling"[31] . Hierbei soll gerade die Maximierung von Unterschieden in dem befragten Personenkreis und ihren Lebenssituationen die Wahrscheinlichkeit erhöhen, „Heterogenität und Varianz im Untersuchungsfeld abzubilden."[32]

Als Ort für die Interviews wurde den zu interviewenden Personen möglichst entgegen gekommen und der jeweilige Wohnort, das Pfarrhaus, gewählt. Zwar böten die Beobachtungen dieser Lebensorte im Horizont einer ethnographischen Religionssoziologie[33] neben den Interviews eine weitere Datenquelle, jedoch sollen diese Beobachtungen hier nicht als Grundlage, also als „Grashütte"[34] herangezogen werden. Lediglich sollte den angefragten Personen auf diese Weise eine Zustimmung zum Interview erleichtert werden.

---

[29] Auf die Einbeziehung von InterviewparterInnen aus der Schweiz wurde in dieser Studie aufgrund der besonderen kirchlichen Situation insbesondere hinsichtlich der kirchlichen Berufsgruppen und der Ausgestaltung ihrer Berufsprofile verzichtet.

[30] Kelle, Udo / Kluge, Susann: Vom Einzelfall zum Typus. Fallvergleich und Fallkontrastierung in der qualitativen Sozialforschung, Opladen 1999, 39.

[31] Glaser, Barney G. / Strauss, Anselm L.: Grounded Theory. Strategien qualitativer Forschung, Bern² 2005, 53: „Theoretisches Sampling meint den auf die Generierung von Theorie zielenden Prozess der Datenerhebung, währenddessen der Forscher seine Daten parallel erhebt, kodiert und analysiert sowie darüber entscheidet, welche Daten als nächste erhoben werden sollen und wo sie zu finden sind. Dieser Prozess der Datenerhebung wird durch die im Entstehen begriffene – materiale und formale – Theorie *kontrolliert*."

[32] Kelle / Kluge: Einzelfall, 45.

[33] Vgl. Honer, Anne: Lebensweltanalyse in der Ethnopraphie, in: Flick, Uwe / Kardoff, Ernst von / Steinke, Ines (Hg.): Qualitative Forschung. Ein Handbuch, Reinbek⁵ 2007, 194-204.

[34] Knoblauch, Hubert: Qualitative Religionsforschung, Religionsethnographie in der eigenen Gesellschaft, Paderborn-München-Wien-Zürich 2003, 114-115: „Von ‚Grashütten' spricht man dann, wenn die Interviews im Lebensumfeld der Interviewten gemacht werden. Inter-

Aufgrund dieser Vorgaben ergab sich zunächst folgende Liste interviewter Personen[35]:

1) Frau Kuhn: Pastoralreferentin; über 40 Jahre alt; wohnte zeitweise in einem Pfarrhaus; ledig; katholisch geprägte, ländliche Region; Deutschland, Code: BCJOS01.

2) Herr Wittmann: Pastoralreferent und Diakon; über 60 Jahre alt; wohnte über mehrere Jahrzehnte in drei verschiedenen Pfarrhäusern; verheiratet, 3 Kinder; Großstadt; Deutschland; Code: ACLNS02.

3) Herr Hübner: Pfarrer und Dechant; über 50 Jahre alt; wohnt und arbeitet in einem Pfarrhaus zusammen mit einem Kaplan; Kleinstadt; Österreich; Code: AEKOR03.

4) Herr Weinrich: Pfarrer; über 40 Jahre alt; wohnt mit seinen Eltern in einem Pfarrhaus; katholisch geprägte, ländliche Region; Deutschland; Code: AEJOR04.

5) Frau Pollderk: Gemeindereferentin und Ordensschwester; über 60 Jahre alt; wohnt mit einer Mitschwester in einem Pfarrhaus; ländliche, katholisch geprägte Region; Deutschland; Code: BDLOR05.

6) Herr Wallhuber: Pfarrer; über 30 Jahre alt; wohnt und arbeitet in einem Pfarrhaus; katholisch geprägte, ländliche Region; Österreich; Code: AEHOR06.

7) Herr Trondler: Pfarrer und Dechant; über 60 Jahre alt; wohnt und arbeitet mit einem Kaplan in einem Pfarrhaus; katholisch geprägte Kleinstadt; Österreich; Code: AELOR07.

8) Herr Dreger: Pfarrer und Dechant; über 50 Jahre alt; wohnt und arbeitet in einem Pfarrhaus; Großstadt; Deutschland; Code: AEKOR08.

9) Herr Harmüller: Pfarrer und Dechant; über 40 Jahre alt;

---

views im Lebensbereich der Befragten zu führen, hat den Vorteil, dass deren materielle Kultur zugänglich ist und beschrieben werden kann."

[35] Jeder interviewten Person wurde ein Code zugeordnet, um die Anonymität der Gesprächsparterinnen zu gewährleisten. Um eine bessere Lesbarkeit der Textauszüge zu ermöglich, wurden hier außerdem fiktive Namenszuweisungen vorgenommen.

wohnt und arbeitet mit einem Kaplan in einem Pfarrhaus; Kleinstadt; Deutschland; Code: AEJOR09.

10) Herr Werner: Pastoralreferent; über 40 Jahre alt; wohnt mit Frau und drei Kindern in einem Pfarrhaus; Kleinstadt; Deutschland; Code: ACJMR10.

11) Frau Weiser: Pastoralreferentin; über 40 Jahre alt; wohnt mit Mann und 2 Kindern in einem Pfarrhaus; Randgemeinde einer Großstadt; Österreich; Code: BCJNR11.

12) Herr Albrecht: Pastoralreferent; über 40 Jahre alt; wohnt mit Frau und 3 Kindern in einem Pfarrhaus; der zuständige Pfarrer wohnt in demselben Pfarrhaus; Randgemeinde einer Großstadt; Österreich; Code: ACJNR12.

13) Herr Prendler: Pastoralreferent; über 30 Jahre alt; wohnt mit Frau und 2 Kindern in einem Pfarrhaus; Kleinstadt; Österreich; Code: ACHNR13.

14) Herr Uhlkamp: Pfarrer und Dechant; über 50 Jahre alt, wohnt mit einem weiteren Pfarrer und Studenten in einem Pfarrhaus; Großstadt; Deutschland; Code: AEKOR14.

Auch in der Auswahl der interviewten Personen wurde die unter 3.2.1. beschriebene prozessuale Offenheit des Forschungsprozesses relevant. So zeigte sich im Verlauf der Forschungsarbeit, dass es hilfreich sein würde, die Gruppe der Interviewten um zwei Personen zu erweitern: eine Pfarrhaushälterin, die in einem Pfarrhaus wohnt und arbeitet, und eine Pfarrsekretärin, die in einem Pfarrbüro arbeitet, aber nicht im Pfarrhaus wohnt.
So konnte die Gruppe um folgende Interviewpartnerinnen ergänzt werden:

15) Frau Dörmann: Pfarrhaushälterin; über 40 Jahre alt; ledig; wohnt und arbeitet in einem Pfarrhaus; katholisch geprägte Kleinstadt; Deutschland; Code: BGJOR15.

16) Frau Schmitt: Pfarrsekretärin; über 50 Jahre alt; verheiratet; arbeitet seit 15 Jahren als Pfarrsekretärin in einer großen Pfarrei in einem Vorort einer Großstadt; Deutschland; Code: BFKNS16.

4.2.3 Der Forscher im Rahmen des Interviews

Eine herausragende Bedeutung im Rahmen einer qualitativen Studie kommt dem Interviewer selbst zu, der aufgrund seiner Eigenart, seiner Gesprächsführung[36], seiner Empathie bewusst wie ebenso auch unbewusst das Interview und die Gesprächspartner beeinflusst und hier immer als „Verzerrungsfaktor"[37] in Erscheinung tritt. Verstärkt wird dieser Umstand einerseits durch die Tatsache, dass im vorliegenden Fall der Forscher selbst die Interviews geführt hat und somit die Gefahr einer interessegeleiteten Beeinflussung besonders groß erscheint. Andererseits ist der Forscher selbst katholischer Priester und verfügt über persönliche Erfahrungen bezüglich des Lebens in einem Pfarrhaus wie auch der priesterlichen Lebensform in einer städtischen Mietwohnung außerhalb eines Pfarrhauses. Nach Hubert Knoblauch[38] kann dies eher als ethnographischer Vorteil betrachtet werden, der sowohl für besondere Fragehorizonte sensibilisiert als auch einen Vertrauensvorschuss seitens der interviewten Personen ermöglicht, der die Befragung zu persönlichen Themenbereichen erst zulässt.

Die Bedeutung des Forschers selbst für den Verlauf der Datenerhebung und Interviews gilt es dennoch, da eine neutrale Gesprächsführung nie möglich ist, im Rahmen der Wechselwirkung des Interaktionsprozesses[39] kritisch wahrzunehmen:

> „Sowohl der Forscher als auch sein Gegenstand verändern sich durch den Forschungsprozess, er ist also als eine Interaktion aufzufassen."[40]

Aufgrund des Forschungsverlaufs als Interaktionsprozess gilt daher dem Interviewverhalten des Forschenden besondere Aufmerksamkeit, um seine Rolle möglichst reflektiert und in dem Zusammenhang der vorliegenden Arbeit auf das Forschungsinteresse hin orientiert zu gestalten. Ein allgemein als „weich" bezeichnetes Interviewverhalten, bei dem sich Interviewer im Gesprächsverlauf ganz den Interviewten zuwenden und sie den Verlauf des

---

[36] Vgl. Richardson, Stephen A. / Snell Dohrenwend, Barbara / Klein, David: Die „Suggestivfrage". Erwartungen und Unterstellungen im Interview, in: Hopf, Christel / Weingarten, Elmar (Hg.): Qualitative Sozialforschung, Stuttgart 1979, 205-231.
[37] Atteslander: Methoden, 149.
[38] Knoblauch: Qualitative Religionsforschung, bes. 51-56, 56: „Die Möglichkeit, eine Innenperspektive einzunehmen und damit die Erfahrungen der Untersuchten teilen zu können, ist zweifellos einer der wesentlichen Vorteile der Ethnographie bei der Erforschung der Religion."
[39] Vgl. Bourdieu, Pierre: Das Elend der Welt. Zeugnisse und Diagnosen des alltäglichen Leidens an der Gesellschaft, Konstanz 1997, 781: „Wenn man versucht zu verstehen, was man tut, wenn man eine Interviewbeziehung eingeht, bedeutet dies zunächst einmal den Versuch, die Effekte zu erkennen, die man unwillkürlich durch dieses Eindringen und Sicheinmischen ausübt, welches immer ein wenig beliebig ist und den Ausgangspunkt jeden Austausches bildet (besonders durch die Art und Weise, sich und die Umfrage zu präsentieren, durch zugestandene oder verweigerte Ermutigungen usw.)."
[40] Mayring: Einführung in die Qualitative Sozialforschung, 32.

Gespräches relativ frei bestimmen lassen, soll eine möglichst große Offenheit der Interviewten ermöglichen.[41] Die Schaffung einer Vertrauensbasis, das Signalisieren von ungeteilter Aufmerksamkeit und der Verzicht auf eine Rückführung des Gesprächs zu den vorgelegten Themen dienen, als weitgehende Zurücknahme des Interviewers in eine passive Rolle, vor allem der Gesprächsbereitschaft der Interviewten. Eine diametral entgegengesetzte Form zum „weichen Gespräch" findet sich daher in einem „harten" Interviewverhalten mit vorformulierten Fragen und dem Druck zu spontanen Antworten, das den Interviewten in eine Verhörsituation stellt. Das sollte in der vorliegenden Arbeit unbedingt vermieden werden. Im folgenden Gesprächsverlauf soll daher der Weg eines möglichst „neutrale(-n) Interviews"[42] beschritten werden. Die Rolle des Interviewers beschränkt sich hier auf die offen formulierten Fragen als Stimuli anhand des Frageleitfadens, auf die Schaffung einer Offenheit ermöglichenden Gesprächsatmosphäre[43] und auf die Aufnahme der Aussagen. Ziel ist es, durch die möglichst ähnlichen Gesprächssituationen einen hohen Grad an Vergleichbarkeit der Aussagen zu erlangen und Aussagen gerade mit Blick auf die in der Analyse erarbeiteten Fragerichtungen zu erhalten: Für das zugrunde liegende Forschungsinteresse dieser Arbeit legt sich das „neutrale Interviewverhalten" nahe, das nicht mit völliger Zurücknahme des Interviewers oder Passivität zu verwechseln ist. Im Folgenden wird es durch die Erstellung eines Interviewleitfadens weiter verfolgt,[44] da einerseits ein hohes Maß an Offenheit mit der Bereit-

---

[41] Roethlisberger, Fritz J. / Dickson, William J.: Management and the worker, Cambridge 1966, 203: "It was finally decided, about July, 1929, to adopt a new interviewing technique, which at that time was called the indirect approach. After the interviewer had explained the program, the employee was to be allowed to choose his own topic. As long as the employee talked spontaneously, the interviewer was to follow the employee's ideas, displaying a real interest in what the employee had to say, and taking sufficient notes to enable him to recall the employee's various statements."

[42] Der Begriff des „neutralen Interviews" ist insofern problematisch, da sie eine Position des Interviewenden als Unbeteiligten suggeriert, die so nicht realistisch ist. Bereits durch das Forschungsinteresse und die Erstellung eines Gesprächsleitfadens ist eine derartige Position unmöglich. Die Bezeichnung hat sich jedoch weitgehend in der empirischen Soziologie durchgesetzt.

[43] Vgl. Mayring: Einführung in die Qualitative Sozialforschung, 69: „All das läuft darauf hinaus, eine stärkere Vertrauensbeziehung zwischen Interviewer und Befragten zu begründen. Der Interviewte soll sich ernst genommen und nicht ausgehorcht fühlen. Wenn an relevanten gesellschaftlichen Problemen angesetzt wird und im Interview eine möglichst gleichberechtigte, offene Beziehung aufgebaut wird, so profitiert auch der Interviewte direkt vom Forschungsprozess. Und deshalb ist er in der Regel auch ehrlicher, reflektierter, genauer und offener als bei einem Fragebogen oder einer geschlossenen Umfragetechnik – das zeigen auch alle Erfahrungen mit dieser Methode."

[44] Es gilt im Verhalten des Interviewers und seiner Zurückhaltung jenen Effekt der Verunsicherung der Interviewten zu vermeiden, den Jean-Claude Kaufmann eigens beschreibt. Vgl.: Kaufmann: Das verstehende Interview, 24-25: „Die Zurückhaltung des Interviewers löst jedoch bei der befragten Person eine ganz spezifische Vorsicht aus, die verhindert, daß sie

schaft zum Interview vorausgesetzt werden kann und andererseits das Forschungsinteresse nicht auf möglichst große Spontanität zur Wahrheitsfindung angewiesen ist.

Auch für diese „neutrale" Form gilt, dass sich der Interviewer gerade in seinen Reaktionen auf das Gesagte möglichst stark zurückhält. Es gilt bei einem Höchstmaß zum Ausdruck gebrachten Interesses an dem Gesprächspartner jede Form von Zustimmung oder Ablehnung zu vermeiden. Der für ein „Leitfadengespräch"[45] zu suchende Kompromiss wird als „freundliches Gewährenlassen" charakterisiert. Dem Interviewer kommt also insofern eine durchaus aktive Gesprächsrolle zu, als er durch sein Verhalten, das signalisierte Interesse an dem von den Interviewten zur Sprache gebrachten und die Lieferung von Stimuli auch während des Interviews das Gespräch ermöglicht und fördert.

4.2.4 Der Interviewleitfaden und der Gesprächsverlauf

Im Unterschied zu einem Fragebogen soll der Interviewleitfaden für das Leitfadeninterview lediglich Anregungen für das Gespräch liefern und eine vergleichende Auswertung erleichtern, indem er sicherstellt, dass in den verschiedenen Gesprächen die gleichen Bezugspunkte berührt werden. So ist es gut möglich, dass sich das Gespräch an verschiedenen Punkten vertieft und dabei von der Struktur des Leitfadens abweicht. Dazu beschreibt der dieser Forschungsarbeit zugrunde liegende Interviewleitfaden lediglich die vorgesehenen Themen, enthält jedoch keine bereits vorformulierten Fragen. Es bleibt der Kompetenz des Interviewers überlassen, relativ spontan zu einem dem Gesprächsfluss angemessenen Themenkomplex weiterführende, offene Fragen zu formulieren oder aber durch halboffene Fragen Bezug auf bereits Gesagtes zu nehmen und damit dessen besseres Verständnis zu ermöglichen.

Damit ergibt sich für das Gespräch, auch durch die Möglichkeit von „Adhoc-Fragen", eine größere Flexibilität, wann und in welcher Breite die Themen angesprochen werden - und dies für beide Gesprächspartner:

> „Ein Leitfaden besteht aus Fragen, die einerseits sicherstellen, dass bestimmte Themenbereiche angesprochen werden, die andererseits aber so of-

---

sich allzu sehr auf das Interview einläßt: auf die Nicht-Personalisierung der Fragen folgt das Echo der Nicht-Personalisierung der Antworten."

[45] Vgl. zur Definition und Bestimmung des „Leitfadengesprächs": Schnell, Rainer / Hill, Paul / Esser, Elke: Methoden der empirischen Sozialforschung, München[7] 2005, 387: „Ziel und Vorteil von Leitfadengesprächen werden im Allgemeinen darin gesehen, dass durch die offene Gesprächsführung und die Erweiterung von Antwortspielräumen der Bezugsrahmen des Befragten bei der Fragenbeantwortung miterfasst werden kann, um so einen Einblick in die Relevanzstrukturen und die Erfahrungshintergründe des Befragten zu erlangen."

fen formuliert werden, dass narrative Potentiale des Informanten dadurch genutzt werden können."[46]

Nicht nur die Gesprächsbereitschaft der Interviewten wird auf diese Weise erhöht, sondern auch der Grad ihrer Selbsterforschung. Auf die in den Ausführungen der Interviewten genannten Punkte kann der Interviewer auf diese Weise spontan eingehen. Seine Aufmerksamkeit für das Gesagte und die angesprochenen Themen steigert sich in der Regel in dem Maß, in dem er bereit ist, sich von vorformulierten Fragen auch zu trennen[47], beziehungsweise auf diese zu verzichten. Dies wird z. B. dann deutlich, wenn Interviewte eigene Ausführungen mit einer Frage abschließen. In der Regel ist es dann weder sinnvoll, darauf eine direkte Antwort zu geben, noch mit der nächsten Frage des Interviewleitfadens fortzufahren. Meist kann hier eine Rückfrage zum genaueren Verständnis helfen, die in der Schlussfrage zum Ausdruck gekommene Unsicherheit zu überwinden und den ursprünglichen Gedankengang fortzusetzen. Soll stattdessen die Orientierung am Interviewleitfaden fortgesetzt werden, ist es sinnvoll, dies mit einem Stichwort aus dem zuvor Gesagten zu verbinden und den Interviewten damit den bruchlosen Fortgang des Gesprächs zu erleichtern.

Hier wird das Problem der Überleitungen zu einem je neuen Themenschwerpunkt deutlich. Nicht immer wird der ideale Fortgang des Gesprächs durch das von den Interviewten Gesagte erzielt. Die dann durch den Interviewenden gelieferten Stimuli stellen zunächst einen Bruch des Gesprächsverlaufs dar und erfordern das Sicheinlassen der Interviewten auf eine neue Gesprächsrichtung. Die unterschiedlichen Reaktionen auf einen gesprächsimmanenten Stimulus können dabei sowohl durch Interesse wie auch durch Desinteresse der Probanden am neuen Thema geprägt sein. Ebenso kann aber auch ein zögerliches Reagieren und Ausweichen auf eine starke emotionale Besetztheit eines Bereichs schließen lassen. Deshalb liegt eine Inter-

---

[46] Marotzki, Winfried: Art. Leitfadeninterview, in: Bohnsack, Ralf / Marotzki, Winfried / Meuser, Michael (Hg.): Hauptbegriffe Qualitativer Sozialforschung. Ein Wörterbuch, Opladen 2003, 114.

[47] Jean-Claude Kaufmann geht mit dieser durchgängigen Revision des Interviewleitfadens so weit, dass dieser zwischen den Interviews immer wieder auch einer kritischen Überarbeitung zu unterziehen sei. Damit wird der Interviewleitfaden zu einem „lernenden System", das sich im Fortgang einer Forschungsarbeit den geführten Gesprächen anpasst.
Kaufmann: Das verstehende Interview, 68: „Deshalb ist es wesentlich, zwischen den einzelnen Interviews Pausen einzulegen, sich immer wieder zur Hinterfragung jeder einzelnen Frage zu zwingen, und, wenn hinsichtlich dieses oder jenes Aspekts Zweifel aufkommen, diese Gelegenheit entsprechend zu nutzen. In manchen Fällen kann man unter Umständen sogar noch weiter gehen, etwa in einer zweiten Befragung einen völlig überarbeiteten Leitfaden verwenden." So weit soll jedoch im Rahmen dieser Arbeit zugunsten einer besseren Vergleichbarkeit nicht gegangen werden. Stattdessen soll der gleichbleibende Interviewleitfaden als Vorgabe dort, wo es in der Gesprächssituation sinnvoll erscheint, verlassen und in seinem Ablauf variiert werden können.

pretation solcher Verhaltensweisen im Rahmen der Gesprächsauswertung nahe. Es kann jedoch für den Verlauf des Gesprächs besser sein, diesen Bereich zunächst wieder zu verlassen und ihn eventuell bei späterer Gelegenheit und in anderem Zusammenhang neuerlich zu thematisieren.

Generell empfiehlt es sich für eine Überleitung, ein Stichwort des bereits Gesagten zu verwenden und gegebenenfalls dafür auch weiter zurückzugreifen. Nicht immer gelingen derartig bruchlose Übergänge, für die die Interviewten selbst durch Themenwahl oder Stichworte beitragen. Sogenannte „mutierende Fragen" werden als Gesprächsstimuli nötig, wenn ganze Themenbereiche gegen Ende des Interviews noch nicht berührt worden sind:

> „Entsprechend enthält dieser Leitfaden im Wesentlichen Stichpunkte, zu abzuarbeitenden Themenkomplexen sowie Fragen, die in jedem Interview gestellt werden sollen (‚Schlüsselfragen') und solche, die je nach Verlauf des Interviews relevant werden können (‚Eventualfragen')."[48]

Eine explizite Formulierung der „Schlüsselfragen" sollte nicht nur aufgrund der damit gegebenen Steuerung des Gesprächs möglichst selten erfolgen, sondern auch wegen der Gefahr, die Interviewten auf ihre Funktion als „Datenquelle"[49] zu reduzieren und die Gesprächsatmosphäre zu zerstören.

Die formulierten Stimuli sind Fragen, die zunächst als „unstrukturierte Fragen" formuliert werden und im jeweiligen Themenbereich auch in „halbstrukturierte Fragen" übergehen können. Auf „strukturierte Fragen", die den Interviewten sehr stark lenken und somit eine große Kontrolle des Interviewverlaufs durch den Interviewer mit sich bringen, soll hier verzichtet werden.

4.2.5 Die Transkription und Auswertung von Interviews

Neben der Entscheidung für eine Methodenform der Interviewführung stellt auch die Art der Auswertung ein vieldiskutiertes Feld der qualitativen Sozialforschung dar. Wenn hier eine Orientierung an einem in der Pastoraltheologie bewährten Modell[50] geschieht, so ist dennoch auch dabei die Warnung Jean-Claude Kaufmanns vor einem zu hohen Maß an Standardisierung ernst zu nehmen.

In der Vorbereitung des Interviews werden zunächst in einer eigenen Dokumentation Rahmeninformationen zum Interview und zur interviewten Person erhoben, die auch der Auswertung des Gesprächs vorangestellt werden. Die

---

[48] Schnell / Hill / Esser: Methoden der empirischen Sozialforschung, 387.
[49] Merton / Kendall: Das fokussierte Interview, 196.
[50] Als beispielhafte Übersetzung soziologischer, d. h. qualitativ-empirischer Forschungsmethoden in die pastoraltheologische Forschung kann hier auf die Arbeit von Ute Leimgruber verwiesen werden. Vgl. Leimgruber, Ute: Kein Abschied vom Teufel. Eine Untersuchung zur gegenwärtigen Rede vom Teufel im Volk Gottes, Münster 2004.

Namen der Interviewten werden durch zugewiesene Codes, die Daten zur Person unmittelbar erkennen lassen, anonymisiert und später durch fiktive Namen ersetzt. Die Gespräche werden mit einem Mini-Disk-Gerät aufgezeichnet, mit dem ein störungsfreier Verlauf des Gespräches weitgehend gewährleistet ist.

Im Anschluss an das Gespräch und dessen Aufnahme erfolgt die Transkription, für die sich im pastoraltheologischen Forschungskontext der Verzicht auf Füllwörter und Pausen und die Übersetzung von Dialekten in die hochdeutsche Sprache[51] zur Ermöglichung einer besseren Übersichtlichkeit und Auswertbarkeit bewährt hat. Auch wird, da keine Gruppen-, sondern Einzelinterviews die Grundlage der Transkription bilden, mit einem sehr viel geringeren Maß an Redeüberlappungen und nonverbalen Kommunikationsanteilen, auf ein allzu großes Maß an Transkriptionssymbolen verzichtet, um so eine Adaption der soziologischen Methodik in der Pastoraltheologie möglichst wenig Hürden in den Weg zu stellen und die Ergebnisse zugänglich zu halten:

> „Die Kodierungen sollten den semiotischen Erwartungen der Mitglieder einer Kommunikationsgemeinschaft, die den Leserkreis der Transkripte bilden, möglichst nahe kommen; notwendige wissenschaftliche Detailliertheit bzw. die Wahl besonderer Symbole ist gegen Lektürevereinfachung von Fall zu Fall abzuwägen; auf jeden Fall sollte das von der Gestaltforschung erarbeitete Prinzip beachtet werden, dass informationsüberlastete Texte leicht zu ‚Gestaltzerfall' und nicht mehr erkenntnisfördernd bearbeitet werden können."[52]

Die erstellten Transkripte sind ausnahmslos vom Forscher selbst erstellt[53] und am Institut für Pastoraltheologie und Pastoralpsychologie der Theologischen Fakultät der Karl-Franzens-Universität in Graz hinterlegt.

Im Gespräch genannte Namen und Ortsangaben werden in der Transkription durch Platzhalter (X, Y, Z) ersetzt und damit anonymisiert.

In der Auswertung der Interviews beziehungsweise ihrer Transkriptionen gilt es für die Forscher zwischen zu exakter Detailansicht und dem Bemühen um eine Gesamtauswertung eine geeignete Form der Interpretation zu finden:

> „Die Forderung übertriebener Exaktheit, die Summierung einzelner, möglicherweise sogar unbedeutender Daten ist leider häufiger als das systematische Erfassen von Problemzusammenhängen."[54]

---

[51] Vgl. Mayring: Einführung in die Qualitative Sozialforschung, 91: „Dies kommt dann in Frage, wenn die inhaltlich-thematische Ebene im Vordergrund steht, wenn der Befragte beispielsweise als Zeuge, als Experte, als Informant auftreten soll."

[52] Dittmar, Norbert: Transkription. Ein Leitfaden mit Aufgaben für Studenten, Forscher und Laien, Wiesbaden[2] 2004, 80.

[53] Auf die Veröffentlichung der Transkripte im Rahmen der Forschungsarbeit wurde aus Gründen der Praktikabilität verzichtet. Sie sind jedoch am Insitut für Pastoraltheologie und Pastoralpsychologie der Karl-Franzens-Universität Graz einsehbar.

[54] Atteslander: Methoden, 191.

Dieser Mahnung folgend soll hier eine Orientierung an den von Ralf Bohnsack[55] zusammengestellten Interpretationsschritten[56] vorgenommen werden. Als erster Schritt zu einer Interviewinterpretation findet eine „formulierende Interpretation" statt, bei der Interviewabschnitte thematisch sortiert[57] und gegebenenfalls zusammengestellt werden. Anhand von Oberbegriffen und Überschriften einerseits und zusammenfassenden Formulierungen andererseits wird eine erste Explikation der immanenten Aussagen vollzogen. Zu ihren Bestandteilen gehört eine Aufteilung in Ober- und Unterthemen ebenso wie eine Auswahl der Gesprächspassagen, die für die weitere interpretative Bearbeitung verwendet werden sollen. Diese Auswahl besonders relevanter Passagen für eine detailliert formulierende Interpretation lassen die Bedeutung dieses ersten Arbeitsschrittes nach der Transkription deutlich werden.
Darauf baut der zweite Arbeitsschritt als „reflektierende Interpretation" auf. Sie richtet den Blick über die thematisierten Inhalte hinaus auf den Rahmen und identifiziert zunächst negative wie positive „Gegenhorizonte", vor denen die Ausführungen der Interviewten formuliert werden. Der spezifische Erfahrungsraum der Interviewten wird mit diesen selbstgewählten Begrenzungen als kontrastierter Raum erkennbar. Jenseits dieser, den Erfahrungsraum konstituierenden Gegenhorizonte, bildet der Standort des Interpreten einen weiteren Gegenhorizont. Als Vergleichshorizont ermöglicht er die empirische Fundierung und erhöht die Validität der Einzelanalyse. Auf diese Weise wird der Besonderheit des Einzelfalls Rechnung getragen. Außerdem werden durch fallinternen Vergleich thematisch verschiedener Passagen, neben dem fallübergreifenden Vergleich, (auch dramaturgische) Höhepunkte eines Gesprächs sichtbar. Passagen von besonderer Bedeutung und inhaltlicher Dichte werden bereits hier erkennbar.
Der dritte Schritt der Interpretation ist die „Fallbeschreibung", der eine Zusammenfassung des gesamten Einzelfalls liefert. Sie dient der „vermittelnden Darstellung, Zusammenfassung und Verdichtung der Ergebnisse im Zuge ihrer Veröffentlichung."[58] Diese Form der Diskursbeschreibung liefert

---

[55] Bohnsack, Ralf: Rekonstruktive Sozialforschung. Einführung in Methodologie und Praxis qualitativer Forschung, Opladen⁵ 2003, 134-171.
[56] In Unterscheidung zum „Verstehen", dessen Ziel im Sinn einer performativen Einstellung es ist, virtuell an den dargestellten Erlebnissen und Erfahrungen teilzunehmen, diese nachzuvollziehen und so möglichst nah an den Erfahrungshorizont des zu Verstehenden zu gelangen, geht es bei der „Interpretation" um eine möglichst große Distanz zum konkreten Erleben der Interviewten, die mit der Analyse der Transkriptionen eher möglich ist, als durch „teilnehmende Beobachtung."
Vgl. **Bohnsack**: Rekonstruktive Sozialforschung, 135.
[57] Der Interviewverlauf kann eine flexible Reihenfolge der Themen und damit einen weniger strengen Umgang mit dem Interviewleitfaden nahelegen. Um eine Gegenüberstellung der verschiedenen Interviews dennoch zu ermöglichen, wird eine thematische Sortierung einzelner Abschnitte mit Hilfe von Überschriften vorgenommen.
[58] Bohnsack: Rekonstruktive Sozialforschung, 139.

einige ausgewählte Interviewzitate, die für das Nachvollziehen des Gesprächsverlaufs hilfreich sind. In dieser Beschreibung werden die Gesprächsinhalte ebenso verarbeitet wie die Form und „Dramaturgie" des Gesprächs. Dem besseren Nachvollziehen des Gesprächs kann es dienlich sein, die Konklusion eines Abschnittes an den Beginn zu stellen und ihn von dort her zu rekonstruieren. Für die Form der „Fallbeschreibung" gilt als erstrebenswert, die Fremdheit des Interpreten zur Lebenserfahrung der Interviewten, etwa auch sprachlich, zum Ausdruck kommen zu lassen. Diese sogenannte „Fremdheitsrelation"[59] wird unter anderem durch die direkte Zitation des Transkriptes ermöglicht.[60] Insgesamt drückt sich in dem hier geschilderten Vorgehen der Einzelfallanalyse das Interesse an einer besonderen Tiefe des Erkenntnisgewinns aus:

> „Die Einzelfallanalyse will sich während des gesamten Analyseprozesses den Rückgriff auf den Fall in seiner Ganzheit und Komplexität erhalten, um so zu genaueren und tief greifenderen Ergebnissen zu gelangen."[61]

Den Abschluss der Interpretation bildet als vierter Schritt die „Typenbildung". Hier findet der gesprächsimmanente Vergleich seine Ergänzung in einem gesprächsübergreifenden Vergleich. Diese Typenbildung kann an unterschiedlichen äußeren Parametern orientiert sein (z. B. Alter, Geschlecht, Beruf etc.) oder inhaltlich aufgrund der Orientierungsrahmen bestimmter Erfahrungen, Zuordnungen nahe legen. Dabei ist für die Typisierung von einem Kontrast auf den entscheidenden Vergleichshorizont auszugehen:

> „Der Kontrast in der Gemeinsamkeit ist fundamentales Prinzip der Generierung einzelner Typiken und ist zugleich die Klammer, die eine ganze Typologie zusammenhält."[62]

In der Typisierung ist die Entscheidung für einen gemeinsamen Orientierungshorizont notwendig. Die damit verbundene Reduktion und der Verzicht auf andere optionale Typenbestimmungen haben sich an möglichst deutlich erkennbarer Unterscheidbarkeit und Abgrenzung zugunsten einer hohen Validität zu orientieren.

4.2.6 Validität, Repräsentativität und exemplarische Fallstudien

Von unmittelbarer Bedeutung im Rahmen einer qualitativen Studie ist das Anliegen der Zuverlässigkeit und Validität[63] von Forschungsergebnissen, die

---

[59] Vgl. **Bohnsack**: Rekonstruktive Sozialforschung, 141.
[60] Auf eine computergestützte Datenverwaltung soll abgesehen von der Verschriftlichung der Interviews innerhalb der Transkription im Zusammenhang dieser Arbeit bewusst verzichtet werden, da die Datenmenge bei Einzelinterviews überschaubar ist.
[61] Mayring: Einführung in die Qualitative Sozialforschung, 42.
[62] Bohnsack: Rekonstruktive Sozialforschung, 143.

für Außenstehende teilweise zur wichtigsten Frage im Rahmen derartigen wissenschaftlichen Arbeitens wird. Das Anliegen der Qualitätssicherung innerhalb der qualitativen Forschung wird dementsprechend in den vergangenen Jahren mit der zunehmenden Verbreitung ihrer Forschungsmethoden immer wieder thematisiert:

> „Oder liegt die Qualität bei qualitativer Forschung grundsätzlich jenseits von Kriterien? Dann ist die Frage, was an die Stelle von Kriterien treten soll und kann."[64]

Die Diskussion um objektivierbare Kriterien und Standards innerhalb der qualitativen Sozialforschung ist dabei in einer Zeit, in der sie größere gesellschaftliche und wissenschaftliche Akzeptanz erfährt, von besonderer Bedeutung.[65] Insbesondere die Methodenvielfalt gilt es, als Stärke dieses wissenschaftlichen Ansatzes zu entdecken, anstatt eine Vereinheitlichung der Methoden zu betreiben, in der die qualitative lediglich der quantitativen Forschung nachfolgt.

Im Führen der Interviews ist der Aspekt der Validität zu berücksichtigen, was im Rahmen dieser Arbeit als „prozedurale" beziehungsweise „argumentative Validierung"[66], bei der schon innerhalb der Gesprächssituation etwa bestehende Vorannahmen so formuliert werden, dass sie von den interviewten Personen als solche erkannt und gegebenenfalls bestätigt oder kritisiert werden können.

Dabei gilt für das Forschungsinteresse der vorliegenden Arbeit nicht eine objektive oder objektivierende Ergebnisdarstellung als Ziel.[67] Stattdessen

---

[63] Vgl. die Definitionen von Ines Steinke: Steinke, Ines: Gütekriterien qualitativer Forschung, in: Flick, Uwe / Kardoff, Ernst von / Steinke, Ines (Hg.): Qualitative Forschung. Ein Handbuch, Reinbek[5] 2007, 319-331, 320: „Validierung der Interviewsituation: Interviews und ihr Verlauf werden daraufhin analysiert, ob die Interviewpartner ‚wahrheitsgemäß' bzw. aufrichtig erzählen. Konkret wird geprüft, ob es Hinweise darauf gibt, dass ein Arbeitsbündnis zwischen Forscher und untersuchter Person *nicht* zustande gekommen ist. (…) Dieses Bündnis soll von Offenheit, Vertrauen, Arbeitsbereitschaft und einem möglichst geringen Machtgefälle zwischen Forscher und Informant gekennzeichnet sein."

[64] Flick, Uwe: Zur Qualität qualitativer Forschung – Diskurse und Ansätze, in: Kuckartz, Udo / Grunenberg, Heiko / Lauterbach, Andreas (Hg.): Qualitative Datenanalyse: computergestützt. Methodische Hintergründe und Beispiele aus der Forschungspraxis, Wiesbaden[2] 2007, 43-63, 46.

[65] Vgl. zur Kritik an der Entwicklung qualitativer Sozialforschung: Reichertz, Jo: Qualitative Sozialforschung – Ansprüche, Prämissen, Probleme, in: EWE 18 (2007), 195-208.

[66] Knoblauch: Qualitative Religionsforschung, 167.

[67] Hier wird ein Wissenschaftsverständnis erkennbar, das nicht mehr nur an der Analyse von Konstanten orientiert ist, sondern an der Sensibilität für Innovationen. Solche Wissenschaft ist systematisch vergänglich und schnell überholt, dafür jedoch von einer wesentlich größeren Gegenwartsrelevanz gekennzeichnet. Eine derartige Wissenschaftsentwicklung ist nicht mehr nur durch kontinuierlichen Wissenszuwachs, sondern durch „Transformationen und Brüche" gekennzeichnet. Vgl. zur Entwicklung des Wissenschaftsbegriffs: Pulte, Helmut: Wissenschaft, in: Ritter, Joachim / Gründer, Karlfried / Gabriel, Gottfried (Hg.): Historisches Wörterbuch zur Philosophie, Darmstadt 2007, 902-948.

bilden Echtheit und Authentizität[68] der interviewten Menschen die entscheidenden Beurteilungskriterien der Evidenz. Andererseits ermöglicht die Orientierung an der dargestellten Interviewmethode eine größtmögliche Echtheit der InterviewpartnerInnen und andererseits die Gegenüberstellung von Positionen und Aussagen:

> „Zur zentralen Frage wird hier, ob Interviewpartner in der Interviewsituation einen Anlass hatten, bewusst oder unbewusst eine spezifische, d. h. verfälschende Version ihrer Erfahrungen zu konstruieren, die sich nicht (oder nur begrenzt) mit ihren Sichtweisen bzw. dem erzählten Geschehen deckt."[69]

Zum Charakteristikum der qualitativen Untersuchung gehört gerade ein Verzicht auf statistische Erhebungen und Repräsentativität.[70] Dagegen konstituiert sich der Begriff der Validität vor allem aus der „intersubjektiven Nachvollziehbarkeit"[71] der empirischen Erhebung und deren Auswertung. Die interviewten Personen finden in ihrer Singularität Beachtung und stellen bezüglich ihrer Lebenssituation ein möglichst breites Spektrum innerhalb des für die Fragestellung relevanten Gesellschaftsbereichs dar. Einzelne Personen, die als exemplarisch (aber dennoch gerade nicht repräsentativ) angesehen werden können, finden in der Einzelfallanalyse breitere Aufmerksamkeit und werden für die „vergleichende Analyse nebeneinander gereiht."[72] So erst kann die Stärke einer qualitativen Studie gegenüber quantitativen Untersuchungen ausgespielt und die Allgemeingültigkeit von Aussagen überprüft oder erst ermöglicht werden:

---

[68] Steinke: Gütekriterien, 321: „Dieses Kriterium [Anm. d. V.: der Authentizität] für qualitative Evaluationsforschung (…) bezieht sich u. a. auf folgende Bereiche: Wurde mit den Äußerungen der Untersuchten und den zugrunde liegenden Wertstrukturen im Forschungsprozess sorgfältig umgegangen? Wurden die multiplen Konstruktionen der Untersuchten im Forschungsprozess angemessen erhoben, systematisch aufeinander bezogen und mit den untersuchten Personen auf ihre Gültigkeit per *member check* geprüft? Werden im Forschungsprozess neue Orientierungen für die Untersuchten initiiert? Dient die Forschung der Entscheidungsfindung oder als Anregung für Handlungen?"
[69] Flick: Zur Qualität qualitativer Forschung, 49.
[70] Bourdieu, Pierre: Verstehen, in: Ders. (Hg.). Das Elend der Welt. Zeugnisse und Diagnosen alltäglichen Leidens an der Gesellschaft, Kostanz 1997, 779-822, 779: „Deshalb glaube ich nicht, daß man sich auf die unzähligen sogenannten methodologischen Schriften über Befragungstechniken verlassen kann. So nützlich sie auch sein mögen, insofern sie diesen oder jenen Effekt verdeutlichen, den der Interviewer unwissentlich ausüben kann, haben sie doch fast immer ein wesentliches Manko, was wohl daran liegt, daß sie sich noch immer an alte methodologische Prinzipien halten, welche, wie beispielsweise das Ideal der Standardisierung der Verfahren, aus dem Wunsch hervorgegangen sind, die äußeren Merkmale der Strenge von denjenigen wissenschaftlichen Disziplinen zu imitieren, die die größte Anerkennung genießen."
[71] Reichertz: Qualitative Sozialforschung, 200.
[72] Leimgruber: Kein Abschied, 136.

> „Im Forschungsprozess müssen immer auch Einzelfälle mit erhoben und analysiert werden, an denen die Adäquatheit von Verfahrensweisen und Ergebnisinterpretationen laufend überprüft werden kann."[73]

Erst aufgrund dieses Vergleichs der Einzelfallanalysen im Sinne eines „weiten Empiriebegriffs"[74], der vor dem Hintergrund der Einzelinterviews möglich wird, entsteht dann eine exemplarische Repräsentativität der Forschungsergebnisse als vermittelnde Position zwischen statistischer Repräsentativität und reiner Subjektivität mit dem Ziel einer Theoriebildung. Hier wird eine sinnvolle Quantifizierbarkeit von Aussagen und Theorien zu suchen sein, an der quantitative Forschungen ansetzen und weiterarbeiten können:

> „Auch in qualitativ orientierten humanwissenschaftlichen Untersuchungen können – mittels qualitativer Analyse – die Voraussetzungen für sinnvolle Quantifizierungen zur Absicherung und Verallgemeinerbarkeit der Ergebnisse geschaffen werden."[75]

Die Ausbildung einer Theorie und deren beständige Rückbindung an das gewonnene Datenmaterial als Ziel der qualitativen Forschung von dieser Basis aus ermöglicht und markiert den entscheidenden Schritt von einer bloßen Empirie[76] und einer theologieleeren Humanwissenschaft zu einer Pastoraltheologie, die der pastoralen Realität als Selbstvollzug des Volkes Gottes auch tatsächlich theologisches Gewicht beimisst.[77]

---

[73] Mayring: Einführung in die Qualitative Sozialforschung, 27.
[74] Kießling, Klaus: Praktische Theologie als empirische Wissenschaft?, in: Nauer, Doris / Bucher, Rainer / Weber, Franz (Hg.): Praktische Theologie. Bestandsaufnahme und Zukunftsperspektiven. FS Ottmar Fuchs, Stuttgart 2005, 120-127, 120.
[75] Mayring: Einführung in die Qualitative Sozialforschung, 38.
[76] Vgl. zum Begriff der Empirischen Theologie: Heimbrock, Hans-Günter / Meyer, Peter: Praktische Theologie als Empirische Theologie, in: Dinter, Astrid / Heimbrock, Hans-Günter / Söderblom, Kerstin (Hg.): Einführung in die Empirische Theologie. Gelebte Religion erforschen, Göttingen 2007, 17-59.
[77] Ganz explizit sei hier die Kritik Ottmar Fuchs' aufgegriffen, der zu Recht in vielen empirisch-pastoraltheologischen Forschungsarbeiten eine Selbstdegradierung der Theologie zur wissenschaftlichen Ancilla der Humanwissenschaften ausmacht. Vgl. Fuchs, Ottmar: Wie funktioniert die Theologie in empirischen Untersuchungen? in: ThQ 180 (2000), 191-210.

4.3 Vier exemplarische Fälle

Im Folgenden sollen vier exemplarische Fälle der empirischen Studie vorgestellt[78] werden, die gerade in ihrer Differenz das breite Spektrum der sechzehn geführten Interviews andeuten, sie aber selbstverständlich nicht abdecken können. Erst in einem darauf folgenden Schritt wird es zu einem Vergleich der verschiedenen Ansätze und Pfarrhauskonzeptionen, der Wahrnehmungen und Intepretationen kommen, der dann alle 16 Fälle mit einbezieht. Die Auswahl der vier Beispiele orientiert sich zunächst an einer möglichst breiten Streuung hinsichtlich der lokalen Herkunft. So stammen drei Personen aus Deutschland und eine aus Österreich. Die Streuung setzt sich in den Berufsgruppen fort: Eine Person ist Pastoralreferent und Diakon, eine weitere Pastoralreferentin, die dritte Person ist Pfarrerr und die vierte Pfarrsekretärin. Von den vier ausgewählten Personen wohnt eine aktuell in einem Pfarrhaus, zwei sind ehemalige, in einem Fall auch langjährige BewohnerInnen von Pfarrhäusern, die Pfarrsekretärin wohnt nicht in einem Pfarrhaus.

Die bei den jeweiligen Fällen vorgestellten Themenkomplexe orientieren sich weitgehend an den Schwerpunktsetzungen der Interviewpartner im Rahmen des Fragehorizontes, der durch den oben beschriebenen Interviewleitfaden vorgegeben war.

4.3.1 Das Pfarrhaus als Weg zur Gemeindebildung – Herr Wittmann[79]

„Ja, das Pfarrhaus ist eigentlich mehr, fast mehr noch als die Kirche, so die Seele von der Gemeinde."

Herr Wittmann ist zum Zeitpunkt des Interviews 60 Jahre alt und arbeitet in einer Pfarrgemeinde in einer deutschen Großstadt. Er ist von Beruf Pastoralreferent und empfing vor wenigen Jahren die Diakonenweihe. Wie auch in den beiden vorherigen Gemeinden, in denen Herr Wittmann arbeitete, hat er die Funktion der Gemeindeleitung nach can. 517 § 2 auch an seiner aktuellen Stelle inne, die es in seinem Bistum PastoralreferentInnen ermöglicht, relativ selbstständig in Kooperation mit einem Pfarrer zu arbeiten. Herr Wittmann ist verheiratet und hat vier bereits erwachsene Kinder.

In den drei Pfarrgemeinden, in denen Wittmann als Pastoralreferent tätig war und ist, wohnte er mit seiner Familie in dem Pfarrhaus der Gemeinde. Vor wenigen Monaten jedoch ist er mit Blick auf seine Pensionierung in eine Privatwohnung umgezogen, die in einer benachbarten Stadt liegt.

---

[78] Im Interesse einer leichteren Lesbarkeit wurden die von den interviewten Personen selbst verwendeten Zitate nachfolgend kursiv abgedruckt.
[79] Code: [ACLNS02]

Das Interview findet in dem Kellergeschoss des Pfarrheims statt, in dem vor wenigen Wochen das Pfarrbüro neu eingerichtet worden ist. Zuvor hatte der Interviewer an der Pfarrhaustür erfahren, dass das Pfarrbüro hierher verlegt und das Pfarrhaus vermietet worden sei.

Das Gespräch findet in einer zwanglosen und offenen Atmosphäre statt. Zweimal wird das Gespräch unterbrochen, da die Ehefrau von Herrn Wittmann Tee serviert und dann den Hund der Familie bei ihrem Mann abgibt.

Herr Wittmann unterstreicht viele Aussagen durch Gesten. Er hat sein Theologiestudium im Rahmen seiner Zugehörigkeit zu einer Ordensgemeinschaft aufgenommen, diese jedoch im Verlauf des Studiums verlassen. Wiederholt verknüpft Herr Wittmann Aussagen über die Funktion des Pfarrhauses und dessen Einschätzung mit Erzählungen aus seinem Privatleben und gesamtkirchlichen Einschätzungen.

Das Pfarrhaus als „Küche der Gemeinde" gegenüber der Kirche als „guter Stube"

Diese Verwobenheit von Privatem und Dienstlichem sieht man auch in seinem sehr offenen Umgang mit dem Pfarrhaus gegenüber den Angehörigen der Gemeinde während seiner über dreißigjährigen Dienstzeit in drei Pfarrgemeinden, die er im Rückblick darstellt:

> „Die Franzosen lieben diesen Aperitif und nach jeder Messe oder vorher - also, da war das Pfarrhaus offen, wir haben einfach auf gemacht. Und dann, dann gab es eben Kaffee. Der Bischof sagt, da wird am meisten geküsst, ja?! [lacht] Also die Franzosen begrüßen einander so, und das ist die Pfarrei, wo am meisten geküsst wird. [lacht]. Also wir waren eine große Pfarrei und mehr so eine Familie, eine Pfarrfamilie, ja?!"

Das Verständnis der Pfarrgemeinde als Familie ist für Herrn Wittmann besonders wichtig und hat sein eigenes Arbeiten und die Förderung der Gemeinde als Subjekt stark geprägt. Er gehörte zu den ersten Jahrgängen der Pastoralreferenten in der Kirche und den Gemeinden, für die eine Familie im Pfarrhaus zunächst eine ungewohnte Situation war:

> „Und dann bin ich sofort da ins Pfarrhaus und hatte dann von Anfang an volle Verantwortung und die wussten mit Pastoralreferent nichts anzufangen und haben gesagt 'Personalchef' und all diese Dinge oder 'Küster'. Das war für die so neu, das war ein kleiner Ort, dass das für sie ein Gewöhnungsprozess war. Aber vom, vom ersten Tag an war ich da mitten drin. Auch diesen Übersprung von Pfarrer auf Familie im Pfarrhaus, das war für die erstmal neu. Es gab da so, so ganz interessante Dinge, dass sie einfach gesagt haben, die Leute im Umfeld, also das ist ja so ein kleines Dorf, da ist die ganze Umgebung ja miteinander verwandt und verschwägert. Die haben dann gesagt: *In X, im Pfarrhaus, da ist ein neuer Pfarrer, na der hat eine Haushälterin!* [schmunzelt]"

Mehrfach vergleicht Wittmann seine Familie mit einer evangelischen Pfarrhausfamilie, die nach seiner Vorstellung ganz in das Leben der Gemeinde eingebunden ist. Dabei stellt er Unterschiede in seinem relativ offenen Umgang mit dem Pfarrhaus insbesondere zu seinem Vorgänger in einer seiner Gemeinden heraus, die nicht nur den Kontrast, sondern auch die Lernentwicklung der Gemeinde herausstellen:

> „Und das heißt, in den ersten Monaten war für die Leute das Pfarrhaus wie der Himmel. Also, die sind da rein, als wenn das so ein heiliger Ort wäre."

Diese Kontrasterfahrung zur Praxis seiner jeweiligen Vorgänger problematisiert er mehrfach und hat offenbar in Abgrenzung dazu auch versucht, seine Vorstellungen vom Pfarrhausleben daran zu orientieren:

> „Der Vorgänger, der hier war, das war ein Pfarrer, der hat wie ein, wie ein Eremit gelebt. Der hat keinen in das Pfarrhaus reingelassen, keinen. Der hat, im Gegenteil er hat noch versucht, die Leute raus zu kompromittieren. Er hat gesagt: *Ich bin nicht da.* Er hat der Sekretärin gesagt: *Sag, ich bin nicht da.* Und er ist dann hinten rum gegangen."

Diese Abgrenzung vollzieht Wittmann jedoch nicht nur zu seinen Vorgängern, die immer Pfarrer waren, sondern auch zu Pastoralreferenten, die seine Nachfolger waren:

> „Also der Nachfolger in X, der hat zugemauert und da war: Familie war hinter der Mauer und Pfarrei war vorne, ja?! Also das ist das andere Extrem."

Wittmann macht deutlich, dass er den weniger offenen Umgang mit dem privaten Bereich des Pfarrhauses bei seinen Kolleginnen und Kollegen sehr aufmerksam beobachtet und davon angeregt auch seine eigene Praxis kritisch hinterfragt. So schildert er zwar den Eindruck, seine Familie in der Vergangenheit durch die starke Einbindung in die Gemeinde und die daraus resultierende Mitverantwortung überfordert zu haben. Die Vorteile seiner Praxis prägen jedoch seine Einschätzung weitgehend. Die enge Verbindung zwischen der Gemeinde und seinem Privatleben hat Wittmann sowohl räumlich als auch zeitlich bewusst gesucht und gepflegt:

> „Ich hatte eine Tür vom Pfarrhaus zum Pfarrbüro, das war mit sehr wichtig. Die Sekretärin konnte auch morgens rüberkommen und Kaffeetrinken mit uns, das ging also so hin und her."

Für sich und seine Familie sieht er in der Verbindung von Privatem und Dienstlichem rückblickend einen großen Gewinn. Er schätzt besonders, dass er dadurch eine größere Nähe zu seinen Kindern haben konnte, als er das bei anderen Vätern beobachtet hat:

> „Und ich muss im Nachhinein sagen, dieses Miteinander mit den Kindern mit der Pfarrei, die kommen natürlich dann morgens, und: *Papa, ich brauche ein Radiergummi.* Ja, dann mache ich halt meine Predigt eine halbe

> Stunde später. Dadurch ist das variabler geworden. Das hat den Kindern so, so viel an Lebensstil gegeben, dieses Miteinander, Verantwortung zu übernehmen, dass ich das gut finde."

Probleme, die sich aus der engen Verbindung von Gemeinde und familiärem Leben ergeben haben, führt er auch auf die Mentalitätsunterschiede seiner französischen Frau zu ihrer Umwelt zurück. Persönlich hat er die Gemeinde dabei nicht in einer Kontrollfunktion erlebt, seine Familie jedoch offenbar schon:

> „Also, ich hatte nie so das Gefühl, das ist so eine Kontrolle. Obwohl meine Frau hat das schon eher gesagt. Aber das kommt so von ihrer französischen Mentalität her. Wenn Deutsche ins Haus kommen und wollen gerade in der Anfangsphase das Haus angucken, dann wollen, dann kriegen die in Deutschland das Haus gezeigt, ja?! Und dann gucken die: Das ist eine Französin, wie hat die denn aufgeräumt, und so weiter."

Daneben ergaben sich vor allem zeitliche Konkurrenzsituationen zwischen seiner Arbeit und dem Privatleben, in denen er eine deutliche Trennung kaum vorgenommen hat. Hier ergaben sich Spannungen insbesondere im privaten Bereich:

> „Das zweite Problem war, dass sie immer gesagt hat, dass sie immer sagt: *Die Zeit, die mir bleibt, ist immer die Restzeit! Also das, was du nicht brauchst für deine Arbeit, das kriege ich dann.* Das ist dann mal am Morgen, wunderschön, wir können frühstücken zwischen halb elf und halb zwölf. Ja, aber das ist dann zwischen Schule und dem nächsten Termin. Also immer das, was dann übrig bleibt."

Trotz dieser konzeptionellen Grenzerfahrung hat er auch den Privatbereich der Wohnung nicht nur für den morgendlichen Kaffee mit der Pfarrsekretärin, sondern auch für Gemeindeaktivitäten bewusst geöffnet. So fanden bestimmte Gemeindeveranstaltungen ganz in den Privaträumen der Familie statt:

> „Das waren so Gespräche über Gott und die Welt. Das war also einmal im Monat meistens, einmal im Monat so zehn bis zwölf Uhr: Wir hatten Leute, die wollten, eingeladen zu Gesprächen über Gott und die Welt, gesellschaftliche Fragen, Glaubensfragen, verantwortliche ethische Fragen oder was gerade so auf dem, auf dem - und dann haben wir wieder Kaffee gemacht, genauso Kaffee oder Tee, wie jetzt, und in einer großen Runde gesessen und dann diesen Austausch gemacht."

Neben derartigen Veranstaltungen, die ganz im privaten Wohnraum angesiedelt waren, beschreibt Wittmann Gemeindeaktivitäten, die zwar in den Gemeinderäumen oder der Kirche stattfanden, dann aber einen Ausklang im privaten Wohnbereich fanden:

> „Aber das war ein Taizé-Ding: Anbetung mit Monstranz und Taizé-Liedern, mit einem Lesungstext und Gebet, zehn Minuten Stille, Vaterun-

> ser, Fürbitten und fertig. Also so, so 35 Minuten und dann hinterher immer ein Kaffee oder ein Tee, war ja spät, im Pfarrhaus, ja."

Das Pfarrhaus in seiner Funktion als Forum für einen gemeindlichen Austausch wird von ihm immer wieder unterstrichen. Gemeindliche und vor allem auch gottesdienstliche Aktivitäten der Gemeinde hatten zugleich immer auch einen Bezug zum Privatbereich des Pfarrhauses. Wittmann verwendet dabei das Bild der „Küche" als alltägliches Zentrum einer Familie, um seine Polarität zum Kirchbau zu veranschaulichen:

> „Ja, das Pfarrhaus ist eigentlich mehr, fast mehr noch als die Kirche, so die Seele von der Gemeinde. Kirche ist so der Ort, ja, ich würde das gerne so bezeichnen: Als Kind bin ich aufgewachsen, da wurde das Wohnzimmer nur einmal in der Woche geheizt. Also unser ganzes Leben spielte sich in der Küche ab, ja?! Aber das Wohnzimmer möchte ich auch nicht missen. Das war das Zeichen von Feierlichkeit, gefeiert und so weiter, ja. So würde ich das gerne auch sehen. So der Alltag spielt sich im Pfarrhaus ab und gefeiert wird dann in der Kirche, gleichberechtigt nebeneinander, wenn das als Einheit gesehen wird."

Herr Wittmann beobachtet sehr aufmerksam den Umgang anderer PastoralreferentInnen und Pfarrer hinsichtlich der eigenen Abgrenzung der privaten Lebensbereiche. Er empfindet dabei vor allem viele junge Priester als sehr kühl und distanziert. Begeistern kann sich Wittmann dagegen für die Praxis eines Pfarrers, der seit wenigen Monaten neu in der Stadt ist.

> „Der neue Pfarrer hat da einen riesen Tisch rein. Und er sagt auch: *Kommt doch, wenn ihr kommt, kommt!* Und wenn Leute kommen wollen, ich habe da jetzt zwei, drei Leute, die sich über ihn beschwert haben, die hat er mit in die Küche genommen und die konnten am Küchentisch, während er frühstückte und die haben Kaffee miteinander getrunken - dieses, in einer ganz familiären Atmosphäre konnten die miteinander reden. Das finde ich gut, also ich persönlich."

Diese familiäre Atmosphäre wird für Wittmann geradezu zum Inbegriff des Pfarrhauses, das damit auch Strahlkraft entwickelt für ein Verständnis der Gemeinde als Pfarrfamilie. Dies zeigt sich dort, wo die familiäre Atmosphäre gänzlich mit dem Pfarrhaus gleichgesetzt wird. Wo dies geschieht, drückt sich in besonderer Weise die Idealvorstellung von Wittmann aus:

> „Also, ein Kollege von mir in X, der hat eine Espresso-Maschine in seinem Pfarrhaus in seiner Küche stehen. Und er macht alle Gespräche nur im Esszimmer bei ihm, privat, ja?! Und da gehört der Kaffee dazu. Und das wissen die Leute. Und das Pfarrhaus und die Kaffeemaschine, das ist schon fast synonym, ja, ja."

Diese Funktion des Pfarrhauses als Kommunikationsforum verweist für Wittmann auf seine gemeindliche und politische Bedeutung.

Das Pfarrhaus als Marktplatz
Wittmann stellt die Bedeutung seines offenen Umgangs mit dem Pfarrhaus als Ort für Informationsaustausch dar, indem er es mit einem Marktplatz vergleicht. Vor allem die Begegnungen im Umfeld des Sonntagsgottesdienstes haben hier für sein eigenes Arbeiten eine zentrale Bedeutung:

> „Also das war so der emotionale Austausch auch, der war Informationsaustausch, der hat mir viel geholfen auch, das muss ich auch sagen, ja. Dass ich gespürt habe: Da ist ein Problem oder so. Das war so wie ein Marktplatz. So würde ich das gerne sehen, so wie ein Marktplatz, wo am Ende der Woche, oder am Anfang der Woche, wie man das auch nimmt, die Informationen aus der Pfarrei gebündelt zusammenlaufen. Ja und: *Ich gehe schon hin,* sagt dann einer. *Da brauchst du nicht hin, ich gehe schon hin. Da ist die Frau mit Herzinfarkt im Krankenhaus und so.* Das war wirklich so ein Marktplatz, wo die Informationen der Woche ausgetauscht wurden."

Die aus dieser Praxis für das Pfarrhaus erwachsene Rolle weist dabei jedoch deutlich über den binnengemeindlichen Raum hinaus. Aufgrund der Informationsbündelung kommt ihm auch in lokalpolitischer Hinsicht Macht zu, wobei sich bei ihm gegen eine solche explizite Bestimmung Vorbehalte aufbauen und eher von „Einfluss" gesprochen wird:

> „Aber das geht alles von einem Kaffee aus oder von einem Bier, das man miteinander trinkt und das nach den Gottesdiensten dann, da bleibt mal der Vereinsvorsitzende, der bleibt mal im Pfarrhaus und trinkt mal einen Kaffee mit. Und dann: *Wir haben in fünf Wochen Kirmes, was machen wir?* Das geht also ganz, ganz, ohne, ganz pragmatisch einfach, gehen die Informationen rund, ja?!"

Die enge Anbindung des Pfarrhauses an das Leben der politischen Gemeinde sieht Wittmann vor allem darin begründet, dass dem Pfarrhaus für die politische Gemeinde eine Funktion als Kulturträger zukommt. So ordnet er das Pfarrhaus mit großer Selbstverständlichkeit anderen öffentlichen (!) Einrichtungen zu:

> „Es gibt dann die, die Schule, die Grundschule gibt's da, den Kindergarten und das Pfarrhaus. Und das Bürgermeisteramt, das sind so gleichberechtigte Institutionen nebeneinander, die unser, so würde ich das jetzt für den Ort da sagen, unser kulturelles Leben und religiöses Leben gestalten. Und man kann dann sagen, okay, da sind die vom Pfarrhaus, die gehören da mit dazu. Aber die sind für den religiösen Bereich eher."

„Auch mal ein Rückzugsgebiet" – der bewusste Auszug
Einen starken Einschnitt bedeutete für Wittmann und seine Ehefrau die Entscheidung, nach dreißig Dienstjahren aus dem Pfarrhaus aus- und in eine Privatwohnung umzuziehen. Überwiegend schildert er die schwierige finanzielle Situation seiner derzeitigen Gemeinde als ausschlaggebend, die durch

seinen Auszug aus dem Pfarrhaus viermal so viel (!) Mieteinnahmen durch die private Vermietung des Pfarrhauses erzielt. Er macht aber auch deutlich, dass auch eine Entlastung des Privatlebens und ein schrittweiser Übergang in die Pensionierung damit möglich geworden sei:
> „Also das sind so, so, dieses teilen müssen mit der Pfarrei. Das war auch so nach 30 Jahren im Pfarrhaus, wo wir gesagt haben: *So, es reicht! Wir brauchen irgendwann mal ein Rückzugsgebiet.* Also die 30 Jahre möchte ich nicht missen. Das war eine tolle Erfahrung, wir haben das unheimlich gerne gemacht. Aber jetzt ist ein Punkt, wo ich nicht mehr bis 65 arbeiten will und dann aus dem Pfarrhaus ausziehen und dann ist Schluss."

Damit ergibt sich für ihn und seine Frau eine ungewohnte Situation. Die räumliche Distanz zur Gemeinde fordert von ihm eine präzisere Arbeitsorganisation. Durch den Umzug ist Herr Wittmann erstmals in der Situation, längere Anfahrtszeiten zwischen Privatwohnung und Arbeitsplatz einplanen zu müssen. Er sieht damit deutliche Unterschiede zu seiner bisherigen Arbeitsweise, die sich so nicht fortführen lässt.
> „Und ich habe mir zur Regel gemacht: Bis zum Letzten räume ich den letzten Tisch, den letzten Biertisch, die letzte Kiste räume ich mit weg. Einfach aus Solidarität, ja?! Das sind auch Leute, die haben ihren Job, bei Lufthansa oder irgendwo und ich habe diesen Job hier. Und das machen wir dann, was an Festen ist, das machen wir gemeinsam. Und das fällt jetzt ein bisschen weg. Jetzt muss ich schon auf die Uhr gucken und muss sagen: Okay, du hast noch 'ne Fahrt und, ja?!"

In dieser Veränderung kann er jedoch auch für die Gemeinde hilfreiche Entwicklungen beobachten, die ihn zu einem kritischen Hinterfragen seines bisherigen Arbeitsstils anregen.
> „Und das zweite: Die gewöhnen sich sowohl in den dreizehn Jahren in X, als auch in den 13, 14 oder 12 Jahren hier, also in mir den Papa zu sehen. So: *Papa kannst du mal? Papa kannst du mal?* Und dann kommt irgendwann so ein Punkt, wo man sagen muss: *So, jetzt ist die Pubertät da für euch.* Das heißt, selbständig werden!"

Hier zeigt sich zwar eine hohe Sensibilität für die Problematik des Verhältnisses zwischen persönlichem Arbeitsstil und dem eigenen Gemeindeverständnis, das stark durch die nachkonziliare Gemeindetheologie bestimmt ist. Doch sein hoher persönlicher und familiärer Einsatz in der Gemeinde, der eng mit dem Pfarrhaus verknüpft ist, hat ihn hier in eine gemeindliche Position gebracht, die er selbst bei Priestern kritisiert: Die Behinderung der Subjektwerdung der Gemeinde durch eine zu starke Präsenz von Amts- und Funktionsträgern.

Lernort Pfarrhaus

Wittmann stellt besonders die Umstellung der Gemeinden dar, die sich nicht nur an eine neue Berufsgruppe gewöhnen, sondern auch auf andere Lebensformen und einen anderen Lebensstil im Pfarrhaus der Gemeinde einstellen mussten:

> „Und plötzlich ist eine Familie da und da werden Kinder gezeugt in diesem Pfarrhaus. Und das ist normales Familienleben und da liegt auch mal 'ne Pampers rum."

Dabei beobachtet er auch den Umgang der Gemeindemitglieder mit Pastoralreferentinnen in zwei Gemeinden seiner Umgebung sehr aufmerksam und erkennt die hohe Wertschätzung seitens der Gemeinden an:

> „In X gibt's ja, das vielleicht als letzten Satz noch, noch zwei, noch mehr Pfarreien, die einen Pfarrbeauftragten haben und zwei, am X SanktY und Sankt Z oben beim X, wo zwei Pastoralreferentinnen oder Gemeindereferentinnen Pfarrbeauftragte sind, die auch im Pfarrhaus wohnen, also als Frau diese Rolle jetzt übernehmen. Und ich muss sagen: Voll akzeptiert und haben ihre Rolle wie, ja ich muss sagen, wie so evangelische Pfarrerinnen, voll akzeptiert. Ich kenne jetzt nur einen Konflikt, den es jetzt mal gab um eine Predigt, wo es mal eine Auseinandersetzung gab. Aber im Großen und Ganzen ist das voll akzeptiert. Das ist ein Leben im Pfarrhaus von Nichtpfarrern und auch Nicht-Männern, ja, hier im Xer Raum."

Das damit verbundene Lernen der Gemeinde kann Wittmann auch auf die Bistumsleitung übertragen, die in seinem Fall größten Wert darauf legt, dass Pfarrhäuser von pastoral Mitarbeitenden bewohnt werden:

> „Dass Bischof X gesagt hat: *Ich will die Pfarrhäuser wieder halten.* Wer heute irgendwo wieder eine Stelle kriegt, der muss bereit sein, von den pastoralen Mitarbeitern, der muss ins Pfarrhaus. Das Pfarrhaus ist das letzte, was wir zu machen. Und verstärkt sagt der jetzt: *Pastorale Mitarbeiter, die bleiben bei mir im Pfarrhaus.*"

Hier zeigt sich ein sehr großes Bewusstsein für die Erfahrungen der zurückliegenden Jahrzehnte, in denen das Bistum gerade auch die Arbeit von PastoralreferentInnen und GemeindereferentInnen, die in Pfarrhäusern leben, schätzen gelernt hat. Wittmann sieht sich generell durch diesen Umgang seiner Bistumsleitung mit den Pfarrhäusern in seinen Einschätzungen bestätigt. Zwar ist er froh, dass ihm vor kurzem ein Auszug aus dem Pfarrhaus als Vorbereitung auf die Pensionierung ermöglicht wurde. Doch er betrachtet das Pfarrhaus und damit implizit Teile des familiären Privatlebens als zentralen Bestandteil seiner Arbeit beziehungsweise als Arbeitsmittel. Wenig Verständnis bringt Wittmann für andere Pfarrhauskonzepte mit einer strikten Trennung von privaten und dienstlichen Bereichen, Aufgaben und Zeiten auf, da sie nicht seinem Bild der Pfarrgemeinde als Familie entsprechen.

Gemütlichkeit des Pfarrbüros
Herr Wittmann betrachtet das Pfarrbüro der Gemeinde besonders in seiner Funktion für die Engagierten der Kerngemeinde. So ordnet er auch dem Pfarrbüro und der Pfarrsekretärin eine Rolle hinsichtlich des familiären Gemeindeverständnisses zu. Eine genaue Trennung zwischen Pfarrbüro und Pfarrhaus findet bei ihm kaum statt. Die Gestaltung des Büros sollte dementsprechend ein Wohlfühlen ermöglichen:

> „Also, für mich ist das so eine Frage der Gemütlichkeit. Gibt's eine Kaffeemaschine oder nicht, in dem Pfarrbüro? Ja? Kann man sich da wohl fühlen?"

Ein Verständnis des Pfarrbüros als besonderer Ort kirchlichen Services für bestimmte Personengruppen, gar als „Serviceagentur" der Kirche, ist Herrn Wittmann daher sehr fremd:

> „Also, die ersten beiden Stellen, das war für mich eher so lebensmäßiges Miteinanderleben, das Haus ist für alle da. So Anlaufstelle, aber nicht Service, das wäre mir zu nüchtern, zu kalt."

Mit der Person der Pfarrsekretärin vebindet er - dem familiären Gemeindeverständnis entsprechend - eine Reihe mütterlicher Attribute. Ihr kommen seelsorgliche Aufgaben zu, insbesondere aber auch die Vermittlung von Geborgenheit:

> „Ja, weil wenn eine Oma hierher kommt und bestellt eine Messe. Dann will die zwar die Messe haben, das ist klar. Aber sie will erzählen, was sie vermisst und will sich ausheulen und, und und an der zweiten Stelle hatte ich so eine Sekretärin. Das war so eine Seele von Frau, die hat dann die Oma mal genommen und hat sie mal gedrückt."

Eine Ausrichtung des Pfarrbüros auf Menschen, die nicht zum Kernbereich der Gemeinde und zu den Engagierten gehören, fällt Herrn Wittmann eher schwer:

> „Also, diese Kerngemeinde und die Verantwortlichen, die Multiplikatoren in den einzelnen Gruppen, die, die haben Bezug zum Pfarrhaus. Hat aber nicht mehr so, nicht mehr so die Bedeutung für die normalen Gläubigen. Hat hier auch noch nie so die Bedeutung gehabt. Die gehen eher hier ins Büro rein, weil das ist dann eine offizielle Stelle: *Ich bestelle meine Messe. Ich will den Herrn X. sprechen. Ich will mein Kind in den Kindergarten und wo kann ich das anmelden? Ich will heiraten.* Das läuft mehr über diese Ebene."

Hier zeigt sich eine implizite Definition des Pfarrbüros, das er mit allem Amtlichen verbindet und deshalb als besonderen Anlaufpunkt eher gemeindefremder Kirchenangehöriger betrachtet. Dabei findet also eine Unterschei-

dung zwischen amtlichen und gemeindlich-familiären Belangen statt, weniger zwischen dienstlichen und privaten!
Die Erfahrungen in einer Großstadtgemeinde führen jedoch vor Augen, dass die von ihm zugeordnete Bedeutung des Pfarrhauses als Ort der gemeindlich-familiären Belange stark nachgelassen und fast gänzlich verschwunden ist:

> „Im Bewusstsein der Leute, also bei den drei Prozent, die nur noch Interesse an der Gemeinde haben. Die wissen, hier in der Stadt, wissen die nicht: Gehöre ich zu X oder gehöre ich zu Sankt Y oder gehöre ich zu Z. Das wissen die Leute hier nicht. Deswegen hat in dieser Stadt das Pfarrhaus nicht so die zentrale Rolle, wie in X oder noch mehr im Y. So eine zentrale Rolle hat das Pfarrhaus nicht hier."

Eine emotionale Bindung an das Pfarrhaus, die er von seinen früheren, eher ländlichen Gemeinden kennt, und die seinen eigenen Idealvorstellungen eher entspricht, ergibt sich daher kaum noch. Eine Würdigung der kulturellen und lokalpolitischen Funktion des Pfarrhauses sieht Herr Wittmann in der Großstadt kaum.

4.3.2 Das Pfarrhaus als Hindernis für professionelles Arbeiten – Frau Kuhn[80]

> **„Nein, ich ziehe nie mehr ins Pfarrhaus.**
> **Das weiß ich ganz sicher."**

Frau Kuhn ist 40 Jahre alt und arbeitet seit ihrem Studium in einem deutschen Bistum als Pastoralreferentin. Sie ist ledig und hat keine Kinder. Sie lebt seit kurzem wieder auf dem elterlichen Bauernhof, um sich auch um ihren kranken Vater kümmern zu können. Als Pastoralreferentin hat sie mehrere Jahre in einem Verbund von Pfarrgemeinden mitgearbeitet. Sie hatte über mehrere Jahre die Verantwortung für eine Pfarrei gemäß can. 517 § 2 inne. In dieser Pfarrei, die nach der Pensionierung eines Pfarrers zu dem bestehenden Gemeindeverbund hinzukam, hat sie auch im Pfarrhaus gewohnt, nachdem dies zunächst über mehrere Monate renoviert werden musste. So kennt Frau Kuhn sowohl die Situation, eine Pfarrei verantwortlich zu leiten, ohne dort zu wohnen, als auch mit einem Wohnen im Pfarrhaus und kann vor diesem Hintergrund diese beiden Erfahrungen gut vergleichen.
Neben der gemeindlichen Arbeit, die Frau Kuhn seit wenigen Wochen in einer Pfarrei leistet, während sie auf dem Bauernhof ihrer Eltern wohnt, ist sie freiberuflich in einer Nachbardiözese tätig. Frau Kuhn reagierte auf die briefliche Anfrage zum Interview und die telefonische Terminvereinbarung

---

[80] Code: [BCJOS01]

sehr emotional. Sie brachte mehrfach zum Ausdruck, für wie bedeutsam sie die Thematik der Forschungsarbeit hält und wie stark sie sich selbst bereits mit ihren Erfahrungen zum Leben im Pfarrhaus beschäftigt hat.

Das Pfarrhaus als private Wohnung

Es ist Frau Kuhn ein Anliegen, das Pfarrhaus sowohl unter einer privaten als auch unter einer dienstlichen Hinsicht zu betrachten. Dementsprechend war es ihr besonders wichtig, die Renovierung des Pfarrhauses, in das sie einziehen sollte, mitzugestalten und eine klare räumliche Trennung zwischen dienstlichen und privaten Räumen zu ermöglichen:

> „Was für mich damals schön war, ich hab bei der Pfarrhausrenovierung drauf bestanden, dass Wohnung oben ist und Arbeitsräume unten. Also, dass so renoviert wird, dass das wirklich getrennt ist. Und nicht Arbeitsräume und Privaträume ineinander gehen. Und wo ich dann sehr froh drum war, da hat einer von den Kirchenräten drauf bestanden, und hat gesagt: *Und da oben kommen Türen rein, damit's auch wirklich zu ist!*"

Diese Trennung der zwei Bereiche im Pfarrhaus wurde ihr auch seitens der Gemeindegremien ermöglicht, dennoch sah sie sich einem ausgesprochen großen Interesse der Gemeindemitglieder an der Neugestaltung des Pfarrhauses und ihres privaten Wohnbereiches ausgesetzt:

> „Also, es war auch so, dass ich am Anfang mitbekommen habe, dass Leute auch wirklich noch während der Renovierungsphase vorm Einzug, da war da ständig Betrieb im Haus. Also da waren die Handwerker drin im Haus und da haben immer Leute geguckt, wie es aussieht. Also das war, da gab's viel Interesse."

Dieses Interesse an der Renovierung des Pfarrhauses erklärt Kuhn zunächst aus einem hohen Maß an Identifikation der Landgemeinde mit „ihrem" Pfarrhaus. Schmerzlich war für sie jedoch die Erfahrung, dass damit auch eine große Neugier an ihrem Privatleben verbunden war. Diese zeigte sich in verschiedenen Begebenheiten, die sie allerdings rückblickend mit Humor betrachtet:

> „Und vom Friedhof aus konnte man genau in mein Wohnzimmer schauen. Also das war zwar so weit weg, dass man nicht genau, also wenn Licht an war, konnt man relativ viel sehen, aber ich bin eben dann tatsächlich mal gegangen und hab mal geguckt. Weil ich immer gedacht habe, was stehen die denn da drüben und gucken hier rüber? Und das habe ich ganz oft erlebt, also vor allem dann, wenn Licht an war, dass die drüben standen. Und das war eindeutig geguckt, die standen nicht nur da und haben ins Land geschaut, sondern die haben ins Wohnzimmer geschaut."

Stress durch die Gemeinde

Frau Kuhn schildert sehr eindrücklich, wie sehr sie dieses Interesse vieler Gemeindemitglieder an ihrem Privatleben als Kontrolle erlebt hat, die sie zunehmend unter Druck setzte. Diese gemeindliche Kontrolle sieht sie vor allem auch in ihrer Lebensform als alleinstehende Frau begründet, die für manche Gemeindemitglieder Anlass zu Spekulationen über nichteheliche sexuelle Beziehungen bot:

> „Und dann kam abends um halb neun ein Freund von mir aus X gefahren und hat gesagt: Hast du noch was, ich bleib heute Nacht da. Und unten im Erdgeschoss, wo die Dienstwohnung war, ist noch eine Praktikantenwohnung. Und der hat wirklich da unten im Gästezimmer geschlafen. Und am nächsten Tag um halb acht hat's an der Haustür geklingelt und es war eine alte Oma draußen und: *Ahhh, ich wollt nur mal vorbeischaun.* Hm: *Ja, was kann ich denn für sie tun? - Ja, ich wollt nur mal vorbei schauen.* Da habe ich gesagt: *Ja, das finde ich ja nett und was kann ich für sie machen? - Ja, ich wollt einfach nur mal schauen. - Ja, wollten sie gucken, dass wir in zwei verschiedenen Betten waren?* Und dann ist sie wieder abgezischt [lacht]. Aber ich hat' so einen Hals. Und der kam wirklich am Abend und trotzdem haben sie es gemerkt."

Neben derartigen, eher besonderen Situationen, erlebte sie jedoch auch ihr normales Privatleben ständigen Beobachtungen ausgesetzt, sodass ein Abschalten von der dienstlichen Rolle als Pastoralreferentin ihr auch in ihrer Freizeit im Pfarrhaus kaum möglich war. Wiederholt macht sie deutlich, dass allein der Eindruck der Kontrolle des Privatbereichs durch Gemeindemitglieder ihr zunehmend Stress verursacht hat:

> „Also, da habe ich gemerkt: Das hat mich gestresst. Das war für mich sehr, sehr anstrengend."

Frau Kuhn hat aus diesem Erleben die Konsequenz gezogen, große Teile ihrer Freizeit nicht in ihrer privaten Wohnung des Pfarrhauses zu verbringen, sondern für freie Tage und Urlaubszeiten, eine kleine Wohnung im Haus ihrer Eltern einzurichten:

> „Aber, also ich habe Urlaub, also entweder bin ich weggefahren oder, ja, wirklich hier verbracht [Anm. d. V.: im Elternhaus]. Freie Tage auch, höchstens mal, wenn ich eh Haushaltsarbeit zu machen hatte."

Diese Maßnahmen haben für sie den Charakter einer Flucht, die sie jedoch als unausweichlich ansieht, um sich zu schützen:

> „Also für mich war's Selbstschutz. Selbstschutz, weil, also mir hat's was ausgemacht, wenn ich auf dem Balkon saß und die Leute sagen: So schön wollt ich's auch mal haben. Also das hat mir, da konnte ich auch machen, was ich wollt, da habe ich jedes Mal grrrr. Ich habe mich zwar bemüht, eine flotte Antwort zu geben, aber innerlich habe ich gebrodelt. Und von daher war es Selbstschutz zu sagen: *Nein, das brauche ich nicht.* Und hier juckt's niemanden."

Das Entziehen bestimmter Freizeitbereiche und -phasen aus dem Blickfeld der Gemeinde hat unmittelbar zu einer eingeschränkten Funktion ihrer privaten Wohnung im Pfarrhaus geführt – insbesondere als Ort der Erholung. Zugleich entstand in anderer Hinsicht der Druck, aufgrund der Beobachtungssituation Privates besonders zu pflegen oder auszubauen. Dies gilt insbesondere für die persönliche Spiritualitätspraxis:

> „Es hat mir mehr Druck gemacht, das ist mein Gefühl. Es hat mir am Anfang mehr Druck gemacht: *Ich müsst doch. Und es wäre doch wichtig.*"

Hier wird auch für sie selbst erkennbar, dass die Privatsphäre zunehmend für sie zum Arbeitsfeld wurde, mit dem immer auch eine Botschaft in die Gemeinde transportiert werden müsste. Es ist also eine Reaktion auf die Beobachtung durch die Gemeinde, die ihrerseits durch eine eigene Instrumentalisierung des Privaten ausgezeichnet ist.

Lernort Pfarrhaus
Frau Kuhn reflektiert ihre Erfahrungen im Pfarrhaus sehr intensiv. Die Entscheidung, nicht mehr in einem Pfarrhaus wohnen zu wollen, stellt für sie offensichtlich einen großen Einschnitt dar, da sie in ihrer Kindheit und Jugend in ihrem Heimatdorf selbst sehr gute und prägende Erfahrungen mit Pfarrern gemacht hat, die sehr offen mit dem Pfarrhaus umgingen. So lässt sich bei ihr von einem Lernprozess zunächst hinsichtlich ihrer eigenen Pfarrhauskonzeption sprechen. Sie hat wenig überzeugende Konzepte des Pfarrhauslebens sowohl in ihren Praktika, wie auch in der Praxis ihres unmittelbaren Vorgängers kennengelernt.

Frau Kuhn hat ein hohes Ideal eines gelingenden Pfarrhauslebens als eines der gemeindlichen Zentren. Dies zeigt sich in negativen Bewertungen von Pfarrhauskonzeptionen, bei denen ein strikter Schutz der Privatsphäre eine offensichtliche Schädigung des Gemeindelebens bewirkt.

> „[Anm. d. V.: Der Pfarrhof an der Kirche] war mitten im Dorf, aber das war absolut toter Raum. Also, da haben sich die Leute rein getraut um in die Kirche zu gehen, aber so pfitt, schnurstracks, um nur schnell durchs Torbogenhaus zu gehen. Und wenn sie halt ins Pfarrbüro mussten, dann mussten sie da halt hin. Aber da wäre nie jemand hingegangen, wer nicht wirklich ein Anliegen hatte, weil die Mutter über diesen Bezirk geherrscht hat. Also, wenn da mal ein Kind drin war, das da mal drin rumgehüpft ist, dann ist sie dem erschienen, dass es das ganz sicher kein zweites Mal gemacht hat."

Von derartig negativen Beispielen wie auch von den guten Erfahrungen in ihrem Heimatdorf ausgehend, hat Frau Kuhn ihr Ideal einer Pfarrhauskonzeption entwickelt, das einerseits eine Trennung von Privatem und Dienstlichem vorsieht, dabei jedoch ein professionelles Arbeiten für das Leben der Gemeinde ermöglicht. Hierin erkennt sie jedoch zwei Pole, die sie persönlich nicht verbinden konnte.

Dabei sieht Frau Kuhn, dass auch die Pfarrgemeinde, in der sie gelebt und gearbeitet hat, die Umstellung von einem Pfarrer zu einer Pastoralreferentin im Pfarrhaus als Herausforderung und Lernprozess erlebt haben muss.

Aufgrund ihrer belastenden Erfahrungen im Pfarrhaus hätte sie sich eine Reflexion mit ihren Vorgesetzten und der Bistumsleitung gewünscht. Derartige Ansätze gibt es jedoch nach eigener Aussage in ihrem Bistum nicht, sodass sie hier Defizite in der Auswertung von Erfahrungen wie auch in der Personalführung und -begleitung sieht:

> „Nee, null Interesse. Also ich hab nicht einmal erlebt, dass es jemanden in der Personalabteilung interessiert hätte, wie es, also gar nicht wie es mir als Pfarrbeauftragte geht, das wäre mir noch wichtiger gewesen, das zu fragen. Aber auch nicht, wie das Leben im Pfarrhaus ist. Also da sind bei uns, puh, sie reden viel von Personalentwicklung, aber ich hab's Gefühl, sie tun wenig dafür oder tun nur dann, wenn man selbst schon sehr aktiv ist."

Professionelles Arbeiten

Die Pfarrhauskonzeption von Frau Kuhn ist sehr von dem Bemühen um professionelles Arbeiten geprägt. In Abgrenzung zu ihrem Vorgänger, bei dem sie kaum eine einheitliche Konzeption hinsichtlich der Stellung des Pfarrhauses im Kontext des gemeindlichen Arbeitens erkennen konnte, sieht sie die Trennung von privatem und dienstlichem Bereich als für ihr Arbeiten förderlich an.

Aus diesem Anliegen heraus, ein professionelles Arbeiten für sich und die Gemeinde zu ermöglichen, entschied sie sich schließlich bei einem anstehenden Wechsel ihrer Arbeitsstelle zu einer anderen Gemeinde gegen das Wohnen im Pfarrhaus.

> „Und ich glaube, es ist nicht nur zu meinem Schutz, sondern auch zum Schutz der Leute. Weil, ja, also ich glaube, es macht professionelleres Arbeiten möglich, nicht dort zu leben. Weil ich glaube, dass es 'ne Überforderung für einen selbst und für die Leute ist, zu meinen, ich kann wirklich mit allen Menschen leben und kann den Erwartungen, die da kommen gerecht werden. Ich enttäusche immer. Und das habe ich auch erlebt: Ich bin da am Anfang eingestiegen mit 150 Prozent und mit Begeisterung und hab mich auf Beziehungen eingelassen, ja, und wollt den Menschen nahe sein und mit den Menschen leben. Und dann habe ich gemerkt, wie ich mich verausgabe dabei und wie ich an Grenzen komme. Und, ja, am Anfang: soo die Türen aufgemacht [breitet die Arme aus]. Und mich dann wundere, wenn mich nachts um halb zwölf 'ne Kommunionmutter anruft."

Konkret definiert sie die Professionalität ihres pastoralen Arbeitens in der Pfarrgemeinde hier durch die Beschränkung auf eine berufliche Rolle, durch die sie auch Gemeindemitglieder entlastet. Sie hofft auf diese Weise, ein größeres Maß an Eindeutigkeit und Verlässlichkeit zu vermitteln, da Gemeindemitglieder durch ihr Privatleben weniger emotional gebunden werden:

> „Also da gibt's ganz unterschiedliche Rollen. Und ich zeige den Leuten immer, und das ist der Schutz, den Teil von meinem Personenkern und lass die Leute da mit rein, der zu der Rolle gehört. Aber nicht mehr und nicht weniger. Ich mute denen nicht die Freundin zu und ich mute ihnen zum Beispiel auch nicht die Geliebte zu und mag auch nicht deren Mutter sein. Und ich hab gemerkt, also, als ich das kapiert hab, das hat mich sehr entlastet und hab gesagt: *Genau! Ich mut's mir nicht zu und ich mut's den Leuten nicht zu.*"

Das hier gut erkennbare Interesse an einer geringeren Belastung der Gemeinde durch das Privatleben einer Hauptamtlichen ist kombiniert mit einem erfahrungsbezogenen Selbstschutz. Frau Kuhn hat erlebt, dass ihr Wohnen in der Gemeinde und die ständige Beobachtung ihres Privatlebens ein zu großes Maß an Vertrautheit suggerierte. Dies nahm ihr nach eigener Einschätzung die für ihre Tätigkeit nötige Autorität gegenüber Gemeindemitgliedern.

Der Service des Pfarrbüros
Eng verbunden mit dem Anliegen professionellen Arbeitens in der Pfarrgemeinde ist für Frau Kuhn die Gestaltung des Pfarrbüros. Sie ist sich der Bedeutung einer attraktiven Gestaltung des Büros insbesondere auch für gemeindeferne Kreise sehr bewusst:

> „Also dass die Leute reinkommen und sich wohl fühlen, dass die reinkommen und was spüren von Atmosphäre. Dass die reinkommen und merken: *Ja, ich kann jetzt erstmal hier ankommen.* Und nicht am liebsten rückwärts wieder rausgingen."

Dieses Anliegen drückte sich in einer bewussten Gestaltung der Büroräume mit Möbeln, Gardinen und der Farbgebung aus. So erscheint ihr das Pfarrbüro in besonderer Weise als Medium kirchlicher Verkündigung und gemeindlicher Präsenz, die zu einem hohen Anteil von ästhetischen Komponenten abhängen:

> „Ich würde sagen, es ist ein Aushängeschild für die Kirche, ein Aushängeschild wo die Leute spüren, wie ihnen begegnet wird. Ich glaube es ist ein Türöffner, ein Türöffner für mehr. Also, ob mir jemand aufmacht und mich ruppig empfängt oder ob jemand sagt: *Ja kommen sie doch mit rein, nehmen sie doch einen Augenblick Platz.* Ich glaube, dass das Pfarrbüro öffnet für ganz viel und dass im Pfarrbüro viel mehr passiert, als nur Verwaltung. Also ich habe ganz oft erlebt: Was meine Sekretärin macht, war Seelsorge. Wenn da 'ne alte Frau kommt und einen Gottesdienst bestellt und sich hinsetzt und zehn Minuten was erzählen kann und die ihr zuhört."

Hier zeigt sich eine erstaunlich hohe Wertschätzung des Pfarrbüros und seiner kirchlichen Bedeutung bei gleichzeitiger Trennung vom Gesamtkom-

plex des Pfarrhauses an sich. Eine Unterscheidung der Besucher des Pfarrbüros hinsichtlich ihrer Nähe zum Gemeindeleben spielt dabei für sie eine geringe Rolle.
Im Kontrast dazu erlebt sie Pfarrbüros, denen sie sonst begegnet, als eher abschreckend:

> „Also, als ich vor 14 Tagen in mein neues Pfarrbüro kam, „mein" neues Pfarrbüro, da habe ich das das erste Mal gesehen. Ich dachte, mich hauts rückwärts wieder raus! Weil das genauso ist, wie ich's nie machen würd': dunkel, schlampig, dreckig, durcheinander, ja. Also ich find's furchtbar, da Leute rein zu lassen. Weil für mich mit der Atmosphäre ganz viel transportiert wird."

So beschreibt sie ihre große Einschätzung des Pfarrbüros im Kontext des pastoralen Arbeitens sehr anschaulich. Dabei ist Frau Kuhn bewusst, dass das Pfarrbüro vor allem von Gemeindeengagierten aufgesucht und als Kommunikationsort gesucht wird:

> „Ja, es ist ein Kommunikationsmittelpunkt in der Gemeinde und es ist ein Ort, wo die Leute von der Botschaft der Kirche etwas spüren oder nicht spüren. Also auch, wie denen da aufgemacht wird, wie denen da begegnet wird. Wie mit denen umgegangen wird. Also ich hab zum Beispiel immer, also im Pfarrbüro stand immer eine Bonbondose für die Kinder."

Und in dieser kommunikativen Funktion hat das Büro auch für Frau Kuhn selbst eine große Bedeutung. So ist die gute Beziehung zur Pfarrsekretärin eine wichtige Komponente ihrer Arbeit:

> „Also das Pfarrbüro war sicher, war sicherlich ein Informationszentrum. Wenn ich was gehört hab, dann hat's die Sekretärin mitgebracht. Die war relativ gut informiert. Die hat das dann mitgebracht und erzählt, die Sekretärin oder die Putzfrau, wobei die weniger wusste, die Sekretärin wusste in der Regel mehr. Wobei die Sekretärin eine, also die war eine sehr ruhige, die hätte jetzt nie Sachen, die im Pfarrhaus gelaufen sind, nach draußen getragen. Da war ich mir sehr sicher. Und sie hat einfach ganz viele Sachen, die sie mitgekriegt hat, die ist auch aus X, die hat sie mitgebracht. Und ich habe auch immer, also die war zweimal die Woche da, ich habe immer geguckt, dass wir Zeit haben, einen Kaffe miteinander zu trinken, um zu hören, was ist. Also die hat relativ viel aus der Gemeinde mitgebracht."

4.3.3 Eine Küche für die Pfarrei – Pfarrer Hübner[81]

**„Ich habe Tage,
wo ich wirklich nur auf dem Klo allein bin [lacht]."**

Pfarrer Hübner ist über fünfzig Jahre alt und lebt zusammen mit einem Kaplan im Pfarrhaus einer österreichischen Kleinstadt. Er betreut fünf Pfarrgemeinden mit insgesamt über 20.000 Gemeindemitgliedern und ist auch Dechant. Im Haus arbeitet eine Pfarrsekretärin in der Pfarrkanzlei und mit einer reduzierten Stundenzahl ein Pastoralassistent für das Dekanat. Außerdem hat Pfarrer Hübner eine Pfarrhaushälterin angestellt, die für ihn und den Kaplan kocht, die Wäsche reinigt und für die Ordnung des Hauses verantwortlich ist. Sie wohnte zeitweise mit ihrem Sohn im Pfarrhaus, lebt mittlerweile jedoch mit ihrer Familie in einem eigenen Haus.

Nach einer kurzen Wartezeit lädt er den Interviewer ein, mit ihm in die Küche des Pfarrhauses zu kommen, wo er Kaffee anbietet. Das Interview findet an dem großen Küchentisch statt. Bis vor kurzem wohnten mit dem Pfarrer zwei Kapläne in dem Pfarrhaus, für die im 1. Stock des Hauses kleine Wohnungen vorgesehen sind:

> „Na ja, das Haus ist so konzipiert, dass der erste Stock Wohnbereich für die Priester ist. Da gibt es drei Wohneinheiten, da wir ja zu dritt waren, bis vor einem Monat, mit Schlafzimmer, Wohnzimmer und Nasszelle. Und zur Zeit bewohnt eben jeder von uns einen eigenen Wohnbereich: Schlafzimmer, Wohnzimmer und Nasszelle."

Pfarrer Hübner unterstreicht die geringe Bedeutung, die der private Wohnbereich für sein Leben hat, da er sich dort lediglich zum Schlafen aufhält. Sein Büro, die sogenannte Pfarrkanzlei und die Küche seien die hauptsächlichen Aufenthaltsorte im Haus:

> „Ich habe auch, das muss ich gestehen, ich habe mein Wohnzimmer, wenn man das so nennen möchte, also das bewohne ich wirklich nicht. Da habe ich nur meine Bücher abgestellt und einen Schreibtisch. Ja, ein Schreibtisch steht dort, den ich nie benutze. Ich bin immer in der Kanzlei, ich habe eine eigene Kanzlei. Und das ist mein Aufenthaltsraum. Ansonsten bin ich immer unterwegs. Ich mag das sonst nicht. Ich gehe in der Frühe von meinem Zimmer raus und komme am Abend, vor Mitternacht wieder hin dort."

Diese räumliche Zuordnung entspricht sowohl seinem Amts- und Arbeitsverständnis als auch seiner persönlichen Neigung, die nur wenig auf die Pflege einer Privatsphäre ausgerichtet ist, ja einen privaten Wohnbereich als

---

[81] Code: [AEKOR03]

Ausdruck einer eigenen Persönlichkeit kaum kennt. Dabei fällt ihm der Kontrast seines Lebensstils zu dem seiner Umwelt durchaus auf:

> „Ich habe mir schon manchmal so gedacht, wie auch in so vielen Familienhäusern auch, wo es so ein schönes Wohnzimmer gibt. Das habe ich alles nicht. Da habe ich mir mal gedacht: Geht mir das ab? Eigentlich geht es mir nicht ab, es geht mir nicht ab!"

Ein besonderes Anliegen ist ihm dagegen die offene und einladende Atmosphäre des Hauses. Doch auch die Pflege einer ansprechenden Atmosphäre sieht er eher im Dienst an den Gemeindemitgliedern, statt als Ausdrucksmöglichkeit seiner persönlichen Vorstellungen. So überlässt er die konkrete Form und Gestaltung gerne anderen, wie etwa der Haushälterin oder den Kaplänen:

> „Ich mag das gerne, wenn andere das machen und so. Zum Beispiel die Küche haben mir die Kapläne vor zwei Jahren als Geburtstagsgeschenk ausgemalt. Ich war einige Tage Skifahren. Und die war so graublau früher. Und ich meinte: *Irgendwie müsste man da mal, das schaut ja nicht mehr so schön aus.* Und, ja das sagt man halt so, nicht? Und dann war ich halt drei Tage Skifahren und wie ich heimgekommen bin, war alles fertig [lacht]. Also, das gefällt mir dann, dass die Kapläne Hand angelegt haben. Beide, mit der Haushälterin, wenn das so ist: Wir möchten unseren Raum schön gestalten. Und wie die das machen, das ist mir dann egal. Und egal, welche Farbe. So, wie es dann gemacht wird, passt es dann auch."

Uneingeschränkt für die Gemeinde da

Pfarrer Hübner versteht das Pfarrhaus in Einheit mit seinem Privatleben in einer starken Funktionalisierung hinsichtlich der Gemeinde. Besonders der Küche schreibt er daher eine zentrale Bedeutung zu. Zum einen ist sie für die Hausgemeinschaft mit dem Kaplan und der Haushälterin der zentrale Kommunikationsort:

> „Ja, Mittagessen ist bei uns immer, das hat sich seit einigen Jahren so entwickelt, lange Zeit. Also wir sitzen lange Zeit, fünf Viertelstunden beieinander und tratschen und reden halt. Und es ist eine gute Stimmung und das ist sehr erholsam. Das ist wirklich Erholungsphase, intensiv!"

Zum anderen betrachtet er die Küche des Pfarrhauses weitgehend als einen Ort der Gemeinde. Deshalb ist es ihm wichtig, den Privatbereich der Küche beziehungsweise das Erdgeschoss des Pfarrhauses mit der Pfarrkanzlei als offenen und für die Gemeinde einladenden Bereich gestaltet zu wissen:

> „Das ist an und für sich, also da kann jeder herein gehen. Und wenn niemand herinnen ist, dann sperren wir mal zu. Aber sonst kann jeder da reinkommen. Die Leute müssen nicht anläuten, wenn jemand in der Küche ist, sondern sie kommen einfach so, im Haushalt auch. So haben sie nicht das Gefühl das sei ein ganz abgeschlossener Bereich und da hat niemand was verloren. Und man wäre grantig, wenn man jetzt gestört wird."

Auch die Funktion der Haushälterin, die er als junge Frau eingestellt hat, sieht er zu großen Teilen in Bezug auf das Gemeindeleben. Wo ihre Arbeit im Haushalt für ihn Erleichterung bedeutet und ihm damit Freiräume ermöglicht, nutzt er diese für zusätzliche Gemeindearbeit. Allerdings erklärt er auch, dass sie hierbei in den ersten Jahren sehr viel zurückgezogener lebte, als er das erwartet hätte. Hier gab es Konflikte, da die Haushälterin ihre Arbeit offensichtlich weniger als Gemeindearbeit zu betrachten bereit war:

> „Mittlerweile kommen sehr viele Leute her, zur X, auch Leute, die nicht zur Kirche gehen, die aus ihrem Bekanntenkreis sind. Das ist mir nur recht. Es kommen viele."

Diese von ihm erwartete und geförderte Offenheit beobachtet er in manchen Pfarreien und bei Mitbrüdern und würde sich eine ähnliche Funktion des Pfarrhauses beziehungsweise der Pfarrhaushälterin auch wünschen:

> „Ich merke so, es gibt schon auch andere Pfarren, wo der Pfarrhof eine Riesenbedeutung hat, wo sich fast alles im Pfarrhof abspielt. Das hat vielleicht auch immer wieder etwas mit der Köchin zu tun. Manche Köchinnen sind ja so die Super-Nannys von der ganzen Pfarre, so. Das haben halt manche, nicht wahr?! Das haben wir hier nicht. Da hat sicher die ersten Jahre unsere Haushälterin viel zu zurückgezogen gelebt, nicht?! Erst die letzten Jahre ist das so ein bisschen offener geworden."

Die Offenheit des Pfarrhauses möchte er auch gerne für die Gemeindemitglieder spürbarer werden lassen. Folglich freut er sich über die Besuche von Firmgruppen, die bei der Haushälterin zu Gast sind:

> „Jedes Jahr kommen zwei, drei Firmgruppen her, um einmal die Haushälterin zu besuchen, da einen Kuchen zu essen und einen Saft zu trinken. Sie, was sie tut da überhaupt, nicht. Und die fragen, wie lebt denn der Pfarrer überhaupt und wo isst denn der Pfarrer. Ich meine, mit dem haben die Leute normalerweise nichts zu tun, nicht?! Und das ist mir nicht unrecht, dass das die Leute sehen. Und die X macht das ganz gut so."

Gerne würde Pfarrer Hübner sein Pfarrhaus auch darüber hinaus für möglichst viele Menschen öffnen, um ihnen einen stärkeren Einblick in sein Berufsleben und seinen Alltag ermöglichen zu können. Hier wird erkennbar, wie sehr ihm an einer möglichst großen Nähe zu den Gemeindemitgliedern gelegen ist:

> „Wir haben schon mal in den Anfängen, in den Anfängen haben wir mal eine Jugendgruppe da gehabt, die hat eine Woche mit uns mit gelebt, sieben oder acht Jugendliche. Die haben wir da einquartiert, die sind von da zur Schule gegangen und haben mit uns eine Woche mit gelebt. Das war schon sehr anstrengend, nicht?! Jetzt bin ich so dabei nachzudenken und muss sagen, es hat noch nicht so gepasst. Aber ich würde schon gerne auch mal Erwachsenen die Gelegenheit geben, dass er einen Tag lang mitlebt da."

Er sucht sehr bewusst und aktiv Gelegenheiten, diese Nähe zu den Gemeindemitgliedern zu leben und Einblick in das Pfarrhausleben zu ermöglichen. So stiftet er bei Gemeindefesten für die Tombola häufig als Preis ein Mittagessen im Pfarrhaus und ermutigt damit sogar fremden Menschen, die Pfarrhausgemeinschaft näher kennenzulernen.

Umgang mit privaten Zeiten
Die bewusste Öffnung des privaten Lebensbereiches für Gemeindemitglieder ist gekoppelt mit der Bereitschaft, nur wenig Zeit für Privates reserviert zu halten:

> „Und dann schaue ich in meinen Kalender rein und da habe ich den einen Abend, wo ich mal gerne jetzt ins Konzert gehen würde oder ins Kabarett und es gibt keine andere Möglichkeit, dann schmeiße ich das automatisch raus. Da denke ich nicht einmal darüber nach, dann ist das weg, fertig aus. Dann bleibt halt im Jahr nur zweimal das übrig, ja."

Diese Bereitschaft, die gesamte Lebenszeit für die Gemeinde da zu sein und kaum räumliche oder zeitliche Schutzzonen für sich zu reservieren, ist für Hübner ein zentrales Indiz für die Nähe zum Leben der Gemeindemitglieder. Diese Nähe sucht er sehr bewusst und auf vielfältige Weise:

> „Ich habe schon, also früher war es so üblich, nach den Festen, dass die Leute mitgekommen sind, um fünf in der Frühe und dann haben sie so gesagt, jetzt kochen wir noch was. So Eierspeisen oder so. Und dann mussten die Leute überall reinschauen, ob sie was finden. Und dann einfach mal so. Ich habe das Glück, eine Pfarrhaushälterin zu haben, die kein Problem damit hat, wenn in der Frühe dann noch ein bisschen Unordnung ist."

Nur in wenigen Äußerungen wird erkennbar, dass er diese Praxis des weitgehenden Verzichts auf Erholungs- und Freizeit als anstrengend erlebt. Insgesamt versteht er sie jedoch eher als Qualitätszeichen seiner Arbeit und seines Dienstes an der Gemeinde. Daneben sieht er den Grund für diese Hingabe in dem Umstand, Pfarrer von fünf Gemeinden zu sein – und damit außerhalb seines Verantwortungsbereiches:

> „Und die Sonntage sind auch oft verplant. Vormittag sowieso und Nachmittag auch irgendwas da in der Pfarre. Pfarrfeste und Erntedankfeste oder wenn man das alles mal fünf hat: Ich habe ja nicht ein Pfarrfest, ich habe fünf Pfarrfeste und ich habe fünf Erntedankfeiern. Und jede Pfarre möchte irgendwas machen mit Agape und Essen und so. Und das Erntedankfest X, das ist da ein großes Fest. Das dauert da halt von neun Uhr in der Frühe bis acht Uhr am Abend, mit sechshundert Leuten."

Eine Ausnahme in dieser großen zeitlichen Offenheit bildet hier der von ihm relativ strikt eingehaltene Umgang mit dem freien Tag. Hier wird erkennbar, dass er die große zeitliche Einsatzbereitschaft für die Gemeinde auch kritisch reflektiert:

> „Nur, wenn ich einen freien Tag habe, Mittwoch ist mein freier Tag, da fahre ich zu 95 Prozent weg. Ich habe noch nie einen freien Tag in Y verbracht. Das geht nicht, weil ich kann das nicht, dass ich sage: Ich bin da und gehe in die Stadt oder sitze in der Küche und da sieht mich wer und sagt, dann reden wir gleich. Also, dass ich sage: *Heute habe ich frei, heute interessiert mich das nicht.*" Das kann ich nicht und das will ich auch nicht. Und ich will auch nicht haben, dass die Sekretärin lügen muss oder eine Ausrede benutzen muss: *Der Pfarrer ist heute mal gerade nicht da*, oder so etwas. Und so ist es: Wenn ich einen freien Tag habe, fahre ich weg."

Hübner nutzt die freien Tage für Familienbesuche oder für sportliche Aktivitäten und gestaltet sie somit sehr bewusst als Erholungszeit:

> „Oder ich gehe alleine Skifahren. Das ist angenehm, allein im Lift zu sitzen und den ganzen Tag nichts zu reden. Das finde ich einfach gut, das passt mir. Ich treffe mich schon auch mit Freunden, aber ich bin nicht erpicht darauf."

Gerade der Vergleich mit anderen Pfarrern in seinem Umfeld beziehungsweise aus seiner Vergangenheit hat ihn zu einer bewusst gepflegten Offenheit seines Pfarrhauses veranlasst. Dabei dienen ihm sehr abgeschlossene Pfarrhauskonstellationen als Negativbeispiele zur persönlichen Abgrenzung:

> „Also, mein Vorgängerdechant, bei dem war ich nie, also einmal war ich bei dem, da war ich durch Zufall in die Küche gekommen. Aber ich war nie eingeladen gewesen zum Essen oder so. Grundsätzlich nie, da ist nie, also, da sind wir als Kapläne gekommen. Die müssen sich beim Dechant vorstellen, nicht?! Und da haben wir uns dann immer einen Spaß gemacht, die Haushälterin und ich und haben gesagt: *Du musst schon schauen, dass du in die Küche kommst, gell? Und da wetten wir, du kommst nicht hinein.* Und manche Kapläne: *Also ich komme rein, gell? Ich bin noch überall rein gekommen.* Aber im Grunde genommen hat es nur einer geschafft [lacht], aber der war so extrem frech, sonst hat's niemand geschafft bis dorthin zu kommen."

Lernort Pfarrhaus

Die gewünschte Nähe zu den Gemeindemitgliedern sieht Hübner nicht nur als Grundlage seiner seelsorglichen Tätigkeit an, sondern darüber hinaus auch als persönliche Bereicherung seines eigenen Lebens. Diese Nähe zu Mitmenschen ist ihm daher nicht Selbstzweck, sondern als Lernfeld eine persönliche Bereicherung. Die Erfahrung, neben den Kaplänen mit einer Haushälterin und (früher) mit deren Kind im Pfarrhaus zu leben, ist ihm dabei wichtig geworden:

> „Ja und das Kind, das Kind hat im Grund gutgetan. Also, ich habe das auch manchmal erwähnt, dass ich das auch verstehen kann, wenn halt nicht alles so läuft. Wenn halt der X, also er ist auch nicht nur pflegeleicht. Wenn er zu kurz gekommen ist, dann hat er halt am Tisch zu Mittag immer Krawall geschlagen, also, dass wir ständig gestört worden waren am Tisch, nicht?!

> Also das war seine Art und Weise, auf sich aufmerksam zu machen. So was könnte ich mir wieder vorstellen, so Familie, mit Familie. Ich könnte mir auch vorstellen, dass eine Familie im Haus wohnt. Das wäre für mich kein Problem."

Hier drückt sich die ausgesprochen hohe Lernbereitschaft durch Kontakte mit anderen Menschen aus. Dementsprechend bedeutet ihm bezüglich der Lebensgemeinschaft mit Kaplänen die Begegnung mit fremden Ansichten mehr, als die bloße Arbeitsentlastung durch ihre Mitarbeit:

> „Was ich schätze, an den Kaplänen, dass also diese eingefahrenen Systeme, die man halt als Pfarrer hat, dass ein neuer Kaplan einfach auch manches anders sieht. Das ist dann nicht immer nur lustig, wenn er da mit dem Finger wohin zeigt, wo man vielleicht eh weiß, das sollte man ändern."

Sein Interesse aus der Begegnung mit Mitmeschen zu lernen, zeigt sich auch in der Auswertung eigener Erfahrungen. Dabei hat Hübner versucht, die Praxis anderer Pfarrer zu übernehmen. Er sieht jedoch auch selbstkritisch, dass er dabei auch von Idealvorstellungen Abschied nehmen musste:

> „Und dort haben wir am Abend, das hat mir gut gefallen, so in der Adventszeit einmal in der Woche eine Adventsandacht gegeben, um zehn Uhr am Abend. Das habe ich sehr vernünftig gefunden, so am Abend. Da haben wir so eine Adventsandacht gehalten, der Pfarrer hat das vorbereitet. Und anschließend sind halt Brot und Nüsse auf dem Tisch gestanden und ein Glas Wein. Und so haben wir dann zusammen gesessen, die im Haus gewohnt haben. Da haben ein paar andere Leute auch im Haus gewohnt: Studentinnen und Studenten, so fünf oder sechs Leute, Pastoralassistentin auch. Das habe ich dann versucht, auch einmal da. Aber es hat nicht funktioniert."

Vor allem sein Lebensstil - die Offenheit gegenüber dem Leben der Menschen in seiner Gemeinde - würde er gerne auch an seine Kapläne weiter geben. Er beobachtet jedoch markante Generationsunterschiede:

> „Also das merke ich, dass das von Jahr zu Jahr schwieriger wird für die Kapläne. Je jünger sie werden, so Zeit für die Leute zur Verfügung zu stellen. Das ist nicht mehr so einfach, so selbstverständlich. Also da komme ich doch aus einer anderen Generation."

Der Service des Pfarrbüros

Da Hübner weite Teile seines Privatlebens im Dienst der Gemeindearbeit sieht, prägt dies Verständnis auch seine Sicht des Pfarrbüros, der Pfarrkanzlei. Er versteht sie gänzlich dem Leben der Gemeinde zugeordnet und hat kein Problem damit, das Pfarrbüro als „Service-Agentur" zu verstehen:

> „Es es ist eine Servicestelle, schon ja. Es hängt sehr viel von der Person ab, die drinnen sitzt. Also ich habe das Glück, dass ich in allen Pfarrkanzleien wirklich sehr aufgeschlossene Frauen habe, die mit den Leuten gut können, die Leute können hinkommen. Aber, ja, es ist eine Servicestelle, überhaupt

> keine Frage, und das wissen die Sekretärinnen auch, dass wir ein Dienstleistungsbetrieb auch sind, dass wir den Leuten zu dienen haben. Auch wenn uns das nicht immer passt, nicht?!"

Ähnlich wie bei der Küche des Pfarrhauses ist ihm ebenso die Gestaltung des Pfarrbüros ein wichtiges Anliegen:
> „Ich finde, ganz egal ob da jetzt Fernstehende sind oder eigene Mitarbeiter sind oder so, die Pfarrkanzlei muss freundlich sind, muss hell sein, muss einen etwas ansprechenden Touch haben, dass man gern hineingeht."

Er ist an einem sehr selbstständigen Arbeiten der Angestellten interessiert, um so einen hohen Grad an professionellem Arbeiten zu erreichen. Er betont jedoch, dass der richtige Umgang mit seinen MitarbeiterInnen einen längeren Lernprozess mit entsprechenden Fortbildungen benötigte:
> „Wichtig ist, glaube ich für mich, das wöchentliche Gespräch mit ihr. Das haben wir vor einigen Jahren, da habe ich das Managementseminar gemacht, da habe ich das gelernt."

Professionelles Arbeiten
Die Bereitschaft zu diesem Lernprozess war für Hübner umso schwerer, da er sich selbst nur ungern als Führungskraft sieht. Er betrachtet Leitungsaufgaben als Dinge, die seiner persönlichen Neigung eher widersprechen:
> „Ich bin ein charismatischer Typ, glaube ich. Also, ich glaube, mein Traumberuf wäre Kaplan sein. Das ist für mich das "non plus ultra", das muss ich gestehen. Und wenn der Bischof sagt: *Du kannst ab nächstes Jahr wieder Kaplan sein irgendwo,* nichts lieber, als das."

An dem richtigen Umgang mit MitarbeiterInnen und einem angemessenen Leitungsstil zeigt sich für Hübner die Professionalität seines beruflichen Handelns. Wo dies gelingt, ermöglicht es ihm auch Freiräume der Erholung:
> „Ich kann beruhigt an einem freien Tag wegfahren. Ich kann beruhigt zehn Tage Urlaub machen. Da weiß ich, wenn die X da ist, dann geht nichts schief. Sie weiß, wann sie mich anrufen kann oder auch sollte, dann ruft sich mich an, auch im Urlaub."

Neben der Offenheit für die Belange der Gemeinde, die bei Hübner eher als Hingabe bezeichnet werden kann, sieht er den Umgang mit MitarbeiterInnen als seine Hauptaufgabe:
> „Aber es ist ein Unterschied, wenn ich für eine Pfarre die Leitung habe. Das habe ich ja vielleicht einmal im Griff. Aber die fünf Pfarren gleich zu bringen, und unter Leitung verstehe ich halt etwas anderes: Begleitung von Mitarbeiterinnen und Mitarbeitern und Mitarbeitergespräche und ähnliches mehr und Konflikte auszuhalten und zu steuern, dass sie nicht zu Konflikten ausarten, und lauter solche Geschichten halt, nicht?!"

Er beklagt, dass der Umfang der Leitungsfunktion eines Pfarrers bei seinen eigenen Vorgesetzten kaum wahrgenommen wird. Damit verweist er auf eine Diskrepanz in den Graden professionellen Arbeitens zwischen ihm und der Bistumsleitung:

> „Ich habe 22 Hauptangestellte in meinen fünf Pfarren, wenn ich alles zusammen rechne. Für 22 Hauptangestellte in einer Firma hat der Chef mit 22 Leuten gut zu tun, da braucht er nicht noch nebenbei viele andere Dinge tun, nicht?! Also ich bräuchte meine Zeit mindestens zu 80 % für die Leitungsaufgabe, wenn nicht 90 %. Aber als Pfarrer mit so wenig Priestern muss ich mindestens 100 % Seelsorger sein oder 110 %, sonst geht sich das ja nicht aus und nicht 10 %. Also ich habe zwei Berufe, das sind zwei Aufgaben. Das sieht der Bischof zwar nicht so und das sehen die Bischöfe nicht so, leider."

4.3.4 Das Pfarrbüro als Kommunikationsknoten – Frau Schmitt[82]

**„Also, ich sage mal:
Ich bin hier schon eine Institution!"**

Eher ungewöhnlich in einer katholisch geprägten Region Deutschlands erscheint die moderne Kirche aus den 1970er-Jahren. Sie wirkt auch nach vielen Jahren immer noch modern und bildet zusammen mit einem Pfarrheim, einem Jugendheim, dem Pfarrhaus, einer Pfarrbibliothek und einer katholischen Grundschule ein kirchliches Ensemble innerhalb eines jungen Stadtteils, der aus einem Dorf im Umfeld einer größeren Stadt entstanden ist. In der geöffneten Kirche wird an einer Informationstafel die stattliche Anzahl pastoraler Mitarbeiterinnen und Mitarbeiter in der Pfarrgemeinde vorgestellt: drei PastoralreferentInnen (mit unterschiedlichem Arbeitsstundenkontingent), eine Gemeindereferentin, der Pfarrer und ein Kaplan. Es gibt mehrere pensionierte Priester, die als Subsidiare in der Gemeinde mitarbeiten, eine Pfarrsekretärin und einen Küster.

Die Pfarrsekretärin, Frau Schmitt, hat sich nach Rücksprache mit dem Pfarrer zu einem Interview bereit erklärt. Das Gespräch findet im Pfarrbüro statt, das im Erdgeschoss des Pfarrhauses untergebracht ist. An der Tür verweist ein Schild auf die Öffnungszeiten des Büros. Das Pfarrhaus wirkt sehr gepflegt und frisch renoviert, was sich in der Gestaltung des Pfarrbüros fortsetzt. Der Arbeitsplatz von Frau Schmitt ist durch eine Theke begrenzt, die unmittelbar an die Eingangstür zum Büro anschließt. Da es jedoch neben der Theke die Möglichkeit gibt, sich an einen Sitzbereich des modernen Schreibtisches zu setzen, entsteht für den Besucher schnell der Eindruck, zu einem Gespräch willkommen zu sein, ohne jedoch automatisch in den Arbeitsbe-

---

[82] Code: [BFKNS16]

reich einzudringen. Zwischen der Theke und dem Gesprächsbereich werden diverse Broschüren und Flyer zu sozialen Organisationen und Einrichtungen des Stadtteils neben dem aktuellen Pfarrbrief angeboten.

Frau Schmitt arbeitet seit 15 Jahren als Pfarrsekretärin in der Gemeinde, nachdem sie zuvor bis zu ihrem 38. Lebensjahr in einem kaufmännischen Beruf gearbeitet hatte, und erlebt mittlerweile den zweiten Pfarrer als Vorgesetzten. Sie gehört zu den MitarbeiterInnen, die die Situation der Gemeinde am längsten kennen und gute Vergleichsmöglichkeiten nicht nur zwischen verschiedenen MitarbeiterInnen und Vorgesetzen, sondern aufgrund der zwischenzeitlichen Umbaumaßnahmen auch zwischen unterschiedlichen Pfarrhauskonzeptionen haben. So fehlte in ihren ersten Arbeitsjahren eine eindeutige Abgrenzung zwischen dem Privatbereich des Pfarrers und dem Pfarrbüro, was zu Spannungen nicht nur mit einer der Pfarrhaushälterinnen führte. Die vor wenigen Jahren erfolgte Trennung der Privatwohnung des Pfarrers im ersten Stockwerk des Hauses und den Büroräumen im Erdgeschoss brachte auch für die Gemeindemitglieder einen Gewinn an Eindeutigkeit:

> „Ja, ich finde immer Dienst und Privat muss man trennen, weil das einfach gesünder ist, finde ich, so. Oder was, also was ich damals nicht so angenehm fand, war: Es gab kein Besprechungszimmer. Und ich sage mal, alle Leute, die klingeln, will man ja nicht unbedingt in sein Wohnzimmer lassen. Und dann spielte sich manches auf dem Flur ab oder in meinem zu der Zeit viel kleineren Pfarrbüro als jetzt. Also, die hockten dann fast auf meinem Schreibtisch. Also, insofern empfinde ich jetzt dieses große Büro und das Besprechungszimmer einfach auch angenehmer. Wenn die Leute dann im Pfarrbüro sitzen bleiben und der Pfarrer kommt dann rein zum Gespräch, dann muss ich ja auch irgendwo bleiben. Und jetzt gehen die nach nebenan und ich kann in Ruhe weiterarbeiten."

So ist aufgrund der stärkeren räumlichen Trennung unterschiedlicher Arbeitsbereiche eine Steigerung der Professionalität gewonnen worden, die die Arbeitszufriedenheit von Frau Schmitt erhöht hat.

Die von ihr gewünschte Trennung von privaten und dienstlichen Belangen stößt jedoch bei ihr selbst an Grenzen, da sie auf dem Territorium der Pfarrei wohnt und durch ihre jahrelange Arbeit in der Gemeinde sehr bekannt ist. So klagt sie, dass sie schon einmal an der „Käsetheke des Supermarktes" von Gemeindemitgliedern auf dienstliche Belange angesprochen wird oder in anderen Situationen selbst aktiv eine Abgrenzung vornehmen muss:

> „Ich sage dann ganz höflich: *Das kann ich jetzt hier nicht behalten.* Oder: *Ich möchte das hier auch nicht, ruft mich wieder an,* so. Denn wenn es dann vergessen wird, habe ich ja auch den Schwarzen Peter. Oder mir ist neulich eine Sache passiert beim Sport: Nach dem Sport tippt mich plötzlich jemand an und sagt: *Sie sind doch aus der Gemeinde, ich hätte da mal eine Frage zur Taufe.* Und dann habe ich verschwitzt und k. o., wie ich war, gesagt: *Nicht hier und nicht jetzt!* Also, also ja, das muss man dann einfach

> machen, finde ich. Also die Frau hat das überhaupt nicht böse gemeint und hat es auch nicht von mir als böse empfunden, dass ich jetzt sagte: *Hier jetzt nicht.* Das fand die, glaube ich, ganz in Ordnung."

Hier wird erkennbar, dass sich bei Frau Schmitt Phänomene der sozialen Präsenz und persönliche Schutzmaßnahmen beobachten lassen, die gemeinhin eher bei der Person des Pfarrers vermutet werden. Sehr reflektiert hat Frau Schmitt für sich Möglichkeiten gefunden, die Abgrenzungen zwischen ihrem Arbeitsplatz und ihrem Privatleben durchzusetzen und sich von Pfarrsekretärinnen anderer Gemeinden abzusetzen, die hierin anders vorgehen:

> „Oder die Pfarrsekretärinnen nehmen Arbeit mit nach Hause. Das habe ich auch teilweise schon gemacht. Aber das mache ich nicht mehr, weil ich finde, dann untergraben wir unseren Beruf selber, wenn ich die Arbeit, die ich hier nicht schaffe, dann zuhause mache. Also, ich meine, Pfarrer Y würde das auch nicht haben wollen. Also, ich bin dann in einer guten Situation, dass ich auch sagen kann, er möchte das auch nicht und erwartet das auch nicht. Der sagt dann, wenn es nicht fertig ist, dann ist es halt nicht fertig geworden. So, wenn man Vertrauen hat, dass man während der Zeit, die man hier ist, hier auch arbeitet, dann geht das."

Die übereinstimmende Einschätzung eines klar konturierten Arbeitsbereichs mit dem Pfarrer findet ihr Pendant in dessen Umgang mit der eigenen Dienstwohnung im ersten Stock des Pfarrhauses. So werden z. B. kleine Gruppen von Erstkommunionkindern gerne zum Entdecken der verschiedenen Bereiche des Pfarrhauses willkommen geheißen. Sie dürfen alle MitarbeiterInnen in den jeweiligen Büros besuchen. Eine Öffnung der Privatwohnung für derartige Zwecke ist damit jedoch nicht verbunden.

Das Pfarrbüro als Lernort
In der Unterschiedlichkeit der zwei Pfarrer, die Frau Schmitt erlebt hat, konnte sie selbst gute Formen der Arbeitsorganisation entwickeln. Daneben hat sich für sie als Mitarbeiterin der Kirche auch deren Wahrnehmung verändert, was ihr eine kritische, wenngleich auch sehr differenzierte Perspektive ermöglicht:

> „Das kriegt ja ein Außenstehender nicht mit. Und wie auch, also Kirche ist ja auch eine Institution oder ein Unternehmen, sage ich jetzt mal, im wirtschaftlichen Bereich. Und wenn ein Wirtschaftsunternehmen manchmal so arbeiten würde, dann würden die kläglich vor die Wand fahren. Also, da bin ich schon manchmal erschrocken, wie umständlich es im, ja ich sage mal in der Behörde zugeht. Oder ich weiß jetzt nicht, wie ich das nennen soll, also das Generalvikariat. Und, wie gesagt, wie da auch im menschlichen Bereich miteinander umgegangen wird, das finde ich schon manchmal sehr erschreckend, das muss ich ganz ehrlich sagen. Und ich sage auch oft: *Man darf es nicht erzählen,* denn dann wird das Bild von Kirche noch, wirklich noch mehr angekratzt."

Frau Schmitt zeigt deutlich auf, dass die Erfahrungen und Einblicke in die internen kirchlichen Abläufe für sie eine spirituelle Wandlung bewirkt haben. Insbesondere negative Erfahrungen mit der kirchlichen Bürokratie sowie persönliche Enttäuschungen über einen mangelhaften Umgang miteinander spielen hierfür eine zentrale Rolle:

> „Ich sage immer so: *Seitdem ich bei der Kirche arbeite, gehe ich nicht mehr so häufig rein* [lacht]. Das liegt aber eher an den Arbeitszeiten. Mein Bild hat sich insofern ein bisschen gewandelt, dass ich manchmal doch sehr erschrocken bin, wie man in Kirche so miteinander umgeht. Das kriegt ja ein Außenstehender nicht mit."

Das Pfarrbüro als „Serviceagentur"?

Es ist Frau Schmitt ein großes Anliegen, in ihrer persönlichen Arbeit im Pfarrbüro zu diesen negativen Erfahrungen einen positiven Kontrast zu setzen. Dementsprechend hat sie sich im Rahmen der Renovierung des Pfarrhauses sehr in die Gestaltung des Pfarrbüros eingebracht. So sollte die Gestaltung auch die Möglichkeit bieten, über kurze Kontakte hinaus, intensivere Gespräche an einem Tisch und somit auf gleicher Augenhöhe zu führen. Darüber hinaus sollte das Pfarrbüro zwar so viel Transparenz erhalten, dass es einladend wirkt, jedoch zugleich vermieden werden, dass Leute sich zu schnell bei einem Gespräch von außen beobachtet fühlen:

> „Was mir wichtig war, ist, dass ich da nicht nur die Theke habe, die wollte ich ja eigentlich gar nicht. Wobei so, wie es jetzt ist, ist es in Ordnung. Aber ich wollte auch einen Bereich haben, wo man eben miteinander auf gleicher Ebene miteinander sprechen kann, das war mir wichtig. Dann hat es einen argen Streit gegeben mit dem Bauamt vom Bistum, denn die wollten da eine Glastür einbauen und das wollte ich nicht, weil ich finde, die Leute sollen auch das Gefühl haben, hier in einem geschützten Raum zu sitzen und selbst, wenn die Glastür undurchsichtig ist, das lässt sich ja durch Folie machen, ist es doch eine Glastür. Und da habe ich vehement für gekämpft und Pfarrer Y hat das dann auch bestätigt. Und jetzt ist es halt diese breite Holztür geworden, die auch behindertengerecht ist, zum Beispiel."

Auch auf Details wie eine behindertenfreundliche Türbreite und andere Aspekte konnte so geachtet werden. Auf diese Weise konnte durch die professionelle Gestaltung die Funktion der Pfarrsekretärin als Kontaktperson für Erstgespräche betont werden. Diese Kontaktfunktion kommt dem Pfarrbüro sowohl hinsichtlich von Anfragen zur Sakramentenspendung oder seelsorglicher Begleitung zu, wie auch in sozial-caritativen Anfragen:

> „Einige ganz wenige Neuzugezogene kommen, die Interesse am kirchlichen Leben haben, dann sehr viel - oder bei uns ist es sehr viel - auch Bedürftige. Also, nicht so die Obdachlosen, sondern auch wirklich Familien, die aufgrund von Arbeitslosigkeit oder aufgrund von Krankheit, aufgrund von Trennung vielfach in Not geraten sind. Da haben wir vor einigen Jahren

dann aus Anlass ein Sozialbüro gegründet, weil ich das gar nicht mehr bewältigen konnte hier. Und da haben wir jetzt ein Sozialbüro, das zweimal in der Woche geöffnet hat, das von Ehrenamtlichen getragen wird und wo ich jetzt einfach sagen kann: *Dann und dann geht bitte dahin.*"

Neben der Funktion als Anlaufstelle für Erstkontakte wird hier die zweite zentrale Funktion des Pfarrbüros deutlich erkennbar: Die Pfarrsekretärin vermittelt nach einer ersten Sondierung die Menschen an andere kompetente Gesprächspartner oder Einrichtungen weiter.

Eine Machtposition der Gemeinde
Diese Funktion des Sortierens und der Vermittlung kennzeichnet im Wesentlichen auch die Arbeit von Frau Schmitt als Pfarrsekretärin innerhalb des Teams pastoraler Mitarbeiterinnen. So gibt sie bei einzelnen Anfragen Auskunft zum Ablauf von Erstkommunion- und Firmvorbereitung oder erklärt Gemeindemitgliedern die Anmeldungsabläufe für eine Tauffeier. Hier werden nicht bloß trotz eines großen Teams pastoraler MitarbeiterInnen, sondern gerade deshalb (!) auch seelsorgliche Aufgaben unausgesprochen an die Pfarrsekretärin übertragen:

„Wir haben hier ein Seelsorgeteam von sieben Leuten. Außer dem Pfarrer ist aber niemand jetzt hier. Und wenn ich jetzt hier jemanden sitzen habe, dann kann ich nicht sagen: *Kommen sie halt dann und dann wieder.* Dann muss ich erstmal in Ruhe zuhören und ihm das Gefühl geben, dass ich auch die Zeit habe zum Zuhören und dass ich das irgendwohin weitervermittele, wenn es denn weiterzuvermitteln ist. Dass ich dann sage: *Ich spreche mal den Pastor an oder möchten sie mit ihm sprechen. Und dann gucke ich mal, wann er Zeit hat und wann sie kommen können.* Nein, aber manchmal ist das einfach in dieser Situation und da kann man nicht sagen, ich mache das nicht."

Da der Pfarrer neben der Leitung der Pfarrei weitere Aufgaben auf Diözesanebene hat, ist er auf eine derart starke Arbeitsentlastung durch die Pfarrsekretärin angewiesen, durch die sie selbst nicht nur gut informiert ist, sondern auch für die richtige Weiterleitung von Informationen an die zuständige Person verantwortlich ist. Konflikte, die hierbei entstehen, kann Frau Schmitt offen benennen:

„Das kann passieren, dass er dann manchmal sagt: *Jetzt endlich weiß ich das auch, was alle anderen schon wissen.* Oder: *Endlich wird mir das auch gesagt.* Das ist natürlich eine schwierige Sache, das ist manchmal schwierig abzuwägen, so. Und wenn man, also ich arbeite sehr selbstständig und der Pastor sagt dann immer: *Das will ich alles gar nicht wissen oder das muss ich nicht wissen.* Aber dann kann das natürlich passieren, dass man auch mal irgendwann etwas gemacht hat, wo er dann sagt: *Das wäre jetzt aber mein Ding gewesen.* Na ja gut, dann muss man drüber sprechen und dann müssen wir beide damit leben, dass ich es schon geregelt habe und er es hätte gerne regeln wollen."

Das ausgesprochen selbstständige Arbeiten, das im Fall von Frau Schmitt deutlich über reine Sekretariatsarbeiten hinausgeht, eröffnet dem Pfarrer sowie auch den anderen pastoralen MitarbeiterInnen eine große Entlastung. Die hierfür nötige Kompetenz bezieht sich nicht nur auf das Filtern und Verteilen der Informationen und entsprechender Sachkompetenz, sondern darüber hinaus in der zentralen Stellung, die der Pfarrsekretärin innerhalb des pastoralen Teams zukommt. Hierin ist eine Sozialkompetenz vorausgesetzt, die im Fall von Frau Schmitt mit großer Selbstverständlichkeit in ihrer Zusammenarbeit mit dem Pfarrer und anderen MitarbeiterInnen eingebracht wird:

> „Der Pfarrer hat eine Zusatzaufgabe auf Bistumsebene, dass er dann auch mal Wochen hat, wo er sehr häufig weg ist. Und wo man dann auch bei allem Filtern, das ich so mache, dann auch Entscheidungen treffen muss. Und dann sage ich: *So, jetzt setzen sie sich bitte hier hin und jetzt muss das unterschrieben werden und da müssen sie mir jetzt Terminvorschläge geben.* Da muss man dann auch mal ein bisschen nervig werden. Oder, also da kriegt man aber so ein ganz gutes Gespür, dass ich sage: nein, heute mache ich das mal besser nicht mehr."

Sowohl durch ihre starke Präsenz in der Gemeinde wie auch durch ihre persönliche Kompetenz werden der Pfarrsekretärin im vorliegenden Fall von der Gemeinde und auch von den MitarbeiterInnen Aufgaben und Funktionen übertragen, die traditionell eher dem Pfarrer zukommen.

Eine machtvolle Position des Pfarrhauses im lokalen Gefüge des Stadtteils kann Frau Schmitt kaum noch erkennen. Sie ordnet die Frage der Macht beziehungsweise des Einflusses eher der jeweiligen Autorität und dem Charisma der einzelnen Person zu. Dagegen ordnet sie dem Pfarrhaus, das sie weitgehend mit dem Pfarrbüro identifiziert, eine wichtige gemeindliche wie auch lokale Bedeutung als „Anlaufstelle" zu:

> „Also, dass das ganz wichtig ist, dass das Pfarrhaus ein ganz offenes Haus ist, dass jeder, der klingelt, da auch rein darf, so. Also, das finde ich ganz wichtig. Und insofern finde ich es auch wichtig, dass immer irgendwo so eine Anlaufstelle vor Ort bleibt, wo die Leute das Gefühl haben: *Ja, wir können hier mit unseren Anliegen einfach reinkommen und die schildern.* Ob man dann helfen kann, weiß man nicht, aber manchmal ist, wie gesagt, das Zuhören schon gut oder nur eine kleine Information ist wichtig. Also, hier dürfte niemand sitzen, der nur Sekretärin ist und die Sekretariatsaufgaben machen möchte und nicht mit den Menschen kommunizieren möchte. Das ist, glaube ich, eine ganz wichtige Voraussetzung, um diesen Job gutzumachen. Und dass ich auch am Leben der Gemeinde teilnehme, am Gottesdienstleben auch."

So misst sie dem Pfarrbüro nicht nur hinsichtlich des Teams pastoraler MitarbeiterInnen, sondern darüber hinaus auch der Pfarrgemeinde und in Ansätzen sogar hinsichtlich des Stadtteils eine Bedeutung als Kommunikationsknotenpunkt zu:

> „Genauso wichtig finde ich aber auch, dass es ein Pfarrhaus am Ort gibt, wo Leute hingehen können. Also, auch jetzt bei den fusionierten Gemeinden, wenn da dann die Pfarrbüros zugemacht werden, Pfarrhäuser anderweitig genutzt werden, dann, finde ich, entsteht schon eine Lücke für die Gemeinde."

4.4 Eine fallübergreifende Analyse

Nach den Eindrücken einer fallbezogenen Perspektive im vorhergehenden Kapitel wird das gesamte Datenmaterial der erstellten Transskriptionen der 16 Interviews im Sinne eines „Text-Retrievals"[83] herangezogen, um so zu einer fallübergreifenden Analyse zu gelangen. Insbesondere Verbindungen und Überschneidungen bestehender Codes werden dabei mithilfe der Software „MAXqda" erkennbar.

Eine kirchliche Berufstätigkeit, insbesondere im pastoralen Rahmen einer Pfarrgemeinde ist sowohl in den kirchenamtlichen Vorgaben wie auch im öffentlichen Bewusstsein stark mit der Lebensführung der jeweiligen Personen verknüpft. So wird diese nicht selten gar als Bestandteil der Arbeit, als Teil der kirchlichen Glaubensverkündigung interpretiert. Vor diesem Hintergrund erscheint es bemerkenswert, dass alle für die Studie angefragten Personen zunächst ihre Verwunderung darüber ausdrückten, dass mit dem Pfarrhaus ihr Lebens- und Arbeitsbereich in den Fokus einer wissenschaftlichen Untersuchung gerückt werden sollte. Zugleich gab es eine hohe Bereitschaft zur Mitarbeit und wiederholt unterstrichen interviewte Personen die kirchliche Bedeutung ihrer Pfarrhauserfahrungen und bedauerten, dass diese noch nicht von Vorgesetzten oder kirchlichen Stellen abgefragt worden seien. Nur eine für ein Interview angefragte Person lehnte dieses aus Sorge um die Wahrung der Anonymität ab.

4.4.1 Der Umgang mit Privatheit

Ungeachtet der sehr verschiedenen Lebenssituationen der befragten Personen und unterschiedlichen Formen des Gemeinschaftslebens gibt es bei allen ein ausgeprägtes Bewusstsein dafür, dass der Art ihres Privatlebens eine starke gemeindliche und damit öffentliche Relevanz zukommt. Der daraus

---

[83] Vgl. Kuckartz, Udo: Einführung in die computergestützte Analyse qualitativer Daten, Wiesbaden² 2007, 107-119.

entstehende Wahrnehmungsgrad des Privaten durch Außenstehende wird von einzelnen Personen als stark belastend empfunden.

Integration des Privaten ins Dienstliche
Der überwiegende Teil der interviewten Personen sucht jedoch nach Möglichkeiten, die gemeindliche Wahrnehmung des Privatlebens seinerseits/ihrerseits konstruktiv zu nutzen und in das eigene Arbeitssampling zu integrieren. Diese Integrationsform kann sehr weit gehen und dabei den Eindruck eines „offenen Pfarrhauses" entstehen lassen. Oftmals ist gerade dies die Intention einiger Personen, um so das Pfarrhaus als Medium des Gemeindeaufbaus zu nutzen. Dieser Ansatz findet sich besonders ausgeprägt bei einigen Priestern, für die solch eine offene Pfarrhausgestaltung zum integralen Bestandteil der eigenen priesterlichen Identität geworden ist:

„Natürlich lebe ich anders als in meiner früheren Wohnung. Anders insofern, dass sich dienstlich und privat sehr vermischt. Wobei es manchmal auch für mich nicht so angenehm ist, jetzt immer erreichbar zu sein, habe ich vorhin mal so angedeutet. Also, ich kann in diesem Pfarrhaus keinen Urlaub machen, das geht nicht. Ich muss dann also, wenn ich Ruhe haben will, dann muss ich weg aus diesem Pfarrhaus. Das ist natürlich in einer Privatwohnung anders, auch in anderen Berufen mit Sicherheit. Das ist aber für mich jetzt keine Belastung. Ich sehe das dann eher als Dienst." (Herr Harmüller, Pfarrer)

„Wir haben auch einmal im Jahr ein Mitarbeiterinnen- und Mitarbeiterfest im Haus, den Hausball, da ist der ganze Pfarrhof offen, auch mein Wohnbereich, auch meine Küche oder das Wohnzimmer, nicht gerade das Schlafzimmer, das da jeder selbstständig hineingeht. Aber einfach auch, weil mir das wichtig ist, dass meine engsten Mitarbeiterinnen und Mitarbeiter, da gehören auch die Pfarrgemeinderäte dazu und die in den liturgischen Arbeitskreisen sind, die so ständig mitarbeiten, dass die auch schon mal im Pfarrhof waren." (Herr Wallhuber, Pfarrer)

„Ich meine, die Leute nehmen schon wahr, wie einer lebt. Also die Leute, die da drüben wohnen, die sagen mir manchmal: *Na, gestern warens wieder lang auf.* Und so [lacht auf]. Aber, also das wird schon beobachtet. Aber sonst, sonst, ich denke, das hat auch so ein bisschen mit meinem Lebensstil oder mit meiner Art und Weise zu tun. Die Leute erleben mich, glaube ich, schon als sehr offenen Menschen, der mit ihnen etwas zu tun haben möchte. Und wenn ich dann wirklich einmal die Ruhe haben möchte, dann akzeptieren die Leute das auch, weil sie im Grunde schon, ich glaube, im Grund merken sie schon, dass die Zeit für sie da ist und dass ich für sie da sein möchte und die Zeit mit ihnen teile." (Herr Hübner, Pfarrer)

Wo es bei Priestern eine deutlichere Konturierung des Privatbereichs gibt, kann dies zur Instrumentalisierung des Privaten innerhalb der gemeindlichen

Arbeit führen, etwa um eine Auszeichnung von Ehrenamtlichen damit zu verbinden:

> „Denn jeder, der in das Pfarrhaus kommt und vielleicht auch noch in den Privatbereich des Pfarrers, nicht nur im Büro, der hat ein gewisses Privileg." (Herr Weinrich, Pfarrer)

Familien im Pfarrhaus
Wo Familien ein derart offenes Pfarrhausleben gestalten, wird dies vor allem als große Herausforderung für die Ehepartner empfunden, die nicht im kirchlichen Dienst stehen.
Insgesamt lässt sich bei PfarrhausbewohnerInnen mit einer Familie eine stärkere Tendenz beobachten, das Privatleben durch bewusste Regelungen vor Einblicken der Gemeinde zu schützen.
Positiv wurde zugleich mehrfach der Gewinn an Nähe betont, der durch die Verbindung von Arbeits- und Lebensort ermöglicht wurde. So betonen beispielsweise alle PfarrhausbewohnerInnen mit Familie, dass ihnen das Leben im Pfarrhaus eine stärkere Einbindung in die Kindererziehung bei gleichzeitiger Berufstätigkeit ermöglicht hat.

> „Man ist natürlich oft nicht ungestört als Familie. Das ist manches Mal, ja da gibt es auch seltene Momente, wo das ein Problem ist. Aber im Großen und Ganzen denke ich, dass die Vorteile eigentlich überwogen haben." (Frau Weiser, Pastoralassistentin)

> „Also das heißt, es ist halt kein 40-Stunden-Job, schlicht und einfach. Aber es wird dadurch erträglich, aus meiner Perspektive, dass ich halt im Haus da bin. Und ein Stock höher ist die Familie, man kann eben doch mal schnell hoch und runter." (Herr Werner, Pastoralreferent)

> „Das Wohnen im Pfarrhof hat den Vorteil, dass ich eigentlich keine Leerlaufzeiten habe, weil wenn ich jetzt Dienst mache und sei es nur fünf Minuten, dann gehe ich rüber und bin in der Wohnung. Wie die Kinder noch ganz klein waren, war es kein Problem, dass ich hier gearbeitet habe und die Kinder haben draußen gespielt und meine Frau war nicht hier. Das war eine einfache Sache und das ist einfach, also das kann man so, also es gibt ein Für und ein Wider." (Herr Albrecht, Pastoralassistent)

> „Und ich muss im Nachhinein sagen, dieses Miteinander mit den Kindern mit der Pfarrei, die kommen natürlich dann morgens, und: *Papa, ich brauche ein Radiergummi*. Ja, dann mache ich halt meine Predigt eine halbe Stunde später. Dadurch ist das variabler geworden. Das hat den Kindern so, so viel an Lebensstil gegeben, dieses Miteinander, Verantwortung zu übernehmen, dass ich das gut finde." (Herr Wittmann, Pastoralreferent)

Das Familienleben mit Kindern im Pfarrhaus eröffnet nach Ansicht mehrerer interviewter Personen neue Kontaktmöglichkeiten für andere Familien oder für Freundeskreise der Kinder. Auf diese Weise erhält das Pfarrhausleben eine andere Transparenz, als sie selbst bei einer bewusst offenen Gestaltung etwa bei Priestern erlebt wird.

Eine interviewte Person, die viele Jahre mit der eigenen Familie im Pfarrhaus wohnte und versuchte, mit ihr eine offene Pfarrhauskonzeption zu gestalten, integrierte diese in das eigene Gemeindeverständnis:

> „Ja, das Pfarrhaus ist eigentlich mehr, fast mehr noch als die Kirche, so die Seele von der Gemeinde. Kirche ist so der Ort, ja, ich würde das gerne so bezeichnen: Als Kind bin ich aufgewachsen, da wurde das Wohnzimmer nur einmal in der Woche geheizt. Also unser ganzes Leben spielte sich in der Küche ab, ja?! Aber das Wohnzimmer möchte ich auch nicht missen. Das war das Zeichen von Feierlichkeit, gefeiert und so weiter, ja. So würde ich das gerne auch sehen. So der Alltag spielt sich im Pfarrhaus ab und gefeiert wird dann in der Kirche, gleichberechtigt nebeneinander, wenn das als Einheit gesehen wird." (Herr Wittmann, Pastoralreferent)

Suche nach Schutzräumen

Gemeinsam ist allen interviewten Personen die Suche nach bewussten Grenzziehungen und Schutzräumen des privaten Lebens. Dabei überwiegt bei Familien das Bemühen, einen privaten Wohnbereich deutlich zu markieren. Aufgrund der architektonischen Vorgaben wird die Küche mancherorts als „halböffentlicher" Bereich bezeichnet und auch für gemeindliche Gespräche und Sitzungen verwendet:

> „Es gibt manchmal Situationen, wo wir in der Küche also auch mit Gemeindemitgliedern zusammensitzen und essen, aber nicht in den anderen Räumen. Also, nicht im privaten Wohnzimmer, oder so." (Frau Weiser, Pastoralassistentin)

> „Und mit dieser Flurtür ist Privatraum und die Küche da ist so ein quasi öffentlicher Raum. Das mischt sich dann. Manche Sitzungen und Besprechungen im kleineren Rahmen, die sind einfach hier. So auf einen Kaffe, oder so. Ja." (Herr Prendler, Pastoralassistent)

Das Bemühen um zeitliche Grenzziehungen stellt jedoch für Familien eine sehr viel größere Schwierigkeit dar, als für Priester und andere ehelos lebende Personen, da sich ihnen weniger die Möglichkeit bietet, an freien Tagen oder in der Urlaubszeit gänzlich das Pfarrhaus zu verlassen oder etwa durch eine Pfarrsekretärin abgeschirmt zu werden. Die oftmals geschätzte, größere Präsenz im Pfarrhaus durch alle Familienmitglieder kann so schnell zu Überforderungen führen:

> „Vor zwei Jahren, da hatten wir wirklich mal eine schwierige Situation am Heiligen Abend. Da läutet es unten an der Tür und es steht ein schwer psychotischer Jugendlicher vor der Tür, den ich zwar schon gekannt habe, und sagt einfach: *Rede mit mir, vielleicht geht es mir dann besser.* - um 18 Uhr

> am Heiligen Abend, nicht?! Was tue ich mit dem jetzt? Das sind natürlich schwierige Situationen, nicht?!" (Frau Weiser, Pastoralassistentin)

Die Schwierigkeit zeitlicher Grenzziehung wird dabei auch von Priestern erlebt, deren Pfarrhausgemeinschaft quasi familiäre Züge trägt. Gemeindemitglieder gehen dann häufig davon aus, jederzeit einen der PfarrhausbewohnerInnen z. B. in organisatorischen oder technischen Angelegenheiten zu erreichen:

> „Also ich bin sicher, dass die Gemeinde das Pfarrhaus als ein sehr offenes, lebendiges, frequentiertes Haus wahrnimmt, wo eigentlich immer, also irgendwo im Haus ist immer jemand da. Das macht die Schwierigkeit, dass Leute dazu verleitet werden, sich nicht an Bürozeiten und Ähnliches zu halten." (Herr Uhlkamp, Pfarrer)

Formen der räumlichen Grenzziehung gibt es auch bei einem großen Teil der Priester, sie wird jedoch meist weniger strikt praktiziert. Daneben ist allerdings hinsichtlich der Gestaltung eines freien Tags oder der Urlaubszeit eine sehr viel deutlichere Grenzziehung für die meisten möglich und wird gerade dort praktiziert, wo das Pfarrhausleben sonst relativ offen gestaltet wird:

> „Und ich muss sagen, wenn Urlaub ansteht, wenn wirklich freie Zeit ansteht - die brauche ich auch! Dann muss ich auch weg, die werde ich nicht im Pfarrhaus verbringen" (Herr Harmüller, Pfarrer)

> „Nur, wenn ich einen freien Tag habe, Mittwoch ist mein freier Tag, da fahre ich zu 95 Prozent weg. Ich habe noch nie einen freien Tag in Y verbracht. Das geht nicht, weil ich kann das nicht, dass ich sage: Ich bin da und gehe in die Stadt oder sitze in der Küche und da sieht mich wer und sagt, dann reden wir gleich. Also, dass ich sage: *Heute habe ich frei, heute interessiert mich das nicht.* Das kann ich nicht und das will ich auch nicht. Und ich will auch nicht haben, dass die Sekretärin lügen muss oder eine Ausrede benutzen muss: *Der Pfarrer ist heute mal gerade nicht da*, oder so etwas. Und so ist es: Wenn ich einen freien Tag habe, fahre ich weg." (Herr Hübner, Pfarrer)

> „Kommt noch dazu: Wir haben ja hier hinten so einen kleinen Freisitz, so eine kleine Terrasse, die drei oder fünf Meter bis zum offenen Kirchplatz geht. Wenn wir dahinten sitzen und vielleicht gerade auch mal im Sommer nachts da sitzen und dort essen oder trinken, kriegst du alles mit, was auf dem Platz abgeht und die kriegen uns mit. Dann läuft einer da über den Platz und ruft: *Guten Abend, Herr Pfarrer.* Obwohl er einen gar nicht sieht, hinter dem Gebüsch, oder so. Also auch da ist viel Offenheit da. Das muss man wollen, ich will's! Das ist auch anstrengend, das braucht auch Zeit. Es braucht auch die Bereitschaft, sich auf die Leute einzulassen. Aber in dem Maße, wie wir erleben, dass das geschieht und dann kann ich auch sagen: *Hier lasst mich mal in Ruhe.* Und das geht für meine Begriffe gut, halt mit

diesem kleinen Effekt, dass ich sage: Manchmal muss ich raus, ja." (Herr Uhlkamp, Pfarrer)

„Ja, meinen freien Tag halte ich ziemlich streng ein, das ist der Montag, wo ich meist von der Pfarre wegfahre, um einfach mal, ja, nichts zu hören oder zu sehen von der Pfarre in Y. Weil der nächste Tag dann wieder umso schöner ist. Und ich sage, jedes Fahrzeug muss man nach 700 oder 900 Kilometern mal wieder auftanken und so ist das auch für mich der freie Tag, wo ich entweder bei meiner Familie bin oder ich habe auch noch eine Wohnung im X drüben im Haus meines Bruders, wo ich mich jederzeit zurückziehen kann." (Herr Trondler, Pfarrer)

„Ich kann aber unseren Leuten, sowohl so den Mitarbeitern, als auch den Sekretärinnen sagen, wenn ich meine Ruhe haben will. Und dann sage ich das und dann schützen die mich absolut. Dann sagen die: *Der Chef ist nicht zu sprechen, der Chef ist nicht da.* Die lügen dann auch und sagen: *Der Pfarrer ist nicht da,* obwohl er da ist. Aber er ist nur physisch da, aber nicht wirklich [schmunzelt]. Die wissen auch morgens, bevor die mich nicht zum ersten Mal gesehen haben, stört mich niemand!" (Herr Uhlkamp, Pfarrer)

Diese relativ deutliche Form der zeitlichen Grenzziehungen markiert eine stärker priesterlich geprägte Pfarrhauskonzeption gegenüber familiären Formen mit einer stärker räumlichen Konturierung des Privaten. Wo etwa unverheiratete PastoralreferentInnen oder andere MitarbeiterInnen in Pfarrhäusern wohnen, gehen diese oftmals zu einem ähnlichen Umgang wie Pfarrer mit freien Tagen und Urlaubszeiten über, da Gemeindemitglieder ihnen gegenüber eine geringere Bereitschaft zeigen, freie Zeiten zu akzeptieren. Ähnlich wie bei Priestern gehen viele Gemeindemitglieder bei ehelos Lebenden von einer Totalverfügbarkeit dieser pastoralen MitarbeiterInnen aus, als dies bei MitarbeiterInnen mit Familien der Fall ist:

„Aber, also ich habe Urlaub, also entweder bin ich weggefahren oder, ja, wirklich hier verbracht. Freie Tage auch, höchstens mal, wenn ich eh Haushaltsarbeit zu machen hatte." (Frau Kuhn, Pastoralreferentin)

„Wenn hier halt einer klingelt, dann ist man ja auch irgendwie da. Also man kann schlecht sagen: *Ich bin nicht da.* Also die Leute sehen, wenn Licht ist. Also das ist ein bisschen schwierig." (Frau Pollderk, Gemeindereferentin u. Ordensschwester)

Eine deutliche Tendenzbildung in jeweiligen Generationen werden zwar aufgrund persönlicher Erfahrungen immer wieder unterstellt, lassen sich jedoch schon angesichts der interviewten Personen nicht ausmachen. So gibt es offenere wie auch geschlossenere Pfarrhauskonzeptionen in allen Altersgruppen. Dabei kann der Übergang zu einer stärker abgegrenzten Konzeption etwa durch eine Renovierung oder einen Personalwechsel von Gemeindemitgliedern und MitarbeiterInnen als positiv empfunden werden:

> „Und ich weiß es nicht, ob es die Gemeinde vermisst, dass sie mehr so in dem Privatbereich des Pfarrers drin war, das weiß ich nicht, das kann ich nicht sagen. Aber ich für meine Person empfinde es so als angenehmer. Das heißt ja nicht, dass man nicht, wenn es eine Haushälterin gibt, man auch mal eine Tasse Kaffee trinkt. Aber das muss nicht so sein." (Frau Schmitt, Pfarrsekretärin)

Vor diesem Hintergrund erscheint es notwendig um einer größeren Differenzierung willen, die Motive für Schutzmaßnahmen des Privaten zu berücksichtigen. Problematisiert werden diese, wo der Eindruck entsteht, dass Kontakt zu Gemeindemitgliedern gemieden werden soll. Bewusst gestaltet kann die Trennung jedoch als Indiz gesteigerter Professionalität gelten:

> „Also da gibt's ganz unterschiedliche Rollen. Und ich zeige den Leuten immer, und das ist der Schutz, den Teil von meinem Personenkern und lass die Leute da mit rein, der zu der Rolle gehört. Aber nicht mehr und nicht weniger. Ich mute denen nicht die Freundin zu und ich mute ihnen zum Beispiel auch nicht die Geliebte zu und mag auch nicht deren Mutter sein. Und ich hab gemerkt, also, als ich das kapiert hab, das hat mich sehr entlastet und hab gesagt: *Genau! Ich mut's mir nicht zu und ich mut's den Leuten nicht zu.*" (Frau Kuhn, Pastoralreferentin)

> „Ja, ich finde immer Dienst und Privat muss man trennen, weil das einfach gesünder ist, finde ich, so. Oder was, also was ich damals nicht so angenehm fand, war: Es gab kein Besprechungszimmer. Und ich sage mal, alle Leute, die klingeln, will man ja nicht unbedingt in sein Wohnzimmer lassen. Und dann spielte sich manches auf dem Flur ab oder in meinem zu der Zeit viel kleineren Pfarrbüro als jetzt. Also, die hockten dann fast auf meinem Schreibtisch. Also, insofern empfinde ich jetzt dieses große Büro und das Besprechungszimmer einfach auch angenehmer. Wenn die Leute dann im Pfarrbüro sitzen bleiben und der Pfarrer kommt dann rein zum Gespräch, dann muss ich ja auch irgendwo bleiben. Und jetzt gehen die nach nebenan und ich kann in Ruhe weiterarbeiten." (Frau Schmitt, Pfarrsekretärin)

Bemerkenswert erscheint dabei immer wieder die hohe Bereitschaft aller Berufsgruppen, private Interessen den dienstlichen unterzuordnen – sowohl in räumlicher wie in zeitlicher Hinsicht. Diese Bereitschaft findet sich auch bei PfarrhausbewohnerInnen mit Familie, was für Ehepartner und Familienangehörige jedoch oftmals als belastend beschrieben wird:

> „Das zweite Problem war, dass sie immer gesagt hat, dass sie immer sagt: *Die Zeit, die mir bleibt, ist immer die Restzeit! Also das, was du nicht brauchst für deine Arbeit, das kriege ich dann.* Das ist dann mal am Morgen, wunderschön, wir können frühstücken zwischen halb elf und halb zwölf. Ja, aber das ist dann zwischen Schule und dem nächsten Termin. Also immer das, was dann übrig bleibt." (Herr Wittmann, Pastoralreferent)

> „Und dann schaue ich in meinen Kalender rein und da habe ich den einen Abend, wo ich mal gerne jetzt ins Konzert gehen würde oder ins Kabarett und es gibt keine andere Möglichkeit, dann schmeiße ich das automatisch raus. Da denke ich nicht einmal darüber nach, dann ist das weg, fertig aus. Dann bleibt halt im Jahr nur zweimal das übrig, ja." (Herr Hübner, Pfarrer)

> „Also, ein klassisches Beispiel sind die Sommerferien, wenn ich hier im Haus bin, dann bin ich da. Also, ginge auch nicht, wenn jetzt zum Beispiel jemand aus der Gemeinde stirbt, oder so, zu sagen: *Tja, tut mir leid, der Vertreter sitzt oben in Sankt X. Gehen sie da mal hin. Ich kenne sie zwar, aber gehen sie doch da mal rauf.* Also, das wäre, würde nicht passen, denke ich. Und das ist natürlich der Nachteil, sobald ich hier im Haus bin, bin ich da." (Herr Werner, Pastoralreferent)

> „Ja, man kann nicht mehr so viel springen. Und wenn ich hierher fahre zu einer Beerdigung oder einem Gottesdienst und habe die Brille vergessen, ja, oder die Stola hängt da. Also ich muss jetzt noch, also ganz präzise arbeiten. Die Stola und Kleid und Albe, das hängt alles in der Sakristei, meine Bücher stehen da. Ich kann also nicht mehr, so wie ich das vorher gemacht habe, dann einfach mal sagen: Ja, lasse ich mal im Auto liegen, oder so. Das geht nicht mehr. Ich muss also ganz präzise arbeiten und bin gezwungen jetzt, das, was vorher so, ja, wo auch die Familie vielleicht sagt: da bist du so ein kleiner Vagabund. Das muss ich ganz präzise mit denen absprechen, mit meiner Frau absprechen." (Herr Wittmann, Pastoralreferent)

Eine besondere Form der zeitlichen Grenzziehung wird dort möglich, wo das Pfarrhaus zwar Arbeits- aber nicht beziehungsweise nicht mehr Wohnort ist. So entsteht eine Differenzierung der beiden Lebensorte für die pastoralen MitarbeiterInnen, die dann von den betreffenden Personen als wohltuend empfunden wird:

> „Aber ich genieße es sehr, Feierabend zu machen. Das erlebe ich das erste mal, was das heißt, seit Ostern. Und genieße das sehr, den Feierabend, also abends. Bis vor vier Wochen war ich in der alten Pfarrei, jetzt habe ich gewechselt. Also: Abends die Pfarrhaustür zuzusperren und zu sagen: *Morgen komme ich wieder.*" (Frau Kuhn, Pastoralreferentin)

Situationen, in denen diese Trennung etwa durch Gemeindemitglieder ignoriert wird, werden meist durch eigenes Schutzverhalten aktiv geklärt. Dies gilt auch für Berufsgruppen, die üblicherweise ausschließlich ihren Arbeitsplatz im Pfarrhaus haben, wie die der Pfarrsekretärin:

> „Ich sage dann ganz höflich: *Das kann ich jetzt hier nicht behalten.* Oder: *Ich möchte das hier auch nicht, ruft mich wieder an,* so. Denn wenn es dann vergessen wird, habe ich ja auch den Schwarzen Peter. Oder mir ist neulich eine Sache passiert beim Sport: Nach dem Sport tippt mich plötzlich jemand an und sagt: *Sie sind doch aus der Gemeinde, ich hätte da mal eine Frage zur Taufe.* Und dann habe ich verschwitzt und k. o., wie ich war, ge-

sagt: *Nicht hier und nicht jetzt!* Also, also ja, das muss man dann einfach machen, finde ich. Also die Frau hat das überhaupt nicht böse gemeint und hat es auch nicht von mir als böse empfunden, dass ich jetzt sagte: *Hier jetzt nicht.* Das fand die, glaube ich, ganz in Ordnung." (Frau Dörmann, Pfarrsekretärin)

In einem Fall wurde die Trennung von Wohn- und Arbeitsort bewusst als Übergang in den Ruhestand gewählt und gestaltet. Damit entsteht wiederum eine zeitliche Konturierung, die hier jedoch lebenszeitlich orientiert ist:

„Also das sind so, so, dieses teilen müssen mit der Pfarrei. Das war auch so nach 30 Jahren im Pfarrhaus, wo wir gesagt haben: *So, es reicht! Wir brauchen irgendwann mal ein Rückzugsgebiet.* Also die 30 Jahre möchte ich nicht missen. Das war eine tolle Erfahrung, wir haben das unheimlich gerne gemacht. Aber jetzt ist ein Punkt, wo ich nicht mehr bis 65 arbeiten will und dann aus dem Pfarrhaus ausziehen und dann ist Schluss." (Herr Wittmann, Pastoralreferent)

Wo Pfarrer den privaten Wohnbereich deutlich vom Arbeitsbereich trennen, wird dies teilweise von Gemeindemitgliedern, jedoch auch von anderen MitarbeiterInnen hinsichtlich größerer Eindeutigkeit geschätzt:

„Also, Pfarrer X hatte damals eine Haushälterin und da war das Pfarrhaus auch ganz anders strukturiert. Also, da vermischte sich Wohnung, also Wohn- und Arbeitsbereich vermischten sich etwas. Und nach dem Pfarrerwechsel ist das also ganz getrennt worden, sodass Pfarrer Y seinen Wohnbereich oben hat und der ganze Arbeitsbereich ist unten." (Frau Schmitt, Pfarrsekretärin)

Mehrfach wird dabei das Interesse der Gemeindemitglieder am Pfarrhausleben hervorgehoben. Dies richtet sich nicht nur, aber durchaus auch auf das Intimleben der PfarrhausbewohnerInnen und begrenzt sich nicht allein auf Priester:

„Aber es wird da halt schon so ein bisschen drauf geachtet: *Was macht die? Wo geht die hin? Und was kauft die ein?* Es ist nichts so interessant, wie mein Einkaufswagen beim Einkaufen! [lacht] *Was essen die da wohl? Was machen die da?* Das ist schon interessant für die Leute." (Frau Dörmann, Pfarrhaushälterin)

„In meiner früheren Pfarre in Z habe ich zwei Schuldirektorinnen als Nachbarinnen gehabt. Wenn ich ein Alibi gebraucht hätte, um 22.15 Uhr, ob ich da daheim gewesen wäre, die hätten es gewusst. Aber mich stört das nicht. Oder wenn Leute zum Beispiel in der Wohnung nebeneinander leben, wahrscheinlich wissen die auch, wann da jemand da ist oder nicht." (Herr Trondler, Pfarrer)

„Aber angegriffen bin ich in der ersten Zeit schon, dass man versucht hat, uns ein Verhältnis anzudichten, ja. Und wie gesagt, da reagiert man erstmal

sehr empfindlich drauf. Aber mittlerweile kann ich da auch mit umgehen."
(Frau Dörmann, Pfarrhaushälterin)

Neben dem Privatleben wird ein starkes Interesses am Pfarrhaus selbst beobachtet, wo dies – zumal in ländlichen Räumen – einen starken Identifikationsfaktor der Pfarr- und Ortsgemeinde darstellt:

„Also, es war auch so, dass ich am Anfang mitbekommen habe, dass Leute auch wirklich noch während der Renovierungsphase vorm Einzug, da war da ständig Betrieb im Haus. Also da waren die Handwerker drin im Haus und da haben immer Leute geguckt, wie es aussieht. Also das war, da gabs viel Interesse." (Frau Kuhn, Pastoralreferentin)

Vergleichende Konzeptionsfindung

Nahezu alle interviewten Personen stellten in der Darstellung ihres Umgangs mit dem Pfarrhaus und dem Bemühen um ein gutes Verhältnis von Privatem und Öffentlichem Bezüge zu anderen Pfarrhauskonzeptionen her. So lehnt ein großer Teil die strikte Abgrenzung des Privaten ab, den sie bei früheren Pfarrern oder bei Kollegen beobachtet haben:

„Gut, ich erlebe es ja ringsum, in aller Regel ist der Bereich Dienst und Öffentlichkeit stärker vom persönlichen Bereich getrennt, bis hin ganz abgeschottet, was natürlich entsprechende Reaktionen in der Gemeinde mit sich bringt. Ich denke an einen Pfarrer, da sagen die Leute: Also wir waren noch nie in dem seiner Wohnung, wir haben noch nie da irgendetwas gesehen, auch die Insider nicht, die ständig mit ihm arbeiten. Das ist bewusst abgeschottet, was bei den Leuten auch als ein sich Entziehen empfunden wird und nicht als ein berechtigtes Sich-Zurückziehen auf einen Privatbereich."
(Herr Uhlkamp, Pfarrer)

„Der Vorgänger, der hier war, das war ein Pfarrer, der hat wie ein, wie ein Eremit gelebt. Der hat keinen in das Pfarrhaus reingelassen, keinen. Der hat, im Gegenteil er hat noch versucht, die Leute raus zu kompromittieren. Er hat gesagt: *Ich bin nicht da.* Er hat der Sekretärin gesagt: *Sag, ich bin nicht da.* Und er ist dann hinten rum gegangen. Oder so." (Herr Wittmann, Pastoralreferent)

„Also, bei dem Vorgänger war es so, dass die Nachbarn mir erzählt haben, die durften nicht mal um die Hausecke gucken am Garten. Also der wollte das überhaupt nicht. Also, wir sind da schon, wie gesagt, sehr offen. Und ich glaube, dass das von den Gemeindemitgliedern sehr geschätzt wird, dass sie auch mal ins Pfarrhaus kommen können und sehen, wie der Pastor lebt und wohnt. Und dass sie das schon ganz gut finden." (Frau Dörmann, Pfarrhaushälterin)

Personen mit der Vorstellung einer eher offenen Pfarrhauskonzeption beobachten zugleich bei jüngeren KollegInnen eine gegenläufige Tendenz zu einer strikteren Abgrenzung des Privatbereichs, was bei jüngeren Priestern auch mit einer vermuteten Wandlung des Rollenverständnisses verbunden ist:

> „Und, ich habe manchmal den Eindruck bei unseren jungen Kollegen, die nachkommen, dass die fast ein zweigeteiltes Leben anstreben. Zum einen ihre Berufung und ihren Beruf als Priester, zum anderen ihre persönliche Heiligung im Rückzug von den Menschen, im Rückzug auf sich selber, auf ihre Hobbys, vielleicht auch auf ihr Gebetsleben. Diese Zweiteilung ist mir sehr fremd. Also, unsere Heiligung geschieht in der Hingabe an die Menschen, würde ich in diesen theologischen Begriffen sagen." (Herr Uhlkamp, Pfarrer)

> „Wobei ich sagen muss, dass ich da keinen Unterschied feststellen kann zwischen Pastoralreferenten und Priesteramtskandidaten oder jetzt jungen Priestern, die von ihrer Seite ungeheuer stark abgrenzen. Also gerade, deshalb habe ich da vorhin auch etwas spitz auf bestimmte Pfarrhäuser angespielt, hier in der Stadt. Das sind Kollegen, die sind teilweise in meinem Alter, teilweise etwas jünger, die sind die Hälfte der Zeit nicht erreichbar. Also ich hab oft schon erlebt, dass jemand versucht hat, hier im Dekanat ein Pfarrhaus zu erreichen, der ist ja schier zum Narren geworden." (Herr Werner, Pastoralreferent)

Doch auch positive Erfahrungen mit offener gestalteten Pfarrhauskonzeptionen können zu einer persönlichen Ablehnung führen, wenn diese als für die eigene Lebenssituation nicht tragfähig erlebt werden:

> „Also, wie zum Beispiel Silvesternacht, bei dem letzten Pfarrer. Silvesternacht hat's zehn nach zwölf das erste Mal an der Tür geklingelt und früh um sechs ging die Tür dann wieder zu. Und bis dahin war Betrieb in dem Haus. Das hätt ich absolut nicht gewollt. Und ich glaub' auch, dass es das nicht braucht." (Frau Kuhn, Pastoralreferentin)

Gegenüber derartigen negativen Beobachtungen verweisen nur wenige InterviewpartnerInnen auf positive Erfahrungen mit Pfarrhauskonzeptionen von KollegInnen oder früheren Pfarrern. Diese entstammen etwa ihrer Kindheitserinnerung oder dem Vergleich mit KollegInnen:

> „Also, ein Kollege von mir in X, der hat eine Espresso-Maschine in seinem Pfarrhaus in seiner Küche stehen. Und er macht alle Gespräche nur im Esszimmer bei ihm, privat, ja?! Und da gehört der Kaffee dazu. Und das wissen die Leute. Und das Pfarrhaus und die Kaffeemaschine, das ist schon fast synonym, ja, ja." (Herr Wittmann, Pastoralreferent)

So wird in der persönlichen Ausbildung einer eigenen Pfarrhauskonzeption die hohe Innovationsbereitschaft erkennbar, die sich in der Bereitschaft zu einer experimentellen Stilfindung zeigt.

Prozessuale Konzeptionsfindung

Die Ausbildung einer persönlichen Zuordnung von Dienstlichem und Privatem und die Prägung einer eigenen Pfarrhauskonzeption ist bei den meisten interviewten Personen in Abstimmung mit den eigenen Erfahrungen entstanden. Es lässt sich daher ein Lernprozess analysieren, in dem persönliche Erfahrungen eingebracht wurden. Diese Prozesse, die alle Personen innerhalb des Pfarrhauses betreffen, können sowohl auf einen offeneren wie auch einen geschlosseneren Umgang mit dem Pfarrhaus hinauslaufen – bis hin zur gänzlichen Ablehnung des Pfarrhauses als Wohnort:

> „Und ich glaube, es ist nicht nur zu meinem Schutz, sondern auch zum Schutz der Leute. Weil, ja, also ich glaube, es macht professionelleres Arbeiten möglich, nicht dort zu leben. Weil ich glaube, dass es 'ne Überforderung für einen selbst und für die Leute ist, zu meinen, ich kann wirklich mit allen Menschen leben und kann den Erwartungen, die da kommen gerecht werden. Ich enttäusche immer. Und das habe ich auch erlebt: Ich bin da am Anfang eingestiegen mit 150 Prozent und mit Begeisterung und hab mich auf Beziehungen eingelassen, ja, und wollt den Menschen nahe sein und mit den Menschen leben. Und dann habe ich gemerkt, wie ich mich verausgabe dabei und wie ich an Grenzen komme. Und, ja, am Anfang: soo die Türen aufgemacht [breitet die Arme aus]. Und mich dann wundere, wenn mich nachts um halb zwölf 'ne Kommunionmutter anruft." (Frau Kuhn, Pastoralreferentin)

> „Also, ich hatte am Anfang mehr Befürchtungen, dass so der Griff der Gemeinde auf die Familie da ist und die Beobachtungen der Familie. Also das war für mich ein ernsthafter Punkt, zu überlegen, bei so einer Stelle, wenn ich jetzt den Eindruck hätte: Die Familie wird da unter Druck gesetzt. Also, das wäre für mich ein ernsthaftes Problem. Ist aber, Gott sei Dank, nicht passiert. Aber das war zu Anfang schon eine Befürchtung, was heißt Befürchtung, also, eine Unsicherheit: Wie wird das werden?" (Herr Werner, Pastoralreferent)

> „Ja, so diese Spannung zwischen „Offenes Pfarrhaus" und „Geschlossene Wohnung", dass ich auch einfach manchmal zusperren muss, darf und kann. Das habe ich vorher nicht so, ich bin eher mit dem Ideal, es muss eh alles offen sein, gekommen. Und habe dann auch gemerkt: Ja, manchmal darf es auch zu sein. Weil es sonst ausufert, einfach diese, es muss auch klare Grenzen geben." (Herr Wallhuber, Pfarrer)

Gerade in dieser prozesshaften Entwicklung aufgrund persönlicher Erfahrungen wird die hohe Innovationskraft der BewohnerInnen von Pfarrhäusern erkennbar, die zugleich eine Antwort auf die lehramtlichen Vorgaben und gesellschaftlich tradierten Erwartungen sind, die offensichtlich für eine persönliche Lebensgestaltung als kaum tragfähig erlebt werden. Der hierbei oftmals zu überwindende Bruch zwischen lebbarer Praxis und kirchlichen und gesellschaftlichen Vorgaben wird insbesondere dann sichtbar, wenn aus

Rücksicht auf Familienmitglieder oder auch die eigenen Kräfte von eigenen Idealvorstellungen Abschied genommen werden muss.

Lebenssituationen und Wohngemeinschaften
Bereits in der Gruppe der im Rahmen dieser Arbeit interviewten Personen fällt die Verschiedenheit der Personenkonstellationen auf, die in Pfarrhäusern leben. Dabei erscheint die Wahrnehmung durch die Pfarrgemeinden und das gesellschaftliche Umfeld generell sehr intensiv. Es fällt auf, dass BewohnerInnen von Pfarrhäusern im eher ländlichen Raum diese Wahrnehmung stärker als unangenehm beschreiben:

> „Da musste ich schon manches Mal kämpfen und sagen: *Ich lasse mir das jetzt von euch nicht unterstellen, dass ich irgendwas mit dem Pastor habe.* Selbst wenn man uns zusammen im Auto sieht und wir irgendwohin fahren, weil wir irgendwo eingeladen sind oder weil wir mal ins Konzert gehen oder so etwas, rechtfertige ich mich heute nicht mehr dafür, dass ich mit dem Pastor losgehe. Das war die ersten Jahre schon schlimmer. Da wurde schon gesagt, also wir waren mal zusammen auf einer Silberhochzeit eingeladen: *Also, die haben die ganze Nacht nur zusammen getanzt und zusammen gefeiert.* Und wie mir das dann zu Ohren kam, dachte ich, es bricht für mich eine Welt zusammen." (Frau Dörmann, Pfarrhaushälterin)

> „Und der [Anm.: ein Bekannter] hat wirklich da unten im Gästezimmer geschlafen. Und am nächsten Tag um halb acht hat's an der Haustür geklingelt und es war eine alte Oma draußen und: *Ahhh, ich wollt nur mal vorbeischaun.* Hm: *Ja, was kann ich denn für sie tun? - Ja, ich wollt nur mal vorbeischauen.* Da habe ich gesagt: *Ja, das finde ich ja nett und was kann ich für sie machen? - Ja, ich wollt einfach nur mal schauen. - Ja, wollten sie gucken, dass wir in zwei verschiedenen Betten waren?* Und dann ist sie wieder abgezischt [lacht]. Aber ich hat' so einen Hals." (Frau Kuhn, Pastoralreferetin)

> „Meine Haushälterin ist an und für sich, ja nicht nur an und für sich, sie ist verheiratet [lacht]. Die hat Enkelkinder mittlerweile, aber geredet wird immer. Meine Haushälterin ist relativ hübsch, aber so hässlich kann sie gar nicht sein, dass nicht geredet wird [lacht]. Das ist vielleicht dahinter auch einfach nur große Eifersucht." (Herr Wallhuber, Pfarrer)

Die in ländlichen Bereichen immer noch deutlich überwiegenden Anteile familiären Zusammenlebens bieten dabei für PfarrhausbewohnerInnen eigene positive Anknüpfungsmöglichkeiten. So bietet sich für PastoralreferentInnen mit ihren Familien die Möglichkeit, gerade durch die vielfältigen familiären Bezüge Kontakte in die Gemeinde zu knüpfen. Auch bei Pfarrern finden sich vereinzelt Reste solchen Anknüpfens an familiäre Lebensgemeinschaften, wenn etwa Eltern des Pfarrers mit in das Pfarrhaus einziehen:

> „Und dann bin ich sofort da ins Pfarrhaus und hatte dann von Anfang an volle Verantwortung und die wussten mit Pastoralreferent nichts anzufan-

gen und haben gesagt 'Personalchef' und all diese Dinge oder 'Küster'. Das war für die so neu, das war ein kleiner Ort, dass das für sie ein Gewöhnungsprozess war. Aber vom, vom ersten Tag an war ich da mitten drin. Auch diesen Übersprung von Pfarrer auf Familie im Pfarrhaus, das war für die erstmal neu. Es gab da so, so ganz interessante Dinge, dass sie einfach gesagt haben, die Leute im Umfeld, also das ist ja so ein kleines Dorf, da ist die ganze Umgebung ja miteinander verwandt und verschwägert. Die haben dann gesagt: *In X, im Pfarrhaus, da ist ein neuer Pfarrer, na der hat eine Haushälterin!* [schmunzelt] Das ist natürlich ein kleines Dorf, alles, da war sie als Asiatin war dann so der, der Gesprächsstoff in dem Ort: *Der hat ne Haushälterin! Ja?!* [lacht] Aber vom, vom, also es war eine Rolle wie ein evangelischer Pfarrer mit Familie im Pfarrhaus. Wir hatten dann da zwei Kinder, war mitten im Ort, voll akzeptiert." (Herr Wittmann, Pastoralreferent)

„Meine Eltern haben das immer schon mal gesagt: *Wenn du mal Pfarrer wirst, dann gehen wir mit.* Und die wussten auch nicht wohin. Also das haben die von vornherein gesagt. Was ich, naja, ja, mal guck'n, nicht?! Weil ich ja auch nicht wusste, wohin und wie wird das werden und wird das gut gehen." (Herr Weinrich, Pfarrer)

Insbesondere die für das dörfliche Umfeld immer noch eher als fremd und ungewöhnlich zu definierenden Lebensformen, die sich von familiären Lebenskonzepten abheben, erfahren offenbar eine Beobachtung, die nicht nur als Sozialkontrolle verstanden werden muss. Insbesondere dort, wo in der Nachfolge eines Pfarrers Familien oder alleinstehende pastorale MitarbeiterInnen ein Pfarrhaus beziehen, ergeben sich oftmals für Gemeindemitglieder Infragestellungen bisheriger Standards, die als hilfreiche Irritationen Gemeinden unausweichlich mit neuen gesellschaftlichen Entwicklungen, wie etwa im Bereich der Geschlechterrollen, konfrontieren und herausfordern.

In eher städtischen Kontexten hingegen wird eine Vielfalt des Zusammenlebens im Pfarrhaus beobachtbar, das über familiäre Beziehungen hinausgeht, und dessen Wahrnehmung schneller als positiv interpretiert wird:

„Gut, die Struktur des Hauses kennen sie ja: Unten im Parterre ist die Küche und hier die große, die sogenannte Gute Stube, wo auch Sitzungen stattfinden und so was und die Büros. Und im ersten Stock habe ich meine Wohnung. Das Haus ist ja klar strukturiert mit einem Haupttreppenhaus, wo alles hinführt und wohin man sich abgrenzen kann. Und da ist meine Wohnung abgegrenzt, aber auf der anderen Seite sind zwei Büros. Im zweiten Stock ist die Wohnung von Pfarrer Y und drei Büros. Und im dritten Stock ist ein kleines Gästezimmerchen und die Wohngemeinschaft, die Vita communis der Studenten mit ihren Dingen. Mein abgegrenzter Bereich ist der erste Stock hinter der Wohnungstür, aber es gilt hier im Haus, dass jeder meine Wohnung jeder Zeit betreten kann, ohne zu klingeln. Er muss sich nur bemerkbar machen." (Herr Uhlkamp, Pfarrer)

Die größere Pluralität städtischer Pfarrhauskonstellationen entbindet darüber hinaus sehr von der Übernahme traditioneller, quasi-familiärer Verhaltensweisen, die hier als belastend empfunden werden:

„Also, was ich so mitgekriegt habe von einem anderen Pfarrhof: Da ist jeden Samstag am Abend Familienabend. Also das mag ich nicht. Und das habe ich gemerkt, die Kapläne sind von dort auch gekommen. Die waren sehr froh, dass das hier nicht war." (Herr Hübner, Pfarrrer)

„Und die Küche ist der Ort, wo in der Regel, ja das ist so eine der Spezialitäten unseres Hauses, das hat sich im Laufe der Jahre mit den unterschiedlichsten Mitbewohnern hier herausgebildet, dass sich so nach dem Arbeitstag alle, die Lust haben, eigentlich in der Küche und hier neben im Esszimmer treffen. Und wir kochen dann, nachts um zehn oder um halb elf wird gekocht und dann essen wir um elf und trinken ein Glas Wein und manchmal ist es auch eine Stunde früher, manchmal ist es eine Stunde später. Das ist eigentlich so einer der Fixpunkte so am Ende des Tages, der in aller Regel stattfindet." (Herr Uhlkamp, Pfarrer)

„Nur, was ich mir schlecht vorstellen kann, auch das habe ich erlebt: Ich habe zwölf Jahre ganz alleine gelebt, in Y, in einer riesengroßen Penthousewohnung für „nen Appel und en Ei" an der X, kein Mensch rings um, gar nichts. Ich habe mich nicht unwohl gefühlt, aber so möchte ich eigentlich nicht leben. Ich denke, wir als Zölibatäre, es heißt ja, wir leben in einer anderen Gemeinschaft dann und nicht so als Monaden ganz isoliert. Und für mich hat das auch damit etwas zu tun, dass ich sage, ich lebe mit anderen Leuten zusammen. Die können wechseln, oder so, das muss nicht immer eine Gruppe von drei Ordensleuten sein, die dann fünfzig Jahre zusammen bleiben und dann wie ein altes Ehepaar sind oder so. Aber ich habe eigentlich verstanden, dass zur Ehelosigkeit eigentlich ein kommunitäres Leben gehört und nicht ein monadenhaftes." (Herr Uhlkamp, Pfarrer)

Die geringere gesellschaftliche Wahrnehmung der Lebensformen und -stile in städtischen Pfarrhäusern, die sich meist auf einen kleinen binnengemeindlichen Bereich beschränkt, vermindert einerseits das irritierende Potenzial des Pfarrhauses als Experimentalort und ermöglicht andererseits seinen BewohnerInnen eine größere Freiheit in der Ausbildung alternativer Lebenskonzepte - bei geringerem Kräfteaufwand in deren Rechtfertigung.

Gemeinschaftliche Spiritualität

Erwartungen an ein priesterliches Gemeinschaftsleben und entsprechendes kommunitäres Bewusstsein findet dort, wo mehrere Priester in einem Pfarrhaus wohnen, in einer erwarteten gemeinsamen Spiritualität ihren Niederschlag. Da die Kombination von Pfarrer und Kaplan nach wie vor noch die am meisten verbreitete Form priesterlicher Vita communis darstellt, finden sich noch klassische Ansätze, wie etwa gemeinsame Gebets- und Essenszeiten:

> „Wir beten jeden Tag die Laudes in der Kirche. Da kommen noch drei, vier, fünf, sechs Laien dazu. Das ist mal das eine und da kommen noch Frühstück und Mittagessen gemeinsam dazu. Am Abend gibt es eigentlich nichts Gemeinsames." (Herr Hübner, Pfarrer)

> „Das mit der Laudes scheint mir die bessere Zeit zu sein. Den Tag mit dem Gebet zu beginnen und so. Das ist gut und es tut auch wohl und das möchte ich nicht mehr missen. Wir lesen auch das Tagesevangelium in der Laudes, nicht die Lesung, die im Stundenbuch drin ist. Und die Laien, die kommen, die haben alle ein Laienbrevier. Und wir sind dann eine schöne Gemeinschaft, klein aber fein." (Herr Hübner, Pfarrer)

Hier fällt auf, dass auch die gemeinsamen Gebetszeiten in der Regel für Gemeindemitglieder geöffnet und Tendenzen einer klerikalen Exklusivität weitgehend vermieden werden. Obwohl das Stundengebet dann, wenn es gemeinsam gebetet wird, leicht auch für Gemeindemitglieder geöffnet werden kann, wird es etwa von den interviewten PastoralreferentInnen nicht als Bestandteil ihrer Spiritualität beschrieben. Einerseits sehen sie ihr geistliches Leben in einer sehr starken Verbindung mit ihrem Familienleben. Andererseits haben sie alternative gottesdienstliche Formen kultiviert, wo es um eine Öffnung zur Gemeinde geht:

> „Aber das war ein Taizé-Ding: Anbetung mit Monstranz und Taizé-Liedern, mit einem Lesungstext und Gebet, zehn Minuten Stille, Vaterunser, Fürbitten und fertig. Also so, so 35 Minuten und dann hinterher immer ein Kaffee oder ein Tee, war ja spät, im Pfarrhaus, ja." (Herr Wittmann, Pastoralreferent)

4.4.2 Das Pfarrhaus als Lernort

Die prozessuale Ausbildung einer persönlichen Pfarrhauskonzeption, die zumeist in Abgleichung mit KollegInnen und früheren Pfarrern vorgenommen wird, weist bereits auf das große Lernpotenzial hin, das das Pfarrhaus für seine BewohnerInnen wie auch für Außenstehende mitbringt.

Besonders als Kontaktfläche zur Lebensrealität vieler Menschen wird es von vielen BewohnerInnen geschätzt. Dies gilt zunächst im Hinblick sowohl auf andere PfarrhausbewohnerInnen wie etwa eine Pfarrhaushälterin, die mit ihrem Kind eine Zeit lang in einem Pfarrhaus wohnte, aber auch gegenüber anderen Gemeindemitgliedern, PraktikantInnen und Mitarbeitenden:

> „Ja und das Kind, das Kind hat im Grund gutgetan. Also, ich habe das auch manchmal erwähnt, dass ich das auch verstehen kann, wenn halt nicht alles so läuft. Wenn halt der X, also er ist auch nicht nur pflegeleicht. Wenn er zu kurz gekommen ist, dann hat er halt am Tisch zu Mittag immer Krawall geschlagen, also, dass wir ständig gestört worden waren am Tisch, nicht?!

Also das war seine Art und Weise, auf sich aufmerksam zu machen. So was könnte ich mir wieder vorstellen, so Familie, mit Familie. Ich könnte mir auch vorstellen, dass eine Familie im Haus wohnt. Das wäre für mich kein Problem." (Herr Hübner, Pfarrer)

„Von jedem Praktikanten lerne ich viel. Einerseits ja, weil sie einerseits vom Studium her die neueste Theologie mitbringen und natürlich auch, ja, ich merke es zum Beispiel auch bei der Liturgie, dass jeder Professor auch eine gewisse Generation von Priestern prägt und zur Zeit ist ein recht guter Liturgieprofessor in Y und wo ich bewusst auch den Kaplänen und den Praktikanten zu Beginn sage: *Schau genau, was dir auffällt*, denn als Pfarrer bist du nach 12 Jahren betriebsblind. Da geht es dahin und es fällt dir nichts mehr auf. und ich sage dann bewusst: *Schau, was fällt dir auf.* Und dass wir dann drüber reden und manches wird dann auch, wenn wir drauf kommen, das ist idealer, dann setzen wir es auch um." (Herr Trondler, Pfarrer)

„Ja gut, wenn du in den Jahren immer mit Neuen zusammenlebst in einem gemeinsamen Haushalt ja praktisch, zumindest in einer Hausgemeinschaft, die viel voneinander mitbekommt und die viel einander in Anspruch nimmt, du musst dich jedes Mal auf neue Gewohnheiten einstellen, die wieder ausgependelt werden müssen mit deinen alten. Du musst dich einstellen auf Leute mit verschiedenen Lebensrhythmen, auf Leute mit verschiedener Art und Weise zu kommunizieren, mit Leuten die verschiedene Vorstellungen von Sauberkeit haben und von Hygiene in so einem Haus. Wir haben keine Putzfrau, wir putzen selber. Nur die Büroräume werden geputzt, ja?! Und wir putzen auch jedes Klo. Also, das ist schon, das sich immer wieder neue Einstellen oder Einlassen auf Leute und zu sagen: Ich bin zwar das Kontinuum hier in diesem Haus, aber ich bin nicht in jedem Fall der Taktgeber." (Herr Uhlkamp, Pfarrer)

Hier wird eine hohe Wahrnehmungsfähigkeit von PfarrhausbewohnerInnen erkennbar, die sich sowohl im Hinblick auf gesellschaftliche Phänomene ad extra bezieht als auch auf kirchlich-theologische Entwicklungen ad intra.
Diese persönlichen Lernerfahrungen beziehen sich auf gemeindepastorale Fragen und die Beziehung zu den Gemeindemitgliedern, die immer wieder als stark prägend beschrieben werden:

„Also, das klingt vielleicht ein bisschen komisch, aber ich glaube, ich bin menschlicher geworden. Ich habe immer mehr Verständnis entwickelt für Situationen von Leuten, wo ich früher gesagt hätte: *So ein Scheißkram.* Und heute sage ich: *Warum ist das so bei denen? Was steckt dahinter, ja?* Also, wo ich früher vielleicht wütend geworden wäre, wie sich manche Leute verhalten, welche Ansprüche die haben oder wie die mit sich oder anderen oder mir umgehen, da kommt mir heute eher die Frage des Mitleidens mit dem. Was ist mit dem passiert, dass der so unerträglich ist? Was ist mit dem passiert, das der so gar nicht mit dem andern kann? Was ist da los, dass der so ist, wie er ist? Und das gilt auch bis hin in dem Umgang mit den Instrumenten, die die Kirche hat, um den Menschen etwas Heilsames entgegen zu bringen. Ich wäre früher da viel strenger gewesen." (Herr Uhlkamp, Pfarrer)

„Sobald man dann, oder wenn man dann im Pfarrhof wohnt, ist man dann, dann ist sehr viel stärker dieses Mitgehen mit den Leuten und das Dasein und am Leben einfach teilnehmen. Und nicht diese Paulussituation, der ja herumzieht und dort erstverkündet und dann wieder weitergeht, sondern eher die, die dann dort bleiben und das auch leben, was dann verkündet wird." (Herr Prendler, Pastoralreferent)

Die eigenen Lernprozesse der PfarrhausbewohnerInnen werden vielfältig beschrieben, haben jedoch ihre Grundlage vor allem in einer starken Wahrnehmung der Lebensrealität ihrer Mitmenschen, seien es Gemeindemitglieder oder nicht. Diese Wahrnehmung verändert, wo sie intensiv reflektiert ist, auch das Verständnis der eigenen (Berufs-)Rolle innerhalb der Gemeinde, in der aufgrund der eigenen Ausgesetztheit wachsende Zurückhaltung besteht, lehrend oder belehrend aufzutreten:

„Ja, mir ist zunehmend so diese Erscheinung vom Missionar, der unterwegs ist und verkündet und dem, der dann vor Ort lebt, bewusst geworden, dass das auch in der Existenz oder in der Weise des Auftretens einen gewissen Unterschied generiert. Einfach, weil man sich einfach leichter tut, gewisse Dinge klar zu sagen oder von sich zu geben, wenn man weiß, man ist jetzt irgendwo beim Vortrag eingeladen oder bei einer Klausur und da kann man gewisse Dinge von außen einfach klar sagen und irgendwie auch einfordern oder wieder mal in einen Zusammenhang rücken. Aber wenn man dann mit lebt, wird das auch immer an der Praxis gemessen, nicht?! Und das ist für mich die Herausforderung, das eigene Leben so zu gestalten, dass das auch vor dem Bestand hat, was man dann quasi im öffentlichen Raum lebt oder sagt. Und insofern, also das spüren die Leute, denke ich, sehr genau." (Herr Prendler, Pastoralreferent)

Insbesondere die starke Wahrnehmung der PfarrhausbewohnerInnen durch Außenstehende und das Einfordern einer authentischen Lebensweise bewirkt hier eine stärker hörende Grundhaltung. Es kommt so zu einer Wechselwirkung der Wahrnehmung, zu einer Prägung des Verhaltens und des Lebens- und Arbeitsstils von PfarrhauswohnerInnen durch die Menschen in der Gemeinde, dem Dorf oder dem Stadtteil.
An einem thematischen Bereich, der in den Interviewleitfaden aufgenommen worden war, dem Umgang mit sexualisierter Gewalt, wird diese Wechselwirkung und Lernbereitschaft besonders deutlich erkennbar.

Umgang mit Fällen sexualisierter Gewalt
Gefragt nach den eigenen Verhaltens- und Bewusstseinsänderungen als Reaktion auf viele Missbrauchsskandale gaben alle Priester, die in Pfarrhäu-

sern arbeiten und leben, wie auch Männer, die anderen Berufsgruppen angehören, an, sie hätten ihr Verhalten in der letzten Zeit zum Schutz vor Missverständnissen, zweideutigen Situationen oder Unterstellungen verändert:

„Dass Eltern sicherlich aufmerksamer geworden sind, sicherlich nicht nur Priestern gegenüber, sondern überhaupt anderen Menschen gegenüber, die mit ihren Kindern in irgendeiner Weise zu tun haben und da auch mehr drauf achten, wie praktizieren die Erzieher oder die Seelsorger oder wer auch immer diese Anfrage an Nähe und Distanz." (Herr Harmüller, Pfarrer)

„Ja, es hat insofern die Arbeit verändert, indem man aufpassen muss, was tue ich jetzt. Nicht, also, ich lade auch Jugendliche zum Beispiel im Rahmen der Firmvorbereitung ein zu mir in die Wohnung hinauf. Aber da, also die müssen zumindest zu zweit oder zu dritt sein, dass da nichts passiert. Also auch an Gerüchten oder so, nicht? Und so dieses locker Unvoreingenommene geht nicht mehr, mit Kindern oder so. Man muss schon verflixt aufpassen, wenn man sagt: *Ich habe Kinder gern.* Weil das kann dann schon wieder falsch verstanden werden." (Herr Wallhuber, Pfarrer)

„Was wohl ist, da haben wir auch schon ein paar Mal drüber gesprochen, was der Pastor auch sagt, man muss halt schon vorsichtig sein. Die Leute sind unheimlich empfindlich auf dieses Thema. Wenn, also er hat hier in der Gemeinde zum Beispiel auch ein Patenkind, da sagt er: Wenn ich mit dem Patenkind mal was unternehme, dann nehme ich eigentlich immer noch ein Geschwisterkind mit, nicht dass es hinterher heißt, der ist nur mit seinem Patenkind, oder dem X, unterwegs. Also da sichert er sich schon so ein bisschen ab." (Frau Dörrmann, Pfarrhaushälterin)

Nur ein Familienvater ordnet das größere Misstrauen und entsprechende Verhaltensänderungen eindeutig der Berufsgruppe der Priester zu und sieht für seine Rolle als Familienvater einen Vertrauensvorschuss seitens der Gemeindemitglieder:

„Also, ich denk, da hat man jetzt im Vergleich zu 'nem Priester, ich sag jetzt mal boshaft, bei dem man ja sowieso nicht so genau weiß, was sexuell bei ihm los ist, hat man ja als Familienvater ein anderes Vertrauen dazu. Also, ich hab, nein, auch nicht ansatzweise irgendwie mal was bekommen oder bei Zeltlager oder so, da müsste man jetzt vorsichtig sein, oder Schwimmbad oder weiß der Geier was. Also ich denk, da ist das Vertrauen oder die Rolle beim Familienvater ganz anders, als wenn's ein Priester ist." (Herr Werner, Pastoralreferent)

Frauen bezogen die Frage mehrfach lediglich auf Priester und Jugendgruppenleiter, denen sie mit gesteigerter Aufmerksamkeit begegnen, nicht jedoch auf sich selbst.

Eine Haltung allgemeiner Vorsicht wird jedoch nicht nur als Selbstschutz verstanden. Darüber hinaus gibt es eine starke Sorge vor entsprechenden

Missbrauchsdelikten und deren Folgen sowohl für die Opfer wie für die kirchliche Arbeit:

> „Die Leute sind sehr viel vorsichtiger geworden, auch die Kapläne. Das empfehle ich denen auch, nicht Jungs oder Mädchen alleine mitzunehmen in ihre Wohnung. Da aufzupassen, dass es da nicht zu Missverständnissen kommt. Ich persönlich erlebe in X, wie auch hier, dass das Vertrauen zu den Priestern insgesamt sehr groß ist! Da geht man erstmal nicht davon aus, dass der mein Kind missbraucht. Das ist auch in X nicht so. Aber dass es da eine gewisse Vorsichtigkeit gibt und dass die größer geworden ist, das ist wahrscheinlich auch ganz gut." (Herr Dreger, Pfarrer)

> „Und ich merke sehr wohl, dass er [Anm.: der Pfarrer] schon große Sorge hat, dass also bei Jugendveranstaltungen oder Jungscharlagern, da warnt er immer: *Bitte pass auf, dass da nichts passiert.* Das schon und das ist schon die große Sorge, weil das wäre für ihn eines der schlimmsten Probleme, wenn so ein Problem in unserer Pfarre auftauchen würde. Und das heißt, dass nicht er involviert wäre, sondern irgendwer wäre dabei und ein Kind würde sich sexuell belästigt fühlen, oder so." (Herr Albrecht, Pastoralassistent)

Wo Veränderungen bei Gemeindemitgliedern, insbesondere bei Eltern, als Reaktion auf die Missbrauchsfälle beobachtet werden, wird eher von einem allgemeinen Vertrauensverlust gesprochen. Ein Misstrauen gegenüber kirchlichen Mitarbeitern in der konkreten Gemeindepastoral wird dagegen nicht beschrieben:

> „Solche Geschichten, die da durch die Medien so stark präsent sind. Das macht schon etwas grundsätzlich für das Image der Kirche. Grundsätzlich lässt es wahrscheinlich Leute irgendwie vorsichtig werden: Gebe ich mein Kind in eine Ministrantengruppe oder zur Jungschar und so weiter. Also das spielt sicherlich auch eine Rolle." (Frau Weiser, Pastoralassistentin)

Hier wird erkennbar, dass die Begegnungen mit konkreten Personen Misstrauen vermeiden und Reaktionen sich meist auf die pastoralen Mitarbeiter selbst beschränken, die ihr eigenes Verhalten stark reflektieren, Körperberührungen weitgehend vermeiden und Strategien zum Selbstschutz entwickeln.

Lernende Gemeinde

Dort, wo mit einem Wechsel der PfarrhausbewohnerInnen auch ein ganz anderer Umgang mit dem Pfarrhaus beginnt oder etwa personeller Wechsel von einem Pfarrer zu anderen pastoralen Mitarbeitern vollzogen wird, ist es nötig, dass die Gemeindemitglieder sich auf neue Realitäten einstellen. So wird ein Personalwechsel für sie hinsichtlich des Umgangs mit dem Pfarrhaus und der Pfarrhauskonzeption schnell zu einer Herausforderung:

„Und das heißt, in den ersten Monaten war für die Leute das Pfarrhaus wie der Himmel. Also, die sind da rein, als wenn das so ein heiliger Ort wäre." (Herr Wittmann, Pastoralreferent)

„Und wie wir gekommen sind, hat es zwar geheißen, wir müssten sofort unsere Linie festlegen und da haben wir am Anfang schon gemerkt, dass die Leute angerannt sind. Aber sie haben sehr bald verstanden, dass es notwendig ist: Eine Familie braucht einen Privatraum, also Privatsphäre, da können wir nicht mehr so hingehen. Das ist relativ bald so zu jedem durchgedrungen und so hat es eigentlich in dieser Hinsicht nie Probleme gegeben. Es war für die Pfarrgemeinde eine andere Situation." (Herr Albrecht, Pastoralassistent)

„Es sind ganz viele Dinge, wo die Leute ganz automatisch mich anrufen, auch bei manchen seelsorglichen Problemen. Und es kommt auch vor, dass Leute sagen - also wir haben wirklich einen sehr guten Pfarrer, den ich als Mensch sehr schätze, den auch die Leute sehr mögen - aber es ist trotzdem einfach so, dass für die Leute hier ganz klar ist: ich bin hier die erste Ansprechperson. Und ich entscheide dann in der Regel: Was ist das seine und was ist das meine. Ich denke, dass ich das auch gut kann so, nicht meine Kompetenzen zu überschreiten. Aber für die Leute ist das in vielen Dingen einfach ganz klar, dass sie bei mir anrufen." (Frau Pollderk, Gemeindereferentin)

Die interviewten Personen spüren insgesamt eine hohe Bereitschaft der Menschen in den Gemeinden, sich auf neue Pfarrhauskonzepte, neue PfarrhausbewohnerInnen und neue pastorale AnsprechpartnerInnen einzulassen:

„Von der Belastung der Familie her, das war schon meine Befürchtung gewesen, dass nach der evangelischen Pfarrersfamilie sich so die Hände ausstrecken: *Liebe Frau Pfarrer, machen sie doch mal.* Das ist, Gott sei Dank, nicht passiert." (Herr Werner, Pastoralreferent)

Hier wird deutlich, dass die meisten interviewten Personen bei den Gemeindemitgliedern in der Regel eine große Sensibilität für die jeweiligen Neuerungen beobachten, die beispielsweise mit einem Personalwechsel verbunden sind. Immer wieder wird betont, dass es den Gemeindemitgliedern ein besonderes Anliegen gewesen sei, dass das Pfarrhaus überhaupt bewohnt ist. Hier zeigt sich einerseits ein großes Interesse an einer lebendigen Pfarrhauskultur wie auch eine große Identifikation mit dem Pfarrhaus als Ausweis des Gemeindelebens. Dies ist tendenziell unabhängig von den Personen oder der Berufsgruppenzugehörigkeit der PfarrhausbewohnerInnen:

„Die Leute, gerade hier in der Gemeinde, sind stolz gerade auf ihr Kirchengebäude, weil das auch ein imposantes Gebäude ist, nicht?! Und auf das Pfarrhaus mit dem ganzen Ambiente hier. Die Leute sind stolz darauf!" (Herr Harmüller, Pfarrer)

Eine derart starke Identifikation mit dem Pfarrhaus durch die Gemeindemitglieder wird jedoch überwiegend nur im dörflichen oder kleinstädtischen Bereich erlebt. In Großstädten ist diese kaum gegeben, sodass ein flexibler Umgang mit dem Gebäude eher möglich scheint – und zwar bis hin zum Verkauf oder zur Vermietung:

> „Und wenn wir hier weitermachen wollen, dann müssen wir das Pfarrhaus auf dem offenen Markt, auf dem freien Markt vermieten, um die 1.600,- zu kriegen und können mit diesen 1.600,- mal zwölf, sind 19.000, da können wir die Schlüsselzuweisung, die wir ab Januar nicht mehr kriegen, die können wir dann praktisch kompensieren und können dann fünf oder zehn Jahre erstmal weitermachen." (Herr Wittmann, Pastoralreferent)

Eine schwächere Identifikation der Gemeinde mit dem Pfarrhaus wird dort wahrgenommen, wo viele Gemeindeaktivitäten in einem gesonderten Pfarrheim stattfinden können und damit das Pfarrhaus einen geringeren Stellenwert für das Gemeindeleben hat:

> „Und jetzt ist es so, dass wir gegenüberliegend ein Pfarrheim haben, ein neues. Das haben wir vor 15 Jahren gebaut. Und im Grunde genommen spielt sich dort alles ab: die Gruppen, die Veranstaltungen. Also wenn's von Bedeutung, also, dies ist eher für die Leute so das Amtsgebäude. Da geht man halt hin zu einer Besprechung, zu einer kleinen, oder wenn man etwas braucht. Oder wenn man, ja, so. Aber wo das Leben stattfindet, das ist im Pfarrheim drüben. Da sind die Veranstaltungen, da ist der Pfarrkaffee, jeden Sonntag kommen dort die Leute zu Kaffee und zum Trinken und zum Tratschen nach der Messe und zu den anderen Veranstaltungen auch. Die Gruppen finden drüben statt, die Chorproben und Ähnliches mehr. Also, größere Bedeutung hat bei uns, glaube ich, das Pfarrheim." (Herr Hübner, Pfarrer)

In den aufgezeigten Dimensionen wird das Pfarrhaus in einer vielfältigen Funktion als Lernort erkennbar: sowohl für seine BewohnerInnen wie auch für die Gemeindemitglieder. Es ist in vielfacher Hinsicht ein Kristallisationspunkt gegenseitiger Sensibilität.

Erhoffte Lernbereitschaft

In der Reflexion eigener Erfahrungen formulieren die interviewten PfarrhausbewohnerInnen von Pfarrhäusern auch ihre Rückbindung an die Bistumsleitung und die diözesane Verwaltung. Dabei werden vor allem Enttäuschungen und negative Eindrücke sowohl sehr offen als auch drastisch formuliert:

> „Das kriegt ja ein Außenstehender nicht mit. Und wie auch, also Kirche ist ja auch eine Institution oder ein Unternehmen, sage ich jetzt mal, im wirtschaftlichen Bereich. Und wenn ein Wirtschaftsunternehmen manchmal so arbeiten würde, dann würden die kläglich vor die Wand fahren. Also, da bin ich schon manchmal erschrocken, wie umständlich es im, ja ich sage mal in

der Behörde zugeht. Oder ich weiß jetzt nicht, wie ich das nennen soll, also das Generalvikariat. Und, wie gesagt, wie da auch im menschlichen Bereich miteinander umgegangen wird, das finde ich schon manchmal sehr erschreckend, das muss ich ganz ehrlich sagen. Und ich sage auch oft: *Man darf es nicht erzählen,* denn dann wird das Bild von Kirche noch, wirklich noch mehr angekratzt." (Frau Schmitt, Pfarrsekretärin)

Insbesondere vor dem Hintergrund der Anforderungen an die persönliche Lernbereitschaft werden bei Vorgesetzten und Bistumsleitungen Ansätze für eine lernende Organisation schmerzlich vermisst. Dabei werden klare Erwartungen und Anweisungen bis hinein in die Art der Pfarrhauskonzeption formuliert, die eine Wahrnehmung der Situation vor Ort und der Möglichkeiten der PfarrhausbewohnerInnen durch Vorgesetzte oftmals nicht erkennen lassen:

„Und was auch dazu gekommen ist: Wir haben kleine Kinder gehabt. Das heißt, wir haben außer zu den Kanzleizeiten das Haus immer versperrt. Das ist in der Stadt einfach nicht anders möglich. Das ist auf dem Land anders. Aber der Bischof wünscht das oft: *Das Haus muss offen sein.* Aber das wäre unmöglich, also jetzt ist offen. Aber wenn hier Kinder sind und wir hier wohnen und da kommen die verschiedensten Leute, Bettler und alle möglichen Herrschaften." (Herr Albrecht, Pastoralassistent)

„Dass Bischof X gesagt hat: *Ich will die Pfarrhäuser wieder halten.* Wer heute irgendwo wieder eine Stelle kriegt, der muss bereit sein, von den pastoralen Mitarbeitern, der muss ins Pfarrhaus. Das Pfarrhaus ist das letzte, was wir zu machen. Und verstärkt sagt der jetzt: *Pastorale Mitarbeiter, die bleiben bei mir im Pfarrhaus.*" (Herr Wittmann, Pastoralreferent)

Neben der Beobachtung vereinheitlichter Erwartungen durch Vorgesetzte verweisen mehrere Personen auf starke innerkirchliche Kommunikationsdefizite, die von seiten der Betroffenen als Ignoranz und Desinteresse interpretiert werden:

„Größere Probleme gab es mit dem Ordinariat. Bis alle Dienststellen kapiert haben, dass für diese Gemeinde der Ansprechpartner ich bin und nicht der Pfarrer X. Das war eigentlich schwierig. Also es kam durchaus vor, dass ich Briefe zum Ordinariat geschrieben habe, auch ganz offiziell unterschrieben mit „Pfarrbeauftragter" und die Antwort kam an den Pfarrer X. Das kam also öfters vor. Das hat sich inzwischen, nach so zwei, drei Jahren gelegt." (Herr Werner, Pastoralreferent)

Neben den eher verwaltungstechnischen Abläufen würden sich mehrere Personen eine stärkere Rückbindung an die Vorgesetzten und Interesse an ihrer Arbeits- und Lebenssituation wünschen.

„Was schon so ist, also, das würde ich schon kritisieren, dass die Fürsorge, also der Bedarf der Aufmerksamkeit ist schon da. Das ist eigentlich die Aufgabe der höheren Gremien. Das ist theoretisch alles gut gedacht, aber praktisch haut das dann nicht hin. (...) Selbst als Dechant bin ich noch nie gefragt worden, wie es den anderen geht oder auch mir selbst." (Herr Dreger, Pfarrer)

„Nee, null Interesse. Also ich hab nicht einmal erlebt, dass es jemanden in der Personalabteilung interessiert hätte, wie es, also gar nicht wie es mir als Pfarrbeauftragte geht, das wäre mir noch wichtiger gewesen, das zu fragen. Aber auch nicht, wie das Leben im Pfarrhaus ist. Also da sind bei uns, puh, sie reden viel von Personalentwicklung, aber ich hab's Gefühl, sie tun wenig dafür oder tun nur dann, wenn man selbst schon sehr aktiv ist." (Frau Kuhn, Pastoralreferentin)

„Also mich hat noch nie jemand gefragt, wie ich so lebe. Aber ich habe auch meinen Vorgesetzten immer zu verstehen gegeben, dass ich da sehr viel Wert drauf lege. Also, es muss nicht immer alles neu sein, aber dass es schön ist und wohnlich und dass ich mich gern drin aufhalte. Ja. Aber direkt gefragt, na ja, der Bischof war mal da. Dem habe ich meine Wohnung natürlich auch gezeigt und der hat nichts dazu gesagt, weder dafür noch dagegen [lacht]." (Herr Wallhuber, Pfarrer)

Die hier von den interviewten Personen aufgezeigten Defizite werden jedoch erkennbar weniger aus persönlicher Enttäuschung formuliert, als vielmehr als „verpasste Chance" (Frau Kuhn, Pastoralreferentin) für die Kirchenleitung interpretiert, die damit eine wichtige Informationsquelle und gesellschaftliche Rückbindung außer Acht lässt.

4.4.3 Die Funktionale Ausrichtung des Pfarrhauses

Das im vorangehenden Kapitel aufgezeigte Lernpotenzial findet bei allen interviewten Personen seinen Niederschlag in einer klaren Ausrichtung des Pfarrhauslebens auf die Bedürfnisse von Gemeindemitgliedern und anderen Außenstehenden. Diese Ausrichtung wird von den befragten Personen insbesondere auf die Gestaltung des Pfarrbüros bezogen.

Ausrichtung des Pfarrbüros auf die Kerngemeinde

Neben Gestaltungselementen, die das Gesamt des Pfarrhauses betreffen, legen die meisten Personen Wert auf eine Ausrichtung des Pfarrbüros auf die Bedürfnisse der Kerngemeinde, etwa hinsichtlich der Bürozeiten:

„Ja, es ist so, wir sind der Meinung, also, wir nehmen uns Zeit, wenn die Leute etwas brauchen, dass sie nicht unter der Woche kommen müssen, wenn sie von mir etwas brauchen. Also, dass sie auch nach dem Gottesdienst die Gelegenheit haben, dies an uns weiterzugeben. Und das ist immer, also das ganze Jahr so. Also, auch im Sommer, wenn die Sekretärin im Urlaub ist, ist es möglich zu den Gottesdienstzeiten, entweder vorher oder nachher, dass Anliegen an uns mitgeteilt werden können." (Herr Albrecht, Pastoralreferent)

> „Wir haben unsere Bürozeiten stets auch so gelegt, dass wenn in der Woche Gottesdienste sind, dass dann auch anschließend Bürozeiten sind. Weil die Leute, also, wie gesagt, aus einem größeren Einzugsgebiet kommen, und dann gerne beides miteinander verbinden." (Herr Harmüller, Pfarrer)

Bei einzelnen, sehr offen gestalteten Pfarrhauskonzeptionen wird diese Ausrichtung auf die Kern- beziehungsweise Gottesdienstgemeinde auf das gesamte Pfarrhaus und nicht bloß das Pfarrbüro bezogen:

> „Auch nach jedem Gottesdienst, am Sonntag halt, ist Pfarrkaffee, wo man einfach merkt, dass das dazugehört, in den Pfarrhof zu gehen und da sich zu treffen, miteinander zu reden und miteinander eben Lebensgeschichte auszutauschen und Anteil zu nehmen. Also, da würde ich sagen, das ist es sehr stark." (Herr Prendler, Pastoralreferent)

Von besonderer Bedeutung für die Ausrichtung des Pfarrbüros auf die Gemeindemitglieder und andere interessierte Personen wird das personale Angebot angesehen. Hier fällt insbesondere die Bedeutung der Pfarrsekretärinnen auf, die von Gemeindemitgliedern als niederschwelliges Kontaktangebot geschätzt werden. Die meisten pastoralen MitarbeiterInnen nutzen daher die Stellung der Sekretärin als vermittelnde Instanz zu den Gemeindemitgliedern:

> „Die einen möchten mit dem Pastor sprechen, die andern sagen, da habe ich so einige hier: Nein, *wir möchten dann lieber erst mit Frau Schmitt sprechen*. Da fühle ich mich ja schon manchmal sehr geehrt. Aber, ja gut, vielleicht, also das sind dann auch überwiegend Frauen. Vielleicht liegt es auch daran, dass einfach eine Frau da ist, das könnte ich mir so vorstellen." (Frau Schmitt, Pfarrsekretärin)

> „Ja, das Pfarrbüro ist hier schon eine, na ja, ich sage das mal, um es etwas zu erweitern, das Pfarrhaus ist schon eine wichtige Anlaufstelle hier in der Gemeinde. Einmal die Menschen, die das Büro aufsuchen, um irgendwelche Verwaltungsdinge zu erledigen. Aber auch eine Anlaufstelle für die Menschen, die vielleicht auch manchmal irgendwelche Vorwände haben, um einfach hier mal eine kurze Zeit des Gesprächs zu suchen. Die Sekretärinnen, wir haben zwei ganz gute, mit denen wir ganz gut zufrieden sind, die sich sehr angenehm mit den Leuten, die hierher kommen, unterhalten können, und viele sind da, die sich einfach auch einmal aussprechen möchten. Das ist das berühmte „Messe Bestellen", sage ich mal." (Herr Harmüller, Pfarrer)

> „Also das Pfarrbüro war sicher, war sicherlich ein Informationszentrum. Wenn ich was gehört hab, dann hat's die Sekretärin mitgebracht. Die war relativ gut informiert. Die hat das dann mitgebracht und erzählt, die Sekretärin oder die Putzfrau, wobei die weniger wusste, die Sekretärin wusste in der Regel mehr. Wobei die Sekretärin eine, also die war eine sehr ruhige, die hätte jetzt nie Sachen, die im Pfarrhaus gelaufen sind, nach draußen ge-

tragen. Da war ich mir sehr sicher. Und sie hat einfach ganz viele Sachen, die sie mitgekriegt hat, die ist auch aus X, die hat sie mitgebracht." (Frau Kuhn, Pastoralreferentin)

Parallel zum personalen Angebot wird die äußere Gestaltung des Pfarrbüros hauptsächlich in seiner Ausrichtung auf die Kerngemeinde betrachtet. Es gibt bei allen interviewten Personen ein großes Bewusstsein für die Stärkung der Funktionsfähigkeit des Pfarrbüros durch eine ansprechende räumliche Gestaltung:

„Also dass die Leute reinkommen und sich wohl fühlen, dass die reinkommen und was spüren von Atmosphäre. Dass die reinkommen und merken: *Ja, ich kann jetzt erstmal hier ankommen.* Und nicht am liebsten rückwärts wieder rausgingen." (Frau Kuhn, Pastoralreferentin)

„Was mir wichtig war, ist, dass ich da nicht nur die Theke habe, die wollte ich ja eigentlich gar nicht. Wobei so, wie es jetzt ist, ist es in Ordnung. Aber ich wollte auch einen Bereich haben, wo man eben miteinander auf gleicher Ebene miteinander sprechen kann, das war mir wichtig. Dann hat es einen argen Streit gegeben mit dem Bauamt vom Bistum, denn die wollten da eine Glastür einbauen und das wollte ich nicht, weil ich finde, die Leute sollen auch das Gefühl haben, hier in einem geschützten Raum zu sitzen und selbst, wenn die Glastür undurchsichtig ist, das lässt sich ja durch Folie machen, ist es doch eine Glastür. Und da habe ich vehement für gekämpft und Pfarrer Y hat das dann auch bestätigt. Und jetzt ist es halt diese breite Holztür geworden, die auch behindertengerecht ist, zum Beispiel." (Frau Schmitt, Pfarrsekretärin)

Wo die Gestaltung des Pfarrbüros als Bestandteil des Pfarrhauses derart bewusst vorgenommen wird, geschieht dies, um seine Funktion als gemeindeinternen Kommunikationsort zu verstärken:

„Also, ich denke, es wird heute zunehmend wichtiger zu vernetzen und einen Ort der Begegnung darzustellen, wo man auch verschiedenste Gruppen oder Menschen zueinander bringt, dass sie überhaupt miteinander reden. Und das sehe ich in Zukunft überhaupt als eine meiner Hauptaufgaben. Also, in meinem Beruf oder überhaupt von Kirche so, Menschen zueinander zu führen, weil viele aneinander vorbei leben." (Herr Prendler, Pastoralreferent)

Geweitete Ausrichtung
Die funktionale Ausrichtung des Pfarrhauses und insbesondere des Pfarrbüros wird zum einen stark in Bezug zu den Gemeindemitgliedern gesehen, die in besonderer Weise ehrenamtlich engagiert sind und so zum Kernbereich der Gemeinde gehören. Zum anderen wird gerade das Pfarrbüro als Kontaktfläche zu Kirchenmitgliedern interpretiert, die eher als „Gemeindeferne" erlebt werden. Hierdurch wird eine geweitete Ausrichtung des Pfarrhauses über den bloßen Bereich der Kerngemeinde hinaus erkennbar:

„Eine meiner ersten Taten war, drüben das Pfarrbüro neu zu gestalten, wie ich hierher gekommen bin. Weil das hatte so den freundlichen Look der Fünfzigerjahre und das war einfach kein Empfangsraum." (Herr Werner, Pastoralreferent)

„Wir haben einmal eine Tafel am Eingang, wo klar ist: Wer wohnt hier, wer ist hier für was zuständig. Ich weiß nicht, ob ihnen das aufgefallen ist? Also, das ist damit mal von außen her ganz klar: *Wir sind für sie da.* Und, dass man von den Fotos schon mal weiß, wer ist wer." (Frau Weiser, Pastoralassistentin)

„Ich finde, ganz egal ob da jetzt Fernstehende sind oder eigene Mitarbeiter sind oder so, die Pfarrkanzlei muss freundlich sind, muss hell sein, muss einen etwas ansprechenden Touch haben, dass man gern hineingeht." (Herr Hübner, Pfarrer)

Dem Pfarrbüro kommt als erste Kontaktfläche und zur weiteren Vermittlung von AnsprechpartnerInnen eine zentrale Bedeutung für die internen Kommunikationsprozesse zu:

„Also wir haben 106 Kommunionkinder in diesem Jahr. Und davon sind 70 Prozent, sage ich jetzt mal vielleicht ein bisschen großzügig, die nicht so kirchenorientiert sind, die also sehr unwissend sind, was überhaupt Ablauf der Kommunionvorbereitung ist mit Gruppenstunden, und so. Und die haben sehr viele Fragen, bis das erstmal läuft. Und dann bin ich immer als erstes hier, als Ansprechpartner da." (Frau Schmitt, Pfarrsekretärin)

Der Kommunikations- und Vermittlungsfunktion des Pfarrbüros kommt damit besonders in städtischen Bereichen und bei einer größeren Anzahl von Mitarbeitenden in der Gemeinde aus Sicht mehrerer interviewter Personen immer größere Bedeutung zu.
Verstärkt wird dieser Effekt durch weitergehende gemeindliche Angebote, die teilweise im Pfarrhaus angesiedelt sind. So wird vereinzelt das Pfarrbüro an Wochenenden und im Umfeld von Gottesdiensten geöffnet, um dem Kreis der Gemeindeaktiven entgegenzukommen. Vereinzelt stellt eine Gemeindebücherei ein zusätzliches Angebot innerhalb des Pfarrhauses dar, die insbesondere im ländlichen Raum als Kontaktfläche fungiert:

„Und dann natürlich, Samstag und Sonntag ist auch die Bücherei geöffnet, die sich auch hier im Pfarrhaus befindet. Und da gehen auch zum Wochenende sicher 30, 40 Leute aus und ein." (Herr Trondler, Pfarrer)

Caritative Funktion
Auch angesichts einer weitgehenden Institutionalisierung und Ausdifferenzierung der kirchlichen Caritas bleibt das Pfarrhaus nach Einschätzung vieler Interviewten ein Hauptanlaufpunkt für Menschen mit sozialen Anliegen. Als entscheidende Kompetenz wird hier vor allem im städtischen Raum die Vermittlungsarbeit zu den verschiedenen, meist kommunalen und kirchli-

chen Angeboten nach der jeweils spezifischen Situation der anfragenden Menschen gesehen:

> „Einige ganz wenige Neuzugezogene kommen, die Interesse am kirchlichen Leben haben, dann sehr viel - oder bei uns ist es sehr viel - auch Bedürftige. Also, nicht so die Obdachlosen, sondern auch wirklich Familien, die aufgrund von Arbeitslosigkeit oder aufgrund von Krankheit, aufgrund von Trennung vielfach in Not geraten sind. Da haben wir vor einigen Jahren dann aus Anlass ein Sozialbüro gegründet, weil ich das gar nicht mehr bewältigen konnte hier. Und da haben wir jetzt ein Sozialbüro, das zweimal in der Woche geöffnet hat, das von Ehrenamtlichen getragen wird und wo ich jetzt einfach sagen kann: *Dann und dann geht bitte dahin.*" (Frau Schmitt, Pfarrsekretärin)

Eher ungewöhnlich erscheint dabei die Ansiedlung konkreter Hilfsangebote im Pfarrbüro, wie sie von einem Pfarrer beschrieben werden, ohne dass diese in ein professionelles Angebot integriert wären:

> „Dann haben wir hier eine Gruppe, die zweimal in der Woche zumindest kommt. Das sind zwischen dreißig und fünfzig Leute, sozial Schwache oder Sozialhilfeempfänger, Hartz-IV-Leute, die zweimal in der Woche sich hier Essensgutscheine abholen. Das schwemmt sich alles ins Haus, ins Büro. Und da gibt es natürlich auch Einzelgespräche und die kommen oft über Jahre. Du kennst deren Lebenssituation und die hauen dich auch auf der Straße an." (Herr Uhlkamp, Pfarrer)

Vor allem die Möglichkeit, außerhalb üblicher Arbeits- und Bürozeiten eine Ansprechperson erreichen zu können, kennzeichnet in vielen Fällen das soziale Angebot des Pfarrhauses. Die Erreichbarkeit wird dabei zum entscheidenden Kompetenzkriterium:

> „Ich denke oder ich erlebe es so, dass das Pfarrhaus auch deshalb im Ort so wichtig ist, also, das ist egal wer hier sitzt, dass die Leute einfach den Eindruck haben: *Ich habe hier einen Anlaufpunkt, wo ich hingehen kann, wenn was ist oder wo ich anrufen kann, wenn was ist.* Das ist also auch etwas, was ich oft genug erlebt hab. Also, bis hin zu Äußerungen am Telefon, also, wenn ich nicht da bin, ist halt Anrufbeantworter und Handy da, und dann: *Ein Glück, dass ich sie jetzt erwischt habe.* Also, wo es, denke ich, ganz ganz wichtig ist, dass neben der Kirche oder im Bereich der Kirche jemand wohnt." (Herr Werner, Pastoralreferent)

4.4.4 Ein Kommunikations- und Machtzentrum

Die oben beschriebene Vermittlungsfunktion des Pfarrhauses und des Pfarrbüros ist oftmals wesentlicher Bestandteil einer gemeindlichen Kommunikationsstruktur. Abhängig von der Präsenz des Pfarrers oder einer Umnutzung des Pfarrhauses kann dabei vor allem dem Pfarrbüro die Funktion eines Kommunikationsknotens zukommen:

„Auch viele Dinge, so die ersten Gespräche mit Kommunioneltern, dass die erstmal den Ablauf erfragen: Wie läuft das überhaupt? Da finde ich, das muss nicht der Pfarrer machen. Wenn dann klar ist, so und so und dann und dann kann die Taufe sein, dann kommt er ins Spiel, denke ich, wenn es dann eben wirklich um die Taufe geht." (Frau Schmitt, Pfarrsekretärin)

„Und man bekommt das Pfarrleben auch so besser mit, als wenn ich als Pastoralassistent so nur hier arbeiten würde und dann wieder nach Hause fahre. Dann würde ich vieles nicht mitbekommt, weil doch der Pfarrhof durch Anrufe und so eine Drehscheibe ist und wo man einfach Verschiedenes mehr mitbekommt. Das ist einfach der Vorteil." (Herr Albrecht, Pastoralassistent)

Diese Funktion wird von einigen Personen als entscheidender Machtfaktor gesehen, der dem Pfarrhaus im Leben einer Pfarrgemeinde oder gar der politischen Gemeinde zukommt. Dem Pfarrhaus kann als Knotenpunkt solch eine Machtposition zukommen, dass es unerlässlich erscheint, seine Nähe zu suchen. Das Beispiel eines Pfarrers zeigt, dass dafür sogar größere Einschränkungen in Kauf genommen werden, um kein Kommunikationsdefizit entstehen zu lassen:

„Das Pfarrhaus musste völlig saniert werden. Der Verwaltungsrat hatte schon drei verschiedene Wohnungen sich angeguckt, um die anzumieten, jeweils so eine Viertelstunde hier von der Kirche und vom Gemeindezentrum entfernt, was ja alles so in einem Block liegt. Da habe ich gesagt: *Nein, nein, nein, ich will genau im ersten Jahr unmittelbar dabei sein!* Wir haben ein Haus gegenüber auf der anderen Straßenseite der Kirche, im Hinterhof. Und dann habe ich da 15 Quadratmeter bewohnt, ein Dreivierteljahr, mit einer Nirostaspühle und einem Bett und einem Schrank." (Herr Uhlkamp, Pfarrer)

Dabei beschränken sich die Einflussmöglichkeiten, die mit dem Pfarrhaus verbunden sind, nicht auf den gemeindlichen, also binnenkirchlichen Raum, sondern ragen besonders im ländlichen Raum deutlich in lokalpolitische Belange hinein:

„Zum Beispiel heute habe ich, das ist zwar nicht direkt da, na ja, es gibt eine Integrationsklasse in der Volksschule und wo eben die zweite Religionslehrerin gestrichen wurde als Beilehrerin und jetzt die Eltern vollends da sind: *Wir möchten, dass der Religionsunterricht gut geschieht und eine Lehrerin in einer Integrationsklasse mit 24 Kindern sich schwer tut.* Und die haben sich voll eingesetzt und wir haben den Bezirksschulrat bearbeitet, da habe ich mittags die Nachricht gekriegt, dass jetzt doch die zweite Lehrerin genehmigt ist und dass sie eben das Pfarrleben mittragen - die Eltern." (Herr Trondler, Pfarrer)

In allen Fällen war eine große Sensibilität für einen angemessenen Umgang mit der eigenen Macht und ein hohes Maß an Selbstreflexion zu beobachten, die sich in bewusster Selbstbeschränkung etwa in politischen Bereichen äußerte:

> „Wobei ich versuche, mich politisch bewusst nicht einzumischen, zumindest parteipolitisch, weil ich sage, das hat unserer Kirche schon einmal geschadet, da auf einer Seite zu stehen. Und soll man bewusst eben, also der Bürgermeister hat andere Verantwortung wie der Pfarrer, wo wir natürlich die Kontakte sehr pflegen. Wo ich gerade bei der Bürgermeisterrunde, dabei waren zehn Bürgermeister aus der Region, die sich monatlich treffen. Und einmal im Jahr bin ich als Pfarrer dabei und einmal im Jahr machen wir auch, heuer war es Eisstockschießen mit den Pfarrgemeinderäten und dem Bürgermeister, wo wir einfach auch den Kontakt pflegen. Das ist mir auch wichtig, aber eben auch die Kompetenzen klar abstecken." (Herr Trondler, Pfarrer)

Nur in einem Fall wurde der Begriff der Macht gänzlich negiert und abgelehnt. Oft wird lieber von Einfluss und Begegnungsmöglichkeiten gesprochen:

> „Nein, Machtzentrum ist es bestimmt nicht. Also für mich, also da tue ich mich mit dem Begriff eher schwer. Was schon ist, dass es als Begegnungszentrum, als offenes Forum, wo Menschen sich begegnen können. Auch natürlich als Anlaufstation in Notfällen. Das ist halt nur hier möglich, wo ich lebe. So, das ist durchaus, das wäre eher das, worauf es hinzielt. Auch mit den Begegnungen mit den Bürgermeistern und den Schulleitern, mit Verantwortungsträgern, da geht es eher um Begegnung, um gemeinsame Dinge, weniger als Machtzentrum." (Herr Wallhuber, Pfarrer)

> „Und dann gibt es einen Sportverein, da ist dann eben der Gemeinderat der Obmann. Ja und der Obmann vom Musikverein bin ich. Das sind die großen Vereine und da hat man halt so Einfluss, wenn man es so drauf anlegt [lacht]. Aber das ist nicht so meine Sache." (Herr Prendler, Pastoralassistent)

Eher selten wird das Pfarrhaus im Bewusstsein seiner Autorität in gemeindepastoralen Belangen funktionalisiert, indem an Reste überkommenen Autoritätsdenkens angeknüpft wird:

> „Also, in so Grenzfällen, in Konfliktgesprächen, wo es notwendig ist, da, da nutze ich mal das Pfarrhaus als Autoritätsort." (Herr Weinrich, Pfarrer)

Das Pfarrhaus wird hier zur Stärkung der eigenen Autorität, zumal in Konfliktfällen, bewusst in die pastorale Arbeit integriert.

Das ferne Pfarrhaus

Die Zuständigkeit der meisten Pfarrer und vieler pastoraler MitarbeiterInnen für mehrere Pfarrgemeinden verändert die pastorale Arbeit auf unterschiedliche Weise. Insbesondere die Zuständigkeit für eine Gemeinde, in der der Pfarrer nicht wohnt, wird dabei hinsichtlich seiner Autorität anders erlebt.

Die geringeren Möglichkeiten soziale Kontakte zu Gemeindemitgliedern zu pflegen, reduziert nicht nur Priester auf einen kleinen Bereich ihrer jeweiligen Zuständigkeit. Dies bewirkt für die meisten nicht nur eine schwächere Identifikation mit der wohnortfernen Gemeinde, es verändert auch die Rollenwahrnehmung:

„Vielleicht kann man sagen, in einem Pfarrhaus, das relativ offen ist und das gut erreichbar ist und wo ein Pfarrer eine gewisse Strecke lebt und arbeitet, da erleben sie auch mehr den Menschen und nicht nur den Amtsträger. Was nicht heißt, dass der Amtsträger, der als Amtsträger erlebt wird, nicht als Mensch erlebt werden kann, oder so. Aber das ist schon ein Unterschied. Wichtig ist dabei aber auch, wenn du gehst und kommst, dass die Leute wissen: *Wo gehört der denn hin? Wo lebt der denn? Und da ist er auch erreichbar, auch für die in der Nachbarpfarrei,* oder so." (Herr Uhlkamp, Pfarrer)

„Das ist schon ein Unterschied, einfach so von den informellen Kontakten her. Da muss ich mir jeden Kontakt eigentlich suchen und hier läuft einfach vieles so, weil ich die Leute eben im alltäglichen Leben treffe. Also ich treffe sie am Sonntag, ich treffe sie auch unter der Woche mal beim Einkaufen oder wenn ich irgendwo unterwegs bin. Das ist schon ein großer Unterschied." (Frau Weiser, Pastoralreferentin)

„Ja, wie gesagt, dieses Beheimatungsgefühl ist natürlich da, wenn der Sonntagsgottesdienst ansteht und ich gehe aus meiner Wohnung hier in die Kirche - es ist etwas anderes, als wenn ich jetzt in die andere Gemeinde fahre. Natürlich, das wollte ich damit so ein bisschen ausdrücken, bin ich hier beheimatet. Und das Pflaster über das ich gehe und das zur Kirche führt, das ist eben meine Beheimatung hier, mein Zuhause. Hier bin ich ja auch gemeldet und hier trifft man die Nachbarn, wenn ich in die Stadt gehe oder wenn ich vors Pfarrhaus trete, dann trifft man natürlich auch Menschen, mit denen man spricht. Das ist in der anderen Gemeinde natürlich nicht so." (Herr Harmüller, Pfarrer)

Diese reduzierte Wahrnehmung der Priester, wie auch der PastoralreferentInnen in den wohnortfernen Gemeinden, stärkt teilweise aufgrund einer geringeren Vertrautheit deren amtliche Autorität. Es entstehen somit Möglichkeiten der Grenzziehung gegenüber der Gemeinde und ein leichterer Schutz des Privaten. So können einige InterviewpartnerInnen durchaus positive Effekte einer wohnortfernen Gemeindearbeit benennen:

„Das Positive, ja sie sprechen das ja an, man kann nach Hause fahren, man kann sich auch leichter zurücknehmen: *Man muss noch heimfahren.* Gerade, wenn es gemütlich wird, dass man sagt: *Ich muss aber trotzdem noch heimfahren.* Das hat durchaus auch seine Vorteile, dass es nicht ganz grenzenlos wird. Ja." (Herr Wallhuber, Pfarrer)

„Aber ich genieße es sehr, Feierabend zu machen. Das erlebe ich das erste mal, was das heißt, seit Ostern. Und genieße das sehr, den Feierabend, also abends. Bis vor vier Wochen war ich in der alten Pfarrei, jetzt habe ich gewechselt. Also: Abends die Pfarrhaustür zuzusperren und zu sagen: *Morgen komme ich wieder.*" (Frau Kuhn, Pastoralreferentin)

Andersherum reduziert die wohnortferne Gemeindearbeit die Möglichkeiten, Probleme und Belange der Gemeindemitglieder wahrzunehmen. So beschreiben manche PfarrhausbewohnerInnen eher die entstehenden Gefahren einer Trennung von Wohn- und Arbeitsort in der Gemeindepastoral:

„Ich sehe eher die Gefahren, unbeschadet, dass es individuell jeder für sich bestimmt ein Stück anders sehen wird. Es ist für mich die Frage: Was hat Seelsorge, Pastoral, Verkündigung mit Eingebundensein in die Lebenszusammenhänge der Leute zu tun? Was erlebst du davon dann noch? Erlebst du die dann noch, also außerhalb der Messe und der Sitzungen oder außerhalb des Pfarrgemeinderates oder Verwaltungsrates? Und von daher denke ich, dass das Erleben der Lebenssituation und der Arbeitszusammenhänge der Leute auch dich verändert. Und wenn du sozusagen nur einfliegst als der Verkünder oder der Sakramentenspender oder ich weiß nicht was, dann sehe ich zumindest die Gefahr oder ich stelle die Frage: *Wie kriegt derjenige auf Dauer mit, wie die Leute leben, was bei denen abgeht, was die für Probleme haben?*" (Herr Uhlkmap, Pfarrer)

Erfahrung von Ohnmacht
Priester nehmen in der Betrachtung ihrer Rolle eine starke Verschiebung ihrer Autorität vom Amt zur Person wahr und erleben hierin vereinzelt auch eine Veränderung ihres Selbstverständnisses. Für einzelne wird dies zu einer starken Herausforderung:

„Also die Aufgabe und die, die Funktion, die Rolle hat sich schon sehr stark gewandelt. Sie werden alle immer kritischer, sie nehmen es immer weniger an, was man so sagt. Sie sprechen dir als Pfarrer immer weniger Kompetenz zu." (Herr Weinrich, Pfarrer)

„Wenn sie meinen, dass der Pfarrer heutzutage noch so eine Funktion hat, wie früher der Lehrer, der Pfarrer und der Bürgermeister, dann würde ich sagen: nein, das hat er nicht mehr. Wenn sie jetzt nach jungen Leuten fragen, ob das eine Entscheidungshilfe ist, wie die Menschen sind, die da jetzt vor Ort leben, dann würde ich sagen: Ja. Also so bei jungen Leuten, bei Firmlingen, finde ich, hat sich ganz viel die persönliche Beziehung zu den Katecheten oder zu dem Pastoralreferenten, der die Firmung leitet, in Bezug auf ihr weiteres Dazugehören sage ich mal, dann hat das ganz viel damit zu tun, mit dieser Person." (Frau Schmitt, Pfarrsekretärin)

Damit entsteht für Priester zunehmend eine Situation, die für andere pastorale MitarbeiterInnen aufgrund ihres Berufs selbstverständliche Realität ist: Sie müssen durch ihre Persönlichkeit und die Qualität ihrer Arbeit Autorität gewinnen, ohne diese automatisch aufgrund ihres Amtes zugesprochen zu bekommen:

„Also, sie nehmen es nicht mehr selbstverständlich hin, ja?! Sie wollen einfach auch gucken, so, zeig mal, dass du es kannst und warum du es so gut kannst. Nicht von deiner Rolle her, nicht?!, die du quasi hast, sondern von deiner Kompetenz her. Dass man meine Kompetenz oftmals auch prüft."
(Herr Weinrich, Pfarrer)

„Also, wenn dieser Dechant aufgetreten ist, dann haben die Leute schon, dann war das schon was, aufgrund seines Amtes. Nicht aufgrund seiner Persönlichkeit, denn den haben sie nicht sehr gemocht. Das hat nicht so gepasst, aber sein Amt hat das alles überspielt. Und heute ist das weg, glaube ich. Heute geht es um die Persönlichkeit, um die natürliche Autorität."
(Herr Hübner, Pfarrer)

Dagegen werden kirchenrechtliche Beschränkungen hinsichtlich der gemeindeleitenden Vollmachten bei vielen pastoralen MitarbeiterInnen als Erfahrungen einer nur begrenzten Verantwortlichkeit erfahren:

„Seit 2004 ist es jetzt so, dass er als Pfarrer zwei Pfarren hat mit 14.000 Seelen und wir es jetzt so eingerichtet haben, dass ich auch Ansprechperson bin, wenn er nicht da ist, dass ich, so weit es möglich ist, Entscheidungsgewalt habe, etwas zu entscheiden, wenn es dringend notwendig ist. Aber im Großen und Ganzen, die Letztverantwortung kann nur er haben, das ist nicht anders möglich, bei uns zumindest in der Diözese Y." (Herr Albrecht, Pastoralassistent)

Doch selbst dort, wo PastoralreferentInnen in gemeindeleitenden Funktionen eingesetzt werden, bedeutet dies nicht automatisch einen Autoritätsgewinn. Vielmehr beschreiben einzelne InterviewpartnerInnen in dieser Position Grenzerfahrungen:

„Und das ist so ein Familienclan, der so in dem Dorf das Sagen hat und der hat bis zum Schluss gemacht, was er wollte. Also gegen den hatte ich keine Chance, absolut, also auch der Pfarrer keine. Also bis dahin, dass, der war bei einer Kirchenverwaltungssitzung nicht dabei, wir haben einen Beschluss gefasst: *Wir machen das so.* Der kam dazu, hört den Beschluss und sagt: *Spinnt ihr? Das wird anders gemacht!*" (Frau Kuhn, Pastoralreferentin)

4.4.5 Kommunitäre Lebensformen

Bereits die Darstellung der interviewten Personen in einer ersten Übersicht ließ erkennen, dass die kommunitären Formen des Pfarrhauslebens sehr vielfältig sind. Wo pastorale MitarbeiterInnen mit ihren Familien ein Pfarrhaus bewohnen, sind meist aufgrund der räumlichen Gegebenheiten weitergehenden, alternativen Konzepten Grenzen gesteckt. Doch gibt es auch Wohngemeinschaften, denen neben der Familie ein Priester oder andere Personen angehören:

> „Es ist so, dass der Herr Pfarrer hier wohnt und ich mit der Familie hier wohne, das heißt, meine Frau führt den Haushalt." (Herr Albrecht, Pastoralassistent)

Klassische Formen kommunitären Lebens

Wird ein Pfarrhaus von einem Pfarrer bewohnt, stellt die Kombination mit einer Haushälterin und einem weiteren Priester, etwa einem Kaplan, die klassische Form des Zusammenlebens in Pfarrhäusern dar. Meist gibt es dann für jeden und jede MitbewohnerIn einen abgeschlossenen Wohnbereich und zusätzlich mit Küche und Esszimmer einen Wohnbereich, der gemeinsam genutzt wird. Vielfach entstehen hierbei quasi-familiäre Lebensgemeinschaften:

> „Und es ist meinem Chef immer ganz wichtig, dass ich auf jeden Fall dabei bin. Also, dass ich nicht nur in der Küche sitze oder in der Küche meine Arbeit mache, sondern dass ich eben auch mit dazu gehöre. Das war ihm ganz wichtig von Anfang an. Da sagt er: *Sie haben hier die Arbeit, dann möchte ich auch, dass sie mit am Tisch sitzen und, dass wir gemeinsam essen.* Das ist nicht so, wie es früher war: Die Haushälterin gehört in die Küche und die Geistlichen gehen ins Esszimmer." (Frau Dörrmann, Pfarrhaushälterin)

Sicherlich ist eine derartige Form des Zusammenlebens immer seltener anzutreffen, was sowohl an der geringeren Zahl von Kaplänen wie auch an selteneren Anstellungen von Pfarrhaushälterinnen liegt. Oft werden jedoch gerade vor diesem Hintergrund die pastoralen Möglichkeiten einer derartigen kommunitären Lebensform vermisst:

> „Wir haben noch ein paar Pfarrhäuser, wo die Pastöre eine fitte Haushälterin haben und auf diese Weise sehr, sehr gastfreundlich sein können. Das bedaure ich, dass ich wohl gastfreundlich sein kann, aber so gemeindegastfreundlich relativ wenig bin. Also meinetwegen, dass ich den Chor zum Grillen einlade oder den, ich weiß nicht, was man da alles machen kann." (Herr Dreger, Pfarrer)

Selbst wo derartig klassisch erscheinende Konstellationen vorherrschen, finden sich Auswirkungen gesellschaftlicher Entwicklungen. So gibt es ein gesteigertes Bewusstsein für veränderte Geschlechterrollen. Darüber hinaus werden auch die klassischen Konstellationen bewusster gestaltet und hinterfragt:

> „Ja, wenn ich das dann, also, wenn ich das so auf meine Kolleginnen, die ich so im Dekanat habe dann jetzt mal so übertrage, dann denke ich schon: *So möchte ich eigentlich nicht werden.* Also, mehr oder weniger auf die Knie fallen, wenn der Pastor reinkommt. Und der wird von vorne bis hinten betüddelt und der darf sich selber keinen Kaffee eingießen und: *Das mache ich alles, das ist mein Aufgabengebiet.* Dann denke ich: *Nein, das sehe ich ein bisschen anders.* Ich sage immer: *Wer bei uns die Spülmaschine auf-*

> *macht, wenn sie sauber ist, der muss die auch ausräumen.* [lacht]." (Frau Dörrmann, Pfarrhaushälterin)

> „Also, was mir auch nicht behagen würde, und da bin ich sehr froh, dass ich eine Haushälterin habe, die am Morgen kommt und am Nachmittag geht: Ich bin nicht für ihre Freizeitgestaltung verantwortlich. Sie ist nicht die, die ihr ganzes Leben für den Herrn Pfarrer hinopfert und von daher auch Ansprüche stellt." (Herr Wallhuber, Pfarrer)

Gerade dort, wo eher klassische Lebensmodelle gewählt werden, wird dies von den Betroffenen selbst problematisiert. Wenn etwa Eltern im Pfarrhaus mitleben, wird dies stark reflektiert und selbstkritisch thematisiert. Ebenso wirken sich alters- und gesellschaftsspezifische Entwicklungen, wie eine gesteigerte Selbstständigkeit junger Erwachsener, auf ein Pfarrhausleben mit Kaplänen aus.

> „Ich habe ihnen von vornherein gesagt: *Was ich nicht möchte, ist, wenn ihr hierher zieht, dass ihr Kontakt aufnehmt mit den Ortsvereinen.* Es gibt hier neunzehn Vereine im Dorf und mein Vater könnte im Männerchor singen, im Kolpingchor, im Musikverein mitspielen, meine Mutter im Frauenbund und solche Sachen. Da habe ich gesagt: *Ich möchte nicht, dass ihr das tut.* Nicht, weil ich nicht will, dass sie Kontakt kriegen im Dorf, sondern weil ich ein paar Mal erlebt habe, wie das ist, wenn die Haushälterin wie so ein Puffer zwischen Pfarrer und Gemeinde steht." (Herr Weinrich, Pfarrer)

> „Eben mit 24 oder 25 fängt keiner mehr an, also, der keine Hemmungen hat, seine Füße unter einen Tisch zu stellen und zu sagen und zu tun, was die Haushälterin sagt. Also, diese Zeiten sind vorbei und es hat sich als immer schwieriger erwiesen. Von daher hat man, ist das eine Tendenz zu immer größerer Selbstständigkeit. Schon die Diakone leben ja viel selbstständiger, als das früher war. Und das habe ich auch insgesamt gefördert. Und ich denke auch, dass das eine gesellschaftliche Entwicklung ist." (Herr Dreger, Pfarrer)

Gestaltung klassischer Formen

In allen Fällen, in denen eine äußere Betrachtung die Vermutung einer sehr klasssichen Pfarrhauskonstellation nahe legte, offenbarten die jeweiligen interviewten Personen zugleich persönliche Vorbehalte gegen eine allzu traditionelle Lebensweise. Sie entwickeln Methoden innerhalb der klassischen Formen, eigene Ansätze für ein gewandeltes Rollen- und Selbstverständnis zu integrieren. Eine verbreitete Form ist dabei, dass die Haushälterin nicht mit im Pfarrhaus wohnt, sondern nur dort arbeitet, damit nicht auch die gesamte Freizeit miteinander verbracht werden muss. Es wird Wert auf eine Regelung zur Offenheit der eigenen Wohnungstür gelegt:

> „Und wir handhaben es so, wenn die Tür der Wohnung geöffnet ist, dann ist man auch ansprechbar, wenn mal irgendwas ist. Wenn die Tür geschlos-

sen ist, dann weiß man, okay, jetzt ist Feierabend, nicht?! Und das klappt wirklich gut." (Herr Harmüller, Pfarrer)

„Aber wenn ich oben in meiner Wohnung bin und die Etagentür zu ist, dann bin ich privat. Und wenn dann noch irgendetwas ist, dann wird angerufen oder es wird geklopft oder es wird ganz höflich gefragt: *Könnten sie noch, würden sie noch?*" (Frau Dörmann, Pfarrhaushälterin)

Im Blick auf andere Pfarrhäuser werden positive Aspekte klassischer Konstellationen beobachtet und ausdrücklich gewürdigt – oftmals jedoch ohne diese für sich zu übernehmen.

„Wenn ich zu X noch mal sagen darf: Da habe ich gemerkt, dass das, was wir uns leisten, natürlich auch etwas ist, was die sich gar nicht leisten können. In X wohnen nicht nur die Bischöfe immer mit anderen Priestern zusammen. Der Weihbischof wohnt irgendwo mit im Pfarrhaus, die Pensionäre wohnen mit im Pfarrhaus, solange wie sie noch krabbeln und helfen können. In fast allen Pfarrhäusern wohnen zwei, drei, vier Priester. Da ist eine Haushälterin, die macht das Essen, die haben ein gemeinsames Speisezimmer, die haben einen gemeinsamen Fernsehraum und die haben oben ihr Arbeitszimmer und ihre Schlafzimmer für sich. Und ansonsten habe ich erlebt, - also ich bin dort sehr viel rumgereist -, dass ich in jedem Pfarrhaus im Gastzimmer wohnen konnte und mitessen konnte. Das war nie eine Schwierigkeit, eine große Gastfreundschaft, dadurch dass das alles nicht so individuell geregelt war, sondern ein ganzes Stück mehr kollektiv war." (Herr Dreger, Pfarrer)

Werden in größeren Pfarrhäusern darüber hinaus MitarbeiterInnen berücksichtigt, die mit ihrem Arbeitsplatz auch einen Großteil ihres Lebens im Pfarrhaus verbringen, ergibt sich eine noch buntere Lebensgemeinschaft. Dies gilt auch für Haushälterinnen, die selbst nicht im Pfarrhaus wohnen, wie auch für Reinigungspersonal, PfarrsekretärInnen und pastorale MitarbeiterInnen.
Diese Vielfalt wird meist gerade hinsichtlich der breiteren seelsorglich-pastoralen Kontaktfläche und der größeren personalen Präsenz im Pfarrhaus auch von Gemeindemitgliedern geschätzt.

„Also, ich glaube, dass vor allem viele ältere Herren mir viele Dinge sagen, die sie dem Pfarrer nicht sagen. Zum Beispiel habe ich jetzt mehrfach erlebt, wenn die Frauen gestorben sind und die sind dann mal hier, dass die mir dann viele Dinge sagen oder was sie sehr deutlich vermissen. Und da glaube ich nicht, also ich weiß es nicht, aber ich glaube nicht, dass sie das dem Pfarrer sagen würden [schmunzelt]." (Frau Schmitt, Pfarrsekretärin)

„Ja, also ich habe eine sehr gute Sekretärin, zu der die Menschen nicht nur kommen, um eine Messe zu bestellen oder eine Taufe anzumelden, sondern weil sie manchmal auch bewusst irgendetwas abladen möchten und was natürlich auch bewusst in ihrem Dienstgeheimnis bleibt." (Herr Trondler, Pfarrer)

„Ja, die Schwester ist ja auch in der Chorgemeinschaft, die Chorgemeinschaft ist ja praktisch so ein Drittel unserer Kerngemeinde und das ist, denke ich auch, wichtig, weil das einfach auch ein Stück mehr integriert hier im Ort. Das bringt Kontakte und so." (Frau Pollderk, Gemeindereferentin u. Ordensschwester)

Bemerkenswert erscheint, dass eine Förderung communitären Pfarrhauslebens etwa seitens der Bistumsleitungen, abgesehen von personellen Rücksichtnahmen in Einzelfällen, vor allem auf die Unterstützung durch eine Pfarrhaushälterin bezogen wird.

„Unser Bistum, die Bistumsleitung hat da auch sehr viel Wert drauf gelegt, dass wir möglichst auch nicht alleine in einem Haus wurschteln, das sage ich mal bewusst so. Dass auch mal eine Blume auf dem Tisch ist und dass Dinge auch irgendwo zur Atmosphäre in der Privatwohnung, als auch im Pfarrhaus dazubeitragen, dass Menschen sich da wohlfühlen können. Und ich hatte früher eine Haushälterin, die war elf Stunden im Haus und anschließend hatte ich sie 20 Stunden im Haus und habe nicht mehr für sie bezahlt, weil das das Bistum dann übernimmt." (Herr Harmüller, Pfarrer)

Förderungen anderer Formen kommunitären Lebens konnten dagegen nicht benannt werden.

Innovative Formen kommunitären Lebens
Über die Berufsvielfalt, die zumindest in größeren Pfarrgemeinden automatisch im Pfarrhaus zu finden ist, bilden sich jedoch auch neue Formen kommunitären Lebens, die mancherorts, gerade im eher städtischen Bereich, an die Stelle der klassischen Konstellationen treten können und nicht nur eine „Vita communis" von Priestern umfassen muss.

„Dazu kommen die Leute, die im Haus arbeiten, insofern gehören die auch dazu: Die zwei Pfarrsekretärinnen, der Gemeindereferent, die Gemeindereferentin, ein kroatischer Pater, der für ein Jahr ein Praktikum bei uns macht, und denen der Küchenbereich des ganzen Hauses auch mit so zur Verfügung steht. Sodass das nicht im strengen Sinne nur die Pfarrers- oder die Pfarrhausküche ist, sondern das ist der Ort, wo dann auch mal Kaffee getrunken wird oder wo Mittag gegessen wird. Dann sagen wir: *Gut, wir essen heute Mittag mal alle da.* Und dann essen wir halt zusammen Mittag." (Herr Uhlkamp, Pfarrer)

„Aber für mich war klar von Anfang an, also die Haushälterin hat einige Jahre im Pfarrhof gewohnt und ist mit einem einjährigen Buben gekommen. Sie hat also ein Kind gehabt, das hat sie mitgebracht. Da sage ich: *Ich habe kein Problem damit!* Wir haben dann ein Kleinkind im Haus gehabt. Das war nicht immer nur leicht und einfach. Die Haushälterin war damals 20 Jahre alt, also sehr jung eigentlich. Das war für die ganze Pfarre schwierig, weil sie hat auch so eigene Vorstellungen gehabt und eigentlich eine Jugendliche war, die einiges anders gesehen hat." (Herr Hübner, Pfarrer)

Gerade in der zuletzt beschriebenen Konstellation wird eine Kombination von klassischen und innovativen Pfarrhauskonzepten erkennbar. Dies zeigt ein hohes Maß an Unabhängigkeit gegenüber traditionellen Erwartungen und eine eventuelle Protesthaltung gegen sie, die ihrerseits für eine kreative Suche nach der je eigenen Lebensform Möglichkeiten eröffnet.

5. Conclusio

> „Lerne die Orte der Zeiten kennen.
> Den suche, der über den Orten ist,
> den Zeitlosen."[1]

Bereits bei den Anfragen bei PfarrhausbewohnerInnen zur Teilnahme an der Studie und in Gesprächen zum Forschungsinteresse der vorliegenden Studie, wurde immer wieder Verwunderung über den Forschungsgegenstand artikuliert. Es gab offensichtlich Irritationen darüber, dass ein Wohn- und Arbeitsort für eine theologische Forschungsarbeit als gewinnbringend angesehen wird. Im Kontrast zu diesem Staunen wurde von fast allen InterviewpartnerInnen ein bisheriger Mangel an Interesse an ihrer Lebenssituation beklagt, die sie als für die Kirche insgesamt und die Kirchenleitung im Besonderen als sehr bedeutsam ansehen.

Dies führte dazu, dass einige Personen die Gelegenheit nutzten, ihre pastoralen Erfahrungen - auch von den Fragehorizonten abweichend - in das Gespräch einzubringen. Dies lässt davon ausgehen, dass sich hier ein eklatantes Defizit an Möglichkeiten der Erfahrungsweitergabe und des Austauschs mit Vorgesetzten wie auch KollegInnen erkennen lässt.

Eine Person brachte bereits bei einem ersten Telefonat, das bei allen InterviewpartnerInnen mit einem Anschreiben vorbereitet worden war, überschwänglich ihre Freude über das Forschungsvorhaben zum Ausdruck. Sie habe schon lange darauf gewartet, dass sich jemand dieses Themas annehme und habe dazu einiges zu sagen. Sie beklagte in besonderer Weise die fehlende Möglichkeit persönlicher und kirchlicher Reflexion der Erfahrungen mit dem Pfarrhausleben.

Das Defizit an Erfahrungsweitergabe und -austausch wiegt umso schwerer, als bei fast allen Personen Lernprozesse hinsichtlich der eigenen Pfarrhauskonzeption beschrieben werden, die teilweise konfliktreich, in der Mehrheit zumindest als herausfordernd beschrieben wurden. Diese Anforderung an die eigene Lernbereitschaft prägt bei vielen Personen die gemeindliche Arbeit auch in anderen Bezügen. So kennzeichnet alle ein hohes Maß an Offenheit gegenüber unterschiedlichen Personenkreisen, Lebensfragen und Problemen, sowie die Bereitschaft, sich mit der Konzeptionierung ihres Pfarrhauslebens auf unterschiedliche Personengruppen auszurichten. Wenngleich dabei den Gemeindeengagierten als dem Kernbereich der Pfarrgemeinden in der Regel Priorität zugemessen wird, findet sich doch bei allen das Bewusstsein für

---

[1] Ignatius von Antiochien, zitiert nach: Boff, Clodovis: Theologie und Praxis. Die erkenntnistheoretischen Grundlagen der Theologie der Befreiung, München 1983, 5.

andere Personenkreise, wie den „Kasualienfrommen" oder Menschen mit eher gemeindeunabhängigen oder caritativen Bedürfnissen.

Hier wird der hohe persönliche Einsatz erkennbar, den die interviewten Personen in ihrer gemeindepastoralen Arbeit zeigen und den die meisten von ihnen in die persönliche Pfarrhauskonzeption integrieren. Dabei variiert die Art und das Maß dieser Integration der Pfarrhauskonzeption in die gemeindepastorale Arbeit unter den InterviewpartnerInnen stark und bildet nicht nur die Pluralität der Lebensformen und -stile ab.

Die gesellschaftlichen und kirchlichen Veränderungen der Gegenwart erleben die InterviewpartnerInnen mit einem hohen Maß an Sensibilität und suchen dabei unterschiedliche Formen des Umgangs damit. Dabei fällt auf, dass gerade auch die erodierende gesellschaftliche Relevanz der Kirchen mit ihren Folgen für die Stellung der verschiedenen Personen als herausfordernd empfunden wird. So zeigen einige Personen ein beachtliches Engagement, um mit Kreativität diese Relevanz entweder zu rekonstruieren oder durch neue Formen solidarischen Mitlebens zu ersetzen. Exemplarisch sei hier auf Herrn Uhlkamp hingewiesen:

> „Also ich denke, wir sind schon mächtig. Und wir kommen einfach vor. Ich gehe jetzt mal davon aus: die Problematik verkaufsoffener Sonntage, ja?! Dass da an der Kirche aushängt: *Lass dich nicht für dumm verkaufen, Kirchen gegen verkaufsoffene Sonntage,* und dann die Kirche offen ist und Impulse gemacht werden, dass die Diskussionsveranstaltung ist, das wird wahrgenommen. Da kommt jemand vom Ortsbeirat, da kommt der Vorsitzende vom Gewerbeverein und da entstehen Diskussionen: *Warum seid ihr als Kirche denn dagegen?* Und das ist in anderen Bereichen auch so, das ist jetzt nur ein Beispiel. Also, ich denke, in diesem Sinne, aber das ist dann nicht nur das Pfarrhaus, das ist dann dieses ganze Zentrum mit Kirche, Kindergarten, Miniklub, Gemeinderäumen, Pfarrhaus und den Personen vor allen Dingen, die hier agieren, die werden nicht einfach übersehen. Und wenn sie sich äußern, werden sie erst recht nicht überhört. Überall können wir uns einmischen und dann werden wir auch angefragt, in diesem Sinn ja. Also wir sind wer in diesem Stadtteil, in den Geflechten, in denen sich verschiedene Bereiche von Leben und Fragen zum Leben abspielen. Das denke ich schon. Also man könnte auch sagen: Wir haben einen guten Ruf. Also ich meine das nicht überheblich, sondern in dem Sinne, den sie ansprechen. Also, wir sind kein Ghetto." (Herr Uhlkamp, Pfarrer)

Hinter diesem Engagement als Schnittstelle zwischen Kirche und Gesellschaft steht zugleich das Bewusstsein, dafür keine Selbstverständlichkeit mehr beanspruchen zu können und eher den persönlichen Stil pastoralen Arbeitens in Absetzung von anderen kirchlichen Formen des Selbstverständnisses zu markieren. Insbesondere für Pfarrer bedeutet diese Verringerung gesellschaftlicher Relevanz der Kirche zunehmend eine Infragestellung ihres beruflichen Selbstverständnisses beziehungsweise der Selbstverständlichkeit ihrer amtlichen Autorität. Die Situation anderer Berufsgruppen, die in Pfarrhäusern leben und arbeiten, wäre dabei verkannt, würde man nur annehmen, dass sie weniger zu verlieren hätten. Insbesondere bei PastoralreferentInnen und PastoralassistentInnen findet sich aufgrund ihres kirchlichen Berufsbildes und dessen oftmals schwieriger Etablierung eine größere Bereitschaft, sich auf Ohnmachtserfahrungen einzulassen und einen kreativ-kooperativen Umgang mit anderen gesellschaftlichen Größen zu suchen, wofür das folgendes Beispiel angeführt sei:

> „Wir sind als Gemeinde einfach ein Teil des öffentlichen Lebens hier und inkulturieren uns hier auch als Gemeinde. Und das heißt natürlich, dass wir die Zusammenarbeit mit den anderen Verbänden oder Vereinen hier suchen. Und, dass wir auch Mitglied im Bürger- und Kulturverein als Gemeinde sind. Also, dass wir bewusst sagen, dass wir auch die Kirchentüren hier bewusst öffnen. Da haben wir jetzt einige Schritte gemacht, wo wir bewusst gesagt haben: wir sind jetzt hier, wir schotten uns nicht ab." (Herr Werner, Pastoralreferent)

Hier wird in Nuancen erkennbar, ob es sich einerseits um Rekonstruktionen der Macht oder um Kooperationen auf Augenhöhe handelt und entsprechende Realisierungen gesucht werden.

Das letzte Kapitel dieser Forschungsarbeit stellt sich nun der Aufgabe, vor dem Hintergrund der vorangegangenen Erhebung, die gewonnenen Erkenntnisse über die Elemente des Lebensvollzugs und der pastoralen Praxis des Volkes Gottes theologisch einzuordnen und zu interpretieren. Einerseits stellt die Glaubenspraxis[2] des Volkes Gottes die Verlängerung seines „Sensus fidelium" dar und erhält deshalb eine eigene theologische Autorität. Aus dieser Autorität ergibt sich eine für die Theologie nach dem Zweiten Vatikanischen Konzil unabdingbare „Liebe zu den kleinen Orten"[3].

---

[2] Fuchs, Ottmar: „Priest-Mothers" and „Gods-Mothers". Qualitative Empirical Approaches to Research and the Human Image of God, in: Ziebertz, Hans-Georg / Schweitzer, Friedrich / Häring, Hermann / Browning, Don (Hg.): The human image of God, Leiden-Boston-Köln 2001, 231-248, 233: "Theologically such an undertaking is motivated by the dogmatic insight that it is not only the testimonies of biblical revelation that are inspired, but that the spirit of God may also be manifested in the testimonies of present-day believers. This is a datum not only of sacramental theology (especially with respect to baptism and confirmation), but also an ecclesiological one. For the senus fidelium is the sphere in which the church realizes its mission, and for that very reason it is also a locus theologicus, one whose tidings must be picked up by a Practical Theology and rendered fruitful for both the theological discourse and the praxis of the Church."
[3] Bucher, Rainer: Wer braucht Pastoraltheologie wozu? Zu den aktuellen Konstituationsbedingungen eines Krisenfaches, in: Ders. (Hg.): Theologie in den Kontrasten der Zukunft, Graz 2001, 181-197, 195.

Andererseits ist es Aufgabe der Theologie, gesellschaftliche Entwicklungen und Phänomene der Gegenwart, insofern sie als „Zeichen der Zeit"[4] in die Kontinuität des menschlichen Geschichtsempfindens einen Sprung oder gar Bruch hineintragen[5], wahrzunehmen und sie für die theologische Selbstvergewisserung der Kirche fruchtbar werden zu lassen.[6] Zugleich ist es eine bleibende Herausforderung für die Kirche als Volk Gottes, die von Niklas Luhman als religiöses System analysiert wurde, kommunikative Formen zu entwickeln, eigene Tendenzen „zu einer operativen Schließung und zu autopoietischen Reproduktion"[7] immer wieder zu überwinden und so ihre Verankerung außerhalb ihrer selbst zu erinnern.[8] Die Kirche als gesellschaftliches Subsystem hat daher Strukturen zu entwickeln, die sie nicht einfach von anderen Subsystemen übernehmen kann[9], um Kommunikationen von „außen" verarbeiten zu können. Die Ergebnisse der vorliegenden Studie lassen erkennen, dass PfarrhausbewohnerInnen individuelle Wege gehen, um gegenüber den gesellschaftlichen Anfragen kommunikationsfähig zu sein, sich auch als VertreterInnen des gesellschaftlichen Subsystems „katholische Kirche" in der postmodernen Gesellschaft zu verorten und damit eine Entwicklung fortzusetzen und zu konkretisieren, die theologisch und gesamtkirchlich mit dem Zweiten Vatikanischen Konzil in seiner Neugewinnung einer Verbindung von „Modernitätskompatibilität und Modernitätskritik"[10] in zentralen Konzilstexten wie etwa „Gaudium et spes" oder „Nostra aetate" unumkehrbar angestoßen worden ist.

So sollen in den folgenden drei Abschnitten Ansätze für eine systeminterne Strukturbildung erarbeitet und aus den gewonnenen Einsichten theologische Perspektiven im Sinne der Theoriebildung der „Grounded Theory" entwickelt werden.

---

[4] Papst Johannes XXIII. selbst hatte die Kategorie der „Zeichen der Zeit" mit der Enzyklika „Pacem in terris" 1963 zur hermeneutischen Grundkategorie des Konzils gemacht. Vgl. Heimbach-Steins: „Erschütterung durch das Ereignis", 115.

[5] Chenu, Marie-Dominique: Volk Gottes in der Welt, Paderborn 1968, 51.

[6] Vgl. als Beispiel für eine gegenwartssensible Wahrnehmung der Zeichen der Zeit: Fuchs, Ottmar / Greinacher, Norbert / Karrer, Leo / Mette, Norbert / Steinkamp, Hermann (Hg.): Für eine politisch-prophetische Praxis der Christen und der Kirche – Praktische Theologie als Kritik und Inspiration gesellschaftlicher Praxis der Kirche, in: PthI 20 (2000), 26-28.

[7] Luhmann, Niklas: Die Religion der Gesellschaft, Frankfurt a. M. 2000, 198.

[8] Luhmann definiert für Systeme neben der Kommunikation durchgängig das Kennzeichen der Autopoiesis, also eine andauernde, eigene Reproduktion. Vgl. Luhmann, Niklas: Soziologische Aufklärung 6. Die Soziologie und der Mensch, Opladen 1995, 56: „Als autopoietisch wollen wir Systeme bezeichnen, die die Elemente, aus denen sie bestehen, selbst produzieren und reproduzieren." Vgl. Berghaus, Margot: Luhmann leicht gemacht. Eine Einführung in die Systemtheorie, Köln-Weimar-Wien² 2004, 51-60.

[9] Luhmann, Niklas: Einführung in die Systemtheorie, Heidelberg 2002, 105: „Ein System kann nur mit selbst aufgebauten Strukturen operieren. Es kann keine Strukturen importieren."

[10] Kreutzer: Modernitätsverarbeitung, 399.

5.1 Ein Ort zeitgenössischer Avantgarde (Gaudium et spes)

Für die zweite Hälfte des 20. Jahrhunderts lassen sich in den westlichen Industrienationen vielfältige Tendenzen der Individualisierung und Pluralisierung von Lebensstilen und -formen beobachten. Diese bewirken nicht nur eine Vielfalt von Identitätskonstruktionen, die zu einer immer reduzierteren Selbstverständlichkeit familiärer Lebensformen führen und für den Begriff „Familie" eine Bandbreite persönlicher Definitionen entwickeln. Neue Möglichkeiten der Familienplanung, die Erfolge der Frauenbewegung und die wirtschaftliche Entwicklung lassen neue Möglichkeiten der Lebensgestaltung entstehen. Dabei lässt sich seit den 1960er-Jahren vor allem eine breite Etablierung kleinfamiliärer Lebenskonzepte beobachten.

Weitergehende Ansätze, das familiäre Lebensmodell generell drastisch zu hinterfragen, finden sich in der Entstehung von Kommunen[11] seit dieser Zeit, in der das Zusammenleben einer Gruppe von Menschen nicht mehr primär und ausschließlich auf sexuellen oder familiären Beziehungen aufbaut. Die Kommunebewegung kann als Teil einer Entwicklung interpretiert werden, die mit der Industrialisierung zunehmend neue Ansätze persönlicher Lebensformen hervorbrachte und erst jetzt als frei gewählte Option konstituiert wird. Der Grad der Vergemeinschaftung innerhalb dieser Gruppen variiert stark zwischen bloßer Wohngemeinschaft und Kommunen mit gemeinsamem Besitz, Selbstverwaltung und ökologischer Ausrichtung.[12] Eher in Ausnahmefällen finden sich auch religiöse Motive[13], eine gemeinsame Spiritualität oder relative Abgeschlossenheit gegenüber neuen Mitgliedern. In der Regel war bei Kommunen mit intensivem Vergemeinschaftungsgrad eine stark idiologisierte Motivation mit sozialistischen Anleihen die entscheidende Triebfeder. Die Verknüpfung des Kommunelebens mit Forderungen der sexuellen Befreiung in den 1960er- und 1970er-Jahren offenbarte ihren Charakter einer Protesthaltung gegenüber bürgerlich-familiären Le-

---

[11] Voß, Elisabeth: Was ist eine Kommune?, in: Kollektiv Kommunebuch (Hg.): Das KommuneBuch. Alltag zwischen Widerstand, Anpassung und gelebter Utopie, Göttingen 1996, 17-26.

[12] Vgl.: Kommune ÖkoLeA in Klosterdorf, www.oekolea.de (01.08.2007). Die Kommune ÖkoLeA (Ökologische Lebens- und Arbeitsgemeinschaft) wurde 1993 in Klosterdorf (Brandenburg) mit 18 Erwachsenen und 6 Kindern als generationsübergreifendes Wohnkonzept gegründet. Die Kommune versteht sich als politisch und religiös neutrale Lebensgemeinschaft und praktiziert eine teilweise Gütergemeinschaft aus der Hälfte der jeweilgen Einkommen.

[13] Vgl. Beringhof-Gemeinschaft in Wickede/Ruhr. Die Beringhof-Gemeinschaft wurde 1930 gegründet und zeichnet sich durch eine starke gemeinschaftsinterne Vermischung von Lebenformen aus (Familien, Singles, Paare). Die deutliche politische Identität der Gemeinschaft findet ihren Niederschlag in einem eigenen Seminarbetrieb. Als vier Säulen des eigenen Verständnisses wurden fomuliert: gemeinschaftlich leben, einfach leben, ökologisch leben, spirituell leben. Gütergemeinschaft und ökologische Landwirtschaft markieren das ökonomische Selbstverständnis der Beringhof-Gemeinschaft.

bensformen, verstärkte jedoch zusätzlich die Maxime eines menschlichen Zusammenlebens in sexuellen Beziehungen, die vom traditionellen Ideal der Ehe weitgehend losgelöst waren. Erst die Überwindung der reinen Protesthaltung gegenüber familiären Lebenskonzepten durch die Möglichkeit für alle Gesellschaftsschichten, Art, Intensität und Form ihrer Beziehungen relativ frei von gesellschaftlichen und traditionellen Erwartungen und Zwängen und unabhängig von vorgegebenen, genderspezifischen Rollenzuweisungen gestalten zu können, erlaubte eine wirklich unabhängige Neukonstruktion von Lebenszusammenhängen. So entstehen seit den 1990er-Jahren Wohn- und Lebensgemeinschaften auch jenseits sexueller und familiärer Bindungen oder einer Protesthaltung gegen diese.

Parallel dazu bewirken die demographische Entwicklung und eine zunehmende Lebenserwartung eine offensive Thematisierung der Lebenssituation älterer Menschen und eine Entwicklung neuer Formen des Zusammenlebens von Menschen unterschiedlicher Generationen. Sie findet ihren Ausdruck in der innovativen Entwicklung von Wohnprojekten und gemeinschafts- und generationsübergreifenden Häusern.[14] So lässt sich beobachten, dass die Initiatoren neuer Wohn- und Lebenskonzepte zu beachtlichen Teilen der älteren Generation entstammen und mit der persönlichen Problematik einer Suche nach Alternativen zum Seniorenheim verbindet. Dabei handelt es sich jedoch keinesfalls nur um Zweck-Wohngemeinschaften, mit denen die Versorgungs- und Pflegesituation garantiert werden soll. Die Ansätze sind vielmehr meist dem Anliegen des „Empowerments"[15] und der individuellen Lebensgestaltung verpflichtet. Daneben entwickeln sich verstärkt Mehrgenerationenhäuser, die mit abgeschlossenen Wohneinheiten von Familienangehörigen nicht nur bewohnt, sondern mit eigenen architektonischen Ansätzen[16] schon zu diesem Zweck geplant und gebaut wurden. Wenngleich mit stärkeren Rückgriffen auf die Traditionen des katholischen Ordenslebens und nachreformatorischer Gemeinschaftsformen, entstehen selbst in evangelikalen Gruppierungen seit den 1990er-Jahren überfamiliäre Wohngemeinschaften.[17]

---

[14] Vgl. Fuchs, Dörte / Orth, Jutta: Umzug in ein neues Leben. Wohnalternativen für die zweite Lebenshälfte, München 2003. Bei den dargestellten Wohnkonzepten handelt es sich weniger um eine Alternative für Alten- und Pflegeheime, als vielmehr um neue Formen gestalteten Lebens vor Erreichen einer Pflegebedürftigkeit, besonders für und von Frauen.

[15] Osterland, Astrid: Nicht allein und nicht ins Heim. Alternative: Alten-WG, Paderborn 2000, 16-20.

[16] Vgl. Barsuhn, Astrid: Mehrgenerationen-Häuser. Planen und Bauen: Wohlfühlen unter einem Dach, Taunusstein 2006.

[17] Lägel, Markus: Lernen aus der Geschichte: von Zinzendorf, Bonhoeffer und Leben heute, in: Faix, Tobias / Weißenborn, Thomas (Hg.): Zeitgeist. Kultur und Evangelium in der Postmoderne, Marburg 2007, 96-106. Lägel beschreibt hier die 2007 neu entstandene christliche „Convers-Gemeinschaft", die in der Nähe von Leipzig entstanden ist. Die „Convers-Gemeinschaft" gehört zu der evangelikalen Bewegung der „Urban Monasterys" (Kanada) und der „Boiker Rooms" (Großbritannien).

Innovative Wohn- und Lebenskonzepte finden ihren Niederschlag in stadtplanerischen Ansätzen, etwa wo Anliegen einer stärkeren Altersdurchmischung neuer Stadtteile oder Interessen der „Gentrification"[18] in stark renovierungs- und restaurationsbedürftigen Stadtteilen verfolgt werden.

Es wäre sicher zu einfach, deratig innovative Wohnkonzepte nur als Rückkehr zu vormodernen Familienstrukturen zu interpretieren, vielmehr sind sie die konsequente gesellschaftliche Durchführung der Moderne als Postmoderne. Insbesondere die Vielfältigkeit der Wohn- und Lebenskonzepte, die in ihrer jeweiligen Wahl und Ausprägung in der Postmoderne zu einem Bestandteil der persönlichen Identitätskonzeption werden, verhindert hier grobe Schematisierungen. Ihr bestimmendes Merkmal ist stattdessen gerade für die Identitätsausbildung in der Postmoderne typische Dekonstruktion des „Embedding", also der Einbettung der individuellen Identitätskonstruktion in gesellschaftliche Vorgaben[19], und die Unabhängigkeit von bisher gültigen Parametern, um „ohne Angst verschieden sein zu können"[20]. Es ist eine Unabhängigkeit zur Ausbildung neuer Lebensstile, die kirchlich als „Zeichen der Zeit" zu lesen ist.

In dieser Beobachtung postmoderner Wohn- und Lebensgemeinschaften nimmt das katholische Pfarrhaus nicht nur wegen der Vielfalt seiner inhaltlichen Konzeptionen einen überraschend selbstverständlichen Platz ein. Es ist ein Ort, an dem nicht beziehungsweise nicht nur sexuell und familiär konstituierte Lebensgemeinschaften mit unterschiedlichen Graden an Teilnahmedauer, Verbindlichkeit und Gemeinschaftsintegration entstanden sind. Es ist somit ein generativer Experimentalort neuer und vergessener Formen des Zusammenlebens und darin zunächst ein übersehenes gesellschaftliches Spiegelbild im Zentrum der Kirche. Es ist darüber hinaus jedoch aufgrund seiner konzeptionellen Vielfalt ein avantgardistischer Ort, mit dem innovati-

---

Vgl. Lägel, Markus: Talking about a revolution: 24-7 Prayer. Oder: Warum wir keine Gebetsbewegung sind, in: Schäfer, David (Hg.): Die jungen Wilden. Storys über Jugendkirchen, Emerging Churches und Gemeindegründer, Wuppertal 2006, 49-63, 59: „An verschiedenen Orten fangen Menschen an, ihre Beziehung zu Gott und zueinander in solch kommunitären Gemeinschaften zu leben. Jede hat ihr eigenes Flair, unterscheidet sich von den anderen, wie sich auch die Städte und Menschen selbst unterscheiden."

[18] Gentrification ist der Austausch einer statusniedrigen Bevölkerung durch eine statushöhere Bevölkerung in einem Wohngebiet. Def. nach Friedrichs, Jürgen: Gentrification: Forschungsstand und methodologische Probleme, in: Ders. / Kecskes, Robert (Hg.): Gentrification. Theorie und Forschungsergebnisse, Opladen 1996, 13-40.

[19] Keupp, Heiner / u. a.: Identitätskonstruktionen. Das Patchwork der Identitäten in der Spätmoderne, Reinbek³ 2006, 76 f.

[20] Adorno, Theodor W.: Minima Moralia. Reflexionen aus dem beschädigten Leben, Gesammelte Schriften Bd. 4, Frankfurt a. M. 1980, 114: „Eine emanzipierte Gesellschaft jedoch wäre kein Einheitsstaat, sondern die Verwirklichung des Allgemeinen in der Versöhnung der Differenzen. Politik, der es darum im Ernst noch ginge, sollte deswegen die abstrakte Gleichheit der Menschen nicht einmal als Idee propagieren. Sie sollte statt dessen auf die schlechte Gleichheit heute, die Identität der Film- mit den Waffeninteressen deuten, den besseren Zustand aber denken als den, in dem man ohne Angst verschieden sein kann."

ve Lebensformen und -stile in das Zentrum überwiegend bürgerlich-traditionell geprägter Kirchengemeinden hinein transportiert werden. Der Zug des Avantgardistischen[21] übersteigt den Charakter des bloß Spiegelbildlichen oftmals zusätzlich, indem es die verschiedenen Lebenskonzepte in all ihrer Heterogenität theologisch und spirituell begründet und legitimiert! In seiner bloßen Pluralität ist das Pfarrhaus (in Entsprechung zu Gaudium et spes) auf der Höhe der Zeit, ohne dass dies seinen BewohnerInnen unmittelbar bewusst zu sein scheint. In der theologisch-spirituellen Legitimation seiner Heterogenität ist es, ohne dass gerade dies Kirchenleitungen und BewohnerInnen zu schätzen gelernt hätten, seiner Zeit avantgardistisch voraus: Gerade hierin gewinnt das Pfarrhaus (in Entsprechung zu Lumen gentium) eine spezifische Funktion für seine Umwelt als ein Lernort für die Gesellschaft, die an diesem Ort von der Kirche profitieren und sie als „Sakrament" (LG 1) erleben kann:

> „Und da, ich habe nicht den Anspruch da zu sagen: *Freunde, so ist es.* Ja, sondern ich habe den Anspruch zu sagen: *Guckt, wie es hier ist. Und dann guckt, was für euch dabei eher eine Stärke ist oder eher eine Klärung, so kann ich das nicht. Und dann müsst ihr eure Lebensentscheidung treffen.* Also, wir bieten uns an, so wie wir sind. Wir sind anfragbar in dem, wie wir sind und wie wir das hier machen. Wir versuchen, das aber auch erlebbar zu machen. Und dann müssen Leute gucken und sagen, was ihnen da eine Hilfe ist - auch eine Klärungshilfe im negativen Sinn. Klingt so banal, oder?! [lacht]" (Herr Uhlkamp, Pfarrer)

Pfarrgemeinden und Mitbürger können so mittels der Pfarrhäuser mit alternativen Lebenskonzepten wie an keinem anderen prominenten Ort konfrontiert und in ihren traditionellen Mustern hinterfragt werden. Die veränderte

---

[21] Peter Bürger hat den aus dem französischen Militär entlehnten Begriff (Vorhut) in seiner kulturtheoretischen Umsetzung des 20. Jahrhunderts bereits 1974 analysiert. Vgl. Bürger, Peter: Theorie der Avantgarde, Frankfurt a. M.² 2002.
Der Begriff der „Avantgarde" gilt, insofern er mit einer naiven Fortschrittsgläubigkeit verbunden war, in seiner kulturellen und politisch-utopischen Bedeutung gerade aufgrund einer breiten Pluralisierung jenseits breiter Strömungen etwa der bildenden Kunst in der Postmoderne weitgehend als gescheitert, findet jedoch in der wissenschaftlichen Betrachtung neuer Medien neue Verwendung. Die für die historische Avantgardebegung in Literatur und bildender Kunst typische Überwindung von epochebildenden Stilen vermag hier jedoch hilfreich zu sein. So kann mit dem Begriff der „Avantgarde" gerade die Pluriformität des Pfarrhauses in seiner positiven, postmodernen Zeitgenössigkeit ausgedrückt werden. Vgl. Bürger: Theorie der Avantgarde, 23: „Denn erst in den historischen Avantgardebewegungen wird die Gesamtheit künstlerischer Mittel als Mittel verfügbar. Bis zu dieser Epoche der Kunstentwicklung war die Verwendung der Kunstmittel eingeschränkt durch den epochalen Stil, einen vorgegebenen, nur in gewissen Grenzen überschreitbaren Kanon zugelassener Verfahrensweisen. Solange aber ein Stil herrscht, ist die Kategorie Kunstmittel als allgemeine nicht durchschaubar, weil sie realiter nur als besondere vorkommt. Ein charakeristisches Merkmal der historischen Avantgardebewegungen besteht nun gerade darin, daß sie keinen Stil entwickelt haben."

gesellschaftliche Bewertung pluraler Lebensformen und -konzepte und deren Loslösung von einem familienzentrierten Idealbild ist hier ein Kennzeichen postmoderner Entwicklung:

> „Wirklich neu in dem Sinne, daß früher dieser Haushaltstypus völlig unbekannt gewesen wäre, sind nur die Wohngemeinschaften. (…) Waren früher diese Kategorien immer in bezug auf die ‚eigentliche', die gelungene Lebensform, nämlich die vollständige Familie bezogen (‚unverheiratet') oder weckten wenigstens Assoziationen einer verpaßten Familiengründung, so werden heute bewußt Begriffe für die neuen Wohn- und Lebensformen gewählt, die Eigenständigkeit und Gleichwertigkeit signalisieren sollen."[22]

Mit der Präsenz unterschiedlicher Lebensformen im Pfarrhaus und mit deren veränderter gesellschaftlicher Bewertung kommt es zu einer Konfrontation der Kirche mit gesellschaftlichen Realitäten. Und diese Konfrontation ereignet sich nicht nur in der pastoralen Arbeit und nicht bloß im Außen der Kirche, sondern im Zentrum von Kirche und zugleich im Zentrum der Gesellschaft!

Einen reichen Erfahrungsschatz derartiger Irritationen bringen mittlerweile jene Gemeinden mit, die in ihren Pfarrhäusern nicht nur mit unterschiedlichen Lebensformen und -konzepten im Zentrum ihres Gemeindelebens konfrontiert wurden, sondern beispielsweise vor allem durch ausländische Priester auch mit fremden kulturellen und pastoralen Prägungen.

Wo das provokative Element der Lebensformen von PfarrhausbewohnerInnen von Außenstehenden erlebt wird, indem bislang unumstößlich geglaubte Muster hinterfragt werden, wird das entscheidend prophetische Potenzial des Pfarrhauslebens sichtbar.

Darin vermag es ein Ort zu sein, an dem die biblisch-neutestamentliche Prophetie des Rollenentwurfs Jesu[23] ihren Niederschlag findet: Er eröffnet in seiner heilenden Praxis und in seiner Wortverkündigung neue Räume der Erfahrung des beginnenden Gottesreiches. Da sich für jede Lebensform zugleich variierende Motivationen und Gründe aufzeigen lassen (so leben etwa Singles und Zölibatäre, geschiedene und verwitwete Menschen mit völlig verschiedenen Hintergründen und Motiven allein), kommt es aufgrund ihrer Pluralität zugleich zu einem neuen Grad lebensförmlicher Nähe. Mit dem Pfarrhaus rückt die Kirche so an die Seite vieler Bevölkerungsgruppen

---

[22] Häußermann / Siebel: Soziologie des Wohnens, 323.
[23] Bechmann, Ulrike / Kügler, Joachim: Biblische Prophetie. Exegetische Perspektiven auf ein heikles Thema, in: Bucher, Rainer / Krockauer, Rainer (Hg.): Prophetie in einer etablierten Kirche? Aktuelle Reflexionen über ein Prinzip kirchlicher Identität, Münster 2004, 5-23, 15: „Als christologische Kategorie mag ‚Prophet' unzureichend sein, als religionsphänomenologische Beschreibung des historischen Wirkens Jesu reicht sie vollkommen aus, wenn man damit rechnet, dass jeder Prophet auf der Basis seiner eigenständigen Gottesbeziehung auch seine Rolle je neu definiert. Prophetsein hat in Israel natürlich eine gewisse Rollentradition, aber diese Tradition ist stets im Wandel, wird von jedem Propheten / jeder Prophetin verändert."

und Gesellschaftsschichten, die dem gemeindlichen Leben der Kirche sonst eher fremd sind. Diese lebensförmliche Nähe von Kirche und Gesellschaft markiert ein zentrales, wenngleich noch weitestgehend unentdecktes Potenzial des Pfarrhauses als Beitrag zu einer solidarischen Kirche.

In dieser Hinsicht vermag eine möglichst große Pluralität von Lebensmodellen und -stilen, die in Pfarrhäusern gepflegt werden, einen wesentlichen Impuls für eine „Pastoral der Berufung"[24] vorzulegen, in der die Kirche von der Berufung aller Glieder des Volkes Gottes ausgeht und das persönliche Antwortgeschehen auf die Frage nach der je eigenen Lebensform angeregt und gefördert wird. Diese Pluralität des Volkes Gottes gilt es in all ihren Dimensionen wertschätzend und fördernd zur Geltung zu bringen.[25] Der Verlust der Eindeutigkeit ist dabei nicht nur der entscheidende Gewinn postmoderner Gesellschaftsentwicklung, sondern für die Kirche auch eine Chance zur Wiederentdeckung einer pluralen biblischen Anthropologie als unhintergehbare Grundlage einer Pluralität der Theologien. Diese biblische Pluralität erwächst jener Korreliertheit von Gottesgeschichte und menschlichen Lebensgeschichten, die als zentrales Kennzeichen der christlich-jüdischen Glaubenserfahrungen dynamische Glaubensgeschichten schreibt, anstatt nur Glaubenssätze zu formulieren. Indem sich die biblischen Theologien immer in Abhängigkeit von Lebens- und Glaubensgeschichten der Menschen entwickeln, werden sie zu Dokumenten eines solidarischen Gottes. Die Vielfalt menschlicher Lebensgeschichten erwirkt eine Vielfalt von biblischen Theologien des einen Gottes. Sie sind daher ein Abbild der solidarischen Parteinahme Gottes für die Menschen in der Vielfalt ihrer Lebensvollzüge. Diese Solidarität mag vielfältige Ausdrucksformen gewinnen, prägt aber, wo sie gesucht wird, spürbar Atmosphäre und Spiritualität des Pfarrhauses:

> „Ich habe da eher so eine erdverbundene Frömmigkeit und mir ist es wichtig, dass es so die Lebensbereiche so erfüllt, als dass es aus dem Leben herausgenommen ist. Ich habe mir früher gedacht, es braucht so die Ecke, wo es festgemacht ist, aber das ist für mich eben dieser Esszimmertisch. Der ist für mich auch so die Erfahrung des Himmels manchmal. Da gibt es auch schöne Begegnungen und Erfahrungen. Ich unterstütze da, mehr so ideell als materiell, einen Nigerianer, der war zum Beispiel mal bei mir zum Essen und dann ist noch mein Bruder gekommen und der hat noch zwei Freunde mitgebracht und auf einmal war da ein ganz bunter Tisch voll Leute und wir haben miteinander gegessen und es hat für alle gereicht. Und das war ein irrsinnig dichtes und schönes Erlebnis und das ist mir schon ein paar Mal so ergangen, dass da so Menschen zusammenkommen und das ist

---

[24] Feeser-Lichterfeld: Berufung, 333.
[25] Gabriel, Karl: Pluralisierung und Individualisierung in Gesellschaft, Religion und Kirche, in: Münk, Hans J. / Durst, Michael (Hg.): Christliche Identität in pluraler Gesellschaft. Reflexionen zu einer Lebensfrage von Theologie und Kirche heute, Freiburg (Schweiz) 2005, 21-58, 43.

auch für mich der Ort, wo ich mein religiöses Leben eigentlich festmache, meine persönliche Spiritualität." (Herr Wallhuber, Pfarrer)

Sinnbildlich können die neuen familiären Bezüge Jesu (vgl. Mt 12, 46 ff.) für diese Freiräume, in denen die Pluralismusfähigkeit[26] der neuen Realität sichtbar und bleibend erinnerbar wird, stehen. In ihnen bildet sich die solidarische und darin prophetische Ernstnahme pluraler Lebenssituationen ab – gegen deren Vereinheitlichung! Hier vermögen biblische Rückbindungen der Kirche eine unabdingbare Pluralitätskompetenz zu erschließen und zugleich biblische Texte neue Gegenwartsrelevanz zu erlangen. Dies gelingt freilich nur, insofern die Wahrnehmung biblischer und gesellschaftlicher Pluralität zugelassen wird und in ihrem Wechselspiel prophetisches Potenzial sichtbar werden kann. Vor diesem Hintergrund sehen Ulrike Bechmann und Joachim Kügler im vorangeschrittenen Kanonisierungsprozess der christlichen Bibel, vor allem des Neuen Testaments, ein Abdrängen des Prophetischen:

> „Das Gesamtbild, das sich aus dem neutestamentlichen Befund ergibt, zeigt eine allmähliche Abwendung vom Prophetischen als vitalem Selbstvollzug der Kirche."[27]

Deshalb sind nicht nur die neutestamentlichen Prophetiezeichen, sondern auch die prophetischen Spuren im Leben der Kirche hoch zu achten und die dafür notwendigen Freiräume zu erhalten. Dass dabei die Erfahrung der Ohnmacht der Einzelnen gegenüber der Institution prägend ist, schließt die prophetische Macht charismatischer Personen nicht automatisch aus:

> „Prophetie und Institution sind nicht notwendigerweise Gegensätze, beide Begriffe schließen sich nicht gegenseitig aus. Prophetie kann und muss meines Erachtens angesichts unserer hochkomplexen Gesellschaft sowohl auf Einzelpersonen als auch auf soziale Systeme wie etwa Bewegungen und Organisationen zugerechnet werden."[28]

Insofern der Prophetie innerhalb der Kirche eine Abduktionsleistung[29] zukommt (auf die im nächsten Kapitel eigens eingegangen werden soll),

---

[26] Eine in der pietistisch-evangelikalen Theologie entstandene, begriffliche Unterscheidung von positiv beurteilter, da auch innerkirchlich beobachtbarer Pluralität und abgelehntem, gesellschaftlichem Pluralismus hat sich in der soziologischen und theologischen Gegenwartsliteratur bislang nicht durchgesetzt. Vgl. z. B.: Hempelmann, Heinzpeter: Glauben wir alle an denselben Gott? Christlicher Glaube in einer nachchristlichen Gesellschaft, Wuppertal 1997.
[27] Bechmann / Kügler: Biblische Prophetie, 19.
[28] Schüßler, Michael: Prophetie, Protest, Institution – praktisch-theologische Beobachtungen zwischen Befreiungstheologie und Systemtheorie, in: Bucher, Rainer / Krockauer, Rainer (Hg.): Prophetie in einer etablierten Kirche? Aktuelle Reflexionen über ein Prinzip kirchlicher Identität, Münster 2004, 38-50, 44.
[29] Sander, Hans-Joachim: Von der abduktiven Korrelation religiöser Zeichen zur Abduktion des Glaubens durch semiotische Präsenz des Glaubens, in: Ziebertz, Hans-Georg / Heil, Stefan / Prokopf, Andreas (Hg.): Abduktive Korrelation. Religionspädagogische Konzeption, Methodologie und Professionalität im interreligiösen Dialog, Münster 2003, 53-66, bes. 58-

wäre es naheliegend, den prophetischen Beitrag des vielfältigen Pfarrhauslebens wahrzunehmen, um der Tendenz zur systemischen Selbstisolation[30] entgegenzuwirken. Die Thematisierung der Lebensformen und -stile im Gemeindekontext gibt für diese Irritationen Zeugnis:

> „Die erste Zeit war da der erste Frauenkreis und da haben die das natürlich voll zum Thema gemacht: *Ja, jetzt haben wir zwei Frauen von der Sorte*, und so. Und so richtig humorisch. Und: *Wer hat wohl von beiden die Hosen an?* Und solche Sprüche sind dann gelaufen, gell?! Auch gleich von Anfang an, also, dass die sich getraut haben, das zum Thema zu machen, nicht?! Die hätten ja auch denken können: die schnappt ein." (Frau Pollderk, Gemeindereferentin)

> „Und dann bin ich sofort da ins Pfarrhaus und hatte dann von Anfang an volle Verantwortung und die wussten mit Pastoralreferent nichts anzufangen und haben gesagt 'Personalchef' und all diese Dinge oder 'Küster'. Das war für die so neu, das war ein kleiner Ort, dass das für sie ein Gewöhnungsprozess war. Aber vom, vom ersten Tag an war ich da mitten drin. Auch diesen Übersprung von Pfarrer auf Familie im Pfarrhaus, das war für die erstmal neu. Es gab da so, so ganz interessante Dinge, dass sie einfach gesagt haben, die Leute im Umfeld, also das ist ja so ein kleines Dorf, da ist die ganze Umgebung ja miteinander verwandt und verschwägert. Die haben dann gesagt: *In X, im Pfarrhaus, da ist ein neuer Pfarrer, na der hat eine Haushälterin!* [schmunzelt] Das ist natürlich ein kleines Dorf, alles, da war sie als Asiatin war dann so der, der Gesprächsstoff in dem Ort: *Der hat ne Haushälterin!* Ja?! [lacht]" (Herr Wittmann, Pastoralreferent)

Hier zeigen sich in den lebensförmlichen Irritationen des Pfarrhauses kirchliche Abduktionspotenziale, die zugleich für seine ProtagonistInnen zur größten Herausforderung ihrer pastoralen Arbeit und ihres Lebens im Pfarrhaus werden können.

Die Abduktion durch die prophetischen Elemente der Kirche ermöglicht es ihr jedoch, nicht nur mit wahren Glaubensaussagen auf richtige, aber veraltete Fragen zu antworten und somit letztlich rein reaktiv zu sein, sondern

---

60. Sander sieht den Wert der Abduktion gerade darin, ungeachtet vorgesehener Themen Verweise auf unerwartete Fragehorizonte zu eröffnen. Diese erwachsen gerade dem pragmatischen Problemlösungsanliegen. Vgl. 60: „Mit der Abduktion kann man überraschende Aussagen entdecken, die in den gerade brisanten und drängenden Problemen Perspektiven eröffnen. Sie ist die pragmatische Methode schlechthin."

[30] Fuchs, Ottmar: „Es ändert sich ja doch nichts…". Zum Systemtheoretischen Nachholbedarf einer subjektempfindlichen Praktischen Theologie, in: PthI 20 (2000) 1, 90-111, 94: „Für die Kirche bedeutet dies: durch intensiven Kontakt mit personalen oder auch anderen sozialen Systemen wird ihre Identität nicht gefährdet, sondern sie begibt sich in eine Koevolution mit diesen Systemen, und hängt sich nicht selbst davon ab. Die Selbstisolation führt letztlich zur progressiven Reduktion der autopoietischen Komplexität und damit zum Kollaps eines Systems in einer komplexen Umwelt."

selbst neue Fragehorizonte zu eröffnen und damit einen Gewinn an Gegenwartsrelevanz zu erzielen:

> „Es ist eine beständige Versuchung von Religion, mit dem Wahrheitsschatz ihrer Standpunkte auf Fragen zu antworten, die heute niemand mehr stellt. Das ändert nichts an der alten Wahrheit, aber mit solchen Standpunkten wird man keine Bedeutung mehr aufzeigen können. Abduktion ist deshalb unverzichtbar für eine überzeugende Präsentation von Religion. Nicht abduktiv präsentierte oder gar präsentierbare Standpunkte von Religion sind belanglos; sie mögen vielleicht sinnvoll sein, aber eine Lebenskraft steckt nicht in ihnen."[31]

Am Pfarrhaus lässt sich deshalb nicht nur erfahren, dass die Kirche selbst stärker postmodern geprägt und „pluralitätskompetenter"[32] ist, als sie selbst anzunehmen geneigt ist. Diese gesellschaftliche Nähe[33] eröffnet ihr zudem gegenüber ihrer Umgebung wie auch sich selbst als Institution gegenüber ein prophetisches Potenzial, das zu schätzen gelernt sein will. Mit ihr ergibt sich zwar ein Grad der Verunsicherung, der sichere und verbindliche Aussagen über richtiges (Zusammen-)Leben unmöglich macht und deshalb auf Empfehlungen, vor allem aber auf Bewertungen verzichtet. **Stattdessen wird zu fragen sein, wie sich abduktive Verunsicherungen als Beiträge zu einer „prophetischen Umkehrtheologie"[34] ermöglichen und fördern lassen, um als Kirche wirklich zu einem Ort der Wahrheit und der Freiheit zu werden.**

---

[31] Sander: Von der abduktiven Korrelation, 60.
[32] Polak: Religion kehrt wieder, 135.
[33] In der Betonung der Überschaubarkeit von Gemeinden haben Vertreter der Gemeindetheologie in den zurückliegenden Jahren immer wieder den Aspekt der Nähe unter den Gemeindemitgliedern herausgestellt (vgl. exemplarisch Mette, Norbert: Vom pfarrlichen Territorialprinzip zur Option für ortsbezogene Gemeinden, in: PthI 26 (2006), 8-21). Verwendet die Gemeindetheologie zudem das Bild der Familie, um das Anliegen der Vertrautheit und Beziehung zu betonen, kauft sie zudem mit dieser Chiffre das Phänomen der Unverlassbarkeit und Rollenfixiertheit ein. Dabei wird allzu oft übersehen, dass eine „Gemeinde der Nähe" vor allem die Nähe zu allen Menschen und ihren Problemen und Nöten zu suchen hat, anstatt die Nähe unter den Gemeindemitgliedern derart zu stärken, dass sie letztlich für Außenstehende unnahbar werden.
[34] Fuchs: „Es ändert sich ja doch nichts…", 103.

5.2 Ein „Kunde(-n)-Zentrum" als abduktiver Lernort (C. S. Peirce)

Wo die Kirche Freiräume entwickelt, experimentelles Arbeiten und daraus entstehende Hypothesenbildung[35] zu ermöglichen, bringt sie zum Ausdruck, das wurde im vorausgehenden Kapitel deutlich, dass sie nicht nur gefundene Wahrheiten verkündigt, sondern selbst zu Findung und Entwicklung ihrer Positionen eines dauerhaften Prozesses der Erkenntnisgewinnung[36] bedarf. Die Kirche findet so mittels einer immer wieder neu zu kultivierenden „Situationsempfindlichkeit"[37] zur Identität einer lernenden Organisation, die eine soziologische Selbstwahrnehmung als gesellschaftliches System ermöglicht. Von zentraler Bedeutung ist daher die Frage der Erkenntnisgewinnung, die nach Charles Sanders Peirce vor allem aus dem „Schließen"[38] aus Hypothesen beziehungsweise deren Auswahl zur weiteren Prüfung besteht. Mit der Erkenntnisgewinnung bricht so notwendig Kreativität in Lernprozesse ein, der sich nicht nur Einzelpersonen, sondern auch Systeme und Organisationen wie die Kirche (auf allen Ebenen ihrer theologischen Reflexion) zu stellen haben.

Diese ist dabei im Zuge ihrer Ausdifferenzierung als Religionssystem auch auf eine „autopoietische Reproduktion"[39] angewiesen, um sich als System durch diese Binnenkommunikation zu stabilisieren. Zugleich verweist Niklas Luhmann auf die Notwendigkeit einer „Mikrodiversität"[40], die als Kennzeichen einer Meinungs- und Glaubenspluralität innerhalb des Religionssystems dieses dynamisiert. Die anthropologische Wende der Theologie der katholischen Kirche des 20. Jahrhunderts markiert dabei einen entscheidenden lehramtlichen Schritt von einer rein deduktiven zu einer eher induktiven

---

[35] Die Integration der Hypthesenbildung in den Prozess der Erkenntnisgewinnung konstituiert diesen als permanente Verunsicherung des bislang als sicher Geglaubten. Vgl. Wirth, Uwe: Zwischen Zeichen und Hypothese: Für eine abduktive Wende in der Sprachphilosophie, in: Ders. (Hg.): Die Welt als Zeichen und Hypothese. Perspektiven des semiotischen Pragmatismus von Charles S. Peirce, Frankfurt a. M. 2000, 133-157, 137: „Jede Untersuchung und jede Interpretation entspringt der Beobachtung eines ‚überraschenden Phänomens', welches in die Erwartungshaltung des Interpreten ‚einbricht' (CP 6.469). Dieses überraschende Einbrechen einer erklärungsbedürftigen Tatsache beziehungsweise einer zunächst unverständlichen Äußerung in den Erwartungs- und Erfahrungshorizont wirkt konstitutiv auf die innere Form des abduktiven Folgerns."

[36] Minnameier, Gerhard: Wissen und inferentielles Denken, Frankfurt am Main 2005, bes. 114-123. Minnameier definiert die Abduktion nach Peirce als „Prozess des Stufenübergangs" (S.117) zunehmender Abstraktion.

[37] Metz, Johann Baptist: Memoria Passionis. Ein provozierendes Gedächtnis in pluralistischer Gesellschaft, Freiburg-Basel-Wien³ 2006, 69.

[38] Kapitan, Tomis: Inwiefern sind abduktive Schlüsse kreativ?, in: Pape, Helmut (Hg.): Kreativität und Logik. Charles S. Peirce und das philosophische Problem des Neuen, Frankfurt a. M. 1994, 144-158, 146.

[39] Luhmann: Die Religion der Gesellschaft, bes. 223 ff.

[40] Luhmann: Die Religion der Gesellschaft, 223.

Haltung der Verkündigung[41], die allerdings noch von einem beeindruckend sicher geglaubten Wissen über anthropologische Dimensionen des Lebens geprägt ist und erst in der Pastoralkonstitution auch lehramtlich in eine fragende und suchende Form überführt wurde.[42] Zu deren vorrangigen methodischen Kennzeichen während der Redaktionsgeschichte gehört ihr induktiver Aufbau, der von der Gegenwartsanalyse und deren anthropologischen Größen zur Christologie gelangt.[43] Als methodische Grundlage gilt hierbei der Dreischritt „Sehen-Urteilen-Handeln", der nicht nur den konziliaren Prozess um „Gaudium et spes" geprägt hat, sondern sich darüber hinaus zur pastoraltheologischen Grundkategorie entwickeln konnte.[44] Die in Folge oftmals zu schnelle Suche nach Antworten beinhaltet dabei die latente Gefahr, das irritierende Potenzial des ersten Schrittes der Gegenwartswahrnehmung zu übergehen:

> „Man könnte vielleicht sagen, dass das theologische Denken noch von einem Wissen (!) mit Ausrufzeichen von Mensch, Welt und Geschichte durchdrungen war. Man wusste genau, was die religiöse Dimension innerhalb der Existenz des Menschen ist, dass jeder Mensch in seinem Wesen religiös ist und wie dies mit dem zu verbinden ist, was die christliche Tradition über Gott und die Unendlichkeit bekennt. Aber auch dieses zweite (anthropologische) Wissen ist in unserer heutigen Zeit ins Wanken geraten. In unserer globalisierten Gesellschaft haben wir nicht nur unsere metaphysische Sicherheit über Gott verloren, sondern auch jene über uns selbst."[45]

Chris A. M. Hermans kennzeichnet die Theologie in Folge des II. Vatikanums als eine „Theologie von unten". Aufbauend auf einem geweiteten

---

[41] Konfessionsübergreifend fundieren gängige Seelsorge- und Kommunikationsmodelle bis in die Gegenwart auf der reinen Dialektik von Deduktion und Induktion. Vgl. Piper, Hans-Christoph: Kommunizieren lernen in Seelsorge und Predigt. Ein pastoraltheologisches Modell, Göttingen 1981, bes. 44-51.

[42] Sander, Hans-Joachim: Einführung in die Gotteslehre, Darmstadt 2006, 119.

[43] Vgl. Gertler, Thomas: Jesus Christus – Die Antwort der Kirche auf die Frage nach dem Menschsein. Eine Untersuchung zu Funktion und Inhalt der Christologie im ersten Teil der Pastoralkonstitution „Gaudium et spes" des Zweiten Vatikanischen Konzils, Leipzig 1986, 77: „Die entschlossene Weltöffnung hat drei Folgen. Zum einen wendet man sich an alle Menschen ohne Ausnahme, was einen induktiven Aufbau des Dokumentes erfordert. Zum anderen hat die Weltzuwendung das Ergebnis, daß die Frage nach dem Menschen zum Inhalt des Dokumentes wird, denn diese liegt allen Problemen der heuten Welt zugrunde. Eine christliche Anthropologie verweist von selbst auf Christus, den Höhepunkt und das Vorbild gottgewollten Menschseins. Zum dritten bedeutet eine entschlossene Weltzuwendung auch eine Auseinandersetzung mit dem heutigen Weltbild, das evolutiv-dynamisch ist."

[44] Haslinger, Herbert / Bundschuh-Schramm, Christiane / Fuchs, Ottmar / u. a.: Ouvertüre: Zu Selbstverständnis und Konzept dieser Praktischen Theologie, in: Handbuch Praktische Theologie, Bd. 1, Grundlegungen, Mainz 1999, 19-36, 31 ff..

[45] Hermans, Chris A. M.: Deduktiv, induktiv und abduktiv. Mit Peirce über Berger hinaus, in: Ziebertz, Hans-Georg / Heil, Stefan / Prokopf, Andreas (Hg.): Abduktive Korrelation. Religionspädagogische Konzeption, Methodologie und Professionalität im interdisziplinären Dialog, Münster-Hamburg-London 2003, 33-51, 43.

Traditionsbegriff nach Yves Congar gewinnt dabei die Gegenwart theologische Relevanz. Zugleich zeigt sich hier die Offenheit von „Gaudium et spes" als ein abduktives Potenzial, das sich aus dem Einlassen der Pastoralkonstitution auf konkrete, gegenwärtige und damit zeitbedingte Problemfelder ergibt (GS Art. 46-90). Diese Konkretionen bewirken gerade keine Zeitbedingtheit, die die Autorität des Textes mindern könnte, sondern machen ihn zum Initiator eines anhaltenden kreativen Entwickelns kontextueller Theologie und zur andauernden Aufforderung kirchlicher Ortssuche in der Gegenwart, wie sie vor allem von Marie-Dominique Chenu forciert wurde.[46]

Im Horizont einer Kontextuellen Theologie wird die menschliche Existenz zu einem „locus theologicus existentialis", der selbst die „loci theologici alieni" von Vernunft, Philosophie und Geschichte überschreitet und konkretisiert.[47] In ihr überschreitet damit die theologische Erkenntnisgewinnung zugleich den kirchlichen Binnenbereich, seine klare Abgrenzung als Welt-Kirche-Denken wird zugunsten eines wahrhaft weltkirchlichen Denkens aufgehoben, um so zu einem „evoluierenden"[48] Religionssystem zu werden, das sich nicht nur Umwelteinflüssen aussetzt, sondern diese auch würdigt und kritisch integriert.

> „Darum ist oftmals auch von kontextueller Theologie die Rede: in (und ausgehend von) den verschiedenen Erfahrungskontexten von Menschen (Individuen und Gruppen) leuchtet die Transzendenz (Gott) auf."[49]

Ihren vielleicht deutlichsten Praxisbezug findet diese Wende zur Kontextuellen Theologie in der Korrelationsdidaktik der Religionspädagogik, in der jedoch seit den 1990er-Jahren zunehmend ein Graben zwischen dem Erfahrungshorizont von SchülerInnen und der Begrifflichkeit der christlichen Offenbarungstheologie wahrgenommen wird. Zugleich finden sich in ihrer Umsetzung, da sie eine klassische Schnittstelle der Glaubensverkündigung darstellt, immer schon praktische Ansätze zur Überwindung dieses Gra-

---

[46] Der hier nur anzudeutende Ortswechsel der Kirche in und mit Gaudium et spes bewirkt einen Verzicht auf die Pflege von Utopien als nicht zu verortende Gegenwelten und die Zumutung eines immer neuen Aufsuchens von Heterotopien (Vgl. Foucault, Michel: Die Heterotopien. Der utopische Körper, Zwei Radiovorträge, Frankfurt a. M. 2005), denen die Kirche eine Prägemacht über sich selbst zugesteht.
Vgl. Sander: Theologischer Kommentar zur Pastoralkonstitution, 868.
[47] Vgl. Klinger, Elmar: Ekklesiologie der Neuzeit. Grundlegung bei Melchior Cano und Entwicklung bis zum 2. Vatikanischen Konzil, Freiburg-Basel-Wien 1978.
[48] Luhmann: **Die** Religion der Gesellschaft, 253.
[49] Hermans: Deduktiv, induktiv, abduktiv, 38. Der Analyse Hermans entspricht der Umstand, dass selbst das LThK/2006 nur den Begriff der Induktion kennt, den Begriff der Abduktion jedoch nicht beinhaltet.
Vgl. Gethmann, Carl Friedrich: Induktion, in: LthK, Bd. 5, Freiburg-Basel-Wien SA 2006, 487.

bens⁵⁰, die als Formulierung „gewagter Hypothesen"⁵¹ Ansätze für eine Praxis der Abduktion⁵² erkennen lassen. Diese von Charles Sanders Peirce zunächst aus dem Spektrum naturwissenschaftlicher Forschung abgeleitete Grundkategorie der Erkenntnisgewinnung, die als Fortführung seiner Semiotik⁵³ stark anticartesianische Züge trägt, besteht im Kern aus der Überwindung von Sprachlosigkeit⁵⁴ durch eine produktive Verstörung angesichts sich aufdrängender, unausweichlicher Größen und Anfragen. Hier wird von Peirce der konstitutive Beitrag der Umwelt (Zeichen und deren Objekte) auf das Subjekt („Interpretant") betont, der zur Grundlage seines „Pragmatizismus"⁵⁵ wird. Mithilfe beständigen Experimentierens entsteht ein Prozess andauernder Hypothesenbildung.⁵⁶ Diese Abduktion, bestehend aus Experiment und Hypothesenbildung, geht in die Induktion zur Formulierung einer

---

⁵⁰ Sander, Hans-Joachim: Glauben im Zeichen der Zeit. Die Semiotik von Peirce und die pastorale Konstituierung der Theologie, Würzburg 1996 (bislang unveröffentlichte Habilitationsschrift).

⁵¹ Auf den Mathematiker Charles S. Peirce (1839-1914) geht die Erkenntnistheorie des Pragmatismus (später: „Pragmatizismus") zurück. In seinem Zentrum steht die Abduktion als Bestandteil der logischen Schlussfolgerung, die durch „gewagte Thesen" vermeintlich sichere Erkenntnisse und Erkenntniswege hinterfragt und verunsichert. Vgl. zur Einführung und biographischen Darstellung Charles S. Peirce. Walther, Elisabeth: Charles Sanders Peirce. Leben und Werk, Baden-Baden 1989.
Zur Einführung in die Theorie des Pragmatismus und das Wechselspiel von Deduktion, Induktion und Abduktion: Apel, Karl-Otto: Der Denkweg von Charles S. Peirce. Eine Einführung in den amerikanischen Pragmatismus, Frankfurt a. M. 1975.

⁵² Es ist der Verdienst Elmar Klingers und nach ihm Hans-Joachim Sanders und Christian Bauers, den Pragmatismus von Charles S. Peirce, in dessen Zentrum die Abduktion steht, für die Wissenschaftstheorie der Theologie fruchtbar gemacht zu haben. Vgl. Sander: Einführung in die Gotteslehre, 20-31.
Bauer, Christian: 'Peuple de dieu dans le monde'. Eine pastoraltheologische Relecture von Leben und Werk M.-Dominique Chenus im Diskurs mit Michel Foucault und Charles S. Peirce, Dissertation vorraussichtlich 2008.

⁵³ Peirce entwickelt eine Zeichentheorie mit einer dreifachen Struktur von Zeichen, Objekt und „Interpretant", womit er das im Zeichen Gedeutete als eigene Größe identifiziert, die nicht mit dem Zeichen selbst identisch, jedoch dialogisch mit ihm verbunden ist, wie dies auch zwischen Zeichen und bezeichnetem Objekt der Fall ist. In Form dieses Dialogs ragt also das Zeichen, wie auch das Objekt in den „Interpretanten" hinein.
Vgl. Fisch, Max H. / Kloesel, Christian / u. a. (Hg.): Writings of Charles Sanders Peirce. A Chronological Edition, Bd. 2 (W 2.223), Bloomington 1982. Vgl. zu Einführung in die triadische Semiotik von Peirce: Nagl, Ludwig: Charles Sanders Peirce, Frankfurt a. M. 1992, bes. 21-61.

⁵⁴ Vgl. Sander: Einführung in die Gotteslehre, 26.

⁵⁵ CP 5.402. CP 5.411 (CP = Collected Papers of C. S. Peirce. International gebräuchliche Angabe von Band und Paragraph). Peirce ersetzt erst spät den Begriff des „Pragmatismus" durch den des „Pragmatizismus", um populärwissenschaftlichen Vorstellungen zu entgehen. Zentrale Anliegen formuliert er in Vorlesungen über Pragmatismus: Walther, Elisabeth (Hg.): Charles Sanders Peirce. Lectures on Pragmatism, Hamburg 1973, bes. 240-287.

⁵⁶ Im Zentrum des Experimentierens steht für Peirce das „Raten" oder „Spekulieren", die Hypthesenbildung hingegen erwächst einem Prozess des „Nachsinnens" (engl.: „musing"). Vgl. CP 6.460.

Regel oder in die Deduktion zur Formulierung eines Resultates über. In dieser Dreiheit entwickelt Peirce eine Wissenschaftstheorie, die als Grundlage jeder Theorie der Erkenntnisgewinnung Bedeutung erlangt hat.[57] Ihre Stärke liegt in der erkenntnistheoretischen Integration von neu zu erlangendem Wissen, für das bestehende Einsichten und vorhandene Sprache nicht ausreichen können.

Sie wurde von ihm selbst in der religionsphilosophischen Schrift „A Neglected Argument for the Reality of God"[58] auf Fragen der theologischen Erkenntnisgewinnung übertragen, die erst in jüngerer Zeit als sein Hauptinteresse ausgemacht werden konnte und als „Musing" im Zentrum der Abduktion steht.[59] Insbesondere hinsichtlich seiner pragmatizistischen Rückbindung der Theoriebildung fungiert Peirce als unerkannter philosophischer Wegbereiter des konziliaren „Ortswechsels"[60]. Parallel zum anthropologischen Ansatz eines Emmanuel Levinas ermöglicht der erkenntnistheoretische Ansatz Charles S. Peirce' die Begegnung mit Neuem und Fremdem als elementarem Bestandteil einer kirchlichen Identität als lernender Organisation.[61]

Dieser Zugewinn wird häufig übersehen, wenn insbesondere in „Gaudium et spes" nur der Schritt zur induktiven Methode des Erkenntnisgewinns gesehen wird, jene Elemente, die bereits über diesen ersten Schritt der anthropologischen Wende hinausgreifen, jedoch kaum beachtet werden. Zu diesen Elementen kann die Rede von den „Zeichen der Zeit" in der Pastoralkonstitution „Gaudium et spes" genauso gezählt werden wie auch die zahlreichen Ansätze zu gegenwartskritischen Konkretionen, insofern sie die Kirche zu einer „christlichen Zeitgenossenschaft"[62] anregt. Aus dieser Zeitbezüglich-

---

[57] Vgl. Apel, Karl-Otto: Der Denkweg von Charles S. Peirce. Eine Einführung in den amerikanischen Pragmatismus, Frankfurt a. M. 1975.
Pape, Helmut: Erfahrung und Wirklichkeit als Zeichenprozeß. Charles S. Peirce' Entwurf einer spekulativen Grammatik des Seins, Frankfurt a. M. 1989.
[58] Hibbert Journal, vol. 7 (1908), 90-112. Vgl. Hartshorne, Charles / Weiss, Paul (Hg.): Collected Papers of Charles Sanders Peirce, Cambridge 1935, [CP 6.452-492].
[59] Raposa, Michael L.: Peirce's Philosophy of Religion. Peirce Studies Number 5, Indiana 1989, 151: "For Peirce, ideally, Musement evolves into religious meditation, becomes a type of prayer, filling the heart and mind of the Muser with the love of God. The more 'incessant' such a practice, the more imbued does that individual become with the sense of God's presence." 154: "Peirce's own ideas about religion, no matter how incomplete they may appear to be, are continous with what he thought and wrote about in detail on other topics."
[60] Vgl. Bauer, Christian: Dissertation voraussichtlich 2008.
[61] Die Ermöglichung von radikal Neuem unter Inkaufnahme von Irrtümern ist im Rahmen organisationalen Lernens bestimmendes Kennzeichen des „Doppelschleifen-Lernens". Es zielt nicht allein auf die Perfektionierung des Bekannten und Vertrauten ab, sondern hinterfragt seinerseits bestehende Strukturen und Normen, die die Umsetzung des Neuen behindern. Vgl. Argyris, Chris / Schön, Donald A.: Die lernende Organisation. Grundlagen-Methode-Praxis, Stuttgart³ 2006, 35-40.
[62] Höhn, Hans-Joachim: Inkulturation und Krise. Zur konziliaren Hermeneutik, in: Hünermann, Peter (Hg.): Das II. Vatikanum - christlicher Glaube im Horizont globaler Modernisie-

keit und -bedingtheit erwächst nicht einfach die von Luhmann behauptete Restabilisierung des Religionssystems[63], sondern ein tiefgreifender Wandel und Ortswechsel der Kirche.

Wie kaum ein anderer Begriff wurde die aus der Begegnung mit Lk 12, 54-57 gewonnene Rede von den „Zeichen der Zeit" zu den populärsten und zugleich wichtigsten Impulsen des II. Vatikanums, wenngleich die Wendung selbst in „Gaudium et spes" nur ein einziges Mal (!) vorkommt:

> „Die ‚Zeichen der Zeit' weisen über ein plurales Einerlei hinaus. Sie bezeichnen etwas in der Zeit, das für den Glauben entscheidend ist. So wird der Begriff auch in der Bibel verwendet (vgl. Lk 12, 54-57); sie markieren das Reich Gottes unter dem Gesichtspunkt der Ereignisse der Gegenwart."[64]

Diese Zeichen der Zeit sind verbunden mit Ereignissen als Objekten einerseits und den Interpretanten andererseits. So stehen sie nicht in der Verfügungsmacht der Kirche, sondern sind ihr vorgegeben und markieren das Reich Gottes in der Zeit. Gerade aufgrund dieser Vorgegebenheit der Zeichen der Zeit wird die theologische Auseinandersetzung mit ihnen zur Ermöglichung einer „postmodernen Theologie"[65] deren bestimmende Kennzeichen Pluralität und Dialogizität sind. Somit sind nicht alle Gegenwartsphänomene automatisch als Zeichen der Zeit zu qualifizieren, sondern solche Wendepunkte, „die eine Macht haben, die Zeit in der Perspektive der Menschwerdung zu verändern."[66] Es ist daher der vorrangige Dienst der Kirche an den Menschen der Gegenwart, diese Zeichen gemeinsam mit ihnen im Licht ihrer Botschaft, des Evangeliums, zu lesen.[67] Um dies tun zu

---

rung. Einleitungsfragen, Paderborn-München-Wien-Zürich 1998, 127-134, 131: „Christliche Zeitgenossenschaft vollzieht sich dabei als Dialog, dem es ebenso um eine ‚Unterscheidung der Geister', wie um einen Brückenschlag zu allen Menschen guten Willens geht. In diesem Sinn zählen zu den zentralen Kategorien einer konziliaren Hermeneutik sozio-kultureller Entwicklungen nicht nur kritische Affirmation, sondern auch die Markierung von Differenzen und Divergenzen."
[63] Luhmann: Die Religion der Gesellschaft, 273.
[64] Sander, Hans-Joachim: Die Zeichen der Zeit. Die Entdeckung des Evangeliums in den Konflikten der Gegenwart, in: Fuchs, Gotthard / Lienkamp, Andreas (Hg.): Visionen des Konzils. 30 Jahre Pastoralkonstitution „Die Kirche in der Welt von heute", Münster 1997, 85-102, 97.
[65] Hünermann, Peter: Gestern und Heute. Eine kontrastierende Relecture der Situation des Menschen in der heutigen Welt (GS 4-10), in: Ders. (Hg.): Das Zweite Vatikanische Konzil und die Zeichen der Zeit heute, Freiburg 2006, 29-60, 59.
[66] Sander: Die Zeichen der Zeit, 98.
[67] Sander, Hans-Joachim: Die Zeichen der Zeit erkennen und Gott benennen. Der semiotische Charakter von Theologie, in: ThQ 182 (2002), 27-40. Sander nimmt hier zur Bestimmung der ‚Zeichen der Zeit' Bezug auf die Semiotik von Charles S. Peirce, vor deren Hintergrund der theologisch-ekklesiologische Wert der Zeichen erschließbar wird: In der Begegnung mit ihnen ereignet sich die Begegnung der Theologie mit ihrem eigenen Außen, zur eigenen Konstituierung. Vgl. Sander: Die Zeichen der Zeit erkennen und Gott benennen, 35: „Pastoral ist ein semiotischer Vorgang, ein Vorgang, dem, was es an humaner und inhumaner

können, muss sie selbst an der Gegenwart orientiert sein und diese als Außen ihres Glaubens begreifen, das sie immer wieder zu ihrem eigenen Kern führt. Die Wahrnehmungsfähigkeit der komplexen Realität[68] wird so zur Grundvoraussetzung und Kernkompetenz der Kirche, um selbst zu ihrem Inneren vordringen zu können. Nur so wird sie selbst Kirche, kann darin den Menschen dienen und wird selbst zum Zeichen:

> „Wer nicht bei den Existenzproblemen der Menschen dieser Zeit in die Lehre geht, kann sie nicht den Glauben lehren. Ohne die Perspektiven ihrer Menschwerdung kann Kirche keinen historisch bedeutsamen Begriff von der Wahrheit ihres Glaubens entwickeln."[69]

Die Rede von den „Zeichen der Zeit", die als Frucht des Ringens um eine katholische Soziallehre aus den Enzykliken „Mater et magistra" (1961) und „Pacem in terris"[70] (1963) entstanden war, bildet somit den Inbegriff eines forcierten Wandels von einer bloß „deduktiven zu einer induktiven Theologie"[71], wie sie bereits von Marie-Dominique Chenu dargestellt wurde:

> „Es werden nicht länger klerikal geprägte und doktrinär abgefasste Befehle erteilt, sondern es wird mit großer Herzlichkeit auf das Evangelium verwiesen, das in der Erfahrung der Menschen anwesend ist. Deswegen rechnete

---

Situation heute gibt, Signifikanz verleiht, und der dem, was das Evangelium darin bedeutet, Signifikanz erschließt. Daraus besteht Pastoral und an dieser doppelten Signifikanz entsteht eine pastoral konstituierte Theologie; sie ist ein semiotischer Prozess ad extra und ad intra. Er ist unausweichlich plural, weil es nie nur ein Zeichen der Zeit gibt. Und er ist unausweichlich universal, weil in diesen Zeichen der Zeit Christus, das Zeichen der Zeit für alle Zeit, zu entdecken und anzusprechen ist."

[68] Es wäre freilich ein Trugschluss zu meinen, diese Komplexität entstünde erst mit ihrer Wahrnehmung, so dass ihre Negierung schon Problemlösungen implizierte.
Vgl. Dörner, Dietrich: Die Logik des Misslingens. Strategisches Denken in komplexen Situationen, Reinbek 2003, 60: „Der Grad der Komplexität ergibt sich also aus dem Ausmaß, in dem verschiedene Aspekte eines Realitätsausschnittes und ihre Verbindungen beachtet werden müssen, um eine Situation in dem jeweiligen Realitätsausschnitt zu erfassen und Handlungen zu planen." Dörner zeigt unterschiedliche Strategien zur Vermeidung einer Konfrontation mit komplexen Problemstellungen auf, etwa ein „'ballistisches' Verhalten der Hypothesenbildung" (40), in der diese nicht überprüft, sondern vorschnell als Wahrheiten produziert werden, ein „thematisches Vagabundieren" (45), vorschnelle Delegation (44) bis hin zur „Zielinversion" (102).
[69] Sander: Die Zeichen der Zeit, 101.
[70] in Übersetzung veröffentlicht in: Leo XIII. / Pius XI. / Johannes XXIII., Die sozialen Enzykliken: Rerum novarum, Quadragesimo anno, Mater et magistra, Pacem in terris, Villingen 1963, 151-200. In der Enzyklika „Pacem in terris" vom 11. April 1963 zählt Johannes der XXIII. folgende Phänomene als „Zeichen der Zeit" auf: die Arbeiterfrage, die Gleichberechtigung der Frauen und das Ende des Kolonialismus. Mit der Enzyklika, mit der sich der Papst an „alle Menschen guten Willens" wendet, bezieht er nicht nur Stellung zu konkreten politischen Spannungen seiner Zeit, sondern würdigt darüber hinaus erstmals lehramtlich positiv die Menschenrechtsdeklaration der Vereinten Nationen von 1948.
[71] Füssel, Kuno: Vorwort zur deutschen Ausgabe, in: Chenu, Marie-Dominique, Kirchliche Soziallehre im Wandel. Das Ringen der Kirche um das Verständnis der gesellschaftlichen Wirklichkeit, Fribourg-Luzern 1991, 7-10, 9.

Johannes XXIII. mit prophetischer Klarsicht die Situation der Armen, den ersten Anhängern der messianischen Hoffnung, zu diesen ‚Zeichen der Zeit'."[72]

Doch auch der zweite Schritt von der Induktion zur Abduktion deutet sich in ihr an: Wo die Kirche derart nicht nur die Perspektive auf die Menschen sucht, um darauf mit der eigenen Verkündigung aufzubauen, sondern selbst deren Perspektive einnimmt, wird sie dabei selbst pastoral[73], statt Pastoral nur zu betreiben. Sie anerkennt dann das Subjekt als *sujet*, eine soziale Größe mit eigenen, fremden Themen. Diese bewirken ein Staunen, das als Ohnmachtserfahrung zur Herausforderung wird. Erst in der Kommunikation mit diesem Außen als einer Gegenmacht werden wirklich neue Themen gesetzt.[74] Um sich ihnen zu nähern, braucht es eine Kultur des Abschieds, die sich unmittelbar aus einer kirchlichen Identität als lernender Organisation ergibt. Denn diese ist zunächst auch eine „verlernende Organisation"[75], die bereit ist, von Routinen, von vertrauten Einsichten Abstand zu nehmen.

Für diese Wahrnehmung des gesellschaftlichen Umfeldes zeigen viele PfarrhausbewohnerInnen in unterschiedlichen Fragen eine ausgesprochen hohe Sensibilität. Dies gilt für besonders kirchenrelevante Fragen, wie der Auseinandersetzung mit Kindesmissbrauch durch kirchliche Mitarbeiter ebenso, wie mit gesellschaftlichen Phänomenen:

„Die Leute sind sehr viel vorsichtiger geworden, auch die Kapläne. Das empfehle ich denen auch, nicht Jungs oder Mädchen alleine mitzunehmen in ihre Wohnung. Da aufzupassen, dass es da nicht zu Missverständnissen kommt. Ich persönlich erlebe in X, wie auch hier, dass das Vertrauen zu den Priestern insgesamt sehr groß ist! Da geht man erstmal nicht davon aus, dass der mein Kind missbraucht. Das ist auch in X nicht so. Aber dass es da

---

[72] Chenu, Marie-Dominique: Kirchliche Soziallehre im Wandel. Das Ringen der Kirche um das Verständnis der gesellschaftlichen Wirklichkeit, Fribourg-Luzern 1991, 72.

[73] Vgl. Mette, Norbert: Gaudium et spes – Ein unerledigtes Vermächtnis, in: Hünermann, Peter (Hg.): Das Zweite Vatikanische Konzil und die Zeichen der Zeit heute, Freiburg 2006, 429-438, 436: „In prägnanter Weise hat der Grazer Pastoraltheologe Rainer Bucher die von GS ausgehende Neuorientierung für die Pastoraltheologie bzw. Praktische Theologie insgesamt umrissen. Mit dieser Konstitution habe das Konzil einer Auffassung, die unter ‚Pastoral' lediglich eine Anwendung von der Dogmatik versteht, endgültig den Abschied gegeben. Es habe damit auch dem mit dieser Auffassung in Verbindung stehenden ‚Platonismus, Klerikalismus, Paternalismus und Patriarchalismus' eine deutliche Absage erteilt."

[74] Vgl. Sander: Von der abduktiven Korrelation, 55.

[75] Baecker, Dirk: Organisation und Management, Frankfurt a. M. 2003, bes. 195-197, 196: „Unsere These ist, dass die Verhinderung von Abweichungen, nicht zuletzt realisiert in der disziplinierenden Form der Hierarchie und damit der Suggestion von Steuerbarkeit, diejenige Form ist, die die Organisation auszudifferenzieren erlaubt, das heißt ihr eine eigene Form der Autopoiesis verschafft, während die Verhinderung der Verhinderung von Abweichungen die Organisation an ihre psychische, interaktive und gesellschaftliche Umwelt und hier vor allem an deren Veränderungen rückzukoppeln erlaubt."

eine gewisse Vorsichtigkeit gibt und dass die größer geworden ist, das ist wahrscheinlich auch ganz gut." (Herr Dreger, Pfarrer)

„Wir sind als Gemeinde einfach ein Teil des öffentlichen Lebens hier und inkulturieren uns hier auch als Gemeinde. Und das heißt natürlich, dass wir die Zusammenarbeit mit den anderen Verbänden oder Vereinen hier suchen. Und, dass wir auch Mitglied im Bürger- und Kulturverein als Gemeinde sind. Also, dass wir bewusst sagen, dass wir auch die Kirchentüren hier bewusst öffnen. Da haben wir jetzt einige Schritte gemacht, wo wir bewusst gesagt haben: wir sind jetzt hier, wir schotten uns nicht ab." (Herr Werner, Pastoralreferent)

Zugleich beobachteten die interviewten Personen einheitlich die mangelhaften Möglichkeiten, eigene Erfahrungen an Vorgesetzte weitergeben und sie davon profitieren lassen zu können:

„Es ist eine Thematik, um die sich die Kirche oder die Diözesanleitung seltenst kümmert, da wird wenig nachgefragt. Es wird einfach wenig auch nach dem Privaten eines Priesters gefragt. Es kommt zwar in so einer Visitation vor, dass der Dechant fragen muss: Urlaub, Exerzitien, und so, abhaken, ne. Das sind bestimmte Fragen, aber so, so wie ist die Verquickung von Pfarrhaus und Gemeinde, das wird kaum gefragt." (Pfarrer Weinrich)

„Selbst als Dechant bin ich noch nie gefragt worden, wie es den anderen geht oder auch mir selbst. [...] Das ist fehlende Betreuung durch die Verantwortlichen." (Pfarrer Dreger)

So wird nicht nur von den PfarrhausbewohnerInnen, sondern von der ganzen Kirche als Volk Gottes und ihrer Leitung abhängen, inwieweit den ausgeprägten Chancen des Pfarrhauses als Initial- und Experimentalort[76] Raum gegeben wird, um in ihrer Gottesverkündigung das eigene „Wahr-Sagen"[77] zu übersteigen und Zeugnis von der kreativen Macht Gottes abzulegen. Das Pfarrhaus wird so zum Bestandteil einer „Pastoralästhetik"[78] als Wahrneh-

---

[76] Vgl. Hauschildt, Eberhard: „Pflicht zum Experimentieren." Ein Gespräch mit Professor Eberhard Hauschildt über Kirchenreform, in: HerKorr 62 (2008), 69-73, 73: „Kirche ist eine Einrichtung, deren oberstes Ziel nicht der Profit ist, sondern das Reich Gottes. In ihr bewegt der Heilige Geist unverfügbar Menschen zum Glauben. Reform bedeutet für mich deshalb die Pflicht zum Experimentieren aus dem Bewusstsein um eigene Mitverantwortung für die Zukunft der Kirche. Was sich wie zuletzt durchsetzen wird, muss die Zukunft zeigen. Gott geht mit seiner Kirche verschlungene Wege. Deshalb ist immer auch damit zu rechnen, dass wichtige Anstöße von den Rändern der Kirche kommen, von Außenseitern der etablierten Kirche."
[77] Sander: Einführung in die Gotteslehre, 24.
[78] Vgl. zum theologischen Begriff der „Ästhetik" im Rahmen der Pastoraltheologie und Religionspädagogik: Altmeyer, Stefan: Von der Wahrnehmung zum Ausdruck. Zur ästhetischen Dimension von Glauben und Lernen, Suttgart 2006.
Höhn, Hans-Joachim: „Ansichtssache". Ästhetik zwischen Zeitdiagnose und Sozialanalyse, in: Fürst, Walter (Hg.): Pastoralästhetik. Die Kunst der Wahrnehmung und Gestaltung in

mungslehre, die sich in einer umfassenden Weise versteht und zudem an diesem Ort exemplarisch als Prozess praktiziert wird:

> „Nämlich in der Wirklichkeit Zeichen wahrzunehmen, sie aus einer ganz bestimmten Perspektive wahrzunehmen, sich vom Zeichen her selbst die Wahrnehmung konstituieren zu lassen und jenes Handeln wahrzunehmen (im Sinne von Projektieren und Durchführen), das die Wirklichkeitsbasis des Zeichens möglicherweise so verändert, dass ein neues Zeichen entsteht."[79]

Das Pfarrhaus vermag in dieser umfassenden Form ein Ort der Wahrnehmung zu sein, der jene prophetischen Irritationen nicht nur liefert, sondern diese durch seine prominente und unausweichbare Stellung in Gemeinde und Kirche als Perturbationen in diese unmittelbar hineinragen lässt, dort vorhandene „Konsensfiktionen"[80] kirchlicher Praxis durchkreuzt und Transformationsprozesse anstößt, indem es diese selbst repräsentiert. Die Ermöglichung dieser Perturbationen verhindert daher kirchliche Tendenzen eines Rückfalls in ein „steady-state System"[81] und homöostatisches Systemverhalten[82], beziehungsweise deckt diese auf. Die prophetisch irritierende Funktion der Zeichen der Zeit vermag so mit Hilfe eines zentralen Ortes, wie des Pfarrhauses, zum Stimulans für eine pastoralgemeinschaftliche Ekklesiogenese zu werden. Hier lassen sich „Innovationskeimlinge"[83] beobachten

---

Glaube und Kirche, Freiburg-Basel-Wien 2002, 75-90, 82: „'Wir sehen uns!' – Unter diese Überschrift könnte sich auch eine ‚Pastoralästhetik' stellen lassen und damit ihren Zweck benennen: das Dementi der kulturellen Unsichtbarkeit des Christentums, der Gestaltlosigkeit des Glaubens, der Einspruch gegen den Doppelprimat von Dogma und Moral als primären Ausdrucksmedien von Theologie und Glaube. Dazu bedarf es einer Glaubenspraxis, die dazu führt, dass sich ihre Subjekte in der Öffentlichkeit wieder sehen lassen können."

[79] Fuchs, Ottmar: Die Zeichen der Zeit deuten, in: Fürst, Walter (Hg.): Pastoralästhetik. Die Kunst der Wahrnehmung und Gestaltung in Glaube und Kirche, Freiburg-Basel-Wien 2002, 103-118, 108.

[80] Feiter, Reinhard: unveröffentlichter Vortrag bei dem Kongress deutschsprachiger Pastoraltheologen in Schwerte 2007.

[81] Ritter, Wigand: Allgemeine Wirtschaftsgeographie. Eine systemtheoretisch orientierte Einführung, München 1991, 98-99: „Die Wünsche vieler Menschen orientieren sich nämlich an Utopien, welche stabile Endzustände für erreichbar und einhaltbar ansehen. Die Technisierung unserer Umwelt verleitet zu diesem Denken, denn Maschinen und viele Organisationen sind nach diesem Prinzip konstruiert. Abhängige Firmen und Zweigwerke können auch tatsächlich danach gefahren werden. Bei komplexeren Systemen in Wirtschaft und Gesellschaft baut sich jedoch bei einer solchen Strategie allmählich ein Veränderungsdruck auf, der die Existenz dieses Systems in Frage stellt. Homöostasie kann dann mit sicherem Tod gleichgesetzt werden, weil es nicht erlaubt, die akkumulierten Folgen des notwendigen Wandels auf einmal zu bewältigen."

[82] Fleßa, Steffen: Innovative Theologie – Theologie der Innovation, in: Bartels, Matthias / Reppenhagen, Martin (Hg.): Gemeindepflanzung - ein Modell für die Kirche der Zukunft?, Neukirchen-Vluyn 2006, 154-183, 162.

[83] Fleßa: Innovative Theologie, 163: „Ein Innovationskeimling ist eine Innovation, die in kleinen Nischen entwickelt und adoptiert wurde, jedoch noch auf die breite Anwendung wartet."

und fördern, die an einem Bifurkationspunkt am Ende einer Entwicklungsphase wegweisend sein können. Die empirische Innovationsforschung hat in jüngerer Zeit gerade für ökonomische Systeme[84] Krisen, wie sie für die großen Kirchen in den postmodernen Gesellschaften ausgemacht werden können, als Voraussetzung für die Adoption von Innovationen herausgestellt.[85]

Plurale Ansätze zur Innovierung und Innovationsadoption finden sich in vielfältiger Form auf unterschiedlichen Ebenen und Existenzvollzügen der Kirche ebenso, wie die Tendenzen des Rückfalls in eine bloße Kontrastidentität zur Gesellschaft, wie es mit dem dogmatischen Verständnis des I. Vatikanischen Konzils verbunden war.[86] Hier wird das Moment der Sprachlosigkeit durch Negation der Fremdheit der Realität unterbunden oder durch ekklesiologische Vereinheitlichung überdeckt. Eine Kirche, die ihre Kompetenz darin sieht, möglichst schnell auf alle Fragen des Lebens Antworten geben zu können, zeigt bis in die Gegenwart Reste derart deduktiven Erkennens und Selbstverstehens.

Doch wo sich die Kirche auf deduktive und induktive Verkündigung aufbauend auf abduktives, also verunsichertes und verunsicherndes Lernen[87] ein-

---

[84] Vgl. zur Diskussion um den Import ökonomischer Professionalität und Rationalität in den Raum der Kirchen und als Beispiel für tief sitzende theologische Ressentiments vor allem gegenüber der Rede vom Kirchenmitglied als „Kunde": Mette, Norbert: Kirche als Unternehmen besonderer Art? Zur Reichweite ökonomischer Konzepte und Modelle für die Ausarbeitung einer empirischen Ekklesiologie, in: ThQ 182 (2002), 155-166.

[85] Perlitz, Manfred / Löbler, Helge: Successful Innovation Management: In Search of a Crisis?, in: Business and the Contemporary World, Vol. VII, 3 (1995), 91-105. Im protestantisch-deutschsprachigen Raum bemüht sich vor allem Steffen Fleßa für kirchliche Prozessabläufe Erkenntnisse aus der Betriebswirtschaftslehre umzusetzen, ohne dabei die Kirche einfach als Unternehmen zu verstehen.
Vgl. Fleßa, Steffen / Jähnichen, Traugott: Auf dem Weg zu einer „Kirchenbetriebslehre". Impulse für eine Weiterentwicklung der Organisations- und Verwaltungsstrukturen kirchlichen Handelns, in: Pastoraltheologie 94 (2005), 196-216, 216: „Die Chancen moderner Managementkenntnisse werden kaum genutzt. Stattdessen wird die Betriebswirtschaftslehre in der Kirche meist als Haushaltskürzungswissenschaft verstanden, so dass sich die negative Verknüpfung noch verstärkt. Anzustreben ist demgegenüber eine in einem dialogischen Prozess von Theologie und Wirtschaftswissenschaft entwickelte Kirchenbetriebslehre, welche die spezifisch theologischen Voraussetzungen und die besonderen Bedingungen kirchlichen Handelns reflektiert."

[86] Vgl. die verschiedenen Ansätze, die dogmatischen Fortschritte des II. Vatikanums zu negieren und das Konzil als bloße Fortschreibung des I. Vatikanums zu diskreditieren bei: Klinger, Elmar: Kirche – die Praxis des Volkes Gottes, in: Fuchs, Gotthard / Lienkamp, Andreas (Hg.): Visionen des Konzils. 30 Jahre Pastoralkonstitution „Die Kirche in der Welt von heute", Münster 1997, 73-83.

[87] Die Ermöglichung von Provokationen beinhaltet dabei immer auch das Risiko der eigenen Krise und der Infragestellung kirchlicher Beheimatung.
Vgl. Krockauer, Rainer / Schuster, Max-Josef: Menschen auf der Schwelle. Neue Perspektiven für die alte Pfarrgemeinde, Ostfildern 2007, 38: „Wenn jemand, beispielsweise in einer Pfarrgemeinde, auf vorgeschobenem Posten kirchlich handelt, also am Rand kirchlicher Räume oder außerhalb kirchlicher Einflussbereiche, gerät möglicherweise auch die Bindung

lässt und entsprechende Lernorte in Autonomie und Freiheit kultiviert, da erst lässt sie sich auch auf Fremdes und Neues ein und geht an Orte außerhalb ihrer selbst. Dann erst überschreitet sie die „Loci theologici proprii" hin zu den von Melchior Cano mit Philosophie, Vernunft und Geschichte bestimmten „Loci theologici alieni"[88] mit deren eigenständiger Autorität.

Allein schon das Ringen um eine gesteigerte Gegenwartswahrnehmung, das mit dem Begriff von den Zeichen der Zeit angestoßen wurde, verweist also auf den Beginn eines Kirchenverständnisses als einer lernenden Organisation[89], für die die Krise - anders als lebenspraktisch gewohnt[90] - zunehmend zur positiven Regel, die Routine hingegen zum Grenzfall wird. Erst mit dem zweiten Schritt von der induktiven zu einer abduktiven Erkenntnisgewinnung wird dieser Umgang mit den Erfahrungen der Menschen von einer vorschnellen theologischen Instrumentalisierung bewahrt und ermöglicht die kreative Erlangung neuer Einsichten.

Das Pfarrhaus kann dabei als ein zentraler Ort kirchlicher Gegenwartswahrnehmung entdeckt werden, als ein Ort, an dem die Kirche sich selbst unausweichlich mit Neuem konfrontieren lässt.[91] Es ist ein Ort, an dem individuelles Lernen als „Personal Mastery"[92] etwa in Form von „Reflexions- und Erkundungsfähigkeiten"[93] oder als praktiziertes „Teamlernen"[94] stattfindet und sich damit als Ort großer Kompetenz auszeichnet.

---

an die eigene Gemeinde (oder sogar die eigene Kirche) in die Krise. Denn Grenzüberschreitungen und modellhaftes Engagement auf der Schwelle sind auch in theologisch gebildeten oder kirchlich engagierten Kreisen nicht selbstverständlich, sondern ungewohnt und oft sogar unverständlich und provokativ."

[88] Sander, Hans-Joachim: Das Außen des Glaubens – eine Autorität der Theologie. Das Differenzprinzip in den Loci Theologici des Melchior Cano, in: Keul, Hildegund / Sander, Hans-Joachim (Hg.): Das Volk Gottes. Ein Ort der Befreiung, Würzburg 1998, 240-258, 252. „Die loci alieni haben nicht nur ,im Zusammenhang mit der außerwissenschaftlichen Glaubenserkenntnis ihren Platz' (Körner 1994, 390), sondern sind ein Konstitutionsfaktor für die Theologie des Glaubens. Ohne sie ist dessen Autorität nicht zu finden."

[89] Seit wenigen Jahren erst zeigen sich verstärkte Bemühungen für eine – im Vergleich zu anderen gesellschaftlichen Bereichen verzögerte - Übernahme organisationstheoretischer Ansätze der Lernenden Organisation im Raum der Kirchen.
Vgl. als Beispiel für die evangelische Kirche: Projektgruppe „Lernende Organisation Kirche" (Hg.): Lernende Organisation Kirche. Erkunden zu Kirchenkreis-Reformen, Leipzig 2004.

[90] Wagner, Hans-Josef: Abduktion und Krise. Überlegungen zur religiösen Bildung, in: Ziebertz, Hans-Georg / Heil, Stefan / Prokopf, Andreas (Hg.): Abduktive Korrelation. Religionspädagogische Konzeption, Methodologie und Professionalität im interdisziplinären Dialog, Münster-Hamburg-London 2003, 217-225, 218.

[91] Sander: Einführung in die Gotteslehre, 27.

[92] Senge, Peter M.: Die fünfte Disziplin. Kunst und Praxis der lernenden Organisation, Stuttgart^9 2003, 173: „Menschen, die einen hohen Grad an Personal Mastery erlangen, erweitern beständig ihre Fähigkeit, die Ergebnisse zu erzielen, die sie wahrhaft anstreben. Ihr kontinuierliches Streben nach Selbstschulung und Selbstführung prägt den Geist der lernenden Organisation."

[93] Senge: Die fünfte Disziplin, 234-248.

[94] Senge: Die fünfte Disziplin, 284-327.

Vor diesem Hintergrund wird das Pfarrhaus zum „Kunde(-n)-Zentrum", also einem Kommunikationsknoten, an dem das System Kirche Kunde von den Erfahrungen, den Nöten und Schicksalen, kurzum: dem Leben der Menschen erhält. Gegen die oftmals befürchtete, naive Übertragung ökonomischer Begrifflichkeiten und damit marktwirtschaftlicher Organisationsformen auf das Leben der Kirche und im Bewusstsein der „Gefahr einer ökonomistischen Schieflage"[95] kann gerade der Begriff der/des „Kunde(-n)" hier eine differenzierte Auseinandersetzung ermöglichen. Es fällt auf, dass dieser Begriff gerade im Raum der protestantischen Pastoraltheologie aus Sorge um die Vereinbarkeit mit der reformatorischen Lehre vom Allgemeinen Priestertum auf Vorbehalte trifft und von der Sorge bestimmt ist, die Verantwortlichkeit der einzelnen Getauften für die Kirche werde dadurch dezimiert.[96] Auf diese Sorge hat jedoch eine katholische Pastoraltheologie in gleicher Weise einzugehen. Dabei erschließt jedoch die Kunde von der die Kunden zeugen in besonderer Weise deren Lebensrealität, für die die Kirche immer wieder neu in Dienst zu nehmen ist.

Diese Kunde[97] findet unterschiedliche Wege in das Pfarrhaus, aber wird doch meist wahrgenommen:

> „Sicherlich hängt das auch noch mal so ein bisschen an meiner Person. Der Pastor sagt immer: *Sie hören ganz andere Sachen, als ich so höre.* Dem Pastor sagt man ja nicht immer alles so, wie man es mir beim Einkaufen schon mal erzählt. Oder so. Ja, halt beim Einkaufen eigentlich, da lassen schon manche auch mal so ihren Unmut raus, in der Hoffnung, das wird dann auch noch mal weitergegeben." (Frau Dörrmann, Haushälterin)

> „Also, ich glaube, dass vor allem viele ältere Herren mir viele Dinge sagen, die sie dem Pfarrer nicht sagen. Zum Beispiel habe ich jetzt mehrfach er-

---

[95] Krockauer: Die Kunde des „Kunden", 264.
[96] Einen Überblick über den gegenwärtigen Diskussionsstand im protestantischen Raum und eine positive Würdigung findet sich bei: Preul, Reiner: Kirche als Unternehmen. Kirche auf dem Markt / Geistliche Kommunikation und Management / Kirchlicher Auftrag und Kirchenmarketing, in: Gräb, Wilhelm / Weyel, Birgit (Hg.): Handbuch Praktische Theologie, Gütersloh 2007, 553-565, 557: „Da alle disponierenden bzw. kybernetischen Akte den Zweck verfolgen, der Optimierung der kommunikativen Vollzüge zu dienen, und da die Gesamtheit der kommunikativen Akte die – vielfältig differenzierte – Bildungsleistung der Kirche erbringen, konstituieren beide Handlungsweisen zusammen die Kirche als *Bildungsinstitution* – genauer: als eine bestimmte Bildungsinstitution mit einem klaren inhaltlichen Profil – in der Gesellschaft (Preul 2002). Der mit „Kirche als Unternehmen" indizierte Zugang betrifft den Bereich des disponierenden Handelns, *erweitert also die kybernetische Kompetenz der Kirche.*"
[97] Wirkliche Kunde erhält die Kirche durch die KundschafterInnen des Volkes Gottes (Num 13-14) natürlich nur, insofern sie bereit ist, sich auf neue Sozialitäten der Menschen und ihrer mündigen Verhältnisbestimmung zur Kirche einzulassen (vgl. Ebertz: Erosion, 283-286). Die Sorge, Kirchenmitglieder würden im Rahmen eines Selbstverständnisses als Kunden in ein unmündiges, obrigkeitshöriges und letztlich vorkonziliares Kirchenverständnis zurückfallen, übersieht zumeist deren Neigung, professionelle Leistungen zu fordern und sich zugleich selbstbestimmt zur Kirche zu positionieren.

lebt, wenn die Frauen gestorben sind und die sind dann mal hier, dass die mir dann viele Dinge sagen oder was sie sehr deutlich vermissen. Und da glaube ich nicht, also ich weiß es nicht, aber ich glaube nicht, dass sie das dem Pfarrer sagen würden [schmunzelt]." (Frau Schmitt, Pfarrsekretärin)

Das Pfarrhaus ist über die Wahrnehmung gesellschaftlicher, gemeindlicher und persönlicher Kunde hinaus ein Ort, an dem mit den BewohnerInnen von Pfarrhäusern die Pluralität an Biografien, Lebensformen und -stilen Einzug in die kirchliche Binnenstruktur halten kann und hält und der mit ihnen irritationsproduktiv für das Gesamt der Kirche ist. An diesem kirchlichen Ort lassen sich damit Ansätze für organisationales Lernen beobachten, das für die Kirche als Ganze wie für jede Organisation Vision bleibt. Gerade vor dem Hintergrund einer ausgesprochen hohen Gegenwartssensibilität der in dieser Studie interviewten PfarrhausbewohnerInnen und der gleichzeitig offensichtlichen Kommunikations- und Vermittlungsprobleme zu Vorgesetzten und zur Kirchenleitung ergeben sich für die Kirche selbst zentrale Leerstellen im Ringen um das kirchliche Selbstverständnis. Von ihrer Bereitschaft, Experimentalorte zu ermöglichen und „gewagte Hypothesen" in Gestalt von pastoralgemeinschaftlicher Seelsorge und kreativen Sozialformen des Zusammenlebens in Pfarrhäusern zu fördern, wird ihre postmoderne Anschlussfähigkeit mit abhängen. Hier bietet sich im Rahmen einer „modernitätskompatiblen und -kritischen Theologie"[98] in der Konkretion des Kleinen die Gelegenheit Neues einzuüben. Hier findet eine Hermeneutik des „Neuen"[99], wie sie der Kirche mit Gaudium et Spes zum Auftrag geworden ist, einen Ort jenseits der rein akademischen Theologie.[100]

Doch auch für PfarrhausbewohnerInnen stellt sich damit die Herausforderung einer gewandelten Wahrnehmung ihres Lebens- und Arbeitsortes und die Möglichkeit „kompensatorische Rückkopplungseffekte"[101], mit denen die Chancen dieses Ortes verdeckt werden, zu entlarven.

So wird nach einer Steigerung der abduktiven Lernbereitschaft und -fähigkeit auf den verschiedenen Organisationsebenen der Kirche zu fragen sein, um nicht immer neu nach Ansätzen für die kirchliche Glaubensverkün-

---

[98] Höhn: Inkulturation und Krise, 132.
[99] Ritschl, Dietrich: Gibt es in der Theologie „Neues"? Meditation über ein altes Thema, in: Krieg, Carmen / Kucharz, Thomas / Volf, Miroslav (Hg.): Die Theologie auf dem Weg in das dritte Jahrtausend. FS Jürgen Moltmann, Gütersloh 1996, 35-45.
[100] Ritschl: Gibt es in der Theologie „Neues"?, 45: „Es gibt Theologien – leider können nur die veröffentlichten akademischen Produkte beurteilt werden und nicht die ungezählten Predigten, die es vielleicht noch schöner zeigen – in denen dieses Zusammenspiel von Gegenwartserleben des Neuen in Gott und der Suche nach dem implizit Neuen in den alten Büchern der Bibel und den nachbiblischen Zeugnissen bestimmend sind."
[101] Senge: Die fünfte Disziplin, 76. Diese ‚Rückkopplungseffekte' zeigen sich etwa, wenn durch gesteigerte Arbeitsleistung eigene Gestaltungsspielräume und Kompetenzen nicht mehr wahrgenommen werden können und so individuelle Charismen, wie auch systemkritische Ansätze unterbunden werden.

digigung zu suchen, sondern die eigene Glaubensverkündigung durch eine Begegnung mit der Gegenwart verunsichern lassen zu können. Freilich lassen sich Immunisierungstendenzen zur Abwehr von Lernprozessen nicht durch bewusste Interventionen umgehen, sondern vorrangig durch „paradoxe Intentionen"[102], die sich gerade durch eine Unplanbarkeit auszeichnen. Es wird also mit Valentin Dessoy aufgrund der bestehenden kirchlichen „Stresssituation"[103] einerseits nach der Ermöglichung von innerkirchlichen Kommunikationsstrukturen zu fragen sein, die bestehende Ansätze organisationalen Lernens für das kirchliche System fruchtbar und zu einem Verständnislernen („Deutero-Learning") werden lassen. Andererseits sind experimentelle Ansätze „Kirche in veränderten Kontexten neu zu definieren", aktiv zu fördern, wenn die Kirche sich in einer marktähnlichen Situation[104] zurechtfinden und zum Kern kirchlicher „Metanoia"[105] zurückfinden will. Mit diesem Begriff lässt sich der Kern organisationalen Lernens, insbesondere kirchlichen Lernens bestimmen, da mit ihm deutlich wird, dass es dabei nicht bloß um die Aneignung von Fähigkeiten, sondern um eine grundlegende Veränderung und Wandlung geht.

In einem kirchlichen System, das nicht nur Fortbildung betreibt, sondern im Sinne der Personal- und Organisationsentwicklung selbst (immer wieder) lernend wird[106], kann das Pfarrhaus als Praxis- und Kommunikationsraum abduktiver Irritationen entdeckt werden, der ein integraler Bestandteil kirchlichen Lernens ist. Irritierende Wirkung kann dieser Wahrnehmung insbesondere hinsichtlich einer vorschnellen kirchlichen Hypothesenbildung zukommen, wo diese auf unangemessene Komplexitätsreduktion, auf interessegeleitete, also „'hypothesengerechte' Informationsauswahl"[107] oder

---

[102] Bangert, Michael: Lernende Kirche?! Zeiten, Orte und Strategien des Lernens im Laufe der Kirchengeschichte, in: Isenberg, Wolfgang (Hg.): Kirche als lernende Organisation. Supervision in einem von Tradition und Entwicklung geprägten System, Bensberger Protokolle 103, Bensberg 2000, 177-199, 193.

[103] Dessoy, Valentin: „Lernende Organisation". Mythos – Zauberwort – Perspektive, in: Isenberg, Wolfgang (Hg.): Kirche als lernende Organisation. Supervision in einem von Tradition und Entwicklung geprägten System, Bensberger Protokolle 103, Bensberg 2000, 21-45, 23.

[104] Chancen und Grenzen für die Selbstreflektion der Kirchen in ihrer pastoralen Arbeit mittels einer Parallelisierung von pastoraler und betriebswirtschaftlicher Terminologie finden sich bei: Pott, Martin: Kundenorientierung in Pastoral und Caritas? Anstöße zum kirchlichen Handeln im Kontext der Marktgesellschaft, Münster-Hamburg-London 2001, bes. 213-224.

[105] Vgl. Dessoy: „Lernende Organisation", 39. Zur Bedeutung der „Metanoia" für die Kirche als lernende Organisation: Senge: Die fünfte Disziplin, 23: „Die Bedeutung von ‚Metanoia' ist identisch mit der tieferen Bedeutung von ‚Lernen', denn auch zum Lernen gehört ein fundamentales Umdenken oder eine tiefgreifende Sinnesänderung."

[106] Dessoy, Valentin: Gemeinsam „Seelsorge lernen" lernen. Fort- und Weiterbildung im Übergang, in: Köhl, Georg (Hg.): Seelsorge lernen in Studium und Beruf, Trier 2006, 369-377, 377.

[107] Dörner: Die Logik des Misslingens, 135: „Wir lieben die Hypothesen, die wir einmal aufgestellt haben, weil sie uns (vermeintlich) Gewalt über die Dinge geben. Deshalb vermei-

„ballistischen ‚Kompetenzillusionen'"[108] aufzubauen geneigt ist. Die abduktive Irritation[109] wirkt daher systemischen Abkapselungstendenzen unterschiedlicher Art (zu denen paradoxerweise auch die Flucht in eine uferlose Informationssammlung gehören kann) entgegen, die dem kirchlichen Selbstverständnis als Volk Gottes zuwiderlaufen. So sind Pfarrhäuser als Experimentalorte der Innovationsentwicklung[110] wahrzunehmen und in diesem Experimentalcharakter zu fördern.[111]

5.3 Ein Brennpunkt zwischen Pastoral- und Religionsgemeinschaft (H.-J. Sander)

Wo eine abduktive Lernbereitschaft die Dialogizität der Kirche mit der Gegenwart bestimmt, da beginnt, das wurde vorausgehend erkennbar, eine Herausforderung für ihr eigenes Selbstverständnis. Denn die Abduktion fördert als Steigerung einer induktiven Haltung die Bereitschaft zu einem Perspektivwechsel, den der Theologe Hans-Joachim Sander als Wechsel der vorrangigen Orientierung von der Religions- zur Pastoralgemeinschaft[112] definiert hat. Während ein Kirchenverständnis als Religionsgemeinschaft die Identität aus der eigenen Tradition entwickelt, davon ausgehend auf die Gegenwart blickt und Orte der Macht sucht, entwickelt eine Kirchenidentität der Pastoralgemeinschaft ihr Selbstverständnis aufgrund ihrer Gegen-

---

den wir es möglichst, sie der rauen Luft der realen Erfahrung auszusetzen, und sammeln lieber nur Information, die mit den Hypothesen im Einklang ist."
[108] Dörner: Die Logik des Misslingens, 269.
[109] Ottmar Fuchs zeigt auf der Basis systemtheoretischer Ansätze die Bedeutung von Irritationen zur Veränderung von Systemen auf. Vgl. Fuchs, Ottmar: Nur verletzbare Menschen verletzen Systeme. Doch unverletzbare Systeme verletzen verletzbare Menschen, manchmal tödlich!, in: Abeldt, Sönke, u.a. (Hg.): „... was es bedeutet, verletzbarer Mensch zu sein". Erziehungswissenschaft im Gespräch mit Theologie, Philosophie und Gesellschaftstheorie, FS für Helmut Peukert, Mainz 2000, 205-220, 217: „Wenn die klassischen Erzeuger solcher Irritationen traditionsgemäß im kirchlichen Amt zu suchen sind, dann können sie diese Funktion systemtheoretisch nur wahrnehmen, wenn sie nicht vertikal verordnen, sondern horizontal intervenieren und beeinflussen. Wer sich einbildet, komplexe Systeme zu leiten, muß sich von der Systemtheorie sagen lassen, daß man dies überhaupt nicht kann."
[110] Vgl. diverse Beiträge zur Innovationsforschung im betriebs- und wirtschaftswissenschaftlichen Kontext: Hof, Hagen / Wengenroth, Ulrich (Hg.): Innovationsforschung. Ansätze, Methoden, Grenzen und Perspektiven, Hamburg 2007.
[111] Eine innovative und experimentelle Pastoral wird darauf angewiesen sein, eine Kultur des Scheiterns zu entwickeln, in der das Versagen als Ort der „Präsenz des österlichen Gottes" entdeckt wird. Vgl. Böhm, Thomas H.: In der Ohnmacht Gott erfahren. Plädoyer für eine Pastoral, die auch das eigene Versagen zulässt, in: Bucher, Rainer / Krockauer, Rainer (Hg.): GOTT. Eine pastoraltheologische Annäherung, Wien-Berlin-Münster 2007, 103-112, 111.
[112] Vgl. Sander, Hans-Joachim: Das katholische Ich jenseits von Aporie und Apologie. Der Glaube an die Pastoralgemeinschaft Kirche, in: zur debatte. Themen der Katholischen Akademie in Bayern, 1/33 (2003), 13-15.

wartsbezüge an Orten der Ohnmacht, um von dieser pastoralen Realität eine Kirchenbestimmung zuzulassen:

> „Beide Formen bedeuten jedoch einen unterschiedlichen Bezug der kirchlichen Vergemeinschaftung. Die religionsgemeinschaftliche gelangt zur Kirche von ihrer eigenen Tradition her und damit von dem her, was ihrer Tätigkeit vorausliegt. Dagegen benennt die pastoralgemeinschaftliche die Kirche von ihrer Tätigkeit her, die sie selbst ist, und damit von denen her, mit denen sie es in ihrer Tätigkeit zu tun bekommt."[113]

Insofern sich die Kirche als Pastoralgemeinschaft von ihrer Tätigkeit und damit in einer Ausrichtung auf die Gegenwart definiert, wird ihr Selbstverständnis zur bleibend unabgeschlossenen Identitätsbildung. Mit dieser Vergewisserung geht das Eingeständnis einer notwendig andauernden und bleibend unabgeschlossenen „Identitäts-Bildung" einher, mit der sich die Kirche als lernender Organismus versteht.[114]

Diese Alternativen sind mehr, als nur unterschiedliche Kirchenbilder. Sie ragen in ihren Auswirkungen tief in die Praxis des Volkes Gottes hinein und konstituieren dies elliptisch. Am deutlichsten wird dies in den zunehmend unausweichlichen Ohnmachtserfahrungen der kirchlichen Gegenwart. Einer religionsgemeinschaftlichen Kirche werden diese zur schwer erträglichen Belastungsprobe. Einer pastoralgemeinschaftlichen Kirche hingegen werden sie zu den vorrangigen Orten ihres Dienstes an der „Menschwerdung der Menschen"[115]. Wie dieser pastoralgemeinschaftliche Dienst der Kirche jedoch näherhin identifiziert und definiert werden kann, hat sich immer auch an dem eigenen Verständnis der Kirche als Volk Gottes zu kristallisieren. Durch diese Selbstvergewisserung, die über den bloßen Gemeinschaftscharakter der Communio hinausgeht durch die Verankerung des Volkes in Gott als den zentralen Bezugspunkt außerhalb (!) seiner selbst, ergeben sich eschatologisch hoffende wie auch befreiungstheologisch tätige Maßstäbe kirchlichen Handelns.

Auffällig ist im Blick auf das Pfarrhaus nicht nur ein breites Spektrum sowohl religions- als auch pastoralgemeinschaftlicher Selbstverständnisse, sondern deren generelle Verbindung an diesem zentralen Ort. So unterscheiden sich die Mischformen bei den interviewten Personen eher in ihrer Tendenz.

Die in der vorliegenden Studie beobachtbaren Tendenzen des Machterhaltes und der Rekonstruktion verblasster kirchlicher Gesellschaftsrelevanz sind dagegen immer auch Indikatoren einer tendenziell religionsgemeinschaftli-

---

[113] Sander, Hans-Joachim: nicht ausweichen. Die prekäre Lage der Kirche, Würzburg 2002, 15.
[114] Sander: nicht ausweichen, 103: „Man kann deshalb das spirituelle Wort von Angelus Silesius ‚werde, die du bist' auf die Kirche abwandeln: Die Kirche muss lernen, als katholische Kirche zu werden, was sie in Christus ist."
[115] Sander: nicht ausweichen, 128.

chen Vergemeinschaftung. Bei allen interviewten Personen, und damit berufsgruppen- und generationenübergreifend, finden sich diese Rückgriffe ihrer Pfarrhauskonzeptionen wie auch ihrer sonstigen gemeindepastoralen Arbeit in einem religionsgemeinschaftlichen Selbstverständnis:

> „Ja, es kommt dann vor, wenn es mal so Konfliktgespräche gibt. Das haben wir manchmal hier so, weil es auch Situationen gibt, in denen Konflikte entstehen und da lade ich die Leute hierher ein, um ihnen schon, ein bisschen, ja, da nutze ich die Autorität, nicht?! Und es ist etwas anderes, wenn es in dem Konfliktgespräch so ist, wenn jemand hierher kommen muss, als wenn ich da hin gehe. Das ist auch noch mal so ein Zeichen, nicht?! Also, wenn ich hingehe, gebe ich auch noch mal ein Zeichen. Wenn ich hingehe, gehe in ihren Bereich. Aber ich hole sie dann, also entweder unten, oder hier in den halböffentlichen Bereich." (Herr Weinrich, Pfarrer)

So kann hier vermutet werden, dass derartige Rückgriffe nötig sind, um insbesondere als PfarrhausbewohnerIn zu einer persönlichen Gestaltung der Pfarrhauskonzeption zu gelangen. Darin wird auch die religionsgemeinschaftliche Verortung des hauptberuflichen Seelsorgepersonals und anderer MitarbeiterInnen erkennbar. Daneben finden sich jedoch unterschiedlich stark ausgeprägte Ansätze pastoralgemeinschaftlichen Selbstverständnisses, das zumeist die Grundlage der eigenen seelsorglichen Tätigkeit ist. In ihnen werden kirchliche MitarbeiterInnen und PfarrhausbewohnerInnen zu Moderatoren einer pastoralgemeinschaftlichen Ekklesiogenese.

Es wird hier offen bleiben müssen, inwieweit insbesondere jene religionsgemeinschaftlichen Reste nötig sind, um das persönliche Leben in einem Pfarrhaus mit seiner großen gemeindlichen Präsenz einerseits und seiner geringen institutionellen Wahrnehmung andererseits überhaupt lebbar gestalten zu können. Gerade hierin kommt jedoch die Ambivalenz des Pfarrhauses im Leben der Kirche zum Tragen: Es vermag die PfarrhausbewohnerInnen in ihrer Rolle als KommunikatorInnen der Pastoralgemeinschaft zu stärken und ihnen hierin insbesondere als Kommunikations- und Lernort eine Hilfe zu sein. Das Pfarrhaus kann dieses zentrale pastorale Anliegen jedoch auch blockieren, wo es als Instrument religionsgemeinschaftlichen Macht- und Relevanzerhalts fungiert oder selbst zu viele Kräfte bindet. Vor dem Hintergrund dieser Ambivalenz vermag das Pfarrhaus ein möglicher, aber eben kein notwendiger (!) Ort pastoralgemeinschaftlicher Ekklesiogenese[116] zu sein und ist gegebenenfalls um der Priorität der Pastoral im Denken und Handeln[117] der Kirche willen vor der Sorge um ihre Orte zu vernachlässigen. Denn eine Kirche, der es um die Verkündigung des Evangeliums geht, wird

---

[116] Vgl. zur Diskussion des Begriffs: Lörsch: Kirchen-Bildung, bes. 17-27.
[117] Dieses pastorale Handeln ist dabei beständig auf seine Durchlässigkeit hin zu hinterfragen und damit ist seine Entfundamentalisierung zu betreiben. Vgl. Fuchs, Ottmar: Geheimnis und Bedeutung, in: Bucher, Rainer / Krockauer, Rainer (Hg.): GOTT. Eine pastoraltheologische Annäherung, Wien-Berlin-Münster 2007, 59-70, 66.

sich auf die „elliptische Geometrie"[118] jeder Gottesrede einzulassen haben, die sich nicht auf sich selbst und ihr eigenes Innen fixieren kann, sondern auf die Grenzüberschreitung von außen nach innen angewiesen ist. In jedem Fall ist es ein kirchlicher Ort, an dem Menschen das religions- und das pastoralgemeinschaftliche Selbstverständnis der Kirche in einer persönlichen Identitätsbildung zusammenführen müssen. Hier artikuliert sich in besonderer - und das heißt für alle Menschen erfahrbarer - Weise, die Bereitschaft zu wirklicher, „kritischer Zeitgenossenschaft" der Kirche. Der persönliche Umgang mit dieser „prekären Differenz"[119] konstituiert daher das Pfarrhaus zu einem kirchlichen Ort, an dem sie sich selbst in ihrer zentralen Aufgabe nicht ausweichen kann. Diese Aufgabe besteht zentral in der Frage nach den Lebensorten von Menschen, um sich selbst zu diesen Topoi zu begeben, an denen Menschen leben, hoffen, zweifeln, trauern, lieben und glauben. Eine pastoralgemeinschaftliche Kirche wird deshalb von der Frage motiviert sein, wo sie den Menschen begegnen kann. Sie wird dabei die religionsgemeinschaftliche Wer-Frage, mit wem sie es dort zu tun hat, hintanzustellen haben, wenn ihr wirklich an einem Dialog mit ihren ZeitgenossInnen gelegen ist.

Das Pfarrhaus ist damit ein Ort, an dem von Menschen beständig nach Möglichkeiten gesucht wird, von der pastoralgemeinschaftlichen Wo-Identität[120] ausgehend, die Pluralität der lebensweltlichen Topologien[121] zu erkunden und auf dieser Basis die religionsgemeinschaftliche Wer-Identität des Volkes Gottes erst in späteren Schritten neu zu entwickeln, anstatt sich auf diese zurückzuziehen.

---

[118] Sander: Einführung in die Gotteslehre 17.

[119] Sander, Hans-Joachim: Pastorale Berufe in der Zweiheit von Religions- und Pastoralgemeinschaft – eine Topologie der Seelsorge nach dem Konzil, in: Köhl, Georg (Hg.): Seelsorge lernen in Studium und Beruf, Trier 2006, 450-464, 460.

[120] Wo sich kirchliche Identitätssuche auf die Wo-Frage einlässt, wird diese notwendig durch einen Plural bestimmt, der bei einer Bestimmung als Wer-Identität nicht unmöglich, jedoch immer sekundär ist. Vgl. Sander, Hans-Joachim: Gottes pastorale Orte. Ein topologischer Vorschlag, in: Bucher, Rainer / Krockauer, Rainer: GOTT. Eine pastoraltheologische Annäherung, Wien-Berlin-Münster 2007, 39-56, 52: „Im Modus des Wer ist der Plural das zweitrangige Thema und Macht eine primäre Option. Bei dem Wo wird dagegen mit etwas konfrontiert, dem man jeweils gegenübersteht und nicht ausweichen kann. (…) Das Wo führt deshalb unweigerlich einen Plural ein und bringt potentielle Ohnmacht ins Spiel, weil es ein Innen und ein Außen unterscheidet."

[121] Sander: Gottes pastorale Orte, 51.

5.4 Statt „Totschweigen" und „Gesundbeten": Interessiert wahrnehmen!

Die wissenschaftliche Annäherung an das Pfarrhaus wurde seit Beginn des Forschungsprozesses von einer Reihe praktischer Fragen begleitet. So erschien es zunächst als praktisches Ziel naheliegend, über modellhafte Pfarrhauskonzeptionen nachzudenken und unterschiedliche Konzepte für den Umgang mit Pfarrhäusern und möglicherweise ihre alternative Nutzung zu entwerfen. Diese Modelle hätten sich an unterschiedlichen Interessen und Bedürfnissen von PfarrhausbewohnerInnen, an den Interessen und Erwartungen von Gemeinden und Bistumsleitungen bis hin zu diözesanen Bauabteilungen zu orientieren. Die Ergebnisse der vorliegenden Studie haben jedoch neben einem hohen Maß an Kompetenz der PfarrhausbewohnerInnen auch deren Kreativität im Umgang mit dem Pfarrhaus aufgezeigt. Die Beobachtung dieser bestehenden Kompetenzen ließ hinsichtlich der Modellentwicklung einen Perspektivwechsel sinnvoll erscheinen, der den Forschungsprozess Schritt für Schritt geprägt hat und kaum grundlegender sein könnte. So erscheint es sinnvoller, ein kirchliches Modell zu skizzieren, in dem das Pfarrhaus und seine BewohnerInnen in ihrer Bedeutung für eine pastoralgemeinschaftliche Verortung der Kirche wahrgenommen werden.

Eine Kirche, in der diese Bedeutung und die Kompetenz von PfarrhausbewohnerInnen ernst genommen werden, wird die Konsequenzen des Ortswechsels von einer religionsgemeinschaftlichen zu einer pastoralgemeinschaftlichen Identität auf allen Ebenen ihres Selbstvollzugs durchbuchstabieren müssen. Wesentlich dürften hierfür alle Ansätze sein, zu einer lernenden Grundhaltung zu finden und PfarrhausbewohnerInnen in ihrer Bereitschaft zu experimenteller Innovationsentwicklung anzuregen.

Vorraussetzung dafür, als Volk Gottes zu einer lernenden Kirche zu werden, besteht in einer grundlegend positiven Entscheidung zur Dezentralität ekklesialer Sozialitäten und damit in einer ekklesialen Subsidiarität. Sie besteht weniger in einer vorschnellen Rede von der Chance der Krise, als vielmehr in einer Bejahung der in Mangel und Umbruch ermöglichten Heterogenität kirchlichen Lebens.

Wo diese Bejahung von innerkirchlicher Pluralität vorgenommen wird, verändert sich jegliche Theoriebildung[122], da sie innerhalb des Rahmens dieser Pluralität stattzufinden hat – nicht mehr gegen sie!

---

[122] Welsch: Unsere postmoderne Moderne, 320: „Pluralität ist postmodern vielfältiger und einschneidender geworden. Sie ist extensiv und intensiv gestiegen. So sehr, daß ein qualitativer Sprung eintrat. Alle Beschreibungen, alle Strategien, alle Lösungen haben künftig vom Boden der Vielheit aus zu erfolgen. Galt Pluralität zuvor als Entfaltungsform, Herausforderung oder Entwicklungsanlaß von Einheit, so muß fortan umgekehrt von ihr ausgegangen und Einheit in ihrem Rahmen – nicht mehr gegen sie – gedacht werden."

Als derart anregendes und bestärkendes Mittel können traditionelle Formen kirchlich-organisationaler Strukturen, wie Visitationen, herangezogen werden. So entsteht am Ende dieser Forschungsarbeit das Modell einer Kirche, die angesichts vielfältiger Krisenphänomene, für die leerstehende Pfarrhäuser allzu häufig augenfällige Symptome sind, den Mut zu einem neuen Umgang mit dem Pfarrhaus aufbringt. Das Pfarrhaus im Zentrum von Pfarrgemeinde, Dorf oder Stadtteil wird hier zu einem Experimentalort im Rahmen einer pastoralgemeinschaftlichen Identitätssuche. Dieser Mut zum Experiment zeigt sich deutlich, wo beispielsweise das Pfarrbüro mit einer Poststelle kombiniert wird, neue Wege der Bedarfsorientierung gesucht oder in großen Pfarrhäusern neue Formen kommunitären Zusammenlebens erprobt werden.

In dieser bestehenden Pluralität und Heterogenität, die das Pfarrhaus kennzeichnen, hat sich die Kirche der Lebenssituation ihrer ZeitgenossInnen angenähert – freilich überwiegend ohne sich dieses Fortschrittes bewusst zu sein. Gegen alle Ansätze eines „ekklesiologischen Monophysitismus"[123] ist dieses Bemühen um Vertrautheit mit den Lebenssituationen der ZeitgenossInnen Voraussetzung für die Erfüllung kirchlicher Aufgaben – vor allem der Verkündigung des Evangeliums vor den Herausforderungen der Gegenwart. Diese kann deshalb innerhalb postmoderner Gesellschaften wohl nur auf dem Fundament einer Weltloyalität als Kern der pastoralgemeinschaftlichen Identität der Kirche geschehen, die im Pfarrhaus erfahrbar sein muss und hier zugleich kirchliche Einübung erfahren kann.

So ist zu fragen, inwieweit aus dieser so entstandenen lebensförmlichen Nähe von Kirche und Gesellschaft eine kirchliche Solidarität mit den postmodernen Lebenssituationen der Menschen erwächst. Wer das Leben von PfarrhausbewohnerInnen als prophetisches Zeichen lediglich im Gegenüber und Kontrast zur umgebenen Gesellschaft und damit zutiefst religionsgemeinschaftlich zu konstituieren sucht, wird sich darüber zu vergewissern haben, dass Prophetie zunächst und vor allem durch Soldarität[124] mit

---

[123] Bucher, Rainer: „Vom CIC nach Chicago: ein prophetischer Qualitätszuwachs?" Die Grenzen der Veränderungsmacht und die Veränderungsmacht der Grenzen, in: Zeitschrift für Organisationsentwicklung und Gemeindeberatung 6 (2003), 4-12, 4. Die ekklesiologische Bestimmung der Kirche als „Volk Gottes" hilft, aufgrund ihrer wechselseitigen Konstruktion aus soziologischer und theologischer Bestimmung, einen der Geschichte enthobenen Ekklesiozentrismus zu vermeiden.

[124] Ottmar Fuchs zeigt die Tragweite christlicher Solidarität bis zur Erfahrung des Martyriums auf, wenn er diese in den Kontext der Ekklesiologie des II. Vatikanums stellt. Vgl. Fuchs, Ottmar: Solidarisierung bis zum äußersten?! Wenn die Entscheidung für das Leben das Leben kostet, in: Weber, Franz (Hg.): Frischer Wind aus dem Süden. Impulse aus den Basisgemeinden, Innsbruck 1998, 119-135, 132: „Sie alle [Anm. d. V.: die Glaubenszeugen und -zeuginnen] eröffnen uns einen Blick für das Wesentliche der ganzen Kirche, hinter das sie nie mehr zurückgehen darf, nicht zuletzt auch für das wohl wichtigste Ergebnis des Zweiten Vatikanums: nämlich daß in der Kirche Dogma und Pastoral, Glauben und Liebe, Verkündigung und Gerechtigkeit, Gottes- und Menschendienst untrennbar zusammengehören."

den ZeitgenossInnen gekennzeichnet ist. In dieser Solidarität folgt christliche Prophetie dem Prophetenamt Christi[125] vor aller Kritik und Mahnung zunächst an die prekären Orte menschlicher Existenz. Diese Solidarität mit den Biografien und Lebensgeschichten der Menschen ist das konziliare Gegenstück zu einer kirchlichen „Selbstkonstitution durch Fremddenunziation"[126] ihrer Umwelt.

Erst aus jener grundlegenden Solidarität erwächst dem Pfarrhaus ein wirklich prophetisch irritierendes Potenzial aufgrund seiner Internationalität, seiner Lebensformen oder seiner pastoralen Konzeption, wie auch aufgrund seiner spirituellen Prägung, seiner Eingebundenheit in das Volk Gottes und seinem Zeugnischarakter nach innen und nach außen.

So erscheint es nur folgerichtig, PfarrhausbewohnerInnen, die als pastorale MitarbeiterInnen in Pfarrhäusern leben, in ihren Kompetenzen wahrzunehmen und diese für das kirchliche Leben auszuwerten.[127] Wo die Perspektive der Ekklesiogenese des Volkes Gottes derart von den vielen und kleinen Orten, anstatt von den übergeordneten Zentralen geprägt ist, werden auch die bittern Erfahrungen, die bislang ungehörten Nöte und die Erwartungen pastoraler MitarbeiterInnen vernehmbar. Zugleich erfahren Vorgaben der

---

[125] Pock, Johann: Für Kritiker kein Platz ?! Das „Fundament der Propheten" (Eph 2,20) und die Frage nach einem Prophetenamt in der Kirche, in: Bucher, Rainer / Krockauer, Rainer (Hg.): Prophetie in einer etablierten Kirche? Aktuelle Reflexionen über ein Prinzip kirchlicher Identität, Münster 2004, 24-37, 28.

[126] Bucher, Rainer: Entmonopolisierung und Machtverlust. Wie kam die Kirche in die Krise? in: Ders. (Hg.): Die Provokation der Krise. Zwölf Fragen und Antworten zur Lage der Kirche, Würzburg 2004, 11-29, 21.
Den Hintergrund bildet der Ressentiment-Begriff Nietzsches.
Vgl. Bucher, Rainer: Nietzsches Mensch und Nietzsches Gott. Das Spätwerk als philosophisch-theologisches Programm, Frankfurt a. M.² 1993, bes. 54-67, 57: „Die Phänomenologie des Menschen des Ressentiment ist so charakterisiert durch Hoffnungslosigkeit, Lebensangst, vor allem aber durch den fundamentalen Verlust der Gegenwart: der Mensch des Ressentiment ist nicht in der Lage, in ihr zu leben, sie wahrzunehmen, sich ihr zu stellen: er lebt vielmehr permanent im antizipierten Scheitern des Morgen oder in der Erinnerung des Scheiterns des Gestern."
Vgl. zum Begriff des Ressentiment bei Friedrich Nietzsche: Abou-El-Magd, Esam: Nietzsche. Ressentiment und schlechtem Gewissen auf der Spur, Würzburg 1996.

[127] Vgl. Geyer, Hermann: Kirche als Dienstleistungsunternehmen? in: Ratzmann, Wolfgang / Ziemer, Jürgen (Hg.): Kirche unter Veränderungsdruck. Wahrnehmungen und Perspektiven, Leipzig 2000, 136-149, 144: „Wenn die Erneuerung der kirchlichen Organisation vom Prinzip zentraler Lenkung und Beaufsichtigung weg und hin zu einer rahmensetzenden Aktivierung und Koordination der Initiative an den jeweiligen Orten selbst gelänge, hätte die Kirche von leitenden Prinzipien der Wirtschaft nicht das Schlechteste gelernt, das, recht verstanden, sehr wohl mit den ekklesiologischen Prinzipien von ‚Leib Christi' und auch dem Priestertum der Getauften vereinbar wäre, ja eine nicht unbedeutende Konkretion der Prinzipien realisieren könnte." Neben dieser grundlegenden, von Hermann Geyer einerseits betonten Lernbereitschaft, zeichnet er sich selbst andererseits durch ein ausgeprägtes Ressentiment gegenüber jenen Ansätzen aus, die Kirche vor allem durch ihren Dienstleistungscharakter definieren. Vgl. Geyer: Kirche als Dienstleistungsunternehmen?, 145.

Kirchenleitungen durch deren implizite Rückbindung ihrer Entscheidungsprozesse eine gesteigerte Relevanz[128] und Entfremdungsprozesse[129] können gemindert werden.

Wo in Kirchenvorständen und Bistumsleitungen angesichts teuren Leerstands aufgrund von Priester-, MitarbeiterInnen- und/oder Finanzmangel der Verkauf von Pfarrhäusern erwogen wird, sei mit dieser Studie auf das wertvolle Irritationspotenzial dieser topographisch und emotional zentralen kirchlichen Orte verwiesen. Ohne damit einem romantisch-verklärten Blick an den finanziellen Notwendigkeiten vorbei Vorschub zu leisten, mag die Frage, auf welche Bedürfnisse eine Gemeinde mit einem leerstehenden Pfarrhaus reagieren kann, neue diakonische Akzentsetzungen ermöglichen. Das sonst leerstehende Pfarrhaus kann als gemeinschaftliches Wohnprojekt für Alleinerziehende und Senioren, als Nebenstelle eines Studierendenwohnheims oder als günstiger Wohnraum für ausländische Familien nicht nur Menschen helfen, von denen der private Wohnungsmarkt allzu häufig als problematisch oder gar diskriminierend erfahren wird. Es vermag durch sein Provokations- und Irritationspotenzial vor allem (!) das Volk Gottes in Gestalt einer Pfarrgemeinde in seinem pastoralgemeinschaftlichen Ortswechsel zu bestärken, hinein in die Solidarität mit den Ohnmachtserfahrungen von Mitmenschen.

Um diese kirchliche Solidarität im Pfarrhaus wachsen zu lassen, ist es darin in seinen diözesanen Bezügen zu stärken. Eine Bestärkung beginnt jedoch mit dem interessierten Wahrnehmen von Lebenssituationen und der Wertschätzung[130] von Erfahrungen der PfarrhausbewohnerInnen durch ihre Vorgesetzten und Bistumsleitungen. Sie geschieht nicht, wo deren plurale Lebensformen, ihre Lebensbrüche und Erfahrungen und damit der Einbruch postmoderner Lebenswirklichkeit in das Zentrum der Kirche totgeschwiegen oder mit Verweis auf moralische Ganzheitsvorstellungen[131] und Einheitlich-

---

[128] Gerade in den Relevanzdefiziten kirchlicher Entscheidungen kann ein zentrales, negatives Merkmal kirchlicher Organisation gesehen werden, das oftmals im gänzlichen Verzicht auf Zielvorgaben und deren Evaluationen, wie auch im Verzicht auf Prioritätensetzungen seinen Niederschlag findet.
Vgl. Halfar, Bernd / Borger, Andrea: Kirchenmanagement, Baden-Baden 2007, 41: „In der kirchlichen Organisationsevolution hat sich offensichtlich sehr gut die Fähigkeit ausgebildet, Themen intelligent zu diskutieren, Meinungen in Gremien zu bilden und auch entsprechende Weichenstellungen in Entscheidungen zu überführen. In theoretischer Sprache formuliert: die Kirche hat den Komplexitätsaufbau und die Komplexitätsreduktion durch Entscheidung für eine Großorganisation nahezu perfektioniert. Umso erstaunlicher, dass sich in der Organisationsevolution parallel eine ‚kirchliche Gleichgültigkeit' gegenüber der Frage herausbilden konnte, wie wirksam kirchliche Entscheidungen sind und mit welchem Verbindlichkeitsgrad man ihre Umsetzung erwarten darf."
[129] Geyer: Kirche als Dienstleistungsunternehmen?, 136.
[130] Vgl. Krockauer / Schuster: Menschen auf der Schwelle, 62 ff.
[131] Das Ideal der Vollkommenheit und Ganzheit als endzeitlich zu erstrebender Zustand hat seinen Ursprung in der griechischen Mythologie. Insbesondere Henning Luther setzt dem die

keitsfiktionen gesundgebetet wird. Wer sich auf solche Einheitlichkeitsideologien zurückzieht, wird die vielfältigen Lebensformen und -erfahrungen auch von PfarrhausbewohnerInnen nur als „Scheitern einzelner" desavouieren können. Bestärkung zur Solidarität geschieht stattdessen durch die ihrerseits solidarische Ermutigung neue Wege zu gehen, um an unerwarteten Orten den Menschen unserer Zeit zu begegnen. Wo die Kirche die Menschen ihrer Zeit auf ihren Lebenswegen begleitet, kann sie als mitgehende Kirche das Evangelium verkünden, statt es nur vom Wegesrand zuzurufen. Denn eine Kirche, die sich auf die neutrale Position am Wegesrand zurückzieht, kann allenfalls Durchhalteparolen zurufen und ist dabei meist zu laut oder zu leise, um wirklich gehört zu werden. Eine Kirche jedoch, die den Weg in die Pluralität postmoderner Lebenswelten mitgeht, kann hier den Menschen die Frohe Botschaft Gottes zusagen, der ihrer Existenz die bedrängende Erdenschwere[132] zu nehmen anbietet. Wo sich die Kirche tatsächlich in ZeitgenossInnenschaft mit den Menschen auf den Weg begibt, da kommt sie automatisch mit ihnen an viele verschiedene Orte, die es zu entdecken gibt. Nur den Ängstlichen bereitet dies Unbehagen, alle anderen ermutigt es zu neuem EntdeckerInnengeist.

Es mag sein, dass dieses Mitgehen und Begleiten der Kirche als Ausdruck kirchlicher Weltloyalität auch die Gefahr mit sich bringt, falsche Wege zu gehen oder stellenweise die Orientierung zu verlieren. Es ist die Gefahr des Scheiterns, die hier erkennbar ist und die wohl zum Grundmerkmal einer solidarischen Kirche gehört, wenn sie sich nicht in einem „ballistischen Verhalten"[133] verlieren will, dessen Ziel die bloße „Kompetenzillusion"[134] ist. Zugleich ist damit jedoch ebendiese Erfahrung des Scheiterns auch ein untrüglicher Ausweis für das Bemühen um innovative Solidarität mit den ZeitgenossInnen und die stärkere Entwicklung in der Kirche vom bloßen Krisenmanagement zu einer lernenden Organisation.[135] Denn nur in der

---

anthropologische Dimension des „Fragments" entgegen. Vgl. Luther, Henning: Leben als Fragment. Der Mythos von der Ganzheit, in: WzM 43 (1991), 262-273, 267: „Das Fragmentarische kennzeichnet daher uns Leben in drei unterschiedlichen Perspektiven: auf der zeitlichen Ebene erscheint unser Leben sowohl als ein Fragment aus Vergangenheit, als auch ein Fragment aus Zukunft und im Blick auf das soziale Miteinander ist unser Leben nie ein selbstgenügsames Ganzes." Vor diesem Hintergrund ist nach pastoralen und organisationalen Konsequenzen für das Leben der Kirche zu fragen.

[132] Vgl. Bucher / Krockauer: Einleitende Gedanken, 6.
[133] Dörner: Die Logik des Misslingens, 267.
„Ballistisch" ist ein Verhalten nach Dörner dann, wenn die Kenntnisnahme der Konsequenzen eigenen Handelns verweigert und somit vor allem die Konfrontation mit den Folgen von Fehlentscheidungen vermieden wird.
[134] Dörner: Die Logik des Misslingens, 269.
[135] Vgl. Halfar / Borger: Kirchenmanagement, 79: „Auf der Basis einer polyzentrischen Entscheidungsstruktur sollten also die jeweils Zuständigen für ihre Entscheidungsbereiche entschlossen steuernde Verantwortung übernehmen. Das ist die erste Bedingung. Die andere

Krise entsteht die Bereitschaft Neues zu erschließen, vor allem der Mut Scheitern zu akzeptieren, ist ein Ausweis wirklicher Innovationsbereitschaft. Die größere Wertschätzung von Vorgesetzten und Kirchenleitungen würde gegenüber der Arbeit von PfarrhausbewohnerInnen und ihren Lebenssituationen deshalb nicht nur ein Klima schaffen, das Scheitern zulässt, sondern zudem in Visitationen und MitarbeiterInnengesprächen eine innovationsfreudige Atmosphäre fördern, in denen fehlgegangene Versuche zeitgenössischer Lebensnähe als Bestandteil von Innovationen eingefordert werden. Im Sinne einer hofnärrisch-organisationsberaterischen „Alternativenkommunikation"[136], soll diese Einsicht in fünf Konkretionen überführt werden:

1. Vor diesem Hintergrund sind pastorale MitarbeiterInnen und PfarrhausbewohnerInnen, deren seelsorglicher Grundauftrag die Soldarität mit den Menschen ihrer Zeit ist, um an den prekären Orten menschlicher Existenz eine Begegnung mit der Frohen Botschaft des Evangeliums zu ermöglichen, selbst auf Solidarität durch ihre Vorgesetzten und Bistumsleitungen angewiesen.

2. So werden Bistumsleitungen den reichen Erfahrungsschatz von pastoralen MitarbeiterInnen und PfarrhausbewohnerInnen nicht ignorieren, um an dieser Kompetenz vorbei zu amtieren, sondern sie als Hilfe zu einer dynamischen Kirchenentwicklung als lernende Organisation entdecken.

3. So werden Bistumsleitungen traditierte Idealvorstellungen von Pfarrhauskonzeptionen, wie etwa das „Offene Pfarrhaus" oder eine „ständige Präsenz im Pfarrhaus", als Maßstab für Pfarrer und pastorale MitarbeiterInnen vor deren heterogenen Lebenssituationen und -formen relativieren, deren persönliche Charismen und Möglichkeiten vor dem Hintergrund örtlicher Gegebenheiten, gemeindlicher Erwartungen und Prägungen durch VorgängerInnen mit berücksichtigen und sich von eigenen Einheitlichkeitsfiktionen verabschieden.

4. So werden die Erfahrungen von Gemeinden und pastoralen MitarbeiterInnen, denen Pfarrhäuser als Dienstsitz angewiesen werden und mit denen nicht unerheblich personelle und finanzielle Investitionen getätigt werden, eruiert und evaluiert werden.

5. So werden die Irritationspotenziale von Pfarrhäusern für ein Kirchenverständnis als lernender Organisation genutzt werden, indem diese nicht nur Priestern als Wohnsitz vorbehalten bleiben und verschwenderischer Leerstand gegenüber einer pluralen Abbildung gesellschaftlichen

---

Grundbedingung für strategische Kirchenentwicklung besteht darin, in der Praxis eine neue Art von Zielorientierung einzuüben - mit allen dazu gehörigen Konsequenzen."

[136] Fuchs, Peter: Hofnarren und Organisationsberater. Zur Funktion der Narretei, des Hofnarrentums und der Organisationsberatung, in: Organisationsentwicklung 21 (3/2002), 4-15, 13.

Lebens den Vorzug erhält. Sie sind vielmehr eine Chance zu einer pastoralgemeinschaftlichen Identitätsausbildung im Sinne von „Gaudium et spes".

5.5 Schlussbetrachtung

Die aufgezeigten Ansätze zur Förderung der Wahrnehmung jenes Beitrags, den das Pfarrhaus für die kirchliche Entwicklung zur Pastoralgemeinschaft zu leisten vermag, decken ein Paradoxon auf. Zum einen ist es als Wohn-, Lebens- und Arbeitsort von hauptamtlichen MitarbeiterInnen der Kirche und Ordinierten eine genuin religionsgemeinschaftliche Repräsentanz. Zum anderen finden sich an diesem Ort Potenziale, die ein beständiges Hören auf die kirchliche Berufung zur Pastoralgemeinschaft auf allen Ebenen des kirchlichen Selbstvollzugs zu stimulieren vermögen. Beide Aspekte lassen sich in der Konkretion des einzelnen Pfarrhauses in je unterschiedlichen Gewichtungen nachzeichnen. Bereits hierin ereignet sich jedoch eine Binnenpluralität, die sich, wenn sie gewollt, gefördert und kritisch begleitet würde, positiv auswirken könnte. Sie würde helfen, das auf Konsensfiktionen aufbauende Machtdenken zu überwinden und pastoralgemeinschaftliche Orte in ihren Konsequenzen der Ohnmacht wirksam werden zu lassen. Kirchengeschichtliche Erfahrungen, etwa in der Kultivierung von nicht nur in kirchenrechtlichem Sinn „exemten Orten", können hier ermutigend wirken.

Als Ort kreativer Konfrontationen kann das Pfarrhaus innerhalb von Pfarreien und Gemeinden deren aus der Gemeindetheologie erwachsene, in der zweiten Hälfte des 20. Jahrhunderts oftmals bestimmend gewordene und in ihrer in der Regel fatal milieuverengende Kategorie der „Überschaubarkeit" überwinden helfen. Es kann dies, insofern es zu einem Ort der Begegnung beispielsweise mit fremden Lebensmodellen, Lebensformen und neuen Wohn- und Arbeitskonzepten und so zu einem gemeindlichen Experimentalort, einem „Laboratorium"[137] im Kleinen wird, dessen Charakteristikum die Fremdheit des Kreativen in der Vertrautheit des Solidarischen ist. Innerhalb übergeordneter kirchlicher Strukturen vermag das Pfarrhaus sein Irritationspotenzial zu entwickeln, insofern mit seiner Beachtung und seiner Würdigung als kirchlichem Lernort ein dem Ortswechsel folgender Perspektivwechsel initiiert wird. Mit ihm ist das Pfarrhaus nicht mehr nur eine weltkirchliche und diözesane Filiale, nicht mehr nur ein Adressat von Zuweisungen und Instruktionen, sondern ein Informations- und Erfahrungslieferant, ein Ort unsicherer Erkundungen, eine Hilfe zur pastoralgemeinschaftlichen Identitätsfindung und in allem: ein Impulsgeber kirchlicher Metanoia.

---

[137] Der Begriff des „Laboratiums" wurde von Kardinal Godfried Daneels (Brüssel) auf der Europäischen Bischofssynode 1999 zur Situationsbeschreibung des Christentums verwendet. Vgl. Krockauer / Schuster: Menschen auf der Schwelle, 45.

Literaturverzeichnis und Anhang

Zur Zitation:
In der erstmaligen Angabe verwendeter Literatur innerhalb der Fußnoten erscheint eine vollständige Quellenangabe, in der nachfolgenden Verwendung lediglich ein Kurztitel. Im Rahmen des Literaturverzeichnisses wurden neben der verwendeten Literatur nachfolgend und separat die verwendeten lehramtlichen Schreiben und Internetseiten (Angaben zur Entnahme der Zitate erfolgen in den Fußnoten) angegeben.
Eine Liste verwendeter Zeitschriften und wichtiger Abkürzungen ist angefügt.

Sekundärliteratur:

Abou-El-Magd, Esam: Nietzsche. Ressentiment und schlechtem Gewissen auf der Spur, Würzburg 1996.
Abromeit, Hans-Jürgen: Auf die missionarischen Herausforderungen des kirchlichen Alltags vorbereiten. Was sich in der Ausbildung von Pfarrerinnen und Pfarrern ändern muss, in: PTh 91 (2002), 126-136.
Adorno, Theodor W.: Minima Moralia. Reflexionen aus dem beschädigten Leben, Gesammelte Schriften, Bd. 4, Frankfurt a. M. 1980.
Adriaenssens, Peter: Kindesmisshandlung: Wie die normale Entwicklung gestört wird, in: Conc(D) 40 (2004), 268-277.
Augustin, George: Teilhabe am Leben Gottes, in: Ders. / Krämer, Klaus (Hg.): Gott denken und bezeugen, FS Walter Kasper, Freiburg 2008, 418-436.
Altermatt, Urs: Katholizismus: Antimodernismus mit modernen Mitteln? in: Ders. / Hürten, Heinz / Lobkowicz, Nikolaus (Hg.): Moderne als Problem des Katholizismus, Regensburg 1995, 33-50.
Altermatt, Urs: Katholizismus und Moderne. Zur Sozial- und Mentalitätsgeschichte der Schweizer Katholiken im 19. und 20. Jahrhundert, Zürich 1989.
Altermatt, Urs: Der Schweizer Katholizismus zwischen Konfession und Nation, in: Schweizerisches Pastoralsoziologisches Institut (Hg.): Konfessionelle Religiosität. Chancen und Grenzen, Zürich 1989, 36-51.
Altermatt, Urs: Katholische Subgesellschaft. Thesen zum Konzept der „katholischen Subgesellschaft" am Beispiel des Schweizer Katholizismus, in: Gabriel, Karl / Kaufmann, Franz-Xaver (Hg.): Zur Soziologie des Katholizismus, Mainz 1980, 145-165.
Altmeyer, Stefan: Von der Wahrnehmung zum Ausdruck. Zur ästhetischen Dimension von Glauben und Lernen, Suttgart 2006.
Amery, Carl: Die Kapitulation oder Deutscher Katholizismus heute, Reinbek 1963.
Ammicht-Quinn, Regina: Anleitung zur Grenzüberschreitung. Theologinnen und ein doppeltes Öffentlichkeitsproblem, Berlin 2004. (bislang unveröffentlicht!)
Ammicht-Quinn, Regina: Nicht lachen – die Kirche kann sich verändern, in: Conc(D) 42 (2006), 8-11.
Ammicht-Quinn, Regina: Ein Lehrstück in Widersprüchen. Homosexualität und Moraltheologie, in: Diakonia 37 (2006), 340-347.

Anonym: Priester und Welt. Eine Reihe von Betrachtungen zur Auffrischung und Erneuerung des klerikalischen Geistes, Regensburg 1844, [einsehbar in der Bibliothek der Jesuiten aus Valkenburg, Bibliothek der Phil.-Theol. Hochschule St. Georgen, Frankfurt am Main].

Apel, Karl-Otto: Der Denkweg von Charles S. Peirce. Eine Einführung in den amerikanischen Pragmatismus, Frankfurt a. M. 1975.

Archdiocese of Boston: Policies and Procedures for the Protection of Children, Boston 2003.

Arendt, Hannah: Vita activa. Oder: Vom tätigen Leben, München^2 1981.

Arens, Edmund: Gemeinschaft mit Schmutzflecken, in: Orientierung 69 (2005) 181-185.

Ariès, Philippe / Duby, Georges / Perrot, Michelle (Hg.): Geschichte des privaten Lebens, Bd. 4: Von der Revolution zum Großen Krieg, Frankfurt a. M. 1992.

Argyris, Chris / Schön, Donald A.: Die lernende Organisation. Grundlagen-Methode-Praxis, Stuttgart^3 2006.

Aschoff, Hans-Georg: Um des Menschen willen. Die Entwicklung der katholischen Kirche in der Region Hannover, Hildesheim 1983.

Aschoff, Hans-Georg: Diözese Hildesheim, in: Gatz, Erwin (Hg.): Pfarr- und Gemeindeorganisation. Studien zu ihrer Entwicklung in Deutschland, Österreich und der Schweiz seit dem Ende des 18. Jahrhunderts, Paderborn-München-Wien-Zürich 1987, 111-128.

Aschoff, Hans-Georg: Von der Armen- zu Wohlfahrtspflege. Anfänge staatlicher Sozialgesetzgebung. Die Kirche im Kontext unterschiedlicher Sozialhelfer, in: Gatz, Erwin (Hg.): Caritas und soziale Dienste. Geschichte des kirchlichen Lebens in den deutschsprachigen Ländern seit dem Ende des 18. Jahrhunderts, Bd. 5, Freiburg i. B. 1997, 71-90.

Attems, Franz: Der Pfarrhof war fast täglich bis Mitternacht in Betrieb, in: Csoklich, Fritz / Opis, Matthias / Petrik, Eva / Schnuderl, Heinrich (Hg.): Re-Visionen. Katholische Kirche in der Zweiten Republik, Graz-Wien-Köln 1996, 316-318.

Atteslander, Peter: Methoden der empirischen Sozialforschung, Berlin-NewYork^{10} 2003.

Aubert, Roger: Licht und Schatten der katholischen Vitalität, in: Jedin, Hubert (Hg.): Handbuch der Kirchengeschichte, Bd. 4: Die Kirche in der Gegenwart. Die Kirche zwischen Revolution und Restauration, Freiburg i. B. 1971, 650-695.

Auffarth, Sid / Saldern, Adelheid von (Hg.): Altes und neues Wohnen. Linden und Hannover im frühen 20. Jahrhundert, Seelze-Velber 1992.

Augustin, George: Priesterliches Zeugnis und Liturgie. Perspektiven für einen neuen spirituellen Aufbruch, in: Ders. / Knoll, Alfons / Kunzler, Michael / Richter, Klemens (Hg.): Priester und Liturgie, FS Manfred Probst, Paderborn 2005, 75-92.

Baecker, Dirk: Organisation und Management, Frankfurt a. M. 2003.

Balling, Adalbert Ludwig / Abeln, Reinhard: Speichen am Rad der Zeit. Pater Engelmar Unzeitig und der Priesterblock im KZ Dachau, Freiburg-Basel-Wien 1985.

Balthasar, Hans Urs von: Schleifung der Bastionen: von der Kirche in dieser Zeit, Einsiedeln⁵ 1989.

Balzac, Honoré de: Der Landpfarrer. Roman, Zürich 1977.

Bangert, Michael: Lernende Kirche?! Zeiten, Orte und Strategien des Lernens im Laufe der Kirchengeschichte, in: Isenberg, Wolfgang (Hg.): Kirche als lernende Organisation. Supervision in einem von Tradition und Entwicklung geprägten System, Bensberger Protokolle 103, Bensberg 2000, 177-199.

Barsuhn, Astrid: Mehrgenerationen-Häuser. Planen und Bauen: Wohlfühlen unter einem Dach, Taunusstein 2006.

Bauer, Christian / Eggensperger, Thomas / Engel, Ulrich (Hg.): Vorwort, in: Chenu, Marie-Dominique: Le Saulchoir. Eine Schule der Theologie, Berlin 2003.

Bauer, Christian: Kritik der Pastoraltheologie. Nicht-Orte und Anders-Räume nach Michel Foucault und Michel de Certeau, in: Ders. / Hölzl, Michael (Hg.): Gottes und des Menschen Tod? Die Theologie vor der Herausforderung Michel Foucaults, Mainz 2003, 181-216.

Bauer, Christian: Theologie des Surfens? Erkundigungen einer Theologie des Heiligen jenseits der Differenz von Sakralem und Profanem, unveröffentl. Manuskript, Vortrag vom 15.-17.09.2005, Potsdam.

Bauer, Christian: Gott im Milieu? Ein zweiter Blick auf die Sinus-Milieu-Studie, Diakona 39 (2008), 123-129.

Bauer, Christian: 'Peuple de dieu dans le monde'. Eine pastoraltheologische Relecture von Leben und Werk M.-Dominique Chenus im Diskurs mit Michel Foucault und Charles S. Peirce, Dissertation vorraussichtlich 2008.

Baumgartner, Konrad: Der Wandel des Priesterbildes zwischen dem Konzil von Trient und dem Zweiten Vatikanischen Konzil, in: Eichstätter Hochschulreden 6, München 1978.

Baumgartner, Konrad: Der Pfarrer als paroikos. Theologische Überlegungen zur Stellung des Pfarrers zwischen Fremdling und Vollbürger, in: Diakonia 23 (1992), 152-162.

Baumgartner, Konrad: Theologische Reflexion zum Beruf des/r PastoralreferentIn, in: FS 25 Jahre PastoralreferentInnen in der Diözeses Regensburg, Regensburg 1999, 11-17.

Bausenhart, Guido: Das Amt in der Kirche. Eine not-wendende Neubestimmung, Freiburg-Basel-Wien 1999.

Bechmann, Ulrike / Kügler, Joachim: Biblische Prophetie. Exegetische Perspektiven auf ein heikles Thema, in: Bucher, Rainer / Krockauer, Rainer (Hg.): Prophetie in einer etablierten Kirche? Aktuelle Reflexionen über ein Prinzip kirchlicher Identität, Münster 2004, 5-23.

Bechmann, Ulrike: Weltweite Ökumene von Anfang an. Der Weltgebetstag der Frauen, in: Baumann, Urs / Hilberath, Bernd Jochen (Hg.): Der Weltgebetstag der Frauen. Situation und Zukunft der Ökumene, Berlin-Münster 2006, 21-34.

Beck, Rainer: Der Pfarrer und das Dorf. Konformismus und Eigensinn im katholischen Bayern des 17./18. Jahrhunderts, in: Dülmen, Richard van (Hg.): Armut, Liebe, Ehre. Studien zur historischen Kulturforschung, Frankfurt a. M. 1988, 107-143.

Beck, Ulrich: Risikogesellschaft. Auf dem Weg in eine andere Moderne, Frankfurt a. M. 1986.

Beck, Ulrich: Jenseits von Stand und Klasse? in: Ders. / Beck-Gernsheim, Elisabeth (Hg.): Riskante Freiheiten. Individualisierung in modernen Gesellschaften, Frankfurt a. M. 1994, 43-60.

Beck, Ulrich: Weltrisikogesellschaft, Frankfurt a. M. 2007.

Beck, Ulrich: Der eigene Gott. Friedensfähigkeit und Gewaltpotential der Religionen, Frankfurt a.M.-Leipzig 2008.

Beck, Wolfgang / Hennecke, Christian: Think about. Mit Kindern, Jugendlichen und Erwachsenen das Bußsakrament neu entdecken, München 2008.

Beck-Gernsheim, Elisabeth: Das halbierte Leben: Männerwelt Beruf, Frauenwelt Familie, Frankfurt a. M. 1987.

Beck-Gernsheim, Elisabeth: Was kommt nach der Familie? Einblicke in neue Lebensformen, München^2 2000.

Behnke, Cornelia / Loos, Peter / Meuser, Michael: Habitualisierte Männlichkeit. Existentielle Hintergründe kollektiver Orientierungen von Männern, in: Bohnsack, Ralf / Marotzki, Winfried (Hg.): Biographieforschung und Kulturanalyse. Transdisziplinäre Zugänge qualitativer Forschung, Opladen 1998, 225-242.

Beilmann, Christel: Eine katholische Jugend in Gottes und dem Dritten Reich. Briefe, Berichte, Gedrucktes 1930-1945, Kommentare 1988/89, Wuppertal 1989.

Beinert, Wolfgang: Kirchenbilder in der Kirchengeschichte, in: Ders. (Hg.): Kirchenbilder - Kirchenvisionen. Variationen über eine Wirklichkeit, Regensburg 1995, 58-127.

Beinert, Wolfgang: Kann man dem Glauben trauen? Grundlagen theologischer Erkenntnis, Regensburg 2004.

Bell, Roland / Skibitzki, Frieder: „Kirchenasyl" - Affront gegen den Rechtsstaat?, Berlin 1998.

Belok, Manfred (Hg.): Zwischen Vision und Planung. Auf dem Weg zu einer kooperativen und lebensweltorientierten Pastoral – Ansätze und Erfahrungen aus 11 Bistümern in Deutschland, Paderborn 2002.

Belok, Manfred: Von der Strukturdebatte zur Zieldiskussion. Zur Seelsorgeentwicklung im deutschsprachigen Raum, in: Diakonia 37 (2006), 179-186.

Bendel-Maidl, Lydia / Bendel, Rainer: Schlaglichter auf den Umgang der deutschen Bischöfe mit der nationalsozialistischen Vergangenheit, in: Bendel, Rainer (Hg.): Die katholische Schuld? Katholizismus im Dritten Reich – Zwischen Arrangement und Widerstand, Münster-Hamburg-London 2002, 221-247.

Bender, Justus: Es ist ein Kreuz. Rhetorikkurse, Gesangsstunden, Mimikübungen: Wie die katholische Kirche aus jungen Männern Priester macht – und wie diese mit dem Zölibat und der Verantwortung für eine Gemeinde umgehen, in: ZEIT Campus 2 (2008), 26-31.

Benn, Gottfried: Lebensweg eines Intellektualisten, Gesammelte Werke Bd. 8, Wiesbaden 1968.

Berger, Peter L. (Hg.): The Desecularization of the World. Resurgent Religion and World Politics, Washington 1999.

Berghaus, Margot: Luhmann leicht gemacht. Eine Einführung in die Systemtheorie, Köln-Weimar-Wien^2 2004.

Berking, Helmuth / Löw, Martina (Hg.): Die Wirklichkeit der Städte, Baden-Baden 2005.

Bertel, Erhard: Mit Überzeugung Pfarrer, in: Diakonia 16 (1985), 138-140.

Bertram, Adolf Kard.: Charismen priesterlicher Gesinnung und Arbeit. Skizzen und Winke für Tage der Recollectio, Freiburg i. B. 1931.

Bertram, Adolf Kard.: Hirtenwort zu bestimmten betrübenden Ereignissen der jüngsten Zeit, Breslau 1936, in: Marschall, Werner (Hg.): Adolf Kardinal Bertram: Hirtenbriefe und Hirtenworte, Forschungen und Quellen zur Kirchen- und Kulturgeschichte Ostdeutschlands, Bd. 30, Köln-Weimar-Wien 2000, 627-630.

Beuys, Barbara: Die Pfarrfrau: Kopie oder Original?, in: Greiffenhagen, Martin (Hg.): Das evangelische Pfarrhaus. Eine Kultur- und Sozialgeschichte, Stuttgart 1984, 47-61.

Bez, Dagmar / Osterheider, Felix: Der Zölibat – ein Machtinstrument der katholischen Kirche?, Sinzheim 1995.

Bieger, Eckhard: „Mit Leib und Seele." Erfolg einer Serie – Symptom für Probleme der Kirche, in: HerKorr 44 (1990), 486-490.

Bien, Walter / Bender, Donald: Was sind Singles? Ein alltagstheoretischer Zugang zur Problematik, in: Bertram, Hans (Hg.): Das Individuum und seine Familie. Lebensformen, Familienbeziehungen und Lebensereignisse im Erwachsenenalter, Opladen 1995, 61-89.

Blaschke, Olaf: Die Kolonialisierung der Arbeitswelt. Priester als Milieumanager und die Kanäle klerikaler Kuratel, in: Ders. / Kuhlemann, Franz-Michael (Hg.): Religion im Kaiserreich. Milieus – Mentalitäten – Krisen, Gütersloh 1996, 93-135.

Blazek, Helmut: Männerbünde. Eine Geschichte von Faszination und Macht, Berlin 2001.

Böhm, Thomas H.: In der Ohnmacht Gott erfahren. Plädoyer für eine Pastoral, die auch das eigene Versagen zulässt, in: Bucher, Rainer / Krockauer, Rainer (Hg.): GOTT. Eine pastoraltheologische Annäherung, Wien-Berlin-Münster 2007, 103-112.

Börsting, Heinrich: Geschichte der Matrikeln von der Frühkirche bis zur Gegenwart, Freiburg 1959.

Boff, Clodovis: Theologie und Praxis. Die erkenntnistheoretischen Grundlagen der Theologie der Befreiung, München 1983.

Bohnsack, Ralf: Rekonstruktive Sozialforschung, Einführung in Methodologie und Praxis qualitativer Forschung, Opladen^5 2003.

Bohnsack, Ralf / Marotzki, Winfried (Hg.): Biographieforschung und Kulturanalyse. Transdisziplinäre Zugänge qualitativer Forschung, Opladen 1998.

Bohren, Rudolf: Unsere Kasualpraxis – eine missionarische Gelegenheit?, München 1960.

Bohren, Rudolf: Predigtlehre, München^3 1971.

Bollig, Michael: Einheit in der Vielheit. Communio als Schlüsselbegriff des christlichen Glaubens im Werk von Gisbert Greshake, Würzburg 2004.

Bonnet, Serge / Gouley, Bernard: Gelebte Einsamkeit. Eremiten heute, Freiburg-Basel-Wien 1982.

Bormann, Günther: Studien zu Berufsbild und Berufswirklichkeit evangelischer Pfarrer in Württemberg. Tendenzen der Berufseinstellung und des Berufsverhaltens, in: IJRS 4 (1968), 158-209.
Bourdieu, Pierre: Das Elend der Welt. Zeugnisse und Diagnosen alltäglichen Leidens an der Gesellschaft, Konstanz 1997.
Bourdieu, Pierre: Verstehen, in: Ders. (Hg.): Das Elend der Welt. Zeugnisse und Diagnosen alltäglichen Leidens an der Gesellschaft, Konstanz 1997, 779-822.
Bowman, William David: Frauen und geweihte Männer: Priester und ihre Haushälterinnen in der Erzdiözese Wien 1800-1850, in: Saurer, Edith (Hg.): Die Religion der Geschlechter. Historische Aspekte religiöser Mentalitäten, Wien-Köln-Weimar 1995, 245-259.
Branahl, Udo: Der Schutz des Privaten im öffentlichen Diskurs, in: Imhof, Kurt / Schulz, Peter (Hg.): Die Veröffentlichung des Privaten – die Privatisierung des Öffentlichen, Opladen-Wiesbaden 1998, 180-191.
Brantzen, Hubertus: Nur Beheimatete können Heimat schenken, in: ThQ 149 (2001), 26-32.
Brantzen, Hubertus: Gemeinde als Heimat. Integrierende Seelsorge unter semiotischer Perspektive, Freiburg (Schweiz) 1993.
Brantzen, Hubertus: Lebenskultur des Priesters. Ideale - Enttäuschungen – Neuanfänge, Freiburg-Basel-Wien 1998.
Breuer, Thomas: Dem Führer gehorsam. Wie die deutschen Katholiken von ihrer Kirche zum Kriegsdienst verpflichtet wurden, in: Ders. / Prolingheuer, Hans (Hg.): Dem Führer gehorsam: Christen an die Front. Die Verstrickung der beiden Kirchen in den NS-Staat und den zweiten Weltkrieg, Oberursel 2005, 154-268.
Brinkhus, Jörn: Macht - Herrschaft - Gegenmacht. Überlegungen zu Reichweite und Analysetiefe von Max Webers Herrschaftssoziologie, in: Krol, Martin / u.a. (Hg.): Macht-Herrschaft-Gewalt. Gesellschaftswissenschaftliche Debatten am Beginn des 21. Jahrhunderts, Münster 2005, 167-178.
Brinkmann, Ralf D. / Stapf, Kurt H.: Innere Kündigung. Wenn der Job zur Fassade wird, München 2005.
Brocher, Tobias: Stufen des Lebens, Berlin² 1977.
Brocher, Tobias: Einsamkeit in der Zweisamkeit, in: Schultz, Hans Jürgen (Hg.): Einsamkeit, Stuttgart⁵ 1986, 162-172.
Brodocz, André / Mayer, Christoph Oliver / Pfeilschifter, Rene / Weber, Beatrix (Hg.): Institutionelle Macht. Genese - Verstetigung - Verlust, Köln 2005.
Brox, Norbert: Konflikt und Konsens, in: Beinert, Wolfgang (Hg.): Kirche zwischen Konflikt und Konsens, Regensburg 1989, 63-83.
Brüggemann, Beate / Riehle, Rainer: Das Dorf. Über die Modernisierung einer Idylle, Frankfurt a. M.-New York 1986.
Brüls, Karl-Heinz / Budde, Heinz: Gestalten der Vergangenheit – Wegbereiter der Zukunft. Lebensbilder christlich-sozialer Persönlichkeiten, Essen 1959.
Bründl, Jürgen: Gegenwart des Geistes? Zu dem Grundproblem der Pneumatologie, in: LS 56 (2005), 70-75.
Brunner, Otto: Neue Wege der Verfassungs- und Sozialgeschichte, Göttingen³ 1980.

Bruns, Manfred: Selbstbewusst schwul in der Kirche?, in: Rauchfleisch, Udo (Hg.): Homosexuelle Männer in Kirche und Gesellschaft, Düsseldorf 1993, 109-132.

Bucher, Rainer: Das entscheidende Amt. Die Pluralität, das Konzil und die Pastoralreferent/innen, in: PthI 9 (1989), 263-294.

Bucher, Rainer: Nietzsches Mensch und Nietzsches Gott. Das Spätwerk als philosophisch-theologisches Programm, Frankfurt a. M.² 1993.

Bucher, Rainer: Kirchenbildung in der Moderne. Eine Untersuchung der Konstitutionsprinzipien der deutschen katholischen Kirche im 20. Jahrhundert, Stuttgart-Berlin-Köln 1998.

Bucher, Rainer: Das deutsche Volk Gottes. Warum Hitler einige katholische Theologen faszinierte und „Gaudium et spes" für die deutsche Kirche eine Revolution darstellt, in: Keul, Hildegund / Sander, Hans-Joachim: Das Volk Gottes – ein Ort der Befreiung, FS Elmar Klinger, Würzburg 1998, 64-82.

Bucher, Rainer: Kirchenbildung in der Moderne. Eine Untersuchung der Konstitutionsprinzipien der deutschen Katholischen Kirche im 20. Jahrhundert, Stuttgart-Berlin-Köln 1998.

Bucher, Rainer: Priester des Volkes Gottes. Überlegungen zu Gegenwart und Zukunft der priesterlichen Lebensform, in: PBl 52 (2000), 174-182.

Bucher, Rainer: Theologie in den Kontrasten der Zukunft. Perspektiven des theologischen Diskurses, Graz-Wien-Köln 2001.

Bucher, Rainer: Wer braucht Pastoraltheologie wozu? Zu den aktuellen Konstituationsbedingungen eines Krisenfaches, in: Ders. (Hg.): Theologie in den Kontrasten der Zukunft, Graz 2001, 181-197.

Bucher, Rainer: Kosmos-Kirche-Körper. Anmerkungen zum Konzept einer „Heilenden Pastoral", in: Conc(D) 38 (2002), 186-196.

Bucher, Rainer: Über Stärken und Grenzen der „Empirischen Theologie", in: ThQ 182 (2002), 128-154.

Bucher, Rainer: „Vom CIC nach Chicago: ein prophetischer Qualitätszuwachs?" Die Grenzen der Veränderungsmacht und die Veränderungsmacht der Grenzen, in: Zeitschrift für Organisationsentwicklung und Gemeindeberatung 6 (2003), 4-12.

Bucher, Rainer: Entmonopolisierung und Machtverlust. Wie kam die Kirche in die Krise? in: Ders. (Hg.): Die Provokation der Krise. Zwölf Fragen und Antworten zur Lage der Kirche, Würzburg 2004, 11-29.

Bucher, Rainer (Hg.): Die Provokation der Krise. Zwölf Fragen und Antworten zur Lage der Kirche, Würzburg 2004.

Bucher, Rainer: Machtkörper und Körpermacht. Die Lage der Kirche und Gottes Niederlage, in: Conc(D) 40 (2004), 354-363.

Bucher, Rainer: Die Neuerfindung der Gemeinde und des Pfarrgemeinderates, in: LS 55 (2004), 18-22.

Bucher, Rainer / Plank, Georg: Ungeliebte Kinder, überlastete Lieblingssöhne und weit entfernte Verwandte. Warum hat die Kirche Probleme mit ihrer professionellen Struktur?, in: Bucher, Rainer (Hg.): Die Provokation der Krise. Zwölf Fragen und Antworten zur Lage der Kirche, Würzburg 2004, 45-62.

Bucher, Rainer: Neuer Wein in alte Schläuche? Zum Innovationsbedarf einer missionarischen Kirche, in: Sellmann, Matthias (Hg.): Deutschland – Missionsland. Zur Überwindung eines pastoralen Tabus, Freiburg-Basel-Wien 2004, 249-282.

Bucher, Rainer: Gegenwart - nicht Exil. Zur Wahrnehmung des Unbekannten in der katholischen Pastoraltheologie, in: ThQ 185 (2005), 182-195.

Bucher, Rainer: Was Gott mit einer katholischen Schule zu tun haben könnte. Thesen zur Aufgabe einer alten Institution in neuen Zeiten, in: engagement (2005), 148-157.

Bucher, Rainer: Pastoraltheologie als Kulturwissenschaft des Volkes Gottes, in: Nauer, Doris / Bucher, Rainer / Weber, Franz (Hg.): Praktische Theologie. Bestandsaufnahme und Zukunftsperspektiven. FS Ottmar Fuchs, Stuttgart 2005, 65-70.

Bucher, Rainer / Krockauer, Rainer: Macht und Gnade. Untersuchungen zu einem konstitutiven Spannungsfeld der Pastoral, Münster 2005.

Bucher, Rainer: Neue Machttechniken der alten Gnadenanstalt? in: Bucher, Rainer / Krockauer, Rainer (Hg.): Macht und Gnade. Untersuchungen zu einem konstitutiven Spannungsfeld der Pastoral, Münster 2005, 183-199.

Bucher, Rainer: 40 Jahre danach: beschädigt. Die defizitäre Rezeption von Gaudium et spes und die Krisen der Kirche, in: Diakonia 36 (2005), 121-127.

Bucher, Rainer: Kirche verliert sich nicht im Außen – sie findet sich dort. Rainer Buchers Replik auf den Beitrag von Andreas Wollbold, LS 57 (2006), 73-75.

Bucher, Rainer: Wider den sanften Institutionalismus der Gemeinde. Zur Priorität der Pastoral vor ihren sozialen Organisationsformen, LS 57 (2006), 64-70.

Bucher, Rainer: Die Entdeckung der Kasualienfrommen. Einige Konsequenzen für Pastoral und Pastoraltheologie, in: Först, Johannes / Kügler, Joachim (Hg.): Die unbekannte Mehrheit – Mit Taufe, Trauung und Bestattung durchs Leben? Eine empirische Untersuchung zur „Kasualienfrömmigkeit" von KatholikInnen – Bericht und interdisziplinäre Auswertung, Berlin 2006, 77-92.

Bucher, Rainer: Katholische Perspektiven II, in: Groß, Herbert (Hg.): Religion als Wahrnehmung. Konzepte und Praxis in unterschiedlichen Kulturen und Kirche, Berlin 2006, 107-125.

Bucher, Rainer: In Graz und anderswo. Braucht die Hochschule eine Gemeinde?, in: Polz-Watzenig, Astrid / Opis, Matthias / Kölbl, Alois / Bucher, Rainer (Hg.): Au contraire. Glaube - Emotion - Vernunft, Klagenfurt 2006, 181-188.

Bucher, Rainer: Communio. Zur Kritik einer pastoralen Projektionsformel, in: Feeser-Lichterfeld, Ulrich / u. a. (Hg.): Dem Glauben Gestalt geben. FS Walter Fürst, Berlin 2006, 121-134.

Bucher, Rainer: „Gott bewahre uns vor dem Historismus und Relativismus im Umgang mit den Standpunkten des Konzils". Über die praktischen Konsequenzen zwiespältiger Konzilsrezeption, in: Franz, Thomas / Sauer, Hanjo (Hg.): Glaube in der Welt von heute. Theologie und Kirche nach dem Zweiten Vatikanischen Konzil, FS Elmar Klinger, Bd.1, Profilierungen, Würzburg 2006, 110-126.

Bucher, Rainer / Krockauer, Rainer: Einleitende Gedanken, in: Dies. (Hg.): GOTT. Eine pastoraltheologische Annäherung, Wien-Berlin-Münster 2007, 1-7.
Bucher, Rainer: Was geht und was nicht geht. Zur Optimierung kirchlicher Kommunikation durch Zielgruppenmodelle, in: Sinnstiftermag 4/2007 (www.sinnstiftermag.de).
Bucher, Rainer: Es geht um etwas Neues. Die pastoraltheologische Herausforderung der Kirchenaustritte: ThPQ 156 (2008), 4-12.
Bucher, Rainer: Hitlers Theologie, Würzburg 2008.
Bucher, Rainer: Die Gemeinde nach dem Scheitern der Gemeindetheologie. Perspektiven einer zentralen Sozialform der Kirche, in: Ritzer, Georg (Hg.): „Mit euch bin ich Mensch...", FS Friedrich Schleinzer, Innsbruck-Wien 2008, 19-46.
Bucher, Rainer: Ein verzeihendes Zeugnis für Christus ablegen. Die Theologie vor dem Phänomen der „Postsäkularität", in: Fuge, 2 (2008), 93-100.
Bucher, Rainer: Mehr als Adressaten. Grundsätzliche Überlegungen zum Konzept einer milieusensiblen Pastoral, in: Ebertz, Michael N. / Hunsting, Hans-Georg (Hg.): Hinaus ins Weite. Gehversuche einer milieusensiblen Kirche, Würzburg 2008, 67-76.
Budde, Gunilla-Friederike: Das Dienstmädchen, in: Frevert, Ute / Haupt, Heinz-Gerhard (Hg.): Der Mensch des 19. Jahrhunderts, Essen 2004, 148-175.
Budde, Heiner: Man nannte sie „rote" Kapläne. Priester an der Seite der Arbeiter, Köln 1989.
Bücker, Vera: Die Schulddiskussion im deutschen Katholizismus nach 1945, Bochum 1989.
Bücker, Vera: Voraussetzungen und Umfeld der katholisch-sozialen Gegnerschaft im Dritten Reich. Ein Begleitheft zur Ausstellung Nikolaus Groß, Essen 1989.
Bücker, Vera: Niedergang der Volkskirchen – was kommt danach? Kirchlichkeit und Image der Kirchen in einer Ruhrgebietsstadt, Münster 2005.
Bundesministerium für Frauenangelegenheiten und Verbraucherschutz: Anleitungen zu geschlechtergerechtem Sprachgebrauch, Wien³ 1999.
Burkhard, Dominik: Häresie und Mythus des 20. Jahrhunderts. Rosenbergs nationalsozialistische Weltanschauung vor dem Tribunal der Römischen Inquisition, Paderborn-München-Wien-Zürich 2005.
Burkett, Elinor / Bruni, Frank: Das Buch der Schande. Kinder und sexueller Missbrauch in der katholischen Kirche, Wien-München 1995.
Bürger, Peter: Theorie der Avantgarde, Frankfurt a. M.² 2002.
Busch, Norbert: Frömmigkeit als Faktor des katholischen Milieus. Der Kult zum Herzen-Jesu, in: Blaschke, Olaf / Kuhlemann, Frank-Michael (Hg.): Religion im Kaiserreich. Milieus - Mentalitäten - Krisen, Bd. 2, Religiöse Kulturen in der Moderne, Gütersloh 1996, 136-165.
Busch, Norbert: Die Feminisierung der Frömmigkeit, in: Olenhusen, Irmtraud Götz von (Hg.): Wunderbare Erscheinungen. Frauen und katholische Frömmigkeit im 19. und 20. Jahrhundert, Paderborn-München-Wien-Zürich 1995, 203-219.
Casanova, José: Public Religions in the Modern World, Chicago-London 1994.

Casanova, José: Private and Public Religion, in: Ders. (Hg.): Public Religions in the Modern World, Chicago-London 1994, 40-66.

Castan, Nicole: Öffentlich und privat, in: Ariès, Philippe / Chartier, Roger (Hg.): Geschichte des privaten Lebens, 3. Bd.: Von der Renaissance zur Aufklärung, Frankfurt a. M. 1991, 411-449.

Chatellier, Louis: Die Erneuerung der Seelsorge und die Gesellschaft, in: Prodi, Paolo / Reinhard, Wolfgang (Hg.): Das Konzil von Trient und die Moderne, Berlin 2001, 107-123.

Chenu, Marie-Dominique: Volk Gottes in der Welt, Paderborn 1968. Chenu, Marie-Dominique: Kirchliche Soziallehre im Wandel. Das Ringen der Kirche um das Verständnis der gesellschaftlichen Wirklichkeit, Fribourg-Luzern 1991.

Chenu, Marie-Dominique: Von der Freiheit eines Theologen. M.-Dominique Chenu im Gespräch mit Jacques Duquesne, Mainz 2005.

Claussen, Carsten: Frühes Christentum zwischen Familie und Hausgemeinde, in: Klinger, Elmar / Böhm, Stephanie / Franz, Thomas (Hg.): Haushalt – Hauskult – Hauskirche. Zur Arbeitsteilung der Geschlechter in Wirtschaft und Religion, Würzburg 2004, 61-77.

Cohn, Ruth C.: Von der Psychoanalyse zur themenzentrierten Interaktion. Von der Behandlung einzelner zu einer Pädagogik für alle, Stuttgart^9 1990.

Conway, Eamonn: Theologien des Priesteramts und ihr möglicher Einfluss auf sexuellen Kindesmissbrauch, in: Conc(D) 40 (2004), 308-322.

Cordes, Paul Josef: Communio. Utopie oder Programm?, Freiburg-Basel-Wien 1993.

Cox, Harvey: The Secular City. A Celebration of its Liberties, New York 1965.

Damberg, Wilhelm: „Radikalkatholische Laien an die Front!" Beobachtungen zur Idee und Wirkungsgeschichte der Katholischen Aktion, in: Köhler, Joachim / Melis, Damian van (Hg.): Siegerin in Trümmern. Die Rolle der katholischen Kirche in der deutschen Nachkriegsgesellschaft, Stuttgart-Berlin-Köln 1998, 142-160.

Damberg, Wilhelm: Milieu und Konzil. Zum Paradigmenwechsel konfessionellen Bewusstseins im Katholizismus der frühen Bundesrepublik Deutschland, in: Blaschke, Olaf (Hg.): Konfessionen im Konflikt. Deutschland zwischen 1800 und 1970: ein zweites konfessionelles Zeitalter, Göttingen 2002, 335-350.

Dangschat, Jens: Lebensstile in der Stadt. Raumbezug und konkreter Ort von Lebensstilen und Lebensstilisierungen, in: Ders. / Blasius, Jörg (Hg.): Lebensstile in den Städten, Opladen 1994, 335-354.

Dassmann, Ernst: Hausgemeinde und Bischofsamt, in: Viviarum. FS Theodor Klauser, Münster 1984, 82-97.

Dautermann, Richard: Ist die Residenzpflicht noch zu retten? in: Becker, Dieter / Dautermann, Richard (Hg.): Berufszufriedenheit im heutigen Pfarrberuf. Ergebnisse und Analysen der ersten Pfarrzufriedenheitsbefragung in Korrelation zu anderen berufssoziologischen Daten, Frankfurt a. M. 2005, 183-191.

Defert, Daniel / Ewald, Fancois (Hg.): Michel Foucault. Analytik der Macht, Frankfurt am Main 2005.

De Giorgio, Michela: Die Gläubigen, in: Frevert, Ute / Haupt, Heinz-Gerhard: Der Mensch des 19. Jahrhunderts, Essen 2004, 120-147.

Demel, Sabine: Dienste und Ämter im Volk Gottes, in: Hünermann, Peter (Hg.): Das Zweite Vatikanische Konzil und die Zeichen der Zeit heute, Freiburg-Basel-Wien 2006, 340-347.

Denzler, Georg: Das Papsttum und der Amtszölibat, Bd. II, in: Päpste und Papsttum, Bd. 5, Stuttgart 1976.

Denzler, Georg / Fabricius, Volker: Die Kirchen im Dritten Reich. Christen und Nazis Hand in Hand?, Bd. 1, Darstellung, Frankfurt a. M. 1984.

Denzler, Georg / Fabricius, Volker: Die Kirchen im Dritten Reich. Christen und Nazis Hand in Hand?, Bd. 2, Dokumente, Frankfurt a. M. 1984.

Denzler, Georg: Die verbotene Lust. 2000 Jahre christliche Sexualmoral, München-Zürich 1988.

Denzler, Georg: Lebensberichte verheirateter Priester. Autobiographische Zeugnisse zum Konflikt zwischen Ehe und Zölibat, München-Zürich 1989.

Denzler, Georg: Die Geschichte des Zölibats, Freiburg-Basel-Wien 1993.

Denzler, Georg: Widerstand ist nicht das richtige Wort. Katholische Priester, Bischöfe und Theologen im Dritten Reich, Zürich 2003.

Derrida, Jacques: Glaube und Wissen. Die beiden Quellen der „Religion" an den Grenzen der bloßen Vernunft, in: Ders. / Vattimo, Gianni (Hg.): Die Religion, Frankfurt a. M. 2001, 9-106.

Deschwanden, Leo von: Eine Rollenanalyse des katholischen Pfarreipriesters, in: IJRS 4 (1968), 121-157.

Deschwanden, Leo von: Die Rolle des Gemeindepriesters zwischen Kirche und Gesellschaft, in: Wössner, Jakobus (Hg.): Religion im Umbruch. Soziologische Beiträge zur Situation von Religion und Kirche in der gegenwärtigen Gesellschaft, Stuttgart 1972, 395-409.

Dessoy, Valentin: Gemeinsam „Seelsorge lernen" lernen. Fort- und Weiterbildung im Übergang, in: Köhl, Georg (Hg.): Seelsorge lernen in Studium und Beruf, Trier 2006, 369-377.

Dessoy, Valentin: „Lernende Organisation". Mythos – Zauberwort – Perspektive, in: Isenberg, Wolfgang (Hg.): Kirche als lernende Organisation. Supervision in einem von Tradition und Entwicklung geprägten System, Bensberger Protokolle 103, Bensberg 2000, 21-45.

Dessoy, Valentin: Zukunft und Veränderung gestalten. Führungsverantwortung und Führungsrolle der Priester, in: Diakonia 36 (2005), 366-370.

Dewey, John: Die Öffentlichkeit und ihre Probleme, Darmstadt 1996.

Dietrich, Tobias: Konfession im Dorf. Westeuropäische Erfahrungen im 19. Jahrhundert, Köln 2004.

Dietrich, Tobias: „Dorfreligion" zwischen Glaube und Heimat, in: Geyer, Michael / Hölscher, Lucian (Hg.): Die Gegenwart Gottes in der modernen Gesellschaft. Transzendenz und religiöse Vergemeinschaftung in Deutschland, Bochum-Chicago 2006, 177-196.

Diewald, Martin / Wehner, Sigrid: Verbreitung und Wechsel von Lebensformen im jüngeren Erwachsenenalter – Der Zeitraum von 1984 bis 1993, in: Zapf, Wolfgang / Schupp, Jürgen / Habich, Roland (Hg.): Lebenslagen im Wandel: Sozialberichterstattung im Längsschnitt, Frankfurt a. M.-New York 1996, 125-146.

Disse, Rainer: Kirchliche Zentren. Entwurf und Planung, München 1974.
Dittmar, Norbert: Transkription. Ein Leitfaden mit Aufgaben für Studenten, Forscher und Laien, Wiesbaden² 2004.
Dombibliothek Hildesheim, Hs 773, Lebenserinnerungen Maxen.
Dörner, Dietrich: Die Logik des Misslingens. Strategisches Denken in komplexen Situationen, Reinbek 2003.
Dorr, Karl: Die Katholische Aktion, nach ihrem Wesen und als Aufgabe gesehen, in: Rudolf, Karl: Pfarrer und Lehrer im Dorfe, Referate der Tagung in Hubertenhof vom 9. bis 12. September 1935, Innsbruck-Wien-München 1935, 34-45.
Dowe, Christopher: Auch Bildungsbürger. Katholische Studierende und Akademiker im Kaiserreich, Göttingen 2006.
Drehsen, Volker: Die angesonnene Vorbildlichkeit des Pfarrers. Geschichtliche Reminiszenzen und pastoralethische Überlegungen, in: PTh 78 (1989), 88-109.
Drewermann, Eugen: Kleriker. Psychogramm eines Ideals, München⁵ 1992.
Dreyer, Andreas: Sag mir, wo die Studenten sind …, in: DtPfrBl 8 (2003), 397–399.
Dietrich, Tobias: Konfession im Dorf. Westeuropäische Erfahrungen im 19. Jahrhundert, Köln 2004.
Dürr, Renate: Mägde in der Stadt. Das Beispiel Schwäbisch Hall in der Frühen Neuzeit, Frankfurt a. M.- NewYork 1995.
Dürr, Renate: „… die Macht und Gewalt der Priestern aber ist ohne Schrancken". Zum Selbstverständnis katholischer Seelsorgegeistlicher im 17. und 18. Jahrhundert, in: Dinges, Martin (Hg.): Hausväter, Priester, Kastraten. Zur Konstruktion von Männlichkeit im Spätmittelalter und Früher Neuzeit, Göttingen 1998, 75-99.
Dubach, Alfred: Jede/r ein Sonderfall. Religion in der Schweiz, Ergebnisse einer Repräsentativbefragung, Zürich 1993.
Dubach, Alfred: Nachwort: „Es bewegt sich alles, Stillstand gibt es nicht", in: Ders. / Campiche, Roland J. (Hg.): Jeder ein Sonderfall? Religion in der Schweiz, Zürich-Basel² 1993, 295-313.
Durkheim, Emile: Die elementaren Formen des religiösen Lebens, Frankfurt a. M. 1981.
Ebertz, Michael N.: Herrschaft in der Kirche. Hierarchie, Tradition und Charisma im 19. Jahrhundert, in: Gabriel, Karl / Kaufmann, Franz-Xaver (Hg.): Zur Soziologie des Katholizismus, Mainz 1980, 89-111.
Ebertz, Michael N.: Die Bürokratisierung der katholischen „Priesterkirche", in: Hoffmann, Paul (Hg.): Priesterkirche, Düsseldorf 1987, 132-163.
Ebertz, Michael N.: Das Charisma des Gekreuzigten. Zur Soziologie der Jesusbewegung, Tübingen 1987.
Ebertz, Michael N.: Erosion der Gnadenanstalt? Zum Wandel der Sozialgestalt von Kirche, Frankfurt a. M. 1998.
Ebertz, Michael N.: Kirche im Gegenwind. Zum Umbruch der religiösen Landschaft, Freiburg i. B.² 1998.
Ebertz, Michael N.: Schnupperkurse, Annäherungsriten: Wie die Kirche zum Menschen kommt. Interview, Badische Zeitung, 26. 01. 1999.

Ebertz, Michael N.: „Tote Menschen haben keine Probleme"? – oder: Der Zwang zum Vergessen und Erinnern. Die Beschneidung des eschatologischen Codes im 20. Jahrhundert, in: Holzem, Andreas (Hg.): Normieren – Tradieren – Inszenieren. Das Christentum als Buchreligion, Darmstadt 2004, 279-300.

Ebertz, Michael N.: Neue Orte braucht die Kirche, in: LS 55 (2004), 7-15.

Ebertz, Michael N.: Wider den Wohn-Territorialismus. Michael N. Ebertz' Replik auf „Plädoyer für die Verörtlichung des Glaubens", in LS 55 (2004), 16-17.

Eckardt, Frank: Soziologie der Stadt, Bielefeld 2004.

Ehrlich, Shmuel H.: Narzissmus und Beziehung – Auf Erfahrung beruhende Aspekte von Identität und Einsamkeit, in: Wiesse, Jörg (Hg.): Identität und Einsamkeit. Zur Psychoanalyse von Narzissmus und Beziehung, Göttingen 2000, 91-115.

Eikenbusch, Jürgen: Unsichtbares Christentum? Studien zu religionssoziologischen und theologischen Bewältigungsstrategien der Entkirchlichungserfahrung im 19. und 20. Jahrhundert, Hamburg 2001.

Eliade, Mircea: Das Heilige und das Profane. Vom Wesen des Religiösen, Frankfurt a. M. 1984.

Eltz-Hoffmann, Lieselotte von: Das evangelische Pfarrhaus, Heimstatt von Dichtern und Denkern, in: DtPfrBl 12 (2001), 646–648.

Emeis, Dieter: Zwischen Ausverkauf und Rigorismus. Zur Krise der Sakramentenpastoral, Freiburg i. B.-Basel- Wien 1991.

Engelhardt, Klaus / Loewenich, Hermann von / Steinacker, Peter (Hg.): Fremde Heimat Kirche. Die dritte EKD-Erhebung über Kirchenmitgliedschaft, Gütersloh 1997.

Engelmann, Jan: Michel Foucault. Botschaften der Macht, Stuttgart 1999.

Epstein, Richard E.: Die Dekonstruktion der Privatheit und die Wiederherstellung derselben, in: Grötker, Ralf (Hg.): Privat! Kontrollierte Freiheit in einer vernetzten Welt, Hannover 2003, 43-66.

Erlenbach, Walter: Kirche und Marktforschung. Interview mit Walter Erlenbach, in: Sinnstiftermag 4 (2007), www.sinnstiftermag.de (05.06.2007).

Erzbischöfliches Generalvikariat in Köln (Hg.): Kölner Diözesansynode 1954, Köln 1954.

Evangelische Kirche in Deutschland: Gewalt gegen Frauen als Thema der Kirche. Ein Bericht in zwei Teilen, Gütersloh 2000.

Fabré, Daniel: Die Familie. Privates Leben und Brauchtum im Widerstreit, in: Ariès, Philippe / Chartier, Roger (Hg.): Geschichte des privaten Lebens, 3. Bd.: Von der Renaissance zur Aufklärung, Frankfurt a. M. 1991, 535-571.

Fandel, Thomas: Konfession und Nationalismus. Evangelische und katholische Pfarrer in der Pfalz 1930-1939, Paderborn-München-Wien-Zürich 1997.

Feeser-Lichterfeld, Ulrich: Berufung. Eine praktisch-theologische Studie zur Revitalisierung einer pastoralen Grunddimension, Münster 2005.

Feid, Anatol: Nacht eines Priesters. Protokoll eines Doppellebens, Düsseldorf 1996.

Feiter, Reinhard: unveröffentlichter Vortrag bei dem Kongress deutschsprachiger Pastoraltheologen in Schwerte 2007.

Fertig, Ludwig: Pfarrer in spe. Der evangelische Theologe als Hauslehrer, in: Greiffenhagen, Martin (Hg.): Das evangelische Pfarrhaus. Eine Kultur- und Sozialgeschichte, Stuttgart 1984, 195-208.

Fettweis, Klaus: Zwischen Herr und Herrlichkeit. Zur Mentalitätsfrage im Dritten Reich an Beispielen aus der Rheinprovinz, Aachen 1989.

Fisch, Max H. / Kloesel, Christian / u. a. (Hg.): Writings of Charles Sanders Peirce. A Chronological Edition, Bd. 2 (W 2.223), Bloomington 1982.

Fischedick, Heribert: Die Angst vor dem Spiegel. Zum Verhältnis von Kirche und Psychoanalyse, in: Bittler, Anton (Hg.): Frommer Mißbrauch? Zur Problematik katholisch-klerikaler Hilfen und Helfer, Tübingen 1993, 19-28.

Fischer, Alfons: Pastoral in Deutschland nach 1945, Bd. 2, Zielgruppen und Zielfelder der Seelsorge 1945-1962, Würzburg 1986.

Fischer-Appelt, Bernhard: Die Moses Methode. Führung zu bahnbrechendem Wandel – Aufbruch zur Wanderkultur in Unternehmen und Gesellschaft, Hamburg 2005.

Fleßa, Steffen / Jähnichen, Traugott: Auf dem Weg zu einer „Kirchenbetriebslehre". Impulse für eine Weiterentwicklung der Organisations- und Verwaltungsstrukturen kirchlichen Handelns, in: PTh 94 (2005), 196-216.

Fleßa, Steffen: Innovative Theologie – Theologie der Innovation, in: Bartels, Matthias / Reppenhagen, Martin (Hg.): Gemeindepflanzung - ein Modell für die Kirche der Zukunft?, Neukirchen-Vluyn 2006, 154-183.

Flick, Uwe: Stationen eines qualitativen Forschungsprozesses, in: Ders. / Kardoff, Ernst von / Keupp, Heiner / u. a. (Hg.): Handbuch Qualitative Sozialforschung. Grundlagen, Konzepte, Methoden, Anwendungen, Weinheim² 1995, 147-173.

Flick, Uwe: Qualitative Forschung. Theorie, Methoden, Anwendung in Psychologie und Sozialwissenschaften, Reinbek⁴ 1999.

Flick, Uwe: Qualitative Sozialforschung. Eine Einführung, Reinbek bei Hamburg⁶ 2002.

Flick, Uwe: Zur Qualität qualitativer Forschung – Diskurse und Ansätze, in: Kuckartz, Udo / Grunenberg, Heiko / Lauterbach, Andreas (Hg.): Qualitative Datenanalyse: computergestützt. Methodische Hintergründe und Beispiele aus der Forschungspraxis, Wiesbaden² 2007, 43-63.

Foitzik, Alexander: Seelsorge: Pastoralreferenten suchen ihren Ort, in: HerKorr 58 (2004), 547-549.

Forster, Karl: Berufskonflikt und Identitätskrise. Zum gegenwärtigen Spannungsfeld des priesterlichen Dienstes, in: Ders. (Hg.): Priester zwischen Anpassung und Unterscheidung. Auswertung und Kommentare zu den im Auftrag der Deutschen Bischofskonferenz durchgeführten Umfragen unter allen Welt- und Ordenspriestern in der Bundesrepublik Deutschland, Freiburg-Basel-Wien 1974, 41-57.

Först, Johannes: Die unbekannte Mehrheit. Sinn- und Handlungsorientierungen 'kasualienfrommer' Christ/inn/en, in: Ders. / Kügler, Joachim (Hg.): Die unbekannte Mehrheit. Mit Taufe, Trauung und Bestattung durchs Leben? Eine empirische Untersuchung zur „Kasualienfrömmigkeit" von KatholikInnen – Bericht und interdisziplinäre Auswertung, Berlin 2006, 13-53.

Foucault, Michel: Überwachen und Strafen. Die Geburt des Gefängnisses, Frankfurt a. M. 1976.

Foucault, Michel: Omnes et singulatim. Zu einer Kritik der politischen Vernunft, in: Vogl, Joseph (Hg.): Gemeinschaften. Positionen zu einer Philosophie des Politischen, Frankfurt a. M. 1994, 65-93.

Foucault, Michel: Die Heterotopien. Der utopische Körper (Zwei Radiovorträge), Frankfurt a.M. 2005.

Fowler, James W.: Stufen des Glaubens. Die Psychologie der menschlichen Entwicklung und die Suche nach Sinn, Gütersloh 1991.

Frank, Isnard W.: Zum spätmittelalterlichen und josephinischen Kirchenverständnis, in: Kovács, Elisabeth (Hg.): Katholische Aufklärung und Josephinismus, München 1979, 143-172.

Frankl, Karl Heinz: Die katholische Kirche in Österreich von 1945 bis 1995 – die Geschichte einer Erschöpfung? in: Csoklich, Fritz / Opis, Matthias / Petrik, Eva / Schnuderl, Heinrich (Hg.): Re-Visionen. Katholische Kirche in der Zweiten Republik, Graz-Wien-Köln 1996, 17-40.

Freise, Fridun: Einleitung: Raumsemantik, Rezeptionssituation und imaginierte Instanz – Perspektiven auf vormoderne Öffentlichkeit und Privatheit, in: Emmelius, Caroline / Freise, Fridun / Mallinckrodt, Rebekka von / u. a. (Hg.): Offen und verborgen. Vorstellungen und Praktiken des Öffentlichen und Privaten in Mittelalter und Früher Neuzeit, Göttingen 2004, 9-32.

Friedberger, Walter: Chancen, Probleme und Ziele der Zusammenarbeit im pastoralen Dienst, in: LS 42 (1991), 342-355.

Friedrichs, Jürgen: Gentrification: Forschungsstand und methodologische Probleme, in: Ders. / Kecskes, Robert (Hg.), Gentrification. Theorie und Forschungsergebnisse, Opladen 1996, 13-40.

Frieling, Reinhard: Amt. Laie-Pfarrer-Priester-Bischof-Papst, Ökumenische Studienhefte 13, Göttingen 2002.

Fries, Heinrich: Erfahrungen eines Weges, in: Marz, Bernd (Hg.): Alles für Gott? Priester sein zwischen Anspruch und Wirklichkeit, Düsseldorf 1990, 60-71.

Friesl, Christian / Polak, Regina: Megatrend Religion? Neue Religiositäten in Europa, in: Polak, Regina (Hg.): Megatrend Religion? Neue Religiositäten in Europa, Ostfildern 2002, 26-106.

Froschauer, Ulrike / Lueger, Manfred: Das qualitative Interview. Zur Praxis interpretativer Analyse sozialer Systeme, Wien 2003.

Frühsorge, Gotthard: Einübung zum christlichen Gehorsam: Gesinde im „ganzen Haus", in: Frühsorge, Gotthard / Gruenter, Rainer / Wolff Metternich, Beatrix Freifrau (Hg.): Gesinde im 18. Jahrhundert. Studien zum 18. Jahrhundert, Bd. 12, Hamburg 1995, 109-120.

Fuchs, Dörte / Orth, Jutta: Umzug in ein neues Leben. Wohnalternativen für die zweite Lebenshälfte, München 2003.

Fuchs, Marek: Hausfamilien. Nähe und Distanz in unilokalen Mehrgenerationenkontexten, Opladen 2003.

Fuchs, Ottmar: Zwischen Wahrhaftigkeit und Macht. Pluralismus in der Kirche? Frankfurt a. M. 1990.

Fuchs, Ottmar: Die Menschen in ihren Erfahrungen suchen. Zur Unentrinnbarkeit und Ambivalenz der persönlichen und gesellschaftlichen Erfahrungsorientierung, in: Bucher, Rainer (Hg.): In Würde leben. Interdisziplinäre Studien zu Ehren von Ernst Ludwig Grasmück, Luzern 1998, 209-234.

Fuchs, Ottmar: Solidarisierung bis zum äußersten?! Wenn die Entscheidung für das Leben das Leben kostet, in: Weber, Franz (Hg.): Frischer Wind aus dem Süden. Impulse aus den Basisgemeinden, Innsbruck 1998, 119-135.

Fuchs, Ottmar: Die Communio der Kirche, in: Hilberath, Bernd Jochen (Hg.): Communio – Ideal oder Zerrbild von Kommunikation?, Freiburg-Basel-Wien 1999, 209-234.

Fuchs, Ottmar: Martyria und Diakonia: Identität christlicher Praxis, in: Haslinger, Herbert (Hg.): Handbuch Praktische Theologie, Bd.1: Grundlegungen, Mainz 1999, 178-197.

Fuchs, Ottmar: Kirche, in: Haslinger, Herbert (Hg.): Handbuch Praktische Theologie, Bd. 1, Grundlegungen, Mainz 1999, 363-375.

Fuchs, Ottmar: Kirche, in: Haslinger, Herbert (Hg.): Handbuch Praktische Theologie, Bd. 1 Grundlegungen, Mainz 1999, 363-375.

Fuchs, Ottmar: Wie funktioniert die Theologie in empirischen Untersuchungen?, in: ThQ 180 (2000), 191-210.

Fuchs, Ottmar: Von der Empathie zur Solidarität. Die Macht des entmächtigenden Zeugnisses, in: Weber, Franz / Böhm, Thomas / Findl-Ludescher, Anna / Findl, Hubert (Hg.): Im Glauben Mensch werden. Impulse einer Pastoral, die zur Welt kommt, FS Hermann Stenger, Münster 2000, 75-83.

Fuchs, Ottmar: Nur verletzbare Menschen verletzen Systeme. Doch unverletzbare Systeme verletzen verletzbare Menschen, manchmal tödlich!, in: Abeldt, Sönke, u.a. (Hg.): „... was es bedeutet, verletzbarer Mensch zu sein". Erziehungswissenschaft im Gespräch mit Theologie, Philosophie und Gesellschaftstheorie, FS für Helmut Peukert, Mainz 2000, 205-220.

Fuchs, Ottmar: „Es ändert sich ja doch nichts ...". Zum systemtheoretischen Nachholbedarf einer subjektempfindlichen Praktischen Theologie, in: PthI 20 (2000) 1, 90-111.

Fuchs, Ottmar: Wie funktioniert die Theologie in empirischen Untersuchungen?, in: ThQ 180 (2000), 191-210.

Fuchs, Ottmar / Greinacher, Norbert / Karrer, Leo / Mette, Norbert / Steinkamp, Hermann: Für eine politisch-prophetische Praxis der Christen und der Kirche – Praktische Theologie als Kritik und Inspirat ion gesellschaftlicher Praxis der Kirche, in: PthI 20 (2000), 26-28.

Fuchs, Ottmar: „Priest-Mothers" and „Gods-Mothers". Qualitative Empirical Approaches to Research and the Human Image of God, in: Ziebertz, Hans-Georg / Schweitzer, Friedrich / Häring, Hermann / Browning, Don (Hg.): The Human image of God, Leiden-Boston-Köln 2001, 231-248.

Fuchs, Ottmar: Die Zeichen der Zeit deuten, in: Fürst, Walter (Hg.): Pastoralästhetik. Die Kunst der Wahrnehmung und Gestaltung in Glaube und Kirche, Freiburg-Basel-Wien 2002, 103-118.

Fuchs, Ottmar: Gnade - nicht Ausnahme, sondern ausnahmslose Regel!, in: Bucher, Rainer / Krockauer, Rainer (Hg.): Macht und Gnade. Untersuchungen zu einem konstitutiven Spannungsfeld der Pastoral, Münster 2005, 347-359.

Fuchs, Ottmar: Geheimnis und Bedeutung, in: Bucher, Rainer / Krockauer, Rainer (Hg.): GOTT. Eine pastoraltheologische Annäherung, Wien-Berlin-Münster 2007, 59-70.

Fuchs, Ottmar: Glosse: Wie lange zögert ihr noch, ihr Bischöfe? Aufruf zum Jahr der Berufung in der Diözese Rottenburg-Stuttgart, in: ThQ 187 (2007), 77-79.

Fuchs, Peter: Hofnarren und Organisationsberater. Zur Funktion der Narretei, des Hofnarrentums und der Organisationsberatung, in: Organisationsentwicklung 21 (3/2002), 4-15.

Fürst, Gebhard: Der Dialog zwischen Kirche und Praktischer Theologie als unverzichtbare Grunddimension des Verhältnisses, in: Nauer, Doris / Bucher, Rainer / Weber, Franz (Hg.): Praktische Theologie. Bestandsaufnahme und Zukunftsperspektiven. FS Ottmar Fuchs, Stuttgart 2005, 305-312.

Füssel, Kuno: Vorwort zur deutschen Ausgabe, in: Ders. (Hg.): Chenu, Marie-Dominique. Kirchliche Sozialehre im Wandel. Das Ringen der Kirche um das Verständnis der gesellschaftlichen Wirklichkeit, Fribourg-Luzern 1991, 7-10.

Gabriel, Karl: Tradition im Kontext enttraditionalisierter Gesellschaft, in: Wiederkehr, Dietrich (Hg.): Wie geschieht Tradition? Überlieferung im Lebensprozeß der Kirche, Freiburg-Basel-Wien 1991, 69-88.

Gabriel, Karl: Christentum zwischen Tradition und Postmoderne, Freiburg-Basel-Wien 1992.

Gabriel, Karl: Pluralisierung und Individualisierung in Gesellschaft, Religion und Kirche, in: Münk, Hans J. / Durst, Michael (Hg.): Christliche Identität in pluraler Gesellschaft. Reflexionen zu einer Lebensfrage von Theologie und Kirche heute, Freiburg (Schweiz) 2005, 21-58.

Gabriel, Karl: Gesellschaftliche Differenzierung und Individualisierung der Lebenswelt, in: Conc(D) 42 (2006), 132-141.

Gabriel, Karl: Caritas und Sozialstaat unter Veränderungsdruck. Analysen und Perspektiven, Berlin 2007.

Gall, Lothar: Bürgertum in Deutschland, Berlin 1989.

Gärtner, Stefan: LaientheologInnen im Ausverkauf? Beobachtungen zum Verhältnis von Klerikern und LaiInnen angesichts der Sparzwänge, in: Diakonia 37 (2006), 64-69.

Garhammer, Erich: Der Gottesherrschaft Raum geben. Pastoraltheologie im Zeitalter der Individualisierung, in: Nauer, Doris / Bucher, Rainer / Weber, Franz (Hg.): Praktische Theologie. Bestandsaufnahme und Zukunftsperspektiven, FS Ottmar Fuchs, Stuttgart 2005, 77-82.

Gartmann, Michael: „Laien"-Theologen in der Gemeindepastoral. Notstandsmaßnahme oder Beruf mit Zukunft?, Düsseldorf 1981.

Gatz, Erwin: Pfarr- und Gemeindeorganisation. Studien zu ihrer Entwicklung in Deutschland, Österreich und der Schweiz seit dem Ende des 18. Jahrhunderts, Paderborn-München-Wien-Zürich 1987.

Gatz, Erwin: Geschichte des kirchlichen Lebens. Bd.1, Die Bistümer und ihre Pfarreien, Freiburg i. B. 1991.

Gatz, Erwin: Priesterausbildungsstätten der deutschsprachigen Länder zwischen Aufklärung und Zweitem Vatikanischem Konzil. Mit Weihestatistiken der deutschsprachigen Diözesen, Rom-Freiburg-Wien 1994.

Gatz, Erwin: Zur Kultur des priesterlichen Alltags, in: Ders. (Hg.): Geschichte des kirchlichen Lebens, Bd. 4:Der Diözesanklerus, Freiburg-Basel-Wien 1995, 282-318.

Gatz, Erwin: Entwicklungen seit dem Zweiten Vatikanischen Konzil, in: Ders. (Hg.): Geschichte des kirchlichen Lebens in den deutschsprachigen Ländern seit dem Ende des 18. Jahrhunderts, Bd. 4: Der Diözesanklerus, Freiburg-Basel-Wien 1995, 218-249.

Gatz, Erwin: Deutschland. Alte Bundesrepublik, in: Ders. (Hg.): Kirche und Katholizismus seit 1945, Bd. 1, Mittel-, West- und Nordeuropa, Paderborn-München-Wien-Zürich 1998, 53-131.

Gauly, Thomas M.: Katholiken. Machtanspruch und Machtverlust, Bonn-Berlin[2] 1992.

Gay, Peter: Menschen im therapeutischen Netz, in: Frevert, Ute / Haupt, Heinz-Gerhard (Hg.): Der Mensch des 20. Jahrhunderts, Essen 2004, 324-343.

Gelheim, Rainer Maria von: Der einsame Weg zu zweit, in: Marz, Bernd (Hg.): Alles für Gott? Priestersein zwischen Anspruch und Wirklichkeit, Düsseldorf 1990, 72-79.

Gelhot, Reiner / Lübke, Norbert / Weinz, Gabi (Hg.): Per Mausklick in die Kirche. Reale Seelsorge in der virtuellen Welt, Düsseldorf 2008.

Geller, Helmut: Sozialstrukturelle Voraussetzungen für die Durchsetzung der Sozialform „Katholizismus" in Deutschland in der ersten Hälfte des 19. Jahrhunderts, in: Gabriel, Karl / Kaufmann, Franz-Xaver (Hg.): Zur Soziologie des Katholizismus, Mainz 1980, 66-88.

Gerhards, Albert / Sternberg, Thomas / Zahner, Walter (Hg.): Communio-Räume. Auf der Suche nach der angemessenen Raumgestalt katholischer Liturgie, Regensburg 2003.

Gernhardt, Robert: Glück und Anderswo. Gedichte, Frankfurt am Main[3] 2002.

Gertler, Thomas: Jesus Christus – Die Antwort der Kirche auf die Frage nach dem Menschsein. Eine Untersuchung zu Funktion und Inhalt der Christologie im ersten Teil der Pastoralkonstitution „Gaudium et spes" des Zweiten Vatikanischen Konzils, Leipzig 1986.

Gestrich, Andreas: Erziehung im Pfarrhaus. Die sozialgeschichtlichen Grundlagen, in: Greiffenhagen, Martin (Hg.): Das evangelische Pfarrhaus. Eine Kultur- und Sozialgeschichte, Stuttgart 1984, 63-81.

Gethmann, Carl Friedrich: Induktion, in: LthK, Bd. 5, Freiburg-Basel-Wien SA 2006, 487.

Geuss, Raymond: Privatheit. Eine Genealogie, Frankfurt am Main 2002.

Geyer, Hermann: Kirche als Dienstleistungsunternehmen?, in: Ratzmann, Wolfgang / Ziemer, Jürgen (Hg.): Kirche unter Veränderungsdruck. Wahrnehmungen und Perspektiven, Leipzig 2000, 136-149.

Giddens, Anthony: Wandel der Intimität. Sexualität, Liebe und Erotik in modernen Gesellschaften, Frankfurt a. M. 1993.

Giddens, Anthony: Konsequenzen der Moderne, Frankfurt a. M.[2] 1997.

Girtler, Roland: Methoden der qualitativen Sozialforschung. Anleitung zur Feldarbeit, Wien-Köln-Graz[3] 1992.

Glaser, Barney G. / Strauss, Anselm L.: The Discovery of Grounded Theorie. Strategies of Qualitative Research, Chicago 1974; deutsch: Dies.: Die Entdeckung gegenstandsbegründeter Theorie. Eine Grundstrategie qualitativer Forschung, in: Hopf, Christel / Weingarten, Elmar (Hg.): Qualitative Sozialforschung, Stuttgart[3] 1993, 91-111.

Glaser, Barney G. / Strauss, Anselm L.: Grounded Theory. Strategien qualitativer Forschung, Bern² 2005.

Goldhagen, Daniel J.: Die katholische Kirche und der Holocaust. Eine Untersuchung über Schuld und Sühne, Berlin 2002.

Grawe, Bernadette: Teamentwicklung in der Pastoral. Gedanken zum gegenwärtigen Lernbedarf, in: Diakonia 35 (2004), 202-208.

Gräb, Wilhelm: Von der Religionskritik zur Religionshermeneutik, in: Ders. (Hg.): Religion als Thema der Theologie. Geschichte, Standpunkte und Perspektiven theologischer Religionskritik und Religionsbegründung, Gütersloh 1999, 118-143.

Gräb, Wilhelm: Lebensgeschichten – Lebensentwürfe – Sinndeutungen, Eine Praktische Theologie gelebter Religion, Gütersloh² 2000.

Gräb, Wilhelm / Korsch, Dietrich / Raabe, G.: Pfarrer fragen nach Religion, Hannover 2002.

Greiffenhagen, Martin: Pfarrerskinder. Autobiographisches zu einem protestantischen Thema, Stuttgart 1982.

Greinacher, Norbert: Vom Priester zum Gemeindeleiter, in: Denzler, Georg (Hg.): Priester für heute. Antworten auf das Schreiben Papst Johannes Pauls II. an die Priester, München 1980, 66-84.

Greshake, Gisbert: Priestersein. Zur Theologie und Spiritualität des priesterlichen Amtes, Freiburg-Basel-Wien⁵ 1991.

Greshake, Gisbert: Priester sein in dieser Zeit: Theologie-pastorale Praxis-Spiritualität, Freiburg-Basel-Wien 2000.

Grey, Mary: Spiritualität als Antwort auf die Fragmentierung. Von „Erschütterten Fragmenten" zu einer neuen Integrität, in: Conc(D) 42 (2006), 190-199.

Gross, Peter: Die Multioptionsgesellschaft, Frankfurt a. M. 1994.

Gross, Peter: Abschied von der monogamen Arbeit, in: Berliner Debatte INITIAL, Bd. 5, 1997, 3-9.

Gross, Peter: Alle sind fremd. Leben in der Multioptionsgesellschaft, in: Heuhaus, Helmut (Hg.): Leben mit Fremden: Drei Vorträge, Atzelsberger Gespräche 1996, Erlangen 1997, 45-54.

Gross, Peter: Ich-Jagd. Im Unabhängigkeitsjahrhundert, Frankfurt a. M. 1999.

Groß, Alexander: Gehorsame Kirche – ungehorsame Christen im Nationalsozialismus, Kevelaer 2004.

Grötker, Ralf: Privat! Kontrollierte Freiheit in einer vernetzten Welt, Hannover 2003.

Grün, Anselm / Müller, Wunibald: Was macht Menschen krank, was macht sie gesund?, Münsterschwarzach 2004.

Gründel, Johannes: Katholische Kirche und Homosexualität, in: Arntz, Ernst Otto / König, Peter-Paul (Hg.): Kirche – und die Frage der Homosexualität, Hildesheim 1995, 107-124.

Gruber, Hubert: Katholische Kirche im Nationalsozialismus 1930-1945. Ein Bericht in Quellen, Paderborn-München-Wien-Zürich 2006.

Gunk, Hans-Albert: Homosexualität – Herausforderung für Theologie und Seelsorge, in: Arntz, Ernst Otto / König, Peter-Paul (Hg.): Kirche – und die Frage der Homosexualität, Hildesheim 1995, 11-24.

Günther, Horst: Herr und Knecht, in: Frühsorge, Gotthard / Gruenter, Rainer / Wolff Metternich, Beatrix Freifrau (Hg.): Gesinde im 18. Jahrhundert. Studien zum 18. Jahrhundert, Bd. 12, Hamburg 1995, 1-12.

Haarsma, Frans: Analyse, Die Lehre der Kirche und der Glaube ihrer Glieder, in: Ders. / Kasper, Walter / Kaufmann, Franz-Xaver (Hg.): Kirchliche Lehre – Skepsis der Gläubigen, Freiburg-Basel-Wien 1970, 9-36.

Habermas, Jürgen: Strukturwandel der Öffentlichkeit. Untersuchungen zu einer Kategorie der bürgerlichen Gesellschaft, Frankfurt a. M.^{2}1990.

Habermas, Jürgen: Theorie des kommunikativen Handelns, Bd. 1+2, Frankfurt a. M.^{3} 1999.

Haker, Hille / Ammicht-Quinn, Regina / Junker-Kenny, Maureen: Postskriptum, in: Conc(D) 40 (2004), 364-368.

Halfar, Bernd / Borger, Andrea: Kirchenmanagement, Baden-Baden 2007.

Hallermann, Heribert: Präsenz der Kirche an der Hochschule. Eine kirchenrechtliche Untersuchung zur Verfassung und zum pastoralen Auftrag der katholischen Hochschulgemeinden in Geschichte und Gegenwart, München 1996.

Hallermann, Heribert: Klerikalisierung der Laien - Laisierung der Kleriker? Die neuen Kirchenämter in der Perspektive des Kirchenrechts, in: Garhammer, Erich (Hg.): Ecclesia semper reformanda. Kirchenreform als bleibende Aufgabe, Würzburg 2006, 187-208.

Hanisch, Ernst: Österreichische Geschichte 1890-1990. Der lange Schatten des Staates – Österreichische Gesellschaftsgeschichte im 20. Jahrhundert, Wien 1994.

Hanisch, Reinhold: Stellenbeschreibungen von Pfarrern. Zwei Beispiele, in: PBl 54 (2004), 99-106.

Hanky, Dieter: Bernhard Lichtenberg. Priester – Bekenner – Martyrer - „ein Priester ohne Furcht und Tadel", Berlin-Hildesheim 1994.

Hartfeld, Hermann: Homosexualität im Kontext von Bibel, Theologie und Seelsorge, Wuppertal-Zürich 1991.

Hartmann, Klaus / Pollack, Detlef: Motive zum Kircheneintritt in einer ostdeutschen Großstadt. Eine kirchensoziologische Studie. Abschlussbericht, Heidelberg 1997.

Hartmann, Richard: Macht und Steuerung in der Kirche, in: Bucher, Rainer / Krockauer, Rainer (Hg.): Macht und Gnade, Untersuchungen zu einem konstitutiven Spannungsfeld der Pastoral, Münster 2005, 226-237.

Hartshorne, Charles / Weiss, Paul (Hg.): Collected Papers of Charles Sanders Peirce, Cambridge 1935.

Haslbeck, Barbara: Sexueller Missbrauch und Religiosität. Wenn Frauen das Schweigen brechen: eine empirische Studie, Berlin 2007.

Haslinger, Herbert / Bundschuh-Schramm, Christiane / Fuchs, Ottmar / u. a.: Ouvertüre: Zu Selbstverständnis und Konzept dieser Praktischen Theologie, in: Haslinger, Herbert (Hg.): Handbuch Praktische Theologie, Bd. 1, Grundlegungen, Mainz 1999, 19-36.

Haslinger, Herbert / Bundschuh-Schramm, Christiane: Gemeinde, in: Haslinger, Herbert (Hg.): Handbuch Praktische Theologie, Bd. 2, Durchführungen, Mainz 2000, 287-307.

Haslinger, Herbert: Sakramente – befreiende Deutung von Lebenswirklichkeit, in: Ders. (Hg.): Handbuch Praktische Theologie, Bd. 2, Durchführungen, Mainz 2000, 164-184.

Haslinger, Herbert: Wie grundlegend sind die Grundvollzüge? Zur Notwendigkeit einer pastoraltheologischen Formel, in: LS 57 (2006), 76-82.

Haug, Frigga: Sexualität und Macht. Drei Annäherungen an die Debatte um sexuellen Missbrauch, in: Amann, Gabriele / Wipplinger, Rudolf (Hg.): Sexueller Missbrauch. Überblick zu Forschung, Beratung und Therapie. Ein Handbuch, Tübingen[3] 2005, 131-156.

Hauschildt, Eberhard: „Pflicht zum Experimentieren." Ein Gespräch mit Professor Eberhard Hauschildt über Kirchenreform, in: HerKorr 62 (2008), 69-73.

Hauser, Richard / Hübinger, Werner: Ergebnisse und Konsequenzen der Caritas-Armutsuntersuchung, in: Deutscher Caritasverband (Hg.): Arme unter uns. Teil 1: Ergebnisse und Konsequenzen der Caritas-Armutsuntersuchung, Freiburg i. B. 1993, 387-392.

Hausschild, Wolf-Dieter: Lehrbuch der Kirchen- und Dogmengeschichte, Bd. 2, Reformation und Neuzeit, Gütersloh 1999.

Häusermann, Jörg: Die enge Welt im Container. Der Blick der Fernsehsendung Big Brother, in: Herrmann, Friederike / Lünenborg, Margret (Hg.): Tabubruch als Programm. Privates und Intimes in den Medien, Opladen 2001, 141-163.

Häußermann, Hartmut / Siebel, Walter: Soziologie des Wohnens. Eine Einführung in Wandel und Ausdifferenzierung des Wohnens, Weinheim-München 1996.

Hecht, Martin: Wir Heimat-Vertriebenen. In: Wo kommst du her? Warum Heimat gerade heute so wichtig für uns ist, in: Psychologie heute 32/12 (2005), 22-27.

Heenan, John C.: Der Weltpriester, Freiburg 1954.

Hegel, Eduard: Geschichte der katholisch-theologischen Fakultät Münster 1773-1964 (=Münsterische Beiträge zur Theologie, Bd.30/1 u. 30/2) Bd. 2, Münster 1966.

Hehl, Ulrich von: Priester unter Hitlers Terror. Eine biographische und statistische Erhebung, 2 Bände, Paderborn-München-Wien-Zürich[3] 1996.

Heid, Stefan: Zölibat in der frühen Kirche. Die Anfänge einer Enthaltsamkeitspflicht für Kleriker in Ost und West, Paderborn-München-Wien-Zürich 1997.

Heidegger, Martin: Sein und Zeit, Halle a. d. Saale 1927.

Heimbach-Steins, Marianne: „Erschütterung durch das Geheimnis" (M.-D. Chenu). Die Entdeckung der Geschichte als Ort des Glaubens und der Theologie, in: Fuchs, Gotthard / Lienhard, Andreas (Hg.): Visionen des Konzils. 30 Jahre Pastoralkonstitution „Die Kirche in der Welt von heute", Münster 1997, 103-121.

Heimbrock, Hans-Günter / Meyer, Peter: Praktische Theologie als Empirische Theologie, in: Dinter, Astrid / Heimbrock, Hans-Günter / Söderblom, Kerstin (Hg.): Einführung in die Empirische Theologie. Gelebte Religion erforschen, Göttingen 2007, 17-59.

Heinemann, Gerd: Die Bedeutung der Lebenskultur für den Pfarrer, in: Diakonia 23 (1992), 170-175.

Heininger, Bernhard: Die Kraft der Bilder. Imagination von Kirche im Neuen Testament, in: Garhammer, Erich (Hg.): Ecclesia semper reformanda. Kirchenreform als bleibende Aufgabe, Würzburg 2006, 105-129.

Heinz, Hanspeter: Mutiger Start – neue Anläufe. Phasen der Rezeption des Konzils in Deutschland, in: Herder Korrespondenz Spezial, Das unerledigte Konzil. 40 Jahre Zweites Vatikanum (2005), 45-50.

Heinz, Hanspeter: Für eine dialogische Kirche. Leitmotive und Zwischentöne, München-Zürich-Wien 1996.

Heinz, Hanspeter: Was Priestern zu schaffen macht, in: Diakonia 29 (1998), 171-172.

Heinz, Hanspeter: Im Hause der Kirche sind viele Wohnungen. Formen und Orte christlicher Gemeinschaft in Deutschland, in: Internationale katholische Zeitschrift Communio 31 (2002), 234-244.

Hempelmann, Heinzpeter: Glauben wir alle an denselben Gott? Christlicher Glaube in einer nachchristlichen Gesellschaft, Wuppertal 1997.

Hendriks, Jan: Gemeinde als Herberge, Kirche im 21. Jahrhundert – eine konkrete Utopie, Gütersloh 2001.

Hennecke, Christian: Auf eine andere Art Pfarrer sein?, in: PBl 58 (2006), 150-175.

Hennecke, Christian: Kirche, die über den Jordan geht. Expeditionen ins Land der Verheißung, Münster 2006.

Hentschel, Werner J.: Pastoralreferenten, Pastoralassistenten: zur theologischen Grundlegung ihres Dienstes im Umfeld des gemeinsamen Synode der deutschen Bistümer in der Bundesrepublik Deutschland, Eichstätt-Wien 1986.

Herkenrath, Liesel-Lotte: Pfarrers Kinder / Müllers Vieh / geraten selten / oder nie, in: Riess, Richard (Hg.): Konfliktfeld Pfarrhaus, Göttingen 1978, 324-341.

Hermans, Chris A. M.: Deduktiv, induktiv und abduktiv. Mit Peirce über Berger hinaus, in: Ziebertz, Hans-Georg / Heil, Stefan / Prokopf, Andreas (Hg.): Abduktive Korrelation. Religionspädagogische Konzeption, Methodologie und Professionalität im interdisziplinären Dialog, Münster-Hamburg-London 2003, 33-51.

Herrmann, Horst: Macht und Herrschaft als Funktionen des kirchlichen Dienstes?, in: Weber, Wilhelm (Hg.): Macht, Dienst, Herrschaft in Kirche und Gesellschaft, Freiburg 1974, 154-165.

Hersche, Peter: Der aufgeklärte Reformkatholizismus in Österreich, Bern-Frankfurt a. M. 1976.

Hertling, Ludwig: Geschichte der Katholischen Kirche, Berlin 1949.

Hertling, Ludwig, Priesterliche Umgangsformen, Innsbruck[5] 1951.

Heutger, Nicolaus: Das evangelische Pfarrhaus in Niedersachsen: als Beispiel für die Bedeutung des evangelischen Pfarrhauses, Frankfurt a. M.-Bern-New York-Paris 1990.

Hervieu-Léger, Daniéle: Pilger und Konvertiten. Religion in Bewegung, Würzburg 2004.

Hilberath, Bernd Jochen: Kirche als Communio. Beschwörungsformel oder Projektbeschreibung?, in: ThQ 174 (1994), 45-65.

Hilberath, Bernd Jochen: „Ich bin es nicht." Grundlegendes zur Aufgabe des priesterlichen Dienstes, in: Diakonia 29 (1998), 173-181.

Hilberath, Bernd Jochen: Zwischen Vision und Wirklichkeit. Fragen nach dem Weg der Kirche, Würzburg 1999.

Hilberath, Bernd Jochen: Corporate Identity für das Unternehmen Kirche, in: ThQ 180 (2000), 54-69.

Hilberath, Bernd Jochen: Der dreieine Gott als Orientierung menschlicher Kommunikationswelten „Weltgesellschaft" und „Weltkirchen", in: Ders. / Kraml, Martina / Scharer, Matthias (Hg.): Wahrheit in Beziehung. Der dreieine Gott als Quelle und Orientierung menschlicher Kommunikation, Mainz 2003, 71-78.

Hilberath, Bernd Jochen: „Nur der Geist macht lebendig." Zur Rezeption von Lumen Gentium, in: Hünermann, Peter (Hg.): Das Zweite Vatikanische Konzil und die Zeichen der Zeit heute, Freiburg-Basel-Wien 2006, 253-269.

Hiller, Helga: Ökumene der Frauen. Anfänge und frühe Geschichte der Weltgebetstagsbewegung in den USA, weltweit und in Deutschland, Düsseldorf 1999.

Hirschfeld, Michael: Katholisches Milieu und Vertriebene. Eine Fallstudie am Beispiel des Oldenburger Landes 1945-1965, Köln-Weimar-Wien 2002.

Hirschler, Horst: Homosexualität und Pfarrerberuf, Hannover 1985.

Hochhuth, Rolf: Der Stellvertreter. Schauspiel, Reinbek (Hamburg) 1963.

Hochschild, Michael: Religion in Bewegung, Zum Umbruch der katholischen Kirche in Deutschland, Münster 2001.

Hochstrasser, Olivia: Ein Haus und seine Menschen 1549-1989. Ein Versuch zum Verhältnis von Mikroforschung und Sozialgeschichte, Tübingen 1993.

Höhmann, Peter: Professionsbrüche im Pfarrberuf, in: Becker, Dieter / Dautermann, Richard (Hg.): Berufszufriedenheit im heutigen Pfarrberuf. Ergebnisse und Analysen der ersten Pfarrzufriedenheitsbefragung in Korrelation zu anderen berufssoziologischen Daten, Frankfurt a. M. 2005, 53-75.

Höhn, Hans-Joachim: Religion und Säkularisierung – nach ihrem Ende. Beobachtung – Kritik – Plädoyer, in: Evangelische Aspekte 16 (2006), 14-18.

Höhn, Hans-Joachim: Inkulturation und Krise. Zur konziliaren Hermeneutik, in: Hünermann, Peter (Hg.): Das II. Vatikanum - christlicher Glaube im Horizont globaler Modernisierung. Einleitungsfragen, Paderborn-München-Wien-Zürich 1998, 127-134.

Höhn, Hans-Joachim: „Ansichtssache". Ästhetik zwischen Zeitdiagnose und Sozialanalyse, in: Fürst, Walter (Hg.): Pastoralästhetik. Die Kunst der Wahrnehmung und Gestaltung in Glaube und Kirche, Freiburg-Basel-Wien 2002, 75-90.

Höhn, Hans-Joachim: Spüren. Die ästhetische Kraft der Sakramente, Regenburg 2002.

Höhn, Hans-Joachim: Postsäkular. Gesellschaft im Umbruch – Religion im Wandel, Paderborn-München-Wien-Zürich 2007.

Höhn, Hans-Jochim: Wiederkehr der Religion? Beobachtungen – Kritik – Plädoyer, in: Religion unterrichten 1 (2008), 6-8.

Hof, Hagen / Wengenroth, Ulrich (Hg.): Innovationsforschung. Ansätze, Methoden, Grenzen und Perspektiven, Hamburg 2007.

Hofer, Peter: Nachwerfen oder Verweigern? Wider eine falsche Alternative, in: ThQ 150 (2002), 133-142.

Hoffmann, Lutz: Management und Gemeinde, in: Wössner, Jakobus (Hg.): Religion im Umbruch. Soziologische Beiträge zur Situation von Religion und Kirche in der gegenwärtigen Gesellschaft, Stuttgart 1972, 369-394.

Hoffmann, Paul: Das Erbe Jesu und die Macht in der Kirche. Rückbesinnung auf das Neue Testament, Mainz 1991.

Hoffmann, Paul: Priesterkirche, Düsseldorf 1987.

Hofmann, Beate: Gute Mütter – starke Frauen. Geschichte und Arbeitsweise des Bayerischen Mütterdienstes, Stuttgart 2000.

Hofmann, Fritz: Was ist priesterliche Existenz? Priesterlicher Lebensstil, Würzburg 1962.

Holweg, Heiko: Methodologie der qualitativen Sozialforschung. Eine Kritik, Bern-Stuttgart-Wien 2005.

Honer, Anne: Lebensweltanalyse in der Ethnopraphie, in: Flick, Uwe / Kardoff, Ernst von / Steinke, Ines (Hg.): Qualitative Forschung. Ein Handbuch, Reinbek[5] 2007, 194-204.

Honneth, Axel: Kampf um Anerkennung. Zur moralischen Grammatik sozialer Konflikte, Frankfurt am Main 1992.

Hopf, Christel: Qualitative Interviews – ein Überblick, in: Flick, Uwe / Kardoff, Ernst von / Steinke, Ines (Hg.): Qualitative Forschung. Ein Handbuch, Reinbek[5] 2007, 349-360.

Horx, Matthias / Wippermann, Peter (Hg.): Trendbüro. Wie Waren zu Ikonen werden, Düsseldorf 1995.

Hradil, Stefan: Die „Single-Gesellschaft", München 1995.

Huber, Martin: Bettler bringen Pfarrer ins Dilemma, in: Tages-Anzeiger, Zürich 08.05.2006.

Hudal, Alois: Die Grundlagen des Nationalsozialismus: Eine ideengeschichtliche Untersuchung, Leipzig-Wien 1937.

Hudal, Alois: Rom, Christentum und deutsches Volk, Innsbruck-Wien-München 1935.

Huizing, Klaas: Ästhetische Theologie, 3 Bände, Stuttgart 2000-2004.

Hünermann, Peter: Ekklesiologie im Präsens. Perspektiven, Münster 1995.

Hünermann, Peter: Gestern und Heute. Eine kontrastierende Relecture der Situation des Menschen in der heutigen Welt (GS 4-10), in: Ders. (Hg.): Das Zweite Vatikanische Konzil und die Zeichen der Zeit heute, Freiburg-Basel-Wien 2006, 29-60.

Hunze, Guido / Feeser, Ulrich: Von der Normativität zur Generativität des „Faktischen". Plädoyer für empirisch-kritische Denk- und Arbeitsweisen innerhalb der Theologie, in: Religionspädagogische Beiträge 45 (2000), 59-68.

Hurth, Elisabeth: Metamorphosen der Gottesdiener. Priestergestalten in Romanen der Gegenwart, in: HerKorr 59 (2005), 144-149.

Hurth, Elisabeth: Mann Gottes. Das Priesterbild in Literatur und Medien, Mainz 2003.

Hürten, Heinz: Kurze Geschichte des deutschen Katholizismus 1800-1960, Mainz 1986.

Hürten, Heinz: Deutsche Katholiken 1918-1945, Paderborn-München-Wien-Zürich 1992.

Hüttl, Ludwig: Das Erscheinungsbild der Dienstboten in der katholischen Frömmigkeitsgeschichte des 18. Jahrhunderts, in: Frühsorge, Gotthard / Gruenter, Rainer / Wolff Metternich, Beatrix Freifrau (Hg.): Gesinde im 18. Jahrhundert. Studien zum 18. Jahrhundert, Bd. 12, Hamburg 1995, 121-160.

Imhof, Kurt / Schulz, Peter (Hg.): Die Veröffentlichung des Privaten - die Privatisierung des Öffentlichen, Opladen-Wiesbaden 1998.

Inglehart, Ronald: Modernisierung und Postmodernisierung. Kultureller, wirtschaftlicher und politischer Wandel in 43 Gesellschaften, Frankfurt a. M.-New York 1998.

Institut für Wirtschafts- und Sozialethik Marburg (Hg.): Antworten-Fragen-Perspektiven. Ein Arbeits-Buch zur Pastorinnen- und Pastorenbefragung der Evangelisch-Lutherischen Landeskirche Hannovers, Hannover 2005.

Ipsen, Gunther: Daseinsformen der Großstadt. Typische Formen sozialer Existenz in Stadtmitte, Vorstadt und Gürtel der industriellen Großstadt, Tübingen 1959.

Iserloh, Erwin: Innerkirchliche Bewegungen und ihre Spiritualität, in: Jedin, Hubert / Repgen, Konrad (Hg.): Die Weltkirche im 20. Jahrhundert. Handbuch der Kirchengeschichte, Bd. 7, Freiburg-Basel-Wien 1979, 301-337.

Janz, Oliver: Zwischen Amt und Profession: Die evangelische Pfarrerschaft im 19. Jahrhundert, in: Siegrist, Hannes (Hg.): Bürgerliche Berufe. Zur Sozialgeschichte der freien und akademischen Berufe im internationalen Vergleich, Göttingen 1988, 174-199.

Jäckel, Karin: „sag keinem, wer dein Vater ist". Das Schicksal von Priesterkindern, Bergisch-Gladbach 1998.

Jedin, Hubert: Geschichte des Konzils von Trient, Bd. 2, Freiburg 1957.

Jedin, Hubert: Die Bedeutung des Tridentinischen Dekretes über die Priesterseminare für das Leben der Priester, in: ThGl 54 (1964), 181-198.

Jedin, Hubert: Geschichte des Konzils von Trient, Bd. 3, Freiburg i. B. 1970.

Jedin, Hubert: Das Papsttum und die Durchführung des Tridentinums (1565-1605), in: Iserloh, Erwin / Glazik, Josef / Jedin, Hubert (Hg.): Handbuch der Kirchengeschichte Bd. 4, Reformation, Katholische Reform und Gegenreformation, Freiburg-Basel-Wien² 1975, 521-560.

Jedin, Hubert: Der Kampf um die bischöfliche Residenzpflicht, in: Bäumer, Remigius (Hg.): Concilium Tridentinum, Darmstadt 1979, 408-431.

Jedin, Hubert: Vatikanum II und Tridentinum, Tradition und Fortschritt in der Kirchengeschichte, Köln 1986. Joachim, Rainer: Rausgehen, um drinnenzubleiben, in: Marz, Bernd (Hg.): Alles für Gott? Priester sein zwischen Anspruch und Wirklichkeit, Düsseldorf 1990, 98-108.

Jochheim, Martin: Der Einzelne und das Volksganze. Seelsorge im Dritten Reich, in: Raschzok, Klaus (Hg.): Zwischen Volk und Bekenntnis. Praktische Theologie im Dritten Reich, Leipzig 2000, 203-224.

Josuttis, Manfred: Der Pfarrer ist anders. Aspekte einer zeitgenössischen Pastoraltheologie, München² 1983.

Josuttis, Manfred: Der Pfarrer und die Macht, in: Ders. (Hg.): Der Pfarrer ist anders. Aspekte einer zeitgenössischen Pastoraltheologie, München² 1983, 70-88.

Josuttis, Manfred: Petrus, die Kirche und die verdammte Macht, Stuttgart 1993.

Josuttis, Manfred: Unsere Volkskirche und die Gemeinde der Heiligen. Erinnerungen an die Zukunft der Kirche, Gütersloh 1997.

Junge, Matthias: Individualisierung, Frankfurt a. M. 2002.

Kaiser, Jochen-Christoph: Katholischer Neuaufbruch im Kaiserreich – Zur Gründung des Deutschen Caritasverbands, in: Caritas. Zeitschrift für Caritasarbeit und Caritaswissenschaft 99 (1998), 8-15.

Kamphaus, Franz: Pfarrei und caritative Institutionen, in: Nordhues, Paul / Becker, Joseph / Bormann, Paul (Hg.): Handbuch der Caritasarbeit. Beiträge zur Theologie, Pastoral und Geschichte der Caritas mit Überblick über die Dienste in Gemeinde und Verband, Paderborn 1986, 252-253.

Kamphaus, Franz: Tut dies zu meinem Gedächtnis, Freiburg 1999.

Kantzenbach, Friedrich Wilhelm: Zur kirchen- und kulturgeschichtlichen Bedeutung des evangelischen Pfarrhauses. Streiflichter und Schwerpunkte, in: Riess, Richard (Hg.): Haus in der Zeit. Das evangelische Pfarrhaus heute, München 1979, 42-61.

Kapitan, Tomis: Inwiefern sind abduktive Schlüsse kreativ?, in: Pape, Helmut (Hg.): Kreativität und Logik. Charles S. Peirce und das philosophische Problem des Neuen, Frankfurt a. M. 1994, 144–158.

Karle, Isolde: Der Pfarrberuf als Profession. Eine Berufstheorie im Kontext der modernen Gesellschaft, Gütersloh 2001.

Karrer, Leo: Priesterbilder zwischen gestern und morgen, in: Diakonia 16 (1985), 1-5.

Karrer, Leo: Grundvollzüge christlicher Praxis, in: Haslinger, Herbert (Hg.): Handbuch Praktische Theologie. Durchführungen, Bd. 2, Mainz 2000, 379-395.

Karrer, Leo: Gewinnt die Kirche durch die Laien-Theologinnen und -Theologen Zukunftskraft?, in: Schreijäck, Thomas (Hg.): Werkstatt Zukunft. Bildung und Theologie im Horizont eschatologisch bestimmter Wirklichkeit, Freiburg 2004, 258-270.

Karrer, Leo: Orte der Kirche: Die Menschen, in: Diakonia 37 (2006), 153-157.

Karrer, Leo: Ist die Stunde der Laientheologen vorbei? Leitungspersönlichkeiten in priesterlosen Gemeinden, in: ThPQ 155 (2007), 283-293.

Karrer, Leo: Ortsuche der PastoralreferentInnen, in: Diakonia 38 (2007), 212-217.

Kaschuba, Wolfgang: Deutsche Bürgerlichkeit nach 1800. Kultur als symbolische Praxis, in: Kocka, Jürgen (Hg.): Bürgertum im 19. Jahrhundert, Bd. 2, Wirtschaftsbürger und Bildungsbürger, Göttingen 1995, 92-127.

Kasper, Walter: Kirche – wohin gehst du? Die bleibende Bedeutung des II. Vatikanischen Konzils, Paderborn³ 1993.

Kasper, Walter: Theologie und Kirche, Bd. 1, Mainz 1987.

Kasper, Walter: Nicht Herren eures Glaubens, sondern Diener eurer Freude. Gedanken zum priesterlichen Dienst, Rottenburg 1997.

Kasper, Walter: Theologie und Kirche, Bd. 2, Mainz 1999.

Katholische Sozialethische Arbeitsstelle und Medien-Dienstleistung GmbH: Milieuhandbuch „Religiöse und kirchliche Orientierungen in den Sinus-Milieus® 2005", Heidelberg 2005.

Kaufmann, Franz-Xaver: Zur Rezeption soziologischer Einsichten in die Theologie, in: Haarsma, Frans / Kasper, Walter / Kaufmann, Franz-Xaver: Kirchliche Lehre – Skepsis der Gläubigen, Freiburg-Basel-Wien 1970, 97-127.

Kaufmann, Franz-Xaver: Religion und Modernität. Sozialwissenschaftliche Perspektiven, Tübingen 1989.

Kaufmann, Franz-Xaver: Wie überlebt das Christentum?, Freiburg-Basel-Wien 2000.

Kaufmann, Franz-Xaver: Den Schutt der Geistfeindschaft wegräumen. Brachliegende Felder katholischer Intellektualität, in: Fuge 2 (2008), 7-24.

Kaufmann, Jean-Claude: Das verstehende Interview. Theorie und Praxis, Konstanz 1999.

Kaufmann, Ludwig / Klein, Nikolaus: Johannes XXIII. Prophetie im Vermächtnis, Fribourg-Brig 1990.

Kehl, Medard: Die Kirche: eine katholische Ekklesiologie, Würzburg³ 1994.

Kehl, Medard: Reizwort Gemeindezusammenlegung. Theologische Überlegungen, in: StZ 132 (2007), 316-329.

Kelle, Udo / Kluge, Susann: Vom Einzelfall zum Typus. Fallvergleich und Fallkontrastierung in der qualitativen Sozialforschung, Opladen 1999.

Kellner, Thomas: Auf neue Art Pfarrer sein. Die Communio-Theologie und die Praxis einer kommunikativen Gemeindeleitung, in: Schreer, Werner / Steins, Georg (Hg.): Auf neue Art Kirche sein. Wirklichkeiten – Herausforderungen – Wandlungen, FS Bischof Dr. Homeyer, München 1999, 193-202.

Kellner, Thomas: Kommunikative Gemeindeleitung. Theologie und Praxis, Mainz³ 2001.

Kempf, Konstantin: Die Heiligkeit der Kirche im 19. Jahrhundert, Einsiedeln 1913.

Kershaw, Ian: Der Hitler-Mythos. Führerkult und Volksmeinung, Stuttgart 1999.

Kershaw, Ian: Hitler 1936-1945, Stuttgart 2000.

Keul, Hildegund: Die Gottesrede von Frauen-Gravuren einer geistesgegenwärtigen Theologie, in: LS 56 (2005), 76-81.

Keul, Hildegund: Heterotopie statt Utopie. Hildegund Keuls Antwort auf „Gegenwart des Geistes", in: LS 56 (2005), 84-86.

Keupp, Heiner / u. a.: Identitätskonstruktionen. Das Patchwork der Identitäten in der Spätmoderne, Reinbek³ 2006.

Kießling, Klaus: Praktische Theologie als empirische Wissenschaft?, in: Nauer, Doris / Bucher, Rainer / Weber, Franz (Hg.): Praktische Theologie. Bestandsaufnahme und Zukunftsperspektive, FS Ottmar Fuchs, Stuttgart 2005, 120-127.

Kindermann, Adolf: Religiöse Wandlungen und Probleme im katholischen Bereich, in: Lemberg, Eugen / Edding, Friedrich (Hg.): Die Vertriebenen in Westdeutschland. Ihre Eingliederung und ihr Einfluss auf Gesellschaft, Wirtschaft, Politik und Geistesleben, Bd. 3, Kiel 1959, 92-158.

Kirchenamt der EKD (Hg.): Der Beruf des Pfarrers / der Pfarrerin heute. Ein Diskussionspapier zur V. Würzburger Konsultation über Personalplanung in der EKD, Studien- und Planungsgruppe, Hannover 1989.

Kittel, Manfred: Konfessioneller Konflikt und politische Kultur in der Weimarer Republik, in: Blaschke, Olaf (Hg.): Konfessionen im Konflikt. Deutschland zwischen 1800 und 1970: ein zweites konfessionelles Zeitalter, Göttingen 2002, 243-297.

Klasvogt, Peter: „Sich als Priester nicht verstecken". Ein Gespräch mit dem Paderborner Regens Peter Klasvogt, HerKorr 58 (2004), 610-614.

Klasvogt, Peter: „Hoffe auf den Herrn und sei stark!" Was für Priester braucht das Land?, in: LS 55 (2004), 18-23.

Klauck, Hans-Josef: Gemeinde zwischen Haus und Stadt. Kirche bei Paulus, Freiburg i. B. 1992.

Klaus, Elisabeth: Das Öffentliche im Privaten – Das Private im Öffentlichen. Ein kommunikationstheoretischer Ansatz, in: Herrmann, Friederike / Lünenborg, Margret (Hg.): Tabubruch als Programm. Privates und Intimes in den Medien, Opladen 2001, 15-35.

Klein, Gotthard: Der Volksverein für das katholische Deutschland 1890-1933. Geschichte, Bedeutung, Untergang, Paderborn-München-Wien-Zürich 1996.

Klein, Stephanie: Theologie und empirische Biographieforschung. Methodische Zugänge zur Lebens- und Glaubensgeschichte und ihre Bedeutung für eine erfahrungsbezogene Theologie, Stuttgart-Berlin-Köln 1994.

Klein, Stephanie: Theologie und empirische Sozialforschung, Stuttgart 1994.

Klein, Stephanie: Erkenntnis und Methode in der Praktischen Theologie, Stuttgart 2005.

Klein, Stephanie: Erfahrung – (auch) eine kritische Kategorie der Praktischen Theologie, in: Nauer, Doris / Bucher, Rainer / Weber, Franz (Hg.): Praktische Theologie. Bestandsaufnahme und Zukunftsperspektiven, FS Ottmar Fuchs, Stuttgart 2005, 128-135.

Kleymann, Siegfried: O Seligkeit getauft zu sein? Vom Glaubenszeugnis einer Ortsgemeinde, Münster 2005.

Klinger, Elmar: Ekklesiologie der Neuzeit. Grundlegung bei Melchior Cano und Entwicklung bis zum 2.Vatikanischen Konzil, Freiburg-Basel-Wien 1978.

Klinger, Elmar: Der Glaube des Konzils. Ein dogmatischer Fortschritt, in: Ders. / Wittstadt, Klaus (Hg.): Glaube im Prozess. Christsein nach dem II. Vatikanum, FS Karl Rahner, Freiburg-Basel-Wien 1984, 615-626.

Klinger, Elmar: Armut – Eine Herausforderung Gottes. Der Glaube des Konzils und die Befreiung des Menschen, Zürich 1990.

Klinger, Elmar: Auseinandersetzungen um das Konzil: Communio und Volk Gottes, in: Wittstadt, Klaus / Verschooten, Wim (Hg.): Der Beitrag der deutschsprachigen und osteuropäischen Länder zum Zweiten Vatikanischen Konzil, Leuven 1996, 157-175.

Klinger, Elmar: Macht und Dialog, Die grundlegende Bedeutung des Pluralismus in der Kirche, in: Fürst, Gebhard (Hg.): Dialog als Selbstvollzug der Kirche, Freiburg-Basel-Wien 1997, 150-165.

Klinger, Elmar: Kirche – die Praxis des Volkes Gottes, in: Fuchs, Gotthard / Lienkamp, Andreas (Hg.): Visionen des Konzils. 30 Jahre Pastoralkonstitution „Die Kirche in der Welt von heute", Münster 1997, 73-83.

Klose, Alfred (Hg.): Johannes Messner. 1891-1984, Paderborn-München-Wien-Zürich 1991.

Klostermann, Ferdinand: Wie wird unsere Pfarrei eine Gemeinde? Für alle Mitarbeiter in der Pfarrgemeinde, Wien-Freiburg i. B. 1979.

Klostermann, Franz-Xaver: Kirche begreifen. Analysen und Thesen zur gesellschaftlichen Verfassung des Christentums, Freiburg 1973.

Klueting, Harm: Deutschland und der Josephinismus. Wirkungen und Ausstrahlungen der theresianisch-josephinischen Reformen auf die außerösterreichischen deutschen Reichsterritorien, in: Reinhalter, Helmut (Hg.): Der Josephinismus, Frankfurt a. M.-Berlin-Bern-New York-Paris-Wien 1993, 63-102.

Klueting, Harm: Der Josephinismus. Ausgewählte Quellen zur Geschichte der theresianisch-josephinischen Reformen, Darmstadt 1995.

Knapp, Andreas: Skizzen zur Priesterausbildung, in: Diakonia 26 (1995), 203-208.

Knoblauch, Hubert: Qualitative Religionsforschung. Religionsethnographie in der eigenen Gesellschaft, Paderborn-München-Wien-Zürich 2003.

Knobloch, Stefan: Mehr Religion als gedacht! Wie die Rede von Säkularisierung in die Irre führt, Freiburg-Basel-Wien 2006.

Knoll, August Maria: Katholisches und scholastisches Naturrecht. Zur Frage der Freiheit, in: Ders. (Hg.): Glaube zwischen Herrschaftsordnung und Heilserwartung, Studien zur politischen Theologie und Religionssoziologie, Wien-Köln-Weimar 1996, 25-160.

Koch, Kurt: Priesterlicher Dienst an der Eucharistie, in: Augustin, George / Knoll, Alfons / Kunzler, Michael / Richter, Klemens (Hg.): Priester und Liturgie, FS Manfred Probst, Paderborn 2005, 13-40.

Koelbl, Herlinde: Spuren der Macht. Die Verwandlung des Menschen durch das Amt – eine Langzeitstudie, München 1999.

Kohli, Martin: Gesellschaftszeit und Lebenszeit. Der Lebenslauf im Strukturwandel der Moderne, in: Berger, Johannes (Hg.): Die Moderne – Kontinuitäten und Zäsuren, Göttingen 1986, 183-208.

Köhl, Georg: Der Beruf des Pastoralreferenten. Pastoralgeschichtliche und pastoraltheologische Überlegungen zu einem neuen pastoralen Beruf, Freiburg (Schweiz) 1987.

Köhl, Georg: Die Profile der einzelnen pastoralen Dienste und die Personalentwicklungsprozesse auf dem praktisch-theologischen Prüfstand, in: TThZ 116 (2007), 335-347.

Könemann, Judith: „Ich wünschte, ich wäre gläubig, glaub' ich". Zugänge zu Religion und Religiosität in der Lebensführung der späten Moderne, Opladen 2002.

König, René: Materialien zur Soziologie der Familie, Köln 1974.

König, René (Hg.): Das Interview. Formen-Technik-Auswertung, Köln^5 1966.

Körner, Bernhard: Vor-Gabe Gottes. Wie frei darf der Glaube sein?, in: Polz-Watzenig, Astrid / Opis, Matthias / Kölbl, Alois / Bucher, Rainer (Hg.): Au contraire. Glaube - Emotion - Vernunft, Klagenfurt 2006, 139-151.

Körtner, Ulrich H. J.: Wiederkehr der Religion? Das Christentum zwischen neuer Spiritualität und Gottvergessenheit, Gütersloh 2006.

Kohl, Christoph: Amtsträger oder Laie? Die Diskussion um den ekklesiologischen Ort der Pastoralreferenten und Gemeindereferenten, Frankfurt a. M. 1987.

Kottje, Raymund: Entstehung und Bedeutung des Tridentiner Seminardekrets, in: Waltermann, Leo (Hg.): Klerus zwischen Wissenschaft und Seelsorge. Zur Reform der Priesterausbildung, Essen 1966, 16-21.

Krätzl, Helmut: Vom Geist des Konzils. Wie sich die Kirche zu bewegen begann, in: Herder Korrespondenz Spezial, Das unerledigte Konzil. 40 Jahre Zweites Vatikanum, Freiburg 2005, 7-11.

Kreutzer, Ansgar: Kritische Zeitgenossenschaft. Die Pastoralkonstitution Gaudium et spes modernisierungstheoretisch gedeutet und systematisch-theologisch entfaltet, Innsbruck 2006.

Kreutzer, Ansgar: Modernitätsverarbeitung und Modernitätskritik beim Zweiten Vatikanum, in: ThPQ 154 (2006), 386-400.

Krockauer, Rainer: Die Kunde des „Kunden". Anthropologische Überlegungen zur Qualitätsdiskussion in der kirchlichen Kinder- und Jugendhilfe, in: Aman, Hans / Kruip, Gerhard / Lechner, Martin (Hg.): Kundschafter des Volkes Gottes. FS Roman Bleistein, München 1998, 262-273.

Krockauer, Rainer / Schuster, Max-Josef: Menschen auf der Schwelle. Neue Perspektiven für die alte Pfarrgemeinde, Ostfildern 2007.

Kuckartz, Udo: Einführung in die computergestützte Analyse qualitativer Daten, Wiesbaden² 2007.

Kuhn, Bärbel: „... und herrschet weise im häuslichen Kreise." Hausfrauenarbeit zwischen Disziplin und Eigensinn, in: Dülmen, Richard van (Hg.): Verbrechen, Strafen und soziale Kontrolle. Studien zur historischen Kulturforschung, Bd. 3, Frankfurt a. M. 1990, 238-277.

Kuhn, Franz: Die Zusammenarbeit von Priestern und hauptamtlichen Laien, in: LS 42 (1991), 345-349.

Kuttner, Stephan: Die Reform der Kirche und das Trienter Konzil, in: Bäumer, Remigius (Hg.): Concilium Tridentinum, Darmstadt 1979, 385-407.

Kügler, Joachim / Bechmann, Ulrike: Proexistenz in Theologie und Glaube. Ein exegetischer Versuch zur Bestimmung des Verhältnisses von Pluralitätsfähigkeit und christlicher Identität, in: ThQ 182 (2002), 72-100.

Kümpel, Robert: Priester und Pastoralreferentinnen und -referenten, in: Mokry, Stephan / Döhner, Katharina (Hg.): Nur Schönwetterberufe? Laien im pastoralen Dienst zwischen Finanznot und Idealismus, Würzburg 2006, 59-66.

Lägel, Markus: Talking about a revolution: 24-7 Prayer. Oder: Warum wir keine Gebetsbewegung sind, in: Schäfer, David (Hg.): Die jungen Wilden. Storys über Jugendkirchen, Emerging Churches und Gemeindegründer, Wuppertal 2006, 49-63.

Lägel, Markus: Lernen aus der Geschichte: von Zinzendorf, Bonhoeffer und Leben heute, in: Faix, Tobias / Weißenborn, Thomas (Hg.): Zeitgeist. Kultur und Evangelium in der Postmoderne, Marburg 2007, 96-106.

Lambert, Willi: Beziehungskultur von Seelsorgern, in: ThQ 151 (2003), 379-388.

Lamnek, Siegfried: Qualitative Sozialforschung, Weinheim⁴ 2005.

Lämmermann, Godwin: Sex und Seelsorge. Übertragung und Gegenübertragung in problematischen Seelsorgebegegnungen, in: PTh 91 (2002), 375-392.

Lang, Bernhard: Charisma and the Disruption of the Family in Early Christianity, in: Kohl, Karl-Heinz / Muszinski, Heinzarnold / Strecker, Ivo (Hg.): Die Vielfalt der Kultur. Ethnologische Aspekte von Verwandtschaft, Kunst und Weltauffassung, FS Ernst Wilhelm Müller, Berlin 1990, 278-287.

Lang, Bernhard: Einsamkeit als Charisma: Zum Ursprung religiös motivierter Ehelosigkeit im Christentum, in: Assmann, Aleida / Assmann, Jan (Hg.): Einsamkeit, Archäologie der literarischen Kommunikation VI, München 2000, 173-188.

Langewiesche, Dieter: Vom Gebildeten zum Bildungsbürger? Umrisse eines katholischen Bildungsbürgertums im wilheminischen Deutschland, in: Huber, Martin / Lauer, Gerhard (Hg.): Bildung und Konfession. Politik, Religion und literarische Identitätsbildung 1850-1918, Tübingen 1996, 107-132.

Läpple, Alfred: Kirche und Nationalsozialismus in Deutschland und Österreich. Fakten- Dokumente-Analysen, Aschaffenburg 1980.

Laube, Stefan: Konfessionelle Brüche in der nationalen Heldengalerie – Protestantische, katholische und jüdische Erinnerungsgemeinschaften im deutschen Kaiserreich (1871-1918), in: Haupt, Heinz-Gerhard / Langewiesche, Dieter (Hg.): Nation und Religion in der Deutschen Geschichte, Frankfurt a. M. 2001, 293-332.

Lauerer, Hildegard: „Braucht die Kirche Pastoralreferentinnen und -referenten?" Zum notwendigen Berufsprofil, in: Mokry, Stephan / Döhner, Katharina (Hg.): Nur Schönwetterberufe? Laien im pastoralen Dienst zwischen Finanznot und Idealismus, Würzburg 2006, 54-58.

Lecler, Joseph / Holstein, Henri / Adnès, Pierre / Lefebvre, Charles: Trient II. Geschichte der ökumenischen Konzilien, Bd. 11, Mainz 1987.

Leder, Gottfried: Auf neue Art Kirche sein...? Laienhafte Anmerkungen, Berlin-Münster 2008.

Lehmann, Karl: Kraftvoll-lebendige Erinnerung bis heute. 40 Jahre Zweites Vatikanisches Konzil und 30 Jahre Gemeinsame Synode, in: Garhammer, Erich (Hg.): Ecclesia semper reformanda. Kirchenreform als bleibende Aufgabe, Würzburg 2006, 11-29.

Leimgruber, Ute: Kein Abschied vom Teufel. Eine Untersuchung zur gegenwärtigen Rede vom Teufel im Volk Gottes, Münster 2004.

Lenhart, Georg: Reminiscor miserationum tuarum domine: Kramereien in einem bescheidenen Priesterleben, Mainz 1951.

Lenz, Karl: Familien als Ensemble persönlicher Beziehungen, in: Busch, Friedrich W. / Nave-Herz, Rosemarie (Hg.): Familie und Gesellschaft. Beiträge zur Familienforschung, Oldenburg 2005, 9-31.

Leugers-Scherzberg, August Hermann: Die Modernisierung des Katholizismus im Kaiserreich. Überlegungen am Beispiel von Felix Porsch, in: Loth, Wilfried (Hg.): Deutscher Katholizismus im Umbruch zur Moderne, Stuttgart-Berlin-Köln 1991, 219-232.

Liebmann, Maximilian: Österreich, in: Gatz, Erwin (Hg.): Kirche und Katholizismus seit 1945, Bd. 1, Mittel-, West- und Nordeuropa, Paderborn-München-Wien-Zürich 1998, 283-315.

Liebmann, Maximilian: Kirche in Österreich 1938-1988, Graz-Wien-Köln 1990.

Liedhegener, Antonius: Christentum und Urbanisierung. Katholiken und Protestanten in Münster und Bochum 1830-1933, Paderborn-München-Wien-Zürich 1997.

Liminski, Jürgen: Die Stunde des Laien, in: Eberle, Jürgen / Becker, Klaus (Hg.): Die Stunde des Laien. Laie und Priester 20 Jahre nach dem Konzil, St. Ottilien 1987, 15-37.

Lindner, Dominikus: Die Anstellung der Hilfspriester. Eine kirchenrechtsgeschichtliche Untersuchung, Kempten 1924.

Lindner, Herbert: Kirche am Ort. Ein Entwicklungsprogramm für Ortsgemeinden, Stuttgart-Berlin-Köln 2000.

Lindner, Herbert: Kirche am Ort. Eine Gemeindetheorie, Stuttgart-Berlin-Köln 1994.

Lindt, Andreas: Das Zeitalter des Totalitarismus. Politische Heilslehren und ökumenischer Aufbruch, Stuttgart-Berlin-Köln-Mainz 1981.

Lörsch, Martin: Kirchen-Bildung. Eine praktisch-theologische Studie zur kirchlichen Organisationsentwicklung, Würzburg 2005.

Lohaus, Arnold / Schorsch Falls, Sabine: Kritische Reflexionen zu Präventionsansätzen zum sexuellen Missbrauch, in: Amann, Gabriele / Wipplinger, Rudolf (Hg.): Sexueller Missbrauch. Überblick zu Forschung, Beratung und Therapie. Ein Handbuch, Tübingen³ 2005, 757-773.

Lorenz, Dagmar: Vom Kloster zur Küche: Die Frau vor und nach der Reformation Dr. Martin Luthers, in: Becker-Cantarino, Barbara (Hg.): Die Frau von der Reformation zur Romantik. Die Situation der Frau vor dem Hintergrund der Literatur- und Sozialgeschichte, Bonn² 1985, 7-35.

Lorenzer, Alfred: Das Konzil der Buchhalter. Die Zerstörung der Sinnlichkeit - eine Religionskritik, Frankfurt am Main 1984.

Loretan, Adrian: Laien im pastoralen Dienst. Ein Amt in der kirchlichen Gesetzgebung: Pastoralassistent/-assistentin, Pastoralreferent/-referentin, Freiburg (Schweiz) 1994.

Loth, Wilfried (Hg.): Deutscher Katholizismus im Umbruch zur Moderne, Stuttgart-Berlin-Köln 1991.

Loth, Wilfried: Katholiken im Kaiserreich. Der politische Katholizismus in der Krise des wilhelminischen Deutschlands, Düsseldorf 1984.

Loth, Wilfried: Integration und Erosion: Wandlungen des katholischen Milieus, in: Loth, Wilfried (Hg.): Deutscher Katholizismus im Umbruch zur Moderne, Stuttgart-Berlin-Köln 1991, 266-281.

Loth, Wilfried: Milieus oder Milieu? Konzeptionelle Überlegungen zur Katholizismusforschung, in: Haberl, Nikola Othmar / Korenke, Tobias (Hg.): Politische Deutungskulturen. FS Karl Rohe, Baden-Baden 1999, 123-136.

Lotter, Konrad: Art. Heimat, in: Sandkühler, Hans-Georg (Hg.): Europäische Enzyklopädie zu Philosophie und Wissenschaften, Bd. 2, Hamburg 1990, 536-538.

Luckmann, Thomas: Die unsichtbare Religion, Frankfurt a. M. 1991.

Luckmann, Thomas: Privatisierung und Individualisierung. Zur Sozialform der Religion in spätindustriellen Gesellschaften, in: Gabriel, Karl (Hg.): Religiöse Individualisierung oder Säkularisierung. Biographie und Gruppe als Bezugspunkte moderner Religiosität, Gütersloh 1996, 17-28.

Luhmann, Niklas: Soziologische Aufklärung 6. Die Soziologie und der Mensch, Opladen 1995.

Luhmann, Niklas: Die Religion der Gesellschaft, Frankfurt a. M. 2000.

Luhmann, Niklas: Einführung in die Systemtheorie, Heidelberg 2002.
Lübke, Norbert: Die Weite des www und die Nähe bei den Menschen. Internet-Kirche St. Bonifatius, in: LS 57 (2006), 110-114.
Luhmann, Niklas: Die Gesellschaft der Gesellschaft, Band 1+2, Frankfurt am Main 1997.
Luther, Henning: Leben als Fragment. Der Mythos von der Ganzheit, in: WzM 43 (1991), 262-273.
Lutterbach, Hubertus: Der sexuelle Missbrauch von Kindern. Ein Verstoß gegen die christliche Tradition des Kinderschutzes, in: Ulonska, Herbert / Rainer, Michael J. (Hg.): Sexualisierte Gewalt im Schutz von Kirchenmauern. Anstöße zur differenzierten (Selbst-)Wahrnehmung, Berlin^2 2007, 63-74.
Lyotard, Jean-Francois: Das postmoderne Wissen, Graz-Wien 1986.
Machens, Josef Godehard: Hirtenbrief am 3.9.1939, in: Kirchlicher Anzeiger der Diözese Hildesheim (1939), 53.
Mackensen, Rainer / Papalekas, Johannes / Pfeil, Elisabeth / u. a.: Daseinsformen der Großstadt. Typische Formen sozialer Existenz in Stadtmitte, Vorstadt und Gürtel der industriellen Großstadt, Tübingen 1959.
Manning, Henry Edward: The Eternal Priesthood, London-New York 1884.
Maresch, Rudolf / Werber, Niels: Raum - Wissen - Macht, Frankfurt a. M. 2002.
Marhold, Wolfgang: Die soziale Stellung des Pfarrers, Eine sozialgeschichtlich und empirisch orientierte Skizze, in: Greiffenhagen, Martin (Hg.): Das evangelische Pfarrhaus. Eine Kultur- und Sozialgeschichte, Stuttgart 1984, 175-194.
Marhold, Wolfgang: Privatisierung und Individualisierung: Thomas Luckmanns phänomenologischer Zugang zur heutigen Sozialform der Religion, in: Gabriel, Karl / Reuter, Hans-Richard (Hg.): Religion und Gesellschaft, Texte zur Religionssoziologie, Paderborn-München-Wien-Zürich 2004, 133-135.
Marotzki, Winfried: Art. Leitfadeninterview, in: Bohnsack, Ralf / Marotzki, Winfried / Meuser, Michael (Hg.): Hauptbegriffe qualitativer Sozialforschung. Ein Wörterbuch, Opladen 2003, 114.
Marschall, Werner: Adolf Kardinal Bertram: Hirtenbriefe und Hirtenworte, in: Forschungen und Quellen zur Kirchen- und Kulturgeschichte Ostdeutschlands, Bd. 30, Köln-Weimar-Wien 2000.
Martensen, Sven: Die Ästhetik der Macht: Zur architektonischen Selbstdarstellung der Bundesrepublik Deutschland, in: Krol, Martin / u. a. (Hg.): Macht - Herrschaft - Gewalt. Gesellschaftswissenschaftliche Debatten am Beginn des 21. Jahrhunderts, Münster 2005, 189-202.
Martin, Ariane: Sehnsucht – der Anfang von allem. Dimensionen zeitgenössischer Spiritualität, Ostfildern 2005.
Matthes, Joachim: Wohnverhalten, Familienzyklus und Lebenslauf, in: Kohli, Martin (Hg.): Soziologie des Lebenslaufs, Darmstadt 1978.
Maurer, Andrea: Herrschaftssoziologie. Eine Einführung, Frankfurt am Main 2004.
May, Georg: Demokratisierung der Kirche, Möglichkeiten und Grenzen, Wien-München 1971.

May, Georg: Der Domkapitular Adolf Bertram als Referent für die Theologiestudierenden des Bistums Hildesheim nach Briefen aus dem Dom- und Diözesanarchiv Mainz, in: Archiv für schlesische Kirchengeschichte 33 (1975), 125-162.
Mayring, Philipp: Qualitative Inhaltsanalyse, Weinheim[4] 1993.
Mayring, Philipp: Einführung in die qualitative Sozialforschung. Eine Anleitung zum qualitativen Denken, Weinheim-Basel[5] 2002.
Mayring, Philipp: Einführung in die qualitative Sozialforschung, 2002.
Mayring, Philipp / Gläser-Zikuda, Michaela: Die Praxis der qualitativen Inhaltsanalyse, Weinheim-Basel 2005.
Meckenstock, Günter (Hg.): Friedrich Schleiermacher. Über die Religion. Reden an die Gebildeten unter ihren Verächtern (1799), Berlin-New York 2001.
Melis, Damian van: Der katholische Episkopat und die Entnazifizierung, in: Köhler, Joachim / Melis, Damian van (Hg.): Siegerin in Trümmern. Die Rolle der katholischen Kirche in der deutschen Nachkriegsgesellschaft, Stuttgart-Berlin-Köln 1998, 42-69.
Menges, Walter: Wandel und Auflösung der Konfessionszonen, in: Lemberg, Eugen / Edding, Friedrich (Hg.): Die Vertriebenen in Westdeutschland. Ihre Eingliederung und ihr Einfluss auf Gesellschaft, Wirtschaft, Politik und Geistesleben, Bd. 3, Kiel 1959, 1-23.
Mernyi, Dorothea: Gottes vergessene Töchter. Spuren aus dem Leben der evangelischen Pfarrfrau in Österreich, Wien[3] 2002.
Mertens, Annette: Himmlers Klostersturm. Der Angriff auf katholische Einrichtungen im Zweiten Weltkrieg und die Wiedergutmachung nach 1945, Paderborn-München-Wien-Zürich 2006.
Merton, Robert K. / Kendall, Patricia L.: Das fokussierte Interview, in: Hopf, Christel / Weingarten, Elmar (Hg.): Qualitative Sozialforschung, Stuttgart 1979, 171-204.
Mertin, Andreas: „… räumlich aber glaubet der Mensch." Der Glaube und seine Räume, in: Klie, Thomas (Hg.): Der Religion Raum geben. Kirchenpädagogik und religiöses Lernen, Münster 1998, 51-76.
Mette, Norbert: Kirchlich distanzierte Christlichkeit. Eine Herausforderung für die praktische Kirchentheorie, München 1982.
Mette, Norbert / Steinkamp, Hermann: Sozialwissenschaften und Praktische Theologie, Düsseldorf 1983.
Mette, Norbert: Kirche als Unternehmen besonderer Art? Zur Reichweite ökonomischer Konzepte und Modelle für die Ausarbeitung einer empirischen Ekklesiologie, in: ThQ 182 (2002), 155-166.
Mette, Norbert: Einführung in die katholische Praktische Theologie, Darmstadt 2005.
Mette, Norbert: Gaudium et spes – Ein unerledigtes Vermächtnis, in: Hünermann, Peter, (Hg.): Das Zweite Vatikanische Konzil und die Zeichen der Zeit heute, Freiburg 2006, 429-438.
Mette, Norbert: Vom pfarrlichen Territorialprinzip zur Option für ortsbezogene Gemeinden, PthI 26 (2006), 8-21.
Metz, Johann Baptist: Art. Politische Theologie, in: Rahner, Karl (Hg.): Herders Theologisches Taschenlexikon, Bd. 6, Freiburg-Basel-Wien 1973, 51-58.

Metz, Johann Baptist: Memoria Passionis. Ein provozierendes Gedächtnis in pluralistischer Gesellschaft, Freiburg-Basel-Wien³ 2006.

Metzger, Konrad: Seelsorge für Seelsorger, in: Rudolf, Karl: Heiliges Priestertum, Referate der zweiten Wiener Seelsorger-Tagung vom 27.-30. Dezember 1932, Wien 1933, 60-71.

Miethner, Christine / Miethner, Reinhard: Konfliktfeld „Pfarrehe", in: Riess, Richard (Hg.): Konfliktfeld Pfarrhaus. Sonderheft Wege zum Menschen 8/9, Vorwort, Göttingen 1978, 316-324.

Migge, Thomas: Kann denn Liebe Sünde sein? Gespräche mit homosexuellen Geistlichen, Köln 1993.

Minnameier, Gerhard: Wissen und inferentielles Denken, Frankfurt am Main 2005.

Minta, Anna: ‚Nearer, my God, to thee'. Die Nationalkathedrale in Washington D.C. im Machtgefüge von Staat und Kirche, in: Brodocz, André / Mayer, Christoph Oliver / Pfeilschifter, Rene / Weber, Beatrix (Hg.): Institutionelle Macht. Genese – Verstetigung – Verlust, Köln-Weimar-Wien 2005, 39-55.

Missalla, Heinrich: Für Gott, Führer und Vaterland. Die Verstrickung der katholischen Seelsorge in Hitlers Krieg, München 1999.

Mitterauer, Michael: Die Familie als historische Sozialform, in: Ders. / Sieder, Reinhard (Hg.): Vom Patriarchat zur Partnerschaft. Zum Strukturwandel der Familie, München² 1980, 13-37.

Mitterauer, Michael: Familie und Arbeitsteilung. Historischvergleichende Studien, Wien-Köln-Weimar 1992.

Mohrmann, Ruth-E.: Individuelle Gestaltung im Privaten: Häusliches Leben, in: Dülmen, Richard van (Hg.): Entdeckung des Ich. Die Geschichte der Individualisierung vom Mittelalter bis zur Gegenwart, Köln-Weimar-Wien 2001, 385-406.

Möller, Christian: Geschichte der Seelsorge in Einzelporträts, Bd. 3, Göttingen-Zürich 1996.

Moosbrugger, Otto: Mehr basisfundierte Auswahl und Ausbildung von Priestern. Überlegungen und „Utopien" eines ehemaligen Regens eines Priesterseminars in der Schweiz, in: Hoffmann, Paul: Priesterkirche, Düsseldorf 1987, 293-306.

Morgenstern, Matthias: Kirchenasyl in der Bundesrepublik Deutschland. Historische Entwicklung, aktuelle Situation, internationaler Vergleich, Wiesbaden 2003.

Moritz, Stefan: Grüß Gott und Heil Hitler. Katholische Kirche und Nationalsozialismus in Österreich, Wien 2002.

Morsbach, Petra: Gottesdiener. Roman, München 2006.

Mühlberg, Dietrich: Proletariat. Kultur und Lebensweise im 19. Jahrhundert, Wien-Köln-Graz 1986.

Müller, Alois: Das Problem von Befehl und Gehorsam im Leben der Kirche. Eine pastoraltheologische Untersuchung, Einsiedeln 1964.

Müller, Alois: Priester – Randfigur der Gesellschaft? Befund und Deutung der Schweizer Priesterumfrage, Zürich-Einsiedeln-Köln 1974.

Müller, Alois: Was für Priester sind wir?, in: Denzler, Georg (Hg.): Priester für heute. Antworten auf das Schreiben Papst Johannes Pauls II. an die Priester, München 1980, 63-65.

Müller, Wunibald: Priester als Seelsorger für Homosexuelle. Eine pastoraltheologische und psychologische Untersuchung, Düsseldorf 1979.

Müller, Wunibald: Homosexualität – eine Herausforderung für Theologie und Seelsorge, Mainz 1986.

Müller, Wunibald: Liebe und Zölibat. Wie eheloses Leben gelingen kann, Mainz 1994.

Münch, Maurus: Unter 2579 Priestern in Dachau. Zum Gedenken an den 25. Jahrestag der Befreiung in der Osterzeit 1945, Trier 1972.

Münning, Bernhard / Butterbrodt, Rupert / Wingert, Winfried (Hg.): Der Pastoralreferent – Seelsorger und Laie. Erfahrungsberichte, Hildesheim 1985.

Mynarek, Hubertus: Eros und Klerus, Essen 1999.

Nagel, Ernst Josef: Flüchtlinge und „Kirchenasyl", Stuttgart-Berlin-Köln 1995.

Nagl, Ludwig: Charles Sanders Peirce, Frankfurt a. M. 1992.

Nason-Clark, Nancy / Ruff, Lanette: Was ist sexuelle Gewalt?, in: Conc(D) 40 (2004), 259-268.

Nouwen, Henri: Nähe. Sehnsucht nach lebendiger Beziehung, Freiburg i. B. 1992.

Nell-Breuning, Oswald von: Katholizismus, in: Gabriel, Karl, Kaufmann / Franz-Xaver (Hg.): Zur Soziologie des Katholizismus, Mainz 1980, 24-38.

Neubert, Ehrhart: Die Einrichtung Pfarrer wird bleiben. Die Situation des Pfarrers in der sozialistischen Gesellschaft der DDR, in: DtPfrBl 78 (1978), 259-263.

Neuhäusler, Johann: Kreuz und Hakenkreuz. Der Kampf des Nationalsozialismus gegen die katholische Kirche und der kirchliche Widerstand, München[2] 1946.

Neumeyer, Michael: Heimat. Zu Geschichte und Begriff eines Phänomens (= Kieler Geographische Schriften), Bd. 84, Kiel 1992.

Neuhold, Leopold: Religion und katholische Soziallehre im Wandel vor allem der Werte. Erscheinungsbilder und Chancen, Münster 2000.

Nientiedt, Klaus: Neue Dienste für eine sich erneuernde Kirche. 25 Jahre Pastoralreferenten/Pastoralreferentinnen, in: LS 52 (2001), 207-214.

Nipperdey, Thomas: Deutsche Geschichte 1800-1866. Bürgerwelt und starker Staat, München[3] 1985.

Nipperdey, Thomas: Religion im Umbruch. Deutschland 1870-1918, München 1988.

Nipperdey, Thomas: Deutsche Geschichte 1866-1918, Bd. 1, Arbeitswelt und Bürgergeist, München 1990.

Nordhues, Paul: Empfehlungen der Deutschen Bischofskonferenz und der Kommission für gesellschaftliche und caritative Fragen zur Caritasarbeit in der Gemeinde, in: Ders. / Becker, Joseph / Bormann, Paul (Hg.): Handbuch der Caritasarbeit. Beiträge zur Theologie, Pastoral und Geschichte der Caritas mit Überblick über die Dienste in Gemeinde und Verband, Paderborn 1986, 209-212.

Nouwen, Henri: Nähe. Sehnsucht nach lebendiger Beziehung, Freiburg i. B. 1992.

Oertel, Ferdinand: In der Krise voneinander lernen. Kirchlicher Umbruch in den USA und in Deutschland, in: HerKorr 58 (2004), 402-406.

Olbrich, Clemens / Stammberger, Ralf M. W. (Hg.): Und sie bewegen sich doch. PastoralreferentInnen – unverzichtbar für die Kirche, Freiburg-Basel-Wien 2000.

Olenhusen, Irmtraud Götz von: Die Ultramontanisierung des Klerus. Das Beispiel der Erzdiözese Freiburg, in: Loth, Wilfried (Hg.): Deutscher Katholizismus im Umbruch zur Moderne, Stuttgart-Berlin-Köln 1991, 46-75.

Olenhusen, Irmtraud Götz von: Klerus und abweichendes Verhalten: zur Sozialgeschichte katholischer Priester im 19. Jahrhundert: Die Erzdiözese Freiburg, Göttingen 1994.

Osterland, Astrid: Nicht allein und nicht ins Heim. Alternative: Alten-WG, Paderborn 2000, 16-20.

Paarhammer, Hans: Art. Pfarrei, I. Römisch-katholisch, in: TRE 26, Berlin-NewYork 1996, 337-347.

Paarhammer, Hans: Pfarrei und Pfarrer im neuen CIC: rechtliche Neuordnung der Seelsorge, der Verkündigung des Wortes Gottes und der Feier der Sakramente in der Christengemeinde, Wien-München 1983.

Pape, Helmut: Erfahrung und Wirklichkeit als Zeichenprozeß. Charles S. Peirce' Entwurf einer spekulativen Grammatik des Seins, Frankfurt a. M. 1989.

Peitz, Heinz-Hermann: Kriterien des Dialogs zwischen Naturwissenschaft und Theologie, Innsbruck 1998.

Perlitz, Manfred / Löbler, Helge: Successful Innovation Management: In Search of a Crisis?, in: Business and the Contemporary World Vol. VII, 3 (1995), 91-105.

Perner, Rotraud A.: Sein wie Gott - von der Macht der Heiler. Priester – Psychotherapeuten – Politiker, München 2002.

Perner, Rotraud A.: Die Wahrheit wird euch frei machen. Sexuelle Gewalt im kirchlichen Bereich und anderswo: Prävention – Behandlung – Heilung, Wien 2006.

Perrot, Michelle: Einleitung, in: Ariès, Philippe / Duby, Georges / Perrot, Michelle (Hg.): Geschichte des privaten Lebens, Bd. 4: Von der Revolution zum Großen Krieg, Frankfurt a. M. 1992, 7-11.

Pesch, Otto H.: Das Zweite Vatikanische Konzil (1962-1965). Vorgeschichte, Verlauf – Ergebnisse, Nachgeschichte, Würzburg 1993.

Peuckert, Rüdiger: Familienformen im sozialen Wandel, Wiesbaden^5 2004.

Peuler, Wilhelm: Hohe Zeiten im Priestertum. Werkbuch zur Gestaltung von Priesterfeiern, Frankfurt a. M. 1937.

Piper, Hans-Christoph: Kommunizieren lernen in Seelsorge und Predigt. Ein pastoraltheologisches Modell, Göttingen 1981.

Plank, Georg: Was kommt nach Trient? Kirchliche Personalentwicklung nach dem II. Vatikanum, Wien 2005.

Pock, Johann: Gemeinden zwischen Idealisierung und Planungszwang: Biblische Gemeindetheologien in ihrer Bedeutung für gegenwärtige Gemeindeentwicklungen. Eine kritische Analyse von Pastoralplänen und Leitlinien der Diözesen Deutschlands und Österreichs, Wien-Berlin-Münster 2006.

Pock, Johann: Predigt in der Spannung von Macht und Gnade, in: Bucher, Rainer / Krockauer, Rainer (Hg.): Macht und Gnade. Untersuchungen zu einem konstitutiven Spannungsfeld der Pastoral, Münster 2005, 282-289.

Pock, Johann: Für Kritiker kein Platz?! Das „Fundament der Propheten" (Eph 2,20) und die Frage nach einem Prophetenamt in der Kirche, in: Bucher, Rainer / Krockauer, Rainer (Hg.): Prophetie in einer etablierten Kirche? Aktuelle Reflexionen über ein Prinzip kirchlicher Identität, Münster 2004, 24-37.

Pohl-Patalong, Uta: Parochie kontrovers. Argumente in der kirchlichen Strukturdebatte, Lehmann, Maren (Hg.): Parochie. Chancen und Risiken der Ortsgemeinde, Leipzig 2002, 69-102.

Pohl-Patalong, Uta: Von der Ortskirche zur Kirche vor Ort. Ein Zukunftsmodell, Göttingen 2004.

Polak, Regina: Religion kehrt wieder. Handlungsoptionen in Kirche und Gesellschaft, Ostfildern 2006.

Polak, Regina: Megatrend Religion? Neue Religiositäten in Europa, Ostfildern 2002.

Pollack, Detlef / Pickel, Gert: Individualisierung auf dem religiösen Feld, in: Honegger, Claudia / Hradil, Stefan / Traxler, Franz (Hg.): Grenzenlose Gesellschaft? Verhandlungen des 29. Kongresses der Deutschen Gesellschaft für Soziologie, des 16. Kongresses der Österreichischen Gesellschaft für Soziologie, des 11. Kongresses der Schweizerischen Gesellschaft für Soziologie in Freiburg i. B. 1998, Opladen 1999, 625-687.

Pongs, Armin: In welcher Gesellschaft leben wir eigentlich? Gesellschaftskonzepte im Vergleich, Bd. 2, München 2000.

Poschardt, Ulf: Einsamkeit. Die Entdeckung eines Lebensgefühls, München 2006.

Positionspapier der Berufsgruppe der GemeindereferentInnen, des Verbandes der PastoralreferentInnen und der MAV Pastoraler MitarbeiterInnen im Bistum Limburg: „Zusammen Zeuge der Auferstehung sein" (vgl. Apg 1,22) – Anforderungen an die Pastoral der Zukunft, Limburg 2004.

Pott, Martin: Kundenorientierung in Pastoral und Caritas? Anstöße zum kirchlichen Handeln im Kontext der Marktgesellschaft, Münster-Hamburg-London 2001.

Pöttker, Horst: Hitler zum Anfassen. Personalisierung von Politik am Beispiel des Rundfunkjournalismus im NS-Regime, in: Imhof, Kurt / Schulz, Peter (Hg.): Die Veröffentlichung des Privaten – die Privatisierung des Öffentlichen, Opladen-Wiesbaden 1998, 210-224.

Preul, Reiner: Kirche als Unternehmen. Kirche auf dem Markt / Geistliche Kommunikation und Management / Kirchlicher Auftrag und Kirchenmarketing, in: Gräb, Wilhelm / Weyel, Birgit (Hg.): Handbuch Praktische Theologie, Gütersloh 2007, 553-565.

Projektgruppe „Lernende Organisation Kirche" (Hg.): Lernende Organisation Kirche. Erkundungen zu Kirchenkreis-Reformen, Leipzig 2004.

Prost, Antoine: Grenzen und Zonen des Privaten, in: Prost, Antoine / Vincent, Gèrard (Hg.): Geschichte des privaten Lebens, Bd. 5: Vom Ersten Weltkrieg zur Gegenwart, Frankfurt a. M. 1993, 15-151.

Pulte, Helmut: Wissenschaft, in: Ritter, Joachim / Gründer, Karlfried / Gabriel, Gottfried (Hg.): Historisches Wörterbuch zur Philosophie, Darmstadt 2007, 902-948.

Püttmann, Andreas: Leben Christen anders? Befunde der empirischen Sozialforschung, in: Kirche und Gesellschaft, Nr. 248 (1998), 3-16.

Rainer, Michael J.: Kirche(n) am Pranger? Sexualisierte Gewalt / Missbrauch und Kirche im Spiegel der Medien, in: Ulonska, Herbert / ders. (Hg.): Sexualisierte Gewalt im Schutz von Kirchenmauern. Anstöße zur differenzierten (Selbst-)Wahrnehmung, Berlin[2] 2007, 11-27.

Raposa, Michael L.: Peirce's Philosophy of Religion. Peirce Studies Number 5, Indiana 1989. Reichertz, Jo: Qualitative Sozialforschung – Ansprüche, Prämissen, Probleme, in: EWE 18 (2007), 195-208.

Reichertz, Jo: Abduktion, Deduktion und Induktion in der qualitativen Forschung, in: Flick, Uwe / Kardoff, Ernst von / Steinke, Ines (Hg.): Qualitative Forschung. Ein Handbuch, Reinbek^5 2007, 276-286.

Reinhard, Wolfgang: Das Konzil von Trient und die Modernisierung der Kirche. Einführung, in: Prodi, Paolo / Reinhard, Wolfgang (Hg.): Das Konzil von Trient und die Moderne, Berlin 2001, 23-42.

Reuber, Paul: Heimat in der Großstadt. Eine sozialgeographische Studie zu Raumbezug und Entstehung von Ortsbildung am Beispiel Kölns und seiner Stadtviertel (= Kölner Geographische Arbeiten, Heft 58), Köln 1993.

Reuss, Josef Maria: In der Sorge um die Priester und das ganze Gottesvolk, in: Hartmann, Richard (Hg.): In der Sorge um die Priester und das ganze Gottesvolk. Anfragen – Erfahrungen - Positionen, Ostfildern 2007, 12-38.

Renz, Thomas Maria: Gemeinsam statt einsam. Priester in Gemeinschaft: Ein Lebensmodell für die Zukunft, in: Augustin, George / Kreidler, Johannes (Hg.): Den Himmel offen halten. Priester sein heute, Freiburg-Basel-Wien 2003, 166-176.

Richartz, Dieter: Von Kirchen-Kürzungen im Bistum Aachen. Einige Aspekte des Konsolidierungsprozesses im Bistum Aachen: „Was passiert, wenn Mutter Kirche mich vor die Tür setzt?" oder: „Wir stehen vor einem brennenden Haus". Eine qualitative Studie, bislang unveröffentlichte Dissertationsarbeit, Graz 2008.

Riechert, Karen: Der Umgang der katholischen Kirche mit historischer und juristischer Schuld anlässlich der Nürnberger Kriegsverbrecherprozesse, in: Köhler, Joachim / Melis, Damian van (Hg.): Siegerin in Trümmern. Die Rolle der katholischen Kirche in der deutschen Nachkriegsgesellschaft, Stuttgart-Berlin-Köln 1998, 18-41.

Riehl, Wilhelm Heinrich: Die bürgerliche Gesellschaft, Stuttgart-Tübingen 1851.

Riehl, Wilhelm Heinrich: Die Familie: Die Naturgeschichte des Volkes als Grundlage einer deutschen Social-Politik, Bd. 3, Stuttgart-Augsburg^2 1855.

Rieser, Herbert: Der Geist des Josephinismus und sein Fortleben. Der Kampf der Kirche um ihre Freiheit, Wien 1963.

Riesebrodt, Martin: Fundamentalismus als patriarchalische Protestbewegung. Amerikanische Protestanten und iranische Schiiten im Vergleich, Tübingen 1990.

Riess, Richard: Konfliktfeld Pfarrhaus. Sonderheft Wege zum Menschen 8/9, Vorwort, Göttingen 1978.

Ritschl, Dietrich: Gibt es in der Theologie „Neues"? Meditation über ein altes Thema, in: Krieg, Carmen / Kucharz, Thomas / Volf, Miroslav (Hg.): Die Theologie auf dem Weg in das dritte Jahrtausend, FS Jürgen Moltmann, Gütersloh 1996, 35-45.

Ritter, Wigand: Allgemeine Wirtschaftsgeographie. Eine systemtheoretisch orientierte Einführung, München 1991.

Ritzer, Georg: Praktisch-theologische Empirie. Überflüssig wie ein Hühnerauge oder ein wichtiges Sinnesorgan?, in: Ders. (Hg.): „Mit euch bin ich Mensch…", FS Friedrich Schleinzer, Innsbruck-Wien 2008, 327-340.

Roethlisberger, Fritz. J. / Dickson, William J.: Management and the worker, Cambridge 1966.

Richardson, Stephen A. / Snell Dohrenwend, Barbara / Klein, David: Die „Suggestivfrage". Erwartungen und Unterstellungen im Interview, in: Hopf, Christel / Weingarten, Elmar (Hg.): Qualitative Sozialforschung, Stuttgart 1979, 205-231.

Roper, Lyndal: Das fromme Haus. Frauen und Moral in der Reformation, Frankfurt a. M.- New York 1995.

Ross, Dieter: Die Regression des Politischen. Die Massenmedien privatisieren die Öffentlichkeit, in: Imhof, Kurt / Schulz, Peter (Hg.): Die Veröffentlichung des Privaten – die Privatisierung des Öffentlichen, Opladen-Wiesbaden 1998, 149-156.

Ruff, Mark Edward: Katholische Jugendarbeit und junge Frauen in Nordrhein-Westfalen 1945-1962. Ein Beitrag zur Diskussion über die Auflösung des katholischen Milieus, in: ASozG 38 (1998), 263-284.

Ruh, Ulrich: Brauchen wir einen anderen Klerus?, in: HerKorr 44 (1990), 397-399.

Ruster, Thomas: Die verlorene Nützlichkeit der Religion. Katholizismus und Moderne in der Weimarer Republik, Paderborn-München-Wien-Zürich 1994.

Ruster, Thomas: Zwischen Erwählung und Abgrenzung. Überlegungen zum ekklesiologischen Prozess im 19. und 20. Jahrhundert. in: LebZeug 50 (1995), 101-112.

Ruster, Thomas: „Ein heiliges Sterben". Der Zweite Weltkrieg in der Deutung deutscher Theologen, in: SaThZ 9 (2005), 212-228.

Rössler, Beate: Der Wert des Privaten, Frankfurt am Main 2001.

Rössler, Beate: Der Wert des Privaten, in: Grötker, Ralf (Hg.): Privat! Kontrollierte Freiheit in einer vernetzten Welt, Hannover 2003, 15-32.

Sachse, Rainer: Histrionische und Narzisstische Persönlichkeitsstörungen, Göttingen-Bern-Toronto-Seattle 2002.

Saldern, Adelheid von: Von der „guten Stube" zur „guten Wohnung". Zur Geschichte des Wohnens in der Bundesrepublik Deutschland, in: ASozG 35 (1995), 227-254.

Saldern, Adelheid von: Im Haus, zu Hause - Wohnen im Spannungsfeld von Gegebenheiten und Aneignungen, in: Reulecke, Jürgen (Hg.): Geschichte des Wohnens. Bd. 3: 1800-1918. Das bürgerliche Zeitalter, Stuttgart 1997, 145-332.

Saliba, John A.: Understanding new religious Movements, Walnut Creek-Lanham-New York-Oxford[2] 2003.

Sander, Hans-Joachim: Glauben im Zeichen der Zeit. Die Semiotik von Peirce und die pastorale Konstituierung der Theologie, Würzburg 1996 (bislang unveröffentlichte Habilitationsschrift).

Sander, Hans-Joachim: Die Zeichen der Zeit. Die Entdeckung des Evangeliums in den Konflikten der Gegenwart, in: FuchsGotthard / Lienkamp, Andreas (Hg.): Visionen des Konzils. 30 Jahre Pastoralkonstitution „Die Kirche in der Welt von heute", Münster 1997, 85-102.

Sander, Hans-Joachim: Das Außen des Glaubens – eine Autorität der Theologie. Das Differenzprinzip in den Loci Theologici des Melchior Cano, in: Keul, Hildegund / Sander, Hans-Joachim (Hg.): Das Volk Gottes. Ein Ort der Befreiung, Würzburg 1998, 240-258.

Sander, Hans-Joachim: Symptom „Gotteskrise": Die Zeitsignatur der Theologie, in: ZKTh 121 (1999), 45-61.

Sander, Hans-Joachim: nicht ausweichen. Die prekäre Lage der Kirche, Würzburg 2002.

Sander, Hans-Joachim: Die Zeichen der Zeit erkennen und Gott benennen. Der semiotische Charakter von Theologie, in: ThQ 182 (2002), 27-40.

Sander, Hans-Joachim: Von der abduktiven Korrelation religiöser Zeichen zur Abduktion des Glaubens durch semiotische Präsenz von Religion, in: Ziebertz, Hans-Georg / Heil, Stefan / Prokopf, Andreas (Hg.): Abduktive Korrelation. Religionspädagogische Konzeption, Methodologie und Professionalität im interdisziplinären Dialog, Münster-Hamburg-London 2003, 53-66.

Sander, Hans-Joachim: Das katholische Ich jenseits von Aporie und Apologie. Der Glaube an die Pastoralgemeinschaft Kirche, in: zur debatte. Themen der Katholischen Akademie in Bayern, 1/33 (2003), 13-15.

Sander, Hans-Joachim: Mission und Religion – unentrinnbar ein Dispositiv der Gewalt? Von der Not und dem Segen einer missionarischen Seelsorge, in: Sellmann, Matthias (Hg.): Deutschland – Missionsland. Zur Überwindung eines pastoralen Tabus, Freiburg-Basel-Wien 2004, 121-145.

Sander, Hans-Joachim: Theologischer Kommentar zur Pastoralkonstitution über die Kirche in der Welt von heute. Gaudium et spes, in: Hünermann, Peter / Hilberath, Bernd Jochen (Hg.): Herders Theologischer Kommentar zum Zweiten Vatikanischen Konzil, Bd. 4, Freiburg-Basel-Wien 2005, 581- 886.

Sander, Hans-Joachim: Einführung in die Gotteslehre, Darmstadt 2006.

Sander, Hans-Joachim: Pastorale Berufe in der Zweiheit von Religions- und Pastoralgemeinschaft – eine Topologie der Seelsorge nach dem Konzil, in: Köhl, Georg (Hg.): Seelsorge lernen in Studium und Beruf, Trier 2006, 450-464.

Sander, Hans-Joachim: Der Streit um die individuellen Freiheitsrechte im christlichen Raum. Vom Syllabus errorum bis Dignitatis Humanae, in: una sancta 62 (2007), 90-103.

Sander, Hans-Joachim: Gottes pastorale Orte. Ein topologischer Vorschlag, in: Bucher, Rainer / Krockauer, Rainer (Hg.): GOTT, Eine pastoraltheologische Annäherung, Wien-Berlin-Münster 2007, 39-56.

Sander, Hans-Joachim: Im Zeichen von religionsgemeinschaftlicher Not und pastoralgemeinschaftlichem Segen. Die Topologie eines neuen Seelsorgeberufs, Festvortrag beim Jubiläum 30 Jahre Pastoralreferenten und -referentinnen im Erzbistum Bamberg am 11. Juni 2005 in der KHG-Erlangen, veröffentlicht: www.bvpr-bamberg.de, (07.08.2007).

Sarasin, Philipp: Stadt der Bürger. Bürgerliche Macht und städtische Gesellschaft: Basel 1846-1914, Göttingen 1997.

Saurer, Edith: Frauen und Priester. Beichtgespräche im frühen 19. Jahrhundert, in: Dülmen, Richard van (Hg.): Arbeit, Frömmigkeit und Eigensinn. Studien zur historischen Kulturforschung II, Frankfurt a. M. 1990, 141-170.

Sauer, Joseph: Aspekte der Priesterausbildung, in: Forster, Karl (Hg.): Priester zwischen Anpassung und Unterscheidung. Auswertungen und Kommentare zu den im Auftrag der Deutschen Bischofskonferenz durchgeführten Umfragen unter allen Welt- und Ordenspriestern in der Bundesrepublik Deutschland, Freiburg-Basel-Wien 1974, 191-197.

Schaden, Leonhard: Pastorale Dienste in Österreich, in: LS 42 (1991), 349-353.

Schaeffler, Richard: Erfahrung als Dialog mit der Wirklichkeit. München 1995.

Scharffenorth, Gerta: „Im Geiste Freunde werden". Mann und Frau im Glauben Martin Luthers, in: Wunder, Heide / Vanja, Christina (Hg.): Wandel der Geschlechterbeziehungen zu Beginn der Neuzeit, Frankfurt a. M. 1991, 97-108.

Scharf-Wrede, Thomas: Examensarbeit, Osnabrück 1985.

Scharf-Wrede, Thomas: Katholisches Leben im Wandel, in: DHVG 66 (1998), 311-330.

Scharf-Wrede, Thomas: Das Bistum Hildesheim 1866-1914. Kirchenführung, Organisation, Gemeindeleben, Hannover 1995.

Schatz, Klaus: Zwischen Säkularisation und Zweitem Vatikanum. Der Weg des deutschen Katholizismus im 19. und 20. Jahrhundert, Frankfurt 1986.

Schatz, Klaus: Art. Ultramontanismus, in: LThK³ 10 (2006), 360-361.

Scheele, Brigitte / Groeben, Norbert: Dialog - Konsens - Methoden zur Rekonstruktion subjektiver Theorien, Tübingen 1988.

Scherz, Florian: Kirche und Raum: Räumliche Gestaltung kirchlichen Lebens zwischen Geographie und Theologie. Theoretische Überlegungen am praktischen Beispiel von fünf evangelischen Kirchengemeinden in der Region Lindau am Bodensee, Erlangen-Nürnberg 2003.

Scheucher, Christine: Figuren des Unmittelbaren. Zur Fortschreibung der Avantgarden im digitalen Raum, Berlin 2007.

Scheuermann, Audomar: Pfarrei und Caritas. Zur Geschichte und Ordnung der pfarramtlichen Liebestätigkeit, in: Nordhues, Paul / Becker, Joseph / Bormann, Paul (Hg.): Handbuch der Caritasarbeit. Beiträge zur Theologie, Pastoral und Geschichte der Caritas mit Überblick über die Dienste in Gemeinde und Verband, Paderborn 1986, 159-167.

Schick, Ludwig: Pfarrei – Kirche vor Ort. Theologisch-kirchenrechtliche Vorgaben und Hinweise zur Pfarrei, in: Sekretariat der Deutschen Bischofskonferenz (Hg.): „Mehr als Strukturen … Entwicklungen und Perspektiven der pastoralen Neuordnung in den Diözesen". Dokumentation des Studientages der Frühjahrs-Vollversammlung 2007 der Deutschen Bischofskonferenz, Bonn 2007, 22-39.

Schirmer, Eva: Die Situation der Pfarrfrau. „Helferin für besondere Fälle", in: Kahl, Susanne (Hg.): Die Zeit des Schweigens ist vorbei. Zur Lage der Frau in der Kirche, Gütersloh 1979, 63-82.

Schlag, Evelyn: Die göttliche Ordnung der Begierden, Salzburg-Wien 1998.

Schlag, Evelyn: Gespräche über Gott im Dunkeln. Das Versagen des Katholizimus – Gespräch mit Evelyn Schlag, in: Halbmayr, Alois / Mautner, Josef P.: Gott im Dunkeln. Religion in den Lebenswelten der späten Moderne, Innsbruck 2003, 27-39.

Schmaus, Michael: Begegnungen zwischen katholischem Christentum und nationalsozialistischer Welanschauung, Münster[3] 1934.

Schmid, Peter F.: Ein dringend notwendiger (Nach-)Lernprozess. Homosexualität – eine pastorale und theologische Herausforderung, in: Diakonia 37 (2006), 305-310.

Schmidt, Heinrich R.: Hausväter vor Gericht. Der Patriarchalismus als zweischneidiges Schwert, in: Dinges, Martin (Hg.): Hausväter, Priester, Kastraten. Zur Konstruktion von Männlichkeit in Spätmittelalter und Früher Neuzeit, Göttingen 1998, 213-236.

Schmidt, Ute: Zentrum oder CDU. Politischer Katholizismus zwischen Tradition und Anpassung, Opladen 1987.

Schmidtmann, Christian: „Fragestellungen der Gegenwart mit Vorgängen der Vergangenheit beantworten": Deutungen der Rolle von Kirche und Katholiken in Nationalsozialismus und Krieg vom Kriegsende bis in die 1960er Jahre, in: Holzem, Andreas / Holzapfel, Christoph (Hg.): Zwischen Kriegs- und Diktaturerfahrung. Katholizismus und Protestantismus in der Nachkriegszeit, Stuttgart 2005, 167-201.

Schmidtmann, Christian: Katholische Studierende 1945-1973. Ein Beitrag zur Kultur- und Sozialgeschichte der Bundesrepublik Deutschland, Paderborn-München-Wien-Zürich 2006.

Schmitz, Heribert: Pfarrei und ordentliche Seelsorge in der tridentinischen und nachtridentinischen Gesetzgebung, in: Gatz, Erwin (Hg.): Geschichte des kirchlichen Lebens, Bd. 1, Die Bistümer und ihre Pfarreien, Freiburg-Basel-Wien 1991, 41-50.

Schmolly, Walter: Pastoral verantworten: Praktische Theologie, in: Batlogg, Andreas R. / Rulands, Paul / Schmolly, Walter / Wiebenrock, Roman A. (Hg.): Der Denkweg Karl Rahners. Quellen - Entwicklungen - Perspektiven, Mainz 2003, 242-261.

Schnabel, Reimund: Die Frommen in der Hölle. Geistliche in Dachau, Frankfurt a.M. 1966.

Schnell, Rainer / Hill, Paul / Esser, Elke: Methoden der empirischen Sozialforschung, München[7] 2005.

Schnettler, Bert / Strübing, Jörg: Methodologie interpretativer Sozialforschung: Klassische Grundlagentexte, 2004.

Schneider, H.: Katholische Kirche und österreichische Politik, in: ÖJP 1 (1977), 153-224.

Schneider, Werner: Von der familiensoziologischen Ordnung der Familie zu einer Soziologie des Privaten?, in: Soziale Welt 53 (2002), 375-396.

Schockenhoff, Eberhard: Theologie der Freiheit, Freiburg-Basel-Wien 2007.

Schorn-Schütte, Luise: „Gefährtin" und „Mitregentin". Zur Sozialgeschichte der evangelischen Pfarrfrau in der Frühen Neuzeit, in: Wunder, Heide / Vanja, Christina (Hg.): Wandel in den Geschlechterbeziehungen zu Beginn der Neuzeit, Frankfurt a. M. 1991, 109-153.

Schramm, Michael: Das Gottesunternehmen. Die katholische Kirche auf dem Religionsmarkt, Leipzig 2000.

Schreiber, Georg: Tridentinische Reformdekrete in deutschen Bistümern, in: Bäumer, Remigius (Hg.): Concilium Tridentinum, Darmstadt 1979, 462-521.

Schulte, Johannes Friedrich von: Herkunft und Alter von deutschen Gelehrten aller Art, in: Ders. (Hg.): Lebenserinnerungen, Bd. 3, Gießen 1909, 271-279.

Schulte-Umberg, Thomas: Profession und Charisma. Herkunft und Ausbildung des Klerus im Bistum Münster 1776-1940, Paderborn-München-Wien-Zürich 1999.

Schulze, Gerhard: Alltagsästhetik und Lebenssituation. Eine Analyse kultureller Segmentierungen in der Bundesrepublik Deutschland, in: Soeffner, Hans-Georg (Hg.): Kultur und Alltag. Soziale Welt, Sonderband 6, Göttingen 1988, 71-92.

Schulze, Gerhard: Die Erlebnis-Gesellschaft. Eine Kultursoziologie der Gegenwart, Frankfurt a. M.^{7} 1997.

Schüßler, Michael: Prophetie, Protest, Institution – praktisch-theologische Beobachtungen zwischen Befreiungstheologie und Systemtheorie, in: Bucher, Rainer / Krockauer, Rainer (Hg.): Prophetie in einer etablierten Kirche? Aktuelle Reflexionen über ein Prinzip kirchlicher Identität, Münster 2004, 38-50.

Schüßler, Michael: „Updates" für die Politische Theologie? Fundamentalpastorale Dekonstruktionen einer diskursiven Ruine, in: Bucher, Rainer / Krockauer, Rainer (Hg.): Pastoral und Politik. Erkundungen eines unausweichlichen Auftrags, Wien 2006, 22-38.

Schwarzmüller, Theo: Hauenstein gegen Hitler. Die Geschichte einer konfessionellen Lebenswelt, Kaiserslautern 2007.

Schweizer Pastoralsoziologisches Institut (Hg.): Gemeinden ohne Pfarrer am Ort. Ergebnisse einer Untersuchung in Schweizer Pfarreien, Zürich 1987.

Schwerdtfeger, Nikolaus: Exilische Mystagogie. Anmerkungen zu einer notwendigen Aufgabe, in: Raffelt, Albert (Hg.): Weg und Weite, FS Karl Lehmann, Freiburg i. B.^{2} 2001, 485-503.

Segalen, Martine: Die Familie. Geschichte, Soziologie, Anthropologie, Frankfurt a. M.-New York 1990.

Seidel, Hans: Das Erlebnis der Einsamkeit im Alten Testament. Eine Untersuchung zum Menschenbild des Alten Testaments, Berlin 1969.

Seifert, Theodor: Wachstum im Alleinsein: Singles und andere, in: Schultz, Hans Jürgen (Hg.): Einsamkeit, Stuttgart^5 1986, 148-160.

Sellmann, Matthias: Milieuverengung als Gottesverengung, in: LS 57 (2006), 284-289.

Senge, Peter M.: Die fünfte Disziplin. Kunst und Praxis der lernenden Organisation, Stuttgart^9 2003.

Sennett, Richard: Verfall und Ende des öffentlichen Lebens. Die Tyrannei der Intimität, Frankfurt a. M. 1987.

Siefer, Gregor: Der geweihte Mann, in: Lukatis, Ingrid / Sommer, Regina / Wolf, Christof (Hg.): Religion und Geschlechterverhältnis, Opladen 2000, 203-214.

Sievernich, Michael: Carl Sonnenschein, in: Möller, Christian (Hg.): Geschichte der Seelsorge in Einzelporträts, Bd. 3, Von Friedrich Schleiermacher bis Karl Rahner, Göttingen-Zürich 1996, 196-184.

Simmel, Oskar: Priesterumfragen in Österreich, in der Schweiz, in Spanien, in den USA und in Italien, in: Forster, Karl (Hg.): Priester zwischen Anpassung und Unterscheidung. Auswertung und Kommentare zu den im Auftrag der Deutschen Bischofskonferenz durchgeführten Umfragen unter allen Welt- und Ordenspriestern in der Bundesrepublik Deutschland, Freiburg-Basel-Wien 1974, 127-148.

Sinus Sociovision: Milieuhandbuch, Religiöse und kirchliche Orientierungen in den Sinus-Milieus® 2005, M ünchen-Heidelberg 2005.

Sipe, Richard A. W.: Sexualität und Zölibat, Paderborn-München-Wien-Zürich 1992.

Sofsky, Wolfgang: Die Verteidigung des Privaten, München 2007.

Söderblom, Kerstin / Anonym: „Du hast irgendetwas mit Kirche zu tun." Erfahrungen gleichgeschlechtlich Liebender im kirchlichen Dienst , in: Diakonia 37 (2006), 327-332.

Söderblom, Kerstin: Leitfadeninterviews, in: Dinter, Astrid / Heimbrock, Hans-Günter / Söderblom, Kerstin (Hg.): Einführung in die Empirische Theologie. Gelebte Religion erforschen, Göttingen 2007, 254-269.

Sonnenschein, Carl, Großstadtnotizen, Bd. 2, Berlin 1927.

Spielberg, Bernhard: … et nos mutamur in illis. Wenn die Analyse stimmt – was dann?, in: LS 58 (2006), 252-257.

Spielberg, Bernhard: Kreisquadrat und Pfarrgemeinde. Zwei unlösbare Probleme, in: LS 58 (2006), 92-100.

Spielberg, Bernhard: Kann Kirche noch Gemeinde sein? Praxis, Probleme und Perspektiven der Kirche vor Ort, Würzburg 2008.

Spijker, Herman van de: Die gleichgeschlechtliche Zuneigung. Homotropie: Homosexualität, Homoerotik, Homophilie – und die katholische Moraltheologie, Olten-Freiburg i. B. 1968.

Spilling-Nöker, Christa: Wir lassen Dich nicht, du segnest uns denn. Zur Diskussion um Segnung und Zusammenleben gleichgeschlechtlicher Paare im Pfarrhaus, Berlin 2006.

Stambolis, Barbara: Luise Hensel (1798-1876). Frauenleben in historischen Umbruchszeiten, Köln 1999.

Steck, Wolfgang: Im Glashaus: Die Pfarrfamilie als Sinnbild christlichen und bürgerlichen Lebens, in: Greiffenhagen, Martin (Hg.): Das evangelische Pfarrhaus. Eine Kultur- und Sozialgeschichte, Stuttgart 1984, 109-125.

Steck, Wolfgang: Die Privatisierung der Religion und die Professionalisierung des Pfarrerberufs. Einige Gedanken zum Berufsbild des Pfarrers, in: PTh 80 (1991), 306- 322.

Steffensky, Fulbert: Wo der Glaube wohnen kann, Stuttgart 1989.

Steffensky, Fulbert: Das Haus, das die Träume verwaltet, Würzburg[8] 2004.

Stein, Albert: Überlegungen für einen besseren Umgang mit Ehescheidungen im Pfarrhaus, in: Jossutis, Manfred / Stollberg, Dietrich (Hg.): Ehe-Bruch im Pfarrhaus: Zur Seelsorge in einer alltäglichen Lebenskrise, München 1990, 239-241.

Steinbach, Peter: Einleitung, in: Wilhelm Heinrich Riehl: Die bürgerliche Gesellschaft, Frankfurt a. M.-Berlin-Wien 1976.

Steinkamp, Hermann: Die Erben des „Pastors". Anmerkungen zum Wandel der Pfarrer-Rolle, in: Schifferle, Alois (Hg.): Pfarrei in der Postmoderne? Gemeindebildung in nachchristlicher Zeit, FS Leo Karrer, Freiburg-Basel-Wien 1997, 207-216.

Steinkamp, Hermann: Die sanfte Macht der Hirten. Die Bedeutung Michel Foucaults für die Praktische Theologie, Mainz 1999.

Steinke, Ines: Gütekriterien qualitativer Forschung, in: Flick, Uwe / Kardoff, Ernst von / Steinke, Ines (Hg.): Qualitative Forschung. Ein Handbuch, Reinbek^5 2007, 319-331.

Stenger, Hermann: Für eine Kirche, die sich sehen lassen kann, Innsbruck 1995.

Stewart, Alan: Homosexuals in History: A.L. Rowse and the Queer Archive, in: O'Donell, Katherine / O'Rourke, Michael (Ed.): Love, sex, intimacy, and friendship between men, 1550-1800, Basingstoke 2003, 53-69.

Stöber, Rudolf: Vom Interesse am Privaten zu dessen Instrumentalisierung. Zum wechselseitigen Einfluss von sozialer Frage, Öffentlichkeit und Privatheit, in: Imhof, Kurt / Schulz, Peter (Hg.): Die Veröffentlichung des Privaten – die Privatisierung des Öffentlichen, Oplanden-Wiesbaden 1998, 27-42.

Stoltmann, Dagmar: Von der Übersichtlichkeit zur Umsichtigkeit. Erfahrungen mit Seelsorgeräumen, in: Diakonia 38 (2006), 174-178.

Strauss, Anselm / Corbin, Juliet: Grounded Theory. Grundlagen qualitativer Sozialforschung, Weinheim 1996.

Strecker, Julia: Sexuelle Grenzverletzungen und Übergriffe in Seelsorge und Beratung. Zum Artikel von Gowdin [Rechtschreibfehler innerhalb der Quelle!] Lämmermann, in: Pastoraltheologie, Wissenschaft und Praxis in Kirche und Gesellschaft, 91 (2002), 393-402.

Sturzenegger, Walter: Nothilfe unter der Pfarrhaustür, Tages-Anzeiger, Zürich 23.12.2003.

Sunnus, Siegfried H.: „Leben im Pfarrhaus – schön und belastend zugleich!", Umfrage am Stand evangelischer Pfarrerinnen und Pfarrer beim Kirchentag in Frankfurt, in: DtPfrBl (2001), 414-418.

Sunnus, Siegfried H.: Pfarrerberuf im Wandel 1970-2005. Rückblicke eines Großstadtpfarrers auf Gemeinde und Kirche. Mit einem Nachdruck von „Die ersten sieben Jahre. Rückblick eines Landpfarrers", Berlin 2006.

Tebartz van Elst, Franz-Peter: Gemeinde in mobiler Gesellschaft. Kontexte – Kriterien - Konkretionen, Würzburg^2 2001.

Theobald, Christoph: Zur Theologie der Zeichen der Zeit. Bedeutung und Kriterien heute, in: Hünermann, Peter (Hg.): Das Zweite Vatikanische Konzil und die Zeichen der Zeit heute, Freiburg-Basel-Wien 2006, 71-84.

Thiessen, Barbara: Re-Formulierung des Privaten. Professionalisierung personenbezogener, haushaltsnaher Dienstleistungsarbeit, Wiesbaden 2004.

Tjosvold, Dean: Teamwork for customers. Building Organizations that take pride in serving, San Francisco 1993.

Tjosvold, Dean: Learning to Manage Conflict: Getting People to Work Together Productively, New York 2000.

Tremel, Monika: Die Evangelisierung der Kirche durch die Frauen. Das Amt der Pastoralreferentin: ein Zeichen der Zeit, in: Mokry, Stephan / Döhner, Katharina (Hg.): Nur Schönwetterberufe? Laien im pastoralen Dienst zwischen Finanznot und Idealismus, Würzburg 2006, 67-81.

Trächel, G., Der Katholizismus seit der Reformation, in: Folkendorff, Fr.v., Oncken (Hg.): Deutsche Zeit- und Streit-Fragen. Flugschriften zur Kenntnis der Gegenwart, Jg. IV, Berlin 1875, 711-766.

Tschan, Kurt: Pfarrer kanzelt Bischof ab. Der Röschenzer Pfarrer rechnet in seiner Sonntagspredigt mit dem Bistum Basel ab, in: Basler Zeitung, 11.04.2005.

Turchini, Angelo: Die Visitation als Mittel zur Regierung des Territoriums, in: Prodi, Paolo / Reinhard, Wolfgang (Hg.): Das Konzil von Trient und die Moderne, Berlin 2001, 261-323.

Tursten, Helene: Tod im Pfarrhaus, München 2002.

Tyrell, Hartmann: Religiöse Organisation: Zwei Anmerkungen, in : Lehmann, Maren (Hg.): Parochie. Chancen und Risiken der Ortsgemeinde, Leipzig 2002, 103-113.

Tyrell, Hartmann: Religiöse Kommunikation. Auge, Ohr und Medienvielfalt, in: Schreiner, Klaus (Hg.): Frömmigkeit im Mittelalter: Politisch-soziale Kontexte, visuelle Praxis, körperliche Ausdrucksformen, München 2002, 41-93.

Tzscheetzsch, Werner: Seelsorgeeinheiten ohne Schlüsselqualifikationen eine Totgeburt?, in: Windisch, Hubert (Hg.): Seelsorgeeinheiten und kooperative Pastoral. Fragen und Impulse, Freiburg 1999.

Tzscheetzsch, Werner: Missbrauch von Menschen – Missbrauch der Rolle – Missbrauch der Institution. Fragen an die Organisationskultur der katholischen Kirche, in: Ulonska, Herbert / Rainer, Michael J. (Hg.): Sexualisierte Gewalt im Schutz von Kirchenmauern. Anstöße zur differenzierten (Selbst-) Wahrnehmung, Berlin[2] 2007, 97-104.

Udenai, Monika: Auferbauung – eine vergessene Dimension der Gemeindeleitung. Ansätze zu einer neuen Praxis und Spiritualität des Gemeindeleitens, Würzburg 2006.

Ulbrich, Claudia: Shulamit und Margarete. Macht, Geschlecht und Religion in einer ländlichen Gesellschaft des 18. Jahrhunderts, Wien-Köln-Weimar 1999.

Ulonska, Herbert: Sexualisierte Gewalt im Kontext kritischer Priester- und Pfarrerforschung, in: Wacker, Marie-Theres / Rieger-Goertz, Stefanie (Hg.): Mannsbilder. Kritische Männerforschung und theologische Frauenforschung im Gespräch, Berlin 2006, 299-318.

Ulonska, Herbert: Täterprofile im Raum der Kirche, in: Ders. / Rainer, Michael J. (Hg.): Sexualisierte Gewalt im Schutz von Kirchenmauern. Anstöße zur differenzierten (Selbst-)Wahrnehmung, Berlin[2] 2007,123-141.

Ven, Johannes van der: Practical Theology, From Applied to Empirical Theology, in: Journal of Empirical Theology 1 (1988), 7-27.

Ven, Johannes van der: Entwurf einer empirischen Theologie, Kampen-Weinheim 1990.

Ven, Johannes van der: Entwurf einer empirischen Theologie, Kampen 1990.

Ven, Johannes van der: Unterwegs zu einer vergleichenden empirischen Theologie, in: Nauer, Doris / Bucher, Rainer / Weber, Franz (Hg.): Praktische Theologie. Bestandsaufnahme und Zukunftsperspektiven, FS Ottmar Fuchs, Stuttgart 2005, 244-254.

Vattimo, Gianni: Die transparente Gesellschaft, Wien 1992.

Vechtel, Klaus: Das Priesterbild des Ignatius und die Priesterausbildung heute, GuL 80 (2007), 94-108.

Veselsky, Oskar: Bischof und Klerus der Diözese Seckau unter nationalsozialistischer Herrschaft, Graz 1981.

Victor, Christoph: Pfarrer sein in wechselnden Gesellschaften. Eine qualitative Untersuchung zu Identität und Alltag im Pfarrberuf, Leipzig 2005.

Vögele, Rudolf: Wie mächtig und gnädig kann Kirchenleitung sein?, in: Bucher, Rainer / Krockauer, Rainer (Hg.): Macht und Gnade. Untersuchungen zu einem konstitutiven Spannungsfeld der Pastoral, Münster 2005, 213-225.

Völkl, Richard: Theologische Überlegungen zur Caritas der Gemeinde, in: Nordhues, Paul / Becker, Joseph / Bormann, Paul (Hg.). Handbuch der Caritasarbeit. Beiträge zur Theologie, Pastoral und Geschichte der Caritas mit Überblick über die Dienste in Gemeinde und Verband, Paderborn 1986, 57-67.

Volk, Hermann: Der Priester und sein Dienst - im Lichte des Konzils, Mainz 1966.

Volk, Hermann: Die Kirche als Sakrament des Heils, in: Seidel, Walter (Hg.): Kirche – Ort des Heils. Grundlagen - Fragen - Perspektiven, Würzburg 1987, 33-68.

Volk, Ludwig: Katholische Kirche und Nationalsozialismus. Ausgewählte Aufsätze, Mainz 1987.

Vorgrimler, Herbert: Volk Gottes oder Communio?, in: Keul, Hildegard / Sander, Hans-Joachim (Hg.): Das Volk Gottes. Ein Ort der Befreiung, Würzburg 1998, 41-53.

Voß, Elisabeth: Was ist eine Kommune?, in: Kollektiv Kommunebuch (Hg.): Das KommuneBuch. Alltag zwischen Widerstand, Anpassung und gelebter Utopie, Göttingen 1996, 17-26.

Wagner, Falk: Möglichkeiten und Grenzen des Synkretismusbegriffs für die Religionstheorie, in: Drehsen, Volker / Sparn, Walter (Hg.): Im Schmelztiegel der Religionen. Konturen des modernen Synkretismus, Gütersloh 1996, 72-117.

Wagner, Hans-Josef: Abduktion und Krise. Überlegungen zur religiösen Bildung, in: Ziebertz, Hans-Georg / Heil, Stefan / Prokopf, Andreas (Hg.): Abduktive Korrelation. Religionspädagogische Konzeption, Methodologie und Professionalität im interdisziplinären Dialog, Münster-Hamburg-London 2003, 217-225.

Wagner, Helmut: Der NS-Kirchenkampf in den Pfarren. Auswirkungen des NS-Kirchenkampfes auf pfarrliches Leben und seelsorgliche Praxis vor, während und nach der Zeit des NS-Regimes (1938-1945) am Beispiel von Mühlviertler Pfarren, Linz³ 1998.

Wagner, Ursula: Die Kunst des Alleinseins, Berlin 2005.

Waltermann, Leo: Klerus zwischen Wissenschaft und Seelsorge. Zur Reform der Priesterausbildung, Essen 1966.

Walther, Elisabeth: Charles Sanders Peirce. Lectures on Pragmatism, Hamburg 1973.

Walther, Elisabeth: Charles Sanders Peirce. Leben und Werk, Baden-Baden 1989.

Walzer, Michael: Sphären der Gerechtigkeit, Frankfurt a. M.-New York 1992.

Weber, Christoph: Ultramontanismus als katholischer Fundamentalismus, in: Loth, Wilfried (Hg.): Deutscher Katholizismus im Umbruch zur Moderne, Stuttgart-Berlin-Köln 1991, 20-45.

Weber, Marianne: Ehefrau und Mutter in der Rechtsentwicklung. Eine Einführung, Tübingen 1907.
Weber, Max: Wirtschaft und Gesellschaft. Grundriss der verstehenden Soziologie, Köln-Berlin 1964.
Weber, Max: Macht, Dienst, Herrschaft in Kirche und Gesellschaft, Freiburg 1974.
Weber, Max: Wirtschaft und Gesellschaft. Grundriss der verstehenden Soziologie, Tübingen^5 1976.
Weber, Therese: Mägde. Lebenserinnerungen an die Dienstbotenzeit bei Bauern, Wien-Köln-Graz 1985.
Weber, Therese: „Ich durfte ministrieren". Sozialhistorische Aspekte in biographischen Aufzeichnungen von ehemaligen Ministranten, in: Heller, Andreas / Weber, Therese / Wiebel-Fanderl, Oliva (Hg.): Religion und Alltag. Interdisziplinäre Beiträge zu einer Sozialgeschichte des Katholizismus in lebensgeschichtlichen Aufzeichnungen, Wien-Köln 1990, 135-153.
Weber, Wilhelm / Heinen, Wilhelm: Wirkformen und Ursprünge von Macht und Herrschaft, in: Weber, Wilhelm (Hg.): Macht, Dienst, Herrschaft in Kirche und Gesellschaft, Freiburg 1974, 21-37.
Weber, Wilhelm: Herkunft, sozialer Status der Abstammungsfamilie und Lebensstil der Priester in der Bundesrepublik Deutschland als Ausdruck ihrer gesellschaftlichen Selbst- und Fremdeinschätzung, in: Forster, Karl (Hg.): Priester zwischen Anpassung und Unterscheidung. Auswertungen und Kommentare zu den im Auftrag der Deutschen Bischofskonferenz durchgeführten Umfragen unter allen Welt- und Ordenspriestern in der Bundesrepublik Deutschland, Freiburg-Basel-Wien 1974, 211-220.
Weber-Kellermann, Ingeborg: Die Familie. Eine Kulturgeschichte der Familie, Frankfurt a. M.-Leipzig 1996.
Wegenast, Klaus / Lämmermann, Godwin: Gemeindepädagogik. Kirchliche Bildungsarbeit als Herausforderung, Stuttgart-Berlin-Köln 1994.
Wehr, Gerhard: Zum Beispiel C. G. Jung. Die religiöse Position eines Pfarrersohnes, in: Riess, Richard (Hg.): Haus in der Zeit. Das evangelische Pfarrhaus heute, München 1979, 79-89.
Weingarten, Elmar: Das qualitative Interview. Einführung, in: Hopf, Christel / Weingarten, Elmar (Hg.): Qualitative Sozialforschung, Stuttgart 1979, 169-170.
Weiß, Wolfgang: Die Würzburger Synode – Markstein oder Episode?, in: Garhammer, Erich (Hg.): Ecclesia semper reformanda, Kirchenreform als bleibende Aufgabe, Würzburg 2006, 65-84.
Welsch, Wolfgang: Das Ästhetische – Eine Schlüsselkategorie unserer Zeit?, in: Ders (Hg.): Die Aktualität des Ästhetischen, München 1993, 13-47.
Welsch, Wolfgang: Unsere postmoderne Moderne, Berlin^6 2002.
Werbick, Jürgen: Warum die Kirche vor Ort bleiben muss, Donauwörth 2002.
Werbick, Jürgen: Plädoyer für die Verörtlichung des Glaubens, in: LS 56 (2004), 2-6.
Werbick, Jürgen: Wider die Virtualisierung des Glaubens. Jürgen Werbicks Antwort auf „Neue Orte braucht die Kirche", in: LS 56 (2004), 13-15.
Werbick, Jürgen: Auslaufmodell Ortsgemeinde? Rückfragen eines systematischen Theologen, in: Diakonia 37 (2006), 168-173.

Weß, Paul: Gemeindekirche – Ort des Glaubens. Die Praxis als Fundament und als Konsequenz der Theologie, Graz-Wien-Köln 1989.

Weyel, Birgit: Praktische Bildung zum Pfarrberuf. Das Predigerseminar Wittenberg und die Entstehung einer zweiten Ausbildungsphase evangelischer Pfarrer in Preußen, Tübingen 2006.

Weyel, Birgit: Pfarrberuf. Amt / Amtsverständnis / Profession / pastoraltheologisches Leitbildung, in: Gräb, Wilhelm / Weyel, Birgit (Hg.): Handbuch Praktische Theologie, Gütersloh 2007, 639-649.

Widl, Maria: Postmoderne Religiositäten. Herausforderung für Pastoral und Theologie, in: zur debatte 35 (1/2005), 2-5.

Wieh, Hermann: Besucherfreundliche Gottesdienste und eine erfolgreiche Katechumenatsbewegung. Amerikanische Anregungen für den deutschen Kirchenalltag, in: PBl 52 (2000), 291-304.

Windisch, Hubert: Laien-Priester. Rom oder der Ernstfall, Würzburg 1998.

Winkler, Eberhard: Art. Pfarrhaus, in: TRE Bd. 26, Berlin-New York 1996, 374-379.

Winkler, Eberhard: Probleme der Parochie aus historischer Sicht, in: Lehmann, Maren (Hg.): Parochie. Chancen und Risiken der Ortsgemeinde, Leipzig 2002, 27-44.

Winkler, Klaus: Seelsorge, Berlin-NewYork 1997.

Winter, Eduard: Der Josefinismus. Die Geschichte des österreichischen Reformkatholizismus 1740-1848, Berlin 1962.

Wirth, Uwe: Zwischen Zeichen und Hypothese: für eine abduktive Wende in der Sprachphilosophie, in: Ders. (Hg.): Die Welt als Zeichen und Hypothese. Perspektiven des semiotischen Pragmatismus von Charles S. Peirce, Frankfurt a. M. 2000, 133-157.

Witsch, Norbert: Diözesen. Hirtensorge und Management, in: Riedel-Spangenberger, Ilona (Hg.): Leitungsstrukturen der katholischen Kirche. Kirchenrechtliche Grundlagen und Reformbedarf, Freiburg-Basel-Wien 2002, 179-208.

Wollbold, Andreas: Kirche als Wahlheimat. Beitrag zu einer Antwort auf die Zeichen der Zeit, Würzburg 1998.

Wothe, Franz-Joseph: Wilhelm Maxen. Wegbereiter neuer Großstadtseelsorge, Hildesheim 1962.

Zahner, Walter: Raumkonzepte der Liturgischen Bewegung, in: Gerhards, Albert / Sternberg, Thomas / Zahner, Walter (Hg.): Communio-Räume. Auf der Suche nach der angemessenen Raumgestalt katholischer Liturgie, Regensburg 2003, 70-94.

Zeeden, Ernst Walter: Konfessionsbildung. Studien zur Reformation, Gegenreformation und katholischen Reform, Spätmittelalter und frühe Neuzeit, Tübinger Beiträge zur Geschichtsforschung, 15, Stuttgart 1985.

Zentralarchiv der Evangelischen Kirche in Hessen und Nassau: Pfarrfrau um Gottes Lohn. Ausstellung zum Dienst der Pfarrfrauen während des Dritten Reiches und der Zeit des Wiederaufbaus, Darmstadt 1996.

Zerfaß, Rolf: Herrschaftsfreie Kommunikation – eine Forderung an die kirchliche Verkündigung?, in: Weber, Wilhelm (Hg.): Macht, Dienst, Herrschaft in Kirche und Gesellschaft, Freiburg 1974, 81-106.

Zerfaß, Rolf: Die menschliche Situation der Priester heute, in: Diakonia 16 (1985), 25-40.

Zerfaß, Rolf: Volk Gottes unterwegs: in der Fremde, unter den Völkern, in: Haslinger, Herbert (Hg.): Handbuch Praktische Theologie, Bd. 1, Grundlegungen, Mainz 1999, 167-177.

Ziebertz, Hans-Georg: Empirische Forschung in der Praktischen Theologie als eigenständige Form des Theologie-Treibens, in: Praktische Theologie 39 (2004), 47-55.

Ziemann, Benjamin: Das Ende der Milieukoalition. Differenzierung und Fragmentierung der katholischen Sozialmilieus nach 1945, in: Comparativ 9 (1999) 2, 89-101.

Ziemann, Benjamin: Der deutsche Katholizismus im späten 19. und im 20. Jahrhundert. Forschungstendenzen auf dem Weg zu sozialgeschichtlicher Fundierung und Erweiterung, in: ASozG 40 (2000), 402-422.

Ziemann, Benjamin: Codierung von Transzendenz im Zeitalter der Privatisierung. Die Suche nach Vergemeinschaftung in der katholischen Kirche, 1945-1980, in: Geyer, Michael / Hölscher, Lucian (Hg.): Die Gegenwart Gottes in der modernen Gesellschaft. Transzendenz und religiöse Vergemeinschaftung in Deutschland, Bochum-Chicago 2006, 380-403.

Zitt, Renate: Erinnern als Aufgabe. Zur Diskussion um den Pfarrberuf, in: DtPfrBl 103 (2003), 132-135.

Zöllner, Erich: Bemerkungen zum Problem der Beziehungen zwischen Aufklärung und Josephinismus, in: Reinhalter, Helmut (Hg.): Der Josephinismus. Bedeutung, Einflüsse und Wirkungen, Frankfurt a. M.-B   erlin-Bern-New York-Paris-Wien 1993, 22-38.

Zschoch, Hellmut: Liebe - Leben - Kirchenlehre. Beiträge zur Diskussion um Sexualität und Lebensformen, Trauung und Segnung, Wuppertal 1998.

Zulehner, Paul M. / Graupe, Sepp R.: Wie Priester heute leben. Ergebnisse der Wiener Priesterbefragung, Wien 1970.

Zulehner, Paul M.: (Wider) Die Pluralismusangst in der Kirche. Plädoyer für Unipluralität, in: Ders. (Hg.): Pluralismus in Gesellschaft und Kirche – Ängste, Hoffnungen, Chancen, Freiburg i. B. 1988, 86-105.

Zulehner, Paul M. / Denz, Hermann: Wie Europa lebt und glaubt. Europäische Wertestudie, Düsseldorf 1993.

Zulehner, Paul M.: Priester im Modernisierungsstress. Forschungsbericht der Studie Priester 2000, Ostfildern 2001.

Zulehner, Paul M. / Hennersperger, Anna: „Sie gehen und werden nicht matt" (Jes 40,31). Priester in heutiger Kultur. Ergebnisse der Studie Priester 2000©, Ostfildern 2001.

Zulehner, Paul M. / Lobinger, Fritz: Um der Menschen und der Gemeinde willen. Plädoyer zur Entlastung von Priestern, Ostfildern 2002.

Zulehner, Paul M. / Beranek, Markus / Gall, Sieghard / König, Marcus: Gottvoll und erlebnisstark. Für eine neue Kultur und Qualität unserer Gottesdienste, Ostfildern 2004.

Zulehner, Paul M. / Polak, Regina: Religion – Kirche – Spiritualität in Österreich nach 1945. Befund, Kritik, Perspektive, Innsbruck 2006.

Zulehner, Paul M. / Renner, Katharina: Ortsuche. Umfrage unter Pastoralreferentinnen und Pastoralreferenten im deutschsprachigen Raum, Ostfildern 2006.

Verwendete Internetseiten (mit Angabe des Entnahmedatums)[138]:

www.archive.org/details/a591664000mannuoft. (12.01.2008)
www.berufung.org (11.01.2006)
www.bvpr-bamberg.de (07.08.2007)
www.funcitiy.de (15.01.2008)
www.oekolea.de (01.08.2007)
www.sinnstiftermag.de (05.06.2007)
www.veronikawerk.de (11.01.2006)

Lehramtliche Schreiben:

Papst Pius XII.: Enzyklika „Humani generis", 12.08.1950, in: Denzinger, Heinrich / Hünermann, Peter (Hg.): Kompendium der Glaubensbekenntnisse und kirchlichen Lehrentscheidungen, Freiburg i. B. 1991, 1086-1099.
Papst Johannes XXIII.: Das katholische Priestertum. Rundschreiben seiner Heiligkeit Papst Johannes XXIII. zur Hundertjahrfeier des Todes des heiligen Pfarrers von Ars, (übersetzt und veröffentlicht von Max Bierbaum) Münster 1959.
Papst Johannes XXIII.: Enzyklika „Mater et Magistra", 15.05.1961, in: Denzinger, Heinrich / Hünermann, Peter (Hg.): Kompendium der Glaubensbekenntnisse und kirchlichen Lehrentscheidungen, Freiburg i. B. 1991, 1114-1129.
Papst Johannes XXIII.: Enzyklika „Pacem in terris", 11.04.1963, in: Denzinger, Heinrich / Hünermann, Peter (Hg.): Kompendium der Glaubensbekenntnisse und kirchlichen Lehrentscheidungen, Freiburg i. B. 1991, 1129-1154.
Papst Paul VI.: Enzyklika Ecclesiam suam. Die Wege der Kirche, Recklinghausen 1964.
Zweites Vatikanisches Konzil: „Lumen gentium" – Dogmatische Konstitution über die Kirche (21.11.1964), in: Denzinger, Heinrich / Hünermann, Peter (Hg.): Kompendium der Glaubensbekenntnisse und kirchlichen Lehrentscheidungen, Freiburg i. B. 1991, 1172-1239.
Zweites Vatikanisches Konzil: „Gaudium et spes" – Pastoralkonstitution über die Kirche in der Welt von heute (07.12.1965), in: Denzinger, Heinrich / Hünermann, Peter (Hg.): Kompendium der Glaubensbekenntnisse und kirchlichen Lehrentscheidungen, Freiburg i. B. 1991, 1268-1320.
Zweites Vatikanisches Konzil: „Presbyterorum ordinis" – Dekret über Dienst und Leben der Priester (07.12.1965), in: Rahner, Karl / Vorgrimmler, Herbert (Hg.): Kleines Konzilskompendium, Freiburg-Basel-Wien34 2007, 561-598.
Papst Johannes Paul II.: Schreiben an alle Priester der Kirche, 08.04.1979, in:

---

[138] Die Internetseiten liegen dem Verfasser zum Nachweis in ausgedruckter Form vor.

Denzler, Georg (Hg.): Priester für heute. Antworten auf das Schreiben Papst Johannes Pauls II. an die Priester. Mit Dokumentation des Papstschreibens vom 8. April 1979, München 1980.

Kongregation für den Klerus: Direktorium für Dienst und Leben der Priester, Rom 1994, in: Sekretariat der Deutschen Bischofskonferenz (Hg.): Verlautbarungen des Apostolischen Stuhls (Nr. 113, 31.01.1994).

Instruktion zu einigen Fragen über die Mitarbeit der Laien am Dienst der Priester, in: Sekretariat der Deutschen Bischofskonferenz (Hg.): Verlautbarung des Apostolischen Stuhls (Nr. 129, 15.08.1997).

Kongregation für das Katholische Bildungswesen: Instruktion zu den Kriterien zur Unterscheidung von Berufungen bei Personen mit homosexuellen Tendenzen hinsichtlich ihrer Zulassung für das Priesterseminar und zu den heiligen Weihen, in: Sekretariat der Deutschen Bischofskonferenz (Hg.): Verlautbarung des Apostolischen Stuhls (Nr. 170, 04.11.2005).

Papst Benedict XVI.: Enzyklika "Deus caritas est", in: Sekretariat der Deutschen Bischofskonferenz (Hg.): Verlautbarung des Apostolischen Stuhls (Nr. 171, 25.12.2005).

Papst Benedict XVI.: Enzyklika "Spe salvi", in: Sekretariat der Deutschen Bischofskonferenz (Hg.): Verlautbarung des Apostolischen Stuhls (Nr. 179, 30.11.2007).

Verwendete Abkürzungen und Zeitschriften

ASozG	Archiv für Sozialgeschichte.
Comparativ	Comparativ. Leipziger Beiträge zur Universalgeschichte und vergleichenden Gesellschaftsforschung.
Conc(D)	Concilium. Internationale Zeitschrift für Theologie.
DHVG	Diözese Hildesheim in Vergangenheit und Gegenwart.
Diakonia	Diakonia. Internationale Zeitschrift für die Praxis der Kirche.
Fuge	Fuge. Journal für Religion und Moderne.
DtPfrBl	Deutsches Pfarrerblatt.
engagement	engagement. Zeitschrift für Erziehung und Schule.
EWE	Erwägen-Wissen-Ethik; vormals: Ethik und Sozialwissenschaften (EuS). Streitforum für Erwägungskultur.
GS	„Gaudium et spes". Pastoralkonstitution über die Kirche in der Welt von heute (1965).
GuL	Geist und Leben. Zeitschrift für christliche Spiritualität.
HerKorr	Herder Korrespondenz. Monatshefte für Gesellschaft und Religion.
IJRS	Internationales Jahrbuch für Religionssoziologie.

LebZeug	Lebendiges Zeugnis.
LG	„Lumen gentium". Dogmatische Konstitution über die Kirche (1964).
LS	Lebendige Seelsorge.
LThK	Lexikon für Theologie und Kirche.
ÖJP	Österreichisches Jahrbuch für Politik.
PBl	Pastoralblatt (für die Diözesen Aachen, Berlin, Essen, Hamburg, Hildesheim, Köln, Osnabrück).
PO	„Presbyterorum ordinis". Dekret über Dienst und Leben der Priester (1965).
Praktische Theologie	Zeitschrift für Praxis in Kirche, Gesellschaft und Kultur.
PTh	Pastoraltheologie. Wissenschaft und Praxis in Kirche und Gesellschaft.
Religion unterrichten	Religion unterrichten. Informationen für Religionslehrerinnen und -lehrer im Bistum Hildesheim.
SA	Studienausgabe.
SaThZ	Salzburger Theologische Zeitschrift
ThGl	Theologie und Glaube.
ThPQ	Theologisch-Praktische Quartalschrift.
ThQ	Theologische Quartalszeitschrift.
TThZ	Trierer Theologische Zeitschrift.
TRE	Theologische Realenzyklopädie.
Una Sancta	Una sancta. Zeitschrift für ökumenische Begegnung.
WzM	Wege zum Menschen. Monatszeitschrift für Seelsorge und Beratung, heilendes und soziales Handeln.
ZEIT Campus	ZEIT Campus. Studieren, arbeiten, leben.
ZKTh	Zeitschrift für Katholische Theologie.
zur debatte	zur debatte. Themen der Katholischen Akademie in Bayern.

Illustration der Titelseite:

Meike Zopf, „Heiligenbilder befleckt", Hannover 2004 (www.meike-zopf.de).

Interviewleitfaden

Einleitung: Vorstellung und Hintergrund des Forschers
Ziel und Zweck des Interviews
Informationen zu Anonymität und Kodierung
Erlaubnis zur Transkription und Veröffentlichung

Fragenkomplexe:

1) Pfarrhaus als Ausbildungsort:
- Gibt es Kapläne oder andere pastorale Mitarbeiter/-innen?
- In welchem Umfang erhalten sie Einblick in die persönliche Lebensführung?
- Gibt es bewusste Ansätze für eine Berufungspastoral?
- Vergleich mit eigener Ausbildungszeit

2) erlebte Lebenssituationen im Pfarrhaus:
- Mitglieder der Lebensgemeinschaft
- Familiäre Konstellationen
- Mitarbeiter/-innen und Angestellte
- Single-Dasein und Einsamkeit
- Vergleiche zu früheren Konstellationen
(z.B. vorherige Pfarrstellen oder eigene Kaplanszeit)

3) Pfarrhaus als Repräsentationsbau der Gemeinde:
- Verhältnis zu außer- und übergemeindlichen Institutionen
- Empfindungen und Umgang mit leer stehenden Pfarrhäusern
- Zuständigkeit für andere Pfarrhäuser

4) Pfarrhaus als Machtzentrum:
- Die wichtigsten Orte in der Gemeinde?
- Wo werden Gemeindebelange kommuniziert?
- Hat das Leben im Pfarrhaus die Person selbst verändert / geprägt?
- Wäre ein Leben außerhalb des Pfarrhauses vorstellbar?

5) Privatheit im Pfarrhaus:
- „offenes Pfarrhaus"
- Wahrnehmung des Pfarrhauslebens durch Gemeindemitglieder und andere?
- Schutz der Privatsphäre? in welcher Form
- negative Erfahrungen?
- Chancen, die mit der öffentlichen Wahrnehmung verbunden sind?

6) Der „verfluchte Ort":
- Wahrnehmung von Berichten über sexuellen Missbrauch durch Priester?
- Gibt es eine Sensibilität bei Gemeindemitgliedern?
- Hat sich durch die Geschehnisse und Berichte der Umgang mit dem Pfarrhaus geändert?

7) Verhältnis der Gemeindemitglieder zum Pfarrhaus:
- Personen mit intensiverem Kontakt zum Pfarrhaus
- Personen mit punktuellem Kontakt
- Veränderungen zu früher erlebten Pfarrhaussituationen

8) Pfarrhaus als pastoraler Ort:
- Gibt es Gemeindeaktivitäten im Pfarrhaus?
- Haben Gemeindemitglieder Zutritt zum Privatbereich? Zu welchen Anlässen?
- Wird das Pfarrhaus bewusst als pastorales Medium eingesetzt?
- Veränderungen zu früheren Vergleichssituationen

9) Das Pfarrhaus als „geistlicher Ort":
- Gibt es bewusst spirituelle Gestaltung des Pfarrhauslebens?
- Was wird dabei als besonders wichtig angesehen?

10) Servicestelle Pfarramt:
- Wer kommt mit welchen Anliegen zum Pfarrbüro bzw. Pfarrhaus?
- Verhältnis von aktiven Gemeindemitgliedern und eher „Fernstehenden"
- Arbeitsschwerpunkt des Pfarrbüros